滇北苗语研究

季红丽 ◎ 著

中国社会科学出版社

图书在版编目（CIP）数据

滇北苗语研究 / 季红丽著. —北京：中国社会科学出版社，2021.8
ISBN 978-7-5203-8063-8

Ⅰ.①滇… Ⅱ.①季… Ⅲ.①苗语–研究–云南 Ⅳ.①H216

中国版本图书馆CIP数据核字（2021）第041813号

出 版 人	赵剑英
责任编辑	任　明
责任校对	韩天炜
责任印制	郝美娜

出　　版	中国社会科学出版社
社　　址	北京鼓楼西大街甲158号
邮　　编	100720
网　　址	http://www.csspw.cn
发 行 部	010-84083685
门 市 部	010-84029450
经　　销	新华书店及其他书店

印刷装订	北京君升印刷有限公司
版　　次	2021年8月第1版
印　　次	2021年8月第1次印刷

开　　本	710×1000　1/16
印　　张	34.75
插　　页	2
字　　数	643千字
定　　价	195.00元

凡购买中国社会科学出版社图书，如有质量问题请与本社营销中心联系调换
电话：010-84083683
版权所有　侵权必究

前　言

该书系作者在 2020 年结项的国家社会科学基金项目《滇北大花苗苗语的记录与描写研究》基础上整理修改而成，前后历时四年有余。

滇北大花苗苗语（下文简称滇北苗语）属于苗语川黔滇方言滇东北次方言，在苗语的方言比较研究和类型学研究中具有重要的学术价值。本书有以下两方面意义：

第一，首次为读者提供大量详实的语料。语料不仅包括常规的词汇和语法例句，还拍摄并用 elan 软件标注、转写了丰富的民间谚语、谜语、民间故事、节日及民俗口述文化和民间自创歌曲。这些资料的呈现形式由声音、图像和文字三维合成，达到听觉、视觉和可理解性的最佳组合，不仅为研究苗语滇东北次方言研究提供真实可靠的语料，也为人类学、民俗学、音乐等交叉学科提供鲜活的场景和素材，还可以有效地促进苗语语言及其文化资源的保护。[①]

第二，本书首次从功能—类型学的视角全面描写了滇北苗语的语音、词汇和语法，并揭示其类型学特征，这对王辅世、王德光等老前辈的专题描写可以起到一定的补充作用，也可为苗语方言比较研究和类型学研究提供详实的素材。

从调研和描写结果来看，滇北苗语的量词只有肯定形普通称、肯定形或不定形壮美称和肯定形指小称三种形式，与王辅世（1957）描写的五种量词形式有所不同，其具体差异和演变有待于进一步研究。另外，本书仅从语言全貌的角度对滇北苗语进行描写，对一些语法现象（如比较句和关系从句）尚未进行深度描写，以后可以作为专题深入研究。

本书能够完成并出版，是很多人共同努力的结果。我首先要感谢的就是多年来一直帮助我的苗语母语发音人，他们是楚雄技术学院的张学文副教授，武定的张敏富、王照文、龙江成、王秀芬老师，禄丰县大箐小学的张建忠老师、王自祥老师，玉溪市的好友张杰贤，云南省少数民族语文指

[①] 由于视频资料不方便出版，本书只提供了书面转写材料。需要视频资料者可与作者联系（905170480@qq.com）。

导委员会办公室的熊玉有教授和王永华老师，还有龙兆余、王斌、龙崇明和龙美琴等一大批朝气蓬勃的大学生，没有他们的帮助和支持，我是不可能完成语料收集和转写工作的。

我还要特别感谢中国社科院人类学与民族学研究所的李云兵、徐世璇、黄成龙、王锋、尹蔚彬、胡鸿雁等恩师。我的导师李云兵研究员不仅传授知识给我，还亲自带着我深入洒普山苗寨，指导我记音、归纳音系，还反复帮我审稿、改稿。我的恩师徐世璇研究员在我写作最困难的时候鼓励我、指导我，不仅传授知识给我，还教会我做人和治学的态度。对恩师们的回报，我唯有努力钻研，多读书，读好书，学习他们求真务实的学术精神。

最后，我要感谢我的家人和社科院的师姐陈国玲以及同窗好友鲁美艳、王岩、才吉文毛、朱莎、张少珊、张丽梅等人。为了让我可以安心地调研和写作，我的公公婆婆替我分担了买菜、煮饭、接送孩子等家务；我的丈夫则无怨无悔地承担起陪伴孩子的责任，还几次开车送我去苗寨；就连我十岁的孩子，都会经常问起我书稿的进展情况。我的同窗好友鲁美艳和王岩，四年来一直与我同甘共苦，我的师姐陈国玲和才吉文毛、朱莎等师妹都在我最需要帮助的时候向我伸出援助之手，这段情同手足的交往，已经成为我人生最宝贵的一笔财富。

由于本人才疏学浅，文中存在的诸多疏漏和不足，都由本人负责。

摘　　要

　　本书通过记录语言学的理论方法，全面、系统地记录滇北苗语的语法例句、长篇语料和自然话语，并用功能–类型学的理论方法对滇北苗语的语音、词汇、语法进行描写。

　　本书包括七章。第一章主要介绍滇北苗语使用族群的历史渊源、人口分布、服饰、传统文化、宗教信仰及语言文字等人文社会概况，以及滇北苗语的研究现状、本书的研究方法及语料来源。第二章描写滇北苗语的声母、韵母、声调及其复杂的变调规律。第三章从词的构成、词汇意义、词汇组成三个方面描写滇北苗语的词汇，分析其单纯词、合成词、单义词、多义词、同义词、反义词、同音词等，还分析了滇北苗语的基本词汇、一般词汇和借词。第四章分别描写滇北苗语的名词、动词、形容词、代词、指示词、量词、数词、状词、副词、介词、连词、助词和叹词等 13 类词的类别、组合关系和句法功能。第五章描写滇北苗语的主语、谓语、宾语、定语、状语、补语和表语的句法结构和语义结构以及复指成分和独立成分。第六章描写滇北苗语的陈述句、疑问句、祈使句、感叹句、单句、复句等句类、句型，还描写了滇北苗语的特殊句式，包括处置句、被动句、比较句和关系从句。第七章从语音、词汇和语法三方面对滇北苗语的类型学特征进行总结。

　　滇北苗语的语音、词汇和语法在苗瑶语诸语言和方言中均具有一定的类型学特征。其声母和韵母数量高于苗瑶语声、韵母的平均数量，声母包含大量鼻冠音，固有韵母韵尾基本消失。声调出现阳入调与阳平调、阳上调合并的现象和声母浊送气的声调伴随特征，变调不仅发生在同类调中，也发生在跨类调中。

　　滇北苗语的词汇音节多数为单音节和双音节，词汇的语音类型丰富，前缀构词丰富。修饰式合成词分正偏式和偏正式，正偏式占明显优势。此外，一些与基督教文化相关的词汇由苗语固有成分构成，呈现出旧词新用的特点。

　　滇北苗语保留着 SVO 的基本语序特征，语序和虚词是表达语法的重要手段，但是名词、动词、形容词有形态变化，量词和状词也有形态变化。量词重叠表示部分复数，某些语序在共时平面上表现出双重语序的特征，但N(head)+N、N+Adj、V+Adv、关系从句和差比句的语序都保留了苗瑶语早期的语序类型。

关键词：滇北苗语　语音　词汇　语法　描写　类型学

Abstract

This book records abundant grammatical sentences,stories and natural discourse of Hmong language by applying theories of documentary linguistics, in addition, it also describes the Hmong language with the functional-typology linguistic methods.

This book includes seven chapters. Chapter One mainly introduces the historical origin, population distribution, clothing, traditional culture, religious beliefs, language and writing of the speakers, as well as the research status of the language, the research methods and corpus sources of this book. Chapter Two describes the initials, vowels and tones, and summarizes its complex tone sandhi rules. Chapter Three describes its vocabulary from the perspectives of word formation, lexical meaning and lexical composition. It analyzes its simple words, compound words, monosemy, polysemy, synonym, antonym and homonym. It also analyzes its basic vocabulary, general vocabulary and loan words. Chapter Four describes thirteen categories of words, respectively, namely, nouns, verbs, adjectives, pronouns, demonstratives, quantifiers, numerals, adverbs, prepositions, conjunctions, auxiliary words and interjections from the perspective of speech part. It also describes its combinational relations and syntactic functions based on each category of words. Chapter Five describes the seven sentence components, including the subject, predicate, object, attributive, adverbial, complement and predicate, as well as its compound components and independent components. Chapter Six describes the statements, interrogative sentences, imperative sentences and exclamatory sentences, as well as single sentences and complex sentences from the perspective of sentence types and sentence patterns. In addition, it also describes the special sentence patterns, including disposition sentences, passive sentences, comparative sentences and relative sentences. Chapter Seven summarizes the typological features from the perspectives of its phonetics, vocabulary and grammar.

Among various Hmong languages and dialects, the phonetics, vocabulary and grammar of the Hmong language in this book are marked by certain typological characteristics. Firstly, the number of its initials and vowels is higher than the averaged number of Hmong languages and dialects. Secondly, its initials contain a large number of nasal consonant initials, and its inherent vowels' finals basically disappeared. Thirdly, its tone is characterized by the combining of the fourth tone with the first and second tones; its voiced consonants are characterized by aspiration. The tone sandhi occurs not only within the same category of tones, but also in the cross ones.

The Hmong language in this book enjoys rich syllable types and prefixes and its syllable mainly consist of two-syllable words and three-syllable words. As far as the modifiers are concerned, it includes premodifiers and post modifiers and the latter is predominant. There are some words related to Christian culture in its vocabulary. These words are usually composed of its inherent elements, but they are closely related to the background of Christianity and Biblical culture, thus showing the characteristics of certain new use of old words.

The language of $a^{53}\text{m}\mathring{a}u^{43}$ retains SVO word order. Word order and function words are still important means of expressing grammar. However, it has relatively rich morphological changes, not only nouns, verbs and adjectives, but also classifiers and adverbials have certain morphological changes. The reduplication of classifiers means plural while some of its word orders show the typological characteristics of double word orders on the synchronic plane and the order of N(head)+N, N+Adj, V+Adv, relative clause and comparative sentence all retain the early word order type of Hmong languages.

KEY WORDS: $a^{55}\text{m}\mathring{a}u^{43}$ language; phonetics; vocabulary; grammar; description; typology

目　　录

第一章　绪论……………………………………………………………1
第一节　历史、社会及语言文字……………………………………1
　　一　族源及分布…………………………………………………1
　　二　滇北大花苗的生活环境……………………………………2
　　三　大花苗的服饰………………………………………………4
　　四　大花苗的传统节日与习俗…………………………………8
　　五　宗教信仰……………………………………………………13
　　六　大花苗的语言文字…………………………………………15
第二节　研究现状及研究意义………………………………………15
　　一　研究现状……………………………………………………15
　　二　研究意义……………………………………………………28
第三节　理论方法和数据来源………………………………………28
　　一　理论方法……………………………………………………28
　　二　语料来源……………………………………………………29

第二章　语音……………………………………………………………31
第一节　声母…………………………………………………………31
　　一　声母表………………………………………………………31
　　二　声母说明……………………………………………………31
　　三　声母例词……………………………………………………32
第二节　韵母…………………………………………………………34
　　一　韵母表………………………………………………………35
　　二　韵母说明……………………………………………………35
　　三　韵母例词……………………………………………………35
第三节　声调…………………………………………………………36
　　一　声调及例词…………………………………………………36
　　二　声调说明……………………………………………………37
　　三　汉语借词声调………………………………………………38
　　四　连读变调……………………………………………………38

　　　　五　语流音变 ··· 40
　　第四节　音节 ··· 41
　　　　一　音节的结构成分 ··· 41
　　　　二　音节的结构类型 ··· 42
第三章　词汇 ·· 43
　　第一节　词的构成 ·· 43
　　　　一　单音节词与多音节词 ··· 43
　　　　二　单纯词与合成词 ··· 48
　　　　三　构词形态与构形形态 ··· 55
　　　　四　构词与认知特点 ··· 60
　　第二节　词的词汇意义 ·· 60
　　　　一　单义词与多义词 ··· 60
　　　　二　同义词与反义词 ··· 61
　　　　三　同音词 ··· 63
　　第三节　词汇的组成 ·· 64
　　　　一　基本词汇 ·· 64
　　　　二　一般词汇 ·· 66
　　　　三　借词 ·· 67
第四章　词类 ·· 75
　　第一节　名词 ··· 75
　　　　一　名词的类别 ··· 75
　　　　二　名词的组合关系 ··· 80
　　　　三　名词的句法功能 ··· 83
　　　　四　名词重叠的语义语法功能 ··································· 87
　　第二节　代词 ··· 87
　　　　一　代词的类别 ··· 87
　　　　二　代词的组合关系 ··· 92
　　　　三　代词的句法功能 ··· 92
　　第三节　指示词 ·· 92
　　　　一　指示词的类别 ·· 93
　　　　二　指示词的组合关系 ·· 95
　　　　三　指示词的句法功能 ·· 96
　　第四节　数词 ··· 96
　　　　一　数词的类别 ··· 96
　　　　二　数词的组合关系 ··· 101

三　数词的句法功能 …………………………………………101
　第五节　量词 ………………………………………………………102
　　　一　量词的类别 …………………………………………………102
　　　二　量词的组合关系 ……………………………………………104
　　　三　量词的句法功能 ……………………………………………107
　　　四　量词重叠的语义语法功能 …………………………………108
　第六节　动词 ………………………………………………………109
　　　一　动词的类别 …………………………………………………109
　　　二　动词的组合关系 ……………………………………………114
　　　三　动词的句法功能 ……………………………………………119
　　　四　动词重叠的语义语法功能 …………………………………120
　　　五　动词的体范畴 ………………………………………………122
　第七节　形容词 ……………………………………………………125
　　　一　形容词的类别 ………………………………………………126
　　　二　形容词的组合关系 …………………………………………127
　　　三　句法功能 ……………………………………………………128
　　　四　形容词重叠式的语义语法功能 ……………………………130
　　　五　形容词的级范畴 ……………………………………………131
　第八节　状词 ………………………………………………………132
　　　一　状词的类别 …………………………………………………132
　　　二　状词的组合关系 ……………………………………………133
　　　三　状词的句法功能 ……………………………………………134
　　　四　状词重叠的语义语法功能 …………………………………135
　第九节　副词 ………………………………………………………136
　　　一　副词的类别 …………………………………………………136
　　　二　副词的组合关系 ……………………………………………138
　　　三　副词的句法功能 ……………………………………………138
　第十节　介词 ………………………………………………………139
　　　一　介词的类别 …………………………………………………139
　　　二　介词的组合关系 ……………………………………………140
　　　三　介词的句法功能 ……………………………………………140
　第十一节　连词 ……………………………………………………143
　　　一　连词的类别 …………………………………………………143
　　　二　连词的组合关系 ……………………………………………143
　　　三　连词的句法功能 ……………………………………………144

第十二节　助词 ·· 145
　　　一　助词的类别 ··· 145
　　　二　助词的组合关系 ·· 153
　　　三　助词的句法功能 ·· 154
　　第十三节　叹词 ·· 154
第五章　句法结构及其语义结构 ·· 156
　　第一节　主语及其语义结构 ······································ 156
　　　一　施事主语与施事主体 ···································· 156
　　　二　当事主语与当事主体 ···································· 157
　　　三　当事主语与起事主体 ···································· 157
　　　四　处所主语、数量主语与范围主体 ························ 158
　　　五　当事主语与材料、工具主体 ····························· 159
　　　六　动作行为主语与动作行为主体 ·························· 159
　　第二节　谓语及谓核结构 ·· 160
　　　一　以动词为中心的动核结构 ······························· 160
　　　二　以形容词为中心的谓核结构 ····························· 161
　　　三　名词或名词性短语做谓语 ······························· 162
　　　四　表示动作方式的副词做谓语 ····························· 162
　　第三节　宾语及其语义结构 ······································ 163
　　　一　受事宾语 ·· 163
　　　二　结果宾语 ·· 164
　　　三　工具宾语 ·· 165
　　　四　处所宾语 ·· 165
　　　五　表称宾语 ·· 166
　　　六　存现宾语 ·· 166
　　　七　数量宾语 ·· 167
　　第四节　定语及其语义结构 ······································ 168
　　　一　前定语 ··· 168
　　　二　后定语 ··· 170
　　第五节　状语及其语义结构 ······································ 173
　　　一　时间状语 ·· 173
　　　二　方式状语 ·· 174
　　　三　程度、范围、否定、条件状语 ·························· 174
　　　四　处所、时间、比况、对象状语 ·························· 175
　　第六节　补语及其语义结构 ······································ 176

一　情态补语……………………………………………………176
　　　二　结果补语……………………………………………………177
　　　三　程度补语……………………………………………………177
　　　四　数量补语……………………………………………………178
　　　五　可能补语……………………………………………………179
　　　六　趋向补语……………………………………………………179
　　　七　处所补语……………………………………………………180
　　第七节　表语及其语义结构………………………………………180
　　　一　表语说明主语的职业………………………………………181
　　　二　表语说明主语的性质………………………………………181
　　　三　表语说明主语的拥有关系或来源…………………………182
　　第八节　复指成分和独立成分……………………………………183
　　　一　复指成分……………………………………………………183
　　　二　独立成分……………………………………………………184

第六章　句类与句型……………………………………………………187
　　第一节　句类………………………………………………………187
　　　一　陈述句………………………………………………………187
　　　二　疑问句………………………………………………………187
　　　三　祈使句………………………………………………………191
　　　四　感叹句………………………………………………………192
　　第二节　句型………………………………………………………193
　　　一　单句…………………………………………………………194
　　　二　复句…………………………………………………………198
　　第三节　特殊句式…………………………………………………205
　　　一　处置句………………………………………………………205
　　　二　被动句………………………………………………………205
　　　三　比较句………………………………………………………206
　　　四　关系从句……………………………………………………206

第七章　基本结论………………………………………………………210
　　　一　关于语音……………………………………………………210
　　　二　关于词汇……………………………………………………213
　　　三　关于语法……………………………………………………215

附录　滇北苗语语料……………………………………………………224
　　语料一　词汇………………………………………………………224
　　语料二　语法例句…………………………………………………281

语料三　民间谚语及谜语…………………………………353
语料四　民间故事………………………………………354
　　故事一　恶媳妇……………………………………354
　　故事二　葫芦娃……………………………………361
　　故事三　鸡和野猫…………………………………393
　　故事四　仙女媳妇…………………………………402
　　故事五　老虎和姑娘………………………………413
　　故事六　老虎抢媳妇………………………………419
　　故事七　喜鹊和狐狸………………………………430
　　故事八　老变婆……………………………………453
语料五　节日及民俗口述文化…………………………463
　　节日一　花山节的由来……………………………463
　　节日二　花山节爬花杆的由来……………………469
　　民俗文化一　阿卯的房屋及建筑…………………479
　　民俗文化二　大菁文化室讲解……………………486
　　民俗文化三　阿卯传统服饰制作讲解……………495
　　民俗文化四　民谣…………………………………504
语料六　民间自创歌曲…………………………………506
　　歌曲一　苗家敬酒歌………………………………506
　　歌曲二　苗家迎客酒………………………………511
　　歌曲三　敬你一杯苗家酒…………………………514
　　歌曲四　我的名字叫苗族…………………………516
　　歌曲五　我是苗家女………………………………518
　　歌曲六　苗族婚礼赞歌……………………………523
　　歌曲七　苗家好地方………………………………529

参考文献………………………………………………535
　一　著作类……………………………………………535
　二　期刊论文类………………………………………537
　三　学位论文…………………………………………539
　四　外文文献…………………………………………539

第一章 绪 论

苗族分布广泛，在民国时期被用来泛指中国西南所有的少数民族（凌纯声 1942：108）。在 2010 年中国人口第六次普查中，苗族总人口为 9426007 人。根据王辅世《苗语简志》（1985&2009）的分类，苗语分为湘西方言、黔东方言和川黔滇方言，其中川黔滇方言的内部差别大、分布地域广、使用人口多，又分为川黔滇、滇东北、贵阳、惠水、麻山、罗泊河、重安江、平塘等八个次方言。苗语滇东北次方言的主要使用者是大花苗。

第一节 历史、社会及语言文字

一 族源及分布

关于苗族的历史和起源，学界目前普遍认可苗族起源于"三苗"部落，自从尧、舜、禹不断征剿和"北分三苗"后，"三苗"余部便从长江中下游向西和西南方向陆续迁往湘西、黔东南和云、贵、川交界地带。后来，部分苗族还南迁至越南、老挝、泰国等东南亚国家，越南战争后又有一些苗族难民迁往美国、法国、加拿大等欧美国家。据尤中（1994）、王懿之（2002）等人的研究，苗族最初在唐朝南召时期迁入云南并定居在红河州和文山州一带，明清时期有大规模的苗族迁徙至云南，致使其分布散及滇东南和滇东北地区。目前云南境内的苗族主要是花苗、白苗、青苗等。

"大花苗"是苗族的一个支系，自称 $a^{55}m\underset{\sim}{a}u^{43}$。杨汉先（1942）指出"大花苗"这个称呼首次使用出现在英国圣道会布道牧师发表的游记中，之后开始在各报章、文献和贵州苗民社会中被采用。杨汉先认为大花苗的来源有三种传说，一是因大花苗旧时在众多苗族支系中居首，其他苗族多从之而得名；二是因其衣饰花纹粗大而得名；三是"大花苗"来自汉族他称"大朝苗"，又因衣冠有花，故称"大花苗"。杨汉先还指出大花苗与小花苗的名称基本同时出现，衣饰花纹小者称之为小花苗："昔日吾苗自下方推至此方来，途中行程太远，众苗半途多分散，有得花领之大花纹者，其子孙

名大花苗，有得花领小花纹者，其子孙名小花苗。"（杨汉先 1942：112）

杨汉先认为大花苗是宋、明前随地主之女从大定以东迁移至乌撒部落的一个苗族支系，其祖先在乌撒定居下来后，又向西部或向北沿着三条路线迁移。第一条迁移路线是沿乌江北源马过河进入云南镇雄，第二条迁移路线是沿乌江北直入乌蒙山麓，第三条迁移路线是沿乌江南至水城。民国时期大花苗的分布为西南至云南省武定，东至贵州省安顺，北至金沙江沿岸，人口约五万左右，聚居地以乌蒙山麓为中心（杨汉先 1942：137）。

云南境内的大花苗源于贵州苗族，楚雄州武定县是大花苗先祖迁徙至云南的一个重要生活区域。据有关文献记载，大花苗进入武定是清朝道光年间（约 1849 年），当时六对苗族青年随贵州威宁彝族土司禄贞祥的女儿陪嫁到武定发卓的彝族土司李魁衡家；三年后约 120 余大花苗从贵州威宁迁入武定环州麦子箐。[①] 两年后，武定万德慕那氏土司与威宁禄氏土司开亲，约 600 余人由贵州威宁迁入云南武定万德，定居于万德马德坪大荞地。大概在 1855 年，贵州威宁的黑石头村及附近几个村的 360 余人分两路入滇，一路约 200 余人沿金沙江逐江而上，到达禄劝乌蒙雪山一带哽落角当地，由于瘟疫，部分转迁马龙、彝良、嵩明等县。另一路约 160 余人，迁入东川法者和乌蒙雪山一带的罗次、禄劝、禄丰、安宁、富民等地。

大花苗目前主要分布在贵州的威宁、赫章、纳雍、织金、六盘水、安顺、紫云、普定、镇宁等县（市），云南的昭通、昆明、楚雄、曲靖、普洱、玉溪等地州（市），以及人口约 35 万。本书的滇北大花苗专指金沙江大拐弯南岸昆明市禄劝彝族苗族自治县、楚雄彝族自治州武定县毗邻地带的苗族支系。根据禄劝县公安局 2017 年统计的内部数据，禄劝县的大花苗人口约为 16171 人；武定县统计局 2016 年颁布的武定县苗族人口为 23373（章艳波 2016：25），其中白苗约为 3160 人，其余 20200 余人都是大花苗。

二　滇北大花苗的生活环境

滇北大花苗大多居住于高寒山区，土地贫瘠，经济作物稀少，交通不便。长期以来大花苗生活贫困，医疗、卫生、教育、思想观念落后，贫困、饥饿、疾病是滇北大花苗不可逾越的壕沟，民族歧视、民族压迫曾一度严重影响了其发展。大花苗居住的洒普山苗寨海拔 2100 米，目前有 62 户 229 人。它曾是滇北基督教内地会的圣地和中心，但是随着洋教士的撤离变成了一个与世隔绝的苗族山寨。中华人民共和国成立后，这个山寨的农业、

---

① 这个地方过去由于民族歧视被称为"苗子湾"。

文化、教育、卫生、交通、水电有所改善。1997年至1999年，洒普山通土路，2018年通水泥路。

由于经济贫困，生活艰难，大花苗没有像样的住房。洒普山大花苗早期的住房比较简陋，往往人畜不分，卫生条件极差。20世纪初洒普山大花苗的房屋建筑多为"杈杈房"。20世纪50年代有极少的瓦房。如今随着改革开放、劳务输出和新农村建设，洒普山苗寨大花苗的房屋建筑出现了钢筋凝泥土结构的砖房，但多数仍为传统的夯墙。

洒普山大花苗的住房集中建在洒普山山头的台地上，住房周围是山地，山地上种植的农作物主要有玉米、小麦、烤烟、大豆和少量蔬菜，2012年开始种植的荷兰豆成为村民主要的经济作物，种植烤烟的数量由于受指令性计划和价格波动影响，近年来有所减少。除了山地以外，洒普山大花苗有少量用来种植水稻的水田，水田位于洒普山山腰少部分靠近水源的土地。1978年至1979年开始实行生产承包责任制时，洒普山大花苗按照一定的人均比例对所有山地和水田进行了生产联包耕植，田地种植的粮食基本能解决洒普山大花苗的温饱问题。洒普山苗寨在20世纪80年代通电，1995年开始安装自来水管，并逐步解决了人畜饮水安全问题。

洒普山苗寨是滇北大花苗最早接受基督教内地会"洗礼"的地方，1906年英国籍澳大利亚传教士郭秀峰到洒普山建教堂、传教、建立教会学校，有桉树、教会学校遗址、荒服世纪溯源碑、日月纪事纪念碑、苗文史略碑作证（具体见图1-1、1-2和1-3）。现如今大多数大花苗村民仍信仰基督教。

图1-1　洒普山苗寨碑塔　　　　图1-2　郭秀峰夫妇当年种植的桉树

图 1-3　郭秀峰夫妇当年居住的房子兼教会学校

三　大花苗的服饰

大花苗的服饰素有"穿在身上的史诗"之称，在整个苗瑶支系中最具特色。其传统服饰包括花衣服和五色裙。

(一) 花衣服

大花苗的花衣服在苗语滇东北次方言里叫作 ki^{55}tlha^{43}，其意思是"礼服"，又称为"托肩五彩服"。杨汉先笔下描述的大花苗服饰为"……式样简单，用华绒羊毛制成，恰似古代铠甲和肩甲一样，上面有各种花纹，颜色以红的为多，黑的次之，蓝的最少。这种艳装的花纹，多半是几何式的对称形，从艺术立场来讲很有艺术价值"(杨汉先 1942：137)。大花苗如今的服饰与杨汉先笔下描述的基本一致，只是这种服装平时不便于劳动已经成为节日盛装。

大花苗的花衣服包括内衣和外套，内衣有男装和女装之别，外套则不分男女装。女式内衣前后襟只到腰部，用两块相同尺码的布料从中间向后缝好即可，整件衣服呈"丫"字形。男式内衣的制作方法与女式内衣一样，只是前后襟都齐至脚踝。外套的制作则比较复杂，全靠手工刺绣而成。外套是花衣服的主要组成部分，由 19 片对称的刺绣图案组成(包括 6 片左右肩，8 片左右手袖，3 片后领和 2 片前后腰片)。男女外套的制作工艺和图案基本相同，只是传统男式托肩的前后图案为长脚十字架，女式则为菱形图案。传统式花衣穿戴比较烦琐，男女装都先穿内衣后穿外套，在外套的四角用针钉好，系上腰带，然后再套上后领。后领有海军式翻领，翻领边缘中央缝制四、五根花绳吊至腰部，用各色珠子串成惠子，并加银、铜钱等饰物做成"花棒"(苗语称作"lai⁴³leo⁴⁴")。穿戴时，女式花衣服通常与裙子搭配，男式花衣服则与长裤搭配。如图1-4至图1-7所示：

图1-4　女式花衣服 　　　　　　图1-5　男式花衣服

图1-6　与花衣服外套搭配的"花棒" 　　图1-7　花衣服背面图

大花苗传统的花衣服都靠手工刺绣完成，刺绣的各种图案都有固定的寓意。如托肩的蕨叶和蚂蚁互套图案表达大花苗族群希望得到蕨叶护佑，如蚁群一样兴旺发达的愿望；外套手袖的"剥格"图案表达白天和清楚之意，"待志"图案表达梳理和搜索之意，"剥格"和"待志"两种图案一起绣在手袖上表达大花苗族群希望"梳理世事，创造奇迹"的美好愿望；托肩和手袖的图案合并起来则表达大花苗族群"手创美好事，肩扛难料灾"的愿望。又如，男式托肩服前后片的长脚十字图案象征男人、耕作和武器；女式托肩服前后片的菱形图案则象征女人、粮食和家园。图1-8至图1-19是部分大花苗服饰文字图案及意义（朱文光、潘学德 2015：24）。

图1-8 "待志"纹饰的手袖 　　　　　　图1-9 "剥格"纹饰的手袖

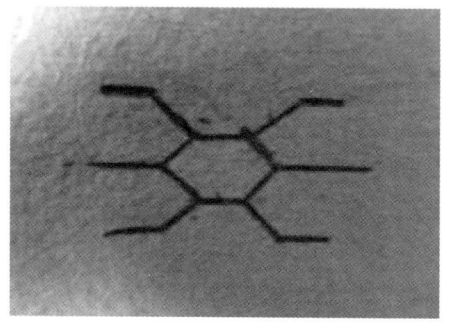

图1-10 象征保护的蕨叶 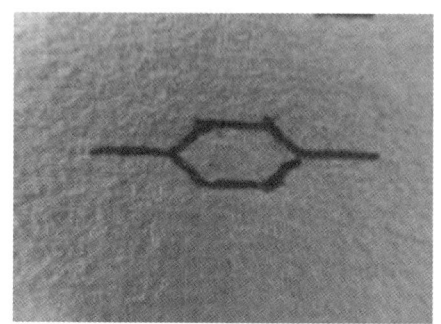　　　　　　图1-11 象征兴旺的蚂蚁

图1-12 象征女人，粮食，家园的菱形 　　图1-13 象征男人、耕作和剑弩的长脚十字

图1-14 象征山座的三角 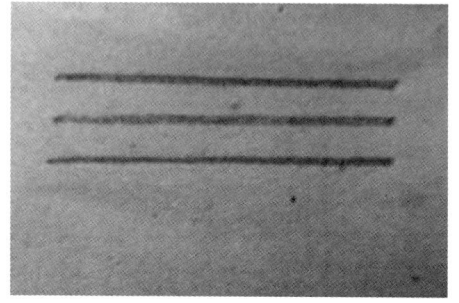　　　　　　图1-15 象征黄河和长江的平行彩带

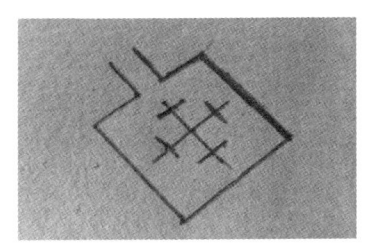

图 1-16　象征城堡的围腰片 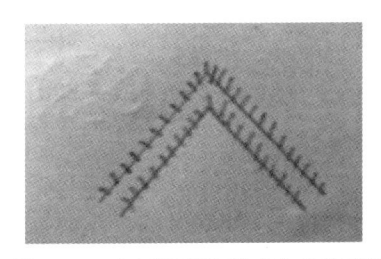　　图 1-17　象征梳理和搜索之意的手袖

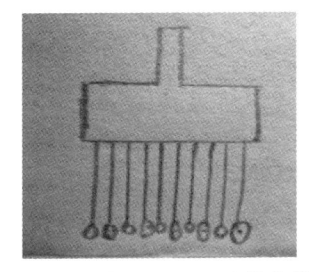

图 1-18　象征儿子儿孙的花棒 　　图 1-19　象征飞禽走兽的野猫

(二) 五色裙

五色裙是大花苗妇女的盛装。传统的五色裙用麻布蜡绘蜡染后再缝上红黄彩条及黑色裙脚制成，分为裙腰（$si^{55}die^{13}$）、裙身（die^{13}）和裙脚（$teo^{55}die^{13}$）三部分。裙腰是五色裙的主要组成部分，由一块白底蓝纹的蜡绘蜡染布和图饰组成。裙身上部分别缝着两条平行的黄红彩带，黄色彩带象征黄河，红色彩带象征长江（如图 1-20）。裙身饰纹由许多菱形图案或线条图案组成，寓意古代苗家人耕作的土地、粮食、家园。群身的图案主要是一些黄红彩条缝成"工"字形，寓意各地的江河。五色裙的裙脚（$teo^{55}die^{13}$）由一块黑布缝成，上面不绣任何纹饰，仅作为区分已婚妇女和未婚妇女的标志。未婚少女的裙子不加黑色裙脚，已婚妇女则加黑色裙脚，但是随着社会的发展，群脚的已婚和未婚区别正逐渐消失，有的群脚则保留了象征山川湖泊的图案（图 1-21）。

图 1-20　象征黄河和长江的裙腰彩条 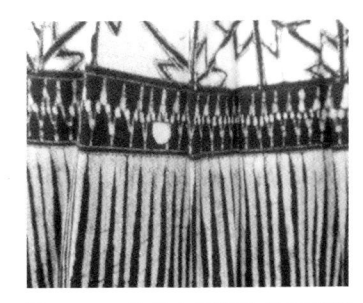　　图 1-21　象征山川湖泊的裙脚图

大花苗妇女在世时，穿的裙子彩条为上黄下红，寓意苗家人从黄河向长江迁徙。去世后的裙子彩条为上红下黄，寓意从长江回到黄河故地。

与大花苗传统服饰搭配的还有绑腿。传统的绑腿为一条宽约 10 公分，长约 3 米的黑布。绑腿上部边缘缝着黄红两条彩条，寓意黄河、长江，有的绑腿还绣有"鸡脚"纹饰，寓意畜禽兴旺，如图 1-22 和图 1-23：

图 1-22　象征黄河和长江的绑腿　　图 1-23　象征畜禽兴旺的"鸡脚"纹饰

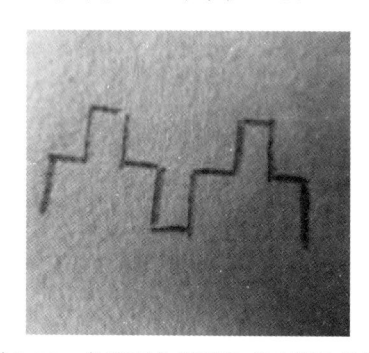

四　大花苗的传统节日与习俗

大花苗族群能歌善舞，传统节日及文化保留得较好，较隆重的节日有"苗年""花山节"等。此外，大花苗在婚庆、丧葬、姓氏等方面也保留着一些本民族特色。

（一）苗年

大花苗的苗年与中国传统春节的时间重合，但是拜年和吃姊妹饭的方式独特。

1. 拜年

大花苗大年三十吃过年夜饭后，男女老幼都身穿花衣服，载歌载舞地提着美酒和羊角杯，在两个敬酒司仪的引领下，吹着芦笙，挨家挨户地去拜年。集体拜年开始时，首先选择房屋比较宽敞的人家作为聚集点，先从寨子的一头开始逐户慰拜。拜慰大队每走到被拜主人家门口，先要由慰拜主持人说吉祥祝福的话，然后跳起芦笙舞，唱起祝福歌，主人家出门迎接慰拜队伍。

2. 吃姊妹饭

每年正月初一至初三，未婚女性要聚集在一起吃姊妹饭。凡有年满十八岁以上未婚女儿的家庭，在备年夜饭时，要特意为女儿准备烹调好的猪腔腿、猪耳、糖果等食品。届时，未婚女青年们各自邀请未婚男青年参加集会，男、女青年身着节日盛装聚会。以往，大花苗每村每寨都有为未婚男女青年聚会、交流、择偶专门修建的"姑娘房"。吃姐妹饭期间，未婚男女相聚于"姑娘房"，吹笙、歌舞、交流、择偶。

（二）花山节

花山节叫作 $a^{55}ʑi^{44}ɣau^{13}$，是大花苗的传统节日，于每年的农历五月初五举行，持续三至五天。花山节前夕，主办方在村寨附近平整开阔处立花杆并系上红色、蓝色和绿色彩带。节日期间，附近各地的大花苗都穿着节日盛装赶来参加，活动内容有唱山歌、爬花杆、跳芦笙舞、斗牛、拔河、射弩、篮球比赛、文艺演出等，场面颇为热闹和壮观。

（三）过小年

过小年目前主要保留在禄劝、武定一带大花苗聚居的地方。时间从腊月二十五日开始，持续三四天。大花苗杀过年猪，通常会邀请很多人来吃，等到过小年的时候基本只剩下猪头，于是形成过小年吃猪头的风俗。过小年当天，家家户户煮猪头肉在寨子里宴请亲朋好友，由于过小年的主要庆典活动就是吃猪头，因此大花苗苗语把过小年称为"做猪头"，苗语表达为 a^{44}（做）$li^{55}fau^{44}$（头）mpa^{44}（猪）。

（四）吃小酒

吃小酒是大花苗男孩的成年礼。男孩年满 18 岁时，父母要在家里为其操办酒席并邀请亲朋好友参加，这种成年礼称为"吃小酒"。吃小酒的目的有两个：一是向外界宣布男孩成年了，可以婚配了。二是请亲朋好友帮忙物色合适的女子。吃小酒时，男孩的父母要杀一对鸡并请男孩的舅舅卜鸡卦，预测男孩的前途与婚姻。

（五）传统婚姻习俗

大花苗的婚姻习俗主要包括说亲、订婚、迎娶、谢客、回门等。

1. 说亲

说亲之前，男方家需要物色好媒人和伴郎并准备好说亲礼物。媒人有两位，一位叫作走媒，又称正媒，是男方家有威望、能说会道的明礼人，一般由男方的姑父、姐夫或表弟或表哥等充任。另一位叫作坐媒，由与女方家亲近的长辈或同辈的外亲戚担当，其职责是传达男女双方的意图。说亲时要带宰杀好的一对鸡、十个或十二个鸡蛋、两斤酒、一两条烟、一升炒面、十盒红糖，其中烟酒用来答谢女方父亲，鸡蛋用来答谢女方母亲。

到约定说亲日时，男青年在媒人和要好的伙伴陪同下前往女方家说亲。男青年和媒人、伙伴到达的当晚，女方的父亲便请来长辈坐镇，把女儿叫来与男青年面对面细说，是否愿意出嫁完全由女儿决定，父母仅做圆场。如果女儿同意，媒人返回男方家说明情况后由男方另择日子与女方商洽娶亲的有关事宜；如果女儿不同意，第二天由女儿亲手退回男方所带去的礼物，双方从此再无瓜葛。

2. 订婚

订婚是正式缔结婚事的前奏。从说亲的第二天起，两位媒人返回男方家将女方的一切信息如实转达男方后，男方家就开始依照女方的意愿筹办定亲礼物。各项礼物备齐后，媒人在双方选定的日子带着男青年和订婚礼物送至女方家，男青年把礼物逐一点给女方家父母和亲戚，并认亲开口叫女方父母为爹妈。订婚结束。

3. 迎娶

大花苗传统的婚期一般选择在农闲时期，以便亲朋好友参加婚礼活动。婚礼一般举办三天，第一天是娶亲，称"挂红"，次日为迎亲，称"正酒"，第三天为谢客日。自娶亲之日起满一个月后新婚夫妇一起回女方家，称"回门"。

挂红日，男方家通常要请芦笙队前来热闹，村寨里的人自发前来帮忙，亲朋好友来祝贺。接亲时男方家需要组建12名或18名的迎亲队伍在午饭前赶到女方家举行娶亲仪式。迎娶礼仪的主体是交接娶亲礼物、说明迎娶的来意及应交代的事宜。

送亲时，新娘由伴娘和两名娶亲伴娘搀扶着步入堂屋神堂前，先向神位叩拜祖先，再叩拜爷爷奶奶和父母，最后叩拜门神。新娘一跨出娘家大门，娶亲伴娘就撑开雨伞遮住新娘上路，其寓意是为新娘防妖辟邪。

迎亲是新娘即将进寨和进屋时规定的一项礼节。新娘进入寨门后，新娘客人按礼节安排坐定饮茶、叙情，新娘则被两名迎俸侍女搀扶着直接进屋，屋子大门两边由一双"福寿双全"的夫妇等候，丈夫手抱一只大公鸡，妻子者则专门为新娘揭伞。新娘跨入男方家大门时，丈夫念念有词，将大公鸡从新娘头上丢过去，妻子随手揭下雨伞，然后扶着新娘迈入门槛，跨过用筛子罩住的"七芯灯"进屋。进屋后，新娘在堂屋的火塘右方坐下，等待拜祖祭宗仪式开始。拜祖祭宗仪式开始时，供奉神位的方桌上点燃香蜡，拜堂爷下令后，新娘跪在草席上分别向父母、长辈、娶亲客人、送亲客人和亲朋好友三叩首。礼毕后，新郎拿来一只大公鸡交给拜堂爷，拜堂爷对着神位向祖先祈祷后将公鸡敬献并捏死，然后由厨师以最快的速度将整只鸡煮熟端来，鸡头朝外放入门边方桌上的簸箕内。此时，拜堂爷带领新娘的叔父或伯父把鸡头转回内屋，大声喊新郎和新娘的名字，新郎和新娘双双答应后，拜堂爷说一些祝福新人和祭拜祖先的话，然后叫人送来两只雄鸡，为新郎新娘叫魂后又捏死交给厨房煮熟，之后依然是头朝外放在门边桌上的小簸箕里。然后，新郎的一个兄弟和新娘的兄弟齐手将鸡头转向屋内。拜堂爷高呼新郎和新娘的名字，口念咒语将鸡舌头扯下交给专门的看卦人分析卦象，听到"两人魂来得很旺"之类的回话后，拜堂爷用三根黑线把鸡舌拴上，挂在火塘钩上，然后把鸡肉切成块与送亲和迎亲客人分享。之后，拜堂爷把筛子撤下，升子和所剩之物放回神龛板上供奉三天。最后，新郎新娘向拜堂爷叩礼、入洞房，洞房里经过一番撒致喜糖的仪式后，迎亲仪式正式结束。

4. 谢客

谢客一般在婚礼的次日或第三日举行，也称谢媒日。早饭后，男方在堂屋中央摆放一排长桌，长桌四周摆满板凳，上排正中先请两位媒人入座，之后是男方父母在主位入座，接着是女方舅父、舅母和男方伯、叔父母入座，其他应入席的客人依次坐定，摆上酒、茶水，新郎和新娘向媒人送上谢礼并行"三叩两拜"礼，媒人发表祝词后，新郎新娘向媒人敬酒以示谢意。接着新郎新娘向入座的亲属敬酒认亲，然后是烦琐的交亲仪式，先由女方舅父发表至亲谢词后，男方伯、叔致答词，公婆致恭喜词，并向新媳妇赠送银饰和红包，然后向送亲客人发送红包、午餐、鞋袜等，备好"上马酒"，一一道别，婚礼结束。

5. 回门

新郎、新郎举行"挂红"日满一个月后，新郎需陪同新娘回娘家，从此，一对新人的婚姻礼仪全部完结。回门的礼仪较简单，一般就是新婚夫妇和女方亲朋好友欢聚一堂并共进晚餐。

（六）配茶证婚

基督教传入大花苗社区后，信教的男女青年遵循基督教的"配茶"证婚规约。根据基督教的规约，结婚的男女双方必须等到公开的证婚日期之后才能住在一起。没有证婚之前，男女双方必须保持贞洁才能取得基督教的"配茶"证婚，如果婚前发生性行为，教会视为不合格婚姻，一律不给予"配茶"。"配茶"证婚之时，男女双方必须在教会长老、亲戚、朋友、众人面前回答教会长老所提问题，立下誓言，并喝下明证"茶水"，从而在众人面前公证男女双方从此开始合并为一人。教会为新婚夫妇主持"配茶"主要有两个目的：一是为了鼓励恋人婚前保持贞洁，二是为了鼓励新婚夫妇婚后同甘共苦。

（七）丧葬

现在大花苗实行土葬。传统的丧葬分为收殓、开路、入棺、超度亡灵、出殡和打嘎。

1. 收殓

大花苗的老人在世时不准备棺木，待过世后才临时砍树镶棺木收殓。收殓完毕后，在堂屋神龛板下方由南朝北在地上定四根木杈桩，用九股长约五尺的竹片为径，用竹篾分五格编牢，据说这是供亡者路上骑的马，故称路骑马。路骑马放稳固定在木杈桩上并垫上数层麻布，然后将死者头朝南脚朝北横停在麻布上面，并在死者身下点燃指路灯。武定一带的大花苗在安放亡者时，需要在棺木里铺垫一层厚厚的蕨类植物，亡者身穿白色麻布寿衣，脚上倒穿草鞋（即颠倒鞋头和鞋跟的位置），这样做的目的是为了帮助亡者在幸运物蕨叶的保护下顺利返回苗族祖先之地。

2. 开路

为亡者开路一般由专门从事指路的开路先生来完成。开路前要给开路先生准备一双新麻草鞋和一只叫魂鸡，为亡者准备用篾片编织的"做骑"以及用纸或麻制作的伞、弩、刀和草鞋。开路时先生念开路词，一方面叮嘱死者从此以后不属于世上凡人，勿惦记儿孙，要安心上路，另一方面则向亡者详细讲解如何顺利到达安息之地，包括如何走石子路、过河、爬山、如何识别三口井水、如何走三岔路口和大雪山，如何通过天门到达祖先长存的地方等事宜。

3. 入棺

入棺时相关专职人员用竹卦念长辞告诉亡者已亡故。告知完毕后掷顺卦盖棺，随后鼓声响起，芦笙悲情地吹响，拉开超度亡灵的序幕。

4. 超度亡灵

超度亡灵也叫作"上山道场"，是出殡前引领亡灵上路的程序，标志着家属与亡者从此阴阳两分离，场面令人悲痛欲绝。超度亡灵的主旨是颂扬亡者的功德，教诲后人记住先辈的恩情和训导并让子女表达尽孝心愿，其主要活动是献酒饭和向亡者献祭牲，时间通常在晚上进行，至次日上午出殡时结束。

5. 出殡

出殡的时间一般在午饭后。出殡之际，灵堂内响起芦笙送行曲和鼓声，当鼓声停止后，挂鼓杆从大门扔出屋外，棺材抬起，之后，大儿媳点燃火把并用火把从棺材头钻入棺材底引丧，棺材随即出门通往安葬地。棺材出门前凡参加祭奠的亲朋好友都要用鸡蛋清棺叫魂。棺材送往安葬地途中，长子要身挎弓弩和刀箭引路，大儿媳要执火把照明，直到第一个交叉路口才丢掉火把。次子要端上开路时的引路鸡和晌午饭，众孝子要从灵棺底下钻三次，以示孝子身附父母亡灵，履行披孝伴行之意，护送亡灵平安回到祖先驻地与祖先团聚。

安葬结束后，家属要向亡者连续三天送火、早晚饭和洗漱水，第三天上午要举行复山仪式，即往死者坟上添土，方才表示葬礼完毕。

6. 打嘎

"打嘎"的意思是祭祖或者追思,大约在葬礼结束一年后举行,目的是为了超度死者的亡灵,也是儿孙们为亡者最后举行的敬孝仪式。人们认为亡者死后也要带上阳间簸箕去"天门",但是亡者到了"天门"因为背着簸箕被隔在门外而入不了天庭,打嘎就是帮助亡者解除背负的簸箕,使亡者顺利通过"天门"与祖先团聚。打嘎具体包括接灵、上祭和放灵三个环节。接灵在打嘎的第一天下午举行,在自家屋前或屋后搭建一个亭子,摆好亡者的"灵簸箕"后由主祭司念祭词告知亡者灵魂应该坐在哪里。上祭于接灵次日午饭后在家门口举行,其目的是让亡者接受献祭的祭品,以表达子孙后代对亡者的孝顺和感谢。祭品一般是煮熟的牛、猪、羊、鸡和酒等,向亡灵分别献上祭品,祭祀仪式完毕后,一切所杀牲灵分类全锅煮出供客人享用,以感谢亲朋好友的捧场和帮忙。上祭结束的次日举行放灵仪式,其主要任务是宴请亲朋好友。一般下午四时左右献过亡灵的饭菜后,人们制作"亡灵粑",把"亡灵粑"从大门抛向院子,把灵簸箕从地上滚出门,与此同时,祭司长念祭词告慰亡者灵簸箕已经去除,催促亡魂上路。

(八)姓氏与取名

大花苗的姓包括赵、朱、潘、王、吴、陶、张、安、韩、韦、李、罗、杨、刘、苏、马、龙、袁等,其中龙、潘、张、杨、陶、王等姓比较普遍。早期的大花苗只用苗语名字,没有汉语名字,后来随着汉文化的影响以及政府登记户口、检查徭税等需要,大部分大花苗才开始使用汉语名字。如今,越来越多的大花苗只有汉语名字,没有苗语名字。传统的苗语名字往往根据孩子出生的顺序和排行来取名,如,男名叫作 tsa^{55}da^{13} "老大"、tsa^{55}a^{13} "老二"、tsa^{55}saŋ^{44} "老三"等,女名则叫做 la^{55}da^{13} "老大"、la^{55}ȵtau^{43} "老二"、la^{55}saŋ^{44} "老三"等。此外,大花苗的男性名字通常与"强壮""勇敢"等语义相关,女性名字则往往与"花""美丽"等语义相关。基督教传入大花苗地区后,一些教徒也使用教名,如,杨雅各、张约翰等。

五 宗教信仰

大花苗的宗教信仰主要包括自然宗教和基督教。

(一)自然宗教信仰

大花苗普遍信奉万物有灵和崇拜祖先,宗教活动主要有祭龙、祭山神、祭鼓、祭祖等。

1. 祭龙

祭龙,大花苗称为 lãŋ^{55}zau^{13},其目的是为了祈求风调雨顺和农产丰收,日期一般在农历二月至三月。祭龙之前选择最靠近水源的一棵古木为龙树，然后把祭坛设在龙树的水源旁，祭龙时把羊、鸡、果品、谷物等祭品摆在祭坛上，由祭师或村中有威望的长者主持，全村每户人家均派人参加，祭品由村中几户人家轮流承办。

2. 祭山神

祭山神，大花苗称为"lãŋ⁵⁵mi⁵⁵sə⁴³"，是苗族外出狩猎前后的祭祀活动。祭山神的祭坛一般由本家族私设于山野的巨石或枝叶茂密的神树下，祭祀时间不定。狩猎前，猎人在祭祀坛向猎神请愿，祈求猎神赏赐猎物。狩猎归来，若所获猎物丰厚，便带着一块猎物和香火到祭祀坛向猎神还愿。

3. 祭拜祖先

大花苗的祖先崇拜主要表现为对长辈死亡时的丧葬仪式以及对祭祀祖先的活动。人们认为，人死后灵魂不灭，只是离开人的躯体。为避免亡灵失去归宿而游荡于世，人死后要请祭师为死者的亡灵指路，引渡死者亡灵到祖先居住处与先辈团聚，并等候投胎转世。亡者下葬后要举行"送火把"等仪式，将死者在坟山的亡灵引回家中接受供奉，并在每年除夕之夜、正月十五、六月初六、七月半以及去世的周年之际举行祭祀，祈求死者保佑其子孙平安。大花苗传统的大型祭祀活动，称为 lãŋ⁵⁵ʐeo¹³phy⁵⁵，每隔 11 年至 15 年举行一次，祭祀时间为一年的冬月或腊月寅日寅时，有的地方也选用十月的最后一个丑日。这种大型的祭祀活动可以持续几天几夜，还邀请众多芦笙手到场助祭，参加者往往有成百上千人。

大花苗近代以来的祭祖活动时间仍然在冬腊月，程序比过去简单，基本在本家族内部举行。随着社会的发展，大花苗的祖先崇拜活动日益淡化。

4. 巫医活动

巫教是许多南方民族都信仰的自然宗教，其中不乏迷信色彩。大花苗也有巫教，其活动有占卜、神判、祭鬼等，巫术活动一般由巫师开展。巫师除了熟悉祭祀方法外，大多还能讲述本宗支的谱系、本民族重大历史事件和迁徙来源的路线，熟悉各种神话传说、古歌古词和民间故事，有的巫师还兼有歌师和舞师的职能，在苗寨里具有一定的威望。有些巫师懂得草药，在为别人驱鬼的同时，还辅以一些科学的医疗手段。

（二）基督教信仰

大花苗是中国西南地区较早接受基督教的民族，19 世纪末 20 世纪初基督教开始在中国西南地区传播，英国基督教循道公会、内地会在大花苗地区传播基督教，循道公会以柏格里为代表在黔西北、滇东北大花苗地区传播基督教，内地会以党居仁为代表在黔西传播基督教，以郭秀峰为代表在滇北传播基督教。抗日战争时期，美国安息日会的实力也渗透到滇北大花苗地区。循道公会与内地会的关系密切，郭秀峰能在滇北大花苗地区传播基督教与柏格里的帮助密不可分，柏格里两度到达滇北并为滇北培养传教士。郭秀峰于1906年到滇北武定洒普山建立教堂、创办教会学校、传播基督教，致使洒普山曾成为滇北六族教会的中心。抗日战争后期，基督教在滇北开始衰落。当前，滇北禄劝、武定的大花苗基督徒约有一万人。

六 大花苗的语言文字

大花苗语言保留完好，其母语属苗语川黔滇方言滇东北次方言，内部差别较小，基本可以通话，没有土语差别。

苗族没有传统文字，大花苗也如此。基督教开始在滇东北、黔西北传播后，为了传教的需要，英国传教士塞谬尔·伯格理（Samuel Pollard）1905年在汉族基督徒李斯提反、钟焕然及苗族基督徒杨雅各、张约翰等人的协助下创制了一套有大写拉丁字母和苗族服饰符号并存的文字，用以传播基督教和翻译宗教经典，并用于教会学校的授课和培训，这套文字一般称为柏格里苗文。柏格里苗文于1907年由郭秀峰带到洒普山并用于传道员的培训，并被用来编写苗语授课教材及辅助读物，如《花苗一书》《花苗二书》等。伯格理苗文的使用一直沿用到1947年，但其应用领域和人群都是宗教活动和教会学校，非基督徒并不知晓柏格里苗文为何物。

中华人民共和国成立后，为国家建设和落实民族政策，中国科学院少数民族语言调查第二工作队在调查研究的基础上改革柏格里苗文，实行完全拉丁化。这套苗文称为新苗文，其使用范围为大花苗使用的苗语川黔滇方言滇东北次方言区，目前主要使用于黔西北、滇东北一带的大花苗地区。

随着中国少数民族语言文字工作的恢复，1985年由云南省民族语文工作指导委员会倡导，由杨荣新、杨荣辉、王明基等苗族知识分子在柏格里苗文的基础上，根据滇北大花苗的语音增加了适当的音位和声调符号，言外之意是对柏格里苗文进行规范，所以叫"规范苗文"，它只适用于滇北的大花苗地区。

第二节 研究现状及研究意义

一 研究现状

国内学者对苗语的研究始于抗日战争北方高校南迁时期，代表学者有张琨、马学良、高华年等。中华人民共和国成立后，中国科学院组建少数民族语言研究所并成立了7个中国少数民族语言调查工作队，第二工作队以马学良为队长、王辅世为副队长，负责苗瑶语族语言的调查，其中苗语组对湖北、湖南、四川、贵州、云南、广西等70多个县的苗语展开了调查，基本摸清了苗语及其方言土语的分布情况。中国科学院组建中国少数民族语言大调查直接受中央人民政府和政务院的领导，其目的是国家建制的需要和落实民族政策的需要，为此，中国科学院中国少数民族语言调查第二工作队，经过艰苦卓绝的调查后，于1956年11月，为苗语湘西方言、黔东方言、川黔滇方言分别创制了拉丁字母拼音文字，把滇东北和黔西北的柏格里苗文改革为拉丁字母拼音文字。在完成苗语的普查工作后，中国科学院少数民族语言研究所着手组织中国少数民族语言简志的编撰工作，中国科学院少数民族语言调查第二工作队先后完成"苗语简志""瑶语简志"并汇编为《中国少数民族语言简志·苗瑶语部分》，由科学出版社于1959年出版，由于印刷的问题，没有发行。后来由于受"文化大革命"的影响，直到1978年民族语文工作恢复后，中国社会科学院民族研究所组织编撰《中国少数民族语言简志丛书》并于1985年出版了《苗语简志》，用描写语言学的方法扼要描写了苗语湘西方言、黔东方言、川黔滇方言三个代表点的语音和方言划分的基本情况，以苗语黔东方言为代表描写了苗语词汇、语法的基本特点。尽管作者搜集整理了相当数量的苗语湘西方言、黔东方言、川黔滇方言及苗语川黔滇方言滇东北次方言的国内相关研究的学术史及研究动态，但是，鉴于本书的研究只涉及苗语川黔滇方言滇东北次方言，对国内外相关研究的学术史及研究动态进行梳理和综述时，将只综述苗语川黔滇方言区，重点梳理苗语川黔滇方言川黔滇次方言、苗语川黔滇方言滇东北次方言。

（一）国内研究现状

国内学者对苗语川黔滇方言的研究，尤其是对苗语川黔滇方言川黔滇次方言、滇东北次方言的研究主要涉及语音、词汇、语法和文字等四方面。

1. 语音的研究

苗语语音的研究包括语音共时描写研究和历时比较研究。苗语川黔滇方言川黔滇次方言、滇东北次方言的语音共时描写研究主要是对声母、韵母、声调的描写，以语音共时描写和历时比较为主，常见于就音系或语音现象进行描写。

人们早期对苗语语音的研究中比较有影响力的是张琨先生1947年发表的《苗瑶语声调问题》一文。作者根据苗语调查点的声调对应和鼻闭塞音声母的分化，推断出古苗瑶语有四声八类的结论，即"古苗瑶语有8个调类，其中4个是阴调，4个是阳调。阴阳调的分立是依照声母来源的清浊分的"。该结论成为苗语语音调查与分析的依据，为后继者的比较研究奠定了基础。

　　王辅世主编的《苗语简志》（1985）描写了苗语三个方言的音系，指出川黔滇方言有 56 个声母、23 个韵母和 8 个调值、8 个调类，虽然川黔滇方言的代表点是川黔滇方言贵州省毕节市七星关区燕子口镇大南山苗话，而且与苗语滇东北次方言有很大差异，但属于较早描写苗语语音的文献，对后人描写苗语滇东北次方言的语音及音系提供了参考框架。

　　王辅世、王德光的《贵州威宁苗语的声调》（1986），分析了贵州威宁石门坎苗语的调值与古苗语四声八类的对应情况，指出石门坎苗语有阴平、阳平、阴上、体词性阳上、非体词性阳上、阴去、体词性阳去、非体词性阳去、阴入、体词性阳入、非体词性阳入 11 个调位；他们还分析了贵州威宁石门坎苗语的类推变调和复杂的连读变调规则，并指出贵州威宁石门坎苗语的声调在整个苗语里是非常特殊的。

　　陈其光（1984）描写分析了古苗瑶语鼻冠闭塞音声母在现代方言里的四种读音情况：（1）全部保存鼻音和口音；（2）部分变成鼻音，部分没有改；（3）部分变成口音，部分没有改变；（4）全部变成口音或鼻音。作者根据这四种情况把古苗瑶语鼻冠闭塞音声母在现代方言里的读音归纳为 16 种类型，其中石门坎类型的特征是古鼻冠闭塞音声母都保留着鼻音和口音两部分，而且保持着全清、次清、全浊的区别，浊鼻冠闭塞音声母保留着送气和不送气的区别。作者还指出石门坎鼻冠闭塞音声母的演变与调类和词类有关系：第 2 调字的声母都是送气浊音，第 4I、6I、8I 调的字一般是名词，其声母是不送气浊音，第 4II、6II、8II 调的字一般是非名词，其声母是送气浊音。此外，陈其光先生在马学良先生主编的《汉藏语概论》（2003）中用大量语料从语音、语法、词汇和方言四个方面对苗瑶语做了比较和分析，指出贵州威宁石门坎苗语的声母系统在苗瑶语里是最多的（共 111 个）。此外，作者还提到了石门坎苗语的全清声母、次清声母和浊声母的变化，并简略描写了石门坎苗语方位词的类推调变现象。

　　孔江平（1993）通过声学分析研究指出：石门坎苗语的浊送气声母（用符号"ɦ"表示）在发音类型上属于气嗓音，其气音成分贯穿整个韵母，并与正常韵母形成对比。浊送气音在听感上除了是浊音外，还有送气的感觉，其声调比非浊送气的音节大约低一度。

　　张雅音（2015）根据武定、禄劝和禄丰一带的苗语把滇东北次方言苗语的声母精减为 54 个，其精减的途径主要是把声母出现的声调条件分析为音位互补，把不同部位的鼻冠音处理为一个音位 N，这种处理方法与陈其光先生（2003）的理论方法有所不同，不被国内学界推荐用来描写苗语语音。

李云兵的《苗瑶语的连读变调》（2015）指出苗瑶语的连读变调是为了满足左重或右重韵律结构的语音形式，苗瑶语重音韵律结构的表现形式是苗瑶语产生连读变调的真正原因。文章以翔实的苗瑶语材料描写了苗瑶语的连读变调情况，指出苗瑶语连读变调的语音特征表现为调值衍生、调类转换、声母清浊交替和元音交互。苗瑶语的连读变调可以分为右侧音节连读变调、左侧音节连读变调、左右侧音节连读变调、单音节变调等四种类型，苗瑶语连读变调的功能体现为构词变调、构形变调两种类型。作者还分析了苗瑶语连读变调的两种句法表现形式，即严格按照变调的规律变调和连读变调链，指出苗瑶语连读变调与语序类型的关系，连读变调与音步重音韵律结构的关系，对苗瑶语的语音研究及语音关系研究具有重要意义。

苗语川黔滇方言川黔滇次方言、滇东北次方言的语音历时比较研究主要涉及到声、韵、调的历史比较研究和古音构拟。刘援朝的《威宁苗语古调值构拟》（1993）采用语言内部拟测方法，根据苗语滇东北次方言贵州威宁石门坎苗语本调与变调之间的关系，并参考苗语滇东北次方言其他 5 个语言点的情况，初步构拟了苗语滇东北次方言发生变调前的古调值，分别是阴平 44，阳平 24，阴上 55，阳上 13，阴去 33，阳去 31，阴入 22-11，阳入 43。滇东北次方言各地古调值演变的主要特点是各语言点的本调与古调值相差不大。刘援朝认为贵州威宁石门坎以北的滇东北苗语由于异化和同化的广泛应用，调值变化较大，虽然 5 个语言点声调调值歧异之处并不明显，但调值不同仍影响变调不同；入声在各地语言点表现形式各不相同，有的调值合并，但在声母上分开，有的虽然声韵调一样，但变调规律却有所不同；从调值上看，古调值的入声是独立的。

王辅世的《苗语语音研究中理论和实践的结合》一文立足 200 多个苗语调查点的资料，阐述了苗语语音研究中如何用理论指导记音，反之又如何应用田野调查资料来丰富语音理论这两者之间的关系。文章提到的关于苗瑶语语音的理论有：苗瑶语有八个声调的理论（张琨 1947），古苗语声母的全清、次清对苗语某些地方话的声调有影响的理论，贵州福泉县野鸡坡苗话又建立了古苗语声调分平、上、去、入四个声调的理论。王辅世在该文中还指出古苗语共有 121 个声类和 32 个韵类。

王辅世的《苗语古音构拟》（1994）在苗语湘西方言、黔东方言、川黔滇次方言、滇东北次方言、贵阳次方言、惠水次方言、麻山次方言、罗泊河次方言、重安江次方言中各选取一个代表点位作为比较对象，构拟了古苗语的声、韵、调，为苗语田野调查按例索音奠定了基础。

苗语滇东北次方言的语音历时研究主要是苗语古音构拟。王辅世、毛宗武先生的《苗瑶语古音构拟》（1995）以 23 个点的苗瑶语为材料构拟了苗瑶语的古音，其中，古声类的构拟以苗语方言土语为主，古韵类则主要参照瑶语的韵母系统，拟音注意到了声、韵、调的相互联系和制约，为年轻学者研究现代苗语方言土语的语音的历史演变奠定了基础。

2. 词汇的研究

词汇研究是苗语研究中的薄弱环节，苗语川黔滇方言川黔滇次方言、滇东北次方言的词汇研究也是如此。从文献来看，苗语词汇研究主要涉及相关著述的部分内容或专题研究。

张济民的《苗语语法纲要（川黔滇方言）》(1963)从单音词、多音词、单纯词和复合词的结构类型对苗语川黔滇方言川黔滇次方言大南山话的词汇做了描写，阐述了苗语川黔滇方言川黔滇次方言大南山话的构词法。

王辅世主编的《苗语简志》(1985)从单纯词、复合词、并列四音格词的构成方式和结构特点等方面对苗语湘西方言、黔东方言、川黔滇方言代表点的词汇做了比较，阐述了苗语三大方言构词的共性与差异。

李云兵的《苗语川黔滇次方言的名词前加成分》(1993)分析了贵州省毕节县大南山苗话的 15 个名词前加成分的来源及用法。这 15 个名词前加成分包括 pau^{43}、qa^{43}、a^{43}、to^{43}、qo^{43}、ko^{44}、so^{43}、$khou^{43}$、na^{24}、po^{31}、tou^{43}、$qhua^{43}$、ni^{33}、$tṣi^{21}$、ku^{13}。该文对苗语滇东北次方言的前缀构词有启发和指导意义。

一些学者还从文化语言学的角度对苗语词汇做了研究，从苗语词汇来推测、考证苗族先祖当时的社会、经济及生活状况。此方面的研究以曹翠云、李锦平、李炳泽和陈其光等人为代表。如曹翠云在《从苗语看苗族古代历史文化的痕迹》(1991)一文中以黔东苗语词汇为依据考证了苗族的起源、迁徙、群婚制、古代苗族的生活环境等历史文化、提出苗族是我国南方古老民族之一的说法。李炳泽在《从苗语词汇看苗族古代文化》(1995)一文中利用苗语三个方言区的同源词考证苗族的芦笙文化、纺织文化、植稻文化、蜡染工艺和竹编工艺，并指出湘西苗族一百多年来芦笙文化的失传导致湘西苗语找不到"芦笙"一词的表达。此外，他还利用与词缀 Diel（含义为"汉族"）相关的词汇考查了明清以来汉族文化对苗族农作物、药材、日常生活用品、生产工具和节日等文化方面的影响。陈其光在《苗语词汇发展的一种方式》(2000)一文中以苗瑶语的 15 个方言词汇为例，讨论了苗瑶语词汇裂变现象并指出裂变词包括了民族交往、词源、地理分布、文化扩散、词义的民族性和地域性等文化蕴含。李锦平在《从苗语词汇看苗族历史文化》(1999)一文中以黔东苗语的部分词汇为考察对象，指出苗语词汇是苗族历史悠久的有力佐证，是探索苗族婚姻制度的重要依据，也是苗族祖先狩猎与农耕生活的客观反映，还是苗族祖先思维联想和认识水平的真实再现。此外，他在《从苗语词语看苗族农耕文化》（2002）一文中通过分析苗语三个方言的农耕文化词语论述了苗族的农耕文化。他指出苗语里丰富而细密的农耕文化词语说明苗族是一个历史悠久的农耕民族。

3. 语法的研究

苗语语法的研究始于 20 世纪 50 年代，其语法研究专著除对苗语总体研究中相关的语法内容进行描写外，主要是为新创制苗文的推行和教学而编写的，语法体系和研究方法主要参照传统汉语语法体系。这方面的研究以张济民和王辅世的研究成果为代表。

张济民的《苗语语法纲要（川黔滇方言）》（1963）参照传统汉语语法体系并结合苗语的语法特点，对苗语川黔滇方言川黔滇次方言大南山苗话的名词、代词、指示词、数词、量词、形容词、状词、副词、介词、连词、助词、叹词 12 类词的基本特点和句法功能进行了描写，对主语、谓语、宾语、补语、定语、状语的位置、构成形式、语义特征及句法结构中的复指与插说关系进行了描写，还对单句、复句的结构和结构关系进行了描写。

王辅世主编的《苗语简志》（1985）描写了黔东方言贵州凯里养蒿话的 13 类词的基本特点、句法功能以及词组、句子成分，还对苗语湘西方言、黔东方言、川黔滇方言川黔滇次方言的语法进行了初步比较并说明其共性与差异，认为形容词后带名词是名词作补语，名词前附量词是名词修饰量词，量词作中心语。这与苗语的实际不符，在 2009 年的修订版中，指出形容词后带名词是名词作宾语，名词前附量词是量词修饰名词，名词作中心语。这对苗语名词性短语的研究具有类型学价值。

苗语语法的专题研究，通常是对某一词类的语法现象进行描写和解释或者就苗语的构词、构形和相关句法进行描写研究。苗语语法专题研究细致、深入，对苗语语法体系的建立有重要的参考价值。这方面的研究以王辅世和李云兵的研究为代表。

王辅世的《贵州威宁苗语的量词》（1957）是与本书密切相关的一篇论文。作者对威宁苗语量词的分类、连读变调、形态变化、句法结构及其句法结构功能进行了详细的描写。作者认为威宁苗语的量词有一般量词、复量词 ti^{55} 和助量词 $tsŋ^{55}$。一般量词用在数词或复量词之后，通常伴有变调现象。复量词 ti^{55} 只能指复数的事物，助量词 $tsŋ^{55}$ 用在其他量词之后，只对量词起辅助作用。量词本形修饰名词，构成量形结构、量指结构、量形指结构、数量形结构、数量指结构、数量形指结构。量词本调变形可以单独修饰名词，也可以与指示词一起修饰名词，构成量形结构、量指结构和量形指结构。量词升高调变形可以和它的修饰词组成量形结构、数量形结构、数量指结构和数量形指结构。复量词的清变形与量词本形组成的量词短语可以和它的修饰词组成量形结构、量指结构和量形指结构，复量词的浊变形可以和修饰词组成量形结构和数量形结构。助量词与修饰词组成各种结构，使用时代表男性人物。作者还指出威宁苗语量词有壮美、普通、指小的意义，在具体使用时有形态变化。作者在文章附录还列出了威宁苗语的主要量词和威宁苗语的声韵调表，对后人的田野调查具有指导和测试意义。

王辅世、王德光的《贵州威宁苗语的方位词》(1982) 对贵州威宁方位词的性质、分类以及应用方位进行了深入的分析，认为贵州威宁苗语的方位词是一个独立的词类，进而分析了贵州威宁苗语的 12 个前置方位词、8 个后置方位词、9 个中置方位词和 13 个指示词的用法。

王辅世的《我对苗语语法上几个问题的看法》(1982) 讨论量词问题时，认为量词修饰名词的说法比名词修饰量词的说法好，因为后一种说法用于度量、时间单位量词太牵强。讨论关于系词的问题时，王辅世认为系词是一种虚词，与判断动词无关。讨论名词、量词与形容词组合、能愿动词与动词组合的结构关系时，他认为名词、量词出现于形容词之后，是补充关系，而不是形容词的宾语。能愿动词和后接动词的关系也是补充关系，后面的动词是补足语。

王辅世、王德光的《贵州威宁苗语的状词》(1983) 描写了贵州威宁苗语状词的语音和语法特征，指出威宁苗语动词、形容词后面经常附带一些音节，表示动作的状态、速度、声音和形容词所表示性质的状态，这些后附音节就是状词。威宁苗语状词有单音节状词和多音节状词，声调在 6 个调中受一定限制，绝大多数状词除原形外还有一个变形，原形表示的动作或性质是规则的，变形表示不规则和复杂多变的动作或状态。状词变形规则按单音节和双音节增加音节和变调。作者还把威宁苗语状词分为 6 类，对每一类状词的用法和功能做了描述，并在文后附上了主要的状词表，为后人研究苗语状词提供了参考框架。

张济民的《苗语川黔滇方言的指示词》(1987) 一文把苗语川黔滇方言的指示词分为一般指示词（nad "这" 和 ked、id、od "那"）和地形指示词（puat "这" 和 dons "那"），他指出苗语川黔滇方言的指示词具有表示"指示"和"方位"的双重性质，其语法特点是可以修饰方位词和量词。此外，张济民在《苗语方位词的归类问题》(1998) 中描述了川黔滇方言的一般方位词和地形方位词，分析了方位词与名词的共同点和差异，提出把方位词作为一个独立的词类来处理的结论。

李云兵的《苗语川黔滇次方言的状词》(1995) 指出苗语川黔滇次方言的状词分为单音节状词和多音节状词，单音节状词分为随从型状词和非随从型状词，随从型状词又分为随声、随韵和随调。多音节状词分为同声多音节状词、同韵多音节状词、同调多音节状词和异音多音节状词。根据状词表达的词汇意义和语法意义，分为情貌状词、速度状词、声音状词、形状状词、颜色状词、气味状词、感觉状词。多音节状词有元音和谐现象，以元音的舌位高低为依据，如果是复合元音韵母，和谐时以后一个元音为准，居前的元音要比居后的元音舌位低或相同，这是一种广义的元音和谐。

苗语是分析性较强的语言，但不是说没有形态。苗语的形态分为构词形态和构形形态，构词形态以附加词缀为主要语法手段，构形形态以语音屈折变化为主要语法手段。对苗语形态进行研究的成果主要包括王辅世、王德光和李云兵等人的专题研究。

王辅世、王德光的《贵州威宁苗语带前加成分的双音节名词的形态变化》（1996）指出：大部分带 a^{55}-、a^{33}-、a^{11}-、pi^{55}-、pi^{33}-、ti^{55}-、ki^{55}-、li^{55}-、li^{33}-等前加成分的大部分名词有形态变化。名词本形（肯定形）指代的事物是明确的、固定的；变形（不肯定形）指代的事物是不明确、不固定的。带前加成分的双音节名词的不肯定形构成方法是在肯定形的前面加两个音节，所加的第一个音节和肯定形的第一个音节的声、韵相同，声调为高平调，所加的第二个音节与肯定形的第二个音节的声母相同，若肯定形的第二个音节的声母是在浊送气成分的浊声母，则所加第二个音节的声母由肯定形第二个音节的韵母决定，如果肯定形的第二个音节的韵母是展唇元音 a、ə、ɯ、i 或由展唇元音构成的复元音 ai、aɯ，则所加第二个音节的韵母是 u。如果肯定形的第二个音节的韵母是圆唇后高元音 u，则所加第二个音节的韵母是 i。如果肯定形的第二个音节的韵母时圆唇后次高元音 o 或圆唇前高元音 y 或复元音 au，ey，则所加第二个音节的韵母可以是 i，也可以是 u，但以 i 为常用，所加第二个音节的声调为高平调。

李云兵的《论苗语名词前缀的功能》（2002）认为苗语声调越发达，前缀构词功能越弱；声调越不发达，前缀构词功能则越强。苗语名词前缀的多少与苗语各方言、次方言乃至土语的声调和调类有直接关系，声调和调类越多，名词带前缀的可能性就越小，反之则越大。前缀有限制名词语义的功能，其语法结构功能的强弱取决于名词在语法结构中的语义表达的完整性和确定性：名词在语法结构中的语义表达完整且确定时，前缀的结构功能散失，名词不须带前缀，当名词在语法结构中的语义表达无定时，前缀对名词来说可有可无。

李云兵的《苗语的形态及其语义语法范畴》（2003）指出苗语诸方言的名词、代词、指示词、数词、量词、动词和形容词有形态变化，形态变化的语法手段包括语音屈折、重叠和附加前加成分三种。论文还分析了这三种形态变化的具体使用情况，最后指出苗语形态变化的语义语法范畴主要是数、指称、类化、时量、情状和貌。

李云兵的《花苗苗语方位结构的语义、句法及语序类型特征》（2004）描写了花苗苗语的方位词及其组合关系、方位结构的语义特征、句法关系和语序类型特征，认为花苗苗语的方位词分为位置方位词、处所方位词和距离指示方位词三类。在句法结构关系中，方位结构能充当处所主语、处所宾语、话题和焦点；在语序类型特征上，方位结构中的方位词有前、后两种语序，方位结构的句法基本语序是 S 和 O，关系名词结构和介引方位结构使用前置词，方位结构语序后置。

李云兵的《苗语方位结构的语序及其语义结构特征》（2004）对苗语川黔滇方言川黔滇次方言方位结构的语序及其语义结构特征进行讨论，描述了川黔滇次方言方位词的组合、语义特征、语序位置和句法结构语序等内容，对苗瑶语的方位词研究及类型学比较研究有重要意义。

李云兵的《苗语重叠式的构成形式、语义和句法结构特征》（2006）用描写语言学的方法结合当代语言学理论对苗语各方言的名词、量词、动词、形容词和状词重叠式的构词形式、语义特征和句法结构特征进行描写、分析和比较，认为重叠是一种形态语法手段，在苗语中作为一种语法手段得到广泛应用，有各词类所遵循的共同的、稳定的语法意义。

李云兵的《论苗语动词的体貌》（2002）通过对苗语川黔滇方言川黔滇次方言动词与动态助词、状词的组合所反映出的语法意义的分析，指出苗语的动词有体和貌的语法范畴。体范畴由动词附加不同的动态助词表达，貌范畴由动词附加状词表达。体范畴包括现在体、将来体、进行持续体、实现体、结果体、终结体和将完成体，貌范畴分为情状貌、速度貌和声音貌。论文对动词的体、貌及其句法结构进行了描写和阐述，认为苗语以貌为主，以体为辅来表达动词的词汇语法意义。体范畴表达动词的客观时间概念，貌范畴表达动词的主观感知印象。

除上述苗语研究学者外，苗族中青年学者王维阳编著了教材《苗语理论基础（滇东北次方言）》（2005），但由于是教材而且用苗文书写，不利于不懂苗文的学者使用和参考。

4. 文字的研究

苗族语言文字方面的研究主要围绕国家语言文字政策的角度来评论少数民族建国后创制的拼音文字、苗族语言文字使用现状、伯格理苗文的创制与发展、苗文电脑输入法研究等内容展开。如孙宏开先生的《汉语拼音方案与少数民族文字的创制与改革》（2013）、陈其光先生的《传教士创制的文字》（2013）、刘琳、郎维伟博士的《川南苗语语言文字使用的历史演变》（2018）、莫礼平等人的《基于 Open Type 技术的方块苗文字库研究》（2015）等，由于这类研究没有涉及语言本体研究，此处不做详细综述。

从上述文献来看，苗语滇东北次方言的研究几乎都由王辅世、王德光、李云兵等少数学者来进行，王辅世、王德光是老一辈学者，他们对苗语滇东北次方言的研究基本集中于对贵州威宁石门坎苗语的专题研究，对滇北一带的苗语研究尚无人涉足。可以认为，中国学者对分布于黔西北、黔西、滇东北、滇中、滇北的苗语滇东北次方言的研究还不全面、不系统，有必要对滇北大花苗苗语进行深入调查和系统研究。

（二）国外研究现状

国外学者 19 世纪末对苗语的关注主要是法国的传教士，他们的目的是为了在苗族地区传教，所做的工作是收集黔东南一带及印度支那的苗语词汇，编成苗语词典，以翻译《圣经》。20 世纪初英国传教士进入黔西、黔西北苗族地区传教，他们为那一带的苗族创制了文字，除用于传教外，还用于学校教育。外国人 19 世纪末 20 世纪初记录的苗语材料，基本都用拉丁字母再加上一些符号，很不好辨认其读音，而且大多数记录者都没有标记声调，使用很不方便。这一时期对苗语词汇的记录主要是外国人，如东南亚语言学先驱博尼法西（A. L. M. Bonifacy），法国巴黎对外传会传教士萨维那（F. M. Savina），法国传教士埃斯基罗尔（Joseph Esqairol），法国传教士维亚尔（Paul Vial），法国学者马伯乐（Henri Maspéro），日本学者鸟居龙藏（Torii Ryuzo），德国学者施密特（Schmidt）等。整体而言，国外对苗语的研究以白苗为主，偶尔涉及绿苗，花苗基本无人涉足。从研究内容来看，对苗语语音的研究居多，语法其次，词汇最少。

1. 语音的研究

国外研究苗语的学者主要包括 Downer，Smalley，Jarkey，Huffman，Mortensen 等人，他们从历时语音学的角度探讨了苗语的变调，也从共时语音层面对泰国、老挝和美国境内苗语的语音进行了描写，对本书的语音描写具有一定的参考价值。

Downer（1967）描写了绿苗的 7 个声调，发音类型包括了气嗓音（breathy）、紧喉音（creaky）和其他常规音。作者通过声学分析指出：苗语的声调与低音和高音之间的谐音、元音的长短、元音音质和声母有关，其中低音和高音之间的谐音最能预测声调的范畴。

Smalley（1976）考察了白苗和青苗苗语的音节，并重点对它们的声母发音特征和声调调值作了对比分析。Jarkey (1987) 通过实验语音学的方法分析了老挝境内白苗苗语里 d 和 dfi 这两个齿龈爆破音的光谱图，描写了 d 和 dfi 的发音特征。

Huffman（1987）应用试验声学的原理分析了苗语气嗓音（breathy voice）和常规音的区分尺度。作者指出：气嗓音和常规音是苗语里形成对照的两种发音类型，发气嗓音时，源自口腔的声门气流形成对称的脉冲，脉冲持续的时间比常规音短。

Ratliff（1992）认为白苗苗语只有 7 个声调，其中一些声调和传统的第 8 调具有形态功能，她还讨论了数词、代词、状词等词类中的变调现象及功能。

Golston & Yang（2001）对白苗苗语中的英语和法语借词的声韵调和音节作了考察和对比，没有什么特别的观点。

Mortensen (2004) 简要描述了老挝境内绿苗苗语的音系，把辅音归纳为 p、p^h、^{n}p、^{n}p^h、t、t^h、^{n}t、^{n}t^h、c、c^h、^{n}c、^{n}c^h、k、k^h、^{n}k、^{n}k^h、q、q^h、^{n}q、^{n}q^h、ts、ts^h、^{n}ts、^{n}ts^h、tʃ、tʃ^h、^{n}tʃ、^{n}tʃ^h、tʂ、tʂ^h、^{n}tʂ、^{n}tʂ^h、m、n、ɲ、ŋ、f、v、s、s^h、l、ɬ、ʃ、ʒ、j、ç、pl、kl、p^{h}l、k^{h}l、^{n}pl、^{n}kl、^{n}p^{h}l、^{n}k^{h}l、ml 等 55 个，把元音归纳为 i、ɨ、u、e、o、ɔ、ĩ、ũ、ã、ĩŋ、ẽŋ、ũŋ、õŋ、ai、au、aɯ、ua 等 17 个，把声调归纳为高调（55）、高降调（53）高升调（35）、低降调（21）、中平调（33）、低调（11）六个调，其中阳上调和阳去调合并为一个调值（21），低降调 21 调含有浊送气，并且当 21 调的地点借词转化为指示代词时，21 调的浊送气衍变为喉塞音。此外，Morrensen 还描写了绿苗音位结构学的三条限制：（1）鼻化元音不发生在复合元音中；（2）前高元音/i/不发生在小舌音之后；（3）除了少数感叹词，调降调（21）从来不发生于以吐气辅音开头的的音节中。

Esposito, Ptacek & Yang（2009）利用声学和电声门图手段考察了白苗苗语的声调和发声态，发现传统声调的高平调实际是升调，中低调实际是降调；升调和低降调比其他五个声调更短。

2. 词汇的研究

国外关于苗语词汇的专题研究很少，往往分散于语音或语法的描写研究中，研究的内容基本为苗语构词法、苗语借词。

Mortensen（2000）从现代汉语、中古汉语和古代汉语三个层次考察了东南亚白苗和青苗苗语里的汉语借词的声韵调。该文指出一些借词可能来自吴方言和湘方言的共同祖语，并将国内学界认为的汉语和苗瑶语的同源词作为借词来考察。汉语借词对苗语产生了诸多影响：苗语至少有20%的词汇是汉语借词；苗瑶语成为有声调的语言可能是受汉语影响，但缺乏足够证据，声母[f]通过汉语借词引入苗语；在中心名词前出现的形容词作为一种新的语法范畴而出现，可能是受汉语的形容词借词的语法位置的类推影响。

Jarkey（2015）立足于泰国境内的白苗田野调查，指出白苗苗语基本的构词还是语素依靠语素来实现。此外，作者简要介绍了白苗苗语词汇包括合成词、名词前缀构词和重叠构词。

3. 语法的研究

国外学者对苗语语法的研究涉及词类、关系从句、语态和连动结构等方面。

Creswell& Snyder（1970）从类型学的角度指出：如果一门语言含有带施事宾语的被动式，那么，这门语言也含有不带施事宾语的被动式；如果一门语言的状态动词有被动式，那么，这门语言的行为动词也有被动式；如果一门语言的不及物动词有被动式，那么，这门语言的及物动词也有被动式。由于苗语被动式都由助动词raug（相当于英语的"get"）或yog（相当于英语的"to be"）构成，Creswell& Snyder认为苗语的被动式处于主动式和被动式的临界状态，其形式和功能之间互相关联，属于结构模板化的被动式。在苗语的两种被动式构成中，含有复指代词的被动式只用于raug构成的被动式。此外，苗语被动句的施事短语是强制出现的成分，施事短语保留了句子主语的一些特征。

Pederson（1986）从句法特征、语义分类和用法三方面描写了苗语的临摹词（expressives）。苗语临摹词的句法特征是不能用在否定句中，临摹词本身也没有否定式。从语义分类来看，临摹词有三类：（1）相当于体助词；（2）表示方式；（3）表示拟声。临摹词用在动词后面表示动作的状态、声音，烘托动作的形象生动性。此外，Pederson还指出苗语有三种加强句子语气的手段：（1）重叠动词；（2）在动词后面或者句子末尾加助词；（3）在动词后面加临摹词。Pederson此文所说的临摹词实际上就是王辅世先生提出的状词。

Riddle(1993)描写了泰国和老挝境内白苗苗语的关系从句标记词"uas"的用法。指出"uas"在绿苗苗语里不仅是一个关系从句的标记词，还能修饰或限定关系从句里NP所指对象的泛指性或定指性。"uas"引导关系从句时比较灵活，可以强制使用，也可以省略，在关系从句中置于当主语、直接宾语、间接宾语、属格人称代词、属比较对象的宾语等位置，还常与复指代词连用。"uas"引导的关系从句总是后置于名词、代词或名词短语，此外，Rillde还分析了"uas"的语义功能和篇章功能：与"uas"连用的关系从句表达泛指意义，没有"uas"的关系从句则表达特指意义。

Bisang（1993）指出量词的主要功能是通过分类、个体化、指称功能化、关系化四种不同的操作促使与之相连的对象具体化。苗语量词有包括了分类、个体化和关系化三种操作手法，威宁苗语则包括了四种。作者通过大量实例分别从量词的分类、个体化、指称功能化、关系化对苗语量词进行了描述。

Golston & Yang（2001）从音系学的角度讨论了白苗苗语里的英语借词和法语借词。文中提出了分析借词的两种方法：以规则为根据的方法（rule-based approaches）和以约束条件为根据的方法（constraint-based approaches），前者强调借词需要保留源语言的音系特征，后者则强调借词为了适应借入语言应该做出相应的变化，作者依据后者分析了白苗借词的声母、韵母、音节和声调特征，并得出英语和法语的声母借入苗语时遵循的六条规则：(1) 全借，即借词的声、韵、调都保持源语言的形式，如 damascus，TV 等；(2) 英语和法语的双唇浊爆破音和软腭浊爆破音借入苗语后变成相应的鼻冠音；如 mb<b, ŋg<g；(3) 英语的/ɪ/和法语的/ʁ/借入苗语时变为/l/；(4) 英语和法语的/z/借入苗语后变为/s/；(5) 英语和法语的/ʒ/借入后变为/j/；(6) 英语的/tʃ/借入后变为/tʃʰ/；英语和法语的韵母借入苗语后基本不变，末尾带有辅音的音节借入苗语后则丢失音节末尾的辅音，以元音开头的音节借入后则在音节前增加喉塞音ʔ，从而形成与苗语音节一致的 CV 形式。在苗语的七个声调中，英语借词使用了四个声调（低声调 L、高降调 HL、低升调 LH 和少数紧喉音低降调 cg），其中词末为非重读音节的英语借词采用低降调 cg，VV 音节的英语借词采用高降调 HL，VC 音节的英语借词采用低升调 LH，开音节英语借词采用低声调 L；法语借词基本采用低声调 L，少量采用高声调 H。从音节结构来看，苗语是单音节语言，但保留了大量多音节借词。

Cooper-Leavitt & Lonsdale（2002）分析了苗语连动结构的句法结构，指出苗语里存在表示结果的连动结构和表示次序的连动结构，结果连动结构由"及物动词+非宾格动词"构成，其宾语是状态改变的承受者；次序连动结构由两个及物动词构成，两个及物动词共享同一个主语，后一个及物动词做前一个及物动词的宾语。

除了语言本体研究以外，国外也有部分学者对苗语语言文字、苗族移民历史及发展等问题做了专题研究。如，Culas&Michaud（1997）详细介绍了苗族在中国的形成及分布，以及如何因为战争的原因移民到老挝、泰国、缅甸和美国、法国、阿根廷等欧美国家。文章详细地提供了苗族各个时期在各个地方的分布人口和人口比例，并指出国外的苗族主要是白苗和绿苗，对研究世界各地的苗族研究具有一定的参考价值。

20 世纪 50 年代前的外国人除传教士如柏格里、郭秀峰等长期生活在大花苗地区并学会了大花苗苗语之外，其他从事语言研究的国外学者都没调查和研究过苗语滇东北次方言，非常遗憾的是像柏格里、郭秀峰等学会了大花苗苗语的传教士，他们不是语言研究者，学习大花苗苗语不是为了研究苗语,只是用大花苗苗语来进行基督教教义的传播。20世纪50年代以后,国外语言研究者对苗语的调查和相关研究主要集中在东南亚的越南、老挝、泰国,而这些地方的苗语不属于苗语滇东北次方言,即不属于大花苗苗语。

中国改革开放以后,王辅世、王德光等先生的论文传播到国外,国外极少数语言学者用新方法对己公布的材料重新做了分析,但并未进行新调查,也没有新研究。可见,国外学者对分布于黔西北、黔西、滇东北、滇中、滇北的苗语滇东北次方言的研究,也就是对大花苗苗语的研究尚处于老题新作的层面,尚且谈不上全面、系统的调查和研究。

二 研究意义

尽管王辅世、王德光等老一辈语言学家对苗语滇东北次方言的一些专题进行了细致的描写研究,但还没有进行系统的研究就过世了,留下太多的遗憾。到如今,学界也还没有看到苗语滇东北次方言的真实面目。苗语滇东北次方言无论语音、词汇,还是语法都是苗语,甚至是苗瑶语最为复杂的,对研究苗语、苗瑶语的语音、词汇、语法的发展演变有重要的学术价值。同时,使用苗语滇东北次方言的大花苗是中国较早接受基督教的少数民族族群,也是中国较早用民族语言翻译基督教经典的少数民族族群,通过对其语言的研究可以揭示他们的民族心理,对社会转型时期大花苗经济社会发展的适调具有一定的现实意义。

本书通过记录语言学的理论方法,全面、系统地记录大花苗苗语的语音、词汇、语法和长篇语料,建立活态多媒体数据库,在此基础上,用功能—类型学的理论方法进行深入描写研究,揭示大花苗苗语语音、词汇、语法的基本规律,不仅可以展示大花苗苗语的特点,而且可以推动苗族支系语言的研究,还可以进行苗语方言土语的比较研究和跨语言比较研究。

通过记录语言学建立的活态多媒体数据库,不仅可以用于语言学的研究,而且其鲜活的场景和活态事象可以用于实验语音学、民族学、民俗学、宗教学、民间文学、宗教音乐学的研究,还可以对大花苗苗语进行活态保存,对多学科、交叉学科的研究和少数民族语言的保存、保护有重要的现实意义和应用价值。

第三节 理论方法和数据来源

一 理论方法

本课题首先参考黄成龙、李云兵、王锋(2011)、Anthony C(2014)、

Austin &al（2006、2007）、Boas（2006）、Cholin（2004）、Thieberger& Musgraven（2014）等人有关记录语言学的理论和框架，全面记录滇北大花苗苗语的词汇、语法例句、民间故事、节日、民俗文化、歌曲、歌谣和各个生活场景的自然话语，建立滇北大花苗苗语有声数据库，并利用 Elan 软件分别对其进行标注、转写、对译和直译，为苗语的描写研究提供丰富的第一手资料。

本书在对大花苗苗语进行描写研究时采用功能-类型学的方法。具体参考了赵元任（1979）、黄成龙（2007）、刘丹青（2002、2003、2008）、Comrie（1977）、Whaley（1997）、Payne(1997)、Song（2001）、Dixon（2003）等人的语言描写理论和方法，主要从语音、词汇、语法三方面对大花苗苗语进行描写研究。

二　语料来源

本书所用的大花苗苗语材料均来源于田野调查，词汇和语法例句在李云兵研究员的指导下获得，长篇语料系作者在苗语母语人王斌、龙兆余、龙美琴等人协助下获得。田野调查及资料收集情况具体如下：

1. 2016 年 11 月 10 日至 11 日，作者在苗汉双语教学专家张学文、楚雄州民宗委法规科科长龙文德等人的协助下赴云南武定、禄丰等苗族地区进行踩点考察，确定调研地点和村寨。

2. 2017 年 4 月 6 日至 21 日作者在李云兵研究员的指导下完成词汇和语法例句记音。发音合作人为云南武定县洒普山村民龙文明（时年 68 岁，初中文化）、张敏富（时年 46 岁，初中文化）。此外，还拍摄、录制了仙女媳妇、鸡和野猫、喜鹊与狐狸三个苗语故事。

3. 2017 年 7 月 5 日至 15 日，作者独自一人到武定洒普山找发音合作人张敏富录制词汇音频材料，到武定县长岭岗村寨拍摄自然话语视频。

4. 2017 年 7 月 23 日至 8 月 6 日，作者参加在武定民族中学举办的 2017 年楚雄州苗文师资培训，收集到了苗语母语人在家里聊天、到户外郊游、编排文艺节目等自然话语。

5. 2018 年 7 月 22 日至 8 月 3 日，作者参加在禄丰大箐小学举办的"楚雄州 2018 年滇东北次方言规范苗文师资培训"，收集了苗文教师授课、培训学员自由交流、芦笙舞蹈排练、大花苗传统礼服的制作讲解、大箐文化室陈列品讲解、小学生、中学生和大学生就某一主题开展的讨论、大箐教会礼拜等自然话语视频资料。

6. 2018 年 8 月 4 日至 8 月 10 日，作者到武定洒普山找发音合作人张敏富录制语法例句视频材料，在洒普山教会采集基督教信徒做礼拜时的自然话语、人们采摘荷兰豆的自然话语、饭前祷告等自然话语。

7. 2018 年 8 月 11 日至 12 日，作者参加由云南省民语委王永华组织的"阿卯教师游学"活动，到嵩明县大湾苗寨、富明县小水井、昆明盘龙区漆树塘、凸董箐、三转弯、杨柳塘、黑泥沟等苗寨采集苗语自然语料视频资料。

作者在收集语料时得到很多大花苗母语人的热心帮助，主要人员如下：

1. 龙文明，男，68 岁，苗族，武定县狮山镇乌龙村委会洒普山小村人，初中文化，农民，母语熟练，汉语一般。

2. 张敏富，男，46 岁，苗族，武定县狮山镇乌龙村委会洒普山小村人，初中文化，农民，母语和汉语都熟练。

3. 王照文，男，34 岁，苗族，武定县发窝乡自期村委会，初中文化，大花苗苗语爱好者，母语和汉语都熟练。

4. 张建忠，男，47 岁，苗族，禄丰县仁兴镇中心小学一级教师，云南省苗-汉双语教学专家，大学本科文化，母语和汉语都熟练。

5. 张学文，男，56 岁，苗族，楚雄州职业技术学校副教授，云南省苗-汉双语教学专家，大学本科文化，母语和汉语都熟练。

6. 龙美琴，女，22 岁，苗族，出生于武定县插甸镇和尚庄村委会园宝山村，目前就读于玉溪师范学院音乐学院，母语和汉语都熟练。

7. 龙江成，男，苗族，37 岁，武定县插甸乡康照村委会大黑山村人，大专文化，精通滇东北次方言苗文输入法和苗语歌舞编辑、制作，母语和汉语都熟练。

8. 张杰贤，男，34 岁，苗族，出生于富明县散旦镇沙营村委会大水井小组，目前就职于民革玉溪市委，母语和汉语都熟练。

9. 龙兆余，男，21 岁，苗族，出生武定县猫街镇七排村委会干坝村，目前就读于玉溪师范学院政法学院，母语和汉语都熟练。

10. 王斌，男，21 岁，苗族，出生于禄丰县任兴镇大箐村委会大平地村，目前就读于云南艺术学院，精通视频资料拍摄、编辑和制作，母语和汉语都熟练。

第二章 语 音

滇北大花苗苗语（下文简称"滇北苗语"）的声母复杂，除了常见的双唇音、唇齿音、齿龈音、舌尖后音、舌面中音和舌根音以外，还有小舌音。辅音除了清、浊和送气三分对立区别特征以外，还有浊送气音伴随特征。此外，其塞音、塞擦音和塞边音都存在排列严谨有序的鼻冠音。滇北苗语的韵母相对简单，连读变调情况复杂。

本书的语音材料以洒普山下村张敏富和龙文明的口语为准。

第一节 声 母

一 声母表

滇北苗语有79个声母，按发音部位和发音方法排列如下：

p	ph	b	mp	mph	mb	m̥	m	f	v	w
t	th	d	nt	nth	nd	n̥	n		l̥	l
ts	tsh	dz	nts	ntsh	ndz			s	z	
tl	tlh	dl	ntl	ntlh	ndl					
ʈ	ʈh	ɖ	ɳʈ	ɳʈh	ɳɖ			ɳ̊	ɭ̊	ɭ
tʂ	tʂh	dʐ	ɳtʂ	ɳdʐ				ʂ	ʐ	
tɕ	tɕh	dʑ	ɲtɕ	ɲtɕh	ɲdʑ	ɲ̊	ɲ	ɕ	ʑ	
k	kh	g	ŋk	ŋkh	ŋg	ŋ̊	ŋ	x	ɣ	
q	qh	ɢ	ɴq	ɴqh	ɴɢ					
ʔ									h	

二 声母说明

（1）p、ph、mp、mph、m̥、f 6列只出现于43、55、33调的音节，b、mb两列只出现于13、21调的音节且带浊送气，m、v两列声母除舌根浊擦音ɣ只出现于13、21调音节外，其余声母均可出现于所有声调音节中，其中，于43、55、44、33调的音节不带浊送气，于13、21调的音节带浊送气。

（2）塞音、塞擦音、塞边音均可带同部位的鼻冠音成分。例如：mpho⁴³"凋谢"、ɳɖau¹³"戒"、ŋɡeo¹³"黄蜂"、ɴɢai¹³"肉"、ɲ̠tɕi⁴³"菌子"、ɳʈʂə⁴⁴"尖~刀"、ntlo⁵⁵"浑"。

（3）行文中以元音开头的音节都带有喉塞音声母ʔ，例如："水"的实际音值为[ʔau⁴³]，"苦"的实际音值为[ʔie⁴³]，"一"的实际音值为[ʔi⁴³]，"二"的实际音值为[ʔa⁴³]，"鸭子"的实际音值为[ʔie⁴³]。因语音条件明显，除声母例词外，行文皆略去喉塞音声母。

（4）声母w只用于现代汉语西南官话借词，例如：wa³¹tsi⁴³"袜子"。

（5）声母v除用于固有词以外，也用于现代汉语西南官话借词，如：ven³¹hua²⁴ʂi²¹"文化室"、vu⁴³tin²⁴"武定"。

（6）声母ntlh和ŋ̊出现的频率较低，在所记录的词汇中，分别只有a⁴⁴qa⁴⁴ntlho⁵⁵"哭泣"和ŋ̊u⁴³"坛子"，这说明声母ntlh和ŋ̊有可能正处于演变阶段。

三　声母例词

p	pə⁴³	五	pau⁴³	掉落
ph	phə⁴³	套种	phau⁴⁴	知道
b	bə²¹	雀套	bau²¹	脓
mp	mpa⁵⁵	兔子	mpo⁴³	群
mph	mpha⁴³	掀开	mpho⁴³	凋谢
mb	mba¹³	拍手	mbo²¹	盖瓦
m̥	m̥u⁵⁵	矛	a⁵⁵m̥au⁴³	苗族
m	mu⁵⁵	糖	mau⁴⁴	信
f	fai⁴³	分工	fau⁵⁵	宽
v	vai⁴⁴	瞒	vau⁵⁵	丈夫
w	wen³¹tʂaŋ²⁴	蚊帐	wei²⁴seŋ⁴⁴	卫生
t	tu⁵⁵	虱子	tau⁴⁴	得
th	thu⁵⁵	松树	thau⁴⁴	从
d	du²¹	根	dau²¹	被
nt	nta⁵⁵	吐奶	ntu⁴³	淋雨
nth	ntha⁴³	楼	nthə⁴³	皱眉
nd	nda¹³	落下	ndu¹³	天
ŋ̊	ŋ̊u⁴³	太阳	ŋ̊au⁴⁴	咳嗽

n	nu⁴³	天	nau⁴⁴	湿潮
l̥	l̥a⁴³	桥	l̥au⁴⁴	铁
l	la⁴⁴	骂	lu⁵⁵	短
tsa	tsa³³	粘连	tsau⁵⁵	表扬
tsh	tsha⁴³	吹~火	tshau⁴³	淬
dz	dza²¹	喷~水	dzau¹³	铺床
nts	ntsa⁵⁵	漱洗	ntsau⁵⁵	遮~太阳
ntsh	ntsha⁵⁵	缨玉米~	ntshai³³	姑娘
ndz	ndza¹³	扇~扇子	ndzau¹³	呻吟
s	sa⁴³	搓	sau⁴⁴	写
z	za¹³	硬	zau⁴³	菜
tl̥	tl̥a⁵⁵	敷	tl̥au⁵⁵	垂下
tl̥h	tl̥hi⁴⁴	蜕变	tl̥hau⁴⁴	掉
dl	dla¹³	逃脱	dlau¹³	门
ntl̥	ntl̥o⁵⁵	浑水	hi⁴⁴ntl̥au⁴⁴	波浪
ntl̥h	a⁴⁴qa⁴⁴ntl̥ho⁵⁵	抽泣		
ndl	ndla¹³	蚂蟥	ndlau¹³	糯稻
ʈ	ʈa⁴⁴	张	ʈau⁴⁴	穿
ʈh	ʈha⁴⁴	累	ʈhau⁴⁴	用
ɖ	ɖa¹³	韧	ɖau²¹	半
ɳʈ	ɳʈa⁴³ɳu⁴³	白天	ɳʈau⁴⁴	牴
ɳʈh	ɳʈhie⁵⁵	找寻	a⁵⁵ɳʈhau⁴³	绑腿
ɳɖ	ɳɖa²¹	鼓	ɳɖau¹³	戒烟
ɳ	ɳu³³	猩猩	ɳu⁴³	蠕动
ɭ̥	ɭ̥a³³	年轻	ɭ̥au⁵⁵	蜕
ɭ	ɭa⁵⁵	大	ɭau¹³	拦
tʂ	tʂa⁵⁵	计算	tʂau⁴⁴	泡水
tʂh	tʂha⁴³	纺车	tʂhau⁵⁵	灰烬
dʐ	dʐau²¹	淡	dʐau²¹	弱身体~
ɳtʂ	ki⁵⁵ɳtʂa⁴⁴	喜鹊	ɳtʂau⁴³	红稗
ɳtʂh	ɳtʂhau⁴³	水獭	ɳtʂhau⁵⁵	头虱
ɳdʐ	ɳdʐau¹³	量布	ɳdʐau²¹	破罐
ʂ	ʂa⁴⁴	朦胧	ʂau⁴³	麦子
ʐ	ʐa⁵⁵	要	a³³ʐau²¹	坡
tɕ	tɕa⁴⁴	风	tɕai⁴⁴	隔开

tɕh	tɕhai³³	削	tɕhau⁴⁴	过高~	
dʐ	dʐa¹³	九	dʐau²¹	刺猬	
ȵtɕ	ȵtɕa⁴⁴	里	ȵtɕau⁴⁴	树杈、枕头	
ȵtɕh	ȵtɕhau⁵⁵	倒~水	ȵtɕho³³	颠簸	
ȵdʐ	ȵdʐa¹³	托（人）	a³³ȵdʐau¹³	嘴	
ȵ	ȵie⁵⁵	牙齿	ȵaŋ⁵⁵	重	
ȵ̥	ȵ̥ie¹³	银	kãŋ⁴³ȵ̥aŋ⁴⁴	蝉	
ɕ	ɕãŋ⁴⁴	七	ɕau⁴⁴	年	
ʑ	ʑãŋ⁴⁴	段一~木头	ʑau²¹	选举	
k	ka⁴⁴	汤	kau⁴³	针	
kh	khi⁴³	香味觉	khau⁴⁴	鞋子	
g	gai¹³	扭~脚	gau¹³	芽	
ŋk	tə⁴³ŋka⁴³	橡子	ŋkau⁵⁵	细	
ŋkh	ŋkhə⁴⁴	行一~玉米	ŋkhau⁴³	下	
ŋg	ŋgə³³	懒惰	ŋgau³³	獐	
ŋ̥	ŋ̥u⁴³	坛子			
ŋ	ŋa⁵⁵	小	ŋu⁴³	马~嘶	
x	xa⁴⁴	梳头	xai⁵⁵	耙	
ɣ	ɣə²¹	山岭	ɣau²¹	熬~酒	
q	qa⁴⁴	啼	qai⁴³	鸡	
qh	qha⁴⁴	客人	qhai⁴³	捆	
ɢ	ɢa¹³	喊	ɢau²¹	倒树~	
ɴq	ɴqa⁴³	鸽子	ɴqə⁴⁴	价钱	
ɴqh	ɴqha⁵⁵	干燥	ɴqhə³³	渴	
ɴɢ	ɴɢa²¹	爱	ɴɢə¹³	下山	
ʔ	ʔa⁴³	二	ʔau⁴³	水	
h	hi⁴³	不、没有	hau³³	喝	

第二节　韵　母

　　滇北苗语的韵母有单韵母和复韵母之分，其中单韵母基本是苗语固有韵母，复韵母大部分是因为汉语借词而增设的。

一 韵母表

滇北苗语共有 30 个韵母，其中单元音韵母 8 个，复元音韵母 10 个，鼻音韵尾韵母 12 个，具体如下：

单元音韵母：i　y　e　a　ə　o　u　ɯ

复元音韵母：ie　ei　eo　ai　au　aɯ　ou　ua　ui　iau

鼻音韵尾韵母：in　en　un　yn　aŋ　ãŋ　oŋ　ian　uɛn　uan　iaŋ　uaŋ

二 韵母说明

（1）i 有 ʅ、ɿ 两个变体，ɿ 只出现在 ts 组声母后，例如：ntsi⁵⁵ "补"读作[ntsɿ⁵⁵]；ʅ 只出现在 t 组、tʂ 组声母后，例如：ti³³ "背~柴"读作[tʅ³³]、tʂi⁴⁴ "破~篾"读作[tʂʅ⁴⁴]。

（2）a 的实际音质为 ᴀ，且有 ɛ、ɑ 变体，例如：na¹³ "看"读作[nᴀ¹³]，"县"读作[ɕiɛn²⁴]，ʂua³¹ "刷"读作[ʂuɑ³¹]。

（3）u 有 ʮ、ʯ 两个变体，ʮ 只出现在 ts 组声母后，例如：tsu⁴⁴ "习惯"读作[tsʮ⁴⁴]；ʯ 只出现在 t 组、tʂ 组声母后，例如：tu⁵⁵ "锁"读作[tʯ⁵⁵]、tʂu⁴⁴ "臭"读作[tʂʯ⁴⁴]。

（4）ãŋ 是元音鼻化带韵尾韵母，仅用于固有词，例如：tl̥ãŋ⁵⁵ "鹰"、n̥ãŋ⁴³ "媳妇"。

（5）ui[uei]、iau、in、en、un[uen]、yn、aŋ[ɑŋ]、oŋ、ian[iɛn]、uɛn、uan、iaŋ[iɑŋ]、uaŋ[uɑŋ]是现代汉语西南官话借词专用韵母。

（6）汉语西南官话贵昆片无前、后鼻音韵尾对立，按惯例，前元音后的鼻音韵尾记为前鼻音，例如：in、en、yn；后元音后的鼻音韵尾记为后鼻音，例如：aŋ、oŋ。

三 韵母例词

i	tl̥i⁵⁵	狗	li¹³		久
y	tl̥y⁴³	笼子	ly¹³		烂
e	tɕe⁴⁴	养	tɕe⁴³tau⁴³		蜡烛
a	tl̥a⁵⁵	腰杆	la¹³		扔
ə	ʂə⁴³	升量词	lə¹³		掷
o	tl̥o⁴⁴	拃	lo¹³		粗布
u	tl̥u⁴³	黑色	lu¹³		石量词
ɯ	fɯ⁵⁵	口袋	lɯ⁴³		个一~人

ie	tl̥ie⁵⁵	勺子	lie⁴³		猴子
ei	dei¹³	碟子	dlei²¹		卡~脖子
eo	tl̥eo⁴³	白色	l̥eo²¹		驱赶
ai	tl̥ai³³	熊	dlai²¹		鲤
au	tl̥au³³	染	lau²¹		城
aɯ	vaɯ¹³	黄	dlaɯ¹³		庹
ou	tl̥ou⁵⁵	心脏	dlou¹³		油
ua	tua⁴³khu²⁴	短裤	ʂua³¹tsi⁴³		刷子
ui	khai⁴⁴hui²⁴	开会	ʂui⁴³ni³¹		水泥
iau	piau⁴³	表	su²⁴liau²⁴		塑料
in	ʑin⁴³	瘾	kə³¹min²⁴		革命
en	tʂen³¹	乘~法	phen³¹		盆
un	tsun²⁴	寸	tshun⁴⁴wei⁴³huei²⁴		村委会
yn	ʑyn³¹nan³¹	云南	ʑyn²⁴toŋ²⁴		运动
aŋ	li⁴³thaŋ³¹	礼堂	tɕhaŋ⁵⁵		墙壁
ãŋ	ŋãŋ⁴³	包袱	dãŋ¹³		槽
oŋ	thoŋ³¹phau²⁴	铜炮	toŋ²⁴tshuaŋ⁴⁴		冻疮
ian	ɕian²⁴	县	tian²⁴ʂi²⁴		电视
uɛn	ʑuɛn³¹lai³¹	原来	lu³¹tɕhuɛn²⁴		禄劝
uan	suan²⁴phan³¹	算盘	tuan⁴³khu²⁴		短裤
iaŋ	liaŋ³¹	梁	liaŋ³¹hai³¹		凉鞋
uaŋ	tʂhuaŋ³¹tan⁴⁴	床单	mo⁴³huaŋ³¹tan⁴³		黄疸病

第三节 声　调

滇北苗语的声调变调频繁，具有一定的构词和构形功能。本书依据"音位标音时省略次要成分和伴随特征"的原则（陈其光 2013：94），只标出了滇北苗语的声调，浊送气则作为声调的伴随特征没有标注。

一　声调及例词

滇北苗语有大量孔江平（1993）提到的浊送气声母，根据陈其光"标声调、省气嗓音"的音位标音原则（陈其光 2013：94），本书把滇北苗语的浊送气声母处理为声调的伴随特征，故声母表里只有全清、次清和浊声母，没有浊送气声母。

滇北苗语有 8 个声调，其中 43、13、55、44、21、33 等 6 个声调只出现于固有词，24、31 调是现代汉语西南官话借词专用声调。声调及其例词如下：

调类	声调性质	调值	例词	词义	例词	词义
1	阴类	43	tʂhai⁴³	饿	lie⁴³	猴子
2	阳类	13	dʑi¹³	荞麦	ȵu¹³	牛
3	阴类	55	tʂai⁵⁵	驮	ku⁵⁵	我
4	阳类	13	ȵie¹³	薄	do¹³	等待
5	阴类	44	tʂai⁴⁴	楔子	ʂo⁴⁴	休息
6	阳类	21	nau²¹	听	dai²¹	卖
7	阴类	33	tai³³	夹	ntʂhai³³	女儿
8	阳类	13	ȵie¹³	母	mbə¹³	辣
9	汉语借词	24	pi²⁴	笔	pau²⁴	炮
10	汉语借词	31	tʂha³¹	茶	pa³¹ko³¹	八角

二 声调说明

（1）清声母只出现在阴类调，浊声母只出现在阳类调。例如：qa⁵⁵ "大便"、da¹³ "发酵"、tseo⁴³ "踩"、dʑeo¹³ "炖"、tai⁴³ "插~刀"、vai³³ "藏"。

（2）清声母的调值通常比浊声母的调值高，例如：baɯ¹³ "还（账）"、phau⁴⁴ "锅"、fɯ⁵⁵ "口袋"、tsha⁴³ "吹火"、tʂo⁴³ "寄生树"、dza²¹ "淡"、vɯ¹³ "尿"。

（3）阳类调第 2、4、8 类调合并为一个调，其调值都是 13 调。例如：mba¹³ "拍~手"、ndu¹³ "天"、di¹³ "手"、zo¹³ "寨"、ŋga¹³ "懒"、ʑi¹³ "八"、dau¹³ "豆子"、do¹³ "咬"、bo¹³ "见"。

（4）阳类调第 6 调的调值大部分为 21 调，也有少部分为 13 调。例如：ba²¹ "孵"、ɢə¹³ "矮"、dai²¹ "卖"、mby²¹ "鼻子"、ŋgau¹³ "竹笋"、mãŋ¹³ "苎麻"。

（5）13、21 调音节的声母都带浊送气。如：zau¹³ "龙" 读作[zɦau¹³]，mau¹³ "去" 读作[mɦau¹³]，do¹³ "咬" 读作[dɦo¹³]，nau²¹ "听" 读作[nɦau²¹]。

（6）24 调和 31 调为汉语西南官话借词专用声调，没有阴类调和阳类调之分，也不遵循滇北苗语的连读变调规律。

三 汉语借词声调

武定当地的汉语方言西南官话有四个调：44调、31调、43调和24调，它们在汉语普通话里分别对应着阴平、阳平、上声和去声，其中阴平和上声在滇北苗语里分别对应着第5调和第1调，阳平和去声则没有对应的调值，属于汉语借词专用声调。具体如下：

普通话调类及调值	西南官话对应的调值	苗语对应的调值	苗语例词	词义	苗语例词	词义
阴平（55）	44	44	tɕoŋ⁴⁴ʐaŋ⁴⁴	中央	koŋ⁴⁴zən³¹	工人
阳平（35）	31	无	mo³¹fan²⁴	模范	ʑin⁴⁴ɕoŋ³¹	英雄
上声（214）	43	43	tʂu⁴³ɕi³¹	主席	tsai⁴³taŋ⁴³ʐuɛn³¹	党员
去声（53）	24	无	tsai⁴³kan²⁴pu²⁴	干部	min²⁴lin²⁴	命令

四 连读变调

（一）连读变调规则

滇北苗语的连读变调主要表现为两音节相连时的右侧变调，属右侧音节变调，变调不产生新的调值。连读变调规则有14条，具体如下：

1. 在双音节词中，第1调音节后的第2调音节的声调变读为第1调的调值，即43+13→43+13:43，且浊声母变为清声母，浊送气亡失。例如：

au⁴³n̠dzau¹³口水→au⁴³n̠tɕau¹³ᐟ⁴³口水　　i⁴³lu¹³一个→i⁴³lu¹³ᐟ⁴³一个
　水　嘴　　　　　水　嘴　　　　　　　一　个　　　　一　个

2. 在双音节词中，第1调音节后的第3调音节的声调变读为第5调的调值，即43+55→43+55:44。例如：

tl̥au⁴³tl̥i⁵⁵狗毛→tl̥au⁴³tl̥i⁵⁵ᐟ⁴⁴狗毛　au⁴³tsheo⁵⁵泉→au⁴³tsheo⁵⁵ᐟ⁴⁴泉
　毛　狗　　　　　毛　狗　　　　　水　冒　　　　水　冒

3. 在双音节词中，第2调音节后的第4调音节的声调变读为第6调的调值，即13+13→13+13:21。如：

n̠u¹³nə¹³牛马牲口→n̠u¹³nə¹³ᐟ²¹牛马牲口
　牛　马　　　　　牛　马

ŋga¹³beo¹³庙→ŋga¹³beo¹³ᐟ²¹庙
　房　菩萨　　　房　菩萨

4. 在双音节词中，第1调音节后的第5调音节的声调变读为第7调的调值，即43+44→43+44:33。如：

ti⁴³tɕheo⁴⁴地方→ti⁴³tɕheo⁴⁴ᐟ³³地方
　田地　地方　　　田地　地方

qou⁴³tʂho⁴⁴旧衣服→qou⁴³tʂho⁴⁴:³³旧衣服
　旧　衣服　　　　旧　衣服

5. 在双音节词中，第 2 调音节后的第 2 调音节的声调变读为第 1 调的调值，即 13+13→13+13:43，且浊声母变为清声母，浊送气亡失。如：

ndu¹³dzɑ¹³冬→ndu¹³tʂa¹³:⁴³冬　　ŋga¹³n̥u¹³牛圈→ŋga¹³n̥u¹³:⁴³牛圈
　天　睡眠　　天　睡眠　　　　圈　牛　　　圈　牛

6. 在双音节词中，第 1 调音节后的第 4 调的音节变读为第 6 调的调值，即 43+13→43+13:21。如：

au⁴³dzie¹³冷水→au⁴³dzie¹³:²¹冷水　au⁴³ndly¹³流水→au⁴³ndly¹³:²¹流水
　水　冷　　　水　冷　　　　　水　流　　　　水　流

7. 在双音节词中，第 2 调后的第 3 调的音节变读为第 5 调的调值，即 13+55→13+55:44。如：

ndu¹³ʂo⁵⁵夏→ndu¹³ʂo⁵⁵:⁴⁴夏　　dlo¹³thu⁵⁵松香→dlo¹³thu⁵⁵:⁴⁴松香
　天　暖和　　天　暖和　　　　油　松树　　　油　松树

8. 在双音节词中，第 5 调后的第 5 调的音节变读为第 3 调的调值，即 44+44→44+44:55。如：

kãŋ⁴⁴ly⁴⁴痕迹→kãŋ⁴⁴ly⁴⁴:⁵⁵痕迹　　　li⁴⁴fau⁴⁴头→li⁴⁴fau⁴⁴:⁵⁵头
　行　痕迹　　行　痕迹　　　　　　前缀　头　　前缀　头

9. 在双音节词中，第 1 调后的第 7 调的音节变读为 5 调的调值，即 43+33→43+33:44。如：

so⁴³ntau³³雷击→so⁴³ntau³³:⁴⁴雷击
　雷　打　　　雷　打

tai⁴³nto³³织布机→tai⁴³nto³³:⁴⁴织布机
　台　织布　　　台　织布

10. 在双音节词中，第 5 调后的第 7 调音节变读为第 5 调音节，即 44+33→44+33:44。如：

hi⁴⁴n̥tɕeo³³打架→hi⁴⁴n̥tɕeo³³:⁴⁴打架
　互相　打架　　互相　打架

tʂu⁴⁴tʂhi³³羊膻味→tʂu⁴⁴tʂhi³³:⁴⁴羊膻味
　臭　山羊　　　臭　山羊

11. 在双音节词中，第 5 调后的第 1 调音节变读为第 2 调音节，即 44+43→44+43:13，且清声母变浊声母，增加浊送气。如：

ky⁴⁴n̥tsie⁴³挑米→ky⁴⁴n̥dzie⁴³:¹³挑米　ka⁴⁴zau⁴³菜汤→ka⁴⁴zau⁴³:¹³菜汤
　挑　米　　　挑　米　　　　　汤　菜　　　汤　菜

12. 在双音节词中，第 5 调后的第 1 调音节变读为第 2 调音节，即

43+21→ 44+21:43，且清声母变浊声母，增加浊送气。如：

i⁴³ndzi²¹一钱→i⁴³ntsi²¹:⁴³一钱　　　i⁴³ndzau²¹一群→i⁴³ntsau²¹:⁴³一群
_{一　钱}　　　　_{一　钱}　　　　　　_{一　群}　　　　_{一　群}

13. 在双音节词中，第 3 调后的第 7 调音节变读为第 5 调音节，即 55+33→ 55+33:44。如：

a⁵⁵ti³³翅膀→a⁵⁵ti³³:⁴⁴翅膀　　　　a⁵⁵tshãŋ⁴⁴芯→a⁵⁵tshãŋ³³:⁴⁴芯
_{前缀} 翅膀　_{前缀} 翅膀　　　　　　　　_{前缀} 芯　　_{前缀} 芯

14. 在双音节词中，第 6 调后的第 7 调音节变读为第 5 调音节，即 21+33→21+33:44。如：

lə²¹tl̩o³³高兴→lə²¹tl̩o³³:⁴⁴高兴
　笑　笑　　　　笑　笑

ndlə²¹qeo³³拄拐杖→ndlə²¹qeo³³:⁴⁴拄拐杖
　拄　拐杖　　　　　拄　拐杖

在双音节词、多音节词或短语结构中，只要符合连读变调规则，就可以发生连续变调或连续连读变调，即前一音节的声调影响后一音节发生变调，后一音节的声调又影响再后一音节发生变调。例如：

a⁵⁵tl̩au⁴³ɴɢai¹³n̩u¹³牛腩→a⁵⁵tl̩au⁴³ɴɢai¹³n̩u¹³:⁴³牛腩
_{前缀} 肚　肉　牛　　　　_{前缀} 肚　肉　牛

pi⁵⁵lau⁴³qo⁵⁵qo⁴³蛋壳→pi⁵⁵lau⁴³qo⁵⁵qo⁴³:¹³蛋壳
_{前缀} 膜　蛋　圆　　　　_{前缀} 膜　蛋　圆

（二）变调与构词

滇北苗语的变调具有一定的构词与构形功能，这种现象不常见，仅有少数例子。例如：

qha⁴³nteo⁵⁵教书→ qha⁴³nteo⁵⁵:⁴⁴老师

hi⁴⁴互相　→ hi⁴³不

a⁴³lɯ⁴³我们俩　→ a⁵⁵lɯ⁴³你们俩

五　语流音变

陈其光在描写贵州黔东南苗族侗族自治州凯里市石板寨苗语时，指出了语流音变对 mp 列声母和 mph 列声母的一种影响情况是鼻音成分省略或移作前一音节的鼻尾（陈其光 2007：69）。

滇北苗语声母表中 mp、mph 和 mb 三列的声母与前面紧接无鼻尾的音节时，鼻冠音移作前一音节的鼻尾，做前一音节的韵尾。由于滇北苗语含有丰富的鼻冠音，这种语流音变的现象普遍存在于字、词和短语中。例如：

ki⁵⁵ɳʂa⁴⁴"喜鹊"读作[kiɳ⁵⁵ʂa⁴⁴]
li⁴⁴ŋkhau³³"弯"读作[liŋ⁴⁴khau³³]
a⁵⁵ɳʂi⁴⁴tau⁴³"山顶"读作[aɳ⁵⁵ʂi³¹ tau⁴³]
tl̥o³³a⁴⁴ntshi⁴⁴ "微笑"读作[tl̥o³³an⁴⁴tshi⁴⁴]
ku⁵⁵ntsi⁴⁴"我的名字"读作[kun⁵⁵tsi⁴⁴]
hi⁴³ntsai³³"不吸吮"读作[hin⁴³tsai³³]

滇北苗语这种鼻冠音前移的现象与 Cohn（1990）、Keating（1988）的"不完全赋值理论"相吻合：由于鼻冠音声母与其后辅音之间的结合松散，声母的发音部位特征只有"展连"到紧邻的前一个音节才能体现出来。

第四节 音 节

一 音节的结构成分

音节是由声母、韵母和声调组合而成的表示意义的最小单位（陈其光 2013：98）。本文的音节结构只针对滇北苗语的固有词而展开描写。滇北苗语的音节由三部分组成：声母、韵母和声调。声母可分为声头、声干、声尾三部分。声干是声母的基音，充当声干的辅音包括塞音、塞擦音、鼻音、边音、擦音等。声头和声尾都是声干的连续音，当声干为塞音、塞擦音时，充当声头的只能是与声干同部位的浊鼻音，包括 m、n、ɳ、ȵ、ŋ、ɴ共 6 个浊鼻音；充当声尾的只能是边音 l、l̥。滇北苗语的声母结构共有以下 4 种类型：

1. 声干
2. 声头+声干
3. 声干+声尾
4. 声头+声干+声尾

韵母可分为韵头、韵腹、韵尾三部分，韵头由高元音 u 充当，所有单元音都可以充当韵腹，能够充当韵尾的有高元音 i、u 和鼻辅音 n、ŋ。滇北苗语的声母结构共有以下 6 种类型：

1. 韵腹
2. 韵腹+元音韵尾
3. 韵腹+鼻音韵尾
4. 韵头+韵腹
5. 韵头+韵腹+元音韵尾

6. 韵头+韵腹+鼻音韵尾

韵母都不能自成音节，一个音节必定有一个辅音声母，所有辅音声母均不能自成音节。滇北苗语的最小音节结构是"声干+韵腹+声调"的组合。因此对于一个音节来说，只有声干、韵腹和声调才是必要的，声头、声尾、韵头、韵尾都是扩展的。

二 音节的结构类型

在固有词范围内，滇北苗语共有以下 16 种音节类型：

声干+韵腹+声调：	la^{55}	兔子
声头+声干+韵腹+声调：	ȵtɕi^{44}	爬
声干+声尾+韵腹+声调：	dlo^{13}	油，脂肪
声头+声干+声尾+韵腹+声调：	ndla^{13}	蚂蟥
声干+韵头+韵腹+声调：	lie^{43}	申~猴
声头+声干+韵头+韵腹+声调：	ȵtʂie^{44}	钉（钉子）
声干+声尾+韵头+韵腹+声调：	tl̥hie^{44}ȵdʐi^{21}	扑~老虎~
声头+声干+声尾+韵头+韵腹+声调：	ntlie^{55}	浅
声干+韵腹+元音韵尾+声调：	ʂeo^{55}	站
声头+声干+韵腹+元音韵尾+声调：	ɴɢai^{13}	窄
声干+声尾+韵腹+元音韵尾+声调：	tl̥eo^{43}	白
声头+声干+声尾+韵腹+元音韵尾+声调：	ntlau^{44}mo^{44}	眍
声干+韵腹+鼻音韵尾+声调：	hã̃ŋ^{44}	雾
声干+声尾+韵腹+鼻音韵尾+声调：	tl̥ã̃ŋ^{43}	肚
声干+韵头+韵腹+元音韵尾+声调：	foŋ^{55}kuei^{24}	风车
声干+韵头+韵腹+鼻音韵尾+声调：	tsuen^{24}	寸

第三章 词 汇

词汇是语言结构中最活跃的组成部分。从发生学的角度而来，语言是族群文化的载体，也是人们社会生活的反映。前人对苗语词汇的研究，主要从构词角度和文化语言学角度展开，如曹翠云（1991）、李炳泽（1995）、陈其光（2000）、李锦平（1999&2002）等。本章从词的构成、词汇意义和词汇组成等三个方面来描述滇北苗语的词汇系统。整体而言，滇北苗语的词汇比较丰富，既有单音节词，也有多音节词；既有单纯词，也有复合词；既有同义词与反义词，也有多义词。由于词汇系统自身和语音简化的缘故，还存在同音词。随着对外交往的扩展，借词和仿造词成为丰富滇北苗语词汇的重要手段，此外，与基督教文化有关的一些词汇也逐步融入苗语词汇。

第一节 词的构成

从词的音节构成来看，滇北苗语的词汇分为单音节词和多音节词；从词的形式来看，滇北苗语词汇分为单纯词及合成词；从词的语素构造和语义构词来看，分为只有一个语素的单纯词和由多个语素组成的合成词。这两种不同的分类形成一种交叉关系：单音节词都是单纯词，多音节词却包括单纯词及合成词，也就是说，大部分单纯词都是单音节词，但也有少部分是多音节词。

一 单音节词与多音节词

滇北苗语的词汇以单音节词和双音节词为主，多音节词（三音节词或超过三个音节的词）为辅。在记录的3696个词汇中，单音节词共1807个，占49%；双音节词共1177个，占32%；三音节词共567个，占15%；四音节及超过四个音节的词共144个，仅占4%。

（一）单音节词

单音节词所占的比例最高，涉及的语义最广泛，几乎分布于整个词汇系统每个语义场中的每一个义类。从单音节词的词性来看，滇北苗语的单音节词以动词居多，名词其次，然后是量词、形容词，最后是数词、代词、介词等。在统计的1807个单音节词中，动词共有667个，占37%；单音节名词共302个，占17%；单音节量词共119个，占6.6%；单音节形容词共98个，占5.5%；其余34%的单音节词为数词、代词、指示词、介词、连词、副词等。滇北苗语的部分单音节如下：

leo^{55}	赶	da^{13}	来	fə^{44}	灭	tso^{44}	娶
lo^{44}	贴	nau^{21}	听	ŊGO^{13}	吞	tʂai^{55}	驮
pau^{43}	懂	ntau^{33}	打	n̥i^{44}	说	ɲie^{21}	偷
nau^{13}	吃	hau^{33}	喝	hai^{33}	舀	ŋə^{33}	割
ndu^{13}	天	su^{43}	雷	nau^{21}	雨	ti^{43}	地
ʈau^{43}	山	qho^{55}	洞	ɕeo^{55}	海	gy^{13}	溪
tsha^{33}	铅	ɕau^{44}	年、岁	l̥i^{44}	月	nə^{13}	马
ʈl̥i^{55}	狗	tʂo^{55}	老虎	ʈl̥ai^{33}	熊	lie^{43}	猴子
lɯ^{43}	个	do^{21}	匹	du^{21}	条	ŋgeo^{13}	双
dlaɯ^{13}	庹	tl̥o^{44}	拃	Nə^{13}	低	dzeo^{21}	少
ʂo^{44}	闲	dza^{21}	淡	lie^{43}	红	ʂi^{43}	轻
tsi^{43}	三	tl̥au^{43}	四	pə^{43}	五	tl̥au^{44}	六
ku^{43}	我	gi^{21}	你	zou^{13}	自己	ni^{44}	他、她、它
ni^{55}	这	vai^{13}	那	dʑi^{13}	就	ha^{43}	还
ʈai^{44}	又	tu^{44}	都	tsu^{55}	故意	hi^{43}	不
vie^{44}	但是	ty^{43}	向	n̥o^{43}	在	ndo^{21}	和、跟

（二）双音节词

滇北苗语的双音节词主要表现为带词缀的普通名词。其词缀基本是前缀，常见的词缀包括a^{55}、ki^{55}、qa^{55}、li^{55}等。带词缀的普通名词通常是一些表示身体器官、动物、亲属称谓、植物、农耕、乐器等名词的词。例如：

a^{55}tɕau^{43}	画眉鸟	a^{55}pei^{44}tɕa^{44}	青蛙	a^{55}khə^{44}	松鼠
a^{55}tʂu^{33}	猫	a^{55}tʂeo^{44}	野鸡	a^{55}ndza^{13}	嘴
a^{55}sie^{43}	肝	a^{55}mby^{21}	鼻子	a^{55}ma^{21}	眼睛
a^{55}mpy^{44}	肺	a^{55}ndlai^{13}	舌头	a^{55}tl̥ã^{43}	肚子
a^{44}və^{43}	石头	a^{55}du^{21}	岸	a^{55}tshã^{44}	骨头
a^{55}ti$^{33:44}$	翅膀	a^{55}ʐeo^{13}	祖父	a^{55}bo^{13}	祖母
a^{55}ʐeo^{13}	岳父	a^{55}tai^{44}	岳母	a^{55}n̥ie^{43}	母亲
a^{55}vai^{43}	父亲	ki^{55}tau^{43}	葫芦	ki^{55}ntl̥i^{43}	黄瓜
qa^{55}ɳtʂa^{44}	高粱	qa^{55}tɕy^{44}	荠荠	qa^{55}ntsha^{43}	青苔
li^{55}qa^{43}	牛轭	li^{55}vau^{13}	犁	li^{55}qhau^{44}	连枷

| li⁵⁵fai⁴⁴ | 犁铧 | li⁵⁵lu⁴⁴ | 箫、笛 | li⁵⁵la⁴⁴ | 唢呐 |

滇北苗语的双音节名词中还包括一些表示时间的名词，这些时间名词往往不带前缀，其中不乏复合词。例如：

pi⁴³gi²¹	明天	m̥ɔ⁴⁴na⁴⁴	今天	a⁵⁵nau²¹	昨天
n̥ta⁴³n̥u⁴³	白天	m̥o⁴⁴ndu¹³	夜里	ʂeo⁵⁵ntso⁵⁵	早晨
m̥o⁴⁴ndu¹³	晚上	dau²¹m̥o⁴⁴	半夜	nau⁴³li⁴⁴	已
nu⁴³li⁴⁴	午	ʐau¹³li⁴⁴	末	lie⁴³li⁴⁴	申
qai⁴³li⁴⁴	酉	tl̥i⁵⁵li⁴⁴	戌	mpa⁴⁴li⁴⁴	亥

（三）多音节词

滇北苗语的多音节词基本由三音节词和四音节词构成。三音节词主要分布于一些合成名词和二十位数以上的复合数词中，也零星分布于其他词类。例如：

pi⁵⁵tl̥au⁴⁴ntau⁴⁴	树皮	a⁵⁵lau⁴⁴qai⁴³	公鸡
a⁵⁵n̥ie²¹qai⁴³	母鸡	ʐau¹³ntsau⁵⁵li⁴⁴	月晕
tl̥au⁴⁴au⁴³tl̥o⁴³	乌云	dlie¹³a³³tsa³³	悬崖
hãŋ⁵⁵mpo³³vu¹³	雾	pi⁵⁵ntã⁴³tau⁴³	山腰
ɴqa⁴³vei¹³ŋga¹³	鸽	ʐau¹³ntsau⁵⁵n̥u⁴³	日晕
ɴqa⁴³vei¹³ʐau⁵⁵	斑鸠	mpa⁴⁴dlo¹³leo¹³	阳雀
kau³³hi⁴³tl̥o³¹	斗笠	n̥u⁴³qu⁴³ndau¹³⁻⁴³	彗星
ʑi³³dʑau¹³tsi⁴³	八十三	n̥i¹³ŋghau¹³i⁴³	二十一
pə⁴³dʑau¹³i⁴³	五十一	ɕãŋ⁴⁴dʑau¹³a⁴³	七十二
dʑa¹³dʑau¹³tl̥au⁴³	九十四	n̥i¹³ŋgau¹³pə⁴³	二十五
i⁴⁴tshie⁴⁴tshie⁴⁴	一部分	i⁴³ntʂi⁴⁴n̥a⁴⁴	一点儿

滇北苗语的四音节词常见于一些带词缀的合成名词和重叠式的状词、形容词，也分布于不带词缀的名词及合成词中。例如：

a⁵⁵də¹³ʂau⁴⁴deo¹³	柴刀	ki⁴⁴tɕa⁵⁵ʑie⁴³qau⁴³	谷耙
a⁵⁵tshau⁴⁴li¹³tau³³	肋骨	a⁵⁵dʑi¹³a⁴⁴və⁴³	沙子
a⁵⁵ndlei⁴⁴hi⁴³tl̥o⁴³	篾条	tsi⁵⁵dʑi¹³bou¹³tɕa⁴⁴	旋风
a⁴⁴dʑau¹³tsi⁴⁴phə⁵⁵	姜	a⁵⁵lou⁴⁴tɕhy⁴⁴tɕhy⁴⁴	子弹
a³³thau⁴⁴a⁴³ndza²¹	古代	tai⁴³ʐau¹³hou³³au⁴³	虹
ki⁴⁴tɕa⁵⁵n̥tɕeo³³tɕhi⁵⁵	钉耙	ki⁴³zou⁴³ki²¹za²¹	黎明
pi⁴³tɕhu⁴⁴pi⁴³tɕhau⁴⁴	酩酊大醉	ki⁴³tɕhu⁴³ki⁴⁴tɕha⁴³	四脚朝天
pi⁴³tɕu⁴⁴pi⁴³tɕa⁴³	快速貌	li⁴⁴ŋki⁴³li⁴⁴ŋkau⁴³	弯弯曲曲
hu⁵⁵hu⁵⁵dʑa¹³dʑa¹³	干干净净	nau¹³nau¹³hau³³hau³³	吃吃喝喝
nau²¹lie¹³ki⁴⁴lu⁴⁴	燕	tɕhy⁵⁵tɕhy⁴⁴po⁵⁵nau²¹	鸟枪

vau¹³pi⁴³kãŋ⁴³ʈau³³　　　　鱼腥草　　zau⁴⁴n̠o⁴³ɖie¹³du²¹　　　　幸福

滇北苗语超过四个音节的词很少，这些词在日常生活的使频率也不高。例如：

pi⁵⁵kãŋ⁴³tshau⁴⁴a⁴⁴dʑãŋ¹³lie¹³　　　蟋蟀　　pi⁵⁵kãŋ⁵⁵ki⁴⁴ʈau⁴⁴di¹³　　蚌

i⁴³mbou¹³li⁴³pãŋ⁴⁴na⁴⁴　　　　一会儿　　pi⁵⁵nau⁴⁴a⁵⁵ntau⁴⁴ki⁵⁵　　秤杆蛇

（四）双音节词及多音节词的语音类型

滇北苗语的多音节词主要是按照一定结构关系组合起来的合成词，大多数词的结构与语音没有直接联系。但也有一些多音节词，尤其是双音节词，在语音上具有一定的特点，表现出以下几种语音类型。

1. 异音词

异音词是指声母、韵母都不相同的词。滇北苗语的大部分多音节词都是异音词。例如：tu⁴⁴tɕha⁴⁴"忽然"、tsai³³dʐo¹³"招待"、pau⁵⁵qɯ⁴³"知识"、nthy⁵⁵ɖau²¹"撞"、hu⁵⁵bə²¹"大家、完全"、qa⁴⁴n̠tɕie⁴⁴"噎"等。

2. 叠韵词

叠韵词是指两个韵母相同的词，例如：di¹³ki⁵⁵"应该"、tsha⁴³da²¹"熄"、tɕi⁴⁴li⁵⁵"（挠）痒"、tə⁵⁵nə⁴³"人"、tə⁵⁵lə⁴³"狼"、dʐa²¹ʐa⁵⁵"如果"、a⁴⁴qha⁴⁴"探亲"，等。

3. 双声词

双声词是指两个音节声母相同的词，例如：qa⁵⁵qə⁵⁵"后来"、die¹³du²¹"平安"、tsha⁴⁴tshi⁴⁴"世代"、kãŋ⁴³ki⁴⁴"风俗"、tʂen²⁴tʂi²⁴"政治"等。

4. 拟音词

滇北苗语的多音节词有一部分靠模拟事物的响声或叫声来表示这一事物，例如：ti⁴⁴li⁵⁵lu⁴⁴"笛子"、ki⁵⁵ŋtʂa⁴⁴"喜鹊"、li⁵⁵a⁴³"乌鸦"、tai⁴³tʂho⁴³tʂho⁴³"猫头鹰"、li⁵⁵la⁴⁴"唢呐"等中的li⁵⁵lu⁴⁴、ŋtʂa⁴⁴、a⁴³、tʂho⁴³tʂho⁴³、la⁴⁴分别为"笛子、喜鹊、乌鸦、猫头鹰、唢呐"发出的声音，再加上构词前缀构成表示这些事物的名词。

5. 同调词

同调词是指声调相同的词。这类词在滇北苗语词汇中比较常见。如：tau⁴⁴ma⁴⁴"柔软"、li⁴⁴ky⁴⁴"匠"、ni⁴³qau⁴³"酸"、hãŋ⁴⁴po⁴⁴"雾"、tsa⁵⁵ky⁵⁵"弟弟"、li⁴⁴mo⁴⁴"忘记"、n̠u⁴³qu⁴³"忘记"，等。

6. 叠音词

滇北苗语的双音节词中还包括一些叠音词，这些叠音词由不构成语素的词根音节重叠而成，这些词根在滇北苗语中很少单独使用。这类叠音词虽然数量有限，但涉及名词、动词、形容词、副词、状词等。常见的叠音词例如：

tʂy⁵⁵tʂy⁵⁵	主人	kãŋ³³kãŋ³³	蛆	tu³³tu³³	蜂蛹
sie³³sie³³	花椒	tɕhy⁵⁵tɕhy⁵⁵	枪	pa³³pa³³	粑粑
dʐou¹³dʐou¹³	梦话	a⁴⁴phou⁵⁵phou⁵⁵	空心~萝卜	kə⁴³kə⁴³	调皮
sa⁴³sa⁴³	抹~石灰	fə⁴⁴fə⁴⁴	甩、摆	tʂheo⁴³tʂheo⁴³	松~土
tl̥hu⁴⁴tl̥hu⁴⁴	抚摩	tɕo³³tɕo³³	摇动	no⁴⁴no⁴⁴	发冷
sa⁴⁴sa⁴⁴	掏	mie⁵⁵mie⁵⁵	小	khau³³khau³³	痒
tʂha⁵⁵tʂha⁵⁵	可惜	su⁴⁴su⁴⁴	好像	ɣo²¹ɣo²¹	更加
kai⁴³kai⁴³	嘎吱声	tɕo⁴⁴tɕo⁴⁴	滴水貌		

7. 四音格词

滇北苗语的多音节词中还有一定数量的四音格词，四音格词音节的反复以及声母、韵母、声调上有各种形式的联系，形成一种回旋往复的韵律美，从语音方面加强了四音节词的整体感。滇北苗语四音节格词的音节之间有不同类型的语音联系，并且在叠音、叠韵、双声的基础上表现出多种组合形式。例如：

（1）ABCD 型

ABCD 型四音格词的四个词素联合起来表达一个整体意义，在语音上没有联系，例如：

tʂu⁴⁴ta⁵⁵ntu⁴³mə⁴⁴	臭烘烘	thau³³sie⁵³geo²¹nteo⁵⁵	发奋读书
qeo⁵⁵ɳthai³³dãŋ¹³ŋkia⁵⁵	暴露无遗	qo³³lo³³a³³mu²¹	一言不发
n̥o⁴³tʂi⁴⁴ki⁵⁵tsi⁵⁵	坐立不安	tso⁴³kheo⁵⁵da²¹lo³³	死里逢生

（2）ABAD

ABAD 型四音格词的 A 为重叠的语音，B 和 D 独立的语素，在语音组合方面有仅间隔叠音和间隔叠音、间隔双声两种形式。仅间隔叠音是指 B 和 D 的声母和韵母都不同。例如：

khau⁵⁵di¹³khau⁵⁵teo⁴⁴	麻木	tʂu⁴⁴hãŋ⁴⁴tʂhu⁴⁴³lo²¹	香喷喷
faɯ⁵⁵ndu¹³faɯ⁵⁵thau⁴³	崇山峻岭	fə⁴⁴mpãŋ⁴³fə⁴⁴di⁴³	大摇大摆
gie¹³dʐau²¹gie¹³tl̥ha⁴⁴	疲惫貌	ma¹³n̥i⁴⁴ma¹³tl̥o³	有说有笑

间隔叠音和间隔双声是指 B 和 D 语素的声母相同，韵母不同。例如：

hi⁴³mpha⁴³hi⁴⁴mphau⁴⁴	乱七八糟	li⁴³ŋkhi⁴³li⁴⁴ŋkhau⁴⁴	弯弯曲曲
pi⁴³li⁴³pi⁴³le̯o⁴³	哗啦响音貌	pi⁵⁵tɕi⁵⁵pi⁵⁵tɕo⁴⁴	崎岖不平
ki⁵⁵dʐi⁴³ki⁵⁵dʐau⁵⁵	弯腰驼背	gi¹³tu⁴³gi¹³tai⁴³	结结巴巴
ki⁴⁴zu⁴³ki⁴⁴za²¹	黎明	ki⁴⁴tsi⁴⁴ki⁴⁴tsau⁴⁴	黄昏
pi⁵⁵tl̥i⁴³pi⁵⁵tl̥au⁴³	几口	ndlau²¹kãŋ⁴³ndlau²¹ki⁵⁵	花纹

（3）AABB

AABB 型四音格词的中心语素是 A 和 B，在语音上表现为两两重叠。例如：

mau¹³mau¹³lo¹³lo¹³	来来往往	mau¹³mau¹³seo⁵⁵seo⁵	走走停停
hu⁵⁵hu⁵⁵dʐa¹³dʐa¹³	干干净净	nau¹³nau¹³hau³³hau³³	吃吃喝喝
n̥u⁴³n̥u⁴³m̥o⁴⁴m̥o⁴⁴	日日夜夜	tl̥au⁴³tl̥au⁴³ku⁴³ku⁴³	四四方方

二　单纯词与合成词

单纯词是由一个语素构成的词。滇北苗语的单纯词包括单音节单纯词和多音节单纯词两种类型，其中单音节单纯词居多，主要分布于动词、形容词和量词，也分布于数词、代词、指示词、副词、介词、连词、叹词和助词等语义场。例如：

a⁴⁴	做	nau¹³	吃	hau³³	喝	py⁴⁴	睡
ȵtɕeo³³	啄	nto³³	织	ntau³³	打	tai³³	夹
zau⁴⁴	好	pu⁵⁵	满	ʂo⁵⁵	暖和	ɴqha⁵⁵	干燥
lɯ⁴³	个	do²¹	只	du²¹	根	i⁴³	一
a⁴³	二	tsi⁴³	三	tl̥au⁴³	四	ku⁵⁵	我
mi²¹	你	ni⁵⁵	这	pi⁴³	我们	ni⁴⁴	他、她、它
vai¹³	那	die²¹	很	tai⁴⁴	又、再	qã̯ŋ⁴³	底下
ɳdo²¹	跟、和	ʑie¹³	哎呀	hei⁴³	嘿	la¹³	吗

多音节单纯词主要分布于形容词、动词和名词语义场，也分布于少数副词和其他词类。多音节单纯词以双音节词居多，三音节和四音节词较少。例如：

qã̯ŋ⁴³mu⁵⁵	甜	tau⁴⁴ma⁴⁴	软	lo¹³ʂie⁵⁵	舒服
hi⁴⁴qau⁴³	酸	qa⁵⁵dzi¹³	碎	die¹³du¹³	太平
tʂʰə⁴³tʰi⁵⁵	鲜美	tʂʰie⁴³kʰi⁵⁵	新鲜	hi⁴⁴qə⁴⁴	脏
tʂʰu⁵⁵tl̥i⁴³	怂恿	hi⁴⁴tə⁴⁴	讨论	do¹³na¹³	希望
tsha⁴³da²¹	熄	lau⁴³tshu⁴³	消灭	li⁴⁴mo⁴⁴	忘记
li⁴³ky⁴⁴	师傅、匠	fau⁵⁵dzau²¹	膝盖	tsi³¹ɢeo¹³	螺蛳
hã̯ŋ⁵⁵mpo³³vu¹³	雾	a⁵⁵və⁴³ki⁴³lu¹³	硫黄	a⁴⁴dzau⁴⁴tsi⁴⁴pʰə⁵⁵	姜

合成词是由两个或两个以上语素构成的词。合成词在滇北苗语词汇中所占的比例虽然没有单纯词高，却是固有词汇的重要组成部分，集中体现了大花苗族群的认知和文化特点。根据语素之间的关系，滇北苗语的合成词分为附加式合成词、复合式合成词和重叠式合成词三种类型。

（一）附加式合成词

附加式合成词主要由词根语素附加前缀构成。李云兵（2007）指出：苗语前缀属于词汇性分类成分，具有类名词的特征。滇北苗语常见的前缀有 tsi⁵⁵-、pi⁵⁵-、a⁵⁵-、ki⁵⁵-、li⁵⁵-、tu⁴³-、ti⁴⁴-、qa⁵⁵-、ŋa⁵⁵-、hi⁴⁴-等，后缀目前只发现-mi⁴⁴。滇北苗语各类词缀构词如下：

1. 含有 tsi⁵⁵-的合成词

前缀 tsi⁵⁵-泛指水果，通常与名词词根语素构成表示水果名称的事物名词。例如：

tsi⁵⁵ kheo⁴³	李子	tsi⁵⁵pu⁴⁴l̥u⁴⁴	柿子	tsi⁵⁵a³¹ma²¹n̥u¹³	葡萄
tsi⁵⁵li⁴⁴phy⁵⁵	石榴	tsi⁵⁵ŋu¹³	杨梅	tsi⁵⁵nau¹³nu¹³	小野果

2. 含有 pi⁵⁵-的合成词

前缀 pi⁵⁵-通常用在具有爬行动物特征的名称前，构成表示爬行类动名称或与爬行类动物有相似特征的事物名词，偶尔也用在大花苗族群认知概念中诸如故事、鬼神之类的名称前。例如：

pi⁵⁵lei³³ndau¹³	蛇	pi⁵⁵kãŋ⁴³nau¹³	蛀虫
pi⁵⁵kãŋ⁴³lie⁴³	木蛀虫	pi⁵⁵kãŋ⁴³a⁴⁴pheo⁴³	木蛀虫（松木）
pi⁵⁵kãŋ⁴³l̥au⁴³	青叮虫	pi⁵⁵kãŋ⁴³ndʑi¹³	毛毛虫
pi⁵⁵tɕãŋ⁴³	蛔虫	pi⁵⁵tɕãŋ⁴³	蚯蚓
pi⁵⁵zo²¹	汽车	pi⁵⁵lə¹³au⁴³	旋涡
pi⁵⁵lei⁵⁵deo¹³	火苗	pi⁵⁵lei³³ndau¹³	闪电
pi⁵⁵dau²¹	故事	pi⁵⁵tl̥ãŋ⁴³	鬼怪

3. 含有 a⁵⁵-的合成词

前缀 a⁵⁵主要用在表示农作物和身体器官的名称前，构成表示农作物或身体器官的名词。例如：

a⁵⁵ʂi⁵⁵ʂi⁵⁵	野燕麦	a⁵⁵ŋaɯ⁴³ndli¹³:⁴³	稻穗
a⁵⁵ntshi⁴³ntli¹³:⁴³	谷粒	a⁵⁵n̥a⁴³ntli¹³:⁴³	稻草
a⁵⁵tɕhy⁴³ntli¹³:⁴³	稻苑	a⁵⁵tshãŋ⁴⁴tsi⁵⁵qə⁴³	玉米芯
a⁵⁵mbə²¹ɢə¹³	蒜薹	a⁵⁵tɕau⁴³tsi⁵⁵phə⁵⁵	姜
a⁵⁵mo²¹tl̥ou⁴³	凉薯	a³³dlau¹³ʑi²¹	烟叶
a³¹ndlau¹³	叶子	a³³ndlau¹³ʑi²¹tsau⁵⁵	烟丝
a⁵⁵l̥y⁴³li⁴⁴fau⁴⁴	脑髓	a⁵⁵dʑi²¹pa⁴³	角
a⁵⁵ma²¹	眼睛	a⁵⁵l̥y⁴³	骨髓
a⁵⁵tl̥ãŋ⁴³	肚子	a⁵⁵tsãŋ⁴⁴li⁴⁴tsãŋ⁵⁵	肋骨
a⁵⁵mbə¹³	耳朵	a⁵⁵ʐãŋ⁵⁵	骨节
a⁵⁵mpy⁴⁴	肺	a⁵⁵sie⁴³	肝、心

a⁵⁵tḷau⁴³　　　　　胃　　　a⁵⁵tshãŋ⁴⁴　　　　　骨头

前缀 a⁵⁵-还大量用在亲属称谓名称前，构成表示亲属称谓的名词。例如：

a⁵⁵ʑeo¹³　　祖父　　a⁵⁵bo¹³　　祖母　　a⁵⁵ʑeo¹³　　岳父
a⁵⁵po⁴³　　婆婆　　a⁵⁵tai⁴⁴　　岳母　　a⁵⁵ʑeo¹³　　公公
a⁵⁵tai³³lau¹³　曾祖母　a⁵⁵tai³³lau¹³　曾祖父　a⁵⁵ɲie⁴³　　母亲
a⁵⁵vai⁴³　　父亲　　a⁵⁵ʑeo¹³lau¹³　外祖父　a⁵⁵tai⁴⁴　　外祖母
a⁵⁵mau⁴³　　兄　　　a⁵⁵ɲãŋ⁴³la⁴⁴　嫂　　　a⁵⁵vau¹³　　姐夫、妹夫

前缀 a⁵⁵-也可以用在表示山川、石头等自然物质名称前，构成少数表示自然事物名称的名词。例如：

a⁵⁵ɳtʂi⁴⁴tau⁴³　山顶　a⁵⁵ky⁴³　河流　　a⁵⁵və⁴³　石头　　a⁵⁵du²¹　岸

前缀 a⁵⁵-还可以用在少数动物名称前，构成表示动物名称的名词。例如：

a⁵⁵tɕau⁴³　　画眉鸟　a⁵⁵tʂeo⁴⁴　野鸡　　a⁵⁵pei⁴⁴tɕa⁴⁴　青蛙
a⁵⁵khə⁴⁴　　松鼠　　a⁵⁵tʂu³³　猫

此外，前缀 a⁵⁵-还可以用在少数含有前缀的形容词和方位名词中。例如：

a⁵⁵tʂhə⁴³　　新的　　　a⁵⁵dzy¹³　小的　　a⁵⁵tʂi⁴⁴　　碎末状的
a⁵⁵ʂa⁴³　　上面　　　a⁵⁵qə⁴³　　后面

受语流音变的影响，滇北苗语的前缀 a⁵⁵可以自由变异为 qa⁵⁵-。例如：

a⁵⁵lau⁴³老人 ~ qa⁵⁵lau⁴³老人　　　a⁵⁵vau¹³汉族 ~ qa⁵⁵vau¹³汉族
　前缀　老　　　前缀　老　　　　　　前缀　汉族　　　前缀　汉族

a⁵⁵ʂa⁴³上面 ~ qa⁵⁵ʂa⁴³上面　　　a⁵⁵tʂhə⁴³新的 ~ qa⁵⁵tʂhə⁴³新的
　前缀 上面　　　前缀　上面　　　　　前缀　新　　　　前缀　新

4. 含有 ki⁵⁵-的合成词

前缀 ki⁵⁵-用在少量植物和动物名称前，构成表示植物或动物的名词。例如：

ki⁵⁵tau⁴³　　葫芦　　ki⁵⁵ɳtḷi⁴³　黄瓜　　ki⁵⁵tḷi³³　　野猫
ki⁵⁵li⁴⁴　　蚊子　　ki⁵⁵ntsi⁴³　蝴蝶、蛾　ki⁵⁵dy¹³　　狐狸
ki⁵⁵ɳtʂa⁴⁴　喜鹊　　ki⁵⁵ndzau²¹　蚂蚁

5. 含有 li⁵⁵-的合成词

前缀 li⁵⁵-用在农耕用具和乐器名称前，构成表示农耕用具或乐器的名词。例如：

li⁵⁵qhau⁴⁴　连枷　　li⁵⁵vau¹³　犁　　　li⁴⁴pha⁴⁴　犁板
li⁵⁵fai⁴⁴　犁铧　　li⁵⁵lu⁴⁴　箫、笛　li⁵⁵la⁴⁴　唢呐

6. 含有 tu⁴³-的合成词

前缀 tu⁴³-由名词"儿子"虚化而来，与支配结构构成表示职业的名词。

例如：

tu⁴³pa⁴³va¹³ 瓦匠 者 塑 瓦	tu⁴³geo²¹nteo⁵⁵ 学生 者 读 书	tu⁴⁴ta⁴⁴mpa⁴⁴ 屠夫 者 杀 猪
tu⁴³hu⁴⁴ŋgau¹³ 歌手 者 唱 歌	tu⁴³ntau³³ɴɢai¹³ 猎人 者 打 肉	tu⁴³dai²¹zau⁴³ 菜贩子 者 卖 菜
tu⁴³zo¹³dzeo¹³ 牧童 者 放 牧	tu⁴³ʂau⁴⁴qou⁵⁵ 乞丐 者 讨 食物	tu⁴³tsi⁵⁵phau⁴⁴ 补锅匠 者 补 锅

7. 含有 ti⁴⁴-的合成词

前缀 ti⁴⁴-用在某些物体名称前构成名词。例如：

ti⁴⁴tʂo⁵⁵n̩u¹³	牛背峰	ti⁵⁵ɢau¹³	脊背
ti⁵⁵ɭau⁴³	腿肚	ti⁵⁵dzo¹³	楼梯

8. 含有 qa⁵⁵-的合成词

前缀 qa⁵⁵-与表示团状物或堆积成团状物的词根语素构成名词。例如：

qa⁵⁵tɕy⁴⁴	荸荠	qa⁵⁵lo¹³ndli¹³	汤圆	qa⁴³ntsha⁴³	青苔
qa⁵⁵tɕeo⁵⁵	酒糟	qa⁵⁵dou¹³	豆渣	qa⁴³nã⁴³sa⁴³	蕨草
qa⁵⁵ntʂa⁴⁴	高粱	qa⁵⁵nau¹³	食物	qa⁵⁵ntʂhi⁴³	糙米

9. 含有 ŋa⁵⁵-的合成词

ŋa⁵⁵-用在名词词根语素前，构成语义含有"小"的名词。例如：

ŋa⁵⁵ŋa¹³a⁵⁵ma²¹	瞳仁	ŋa⁵⁵ŋa⁴³a⁵⁵tl̥ã⁴³	小肚
ŋa⁵⁵ʐau⁴⁴	儿童	ŋa⁵⁵ŋa¹³	婴儿

除上述名词词缀以外，滇北苗语还使用前缀 hi⁴⁴-附加在单音节动词性语素之前，表示动作发生的相互性。例如：

hi⁴⁴ntau⁴⁴	打架	hi⁴⁴ndɯ¹³	斗争	hi⁴⁴nto⁴⁴	剁
hi⁴⁴fai⁴³	分别	hi⁴⁴tlo⁵⁵	滚石头	hi⁴⁴thie⁴³	合拢
hi⁴⁴n̩tau⁴⁴	（牛）打架	hi⁴⁴n̩tɕeo³³˸⁴⁴	（鸡）打架	hi⁴⁴qhau⁴³	接吻
hi⁴⁴dzu²¹	相逢	hi⁴⁴ntʂheo⁴⁴	互爱	hi⁴⁴mpau⁴⁴	互助
hi⁴⁴nthy⁵⁵	相碰	hi⁴⁴nai⁴⁴	拥挤	hi⁴⁴nthy⁵⁵	相碰
hi⁴⁴ntə³³	互争	hi⁴⁴ha³³	争夺	hi⁴⁴lu⁵⁵	交换
hi⁴⁴ky⁴⁴ndeo¹³	缠绕	hi⁴⁴ki⁴⁴	传染	hi⁴⁴ɕeo⁴⁴	合并
hi⁴⁴tl̥i⁴⁴	合作	hi⁴⁴ntau⁴⁴	（人）打架	hi⁴⁴mo⁴⁴	搓衣

滇北苗语的后缀-mi⁴⁴用在表示人的名词后面，构词名词的复数。例如：

qha⁴³nteo⁴⁴	老师	qha⁴³nteo⁴⁴mi⁴⁴	老师们
ɣe²¹la²¹	朋友	ɣe²¹la²¹mi⁴⁴	朋友们
geo²¹nteo⁵⁵	学生	geo²¹nteo⁵⁵mi⁴⁴	学生们

zi¹³zo²¹	邻居	zi¹³zo²¹mi⁴⁴	邻居们
ki⁵⁵pa⁵⁵	仇人	ki⁵⁵pa⁵⁵mi⁴⁴	仇人们
tʂy⁵⁵tʂy⁵⁵	主人	tʂy⁵⁵tʂy⁵⁵mi⁴⁴	主人们

（二）复合式合成词

滇北苗语的复合式合成词包括联合式、修饰式、补充式、支配式、主谓式等五种构词方式。

1. 联合式复合词

联合式复合词由两个词义相同、相近或相反的词根语素或词并列组合而成。滇北苗语的联合式复合词存在以下几种构词情况。

（1）名词素+名词素=名词。例如：

dla¹³mbo³³雪霜　　　ȵie⁴³vai¹³父母　　　zi¹³zo²¹邻居
霜 雪　　　　　　　母亲 父亲　　　　　　家 村子

（2）名词素+名词素=形容词。例如：

tl̥i⁵⁵mpa⁴⁴淫荡
狗 猪

（3）形容词素+形容词素=形容词或动词。例如：

zau⁴⁴tʂi⁵⁵好坏　　　ndzo⁵⁵bi³¹迟早　　　tl̥eo⁴³ɳtʂhie⁴³明白
好 丑　　　　　　　早 迟　　　　　　　白 清

（4）动词素+动词素=名词。例如：

vau²¹la¹³生意
买 卖

（5）动词素+动词素=动词或形容词。例如：

mau¹³lo²¹来往　　　ȵtɕi⁵⁵ɴquɯ¹³上下　　　lə²¹tl̥o³³高兴
去 来　　　　　　　上 下　　　　　　　笑 笑

2. 修饰式复合词

修饰式复合词的两个词是修饰与被修饰的关系，修饰的成分为修饰词，被修饰的成分为中心语。滇北苗语的修饰式可以是中心语+修饰词，也可以是修饰词+中心语，前者叫作正偏式，后者叫作偏正式，滇北苗语的正偏式复合词比偏正式复合词普遍。

正偏式合成词的中心语是名词，修饰语通常是名词，也可以是形容词。正偏式复合词在滇北苗语复合式构词中比较普遍。例如：

li⁵⁵kau⁴⁴qai⁴⁴鸡麂　　və¹³qai⁴³鸡窝　　və¹³nau²¹鸟窝　　geo¹³mpa⁴⁴猪笼
麂 鸡　　　　　　窝 鸡　　　　　　窝 鸟　　　　　　背箩 猪

tɕeo⁵⁵tl̥ou⁴³甜酒　　a⁵⁵mo²¹lie⁴³红薯　　pi⁵⁵tɕo⁴⁴ɴGai¹³瘤肉　　a³³və⁴³dau¹³鹅卵石
酒 甜　　　　　　前缀 薯 红　　　　　疙瘩 肉　　　　　　前缀 石头 肾

qho⁵⁵au⁴³井 ki⁵⁵pi⁴³ʐo⁴³公路 a³³ndʐau¹³lie¹³田埂 tl̥au⁴³a³³ndʐau¹³胡须
洞 水　　　　路 汽车　　　　　埂 田　　　　　　毛 前缀 嘴

mpa⁴⁴tl̥u⁴³黑猪 bãŋ¹³au⁴³水塘 ŋga⁵⁵qau⁴³粮仓 a⁵⁵ ntau⁴ tsi⁵⁵qə⁴³玉米秆
猪 黑　　　　塘 水　　　　　房 粮食　　　　　前缀 树 前缀 玉米

ᶰɢai¹³dlo²¹肥肉 ka⁴⁴ma²¹眼泪 dlo¹³ntau⁴⁴植物油 pi⁵⁵teo⁴⁴a⁵⁵ma²¹眼皮
肉 肥　　　　汤 眼睛　　　　　脂肪 树　　　　　皮肤 前缀 眼睛

偏正式复合词的修饰语前置于中心语，其修饰语一般都是名词，且没有正偏式普遍。例如：

qə⁵⁵a⁴⁴tʂhau⁴⁴食物霉 tʂho⁴⁴a⁴⁴tʂhau⁴⁴衣服霉 a⁵⁵ko⁴⁴tau⁴³山脚 a⁴⁴və⁴³li⁴⁴ky⁴⁴石匠
食物 前缀 霉　　　　　衣服 前缀 霉　　　　　前缀 脚 山　　　　前缀 石头 师傅

tl̥y⁴³nau²¹鸟笼 a⁴⁴tʂa⁴⁴ŋga¹³屋檐 a⁴⁴ɢau¹³ŋga¹³屋背 a⁵⁵tʂi³³tau⁴³山尖
鸟 笼子　　　　前缀 上面 房子　　　　前缀 背面 房子　　　前缀 尖 山

3. 补充式复合词

补充式复合词的前一个词根语素是主体，后一个词根语素用来说明、补充前一个词根语素。滇北苗语补充式复合词的前一个语素通常是动词，后一个语素通常是动词或形容词，有时候也可以是名词或短语，例如：

na¹³tau³³相中 pau⁴³tʂhai¹³清楚 a⁴⁴tɕie⁴³过年 ntau³³ʂeo⁴⁴赢 da²¹i⁴³ntʂi³³昏迷
看 得到　　　知道 确定　　　　做 新　　　　　打 胜利　　死 一点

4. 支配式复合词

支配式复合词通常由两个语素组成，前一个词根语素表示动作行为或变化的状态，后一个词根语素表示动作行为支配所涉及的对象。滇北苗语支配式复合词的前一个语素通常是动词或形容词，后一个语素通常是名词。例如：

ma¹³tl̥a⁴³勇敢 n̥o⁴³a⁴⁴li⁴⁴坐月子 ɢau²¹tɕeo⁵⁵醉 m̥o⁴⁴ndu¹³晚
有 胆量　　　在 做 月　　　　　倒 酒　　　　暗 天

lo¹³sie⁴³痛快 tl̥au⁴⁴au⁴³云 la²¹au⁴³游泳 qha⁴³nteo⁴⁴老师
来 心　　　　堆 水　　　　游 水　　　　教 书

mo⁴³sie⁴³心疼 phu⁵⁵sie⁴³灰心 tʂeŋ⁴⁴ntau⁴³订婚 qhə⁴³dlau¹³钥匙
疼 心　　　　丢 心　　　　接 布　　　　　开 门

dʑie¹³ʑi¹³结婚 deo⁴³kãŋ⁴³裂开 ndlai⁵⁵qãŋ⁴⁴ntsau⁴⁴纳凉 a⁴⁴li⁵⁵fau⁴⁴mpa⁴⁴过小年
连结 家　　　　出 缝隙　　　　躲 树 荫　　　　　　做 头 猪

5. 主谓式复合词

主谓式复合词由两个或两个以上语素构成，前一个语素表示被陈述的事物，后一个词根语素描述前一个词根语素，被陈述的语素通常表示事物名称，描述的语素通常表示动作或状态。滇北苗语主谓式复合词的前一个语素通常是名词，后一个语素通常是形容词、动词或主谓短语。例如：

ndu¹³lã̠ŋ⁵⁵春天	ndu¹³so⁵⁵:⁴⁴夏天	ndu¹³dzie¹³秋天	ndu¹³dza̠¹³:⁴³冬天
天　发芽	天　热	天　凉	天　僵
a⁵⁵sie⁴³tl̪u⁴³心毒	a⁵⁵ma¹³lie⁴³嫉妒	tɕeo⁴⁴hi⁴⁴qə⁴⁴污点	qau⁴⁴lau⁴⁴zau⁴⁴丰收
前缀 肝　黑色	前缀 眼睛　红	地方　脏	庄稼　好
Nqə⁴⁴ta⁵⁵贵	Nqə⁴⁴ʂi⁴³便宜	au⁴³ku⁴³开水	ki³¹da̠u¹³zau⁵⁵凳子
价格　硬	价格　轻	水　沸腾	桌子　坐
a⁵⁵sie⁴³pu⁵⁵tsau⁴⁴满意		bau¹³ty⁴³ŋu⁴³向日葵	
前缀心　充满　充满状		花　对　日	
ndlau¹³tʂau⁴⁴au⁴³茶叶		mo⁵⁵mo⁴⁴ntsai⁴³ŋtʂhã̠⁴⁴蚊子	
叶子　泡　水		苍蝇　吸　血	

（三）重叠式合成词

滇北苗语的重叠式合成词主要有以下三种重叠形式：

1. AA 式重叠

AA 式重叠在滇北苗语相对较少，通常发生于量词、形容词、名词和状词，例如：

du²¹du²¹	有几只	gau¹³gau¹³	有几次
只　只		次　次	
zau⁴⁴zau⁴⁴	很好	zu¹³zu¹³	很多
好　好		多　多	
qə⁴⁴qə⁵⁵	蝌蚪	tɕeo⁴⁴tɕeo⁴⁴	滴水貌
tʂa⁴⁴tʂa⁴⁴	红色貌	khau³³khau³³	弯曲貌

2. AABB 式重叠

AABB 式重叠较为普遍，名词、动词、形容词等词类里都有大量 AABB 式重叠词。例如：

mau¹³mau¹³seo⁵⁵seo⁵⁵	走走停停	ȵie⁵⁵ȵie⁵⁵tl̪o³³tl̪o³³	哭哭笑笑
去　去　站　站		哭　哭　笑　笑	
l̪o⁴³l̪o⁴³ʂau⁴³ʂau⁴³	老老少少	sie⁴³sie⁴³Gə²¹Gə²¹	高高低低
大　大　小　小		高　高　低　低	

3. ABAC 式重叠

滇北苗语的 ABAC 式重叠常见于带前缀的联合式名词。例如：

tu⁴³ki⁴⁴tu⁴³ta⁴⁴子孙后代	tu⁴³tsi⁴³tu⁴³ndo²¹兵
前缀 ＊ 前缀 ＊	前缀 ＊ 前缀 ＊
a⁵⁵lau¹³a⁵⁵phy⁵⁵祖先	a⁵⁵bo²¹a⁵⁵ʑeo²¹男男女女
前缀 ＊ 前缀 ＊	前缀 女 前缀 男

a⁵⁵ ȵa⁴³a⁴⁴dza¹³ 杂草　　　　　a³¹ ndʐau¹³ a⁵⁵ mby²¹ 嘴巴鼻子
前缀 草 前缀 药　　　　　　　　前缀 嘴巴 前缀 鼻子

a⁵⁵ tsi⁴³ a⁴⁴ tso⁴⁴ 渣子　　　　ki⁴⁴ zu⁴³ ki⁴³ za²¹ 黎明
前缀 果子 前缀 渣　　　　　　　路 ＊ 路 ＊

ki⁴⁴ tsi⁴⁴ ki⁴⁴ tsau⁴⁴ 黄昏
路 ＊ 路 ＊

滇北苗语的 ABAC 式重叠还常见于动词、形容词。例如：

ʐaŋ⁴⁴mau¹³ʐaŋ⁴lo²¹　飞来飞去　　deo¹³mau¹³deo¹³lu¹³　出出进进
飞 去 飞 来　　　　　　　　　去 去 出 来

fə⁴⁴mpãŋ⁴³fə⁴⁴di⁴³　大摇大摆　　ma¹³dlau¹³ma¹³zo²¹　强壮
甩 臂 甩 手　　　　　　　　　有 精力 有 力气

tʂu³³hãŋ⁴⁴tʂu³³lu²¹　香喷喷　　　ɳtʂi⁴³bo¹³ɳtʂi⁴³dau¹³　遇见
香 　 香　　　　　　　　　　遇见 遇 知道

a⁵⁵ȵi⁴³a⁵⁵ȵau¹³　半生不熟
夹生 　夹生

三　构词形态与构形形态

滇北苗语虽然是分析性语言，但是具有一定的形态变化。李云兵（2018：3）指出：苗瑶语的构词法主要就是研究苗瑶语的构词形态和构形形态。苗瑶语构词形态的语义语法范畴是名词范畴化，构形形态的语义语法范畴是性、数、级、方式和情貌等。

（一）构词形态

滇北苗语的构词形态主要有附加词缀和语音屈折形态，其中语音屈折形态包括单音节词的语音屈折、重叠式的语音屈折以及非语音屈折重叠式。

1. 附加词缀形态

附加词汇构词在滇北苗语构词中的应用主要表现为名词的附加前缀构词，常见的名词前缀有 tsi⁵⁵-、pi⁵⁵-、a⁵⁵-、ki⁵⁵-、li⁵⁵-、tu⁴³-、ti⁴⁴-、qa⁵⁵-、ŋa⁵⁵-等，各个词缀均表达相对固定的含义，并且与某一类表示事物名称的词一起构成名词。此外，滇北苗语的后缀-mi⁴⁴通常用在名词后面表示复数，前缀 hi⁴⁴-附加在单音节动词性语素之前，表示动作发生的相互性。具体词例子见本节"（一）附加式合成词"部分。

2. 语音屈折形态

（1）单音节词的语音屈折

滇北苗语的量词可以通过韵母和声调变化来实现语音屈折构词。当量词的韵母为 ai 或 u 时，表示壮美称，即说话人认为量词所指的对象是壮美的；当量词的韵母为 a 时，表示指小称；即说话人认为量词所指的对象是小巧可爱的。例如：

量词	普通称	壮美称	指小称
tsai^{55} 个——男人	tsai^{55}tu^{43} 男青年 个　儿子	tsai^{43}tu^{43} 大男人 个　儿子	tsa^{55}tu^{43} 小伙子 个　儿子
lai^{55} 个——女人	lai^{55}ŋgau^{13}ntshai^{33} 姑娘 个　　姑娘	lai^{43}ŋgau^{13}ntshai^{33} 大姑娘 个　　姑娘	la^{55}ŋgau^{13}ntshai^{33} 小姑娘 个　　姑娘
lai^{55} 所——房子	lai^{55}ŋga^{13} 房子 所　房子	lu^{43}ŋga^{13} 大房子 所　房子	la^{55}ŋga^{13} 小房子 所　房子
tai^{55} 只——乌鸦	tai^{55}li^{55}a^{43} 乌鸦 只　乌鸦	tai^{43}li^{55}a^{43} 大乌鸦 只　乌鸦	la^{55}li^{55}a^{43} 小乌鸦 只　乌鸦
du^{21} 条——鱼	du^{21}mbə^{13} 鱼 条　鱼	dai^{21}mbə^{12} 大鱼 条　鱼	da^{21}mbə^{13} 小鱼 条　鱼

（2）重叠式的语音屈折

重叠在滇北苗语里得到广泛应用。重叠式可以发生在基式之前，也可以发生在基式之后。重叠手段包括原形重叠、变音重叠和嵌音重叠三种。

原形重叠通常采用 AABB 的重叠形式，往往发生于四音格词中，词性主要表现为动词、形容词和名词。例如：

mau^{55}mau^{55}lo^{55}lo^{55} 来来往往　　　　mau^{13}mau^{13}lu^{13}lu^{13} 来来往往
mau^{13}mau^{13}seo^{55}seo^{55} 走走停停　　　nau^{13}nau^{13}hau^{13}hau^{13} 吃吃喝喝
hu^{55}hu^{55}dʐa^{13}dʐa^{13} 干干净净　　　　l̥o^{43}l̥o^{43}ʂau^{43}ʂau^{43} 老老少少
tl̥au^{23}tl̥au^{13}ku^{55}ku^{55} 四四方方　　　　ɲu^{55}ɲu^{55}mo^{55}mo^{55} 日日夜夜

变音重叠包括韵母和声调的变异重叠，这部分词不多，常见于一些双音节名词。例如：

tɕy^{43}tɕy^{33} 盘（头发）　　　　tɕy^{55}tɕy^{44} 发髻

嵌音重叠主要用在动词重叠中，表现为在两个相同的动词之间加上语素 i^{43} "一"。构成 "V+ i^{43}+V" 的嵌音重叠模式。例如：

na^{13}i^{43}na^{13} 看看　　　　　　　　dy^{13}i^{43}dy^{13} 想想
n̥dʑi^{13}i^{43}n̥dʑi^{13} 溜达　　　　　　nau^{13}i^{43}nau^{43} 问问

（3）非语音屈折重叠式

滇北苗语的非语音屈折重叠式主要包括 AA 式、AABB 式、ABAC 式和 ABAB 式四种形式。

AA 式重叠在滇北苗语相对较少，通常发生于量词、形容词、名词和状

第三章　词　汇

du²¹du²¹	有几只	gau¹³gau¹³	有几次
只　只		次　次	
zau⁴⁴zau⁴⁴	很好	zu¹³zu¹³	很多
好　好		多　多	
qə⁴⁴qə⁵⁵	蝌蚪	tɕo⁴⁴tɕo⁴⁴	滴水貌
tʂa⁴⁴tʂa⁴⁴	红色貌	khau³³khau³³	弯曲貌

AABB 式重叠较为普遍，名词、动词、形容词等词类里都有大量 AABB 式重叠词。例如：①

n̩u⁵⁵ n̩u⁵⁵mo⁵⁵mo⁵⁵	日日夜夜	mau¹³mau¹³lu¹³lu¹³	来来往往
日　日　夜　夜		去　去　来　来	
mau¹³mau¹³seo⁵⁵seo⁵⁵	走走停停	n̩ie⁵⁵n̩ie⁵⁵tl̩o³³tl̩o³³	哭哭笑笑
去　去　站　站		哭　哭　笑　笑	
nau¹³nau¹³hau³³hau³³	吃吃喝喝	tl̩au⁴³tl̩au⁴³ku⁵⁵ku⁵⁵	四四方方的
吃　吃　喝　喝		四　四　角　角	
li⁵⁵li⁵⁵ɬou⁵⁵ɬou⁵⁵	耷拉下垂的	hu⁵⁵hu⁵⁵dʐa¹³dʐa¹³	干干净净
＊　下垂　＊		＊　干净　＊	
l̩o⁴³l̩o⁴³ʂau⁴³ʂau⁴³	老老少少	sie⁴³sie⁴³Gə²¹Gə²¹	高高低低
大　大　小　小		高　高　低　低	

滇北苗语的 ABAC 式重叠常见于带前缀的联合式名词。例如：

tu⁴³ki⁴⁴tu⁴³ta⁴⁴	子孙后代	tu⁴³tsi⁴³tu⁴³ɳo²¹	兵
前缀＊前缀＊		前缀＊前缀＊	
a⁵⁵lau¹³a⁵⁵phy⁵⁵	祖先	a⁵⁵bo²¹a⁵⁵ʐeo²¹	男男女女
前缀＊前缀＊		前缀女前缀男	
a⁵⁵n̩a⁴⁴a⁴⁴dza¹³	杂草	a³¹n̩dʐau¹³a⁵⁵mby²¹	嘴巴鼻子
前缀草前缀药		前缀嘴巴前缀鼻子	
a⁵⁵tsi⁴³a⁴⁴tso⁴⁴	渣子	ki⁴⁴zu⁴³ki⁴³za²¹	黎明
前缀果子前缀渣		路＊路＊	
ki⁴⁴tsi⁴⁴ki⁴⁴tsau⁴⁴	黄昏		
路＊路＊			

滇北苗语的 ABAC 式重叠还常见于动词、形容词。例如：

z̃aŋ⁴⁴mau¹³z̃aŋ⁴⁴lo²¹	飞来飞去	deo¹³mau¹³deo¹³lu¹³	出出进进
飞　去　飞　来		去　出　出　来	

---

① ＊表示该语素没有实在意义，下文同。

fə⁴⁴mpãŋ⁴³fə⁴⁴di¹³	大摇大摆	ma¹³dlau¹³ma¹³zo²¹	强壮
甩臂甩手		有精力有力气	
tʂu³³hãŋ⁴⁴tʂu³³lu²¹	香喷喷	ɳtʂi⁴³bo¹³ɳtʂi⁴³dau¹³	遇见
香香		遇见遇知道	
a⁵⁵ȵi⁴³ a⁵⁵ȵau¹³	半生不熟		
夹生 夹生			

滇北苗语的 ABAB 式常见于形容词、动词和状词的重叠构词。例如：

a⁵⁵lə¹³a⁵⁵lə¹³	慢慢	gi¹³ɳtʂhi⁴⁴gi¹³ɳtʂhi⁴⁴	赶快
慢慢		赶快赶快	
hi⁴⁴tə⁴⁴hi⁴⁴tə⁴⁴	讨论	thy⁵⁵zo⁴³thy⁵⁵zo⁴³	用力
讨论讨论		出力出力	
ndlai¹³na¹ ndlai¹³na¹³	窥探	ʈhau⁴⁴zo²¹ʈhau⁴⁴zo²¹	努力
躲看躲看		给力给力	
su³³vɯ¹³ su³³vɯ¹³	一直在发亮	pi⁵⁵tə⁵⁵ pi⁵⁵tə⁵⁵	一直在大声说话
发亮貌 发亮貌		大声说话貌 大声说话貌	

（二）构形形态

滇北苗语的构形形态主要表现为名词、形容词、动词、量词和状词的形态变化及其固定的语义语法范畴。滇北苗语的形态变化在苗瑶语中比较独特，其名词、形容词的形态变化通常只涉及带前缀的双音节词，动词、量词的形态变化通常只涉及到单音节词，状词的形态变化则没有音节限定。

名词、形容词和双音节状词的变化一般在原形前加两个音节构成，所加的第一个音节的声、韵、调与原形第一个音节相同，第二个音节的声母和声调与原形第二个音节的声母、声调相同，韵母则发生变化，当原形第二个音节的韵母是 a、ə、ɯ、i、ai 时变为 u，当原形第二个音节的韵母是 u 时，变为 i，当原形第二个音节的韵母是 o、y、au、eo 时，变为 u 或者 i。例如：

原形	词义	变形	词义
a⁵⁵dlau¹³	门	a⁵⁵dlu¹³a⁵⁵dlau¹³	门之类的东西
a⁵⁵ndu¹³	边	a⁵⁵ndi¹³a⁵⁵ndu¹³	田边地角
pi⁴³tɕhau⁴³	跟跄	pi⁴³tɕhu⁴³pi⁴³tɕhau⁴³ /pi⁴³tɕhi⁴³pi⁴³tɕhau⁴³	跟跟跄跄
li⁴³vɯ⁴³	歪斜	li⁴³vu⁴³li⁴³vɯ⁴³	歪歪斜斜
a⁵⁵ta⁴³	憨貌	a⁵⁵tu⁴³a⁵⁵ta⁴³	憨头憨脑
a⁵⁵ɳtu⁴⁴	皱貌	a⁵⁵ɳti⁴⁴a⁵⁵ɳtu⁴⁴	皱巴巴

动词和单音节状词的变形一般是在原形前加一个音节构成，所加音节的声母和声调与原形相同，韵母则按照上述规律变化，即当原形第二个音节的韵母是 a、ə、ɯ、i、ai 时变为 u，原形韵母是 o、y、au、eo 时，变为 u 或者 i。例如：

原形	词义	变形	词义
nau^{13}	吃	nu^{13}nau^{13}	随便吃
ntsai^{33}	吸烟	ntsu^{33}ntsai^{33}	随便吸
nau^{21}	听	ni^{21}ntau^{21}/nu^{21}nau^{21}	随意听
ba^{21}	抱	bu^{21}ba^{21}	漫不经心地抱
ta^{55}	端坐貌	tu^{55}ta^{55}	端坐貌
lu^{13}	光亮貌	li^{55}lu^{13}	光亮貌

名词、形容词、动词、量词和状词的原形和变形均表达固定的语法意义，且在一定的语境中形成对比。一般而言，名词的原形表示明确、特指的概念，变形则表示不明确、泛指的概念。例如：

（1）vai^{13}ni^{55}ma^{13}i^{43}lu^{33}li^{33}ŋgau^{13}. 这里有一口锅。
　　　处所 这 有 一 个 锅

（2）vai^{13}ni^{55}ma^{13}li^{33}ŋgu^{13}li^{33}ŋgau^{13}. 这里到处是锅碗瓢盆。
　　　处所 这 有 　锅之类的东西

形容词、动词和状词的原形表示规则、单一、单纯少变的概念，变形则表示不规则、随意多变的概念，例如：

（1）ni^{44}ʂeo^{55}li^{43}vɯ^{43}. 他站歪了。
　　　他 站 歪斜

（2）dzau^{13}tə^{55}nə^{43}vai^{13}ʂeo^{55}li^{43}vu^{43}li^{43}vɯ^{43}. 那群人站得歪歪斜斜的。
　　　群 人 那 站 歪歪斜斜

（3）ni^{44}a^{44}va^{13}zau^{44}daɯ^{13}. 他做好饭了。
　　　他 做 饭 好 了

（4）ɴɢai^{13}qə^{43}ai^{43}tɕau^{43}, kho^{55}tɕa^{33}u^{44}a^{44}dzi^{13}zau^{44}daɯ^{13}.
　　　肉 粮食 太 多 随便 　做 就 好 了
　　饭菜太多了，随便做点就好了。

（5）i^{43}ɢa^{13}ndli^{13}vai^{13}vaɯ^{13}ndu^{13}ɕi^{33}vo^{13}. 那片稻子黄灿灿的。
　　　一 片 稻 那 黄 得 黄色貌

（6）i^{43}ɢa^{13}ndli^{13}vai^{13}vaɯ^{13}ndu^{13}ɕi^{33}vu^{13}ɕi^{33}vo^{13}.
　　　一 片 稻 那 黄 得 　黄色貌
　　那片稻子有的黄，有的不黄。

四 构词与认知特点

滇北苗语的构词与苗族的认知密切相关。Lakoff &Johnson（1980）指出概念隐喻和转喻是人类语言中构词的重要手段，即人们在构成时往往把具体的、熟悉的事物特点映射到抽象的、陌生的事物概念上，从而构造出抽象、陌生的新词。滇北苗语中不乏这样的词汇，例如：

tai^{43}zau^{13}hou^{33}au^{43}彩虹
个　龙　喝　水

tḷau^{44}au^{43}云
堆　水

zau^{13}ntsau^{55}ņu^{43}日晕
龙　遮　太阳

zau^{13}ntsau^{55}li^{44}月晕
龙　遮　月亮

tsi^{55}a^{55}ma^{21}ņu^{13}葡萄
果实前缀 眼睛　牛

tsi^{55}li^{44}phy^{55}石榴
果实　瓶子

sãŋ^{43}ņu^{43}ntsə^{44}西边
边　太阳　落

sãŋ^{43}ņu^{43}da^{13}东边
边　太阳　出来

sãŋ^{43}tɕa^{44}tʂhãn^{55}南边
边　风　晴

sãŋ^{55}tɕa^{44}ba^{13}北边
边　风　阴

这些词汇在某种程度上反映了苗族祖先当时的原始认知水平，也体现了苗族祖先构造新词时把田间劳作和生活经验作为认知基础来理解抽象概念，并把这种认知通过概念隐喻从原始域（source domain）映射（mapping）到目标域（target domain），从而为抽象、陌生的新事物命名。

第二节　词的词汇意义

滇北苗语的词汇意义较为丰富，不仅存在单义词和多义词，还包括近义词和反义词。

一 单义词与多义词

（一）单义词

单义词是指仅有一个词汇意义的词。滇北苗语中表示天体、矿物、动物、植物、人体部位、日常用品、动作行为、数量、计量单位、人称等义类的词基本属于单义词，即词的所指和能指之间的关系是唯一的。例如：

ndu^{13}	天	lai^{43}ņu^{43}	太阳	lai^{43}li^{44}	月亮
su^{43}	雷	ņie^{13}	银	dau^{13}	铜
ņu^{13}	牛	tḷi^{55}	狗	tḷai^{33}	熊

ȵtɕi⁴³	菌	hi⁵⁵tlo⁴³	竹子	qə⁴³	芦苇
tl̥hu⁴⁴	脸	a⁴⁴dzi¹³	颧骨	a⁵⁵mpy⁴⁴	肺
ŋ̊u⁴³	坛子	vã⁴³Gau¹³	簸箕	li⁵⁵la⁴⁴	唢呐
nau¹³	吃	khu⁴³	结冰	ʑi¹³	八
dʐa¹³	九	tlo⁴⁴	拃	gi²¹	你

（二）多义词

多义词是指同时存在几个不同意义的词。多义词的词义之间一般具有一定的相关性，有基本意义和引申意义之别，引申意义在基本意义的基础上发展而来。滇北苗语的多义词主要分布于名词和动词之中。例如：

$$\text{ȵie}^{13}\text{vai}^{13}\begin{cases}\text{父母}\\\text{夫妻}\end{cases}\qquad\text{ȵie}^{55}\begin{cases}\text{哭}\\\text{牙齿}\end{cases}$$

$$\text{hau}^{44}\begin{cases}\text{蝴蝶}\\\text{蛾}\end{cases}\qquad\text{leo}^{55}\begin{cases}\text{催}\\\text{驱赶、追}\end{cases}$$

二 同义词与反义词

（一）同义词

语言中的同义词是两个词汇意义相同或相近的词。同义词分为等义词和近义词。等义词是意义完全相同的词，在语用过程中可以互换。这类等义词在滇北苗语里数量有限。例如：

$$\text{小}\begin{cases}ʂ\text{au}^{43}、\text{a}^{55}\text{dʐy}^{53}\\ŋ\text{a}^{55}ŋ\text{a}^{33}\end{cases}\qquad\text{大}\begin{cases}\text{lo}^{43}、\text{ma}^{44}\\\text{la}^{44}\end{cases}$$

$$\text{瘦}\begin{cases}ʐ\text{a}^{21}\\ȵ\text{dʐe}^{13}\end{cases}\qquad\text{稀}\begin{cases}\text{fə}^{43}\\\text{tli}^{44}\end{cases}$$

$$\text{深}\begin{cases}\text{to}^{43}\\\text{tɕaŋ}^{43}\end{cases}\qquad\text{牵}\begin{cases}\text{li}^{13}\\\text{ta}^{55}\end{cases}$$

近义词的词汇意义基本相同，也有一些细微的差别。滇北苗语词汇系统中有大量近义词，由于搭配的语义场不同，所使用的词汇也不同。汉语中词义完全相同的词，在滇北苗语中却有不同的表达，这些词包括名词、动词、形容词等。大量近义词的使用使滇北的苗语词汇变得形象生动、丰富多彩。例如：

泡 { 泡饭：ɳtʂə⁴⁴
     泡水：tʂau⁴⁴

翘 { 翘腿：ti³³
     翘拇指：ɕãŋ⁴³

洒 { 洒米：xa⁴⁴
     洒水：hi⁴⁴nda²¹

挖 { 挖 用手~：vei¹³
     挖 用锄头等工具~：ɳtɕeo³³

养 { 养牲口：tɕe⁴⁴
     养家人：tu⁵⁵

落 { 树叶~：və²¹
     太阳~：ntsə⁴⁴

喂 { 喂鸡：pu⁴³
     用嘴喂：ɳi²¹

吐 { 吐饭：nti⁴⁴
     吐奶：nta⁵⁵
     吐口水：nto⁴⁴

细 { 细面粉~：mo¹³
     细面粉~：mo¹³

摇 { 摇摆：a⁴⁴zo²¹
     摇动：tɕo⁴⁴tɕo⁴⁴

怀孕 { 人怀孕：ŋgə¹³tu⁴³
       动物怀孕：ʂo⁵⁵tɕi⁵⁵

流产 { 人流产：kau⁴³ta⁴³
       动物流产：pau⁴³və¹³

砍 { 砍树：nto⁵⁵
     砍柴：ʂau⁴⁴
     砍骨头：pha⁴⁴

紧 { 绑紧：zeo¹³
     塞紧：ɳdzeo¹³
     土紧：dlau¹³

撒 { 撒面粉之类细小的东西：mphau³³
     撒种子之类的东西：puɯ⁴³
     撒碎石头之类的东西：la³³

香 { 嚼起来香：khi⁴³
     闻起来香：tʂu⁴⁴hãŋ⁴⁴
     咽下去香：qa⁴³hãŋ⁴⁴

狗叫 { 狗正常地叫：do¹³
狗不正常地叫：pheo⁴³
狗追捕猎物时叫：dʐə²¹
狗被打时叫：ga¹³ }

鸡叫 { 母鸡下蛋时叫：dʐau²¹
公鸡叫：qa⁴⁴
小鸡叫：Ga¹³
母鸡呼唤小鸡时叫：tl̥i⁴³ }

（二）反义词

反义词是词汇意义相反的词。构成反义的两个或两个以上的词必须属于同一个语义范畴。通常所说的反义词，既是相互对立的，也是相互联系的。反义词在意义上所表现出来的对立或矛盾，也是客观事物对立或矛盾的反映。滇北苗语的反义词可以分为绝对反义词和相对反义词两种。

1. 绝对反义词

绝对反义词是两个词汇意义绝对相反的词，肯定甲就必须否定乙，中间不允许有第三种意义出现，反之亦然。例如：

da²¹ 死 ⟷ dʐe²¹ 活　　　　da¹³ 来 ⟷ mau¹³ 去

ma¹³ 买 ⟷ dai²¹ 卖　　　　tɕau⁴³ 多 ⟷ dʐeo²¹ 少

ȵie⁵⁵ 哭 ⟷ tl̥o³³ 笑　　　　tʂho⁵⁵ 弯 ⟷ dʐo²¹ 直

2. 相对反义词

相对反义词是两个或两个以上的词汇意义相反的词，肯定甲就否定乙，但是否定甲不一定否定乙，在甲和乙之间有其他词汇意义相反的词。例如：

sie⁴³ 高 ⟷ Gə¹³ 矮　　　　tau⁴⁴ma⁴⁴ 软 ⟷ za¹³ 硬

hi⁴⁴qə⁴⁴ 脏 ⟷ hə⁵⁵ȵdza¹³ 干净　　to⁴³ 厚 ⟷ ȵie¹³ 薄

l̥o⁴³ 大 ⟷ ʂau⁴³ 小　　　　ɴqa⁴⁴ɕi⁴³ 便宜 ⟷ ɴqə⁴⁴ta⁵⁵ 昂贵

三　同音词

同音词是两个或两个以上语音相同、词汇意义不同的词。同音词的词汇意义之间没有联系。滇北苗语词汇中存在大量同音词。例如：

hu⁴⁴　　杉皮、樟树、樟脑、枫树、柳树

kə⁴⁴　　蕨草、芝麻、鸡冠花

i⁴³la²¹　　树梢、树干、树疙瘩

ky⁵⁵　　脑髓、头发、发髻、辫子

l̥u⁵⁵　　~头发~蓬松、脱衣服、脱皮、脱锄头

ŋ̊ə⁵⁵　　弩、脚印、弓

ɴGai¹³　　肉、窄

ɴqa⁴³　　鸽子、茅草、草

pa⁴³　　叉腰、塑~菩萨~、大腿

tʂau⁴⁴　　饱、浸~种~、泡~水~、砸~核桃~

tso⁴⁴　　拧~毛巾~、娶

ɴqə⁴⁴　　年轻、价钱、钩子

mpa⁴⁴　　猪、披~衣服~

tl̥a⁵⁵　　腰杆、老鹰

sie⁴³　　肝、高

ȵtɕi⁵⁵　　菌、爬树

ʂo⁴⁴　　休息、擦~桌子~

Geu¹³　　芦笙、蒜

第三节 词汇的组成

滇北苗语的词汇由基本词汇和一般词汇组成。基本词汇是滇北苗语的固有词汇，一般词汇是固有词汇以外的词。基本词汇与一般词汇是互相依存、互相渗透的。基本词汇是构成新词的基础，不断为滇北苗语创造新词，并充实、扩大一般词汇，使词汇日益丰富。另外，一般词汇中的一些词在发展过程中逐渐转为基本词，使基本词汇不断扩大。随着汉语使用功能的日益增强和苗语使用功能的退化，滇北苗语一般词汇的发展速度远远超过基本词汇的发展速度。

借词是滇北苗语一般词汇的重要组成部分，主要包括大量汉语借词，也包括少量彝语借词。此外，受基督教的影响，还出现了旧词新用的现象。

一 基本词汇

基本词汇是词汇中最主要的部分，它和语法一起构成语言的基础。滇北苗语的基本词汇使用频率高，生命力强，是全民共同理解和使用频率较高的词汇，它具体涉及以下九个方面内容。

（一）有关自然界事物名称

这类词包括表示天体、河流、山川、矿物、自然现象等名词的词汇。例如：

ndu^{13}	天	ti^{43}	地	tɕa^{44}	风	deo^{13}	火
su^{43}	雷	mpu^{44}	雪	nau^{21}	雨	au^{43}	水
ʈau^{43}	山	gy^{13}au^{43}	河	au^{55}	土	ȵie^{13}	银

（二）有关生活与生产资料的名称

这类词包括表示日常生活用品和生产工具等名词的词汇。例如：

ɳtʂie^{43}	米	ntau^{43}	灯	zau^{43}	菜	lai^{43}teo^{33}ʈau^{43}	布
a^{55}də^{13}	刀	tʂha^{43}	纺车	a^{55}dʐo^{13}	碓	deo^{13}tʟau^{55}	柴
tʂa^{44}	楔子	tai^{43}tau^{33}	斧子	tai^{43}ʂau^{43}	锯子	tai^{43}ɴqə^{44}	钩子

（三）有关人体部位名称

这类词包括常见的五官名称，还包括表示肠子、骨头、血液等名称的词汇。例如：

li^{44}fau^{44}	头	di^{13}	手	teo^{44}	脚	ȵie^{55}	牙齿

第三章　词　汇

ntʂhãŋ⁵⁵	血	ʂou⁵⁵	筋	a⁴⁴n̥o⁵⁵	肠子	dau¹³	肾
mby²¹	鼻	a⁵⁵ndlai¹³	舌头	a⁵⁵tl̥ãŋ⁴³	肚子	tl̥a⁵⁵	腰

（四）有关亲属关系的称呼

这类词包括滇北苗语里表示亲属称谓名称的词。例如：

a⁵⁵ɲie⁴³	母亲	a⁵⁵mau⁴³	哥哥	lei⁴³zi⁵⁵	姐姐	ɲie¹³lo⁴³	伯父
a⁵⁵vai⁴³	父亲	ky⁵⁵	弟弟	la⁵⁵ky⁵⁵	妹妹	vai¹³lo⁴³	伯母
a⁵⁵tai³³lau¹³	曾祖父	a³³ʑeo¹³	祖父	a³³bo¹³	祖母	nãŋ⁴³	妻子

（五）有关人、事物的行为或变化

这类词主要包括表示行为动作、心里活动或状态变化等动词。例如：

mau¹³	走	leo⁵⁵	撞	dzo²¹	种	sau⁴⁴	写
tl̥o³³	笑	la²¹	喜欢	ʂu⁴³	恨	Ga¹³	喊
qhai⁴³	拴	da²¹	死	tu⁵⁵	锁	tha⁵⁵	摊开

（六）有关人、事物的性质、状态

这类词主要包括表示大小、多少、颜色等性质属性的形容词。例如：

l̥o⁴³	大	tɕau⁴³	多	zau⁴⁴	好	ie⁴³	苦
ʂau⁴³	小	dʑeo²¹	少	ly¹³	坏	qãŋ⁴³	甜
tl̥au⁴³	黑	ntsa⁴³	绿	tl̥eo⁴³	白	hi⁴³qau⁴³	酸

（七）有关指称、代替

这类词主要包括人称代词、疑问代词、反身代词等词汇。例如：

ni⁴⁴	他、她、它	gi²¹	你	ni⁵⁵	这	ku⁵⁵	我
qa⁴³dy¹³	谁	a⁵⁵si⁴⁴	什么	mi²¹	你们	pi⁵⁵dʑeo²¹	多少
zou¹³	自己	hu⁵⁵bə²¹	大家	pi⁴³	我们	ni⁴⁴a⁴³lɯ⁴³	他们俩

（八）有关数量

这类词主要包括数词和量词。例如：

i⁴³	一	a⁴³	二	tsi⁴³	三	tl̥au⁴³	四
gau¹³	十	pa⁴⁴	百	tshie⁴³	千	vau¹³	万
fau⁴³	棵	do²¹	匹	lɯ⁴³	个	tɕo⁴³	块

（九）有关程度、范围、关联或语气

这类词主要包括各种副词、关联词和助词等词汇。例如：

hai⁵⁵	很	qha⁴³ȵie²¹	刚刚	qa⁵⁵qə⁴³	后	hə⁴⁴ndi¹³	先
hu⁵⁵bə²¹	总共	dʐa²¹	仅	pha⁴⁴ʐau⁴⁴	另外	i⁵⁵gu¹³	因为
die²¹	真	ɣo²¹ɣo²¹	更加	tsha⁴⁴khy⁴⁴	常常	dʑi¹³	就

二 一般词汇

滇北苗语的一般词汇虽然没有基本词汇稳定，却是交流中不可缺少的。一般词汇通常比较灵活，并且随着社会发展和交往活动的扩展经常变动。社会的急剧发展和变动，首先就反映在语言的一般词汇上，它们虽然不一定为全民所掌握，但是数量较多，从而成为丰富和发展语言不可缺少的部分。例如：

tʂha⁴³	茶	li⁴³thaŋ³¹	礼堂	taŋ⁴³ʐuɛn³¹	党员	ʐou¹³	又
i³¹tiŋ²⁴	一定	tʂhi³³	羊	tɕau²⁴ʐou³¹	教育	min⁴⁴tʂu⁴³	民主
ʑin⁴³	瘾	tsai⁴³ɕaŋ⁴⁴tʂaŋ⁴³	乡长	tsai⁴³ʂu⁴⁴tɕi⁴³	书记	paŋ²⁴koŋ⁴⁴ʂi²¹	办公室

基本词汇为一般词汇的发展和创造提供了基础。滇北苗语词汇以基本词汇为基础，并根据本民族的文化和认知特点仿造了一批生词，这些词往往涉及一些与政治或生活相关的新词语。这些新词汇不断丰富着滇北苗语的基本词汇，并且其中一部分已经转化为基本词汇。例如：

vau¹³ɕau⁴⁴万岁　　　tsha⁴³n̩u¹³吹牛　　　a⁵⁵ȵie⁴³a⁵⁵tʂhə⁴³后妈
万　岁　　　　　　吹　牛　　　　　　前缀妈妈 前缀 新

dlou¹³fau⁵⁵磕头　　a⁵⁵n̩dʑau¹³tɕau⁴³唠叨　ndlau¹³tʂau⁴⁴au⁴³茶叶
磕　头　　　　　　前缀嘴　　　多　　　　叶子　泡水

tl̩ãŋ⁵⁵lau⁴⁴飞机　　tsho⁴⁴a⁵⁵tʂa⁵⁵棉衣　　khau⁴⁴a⁵⁵pei⁵⁵tɕa⁴³凉鞋
鹰　铁　　　　　　衣服 前缀被子　　　　鞋子 前缀 青蛙

ȵãŋ⁴³tʂhə⁴³新娘　　vau⁵⁵tʂhə⁴³新郎　　　a³³ndlau¹³ʑi²¹tsau⁵⁵烟丝
媳妇 新　　　　　　丈夫 新　　　　　　　前缀叶子　烟　细

zau⁴⁴tɕheo⁴⁴优点　　tʂi⁵⁵tɕheo⁴⁴缺点　　ŋga¹³tɕe⁴⁴leo⁴⁴银行
好　地点　　　　　　丑　地点　　　　　　房子 放 钱

sie⁴⁴ndy¹³思想　　　a⁴⁴nu¹³工作　　　　Nqa⁴⁴qə⁵⁵tʂhi⁵⁵钓饵
心　想　　　　　　　做 活计　　　　　　钩子 食物 诱惑

ŋga²¹Nqə⁴³茅屋　　　qa⁵⁵dou¹³豆渣　　　ŋga¹³de²¹tl̩ãŋ⁴³nə⁴³铺子
房子 屎　　　　　　　前缀 豆　　　　　　房子 存 东西

三 借词

滇北苗语的词汇除了沿用祖辈的固有词以外，还不断从其他民族语言中吸收词汇来丰富和充实自己的词汇系统，增强语言的表现力，从而使借词成为滇北苗语中比较重要的组成部分。从借词的来源看，滇北苗语的借词主要来自汉语，也有极少数彝语借词。

（一）汉语借词

滇北苗语的汉语借词主要是指当地汉语方言西南官话。从苗瑶语里出现的汉语来看，滇北苗语的汉语借词最早可以追溯到中古早期，分为中古汉语借词、近代汉语借词和现代汉语借词三个历史层次（赵敏兰、甘春妍2010：252）。从目前汉语借词的语音特征和语义来看，滇北苗语直接从西南官话吸收词汇的历史不长，绝大多数汉语借词都是 1949 年以后进入滇北苗语词汇系统的。

滇北苗语吸收西南官话借词有两个特点，特点之一是西南官话借词开始进入滇北苗语的时间虽然不长，但是数量多。随着民族间日益增多的交往和现代科技的发展，大花苗族群传统的农耕日常生活受到较大影响，促使表示新事物、新概念的汉语借词在较短的时间内涌入滇北苗语词汇系统。特点之二是汉语借词几乎与汉语的普及和双语现象的发展同步增长，这种语言接触关系和语言影响类型决定了汉语借词的语音形式和结构形式基本上都保留着自己原来的特点。

1. 汉语借词的语音形式

汉语借词在短期内大量涌入滇北苗语，所表现出来的是当地汉语西南官话的语音形式。苗语里存在的语音，就采用苗语的形式表现出来，例如：ʂuei^{43}pi^{24} "水笔"、la^{55}pa^{33} "喇叭" 等。苗语里不存在的语音，就借用汉语的声母、韵母或声调。滇北苗语的西南官话借词在声母、韵母和声调方面具有以下特点。

（1）声母特点

由于滇北苗语的声母丰富，西南官话借词除借用半元音 w 以外，其余声母都沿用滇北苗语的固有韵母。滇北苗语里的西南官话共有 p、ph、m、f、v、t、th、n、l、ts、tsh、s、tʂ、tʂh、ʂ、ʐ、tɕ、tɕh、ɕ、k、kh、x、ʔ、w 24 个声母，西南官话的声母独立使时通常是单音节，被借到滇北苗语时往往以合成词的形式出现。例如：

声母	西南官话		滇北苗语		声母	西南官话		滇北苗语	
p	pu^{24}	布	po^{31}ɕo^{31}	剥削	ph	phu^{31}	普	phie^{44}	骗
m	mu^{24}	木	min^{44}tʂhu^{43}	民主	f			fu^{44}	夫	tʂen^{24}fu^{43}	政府

v	vu²⁴	无	ven³¹hua²⁴	文化	t	tau⁴⁴	刀	taŋ⁴⁴ʐuɛn³¹	党员
th	thau³¹	淘	thau³¹pau²⁴	淘宝	n	nian⁴³	年	ʐyn³¹nan³¹	云南
l	lau²⁴	老	la⁴³tʂu³¹	蜡烛	ts	tsi⁴⁴	资	tʂhi²¹tsi⁴³	尺子
tsh	tshi⁴³	瓷	tshi³¹	瓷	s	si⁵⁵	丝	si²⁴	市
tʂ	tʂu⁴⁴	猪	tʂo⁴⁴ko³¹	中国	tʂh	tʂhu⁴³	除	tʂhuei³¹tsi⁴³	锤子
ʂ	ʂu⁴⁴	书	ʂuei³¹pi²⁴	水笔	ʐ	ʐu³¹	肉	ʐi²⁴pen⁴³	日本
tɕ	tɕi⁴⁴	鸡	tɕi⁵⁵tɕhi³¹	机器	tɕh	tɕhi⁴⁴	蛆	tɕi⁵⁵tɕhi³¹	机器
ɕ	ɕi⁴⁴	西	wei²⁴ɕiŋ⁴³	卫星	k	kai⁴⁴	该	kho⁴³ɕo³¹	科学
k	khai⁴⁴	开	ko⁴³tɕa⁴⁴	国家	x	xai²⁴	海	hai³¹	还
ʔ	ʔai²⁴	爱	无借用		w	wai²⁴	外	wa³¹tsi⁴³	袜子

西南官话借词声母在滇北苗语里保留着不分尖团音的特点，即古精组字变来的齐齿撮口字和古见组字变来的齐齿撮口字声母没有分别。例如：

精　tɕin⁴⁴　　　酒　tɕiu²⁴　　　聚　tɕi⁴³
经　tɕin⁴⁴　　　九　tɕiu²⁴　　　巨　tɕi⁴³

西南官话借词声母在滇北苗语里还保留着 n 和 l 容易混淆的特点，含有 n 和 l 声母的字，普遍存在自由变读的现象。例如：

脑　nau²⁴或lau²⁴　　牛　niu²⁴或liu²⁴　　哪　la²⁴或na²⁴
老　lau²⁴或nau²⁴　　鸟　niau²⁴或liau²⁴　奶　nai⁴⁴或lai⁴⁴

滇北苗语对"街"和"鞋"的读音也保留着西南官话的特点，"街"读作 kai⁴⁴，"鞋"读作 xai²⁴。此外，滇北苗语里的西南官话借词还容易把 v 和 w 混淆，把 x 和 f 混淆。例如：

v 和 w 混淆：

文化室　ven³¹hua²⁴ʂi²⁴或wen³¹hua²⁴ʂi²⁴　武定　vu⁴³tin²⁴或wu⁴³tin²⁴
跳舞　tl̥hie⁴⁴vu⁴³ 或 tl̥hie⁴⁴wu⁴³　　文明　vən⁴³min³¹ 或 wən⁴³min³¹

x 和 f 混淆：

水壶　ʂui⁴³fu³¹或ʂui⁴³xu³¹　　湖南　fu³¹nan³¹或xu³¹nan³¹
茶壶　tʂha³¹fu³¹或tʂha³¹xu³¹　　湖北　fu³¹pɛ³¹或xu³¹pɛ³¹
刘胡兰　liu³¹fu³¹laŋ³¹或liu³¹xu³¹laŋ³¹　眼花　a⁵⁵ma²¹fa⁴⁴或a⁵⁵ma²¹hua⁴⁴

（2）韵母特点

滇北苗语的固有韵母比较少，因此增设了 ui、iau、in、en、un、uen、yn、aŋ、oŋ、ian、uan、iaŋ、uaŋ 13 个汉语借词专用韵母，其中 ui、un、aŋ、ian、iaŋ、uaŋ 的实际音值也可以分别读为[uei]、[uen]、[ɑŋ]、[iɛn]、[iɑŋ]、[uɑŋ]。例如：

şui⁴³ni³¹	水泥	mə³¹şuei⁴³	墨水	tai⁴⁴piau⁴³	代表
thou³¹tɕin⁴⁴	头巾	phen³¹	盆	tsun²⁴	寸
tshun⁴⁴wei⁴³huei²⁴	村委会	tɕhyn³¹tşoŋ²⁴	群众	li³¹tɕhaŋ³¹	立场
tɕoŋ⁴⁴ʐaŋ⁴⁴	中央	ɕian²⁴	县	phian⁴⁴phian⁴⁴	偏偏
ʐuɛn³¹lai³¹	原来	tsai⁴³thuaŋ³¹ʐuɛn³¹	团员	liaŋ³¹	梁

西南官话借词韵母在滇北苗语里无前鼻音和后鼻音的对立区别，in 和 iŋ、en 和 eŋ 往往没有区分。例如：

云南和贵州片区的西南官话没有撮口呼，但是滇北苗语里的西南官话出现撮口呼，这可能与滇北苗语的固有韵母 y 有关。例如：

滇北苗语里的西南官话借词保留了撮口三合韵母 uan。例如：

另外，滇北苗语里含有鼻音韵尾 n 的西南官话借词在实际使用时其鼻音韵尾 n 可以出现，也可以省略，整体而言出现鼻音韵尾 n 脱落的趋势。例如：

洒普山	sa⁴³pu⁴³şan⁴⁴ 或 sa⁴³pu⁴³şa⁴⁴	锅架	tai⁴³san³¹tɕo³¹ 或 tai⁴³sa³¹tɕo³¹
模范	mo³¹fan²⁴ 或 mo³¹fa²⁴	单车	tan⁴⁴tşhə⁴⁴ 或 ta⁴⁴tşhə⁴⁴
越南	ʐe³¹nan³¹ 或 ʐe³¹na³¹	共产党	koŋ²⁴tşhan⁴⁴taŋ⁴⁴ 或 koŋ²⁴tşha⁴⁴taŋ⁴⁴

（3）声调特点

西南官话借词的声调在滇北苗语里保留了平分阴阳、入声消失的趋势，消失的入声几乎全部归入阳平。滇北苗语 6 个声调中的 43 调、55 调、44 调和 33 调既可以用在阴类调的苗语固有词，也适用于汉语借词。例如：

声调	汉语借词	词义	苗语固有词	词义
43	sen⁴³	省	kau⁴³	针
55	ɕaŋ⁵⁵	乡	m̥u⁵⁵	矛
44	tşo⁴⁴ko³¹	中国	sa⁴⁴lau⁴⁴	铁链
33	la⁵⁵pa³³	喇叭	kau³³	伞

汉语借词除了使用 43 调、55 调、44 调和 33 调这四个苗语固有词的声调以外，还专门使用 31 调和 24 调。例如：

声调	汉语借词	词义	汉语借词	词义
31	ʐe³¹nan³¹	越南	ʐyn³¹nan³¹	云南
24	ɕian²⁴	县	si²⁴	市

2. 汉语借词的形式

汉语借词有三种形式：音译、半音译和音译加注。音译是整体借入，完全保留汉语原有的词形面貌。这是滇北苗语里最基本也是最常见的汉语借词形式，在汉语借词中比较占优势，既包括单音节词，也有多音节词。借词主要涉及表示生产生活用品、政治、经济生活等方面的名词，其次是一些连词或副词，其他词类很少见。例如：

tʂha³¹	茶	dzau²¹	凿子	ti⁴³	地
kaŋ⁴⁴	钢	tɕhi³¹	棋	ko⁴³tɕa⁴⁴	国家
pa³¹ko³¹	八角	tʂen²⁴tʂi²⁴	政治	tshun⁴⁴wei⁴³huei²⁴	村委会
ʐaŋ³¹tʂua³¹	洋札	tʂen²⁴tsai²⁴	正在	i⁴⁴ʐaŋ⁴³	一样
tʂen³¹	乘法	tu²⁴	赌	ʂi²⁴	试

半音译的汉语借词结构表现为只借入汉语多音节词中的词根或表示主要意义的语素，再把汉语词根或语素与苗语语素相结合，从而构成多音节复合词。这类汉语借词主要表现为名词，也有少数动词。例如：

wai²⁴ko³¹tə⁵⁵nə⁴³ 外 国 人	外国人	tsuei²⁴zau⁴⁴ 最 好	最好	pen³¹ntsai⁵⁵tl̥ho⁴³ 盆 洗 脸	洗脸盆
ʑyn³¹nan³¹tə⁵⁵nə⁴⁴ 云 南 人	云南人	ti⁴³pə⁴³ 第 五	第五	su²⁴liau²⁴thau⁴³ 塑 料 桶	塑料桶
fai⁴³ntau⁴⁴thoŋ³¹ʐou⁴⁴ 棵 树 桐 油	油桐树	dei¹³thi⁴⁴ 锑 盆	锑盆	ŋdau¹³ti⁴³ 平 地	平地
ha⁴³qai⁴³ 哈 气体	哈气	so⁵⁵mə³¹tou³¹ 线 墨 斗	墨线	ʐaŋ⁴³thi³¹thau⁴³ 洋 铁 桶	铁桶
si⁴⁴tl̥ã⁴³ 似 鬼	似鬼	a³³dlau¹³ʑi²¹ 前缀 叶子 烟	烟叶	li⁴³pai²⁴tsi⁴³ 礼 拜 三	礼拜三

音译加注的汉语借词结构表现为借用汉语多音节词中的词根或表示主要意义的语素，然后用苗语对借用的词根或语素的性质、形状等加于说明或描写。这类借用词通常是名词，用来说明或描述借用成分的苗语往往是量词或相当于量词的类别词，常用的量词有 tsai⁴³ "个"（表示人）、lai⁴³/tai⁴⁴ "个"（表示物体）等，常用的类别词有 mo⁴³ "疾病" 等。例如：

tsai⁴³kaŋ²⁴pu²⁴ 个 干部	干部	lai⁴³tʂha³³zuo³³ 个 插座	插座	tai⁴³tsuei⁴⁴tsi⁴³ 个 锥子	锥子
tsai⁴³thuan³¹ʐuɛn³¹ 个 团员	团员	lai⁴³ɕaŋ⁴⁴tsi⁴⁴ 个 箱子	箱子	tai⁴³tsuan²⁴thou³¹ 个 钻头	钻子
tsai⁴³taŋ³¹ʐuɛn³¹ 个 党员	党员	lai⁴³ʑin⁴³tɕin²⁴ 个 眼镜	眼镜	tai⁴³tsho⁴³tsi⁴³ 个 锉子	锉刀
mo⁴³huaŋ³¹taŋ⁴³ 病 黄 疸	黄疸病	mo⁴³thi⁴³lau¹³ 病 * *	癫痫	mo⁴³mo⁴³tl̥u⁴³ 病 病 黑	瘟疫

3. 汉语借词的语义类别

滇北苗语中的绝大部分汉语借词是代表新事物、新概念的名词，有着明显的现代和外来色彩。从语义上来看，借词大多数表示生产工具、生活用具、文化用品和社会生活中的事物、行为或较为抽象的概念。具体可以分为以下几类：

（1）有关交通的词汇：

| mo^{31}tho^{31} | 摩托 | lai^{43}fei^{44}tɕi^{44} | 飞机 | tan^{44}tʂə^{44} | 单车 |

（2）有关文化教育的词汇：

ʂuei^{43}pi^{24}	水笔	paŋ^{24}koŋ^{44}si^{31}	办公室	tɕau^{24}si^{24}	教室
li^{43}thaŋ^{31}	礼堂	mə^{31}ʂuei^{43}	墨水	mə^{31}	磨
mao^{31}pi^{31}	毛笔	ʂuei^{43}pi^{24}	水笔	tɕhian^{43}pi^{31}	铅笔

（3）有关社会职业名词的词汇：

ɕau^{44}tʂaŋ^{43}	校长	ti^{44}tʂu$^{55-44}$	地主	tʂu^{43}ɕi^{31}	主席
tsoŋ^{43}li^{43}	总理	tsai^{43}pu^{43}tʂaŋ^{43}	部长	tsai^{43}ʂeŋ^{43}tʂaŋ^{43}	省长
tsai^{43}ʂu^{44}tɕi^{43}	书记	tsai^{43}ɕian^{24}tʂaŋ^{43}	县长	tsai^{43}tʂen^{24}tʂaŋ^{43}	镇长
zin^{44}ɕoŋ^{31}	英雄	koŋ^{44}zən^{31}	工人	tsai^{43}ɕaŋ^{43}tʂaŋ^{43}	乡长

（4）有关政治或社会生活的词汇：

| tho^{31}ə^{31}so^{43} | 托儿所 | tai^{44}piau^{43} | 代表 | tɕoŋ^{44}ʐaŋ^{44} | 中央 |
| ko^{31}faŋ^{31} | 国防 | mo^{31}fan^{24} | 模范 | tian^{24}ʑin^{43} | 电影 |

（5）有关生活用品的词汇：

mian^{31}ʑi^{44}	棉衣	tɕa^{55}ʑi^{44}	夹衣	liaŋ^{31}hai^{31}	凉鞋
wa^{43}tsi^{43}	袜子	tʂhuaŋ^{31}tan^{31}	床单	wen^{31}tʂaŋ^{24}	蚊帐
ko^{44}tʂhan^{43}	锅铲	pei^{55}tsi^{43}	杯子	ʂui^{43}fu^{31}	水壶
tuei^{24}lian^{31}	对联	tian^{24}si^{24}	电视	ma^{43}tɕaŋ^{24}	麻将

（6）有关原料、工具的词汇：

tʂuãn^{44}	砖	ʂui^{43}ni^{31}	水泥	kaŋ^{44}	钢
phin^{31}pau^{24}	平刨	tshau^{21}pau^{24}	槽刨	tʂhi^{21}tsi^{43}	尺子
tai^{43}thuei^{44}pau^{24}	刨子	lai^{43}mə^{31}tou^{31}	墨斗	tɕi^{53}tɕhi^{31}	机器

（7）有关度量单位或数量名称的词汇：

| tsuen^{24} | 寸 | mu^{43} | 亩 | dʐa^{21} | 丈 |
| fen^{44} | 分 | tʂhi^{31} | 尺 | lin^{31} | 零 |

随着大花苗族群对外交往的扩展，汉语借词的使用频率越来越高，某些苗语固有词则处于退化的趋势，从而出现苗、汉兼用的情况，这部分词汇通常是一些与现代生活相关的词汇。例如：

苗语词汇	汉语借词	词义
ky⁵⁵au⁴³	pian⁴³taŋ⁴⁴	扁担
ko⁴³tɕa⁴⁴	va²¹ʑi²¹	国家
li⁵⁵vu¹³li³³dʐʅ¹³	rən³¹miŋ³¹	人民

汉语借词与苗语固有词并存的现象使人们在用苗语交流时多数情况下使用苗语固有词，少数情况下则借用汉语，从而出现汉语借词和苗语表达在语用方面互补的情况。与苗语形成互补的词不仅有动词、名词、量词，还有代词、介词、副词，例如：

（1）gi³¹ʂi²⁴i⁴³ʂi²⁴die¹³n̠ãŋ⁵⁵la³³hi⁴³n̠ãŋ⁵⁵. 你试试重不重。
　　　你　试 一 试　是否　重　或者不 重

（2）thau⁴⁴gi¹³ŋa¹³dzo²¹lai⁵⁴ɕian²⁴ma¹³pi⁵⁵dzeo²¹n̠tɕa⁴⁴?
　　　从　你 家 到 个　县　有 多少 里
　　　从你家到县城有多少路程？

（3）ku⁵⁵ʑi⁴³tɕe³³i⁴³du²¹a⁵⁵dʐʅ²¹tl̠i⁵⁵fa⁴⁴. 我家养了一只小花狗。
　　　我　家 养 一 只 小　 狗 花

（4）ku⁵⁵gu¹³ʐʅn³¹nan³¹tə⁵⁵nə⁴³, ni²⁴gu¹³kuaŋ⁴³ɕi⁴⁴tə⁵⁵nə⁴³.
　　　我 是 云南　 人　 你 是 广西　 人
　　　我是云南人，他是广西人。

（5）i⁴³fau⁴³ntau⁴⁴ni⁵⁵nti⁵⁵la⁵⁵tu⁵⁵i⁴³fau⁴³vai¹³tsi⁴³tʂhi³¹.
　　　一　棵　树　这　长　过于 一　棵　那 三　尺
　　　这棵树长过那棵三尺。

（6）gi¹³sie⁴³la⁵⁵tu⁵⁵ku⁵⁵tsi⁴³tshuei²⁴. 你比我高三寸。
　　　你　高　过于　我 三 寸

（7）i⁴³paŋ⁴⁴tu⁴³geo¹³nteo⁵⁵ni⁵⁵, i⁴³paŋ⁴³gu¹³a⁵⁵ʐeo²¹, i⁴³pi⁴³ntau⁴³gu¹³bo¹³.
　　　一　半　者 读　书　这 一　半　是 男性　一　半　是 女
　　　这班学生，一半是男孩，一半是女孩，大半是他们村的，少数是外村的。

（8）ku⁵⁵ʐou¹³tou⁴⁴hi⁴³pau⁴³, ni⁴⁴a⁴⁴dʐãŋ¹³na⁵⁵dzeo¹³pau⁴³?
　　　我 自己　都　不 知道　他　为什么　会 知道
　　　我自己都不知道，他怎么会知道？

（9）ni⁴⁴ndzau¹³tuei²⁴tai⁴⁴nu¹³i⁵⁵hai⁵⁵na¹³n̠ãŋ⁵⁵. 他们对这件事情很重视。
　　　他们　　对　件 事 这 还 看　重

（10）tsha⁴⁴fau⁴³ntau⁴⁴tu⁴⁴i⁴⁴zaŋ¹³lu⁴³. 根根木头一样大。
　　　　齐　根　木 都 一　样　大

（11）tsa⁵⁵ŋa⁴⁴ʐau¹³vai¹³tshai³¹di¹³dzie¹³si⁴⁴tl̥au⁴⁴.
　　　个　小孩　那　只　手　凉　似　冰
　　那个小孩的手冷冰冰的。

上述汉语借词表明汉语对滇北苗语存在明显的接触和影响，正是这种语言接触关系的深入，促使苗语词汇和汉语词汇逐渐交融为一体。不少汉语词汇进入了滇北苗语词汇的核心部分成为基本词汇，对滇北苗语的词汇系统、语义系统、语音系统和语法系统都产生了一定影响。

（二）彝语借词

如第一章所述，滇北苗族的先祖曾作为贵州彝族土司之女的陪嫁奴从贵州迁移到云南省环州乡和万德乡，加之滇北苗族目前所生活的周边也有很多彝族，滇北苗语词汇里不可避免地融入了一些彝语借词。与西南官话汉语借词比较而言，滇北苗语的彝语借词数量极少，并且渗透到滇北苗语中，已经和滇北苗语的固有词融为一体。为了客观有效地区分滇北苗语里的彝语借词，本节通过对比《藏缅语族语言词汇》（黄布凡1992）所记载的1821个武定彝语词汇与本书所记录的词汇来讨论滇北苗语的彝语借词。

在对比的1821个彝语和苗语词汇中，彝语借词只有9个，仅占0.5%，这些借词以名词为主，辅以个别动词，其借用的形式基本采用音译或语音对应的形式，并且已经融合为苗语词汇。具体如下：

词义	武定彝语	苗语	词义	武定彝语	苗语
贼	dzə̠²	dzə²¹	仇人	dʑi¹¹pa̠⁵⁵	ki⁵⁵pa⁵⁵
山羊	tʂhi⁵⁵	tʂhi³³	麦	ʂu³³	ʂau⁴³
唢呐	li⁵⁵lə̠⁵⁵	li⁵⁵la⁴⁴	肥料	tɕhi³³	tɕhi⁵⁵
甩	fə⁻³³	fə⁴⁴	看	na̠²	na¹³
砌（砖）	tsi³³	tsi⁴⁴			

从借词的频率来看，彝语借词借入的频率远远低于汉语借词。当一个词既有彝语表达，又有汉语表达时，滇北苗语总是倾向于借用汉语词汇。例如：

语义	武定彝语	汉语	苗语
茶	lu⁵⁵tɕe³³	tʂa⁴³	tʂa⁴³
袜子	tɕhe⁵⁵ne̠²	wa⁴³tsi⁴³	wa⁴³tsi⁴³
墨斗	tɕhi¹¹phə̠²dv₁³³	mə³¹tou³¹	lai⁴³mə³¹tou³¹
笔	sv⁵⁵tɕhə³³	pi³¹	pi³¹
包头	u³³li²	thou³¹tɕin⁴⁴	thou³¹tɕin⁴⁴
胶	n̥tɕhi¹¹te⁵⁵	tɕau⁴⁴	tɕau⁴⁴

| 驼子 | phɔ11ŋkh33su33 | pei44ko44 | tsai43pei44ko44 |
| 墨 | na11ntɕha55 | mə31 | mə31 |

（三）受基督教影响的词汇

滇北苗族地区受《圣经》和基督教文化影响，其苗语词汇中融入了一些与基督教相关的词汇，但基督教的有关词汇是用苗语固有词来表达其意义的，属于旧词新用。例如：

词义	苗语词汇		受基督教影响的词汇	
桉树	ntau44	树	ntau44qha43nteo44	老师树
			树　老师	
格桑花	baɯ13	花	baɯ13qha43nteo44	老师花
			花　老师	

上述词汇中的 ntau44qha43nteo44 "桉树"，由 ntau44 "树" 和 qha43nteo44 "老师"组成，即"老师树"，又如，baɯ13qha43nteo44 "格桑花"，由 baɯ13 "花" 和 qha43nteo44 "老师"组成，即"老师花"。这类词的来源与基督教的传入背景有关：1905年英籍澳大利亚牧师郭秀峰牧师把桉树和格桑花带到云南省武定县洒普山栽种，并在洒普山建立教堂、创办教会学校，洒普山村民尊称郭秀峰为"老师"，栽在村里的树和花也就被称为"老师树"和"老师花"，故其带来的桉树、格桑花就用苗语旧词新用方式命名。

上述例词中固有词和新创词并存，固有词的构词通常与人们的认知有关，新创词则通常与与基督教有关。由于滇北苗区基督教普及，不少村民都有机会阅读苗语版本的《圣经》，《圣经》中的一些词汇也往往融入到苗语词汇中，例如：

词义	苗语固有词汇		受圣经影响的词汇	
彩虹	tai43zau13hou33au43	龙喝水	tai43hi33thai33	立约
	个　龙　喝　水		个　立　约定	
洪水	au43lo43	大水	au43lo43tsi55ndlau21ma21	洪水
	水　大		水　大　一种野果	
神	tlã̠ŋ43ʂei43	鬼神	ndu13ki44my33	上帝
	鬼　神		天　王	

上述受《圣经》影响的词汇和苗语固有词并存的现象在作者所调研的滇北苗语词汇里具有一定的普及性。从语用角度看，不信教的群众通常使用固有词，信教的群众往往使用新创词。例如：tlã̠ŋ43ʂei43 "神" 和 ndu13ki44my33 "上帝" 两个词分别用在不同的人群中，不信基督教的群众在传统的多神崇拜观念下仍然使用泛指鬼神的 tlã̠ŋ43ʂei43；而基督教徒只用专指上帝的 ndu13ki44my33，从而出现固有词和新词的语用互补分布现象。

第四章 词 类

词类是根据词的词汇意义和语法功能进行的分类。滇北苗语的词类分为名词、代词、指示词、数词、量词、动词、形容词、状词、副词、介词、连词、助词和感叹词等13类。其中名词、代词、指示词、数词、量词、动词、形容词属于实词，状词、副词、介词、连词、助词和感叹词属于虚词。整体而言，滇北苗语的状词比较活跃，助词和量词丰富，代词和指示词相对简单。

第一节 名 词

名词表示人或事物的名称。滇北苗语的名词在词类中品类最丰富，包括天文、地理、方位、时间、动物、植物、身体部位及生理、亲属称谓、建筑、交通、商业、政治、经济、文化、服饰农具、生活用具、食物、抽象事物等。

一 名词的类别

根据词汇意义和使用特点，滇北苗语的名词可以分为普通名词、亲属称谓名词、时间名词、处所名词和方位名词五类。

（一）普通名词

普通名词表示具体事物名称和抽象概念。这一类词是名词的主要部分，不仅涉及植物、动物、身体部位、农作物、矿物等具体事物，还包括鬼、神、疾病之类的抽象概念，具有名词的一般特点。例如：

1. 表示植物名称

这类名词包括表示花、草、树木、菌类等名称的词。例如：

baɯ^{13}	花	ŋqa^{43}	茅草	ntau^{44}	树
thu^{55}	松树	si^{43}	棕皮	ɲtɕi^{44}	菌
hi^{55}tɬo^{43}	竹子	mau^{13}	黄麻	dzi^{21}beo^{13}	菖蒲

2. 表示动物名称

这类名词包括各类表示野生动物和家禽名词的词。例如：

dʐau²¹	箭猪	ʐau²¹	穿山甲	tʂo⁵⁵	老虎
t̠lau⁵⁵	老鹰	ki⁴³ndʐau²¹	蚂蚁	mbə¹³	鱼
mpa⁴⁴	猪	qai⁴³	鸡	nau²¹	鸟

3. 表示身体部位名称

这类名词包括表示人和动物各个身体器官名词的词。例如：

mby²¹	鼻子	ki⁵⁵tau⁴⁴	爪	li⁵⁵fau⁴⁴	头
ȵt̠o⁴³	胸脯	ȵie⁵⁵	牙齿	sie⁴³	肝
a⁵⁵t̠lãŋ⁴³	肚子	t̠la⁵⁵	腰	di¹³	手

4. 表示农作物名称

这类名称包括表示各农作物名称的词。例如：

dʑi¹³	荞麦	dlo¹³	蒜头、葱	ki⁵⁵ʂa⁴⁴ŋkau¹³	茄子
ki⁵⁵t̠li⁴³	黄瓜	a⁴⁴mo²¹	薯	ʐau⁴³qa⁴⁴su⁵⁵	空心菜
ki⁵⁵tau⁴³	葫芦	a⁴⁴fau⁵⁵ʐau⁴³	萝卜	ʐau⁴³tshu⁴³	芫荽

5. 表示矿物名称

这类名词包括表示各种矿物名称的词。例如：

dau¹³	铜	ku⁴³	金	kaŋ⁴⁴	钢
ȵie¹³	银	ɣo⁴³ʑi⁴³	锡	thə⁴⁴a⁴³la¹³	煤
l̠au⁴⁴	铁	tsha³³	铅	a⁵⁵və⁴³l̠au¹³	矿物

6. 表示天体名称

这类名词包括表示天、太阳、星星等宇宙天体名称的词。例如：

ndu¹³	天	ȵu⁴³qu⁴³	星星	lai⁴³ȵu⁴³	太阳
lai⁴³l̠i⁴⁴	月亮	ȵu⁴³qu⁴³ndau¹³	慧星	ndu¹³dli¹³	天河
t̠lau⁴⁴au⁴³	云	ʐau¹³ntsau⁵⁵ȵu⁴³	日晕	ʐau¹³ntsau⁵⁵l̠i⁴⁴	月晕

7. 表示生活用具名称

这类名词包括与生活相关的乐器、生产生活工具、房屋建筑等名称的词。例如：

ɢeu¹³	芦笙	li⁵⁵la⁴⁴	唢呐	ŋda¹³	锣
vau⁴³	簸箕	nteo⁵⁵	纸	khau⁴⁴	鞋子
ɭeo⁴⁴	钱	ȵtɕi⁴³	柱子	ŋga¹³	房

8. 表示抽象概念名称

这类词包括表示时间、各种疾病、鬼神等抽象概念名词的词。例如：

dʑie¹³ȵau¹³	时间	a⁵⁵di¹³	魂魄	pi⁵⁵tl̥ã⁴³	鬼
o⁴⁴	水肿病	mo⁴³ndzau¹³	疾病	mo⁴³mo⁴³tl̥u⁴³	瘟疫
mo⁴³hi⁵⁵pa⁴³	天花	ʂeo⁵⁵sa⁴³sa⁴³	麻疹	mo⁴³thi⁴³lau¹³	癫痫

滇北苗语表示动物和家禽的普通名词通常有性别之分，雌性一般用在名称前加前缀 a⁵⁵ȵie⁴³构成，雄性则用 a⁴⁴ɭau⁴⁴、li⁴⁴qu⁵⁵、pi⁴⁴tu³³、qa⁴³、qa⁴³tsi⁴⁴、a⁴⁴pou⁴⁴、a⁴⁴py⁴⁴、ki⁴⁴ɭau⁴³、qa⁵⁵tsi⁴⁴、a⁴⁴tsi⁴⁴等前缀构成，其中 a⁴⁴ɭau⁴⁴通常用在家禽名词前，li⁴⁴qu⁵⁵通常表示"公牛"，pi⁴⁴tu³³通常用在马科动物名词前，qa⁴³通常用在猫科动物名词前，qa⁵⁵tsi⁴⁴通常用在犬科动物名词前。例如：

雌性	雄性	词义
a⁵⁵ȵie⁴³qai⁴³	a⁴⁴ɭau⁴⁴qai⁴³	鸡
a⁵⁵ȵie⁴³nau²¹	a⁴⁴ɭau⁴⁴nau²¹	鸟
a⁵⁵ȵie⁴³o³³	a⁴⁴ɭau⁴⁴o³³	鸭
a⁵⁵ȵie⁴³ŋou¹³	a⁴⁴ɭau⁴⁴ŋou¹³	鹅
a⁵⁵ȵie⁴³ȵu¹³	li⁴⁴qu⁵⁵ȵu¹³	牛
a⁵⁵ȵie⁴³a³³dy¹³	li⁴⁴qu⁵⁵a³³dy¹³	水牛
a⁵⁵ȵie⁴³ȵu¹³va⁴³	li⁴⁴qu⁵⁵ȵu¹³va⁴³	黄牛
a⁵⁵ȵie⁴³nə¹³	pi⁴⁴tu³³nə¹³	马
a⁵⁵ȵie⁴³nə¹³la⁵⁵	pi⁴⁴tu³³nə¹³la⁵⁵	驴
a⁵⁵ȵie⁴³a⁵⁵tʂu³³	qa⁴³a⁵⁵tʂu³³	猫
a⁵⁵ȵie⁴³tʂo⁵⁵	qa⁴³tʂo⁵⁵	虎
a⁵⁵ȵie⁴³tə⁴³lə⁴³	qa⁴³tsi⁴⁴tə⁴³lə⁴³	狼
a⁵⁵ȵie⁴³mau³³	qa⁴³tsi⁴⁴mau³³	豺狼
a⁵⁵ȵie⁴³tl̥i⁵⁵	qa⁵⁵tsi⁴⁴tl̥i⁵⁵	狗
a⁵⁵ȵie⁴³mpa⁴⁴	a⁴⁴pou⁴⁴mpa⁴⁴	猪
a⁵⁵ȵie⁴³tʂhi³³	a⁴⁴py⁴⁴tʂhi³³	山羊
a⁵⁵ȵie⁴³ʐaɯ¹³	ki⁴⁴ɭau⁴³ʐaɯ¹³	绵羊
a⁵⁵ȵie⁴³ki⁵⁵li⁴⁴	a⁴⁴tsi⁴⁴ki⁵⁵li⁴⁴	蚊子
a⁵⁵ȵie⁴³pi⁵⁵nau⁴³	a⁴⁴tsi⁴⁴pi⁵⁵nau⁴³	蛇

（二）亲属称谓名词

亲属称谓名词是表示亲属称呼的词。滇北苗语的亲属称谓名词往往带有前缀 a^{55}，且大部分称谓名词有性别之分。一般而言，含有ʐeo^{13}、vai^{43}、tsa^{55}、tu^{43}等语素的称谓名词表示男性；含有 bo^{13}、tai^{44}、ȵie^{43}、la^{55}、ntshai^{33}等语素的称谓名词表示女性。例如：

辈分	男性	女性
祖父辈	a^{55}ʐeo^{13} 祖父	a^{55}bo^{13} 祖母
父母辈	a^{55}vai^{43} 父亲	a^{55}ȵie^{43} 母亲
	vai^{13}lo^{43} 伯父	ȵie^{13}lo^{43} 伯母
	vai^{13}zi^{44} 叔父	ȵie^{13}a^{55}di^{13} 叔母
	a^{55}ʐeo^{13} 岳父	a^{55}tai^{44} 岳母
平辈	tsa^{55}mbeo^{13} 表兄	la^{43}zi^{44}la^{55}ky^{55} 表嫂
	tsa^{55}ky^{55} 弟弟	la^{55}ky^{55} 妹妹
儿子辈	tsa^{55}ndzeo^{13} 幺儿	la^{55}ndzeo^{13} 幺女
	tsa^{55}tʂhu^{43} 外甥	la^{55}tʂhu^{43} 外甥女
	tsa^{55}ky^{55} 外孙	la^{55}ky^{55} 外孙女
	tu^{43} 儿子	ntshai^{33}女儿
	tu^{43}dy^{21} 侄	ntshai^{33}dy^{13} 侄女
孙子辈	tsa^{55}ky^{55} 孙子	la^{55}ky^{55} 孙女

此外，滇北苗语的部分亲属称谓名词还根据说话者的性别采用不同的表达，例如：

词义	说话者是男性	说话者是女性
姐夫	a^{55}vau^{44}	a^{55}tha^{44}
妹夫	a^{55}vau^{44}	tsi^{44}la^{44}

（三）时间名词

时间名词是指称时间位置或时间量的词。滇北苗语的时间名词包括表示月份、年份、季节、节日等名词，还包括诸如"今天、明天"之类的时间名词。

1. 表示月份的时间名词

滇北苗语表示月份的时间名词主要包括阳历的一月至十二月和阴历的正月、冬月、腊月等，还包括十二地支的表达，其构词都遵循"修饰词+li^{44}（月）"的正偏式结构。例如：

i^{44}li^{44}一月　　a^{43}li^{44}二月　　tsi^{43}li^{44}三月　　tl̥au^{44}li^{44}四月

pə^{44}li^{44}五月　　tl̥ou^{44}li^{44}六月　　ɕaŋ^{44}li^{44}七月　　ʑi^{13}li^{44}八月

dʐa¹³li⁴⁴九月　　　　gau¹³li⁴⁴十月　　　　gau¹³i⁴³li⁴⁴十一月　　　gau¹³a⁴³li⁴⁴十二月
nau⁴³li⁴⁴正月　　　　la⁵⁵li⁴⁴冬月　　　　zau¹³li⁴⁴腊月　　　　nau⁴³li⁴⁴已
nu⁴³li⁴⁴午　　　　　ʐau¹³li⁴⁴未　　　　lie⁴³li⁴⁴申　　　　　qai⁴³li⁴⁴酉
tl̥i⁵⁵li⁴⁴戌　　　　　mpa⁴⁴li⁴⁴亥　　　　nau¹³li⁴⁴子　　　　　n̥u¹³li⁴⁴丑
tʂo⁵⁵li⁴⁴寅　　　　　la⁵⁵li⁴⁴卯

2. 表示年份的时间名词

滇北苗语表示年份的时间名词主要有以下：

a⁴³po⁴⁴na⁴⁴去年　　　　　a³¹po⁴⁴ɕau⁴⁴前年　　　　　ɕau⁴⁴na⁵⁵今年
hi⁴⁴n̥au⁴⁴na⁵⁵明年　　　　a³¹po⁴⁴thau⁴⁴大前年　　　leo³³li⁴⁴n̥au⁴⁴na⁵⁵后年
pi³¹dʐeo¹³ɕau⁴⁴ni⁵⁵往年　　leo³³li⁴⁴n̥au⁴⁴o⁴⁴大后年

3. 表示季节的时间名词

滇北苗语表示四个季节的时间名词均采用"ndu¹³（天）+形容词/动词"的主谓式构词法，例如：

ndu¹³lãŋ⁵⁵春　　　ndu¹³so⁵⁵·⁴⁴夏　　　ndu¹³dzie¹³秋　　　ndu¹³dʐa¹³·⁴³冬
天　发芽　　　　天　热　　　　　　天　凉　　　　　　天　冷

4. 表示节日的时间名词

滇北苗语表示节日的时间名词既包括汉族诸如春节、中元节、中秋节等节日，也包括大花苗本民族的传统节日，如端午节、过小年等。滇北苗语有关节日的时间名词主要如下：

汉族节日　a⁴⁴tʂie⁴³除夕　　　n̥dʐa²¹ndli¹³中秋节　　dʐai¹³lau⁵⁵pi⁵⁵tl̥au⁴²中元
　　　　　a⁴⁴tʂhu⁵⁵春节　　　tɕhin⁵⁵min³¹清明　　　kuo³¹tɕhin³¹国庆
苗族节日　ʑi²¹ɣau⁴⁴端午　　　a⁴⁴li⁵⁵fau⁴⁴mpa⁴⁴过小年　　a⁴⁴tʂie⁴³过年

5. 表示时间的时间名词

滇北苗语表示时间的时间名词主要包括与时体相关的"今天""明天"等时间标记词、一天中的早晨、中午、夜晚等不同的时段等，其音节以双音节为主，三音节或多音节为辅。例如：

m̥o⁴⁴na⁴⁴今天　　　a³³nau²¹昨天　　　pi⁴³ŋgi²¹明天　　　hi⁴⁴zau⁴⁴tsau⁴⁴黄昏
n̥ta⁴³n̥u⁴³白天　　　m̥o⁴⁴ndu¹³夜里　　ʂeo⁵⁵ntso⁵⁵早晨　　ki⁴³zou⁴³ki²¹za²¹黎明

（四）处所名词

处所名词包括表示处所名称和地点名称的两类名词。有关地点的名词大部分都是汉语借词。例如：

表示处所　　ŋɖau¹³lie¹³平坝、qa⁴³tɕou⁴³堂屋、a⁵⁵du²¹a⁴³ky⁴³河边、dleo¹³山坳口、lu⁴³gi¹³集市、ŋga¹³geo¹³nteo⁵⁵学校、lai⁴³la⁵⁵la²¹a⁵⁵dlau¹³ 前门、wen³¹hua²⁴ʂi²¹文化室，等。

表示地名　şi³¹la³¹tha⁴⁴石蜡它、wu⁴³tin²⁴武定、lu³¹foŋ⁴⁴禄丰、tshu⁴³ɕou³¹楚雄、sa⁴³pu⁴³ʂa⁴⁴洒普山、kuei²⁴tʂou⁴³贵州、pə³¹tɕin⁴³北京、ʑin⁴⁴ko³¹英国、mei⁴³ko³¹美国，等。

（五）方位名词

方位名词是表示方向或位置的名词。滇北苗语里没有直接表示"东、西、南、北"的词，这四个方向词是通过描写日升、日落和天气变化等自然现象来表述的。表示位置的词通常是指从说话者的角度认知的一些对立的方位，如，前、后、左、右等。具体如下：

表示方向　sãŋ⁵⁵ɳu⁴³da¹³东　　sãŋ⁴³ɳu⁴³ntsə⁴⁴西　　sãŋ⁴³tɕa⁴⁴tʂhãŋ⁵⁵南　　sãŋ⁵⁵tɕa⁴⁴ba¹³北
　　　　　边 太阳 升　　　 边 太阳 落　　　　边 风 晴　　　　　边 风 阴

表示位置　a⁵⁵dzi²¹/a⁴³ʂa⁴³上面、pi⁵⁵dau²¹/pi⁵⁵ti⁴³下面、vai¹³zau⁴⁴外面、vai¹³tha⁴⁴前面、hi⁵⁵ntlie⁴³正面、ti⁴⁴qau⁴⁴背面、gau⁵⁵si³³右边、sau⁵⁵fə⁴³左边、pi⁴⁴ŋtau⁴³中间、a⁴³sau⁴³两端，等。

二　名词的组合关系

滇北苗语的名词可以与名词、代词、指示词、动词、形容词等实词组合，形成修饰关系或并列关系的词组，还可以与数指结构、数量结构、量指结构等短语组合，不同的组合有不同的语序类型和语法意义。

（一）名词与名词的组合关系

名词与名词的组合有两种语序类型，一种是中心语在前，修饰语在后，另一种是中心语在后，修饰语在前。

1. 中心语名词+修饰名词

当修饰名词表示修饰或限定中心语的功能、用途、性质、形状或方位等时，修饰名词放在中心语名词的后面，修饰名词后置于中心语的情况在滇北苗语中比较普遍。例如：

ŋga¹³mpa¹³　猪圈　　　　　a³³və⁴³dau¹³　鹅卵石　　　　au⁴³ndʐa¹³　瀑布
房子　猪　　　　　　　　　石头　肾　　　　　　　　　水　布

qho⁵⁵mu⁵⁵　蜂房　　　　　ᴺGai¹³ɲu⁴³　牛肉　　　　　 mbə¹³pi⁵⁵nau⁴³　黄鳝
洞　蜜　　　　　　　　　　肉　牛　　　　　　　　　　鱼　蛇

2. 修饰名词+中心语名词

中心语名词在修饰名词后面的情况较少，仅限于修饰名词表示中心语名词的性别或领属关系，当修饰名词表示领属关系时，修饰名词和中心语名词之间可以加结构助词 ni⁴⁴，也可以不加。例如：

a⁴⁴tsi⁵⁵tl̥i⁵⁵ 公狗	a⁴³n̥ie²¹tl̥i⁵⁵ 母狗	a⁴⁴və⁴³li⁴⁴ky⁴⁴ 石匠
公　狗	母　狗	石头　师傅
a⁴⁴lau⁴⁴qai⁴³ 公鸡	a⁵⁵n̥ie²¹qai⁴³ 母鸡	lai⁴³vai¹ʑi⁴⁴ŋga¹³ 叔叔的房子
公　鸡	母　鸡	个　叔小　房子
lai⁴³ma⁴⁴ni⁴⁴nə¹³tsã̱ŋ⁴⁴ 姑妈家的亲戚		ŋdai¹³ti¹³lie¹³ni⁴⁴qau⁴³ 田地里的庄稼
个　姑妈的　亲戚		里　地　田　的　庄稼

当普通名词和方位名词组合在一起时,方位名词可以后置于普通名词,也可以前置于普通名词。例如:

ntau⁴⁴a⁵⁵ʂa⁴³ 树上	ntau⁴⁴pi⁵⁵di⁴³ 树下	ŋga¹³vai²¹tha⁴⁴ 房子前面
树　上面	树　下面	房子　前面
ŋgai¹³a⁵⁵qə⁴³ 房子后面	sãŋ⁵⁵fə⁴ki⁵⁵ 左边的路	sãŋ⁵⁵si³³ki⁵⁵ 右边的路
房子　后面	边　左　路	边　右　路
vai¹³dlo²¹lai⁴³tʂho⁴⁴ 里面的衣服		vai¹³ʐau⁵⁵lai⁴³tʂho⁴⁴ 外面的衣服
里面　个　衣服		外面　个　衣服

3. 名词与指示词的组合关系

滇北苗语的名词直接与指示词组合的情况不多,当这种组合关系发生时,其语序都是名词在前,指示词在后。例如:

n̥u⁴³ni⁵⁵ 这天	m̥o⁴⁴na⁵⁵ 今晚	ɕau⁴⁴na⁵⁵ 这年
天　这	夜　这	年　这
vai¹³vai¹³ 那里	vai¹³ni⁵⁵ 这里	ti⁴³tɕheo⁴⁴vai³³ 那地方
处　那	处　这	地方　那

4. 名词与形容词的组合关系

滇北苗语名词与形容词组合的现象非常普遍,组合时形容词通常在名词的后面,只有少数形容词在名词前面。

(1)名词+形容词

大部分表示颜色、形状、新旧、性质等形容词修饰名词时后置于名词。例如:

mpa⁴⁴tl̥o²¹ 肥猪	ki⁵⁵ndzau²¹tl̥eo⁴³ 白蚂蚁	bɯ¹³lie⁴³ 红花
猪　肥	蚂蚁　白	花　红
qau⁴³ntsa⁴³ 绿庄稼	ɕie⁴³a⁴⁴lo³³ 月饼	lie¹³n̥dzai¹³ 瘠薄的田
庄稼　绿色	饼　圆	田　瘠薄
l̥au⁴⁴a⁴⁴tʂhie⁴³ 新锄头	nteo⁵⁵qou⁴³ 旧书	ki⁵⁵ɴɢai¹³ 窄路
锄头　新的	书　旧	路　窄

（2）形容词+名词

滇北苗语只有少部分表示大小、好坏的形容词修饰名词时，放在所修饰的名词前面。例如：

zau⁴⁴tə⁴⁴nə⁴³ 好人　　　　tʂi⁵⁵tə⁴⁴nə⁴³ 坏人　　　　tʂi⁵⁵ndu¹³ 坏事
好　　人　　　　　　丑　　人　　　　　　坏　事

l̥au¹³ntau⁴⁴ 大树　　　　a⁵⁵dʐy¹³tl̥ai⁴⁴ 小熊　　　a⁵⁵dʐy¹³a⁵⁵n̥o⁵⁵ 小肠
大　树　　　　　　前缀 小　熊　　　　前缀 小 前缀 肠子

滇北苗语的时间名词与形容词 tsha⁴⁴ "齐"组合，表示"每……"，并且 tsha⁴⁴ "齐"总是前置于时间名词，例如：

tsha⁴⁴ɕau⁴⁴ 每年　　　tsha⁴⁴n̥u⁴³ 每天　　　　tsha⁴⁴li⁴⁴ 每月
每　年　　　　　　齐　日　　　　　　　齐　月

tsha⁴⁴m̥o⁴⁴ 每夜　　tsha⁴⁴hi⁴⁴zau⁴⁴tsau⁴⁴ 每天黄昏　 tsha⁴⁴ki⁴³zou⁴³ki²¹za²¹ 每天黎明
齐　夜　　　齐　　黄昏　　　　　　　齐　　　　黎明

5. 名词与代词的组合

滇北苗语的名词与代词组合时表示领属关系，其语序排列总是代词在前，名词在后。代词和名词之间可以加结构助词 ni⁴⁴，也可以不加。例如：

ku⁵⁵nteo⁵⁵ 我的书　　　　　　　　ku⁵⁵ni⁴⁴nteo⁵⁵ 我的书
我　书　　　　　　　　　　　　我　的 书

hu⁵⁵bə²¹nu¹³ 大家的事情　　　　　hu⁵⁵bə²¹ni⁴⁴nu¹³ 大家的事情
大家　事情　　　　　　　　　　大家　的 事情

6. 名词与数量结构的组合

滇北苗语名词与数量结构的组合比较普遍，其语序排列是：数词+名词+量词；当名词是方位名词时，其语序排列是：方位名词+数词+量词+名词。例如：

i⁴³lo⁴⁴lu¹³ 一句话　　　　　　　pə⁴³pa⁴⁴lu⁴³tə⁵⁵nə⁴³ 五百人
一　句话　　　　　　　　　　五　百　个　人

i⁴³lu⁴³lai⁴³nqa¹³tl̥hu⁴⁴ 一面镜子　gau¹³ŋgeo¹³khau⁴⁴ 十双鞋
一面 个　镜子　　　　　　　十　双　鞋

a⁵⁵dʐi²¹tsi²¹du¹³nau²¹ 上面三只鸟　vai¹³tha⁴⁴i⁴³tɕe⁴³ti⁴³ 前面一块地
上面　三 只 鸟　　　　　　　前面　一　块　地

7. 名词与量指结构的组合关系

滇北苗语的名词与量指结构的组合比较普遍。量指结构是数量结构与指示词组合时构成的结构，其数词是"一"时，数词在翻译成汉语时可以省略也可以保留；当数词是"一"以上的时候，数词必须保留。名词与量指结构组合的语序排列为：数词+量词+名词+指示词。例如：

i⁴³nãŋ²¹nteo⁵⁵ni⁵⁵ 这（一）本书
一　本　书　这

i⁴⁴tʂãŋ⁴⁴zau⁴⁴ni⁵⁵ 这（一）种菜
一　种　菜　这

i⁴³za⁴³nu¹³ni⁵⁵ 这（一）件事
一　件　事　这

i⁴³tɕo⁴³lie¹³ni⁵⁵ 这（一）块田
一　块　田　这

tsi⁴³ty⁴⁴ŋtʂie⁴³vai¹³ 那三斗米
三　斗　米　那

tlau⁴⁴ki⁴⁴dau¹³vai¹³ 那四斤豆
四　斤　豆　那

滇北苗语的复数名词可以直接和指示词组合，其构成形式是在名词前面加上复数量词 die¹³ "些"，再在名词后面加上指示词，即 "die¹³+名词+指示词"。例如：

die¹³tlau⁴³nu⁵⁵ni⁵⁵ 这些东西
些　东西　这

die¹³tau⁴⁴ni⁵⁵ 这些山
些　山　这

die¹³mbə¹³ni⁵⁵ 这些鱼
些　鱼　这

die¹³tə⁵⁵nə⁵⁵vai¹³ 那些人
些　人　那

die¹³ntau⁴⁴vai¹³ 那些树
些　树　那

die¹³dau¹³vai¹³ 那些豆
些　豆　那

名词表示泛指意义时，可以脱离量词单独使用。例如：

（1）ni³³hi⁴³nau¹³ɴɢai¹³tʂhi³³. 他不吃羊肉。
　　　他　不　吃　肉　羊

（2）ko⁴³su⁴³tu⁴⁴ma¹³dauɯ²¹. 碗和筷子都有了。
　　　碗　筷　都　有　了

（3）a⁵⁵n̠ie⁴³mau¹³ma¹³kau⁴⁴ŋdo²¹tʂo⁴⁴tau⁴⁴ni⁴⁴.
　　　前缀妈妈　去　买　鞋　和　衣　给　他
　　　母亲去买鞋子和衣服给他。

（4）ŋtai¹³ti⁴³ma¹³pə⁴³tlau⁴⁴du¹³n̠u¹³, lai⁴³tau⁴³ma¹³ɕãŋ⁴⁴ʑi¹³du¹³tʂhi³³.
　　　里　地　有　五　六　只　牛　个　山　有　七　八　只　羊
　　　地里有五六头牛，山上有七八只羊。

三　名词的句法功能

滇北苗语的名词词义包括名词、方位词和时间词，它们在句中充当句子的主语、表语、宾语、定语和状语。

（一）名词充当主语

在以动词、形容词为中心的句法结构中，名词或并列名词通常置于动词或形容词之前充当句子的主语。例如：

（1）tsai⁵⁵ky⁵⁵dzo²¹sãŋ⁴⁴i⁴⁴fau⁴⁴ntau⁴⁴hi⁵⁵n̠au⁵⁵. 弟弟栽了一棵杉树。
　　　个　弟　栽　了　一　棵　树　杉

（2）a^{55}ɲie^{43}ṇdo^{21}lai^{43}tsi^{44}mau^{13}ma^{13}kau^{44}tau^{44}ni^{44}.
　　　前缀妈妈　和　个　姐　去　买　鞋　给　他
　　　母亲和姐姐去买鞋子和衣服给他。
（3）ko^{43}su^{43}tu^{44}ma^{13}daɯ^{21}. 碗和筷子都有了。
　　　碗　筷　都　有　了
（4）lai^{43}tau^{43}ni^{55}hai^{55}sie^{43}. 这座山很高。
　　　个　山　这　很　高

在表达纯时间概念的句法结构中，时间词可以直接充当主语。例如：
（1）m̥o^{44}na^{44}tlau^{44}li^{44}ɲi^{13}gau^{13}ʑi^{13}. 今天六月二十八。
　　　今天　　六　月　二　十　八
（2）ɕãŋ^{44}ʑi^{13}li^{44}ndlo^{21}ʂau^{44}tsi^{55}qə^{43}. 七八月里收玉米。
　　　七　八　月　里　　收　前缀玉米

（二）名词充当表语

在以gu^{13}"是"为中心构成的句法结构中，名词通常置于gu^{13}"是"的后面充当句子的表语，这类名词往往是表示职业的名词。例如：
（1）ni^{44}gu^{13}lau^{44}li^{44}ky^{44}. 他是铁匠。
　　　他　是　铁　师　傅
（2）ni^{44}dzau^{13}qa^{43}nteo^{44}gu^{13}　ʑyn^{31}nan^{31}tə^{55}nə^{44}. 他们的老师是云南人。
　　　他们　　教书　　是　　云南　　　人
（3）ku^{55}gu^{13}tu^{44}dʐo^{43}nu^{13}, gi^{21}gu^{13}tu^{43}a^{44}nu^{13}, ni^{44}gu^{13}tu^{44}geo^{13}nteo^{55}.
　　　我　是　者 管理 活儿　你 是　者 做 活儿　他 是 者　读　书
　　　我是干部，你是农民，他是学生。
（4）qa^{31}dy^{13}gu^{13}zo^{13}tu^{43}dʐo^{43}? 谁是村长？
　　　谁　　是　村　者　管理

（三）名词充当宾语

在以动词为中心的句法结构中，名词通常后置于动词做句子的宾语。例如：
（1）a^{43}lɯ^{43}dʐo^{13}lie^{13}, a^{31}lɯ^{13}xa^{55}lie^{13}ni^{44}lɯ^{43}tlo^{43}ʐou^{43}.
　　　我俩 犁 田　你俩 耙 田　他 二个　拔 秧
　　　我俩犁田，你俩耙田，他俩拔秧。
（2）m̥o^{44}na^{44}pi^{43}mau^{13}neo^{55}ntau^{44}ni^{44}ndzau^{13}n̥tɕeo^{43}ti^{43},mi^{31}mau^{13}ŋə^{13}
　　　今天 我们 去 砍 树 他们 挖 地 你们 去 割
ɴqə^{43}. pi^{31}gi^{21}pi^{43}mau^{21}ntau^{33}ndzau^{13}ɴɢai^{13}.
草　明天 我们 去　打　郊外　肉
今天我们去砍树，他们去挖地，你们去割草，明天咱们去打猎。

（3）tsha⁴⁴lɯ⁴³tə⁵⁵nə⁴³tu⁴⁴dzeo¹³hu⁴⁴ŋgau¹³. 每个人都会唱歌。
　　　　齐　个　　人　都　会　唱　　歌

（四）名词充当定语

在句法结构的主语或宾语位置上，如果主语或宾语不是单一的名词成分，而是由多个名词成分组合而成时，其中一个是中心语成分，另一个成分则修饰、限定中心语成分，充当中心语的定语。滇北苗语的名词充当定语时，大部分后置于中心语成分，少部分前置于中心语成分。例如：

（1）ŋga¹³gu¹³ni⁴⁴ndzau¹³gu¹³ŋga¹³va¹³. 他们住的是瓦房。
　　　房子 是　他们　　是 房子 瓦

（2）qa⁵⁵nau¹³gu¹³ni⁴⁴ndzau¹³nau¹³gu¹³va¹³ndli¹³. 他们吃的是米饭。
　　　食物　　他们　　吃　　是 饭　米

（3）bãŋ¹³a⁵⁵dy¹³ma¹³ndla¹³hai⁵⁵tɕau⁴³. 水牛塘里有很多蚂蟥。
　　　塘　前缀 水牛 有　蚂蟥　很　多

（4）ɴɢai¹³tʂhi³³hai⁵⁵tʂu³³tʂhi³³. 羊肉很膻。
　　　肉　羊　很　膻

（5）ni⁴⁴gu¹³a⁵⁵və⁴³li⁴⁴ky⁴⁴. 他是村长，不是会计。
　　　他 是 前缀 石头 师傅

（6）tlie⁴³ti⁴³ka⁴⁴ma²¹ la⁵⁵qau¹³ndu¹³ka⁴⁴ma²¹sa⁴⁴?
　　　全部 地 汤 眼睛 还是 上面 天 汤 眼睛 呢
　　是地上的眼泪还是天上的雨水呢？

时间名词也可以修饰、限定主语的中心语，从而充当句子的定语。时间名词充当定语时，位置一般在主语名词的前面。例如：

（1）mo⁴⁴na⁵⁵lu⁵⁵li⁴⁴hai⁴⁴a⁴⁴a⁵⁵lo³³. 今晚的月亮真圆。
　　　今晚　个 月 很 做 前缀 圆

（2）ndu¹³dzau⁴³ni⁴⁴lu⁵⁵n̥u⁴³ʂo⁵⁵ntu⁴³so⁴³, ndu¹³ʂo⁴⁴lu⁵⁵n̥u⁴³ʂo⁵⁵gi¹³ky⁴³.
　　　天　寒　的 个 日 暖 暖和貌　　 天 热 个 日 暖 得 烫
　　冬天的太阳暖洋洋的。夏天的太阳热辣辣的。

（五）名词充当状语

充当状语的名词主要有方位名词和时间名词。方位词充当状语时具有副词的语法特征和语义功能，可以单独充当句子的状语，也可以与介词组合构成介词短语在句中充当地点状语。例如：

（1）gi¹³hə⁵⁵ndi¹³, ku⁵⁵da¹³a⁵⁵qə⁴³. 你先走，我后来。
　　　你 前 走　 我　来 后面

（2）ma¹³i⁴³du¹³tli⁵⁵py⁴⁴tau⁴⁴dzai¹³ki⁵⁵pi⁵⁵ṇtau⁴³. 有一只狗躺在路中间。
　　　有　一　只　狗　睡　在　条　路　中间
（3）mbei⁴³ti⁵⁵ŋgau⁴³pa⁴⁴ni⁴⁴n̥o⁴³lai⁴³a⁵⁵ndu¹³zo¹³hu⁴⁴.
　　　群　姑娘　现在　在　个 前缀 边　村　唱
　　　姑娘们正在村边唱歌。

滇北苗语的时间名词在句中充当状语的现象比较普遍，其位置可以放在句首，也可以置于句中。例如：

（1）a³³thou⁴⁴hi⁴⁴ma¹²nau¹³hi⁴⁴ma¹³n̥āŋ⁵⁵, na⁵⁵ni⁵⁵ma¹³nau¹³ma¹³
　　　以前　不　有　吃　不　有　穿　　现在　有　吃　有
n̥āŋ⁵⁵, ŋdo²¹qə⁴³ n̥u⁴³nau¹³gu¹³go¹³.
穿　　　将来　　日子　是　过
以前没有吃没有穿，现在能吃饱能穿暖了，将来生活还要好。

（2）ni⁴⁴ʂeo⁴³ntso⁵⁵mau¹³n̥tɕeo³³ti⁴³, n̥ta⁵⁵n̥u⁴³mau¹³dʐo¹³lie¹³.
　　　他　早上　去　挖　地　白天　去　犁　田
　　　他早上去挖地，下午去犁田。

（3）ni⁴⁴a³¹nau²¹qa⁴⁴n̥i⁴⁴teo⁴⁴mo⁴³. 他前天说脚疼.
　　　他　前天　说　脚　疼

（4）ni⁴⁴ʑie¹³i⁵⁵tai⁴³nə¹³a⁵⁵nãŋ²¹dau¹³la¹³ n̥ie²¹leo¹³dau¹³.
　　　他　家　那　只　马　昨天　被　别人　偷　去　了
　　　他家的马昨天被人偷了。

（5）m̥o⁴⁴na⁵⁵ku⁵⁵mau¹³n̥thie⁵⁵ni⁴⁴. 今天晚上我去找他。
　　　夜　这　我　去　找　他

（6）ni⁴⁴pi³¹gi²¹ʑi¹³du¹³dʐai¹³nau¹³ntɕi⁴⁴ᶯɢə¹³da²¹vai¹³ni⁵⁵.
　　　他　明天　八　个　时候　　上　下　来　处　这
　　　他明天八点左右来这里。

（六）名词充当补语

滇北苗语的时间名词不可以直接充当句子的补语，只有与数词组合具有量词的语义功能时，才能充当句子的补语，名词充当补语时通常后置于动词。例如：

（1）ni⁴⁴n̥i⁴⁴sãŋ⁴⁴dau²¹n̥u⁴³la⁵³n̥i⁴⁴hi⁴³n̥thai⁴⁴. 他说了半天还没有说清楚。
　　　他　说　了　半　天　也　说　不　清楚

（2）pi⁴³do¹³sãŋ⁴⁴ntau⁴⁴du¹³tɕau⁴³dʐai¹³n̥au¹³, a⁵⁵dlau¹³a⁵⁵lɯ¹³qhə⁴⁴.
　　　我们　等　了　半　个　多　时间 前缀 门　才　开

（3）ni⁴⁴qha⁴³n̥au²¹ndau¹³tsi⁵³n̥u⁴³ʑi²¹,m̥o⁴⁴na⁵⁵tai³³ʂeo⁵⁵hau³³dau¹³.
　　　他　才　休　三　日　烟　今天　又　开始　喝　了
　　　他才戒了三天烟，今天又抽起来了。

四　名词重叠的语义语法功能

滇北苗语名词重叠后语义语法范畴发生改变的主要包括名词的 AABB 式重叠和双音节名词的 ABAC 式重叠。

（一）AABB 式重叠及其语义特征

采用 AABB 式重叠的名词非常有限，重叠后强调概念意义的外延，在数量意义上表示多数和延长，表达的语义和语法范畴是"时量"。例如：

ku^{55}ȵu^{55}ȵu^{55}mo^{55}mo^{55}ty^{55}gi^{21}. 我每时每刻都在想你。

我　日　日　夜　夜　想　你

（二）AABB 式重叠及其语义特征

作为构形手段的 ABAC 式重叠在滇北苗语里比较普遍。双音节名词基本都可以通过声、韵、调的变化实现 ABAC 式重叠。经过语音曲折变化得到的 ABAC 式重叠词由基式的定指变为泛指，有较强的能产性和类推性。例如：

ku^{55}ma^{13}ʑi^{43}lɯ^{43}li^{33}ŋau^{13}pho^{55}au^{43}, la^{44}tai^{43}ma^{13}pha^{44}ʐau^{43}li^{33}ŋu^{13}li^{33}ŋau^{13}.

我　有　一　个　锅　　煮水　要　再　有　其他　　锅瓢碗勺

我有一个烧水的锅了，还要一些其他锅瓢碗勺之类的东西。

第二节　代　词

人称代词是用来称代的词。本节将简要描写滇北苗语的人称代词、反身代词、泛指代词和疑问代词及其在句法结构中的功能。

一　代词的类别

滇北苗语的代词包括人称代词、反身代词、泛指代词、疑问代词四个小类。

（一）人称代词

滇北苗语的人称代词分为第一人称代词、第二人称代词和第三人称代词，又称"三身代词"。人称代词有单数、双数和复数，只有第一人称的复数有包括式和排除式之分，其余人称都没有包括式和排除式之分。第三人称代词不论是单数还是复数，都没有生命度的区分。具体如下表 4-1：

表 4-1　滇北苗语人称代词

人称＼数	单数	复数 包括式	复数 排除式
第一人称	ku^{55}我	a^{43}lɯ^{43}我们俩	pi^{43}/pi^{43}dzau^{13}我们
第二人称	gi^{13}你	a^{55}lɯ^{43}你们俩	mi^{21}/mi^{21}dzau^{13}你们
第三人称	ni^{44}他、她、它	ni^{44}a^{43}lɯ^{43}他们俩	ni^{44}dzau^{13}他们

从 4-1 可以看出，滇北苗语的第一人称和第二人称复数各有两种不同的表达，其中单音节 pi^{43}和 mi^{21}是通用形式，双音节形式 pi^{43}dzau^{13}和 mi^{21}dzau^{13}是第三人称复数 ni^{44}dzau^{13}形式的类推，现实交流中使用的频率低于单音节形式。第一人称双数和第二人称双数使用量词短语 a^{43}lɯ^{43}"两个"来表达，其中第二人称双数有声调变形。此外，a^{43}lɯ^{43}"两个"还可以用来表示复数人称代词的排除式和包括式，如 pi^{43}a^{43}lɯ^{43}是包括听话者在内的包括式，意思是"咱们"，pi^{43}是不包括听话者在内的排除式，意思是"我们"。例如：

（1）pi^{43}a^{43}lɯ^{43}tu^{44}dzeo^{13}hu^{44}ŋgau^{13}. 我们都会唱歌。（包括听话者在内）
　　　　我们 俩 都 会 唱 歌

（2）pi^{43}tu^{44}dzeo^{13}hu^{44}ŋgau^{13}. 我们都会唱歌。（不包括听话者在内）
　　　　我们 都 会 唱 歌

滇北苗语三身代词的双数概念不是严格意义的双数，是诸如 pi^{43}a^{43}lɯ^{43}"我们两个"的缩略形式。滇北苗语的人称代词没有格范畴，其格位凭借人称代词在句中的语序来区分。例如：

（1）ku^{55}ma^{13}sãŋ^{44}pə^{13}du^{21}tʂhi^{33}. 他买了五只羊。（主格格位）
　　　　他 买 了 三 只 羊

（2）kheo^{33}ma^{43}lu^{21}tau^{55}ku^{55}na^{13}i^{43}na^{13}. 拿来给我看看。（宾格格位）
　　　　拿 拿 来 给 我 看 一 看

（3）ku^{55}qa^{43}nteo^{44}ma^{13}sãŋ^{44}pə^{13}du^{21}tʂhi^{33}.
　　　　我 老师 买 了 三 只 羊
我的老师买了五只羊。（领格）

人称代词表示领属关系时，也可以在人称代词和领属对象之间增加结构助词 ni^{44}，如上述例句（3）也可以表述为：

ku^{55}ni^{44}qa^{43}nteo^{44}ma^{13}sãŋ^{44}pə^{13}du^{21}tʂhi^{33}.
我 的 老师 买 了 三 只 羊
我的老师买了五只羊。（领格）

（二）反身代词

滇北苗语只有一个反身代词ʑou¹³"自己"，可以单独使用，也可以放在各人称代词后面构成三身的反身代词。反身代词不论是单独使用还是与三身代词连用，都没有人称和单复数的区别，具体如下表4-2：

表 4–2　滇北苗语人称代词

反身代词 \ 数	单数	复数 包括式	复数 排除式
单独使用	ʑou¹³自己	ʑou¹³自己	ʑou¹³自己
第一人称	ku⁵⁵ʑou¹³我自己	a⁴³lɯ⁴³ʑou¹³我们俩自己	pi⁴³ʑou¹³我们自己
第二人称	gi¹³ʑou¹³你自己	a⁵⁵lɯ⁴³ʑou¹³你们俩自己	mi²¹ʑou¹³你们自己
第三人称	ni⁴⁴ʑou¹³他自己	ni⁴⁴a⁴³lɯ⁴³ʑou¹³他们俩自己	ni⁴⁴dzau¹³ʑou¹³他们自己

反身代词在句法结构中可以充当句子的主语同位语、宾语和定语。例如：

（1）ʑou¹³a⁴⁴ʑou¹³nau¹³.　自己做自己吃。（主语）
　　 自己 做 自己 吃

（2）pi⁴³hi⁴³mau¹³daɯ¹³, gi²¹ʑou¹³mau¹³.
　　 我们 不 去 了　你 自己 去
　　 我们不去了，你自己去。（主语同位语）

（3）ku⁵⁵ʑou¹³tu⁴⁴hi⁴³pau⁴³, ni⁴⁴a⁴⁴dʑãŋ¹³na⁵⁵dzeo¹³pau⁴³?
　　 我 自己 都 不 知　他 怎么 会 知道
　　 我自己都不知道，他怎么会知道？（主语同位语）

（4）ni⁴⁴dza²¹kə⁵⁵ʑou¹³,hi⁴³kə⁵⁵la²¹.　他只管自己，不管别人。（宾语）
　　 他 只 管 自己 不 管 别人

（5）ni⁴⁴ndzau¹³leo¹³daɯ¹³die¹³ku⁵⁵a⁵⁵lɯ¹³zau⁴⁴zau¹³ɴɢə¹³lo¹³a⁴⁴ʑou¹³nu¹³.
　　　　 他们 去了 了 后 我 才 好 坐 下 来 做 自己 事
　　 他们走了我才能坐下来做自己的事。（定语）

滇北苗语的反身代词ʑou¹³也可以重叠，重叠后的反身代词在句中充当的句法成分不变，但是在语法语义方面表示强调。上述例句（3）、（4）和例句（5）也可以分别表达为下列三个例句：

（1）ku^{55}ẓou^{13}ẓou^{13}tu^{44}hi^{43}pau^{43}, ni^{44}a^{44}dʑãŋ^{13}na^{55}dzeo^{13}pau^{43}?
　　　我　自己　自己　都　不　知　他　怎么　会　知道
　　我自己都不知道，他怎么会知道？（主语同位语）

（2）ni^{44}dʑa^{21}kə^{55}ẓou^{13}ẓou^{13}, hi^{43}kə^{55}la^{21}.　他只管自己，不管别人。
　　　他　只　管　自己　自己　不　管　别人（宾语）

（3）ni^{44}ndzau^{13}leo^{13}daɯ^{13}die^{13}ku^{55}a^{55}lɯ^{13}zau^{44}zau^{13}ɴɢə^{13}lo^{13}a^{44}
　　　他们　去　了　了　后　我　才　好　坐　下　来　做
ẓou^{13}ẓou^{13}nu^{13}.
　自己　　事
　　他们走了我才能坐下来做自己的事。（定语）

（三）泛指代词

滇北苗语的泛指代词有 hu^{55}bə^{21} "大家"、pha^{44}ẓau^{44} "别人"、la^{21} "别人" 等三个。其中 hu^{55}bə^{21} "大家" 表示多数或复数，在句法结构中主要充当主语。例如：

（1）hu^{55}bə^{21}tu^{44}da^{13}daɯ^{13}.　大家都来了
　　　大家　都　来　了

（2）hu^{55}bə^{13}tu^{44}ẓa^{44}a^{44}na^{13}sə^{44}, hi^{44}ẓa^{55}tleo^{44}nau^{13}.
　　　大家　都　要　做　活儿　不　要　白　吃
　　大家都要劳动，不能白吃。

（3）hu^{55}bə^{13}ma^{13}ɲi^{44}ma^{13}tlo^{33}.　大家有说有笑
　　　大家　有　说　有　笑

（4）hu^{55}bə^{13}tu^{44}nau^{13}dau^{13}daɯ^{13}, ni^{44}qha^{43}ɲie^{13}nau^{13}.
　　　大家　都　吃　完　了　他　才　吃
　　大家都吃完了，他才吃。

（5）hu^{55}bə^{21}ʂo^{44}i^{43}mbə^{13}ŋa^{44}a^{44}lɯ^{13}tai^{33}a^{44}.　大家歇歇再干。
　　　大家　歇　一会儿　才　再　做

（6）hu^{55}bə^{21}ndo^{21}ku^{55}zu^{21}: ʔi^{43}ʔa^{43}tsi^{43}tlau^{43}pə^{43}tlau^{44}ɕãŋ^{44}zi^{13}dʑa^{13}gau^{13}.
　　　大家　跟　我　数：一　二　三　四　五　六　七　八　九　十
　　大家跟我数：一、二、三、四、五、六、七、八、九、十。

（7）pi^{43}hu^{55}bə^{21}i^{43}tshie^{44}bãŋ^{13}i^{43}tshie^{44}.　我们大家相互帮助。
　　　我们　大家　一些　帮　一些

（8）pi^{43}hu^{55}bə^{13}di^{13}ki^{55}thai^{44}zo^{13}a^{44}nu^{13}a^{44}sə^{55}.
　　　我们　大家　应该　出　力　做　活　做　农活
　　我们大家应该努力劳动和工作。

泛指代词 hu⁵⁵bə²¹还可以做定语和同位语。例如：
（1）hu⁵⁵bə²¹nu¹³hu⁵⁵bə²¹a⁴⁴. 大家的事情，大家做。（定语）
　　　大家　事情　大家　做
（2）hu⁵⁵bə²¹ŋa⁵⁵ʑau⁴⁴hi⁴³ʑa⁵⁵hi⁴⁴ntau³³hi⁴⁴la⁷⁴.
　　　　大家　　孩子　不要　不　打　不　闹　（同位语）
　　孩子们不要相互吵架、相互打架。

滇北苗语的泛指代词 pha⁴⁴ʑau⁴⁴ "别人"，可表单数也可表复数，使用范围不如 hu⁵⁵bə²¹广泛，在句中往往做宾语，例如：
（1）ni⁴⁴hi⁴³mau¹³go¹³pha⁴⁴ʑau⁴⁴mau¹³. 他不去让别人去。
　　　他　不　去　让　别人　去
（2）gi³¹hi⁴³ʑa⁴⁴ɲi⁴⁴qhə⁴⁴pha⁴⁴ʑau⁴⁴. 你别告诉别人
　　　你　不　要　说　教　别人

泛指代词 la²¹ "别人"表单数，可与表单数的泛指代词 pha⁴⁴ʑau⁴⁴通用，上述例句（1）和（2）也可以表述为：
（1）ni⁴⁴hi⁴³mau¹³go¹³la²¹mau¹³. 他不去让别人去。
　　　他　不　去　让　别人　去
（2）gi³¹hi⁴³ʑa⁴⁴ɲi⁴⁴qhə⁴⁴la²¹. 你别告诉别人。
　　　你　不　要　告诉　别人

（四）疑问代词

疑问代词是对人、事、物提出疑问或陈述的词，针对疑问词所做的回答通常是名词。滇北苗语常见的疑问代词有 a⁴⁴ʂi⁴⁴ "什么"、qho⁵⁵dy¹³ "哪"、a⁵⁵dy¹³ "哪"、qa⁵⁵dy¹³ "哪"，其中 qho⁵⁵dy¹³、a⁵⁵dy¹³和 qa⁵⁵dy¹³的语义和用法基本相同，只是 qho⁵⁵dy¹³倾向于用在正式场合，使用频率更高，qa⁵⁵dy¹³是 a⁵⁵dy¹³的变体，两者倾向于用在非正式场合。

a⁴⁴ʂi⁴⁴、qho⁵⁵dy¹³和 a⁵⁵dy¹³这三个疑问代词既可表示任指，也可表示虚指。a⁴⁴ʂi⁴⁴既可以表示疑问，也可以表示陈述，但是 qho⁵⁵dy¹³和 a⁵⁵dy¹³只能表示疑问。例如：

（1）ni¹³khie⁵⁵ndu²¹ɳo²¹gi²¹ɲi⁴⁴a⁴⁴ʂi⁴⁴?
　　　他　　经常　　　跟　你　说　什么
　　他经常对你说什么？（虚指、疑问）
（2）mi²¹ʑa⁵⁵nau¹³ka⁴⁴zau¹³a⁴⁴ʂi⁴⁴? 你们要吃什么菜？（任指、疑问）
　　　你们　要　吃　汤　菜　什么
（3）ŋa⁵⁵ʑau⁴⁴na⁴³ʈau⁴⁴ku⁵⁵ʂau⁵⁵ni⁴⁴du²¹a⁴⁴ʂi⁴⁴hi⁴³kə⁵⁵dʑi¹³leo¹³daɯ¹³.
　　　孩子　　拿　给　我　带　他　个　什么　不管　就　去　了
　　小孩给我带，她什么都不管就走了。（虚指、陈述）

（4）ni⁴⁴ʐa⁴⁴mau¹³tl̥a⁴⁴qho⁵⁵dy¹³? 他要到哪里去他？（虚指、疑问）
　　　　他　要　走　到　　哪里
（5）gi¹³go¹³ni³³mau⁴⁴n̥thie⁵⁵tl̥a⁴⁴qho⁵⁵dy¹³?
　　　　你 让 他　去　找　到　　哪里
　　　你叫他到哪里去找？（虚指、疑问）
（6）mi²¹n̥o⁴⁴ʈau⁴⁴zo¹³qa⁵⁵dy¹³? 你们住在哪里？（任指、疑问）
　　　　你们　住　在　村寨　哪里

二　代词的组合关系

滇北苗语代词的组合能力较弱，一般只与名词或名词性成分组合在一起，并且前置于名词表示领属关系。例如：

ni⁴⁴ŋgeo¹³khau⁴⁴ 他的鞋子　　　　　la²¹tl̥ãŋ⁴³nə⁴³别人的东西
他　双　鞋　　　　　　　　　　　别人　东西

ʐu¹³nu¹³自己的事　　　　　　　　　ku⁵⁵tshai³³di¹³我的手
自己 事　　　　　　　　　　　　　我　只　手

三　代词的句法功能

滇北苗语的代词在句中通常充当主语、同位语、宾语和定语。例如：
（1）ni⁴⁴la³³ni⁴⁴hu⁴⁴,gi¹³la³³gi²¹hu⁴⁴,ku⁵⁵la³³ku⁵⁵hu⁴⁴,hu⁵⁵bə²¹tu⁴⁴hu⁴⁴.
　　　他 也 他 唱 你 也 你 唱 我 也 我 唱　大家 都 唱
　　　他也唱，你也唱，大家都唱。（主语）
（2）pi⁴³ndzau¹³tsha⁴⁴lɯ¹³hu⁵⁵bə¹³da¹³fai⁴³tsi⁵⁵i⁴³lɯ⁴³i⁴³lu⁴³.
　　　　　　我们　齐　个　大家　　来 分 果 一 位 一 个
　　　我们大家来分果子，一人一个。（同位语）
（3）a⁵⁵n̥ie⁴³mau¹³ma¹³kau⁴⁴ʈau⁴⁴ni⁴⁴.　母亲去买鞋子给他。（宾语）
　　　　母亲　　去　买　鞋　给　他
（4）ku⁵⁵ʐa⁵⁵si⁴³mau²¹a⁴⁴ʐou¹³nu¹³daɯ¹³.
　　　　我　要　回　去　做　自己　事　了
　　　我就要回过头做自己的事了。（定语）

第三节　指示词

指示词是指称或区别人、物、情况、数量的词。

一 指示词的类别

滇北苗语指示词修饰的词都是名词，根据指示词的词汇意义和指称对象，分为距离指示词、数词指示词和方式指示词三类。

（一）距离指示词

距离指示词是指代人、事物或与述说者为参照物所处的距离的词，所指代的对象是名词或代词。滇北苗语的距离指示词包括近指、较远指和远指三种对立区分，其中 ni^{55} "这" 是近指，距离说话者最近；vai^{13} "那" 距离说话者较远；属于较远指；ʑi^{55} "那" 距离说话者比 vai^{13} 远，通常超出视线范围，属于远指。滇北苗语的三个距离指示词具体如下：

距离	近指	较远指	远指
指示词	ni^{55}这	vai^{13}那	ʑi^{55}那

距离指示词通常修饰名词、量词或量词短语，并且后置于所修饰的词。例如：

（1）lai^{4}ʈau^{43}ni^{55}sie^{43}, lai^{43}ʈau^{43}vai^{13}hai^{55}sie^{43}, lai^{43}ʈau^{43}ʑi^{55}ʐa^{55}sie^{43}.
　　　　个　山　这　高　个　山　那　较　高　个　山　那　最　高
　　　这座山高，那座山更高，那座山最高。

（2）ku^{55}i^{43}mbə^{21}ni^{55}tɕau^{43}, gi^{21}i^{43}mbə^{21}vai^{13}hai^{55}tɕau^{43}.
　　　　我　一　份　这　多　你　一　份　那　较　多
　　　我这份多，你那份比较多。

（3）tai^{43}ni^{55}gu^{13}a^{55}lau^{44}qai^{43}, tai^{43}vai^{13}gu^{13}a^{55}n̥ie^{21}qai^{43}.
　　　　只　这　是　_前缀_ 公　鸡　只　那　是　_前缀_ 母　鸡
　　　这只是公鸡，那只是母鸡。

（二）数词指示词

数词指示词是对数量提出疑问的词，通常用数词或数量短语回答。滇北苗语常用的数词指示词主要是 pi^{55}dʐeo^{21} "多少"，表示任指，既可以用在疑问句中，也可以用在陈述句中。例如：

（1）gi^{21}a^{55}lau^{13}tə^{55}nə^{43}ma^{13}pi^{55}dʐeo^{21}lɯ^{55}ky^{55}daɯ^{13}?
　　　　你 _前缀_ 老　人　　有　多　少　个　孙　子　了
　　　你老人家有几个孙子了？

（2）mi^{21}zo^{13}ma^{13}pi^{55}dʐeo^{21}ʑi^{13}, pi^{55}dʐeo^{21}lɯ^{43}tə^{55}nə^{43}.
　　　　你们　村　有　几　　家　　几　个　人
　　　你们村子有几家人？几个人？

（3）zau^{43}tleo^{43}pi^{55}dʐeo^{21}leo^{44}i^{43}ki^{44}? 白菜多少钱一斤？
　　　　菜　白　几　钱　一　斤

（4）qhai⁴³ni⁵⁵ma¹³pi⁵⁵dʐeo²¹du¹²tʂhi³³? 这里有几只羊？
　　　处所　这　有　　几　　只　羊

（5）pi⁵⁵dʐeo²¹n̩u⁴³ni⁵⁵ʂo⁵⁵ta⁴³die²¹. 这几天热得很。
　　　　几　　日　这　热　真

（6）nteo⁵⁵geo¹³pi⁴³dʐeo²¹ɕau⁴⁴sã⁴⁴. 读了几年书。
　　　书　读　　几　　　年　了

（7）a⁵⁵dlau¹³i⁴³qhə⁴³tsie⁴⁴ma¹³pi⁵⁵dʐeo²¹du¹³mo⁴⁴mo⁴⁴zã̃ŋ⁴⁴bai¹³lo¹³dauɯ¹³.
　　　门　一　开　就　有　　几　　个　苍蝇　　　飞　进　来　了
　　门一开就有几只苍蝇飞了进来。

（三）方式指示词

方式指示词是表示动作行为方式或变化属性的词。滇北苗语的方式指示词主要有以下四个。

a⁴⁴li⁴⁴ni⁵⁵这样　　　　表示虚指陈述，非正式场合也可以用作 a⁴⁴ni⁵⁵
a⁴⁴li³¹vai¹³那样　　　　表示虚指陈述，非正式场合也可以用作 a⁴⁴vai¹³
a⁴⁴li⁴⁴dʑãŋ¹³这样、为什么　表示陈述或虚指疑问，一般与 na⁵⁵结构助词连用
a⁵⁵dʑãŋ¹³这样、为什么　　表示陈述或虚指疑问，可以单独使用，也可以与 na⁵⁵结构助词连用

滇北苗语的上述方式指示词在句法结构中具有副词的功能，通常充当动词或形容词的方式状语。例如：

（1）gi²¹tʂa⁵⁵a⁴⁴li⁴⁴ni⁵⁵a⁴⁴ɴɢə¹³nau¹³, pi²¹gi²¹ku⁵⁵la⁵⁵mau¹³dauɯ¹³.
　　　你　如果　这样　　做　下　去　明天　我　要　去　了
　　你要这样干下去，我明天就走。

（2）a⁴⁴li⁴⁴ni⁵⁵a⁴⁴la³³zau⁴⁴. 这样做也好。
　　　这样　　做　也　好

（3）gi¹³thie⁴³a⁴⁴li⁴⁴dʑãŋ¹³ni⁴⁴na⁵⁵? 你是怎样对付他的呢？
　　　你　对付　　怎么　　　他　呢

（4）hi⁴³kə⁵⁵gi²¹n̩i⁴⁴a⁴⁴li⁴⁴dʑãŋ¹³, tu⁴⁴hi⁴⁴dʑu¹³ni⁴⁴mau¹³.
　　　不管　你　说　怎样　　都　不　能　他　去
　　不管你怎样讲，他都不能去。

（5）ni⁴⁴tʂheo⁴⁴a⁴⁴li⁴⁴dʑãŋ¹³dʑi¹³a⁴⁴li⁴⁴dʑãŋ¹³. 他想怎么样就怎么样。
　　　他　想　　怎样　　　就　怎样

（6）tʂhau⁴⁴a⁵⁵ko⁴⁴tau⁴³dzo²¹a⁵⁵ŋtʂi³³tau⁴³sie⁴⁴a⁴⁴li⁴⁴dʑãŋ¹³?
　　　从　　脚　山　到　　尖　山　高　怎样
　　从山脚到山顶有多高？

（7）a⁵⁵li⁵⁵dʐãŋ³³na⁵⁵hi⁴³nau¹³? 为什么不吃？
　　　为什么　呢　不　吃
（8）gi²¹a⁵⁵dʐãŋ¹³n̠ie⁵⁵? 你为什么哭？
　　　你　为什么　哭

滇北苗语的方式指示词比较灵活，在口语中，与方式指示词连用的动词往往可以省略，方式指示词在句中结构中充当主语、宾语、谓语。例如：
（1）a⁴⁴li⁴⁴ni⁵⁵die²¹zau⁴⁴, a⁴⁴li³¹vai¹³hi⁴³zau⁴⁴.
　　　这样　才　好　　那样　不　好
　　这样做才好，那样做不好。（主语）
（2）a⁴⁴li⁴⁴dʐãŋ¹³die¹³zau⁴⁴? 怎样做才好？（主语）
　　　怎么　　才　好
（3）gi²¹ʐa⁵⁵a⁴⁴li⁴⁴dʐãŋ¹³? 你将要怎么办？（宾语）
　　　你　要　怎样
（4）tsa⁴⁴a⁴⁴ni⁵⁵gi²¹a⁴⁴tɕi⁵⁵a⁴⁴li⁴⁴dʐãŋ¹³? 最近你身体怎么样？（谓语）
　　　最近　　你　身体　　怎样
（5）na⁵⁵ni⁵⁵gi²¹a⁴⁴li⁴⁴dʐãŋ¹³dau¹³. 你现在怎样了。（谓语）
　　　现在　　你　怎样　　了

二　指示词的组合关系

滇北苗语的指示词可以与名词、数词和动词组合在一起，位置可以在中心词的前面，也可以在中心词的后面。

（一）中心词+指示词

疑问指示词（a⁵⁵ʂi⁴⁴、qho⁵⁵dy¹³、qha⁵⁵dy¹³）、方式指示词（a⁴⁴li⁴⁴dʐãŋ¹³）和距离指示词一般后置于中心语。例如：

tl̠a⁴⁴qho⁵⁵dy¹³到哪里　　　　　n̠o⁴⁴qa⁵⁵dy¹³住在哪里
到　哪里　　　　　　　　　　　住　哪里
n̠i⁴⁴a⁵⁵ʂi⁴⁴说什么　　　　　　zau¹³a⁴⁴ʂi⁴⁴什么菜
说　什么　　　　　　　　　　　菜　什么
n̠i⁴⁴a⁴⁴li⁴⁴dʐãŋ¹³怎样说　　　tʂheo⁴⁴a⁴⁴li⁴⁴dʐãŋ¹³怎样想
说　怎样　　　　　　　　　　　想　怎样
i⁴³nãŋ²¹nteo⁵⁵ni⁵⁵这本树　　　i⁴⁴tʂãŋ⁵⁵zau⁴³ni⁵⁵这种菜
一　本　树　这　　　　　　　　一　种　菜　这
a⁴³du²¹gi²¹ɖau¹³vai¹³那两张桌子　tai⁴³qai⁴³vai¹³那只鸡
二　张　桌子　那　　　　　　　　只　鸡　那

（二）指示词+修饰词

数词指示词和方式指示词（a^{44}li^{44}ni^{55}、a^{44}li^{31}vai^{13}）一般前置于中心语。例如：

pi^{31}dʑeo^{21}ʑi 几家　　　　　　pi^{43}dʑeo^{21}leo^{44} 多少钱
　几　　　家　　　　　　　　多少　　钱

a^{44}li^{44}ni^{55}a^{44} 这样做　　　　　　a^{44}li^{31}vai^{13}a^{44} 那样
　这样　　　做　　　　　　　　那样　　做

三　指示词的句法功能

滇北苗语的指示词在句法结构中的主要功能是状语，相当于副词的功能。部分状词词性比较灵活，可以充当句子的主语、宾语和定语。例如：

（1）gi^{13}thie^{43}a^{44}li^{44}dʑãŋ^{13}ni^{44}na^{55}？你是怎样对付他的呢？（状语）
　　　你　对付　　怎么　　　他　呢

（2）a^{44}li^{44}ni^{55}zau^{44}, a^{44}li^{13}vai^{13}hai^{55}zau^{44}.
　　　这样　　　好　　那样　　很　好
　　　这样做好，那样做比较好。（主语）

（3）ni^{33}khie^{55}ndu^{21}n̥do^{21}gi^{21}n̥i^{44}a^{5}si^{44}？他经常对你说什么？（宾语）
　　　他　　经常　　跟　你　说　什么

（4）baɯ^{13}ni^{55}gu^{13}baɯ^{13}a^{44}si^{44}？这是什么花？（定语）
　　　花　这　是　花　什么

第四节　数　词

数词是表示数目的词。

一　数词的类别

滇北苗语的数词根据表达数目的语义分为基数词、序数词、概数词、分数词和倍数词。

（一）基数词

基数词是表示数目多少的数词，包括核心数词、位数词及复合数词三种。滇北苗语的基数词采用十进制，1—10 为独立形式，11 以后的数字为复合形式。

第四章 词类

1. 核心数词

i⁴³ 一 a⁴³ 二 tsi⁴³ 三 tɬau⁴³ 四
pə⁴³ 五 tɬau⁴⁴ 六 ɕãŋ⁴⁴ 七 ʑi¹³ 八
dʐa¹³ 九 gau¹³ 十

2. 位数词

滇北苗语的位数词主要包括零、十、百、千和万，其中零借用汉语。具体如下：

dʑau¹³ 十 pa⁴⁴ 百 tshie⁴³ 千 vau¹³ 万
vau¹³ 亿 lin³¹ 零

3. 复合数词

滇北苗语的复合数词都由核心数词和位数词相加或相乘构成，相加或相乘关系有如下几种形式。

（1）相加关系

gau¹³i⁴³ 十一   gau¹³a⁴³ 十二   gau¹³tsi⁴³ 十三   gau¹³tɬau⁴⁴ 十四
十　一　　　　十　二　　　　十　三　　　　十　四

gau¹³pə⁴³ 十五   gau¹³tɬau⁴⁴ 十六   gau¹³ɕãŋ⁴⁴ 十七   gau¹³ʑi¹³ 十八
十　五　　　　十　六　　　　十　七　　　　十　八

gau¹³dʐa¹³ 十九
十　九

（2）相乘关系

十以上的整数词主要靠相乘关系合成，相乘时基数词在前，位数词在后。例如：

ȵi¹³gau¹³ 二十   tsi⁴³dʑau¹³ 三十   tɬau⁴³dʑau¹³ 四十   pə⁴³dʑau¹³ 五十
二　十　　　　三　十　　　　四　十　　　　五　十

tɬau⁴⁴dʑau¹³ 六十   ɕãŋ⁴⁴dʑau¹³ 七十   ʑi¹³dʑau¹³ 八十   dʐa¹³dʑau¹³ 九十
六　十　　　　七　十　　　　八　十　　　　九　十

（3）先相乘后相加关系

二十以上的整数先相乘，再相加。例如：

ȵi¹³gau¹³i⁴³ 二十一   ȵi¹³gau¹³pə⁴³ 二十五   tsi⁴³dʑau¹³i⁴³ 三十一
二　十　一　　　　二　十　五　　　　三　十　一

tsi⁴³dʑau¹³pə⁴³ 三十五   tɬau⁴³dʑau¹³i⁴³ 四十一   tɬau⁴³dʑau¹³pə⁴³ 四十五
三　十　五　　　　四　十　一　　　　四　十　五

pə⁴³dʑau¹³i⁴³ 五十一   pə⁴³dʑau¹³pə⁴³ 五十五   tɬau⁴³dʑau¹³i⁴³ 六十一
五　十　一　　　　五　十　五　　　　六　十　一

ɕãŋ⁴⁴dʑau¹³i⁴³ 七十一　　ɕãŋ⁴⁴dʑau¹³pə⁴³ 七十五　　ʑi¹³dʑau¹³i⁴³ 八十一
七 十 一　　　　　　七 十 五　　　　　　八 十 一

ʑi¹³dʑau¹³pə⁴³ 八十五　　dʑa¹³dʑau¹³i⁴³ 九十一　　dʑa¹³dʑau¹³pə⁴³ 九十五
八 十 五　　　　　　九 十 一　　　　　　九 十 五

在滇北苗语二十至九十九的基数词中，二十至二十九的表达与其他不同，"二"用ȵi¹³表示，"十"用gau¹³表示，其余基数词则靠核心基数词与位数词 dʑau¹³"十"相乘，再相加。具体如下：

ȵi¹³gau¹³ 二十　　　　ȵi¹³gau¹³a⁴³ 二十二　　　　ȵi¹³gau¹³pə⁴³ 二十九
二 十　　　　　　　　二 十 二　　　　　　　　二 十 九

tsi⁴³dʑau¹³ 三十　　　　tsi⁴³dʑau¹³a⁴³ 三十二　　　　tsi⁴³dʑau¹³pə⁴³ 三十九
三 十　　　　　　　　三 十 二　　　　　　　　三 十 九

dʑa¹³dʑau¹³ 九十　　　　dʑa¹³dʑau¹³a⁴³ 九十二　　　　dʑa¹³dʑau¹³dʑa¹³ 九十九
九 十　　　　　　　　九 十 二　　　　　　　　九 十 九

（4）先分段相乘，然后再相加关系

当数词含有两个或两个以上的位数词时，以位数词为中心，先分段相乘，再相加。例如：

tsi⁴³pa⁴⁴dʑa¹³dʑau¹³i⁴³ 三百九十一　　　　i⁴³pa⁴⁴ dʑa¹³dʑau¹³dʑa¹³ 一百九十九
三 百 九 十 一　　　　　　　　　　　一 百 九 十 九

dʑa¹³tshie⁴³ʑi¹³pa⁴⁴ 九千八百　　　　a⁴³tshie⁴³pa⁴⁴gau¹³ 二千八百
九 千 八 百　　　　　　　　　　二 千 八 百

tsi⁴³vau¹³ɕãŋ⁴⁴tshie⁴³ʑi¹³pa⁴⁴ dʑa¹³dʑau¹⁴ 三万七千八百九十
三 万 七 千 八 百 九 十

tḷau⁴⁴vau¹³dʑa¹³tshie⁴³ʑi¹³pa⁴⁴ ʑi¹³dʑau¹³a⁴³ 六万九千八百八十二
六 万 九 千 八 百 八 十 二

滇北苗语的合成数词构词方式和汉语一样，各位数之间不需要连词。例如：

tḷau⁴⁴dʑau¹³dʑa¹³ 六十九　　　　i⁴³pa⁴⁴gau¹³ 一百一十
六 十 九　　　　　　　　　一 百 十

dʑa¹³dʑau¹³tḷau⁴³ 九十四　　　　i⁴³pa⁴⁴ dʑa¹³dʑau¹⁴ dʑa¹³ 一百九十九
九 十 四　　　　　　　　　一 百 九 十 九

ʑi¹³tshie⁴³tḷau⁴⁴ pa⁴⁴ tsi³dʑau¹³ʑi¹³　　pə⁴³vau¹³tḷau⁴⁴ tshie⁴³tḷau⁴³pa⁴⁴ʑi¹³dʑau¹³ a⁴³
八 千 六 百 三 十 八　　　　　　　五 万 六 千 四 百 八 十 二
八千六百三十八　　　　　　　　　五万六千四百八十二

（二）序数词

序数词是表示顺序和次序的数词。滇北苗语的序数词可以分为一般序数词、计月序数词、计日序数词和亲属称谓排行序数词。

1. 一般序数词

一般序数词在基数词前面加汉语借词前缀"ti²⁴"构成。例如：

ti²⁴i⁴³ 第一　　　ti²⁴a⁴³ 第二　　　ti²⁴tsi⁴³ 第三　　　ti²⁴tḷau⁴³ 第四
第　一　　　　　第　二　　　　　第　三　　　　　第　四

ti²⁴pə⁴³ 第五　　ti²⁴tḷau⁴⁴ 第六　　ti²⁴ɕãŋ⁴⁴ 第七　　ti²⁴ʑi¹³ 第八
第　五　　　　　第　六　　　　　第　七　　　　　第　八

ti²⁴dʐa¹³ 第九　ti²⁴gau¹³ 第十　　ti²⁴gau¹³i⁴³ 第十一　ti²⁴gau¹³a⁴³ 第十二
第　九　　　　　第　十　　　　　第　十　一　　　　第　十　二

ti²⁴tsi⁴³vau¹³ɕãŋ⁴⁴tshie⁴³ʑi¹³pa⁴⁴dʐa¹³dʐau¹³ 第三万七千八百九十
第　三　万　七　千　八　百　九　十

ti²⁴tḷau⁴⁴vau¹³dʐa¹³tshie⁴³ʑi¹³dʐau¹³a⁴³ 第六万九千八百八十二
第　六　万　九　千　八　百　八　十　二

2. 计月序数词

滇北苗语的计月序数词属于时间词范畴，除腊月和冬月采用固有表达以外，一般在数词后面加上 li̯⁴⁴ "月"。例如：

i⁴⁴li̯⁴⁴ 一月　　　a⁴³li̯⁴⁴ 二月　　　tsi⁴³li̯⁴⁴ 三月　　　tḷau⁴⁴li̯⁴⁴ 四月
一　月　　　　　二　月　　　　　三　月　　　　　四　月

pə⁴⁴li̯⁴⁴ 五月　　tḷou⁴⁴li̯⁴⁴ 六月　　ɕãŋ⁴⁴li̯⁴⁴ 七月　　ʑi¹³li̯⁴⁴ 八月
五　月　　　　　六　月　　　　　七　月　　　　　八　月

dʐa¹³li̯⁴⁴ 九月　gau¹³li̯⁴⁴ 十月　　gau¹³i⁴³li̯⁴⁴ 十一月　gou¹³a⁴³li̯⁴⁴ 十二月
九　月　　　　　十　月　　　　　十　一　月　　　　十　二　月

zau¹³li̯⁴⁴ 腊月　la⁵⁵li̯⁴⁴ 冬月
腊　月　　　　　冬　月

3. 计日序数词

初一至初十的序数词在基数词前面加上时间序数词 sie⁴³ "初"构成，十一以上的计日序数词与基数词一样。例如：

sie⁴³i⁴³ 初一　　　sie⁴³a⁴³ 初二　　　sie⁴³a⁴³ 初三　　　sie⁴³tḷau⁴³ 初四
初　一　　　　　初　二　　　　　初　三　　　　　初　四

sie⁴³pa⁴³ 初五　　sie⁴⁴tḷau⁴⁴ 初六　　sie⁴³ɕãŋ⁴⁴ 初七　　sie⁴³ʑi¹³ 初八
初　五　　　　　初　六　　　　　初　七　　　　　初　八

sie⁴³dʐa¹³ 初九　sie⁴³gau¹³ 初十　　gau¹³i⁴³ 十一　　　gau¹³pə⁴³ 十五
初　九　　　　　初　十　　　　　十　一　　　　　十　五

gau¹³tḷau⁴⁴ 十六　tsi⁴³dʐau¹³ 三十
十　六　　　　　三　十

4. 亲属称谓排行序数词

亲属称谓序数词属于名词范畴。滇北苗语的亲属称谓排行数词没有专门的表达，一般用称谓词 a⁵⁵l̪o⁴³ "大"、a⁵⁵dʑeo¹³ "小" 或数词来表达。例如：

lai⁴³tsi⁴³a⁵⁵l̪o⁴³ 大姐	la⁵⁵ky⁵⁵a⁵⁵dʑeo¹³ 幺妹
个 姐 前缀 大	个 妹 前缀 小
tsa⁵⁵mau¹³a⁵⁵l̪o⁴³ 大哥	tsai⁵⁵ky⁵⁵a⁵⁵dʑeo¹³ 小弟
个 哥 前缀 大	个 弟 前缀 小
ȵie¹³a⁵⁵l̪o⁴³ 大姨母	ȵie¹³a⁵⁵dʑeo¹³ 小姨母
姨母 前缀 大	姨母 前缀 小
tsai⁴³tu⁴⁴a⁴³ 二儿子	a⁵⁵nã ŋ⁴³ʂa⁴⁴ 三嫂
个 儿子 二	前缀 嫂 三

（三）概数词

滇北苗语常见的概数词有 ȵtɕi⁴⁴ɴɢə¹³ "上下、大概"、tɕau⁴³ "多"、li⁴⁴gu¹³ "样子"、pi⁴³ȵtau⁴³/ i⁴³pan⁴³ "一半" 等，这些概数词在使用时除 li⁴⁴gu¹³ "样子" 后置于数词以外，其余概数数词均前置于数词。例如：

（1）tsi⁵⁵ŋa⁴⁴ʐou⁴⁴ni⁴⁴la⁴⁴ma¹³li⁴⁴gu¹³gau²¹a⁴³tsi⁴³ɕau⁴⁴.
　　　个 孩子 这 要 有 样 子 十 二 三 岁
　　这个孩子大约有十二三岁。

（2）tsai⁴³tə⁵⁵nə⁴³vai¹³ma¹³tsi⁴³dʑhau¹³ɕau⁴⁴ȵtɕi⁴⁴ɴɢə¹³.
　　　个 人 那 有 三 十 岁 上 下
　　那个人有三十岁上下。

（3）ni⁴⁴ndzau⁴⁴zo¹³ma¹³i⁴³pa⁴⁴tɕau⁴³ʑi¹³. 他们村有一百多家。
　　　他们　村　有　一　百　多　家

（4）pi⁴³zo¹³ma¹³pə⁴³pa³³tɕau⁴³tə⁵⁵nə⁴³. 我们村有一百多家。
　　　我们 村 有 五 百 多 人

滇北苗语表示概数的手段丰富，除上述在数词前后使用概数词以外，还可以把相邻的几个数词并列在一起表示概数。例如：

（1）ni⁴⁴a⁵⁵vai⁴³ma¹³ɕã ŋ⁴⁴ʑi¹³dʑau¹³ɕau⁴⁴dɯ¹³.
　　　他 前缀 父亲 有 七 八 十 岁 了
　　他父亲已经七八十岁了。

（2）lai⁴³qho⁵⁵ma¹³pə⁴³tɭau⁴⁴do²¹nau³³. 洞里有两只老鼠。
　　　个 洞 有 五 六 只 鼠

此外，滇北苗语也可用"量词+数词+量词"的结构来表示，例如：
（1）ntau^{44}a^{55}ʂa^{43}ha^{31}ma^{13}lu^{43}a^{43}lu^{43}tsi^{55}si^{43}.树上还有一两个果子。
　　　树　前级上面还有　个　二　个　果　的
（2）nãŋ^{21}tsi^{43}nãŋ^{21}nteo^{55}n̩o^{43}gi^{21}ɖau^{13}hi^{44}fa^{55}.　三四本书在桌子上。
　　　本　　三　　本　　书　在　　桌子　上面

（四）分数、倍数
滇北苗语的倍数在数词后面加倍数标记词 beo^{21}"倍"表示，分数用"数词+beo^{21}+ni^{44}＋数词＋beo^{21}"表示，其中 ni^{44} 是结构助词。例如：
（1）i^{43}tl̩au^{44}tsi^{55}ni^{55}tɕau^{43}la^{55}tu^{55}i^{43}tl̩au^{44}tsi^{55}vai^{13}tsi^{43}beo^{21}.
　　　一　堆　果　这　多　过于　一　堆　果　那　三　倍
　　　这堆果子比那堆果子多三倍。
（2）i^{43}ɢa^{13}ndli^{13}ni^{44}tɕau^{43}la^{55}tu^{55}i^{43}ɢa^{13}ndli^{13}vai^{13}ɕãŋ^{44}ʐi^{44}beo^{21}da^{21}.
　　　一　块　稻　这　多　过于　一　块　稻　那　七　八　倍　的
　　　这片稻子比那片多七八倍。
（3）ku^{55}ʐa^{55}tsi^{43}beo^{21}ni^{44}i^{43}beo^{21}, gi^{21}ʐa^{55}tsi^{43}beo^{21}ni^{44}a^{43}beo^{21}.
　　　我　要　三　倍　的　一　倍　你　要　三　倍　的　二　倍
　　　我要三分之一，你要三分之二。

二　数词的组合关系

滇北苗语的数词通常与量词、指示词等修饰成分共同修饰名词，也可以单独修饰量词。数词单独修饰量词时往往表示动作的单位或次数。滇北苗语的量词不论是其他成分共同修饰名词，还是单独修饰量词，其位置总是前置于量词、指示词。例如：

i^{43}n̩u^{43}一天　　　　　i^{43}ɕau^{44}一年　　　　　tsi^{43}n̩u^{44}tsi^{43}la^{33}三天三夜
一　天　　　　　　　一　年　　　　　　　三　天　三　夜
i^{43}kau^{43}一次　　　　　i^{43}da^{13}一脚　　　　　a^{43}lo^{44}二口
一　次　　　　　　　一　脚　　　　　　　二　口
tsi^{43}dla^{21}va^{13}三顿饭　　a^{43}fau^{43}thu^{55}两棵松树　gau^{13}a^{43}du^{13}nau^{21}十二只鸟
三　顿　饭　　　　　二　棵　松树　　　　十　二　只　鸟
i^{43}li^{44}phy^{55}tɕeo^{55}ni^{44}这一瓶酒　　　　　tsi^{43}du^{21}mpa^{44}vai^{13}那三头猪
一　瓶　酒　这　　　　　　　　　　　　三　头　猪　那

三　数词的句法功能

1. 数词单独使用

滇北苗语数词单独充当句中成分的情况很少，往往在一些算术表达中充当句子的主语、宾语和表语。例如：

　　i⁴³thie⁴³a⁴⁴tau⁴⁴tsi⁴³.　一加二等于三。
　　一　加　二　得　三
（画线部分分别充当主语、宾语和表语）

2. 数词与量词、名词连用

滇北苗语的数词在句中通常与量词、名词组合，充当定语和补语。例如：

（1）ni⁴⁴ma¹³sã̠ŋ⁴⁴ɲi¹³gau¹³lu¹³kho⁴³. 他买了二十个碗。（定语）
　　　他　买　了　二　十　个　碗
（2）ku⁵⁵do¹³sã̠ŋ⁴⁴ni⁴⁴i⁴³dã̠ŋ²¹n̠u⁴³. 我等了他半天。（补语）
　　　我　等　了　他　一　半　日
（3）ni⁴⁴ŋdo²¹tl̠i⁵⁵do¹³a⁴³lo⁴⁴. 他被狗咬了两口。（补语）
　　　他　被　狗　咬　二　口

第五节　量　词

量词是对事物、时间的量和动作行为或变化的量进行指称的词。

一　量词的类别

滇北苗语的量词丰富，根据量词指称的对象，分为名量词和动量词。

（一）名量词

名量词表事物和时间的量，可进一步分为度量衡单位量词、个体单位量词、集体单位量词和时间量词。滇北苗语的名量词既有固有量词，也有汉语借词量词，既有专有量词，也有兼用量词。下面按类各举例子。

1. 表示度量衡

滇北苗语中表示度量衡的名量词包括衡量尺寸大小、数量、距离等方面的量词。例如：

ki⁴⁴	斤	dlaɯ¹³	庹	tl̠o⁴⁴	抪	li¹³	两	n̠tɕa⁴⁴	里
lu¹³	石	dẓa²¹	丈	ty⁴⁴	斗	ndzi²¹	钱	dli¹³	元

2. 表示个体的量的名量词

滇北苗语中表示个体量的名量词主要包括衡量人和衡量物的量词。例如：

tai⁴⁴	根	phy⁵⁵	瓶	fau⁴³	棵	lai⁴³	个	tshai³³	条
lo⁴⁴	条	tou⁵⁵	个	tsã̠ŋ⁴⁴	种	dzo¹³	条	nau²²	本
do²¹	只	dzo⁴³	苑	da¹³	页	du²¹	根	tsau⁴⁴	把

tḷi⁴³	颗	tɕo⁴³	块	ʂeo⁴³	片	qheo⁴⁴	封	sãŋ⁴³	扇
tɕãŋ⁴⁴	间	ɳtɕo⁴³	滴	tɕheo⁴⁴	匹	dla²¹	层	ŋkhə⁴⁴	行
di²¹	叠	fə⁴⁴	袋	ṭə⁴⁴	朵	ʐãŋ⁴⁴	段	ɢa¹³	片
və¹³	块	ndzo⁴³	首	dla²¹	顿	zo²¹	阵	bau²¹	泡
tʂãŋ⁴⁴	种	tshie⁴⁴	代	vo⁴³	圈	ʐãŋ⁴⁴	节	pho⁴³	床
zi³³	家	deo²¹	缕	kho⁴³	碗	di²¹	捧	li⁴⁴phy⁵⁵	瓶
ky⁵⁵	担	qai⁴⁴	撮	ɳie⁴⁴	撮	deo²¹	捆	tshi⁴³	堵
du²¹	缕	tḷau⁴⁴	堆	sãŋ⁴³	边	tḷa¹³⁺⁴³	围	tshai¹³	只

量词 lu⁴³ 和 du²¹ 在滇北苗语中用途比较广泛，可以用来与表示人或物的名词连用。例如：

lu⁴³　　　个、面、盏、件、顶、辆、座、等　　i⁴³lu⁴³tə⁵⁵nə⁴³一个人、i⁴³lu⁴³dzi²¹za¹³一个梨、i⁴³lu⁴³ŋu⁴³qu⁴³一颗星、i⁴³lu⁴³phə⁵⁵一面旗、i⁴³lu⁴³lai⁴³teo³³ṭau⁴³一盏灯、i⁴³lu⁴³tʂho⁴⁴一件衣服、i⁴³lu⁴³tɕy⁵⁵ly⁴³一顶帽子、i⁴³lu⁴³pi⁵⁵zo⁴⁴一辆车、i⁴³lu⁴³ṭau⁴³一座山、i⁴³lu⁴³ḷau¹³一句话，等。

du²¹　　　架、件、条、点、根、张、支、枝、把、等　　i⁴³du²¹tɕi⁵³tɕhi³¹一架机器、i⁴³du²¹nu⁴³sə⁵⁵一件事情、i⁴³du²¹mbə¹³一条鱼、i⁴³du²¹pi³¹一支笔、i⁴³du²¹gi³¹ɖau¹³一张桌子、i⁴³du²¹bau¹³一枝花、i⁴³du²¹qeo³³一根棍子、i⁴³du²¹ḷau⁴⁴一把锄头、i⁴³du²¹pi⁵⁵nau⁴³一条、i⁴³du³¹qeo⁴⁴一根棍子、i⁴³du²¹nə¹³一匹马、i⁴³du¹³tḷi⁵⁵一只狗，等。

3. 表示集体的量的名量词

滇北苗语中表示集体量的名量词主要是一些复数意义的量词。例如：

ndzau²¹/mbo¹³	群	ŋgeo¹³	双	və²¹	窝	ŋkhə⁴⁴	串
tɕe⁴⁴	筐	ki²¹dau¹³	桌	di¹³/die¹³	些	bai¹³	群

4. 借用汉语的名量词

滇北苗语中借用汉语的名量词主要包括一些货币和度量衡方面的名量词。例如：

fen²⁴	份、分	fu²⁴	付	tshi³¹	尺	li³¹	厘	tshuei²⁴	寸
tɕo³¹	角	fen⁴⁴	分	ho³¹	盒	sʐ⁴³	升	mu⁴³	亩

5. 时量词

表示动作行为或事物变化持续时间的计量单位。滇北苗语常用的时量词如下：

ɕau⁴⁴	年、岁	ḷi⁴⁴	月	ŋu⁴³	日、天	mo⁴⁴	夜

（二）动量词

动量词是表示动作行为或事物变化计量单位的词。滇北苗语常见的动量词如下：

| zo²¹ | 场 | teo⁴⁴ | 脚 | to⁴⁴ | 遍 | ŋkhau⁴³ | 顿 |
| lo⁴⁴ | 口 | di¹³ | 手 | ɖa²¹ | 步 | qa³³tshi³³ | 拳 |

二　量词的组合关系

滇北苗语量词在语法组合关系中具有多功能性，可以与指示词、数词和名词组合构成修饰式量指结构、量词结构、数量名结构和数量名指结构等。

（一）量词与指示词的组合

量词与指示词直接组合构成修饰式量指结构。在这种量指结构中，量词总是前置于指示词。例如：

lu⁴³ni⁵⁵这个	tai⁴³vai¹³那只	di¹³ni⁵⁵这些	ŋgeo¹³vai¹³那双
个　这	只　那	些　这	双　那
zo²¹ni⁵⁵这场	mbo¹³vai¹³那群	du¹³ni⁵⁵这把	ŋkhə⁴⁴vai¹³那排
场　这	群　那	把　这	排　那

（二）量词与数词的组合

量词可以与数词直接组合，构成修饰式量词结构。在这种量词结构中，数词总是前置于量词。例如：

i⁴³qheo⁴⁴一封	tsi⁴³tɕheo⁴⁴三块	t̪ɭau⁴³dʐo¹³四条	dʐa¹³li¹³九两
一　封	三　块	四　条	九　两
gau¹³ty⁴⁴十斗	ʑi¹³ki⁴⁴八斤	tsi⁴³to⁴⁴三遍	a⁴³lo⁴⁴两口
十　斗	八　斤	三　遍	两　口

（三）量词与名词的组合

量词直接修饰名词时，表示名词所代表的事物是单数概念，量词相当于类别词。例如：

（1）tai⁵⁵a⁵⁵dʐy¹³t̪ɭi⁵⁵ɖau²¹ntau³³lo⁵⁵sãŋ⁴⁴i⁴³tshai³³a⁵⁵dʐi²¹.
　　只　前缀　小　狗　被　打　断　了　一　只　前缀　脚
　　小狗被打断了一条腿。

（2）ni⁴⁴n̪o⁴³lai⁴³tɕheo⁴⁴dlo²¹mau¹²dlo¹³lu¹³. 他在床上滚来滚去。
　　他　在　个　床　滚　去　滚　来

（3）ni⁴⁴n̪o⁴³lai⁴³gy¹³ntsa⁵⁵teo⁴⁴. 他在河里洗脚。
　　他　在　个　河　洗　脚

（4）lai⁴³li⁴⁴fai⁴⁴gu¹³thau⁴⁴lau⁴⁴a⁴⁴. 犁头是用铁做的。
　　个　犁桦　是　用　铁　做

（5）dlie¹³tɕhãŋ³¹t̪ɭho⁴⁴tɕe⁴³i⁴³lu⁴³kau³³. 墙上挂着一把伞。
　　面　墙　挂着　一　个　伞

滇北苗语的量词与名词组合时，通常存在以下四种搭配情况。

1. 量词与数词、名词

滇北苗语量词不直接与名词组合，通常与数词联合构成数量名结构，其语序是数词+量词+名词。例如：

i⁴³zo²¹mau²¹一场雨　　　　i⁴³mbo¹³ȵu¹³一群牛　　　　pə⁴³nã ŋ²¹nteo⁵⁵五本书
一　场　雨　　　　　　　一　群　牛　　　　　　　五　本　书

a⁴³ŋgeo¹³khau⁴⁴两双鞋子　ʑi¹³tɕheo⁴⁴ntau⁴⁴七匹绸缎　gau¹³qheo⁴⁴mau⁴⁴九封信
二　双　鞋　　　　　　　七　匹　绸缎　　　　　　　九　封　信

i⁴³du¹³l̥au⁴⁴一把锄头　　　i⁴³dzo¹³la⁴⁴一条绳子　　　i⁴³du²¹tl̥i⁵⁵一只狗
一把　锄头　　　　　　　一　条　绳子　　　　　　　一　只　狗

2. 量词与数词、名词、指示词的组合

量词修饰名词时，可以与数词和指示词组合在一起共同修饰名词，构成数量名指结构，其语序为：数词+量词+名词+指示词。例如：

a⁴⁴ki⁴³ŋtʂə⁵⁵ni⁵⁵这两斤盐　　　　tsi⁴³ki⁴⁴tsi⁵⁵dli¹³vai¹³那三斤桃子
二　斤　盐　这　　　　　　　　　三　斤　〈前缀〉桃子　那

i⁴³zo²¹mau²¹ni⁵⁵这一场雨　　　　　tsi⁴³dʐo¹³ki⁵⁵vai¹³那三条路
一　场　雨　这　　　　　　　　　三　条　路　那

3. 量词与多种成分的组合

滇北苗语的量词除了与数词、指示词和名词组合以外，还可以与人称代词、方位词等成分共同修饰名词，其排列位置通常是：人称代词+方位词+数词+量词+名词+指示词。例如：

ku⁵⁵vai⁴³tha⁴⁴a⁴³lɯ⁴³ŋa¹³ʑi⁵⁵　　　　ni⁵⁵a⁵⁵qɯ⁴³lai⁴³ŋa¹³ʑi⁵⁵
我　前面　二　个　房　那　　　　　他　〈前缀〉后面　个　房　那
我前面的那两栋房　　　　　　　　他后面的那栋房子

ni⁴⁴tsai⁴³vai¹³他父亲　　　　　　　ku⁵⁵lai⁴³tsi⁴³我姐姐
他　个　父　　　　　　　　　　　我　个　姐

pi⁴³lai⁴³zo¹³我们村　　　　　　　　ni⁴⁴dzau¹³ʑi¹³nã ŋ²¹nteo⁵⁵
我们　个　村　　　　　　　　　　　他们　八　本　书
　　　　　　　　　　　　　　　　他们的八本书

a⁵⁵dzi²¹tsi⁴³do²¹qai⁴³ni⁵⁵　　　　　pi⁵⁵dau²¹tsi⁴³du¹³o³³vai¹³
〈前缀〉上面　三　只　鸡　这　　　下面　三　只　鸭　那
上面这三只鸡　　　　　　　　　　下面那三只鸭

vai¹³dlo²¹lai⁴³tʂho⁴⁴里面的衣服　　vai¹³ʐau⁵⁵lai⁴³tʂho⁴⁴外面的衣服
里面　个　衣　　　　　　　　　　外面　个　衣

gau¹³i⁴³lu⁴³kau³³ni⁵⁵这十一把伞　　dʑa¹³ŋgeo¹³khau⁴⁴vai¹³那九双鞋
　十　一　个　伞　这　　　　　　九　双　鞋　那

当数词修饰名词时，一般需要和量词连用。例如：
（1）ntau⁴⁴a⁵⁵ṣa⁴³ma¹³tsi⁴⁴du¹³nau²¹. 树上有三只鸟。
　　　树 前缀上面 有 三 只 鸟
（2）ku⁵⁵ʐi⁴³tɕe³³i⁴³du¹³a⁵⁵dʑy²¹tl̩i⁵⁵fa⁴⁴. 我家养了一只小花狗。
　　　我 家 养 一 只 前缀小 狗 花

4. 动量词与名词
动量词表示动作行为的单位，其结构为：动词+数词+名词。例如：
（1）m̥o⁴⁴na⁴⁴lo¹³i⁴³zo²¹mau²¹. 今天下了一场雨。
　　　今天　下 一 场 雨
（2）ɕau⁴⁴na⁵⁵ku⁵⁵si⁴³mau¹³tl̩a³³i⁴³to⁴³ŋga¹³. 今年我回了一趟家。
　　　年 这 我 回 去 过 一 次 家
（3）a⁴³ɕau⁴⁴tou³³ndi¹³ku⁵⁵l̩a²¹bo¹³ni⁴⁴i⁴³kau⁴³. 我两年前见过他一次。
　　　二 年 前 我 曾 见 他 一 次
（4）ni⁴⁴mba¹³daɯ¹³a⁴³kau⁴³di¹³. 他拍了两下巴掌。
　　　他 拍 了 二 次 手
（5）ntau³³ni⁴⁴i⁴³qa³³tshu³³, da¹³ni⁴⁴i⁴³da¹³. 打他一拳，踢他一脚。
　　　打 他 一 拳　　踢 他 一 踢
（6）ni⁴⁴n̩ɖo²¹tl̩i⁵⁵do¹³a⁴³lo⁴⁴. 他被狗咬了两口。
　　　他 被 狗 咬 二 口
（7）ni⁴⁴a⁵⁵na²¹la⁴⁴ku⁵⁵i⁴⁴kau⁴³. 她昨天骂了我一顿。
　　　她 昨天 骂 我 一 顿
（8）ni⁴⁴mau⁴⁴tl̩a⁴⁴ni⁴⁴a⁵⁵tai⁵⁵ʐa⁵⁵gy¹³tsi⁴³lo⁴⁴a⁵⁵gy²¹.
　　　他 去 到 他 前缀外婆 要 过 三 个 前缀河
　他去他外婆家要过三条河。
（9）ku⁵⁵n̩thie⁵⁵sã⁴⁴ni⁴⁴tsi⁵⁵to⁵³tu⁴⁴n̩tie⁵⁵hi⁴³tau⁴⁴.
　　　我 找 了 他 三 趟 都 找 不 得
　我找了他三趟都没找到。
（10）ni⁴⁴qhə⁴³n̩au¹³da¹³ku⁵⁵i⁴³teo⁴⁴, hi⁴³pau⁴³nə²¹qa⁵⁵ṣi⁴⁴na⁵⁵.
　　　他 刚 踢 我 一 脚 不 知 为 什么 呢
　他刚才踢了我一脚，不知为什么。

三 量词的句法功能

滇北苗语量词具有区分称谓名词性别和辈分的功能，tsai⁵⁵通常表示男性，lai⁴³通常表示女性。tsai⁵⁵有 tsai⁵⁵、tsai⁴³、tsa⁵⁵三个变体，tsai⁵⁵用在不区分年龄或辈分的高平调称谓名词前，tsai⁴³用在表示年长的低平调称谓名词前，tsa⁵⁵用在表示年幼的高平调称谓名词前；lai⁴³有 lai⁴³和 la⁵⁵两个变体，lai⁴³用在表示年长的称谓名词前，la⁵⁵用在年幼的称谓名词前。例如：

$$\begin{cases} \text{tsai}^{55}\text{tə}^{55}\text{nə}^{43} \text{男人} \\ \text{个\quad 人} \\ \text{lai}^{43}\text{tə}^{55}\text{nə}^{43} \text{女人} \\ \text{个\quad 人} \end{cases} \quad \begin{cases} \text{tsai}^{43}\text{mau}^{33} \text{哥哥} \\ \text{个\quad 兄} \\ \text{lai}^{43}\text{tsi}^{43} \text{姐姐} \\ \text{个\quad 姐} \end{cases} \quad \begin{cases} \text{tsa}^{55}\text{ky}^{55} \text{弟弟} \\ \text{个\quad 弟/妹} \\ \text{la}^{55}\text{ky}^{55} \text{妹妹} \\ \text{个\quad 弟/妹} \end{cases}$$

滇北苗语的状词 mphu⁵⁵u⁵⁵mphə⁴³ə⁴³ "蠢笨貌、身体肥胖" 可以借用为名词，借用为名词后靠量词来区分名词所指代的性别及类别，tsai⁵⁵表示男性，lai⁴³表现女性，tai³³通常表示动物，例如：

tsai⁵⁵mphu⁵⁵u⁵⁵mphə⁴³ə⁴³ 蠢笨的男人

lai⁴³mphu⁵⁵u⁵⁵mphə⁴³ə⁴³ 蠢笨的女人

tai³³mphu⁵⁵u⁵⁵mphə⁴³ə⁴³ 蠢笨的动物（例如熊）

此外，滇北苗语的部分量词具有把动宾结构转化为名词的功能，例如：

$$\begin{cases} \text{ntsa}^{55}\text{tl̥hu}^{44} \text{洗脸} \\ \text{洗\quad 脸} \\ \text{tai}^{43}\text{ntsa}^{55}\text{tl̥hu}^{44} \text{毛巾} \\ \text{个\quad 洗\quad 脸} \end{cases} \quad \begin{cases} \text{na}^{13}\text{tl̥hu}^{44} \text{照镜子} \\ \text{看\quad 脸} \\ \text{lai}^{43}\text{nqa}^{13}\text{tl̥hu}^{44} \text{镜子} \\ \text{个\quad 看\quad 脸} \end{cases}$$

滇北苗语的量词修饰名词时，在句中充当定语，修饰限定名词的数范畴。例如：

（1）mbei¹³ti⁵⁵ŋgau⁴³hu⁴⁴ŋgau¹³.
　　　群　姑娘　唱　歌
　　姑娘们在唱歌。（定语，mbei¹³表示复数）

（2）lu⁵⁵ti⁵⁵ŋgau⁴³ni⁵⁵hu⁴⁴ŋgau¹³.
　　　个　姑娘　这　唱　歌
　　这个姑娘在唱歌。（定语，lu⁵⁵表示单数）

除定语以外，滇北苗语的量词不直接充当句子成分，只有当量词与指示词、数词、名词组合构成的量词结构做句子结构的成分时，量词结构才在句中充当宾语或主语。例如：
（1）ku⁵⁵tsai³³ʈau³³ni⁴⁴i⁴³nãŋ¹³nteo⁵⁵. 我给他一本书。（宾语）
　　　我　借　给　他　一　本　书
（2）i⁴³ɢa¹³ndli¹³ni⁴⁴la⁵⁵ɕie⁵⁵ɕãŋ⁴⁴ʑi⁴⁴beo²¹daɯ¹³.
　　　一　块　稻　这　要　熟　七　八　倍　了
　　　这片稻子成熟七八成了。（主语）

在上下文清楚的情况下，量词可以直接和数词组合充当句子的宾语，受形容词短语或关系从句修饰的量词可以直接充当句子的主语。例如：
（1）ʈai³³nau¹³i⁴³kho⁴³, ʈai³³hau³³i⁴³pei⁴⁴.
　　　再　吃　一　碗　再　喝　一　杯
　　　再吃一碗（饭），再喝一杯（酒）。（宾语）
（2）tai⁴³gu¹³ʐau⁴⁴vai¹³gu¹³li⁵⁵a⁴³. 飞的那只是乌鸦。（主语）
　　　只　关系化　飞　那　是　乌鸦

四　量词重叠的语义语法功能

量词的重叠形式只有 AA、"i⁴³A+i⁴³A"式、"sha⁴⁴+量词"式、"量词+a⁴³+量词"式四种，重叠的功能主要表示数范畴和量范畴。

（一）AA 式重叠及其语义功能

AA 式重叠表示"间或""部分"，其语法范畴是数范畴，具体而言是"部分复数"，例如：
（1）ni⁵⁵pu⁴³tshie⁴⁴tshie⁴⁴mpa⁵⁵, tshie⁴⁴tshie⁴⁴hi⁴³ɲie⁴³pu⁴³ɕi⁴³.
　　　他　喂　些　些　猪　　些　些　不　还　喂　呢
　　　他喂了一些猪，还有一些没有喂。
（2）ni⁵⁵gau¹³gau¹³da¹³, gau¹³gau¹³hi⁴³da¹³.
　　　他　次　次　来　次　次　不　来
　　　他有时候来，有时候不来。

（二）"i⁴³A+i⁴³A" 式重叠及其语义功能

"i⁴³A+i⁴³A"式表示相当于汉语的"一A一A"，重叠后表示量的反复，属于量范畴。例如：
（1）a⁵⁵pei⁵⁵tɕa⁴⁴i⁴³ŋau¹³i⁴³ŋau¹³tl̥hie⁴⁴. 青蛙一蹦一蹦地跳。
　　　前缀　青蛙　一　蹦　一　蹦　跳
（2）va¹³ʐa⁵⁵i⁴³lo⁴³i⁴³lo⁴³nau¹³. 饭要一口一口地吃。
　　　饭　要　一　口　一　口　吃

（三）"tsha⁴⁴+量词"式重叠及其语义功能

量词前面加形容词 tsha⁴⁴"齐"，表示"每个，全部"之类的概念。例如：

（1）tsha⁴⁴lɯ¹³tu⁴⁴ŋi⁵⁵ni⁴⁴zau⁴⁴. 个个都说他好。
　　　齐　个　都　说他　好
（2）i⁴³mbo²¹ɳu¹³ni⁴⁴tsha⁴⁴du¹³tu⁴⁴hai⁵⁵dlo²¹. 这群牛头头都很肥。
　　　一　群　牛　这齐　个　都　很　肥
（3）tsha⁴⁴fau⁴³ntau⁴³tu⁴⁴i⁴⁴zaŋ⁴³lu̥⁴³. 根根木头一样大。
　　　齐　根　木　都　一　样　大
（4）di¹³hi⁴³tl̥o⁴³ni⁵⁵tsha⁴⁴fau⁴³tu⁴⁴hai⁵⁵nti⁵⁵. 这些竹子条儿真长
　　　些　竹　这　齐　棵　都　很　长

（四）"量词+a⁴³+量词"式重叠及其语义功能

滇北苗语的反响量词结构"量词+a⁴³+量词"专门表示约数"一两个"。例如：

（1）ntau⁴⁴a⁵⁵ʂa⁴³ha³¹ma¹³lu⁴³a⁴³lu⁴³tsi⁵⁵si⁴³. 树上还有一两个果子。
　　　树　前缀上面　还　有　个　二　个　果　的
（2）ni⁴⁴ʈai⁴⁴kheo³³nãŋ²¹a⁴³nãŋ²¹nteo⁵⁵. 她又拿了一两本书。
　　她　再　拿　本　二　本　书

第六节 动　词

动词表示动作、行为、心里活动或存在、变化、消失和属性等的词。

一　动词的类别

动词的类别与分类标准有关。根据动词的词汇语法意义，动词可以分为行为动词、心里动词、判断动词、能愿动词、趋向动词和使令动词六类；根据动词的语义特征，可以分为自主动词和非自主动词两类；根据动词的句法结构特征，动词可以分为及物动词和不及物动词两类。

（一）按动词的词汇意义分类

1. 行为动词

行为动词是表示人体动作、生活生产行为、动植物自然界等各种物体的运动、事物的存在、出现等意义的词，是动词的主要部分。滇北苗语的行为动词丰富，同一个动作发生在不同的语域通常会有不同的表达。如，"喂"在苗语里至少有三种表达：pu⁴³"喂鸡"、tu⁵⁵"喂小孩"、ɳi²¹"用（嘴）喂"。又如，"打架"一词根据施事对象（人、鸡、牛）分别表述为：hi⁴⁴ntau⁴⁴、hi⁴⁴ɳtɕeo⁴⁴、hi⁴⁴ɳʈau⁴⁴。滇北苗语的部分行为动词如下：

hi⁴⁴ndli¹³跨（沟）	qə⁴³扣（扳机）	ntsi⁵⁵补（锅）	ȵtɕho³³磕（烟灰）
nto⁵⁵砍（树）	ʂau⁴⁴砍（柴）	qhə⁴³开（门）	tsai³³借（钱）
tʂau⁴⁴砸（核桃）	ntsai³³啣（嘴）	a³³l̩¹³耘（田）	tl̩hi⁴⁴蜕变
sai⁵⁵旋转	kho⁴⁴修理（物件）	l̩i⁴⁴擤	tl̩o³³笑
qə⁴⁴闭（眼睛）	ba²¹抱（小孩）	na¹³看	ntã⁴³浮

滇北苗语的行为动词具有动词的一般特点，否定形式在动词前加否定副词 hi⁴³ "不" 表示。例如：

hi⁴³nto⁵⁵不砍（树）	hi⁴³sai⁵⁵不旋转	hi⁴³qə⁴⁴不闭（眼睛）
不 砍	不 旋转	不 闭
hi⁴³tsai³³不借（钱）	hi⁴³nau¹³va¹³不吃饭	hi⁴³hau³³tɕeo⁵⁵不喝酒
不 借	不 吃 饭	不 喝 酒

2. 心里动词

心里动词是表示心里活动的词，其数量仅次于行为动词。滇北苗语心里动词的用法与行为动词类似，具有动词的一般特点。常见的心理动词有：

və²¹羡慕	ȵtʂheo⁴⁴爱	la²¹喜欢	ȵtɕo⁴⁴记得
ʂu⁴³恨	dy¹³想	hi⁴⁴ȵtɕo⁴⁴忘记	ȵtʂhai⁴⁴害怕
ndu¹³嫌	tə⁴⁴担心	dau¹³惊吓	lə²¹tl̩o⁴⁴高兴

滇北苗语的很多心理动词都是与 a⁵⁵sie⁴³ "肝" 有关的合成词，a⁵⁵sie⁴³ "肝" 的前缀也可以省略。例如：

pa⁵⁵sie⁴³伤心	sie⁴³ȵtɕo⁴⁴记住	phu⁵⁵sie⁴³灰心
生气肝	肝 记	灰色 肝
a⁵⁵sie⁴³na¹³dau³³佩服	a⁵⁵sie⁴³pu⁵⁵tsau⁴⁴满足	sie⁴³l̩o⁴³大胆
前缀肝 看 到	前缀肝 满 状词	肝 大
tʂi⁵⁵a⁵⁵sie⁴³ 恶心	qa⁴³sie⁴³甘心	ntɕo⁴⁴tau³³a⁵⁵sie⁴³留心
丑 前缀肝	甜 肝	记 给 前缀肝
tu⁴⁴sie⁴³伤心	o⁴⁴sie⁴³生气	a⁵⁵sie⁴³ie⁴³mbə¹³ 苦闷
断 肝	肿 肝	前缀肝 苦 辣

3. 判断动词

判断动词是表示判断的词。滇北苗语的判断动词有 gu¹³ 和 ʐo²¹ 两个，其中 gu¹³ 通常用于肯定式，ʐo²¹ 通常用于否定式和正反问句。例如：

（1）ni⁴⁴gu¹³tshun⁴⁴tʂaŋ⁴⁴, hi⁴³ʐo²¹khuai²⁴tɕi²⁴. 他是村长，不是会计。
　　　他　是　村　长　　不是　会　计

（2）ku⁵⁵gu¹³mu³¹tsa⁴⁴, ni⁴⁴gu¹³l̩au⁴⁴li⁴⁴ky⁴⁴. 我是木匠，他是铁匠。
　　　我　是　木 匠　他 是　铁　师傅

（3）m̥o⁴⁴na⁴⁴khai⁴⁴huei²⁴, ʐo²¹hi⁴⁴ʐo²¹? 今天是不是开会？
　　　今天　　开　会　　是　不　是

ʐo²¹偶尔也可以用在肯定句时，表示强调，表达的语义是"都是"。例如：

　　ni⁴⁴ndzau¹³pə⁴³lɯ⁴³tu⁴⁴ʐo²¹tu⁴³ŋgeo¹³nteo⁵⁵. 他们五个都是学生。
　　　他们　五个　都是　者　读书

当句子的主语由动词充当时，判断动词往往改变为dʐo¹³或者dʑi¹³"是"。例如：

（1）na¹³la³³zau⁴⁴dʐo¹³, hi⁴³na¹³la⁴⁴zau⁴⁴dʐo¹³. 看可以，不看也可以。
　　　看　也　好　是　　不　看　也　好　是

（2）ȵie⁵⁵dʑi¹³hi⁴³zau⁴⁴na¹³, tl̥o³³dʑi¹³zau⁴⁴na¹³. 哭不好看，笑好看。
　　　哭　是　不　好看　　笑　是　好　看

4. 能愿动词

能愿动词是表达主观愿望和客观可能性的动词。从词义上可以把能愿动词分为愿望或意向的能愿动词和表达客观可能性的能愿动词两类。例如：

表达主观愿望或意向　　ʐa⁵⁵要；ka⁴³敢；di¹³ki⁵⁵应该；dʐu¹³肯；ȵau⁴⁴愿意；
　　　　　　　　　　　ȵa⁴⁴/dʐu¹³肯；

表达客观可能性　　dzeo¹³会；die¹³可以（表示允许）；ai⁴³必须

能愿动词一般不单独使用，而是与行为动词连用，表示实施这一行为的主观态度或客观条件，在句中一般位于行为动词之前，否定形式在能愿动词前加否定副词hi⁴⁴"不"。例如：

（1）ni⁴⁴ȵa⁴⁴/dʐu¹³qa⁴⁴ʈau⁴⁴ni⁴⁴? 她肯嫁给他吗？
　　　他　愿　肯　嫁　给　他

（2）ni⁴⁴ka⁴³ntau³³ni⁴⁴lai⁴³ȵãŋ⁴³. 他敢打他老婆。
　　　他　敢　打　他　个　媳妇

（3）pi⁴³hu⁵⁵bə¹³di¹³ki⁵⁵ʈhai⁴⁴zo¹³a⁴⁴nu¹³a⁴⁴sə⁵⁵.
　　　我们　大家　应该　出　力　做活　做农活
我们大家应该努力劳动和工作。

（4）ni⁴⁴ai⁴³si⁴³lo¹³. 他必须在天黑以前回来。
　　　他　必须　回　来

（5）ni⁴⁴hi⁴⁴ȵau⁴⁴ȵi⁵⁵. 他不愿意说。
　　　他　不　愿　说

（6）ku⁵⁵hi⁴³dzeo¹³hu⁴⁴ŋgau¹³. 我不会唱歌。
　　　我　不　会　唱　歌

5. 趋向动词

趋向动词是表示从近到远、从远到近、从低到高、从高到低、从里到外、从外到里等趋向或其他虚化意义的动词。滇北苗语很多有关动作的表达都带有趋向意义，常用的趋向动词有：

ȵtɕi⁴⁴上（山）　　ȵtɕi⁴⁴da¹³上来　　ȵtɕi⁴⁴mau¹³上去　　NGə¹³下（山）
NGə¹³lo¹³下来　　NGə¹³mau¹³下去　　bei¹³da¹³进来　　bei¹³mau¹³进去
ndzau¹³tɕhau⁴⁴经过　la²¹ndzau¹³过（到过）　si⁴³回（回来）　si⁴³mau²¹回去
deo¹³出　　deo¹³da¹³出来　　da¹³来　　mau¹³去

趋向动词的使用范围较广，用法也很多，可以单独使用，也可以与其他动词搭配使用，表示动作行为的方向，包含比较虚化的趋向性意义。滇北苗语趋向动词的具体用法有以下几种：

（1）趋向动词单独使用

趋向动词单独使用时与行为动词的用法一样，表示句子的主要意义。例如：

① ndɯ¹³la⁵⁵tsau³³daɯ¹³, si⁴³mau¹³hi⁵⁵? 天要黑了，回去吧？
　　天　要　暗　了　　回去　吧

② lai⁴³ȵu⁴⁴i⁴³ntsə⁵⁵leo¹³,lai⁴³li⁴⁴deo¹³lu¹³daɯ¹³.
　　个　日　一　落　去　个　太阳　出　来　了
太阳刚下山，月亮就出来了。

（2）行为动词+趋向动词

趋向动词与行为动词连用时，如果行为动词在前，趋向动词在后，表示动作行为的趋向性，意义重点在于描写趋向动作的状态。例如：

① ni⁴⁴ndzau¹³leo¹³daɯ¹³die¹³ku⁵⁵a⁵⁵lɯ¹³zau⁴⁴zau¹³NGə¹³lo¹³a⁴⁴ʐu¹³nu¹³.
　　他们　去　了　了　后　我　才　好　坐　下　来　做　自己　事
他们走了我才能坐下来做自己的事。

② pi⁴³zo¹³tu¹³dzo⁴³m̥au⁴³tʂhi⁴³mau¹³tla⁴⁴lai⁴³ɕaŋ⁵⁵khai⁴⁴huei²⁴leo¹³daɯ¹³.
　　我们　村　者　领　姓　杨　去　到　个　乡　开会　去　了
我们村长老杨到乡上开会去了。

（3）趋向动词+行为动词

趋向动词与行为动词连用时，如果趋向动词在前，行为动词在后，意义重点在于描写后面的动词表达的动作行为。例如：

（1）tsai⁴³mau¹³ȵtɕi⁴⁴ţau⁴⁴mau¹³ntau³³NGai¹³, tsai⁵⁵ky⁵⁵NGə¹³dli¹³mau¹³
　　个　兄　上　山　去　打　肉　个　弟　下　河　去

dẓau¹³mbə¹³.
　　捉　　鱼

哥哥上山打猎，弟弟下河抓鱼。

（2）gi²¹zau¹³do¹³, ku⁵⁵bai¹³mau¹³ly̰⁵⁵ḭ⁴³ly⁵⁵ki⁵⁵dla¹³.
　　　你 坐 等 我 进 去 换 一 换 衣服

你坐着，我进去换一换衣服。

6. 使令动词

使令动词go¹³具有"让"的含义，表示使某人或某物发出某种动作行为或发生某种状态变化，因此带有宾语，并与行为动词连用。使令动词的否定形式直接在go¹³"让"前面加否定副词hi⁴³。例如：

（1）gi¹³go¹³ni⁴⁴mau⁴⁴n̥thie⁵⁵tla⁴⁴qha⁵⁵dy¹³?你叫他到哪里去找？
　　　你 让 他 去 找 到 哪里

（2）də²¹ni⁵⁵pi⁴³hi⁴³a⁴⁴dau̠¹³, go¹³ni¹³ndzau¹³mau¹³a⁴⁴hi⁵⁵.
　　　从此 我们 不 做 了 让 他们 去 做 吧

我们从此不做了，让他们去做吧。

（3）go¹³ni⁴⁴ṇi⁵⁵NGə¹³mau¹³, hi⁴³ẓa⁵⁵ha³³ṇi⁵⁵. 让他说下去，不要插嘴。
　　　让 他 说 下 去 不要 抢说

（4）ni⁴⁴tɕã³³la⁵⁵a⁵⁵ndzy¹³a⁵⁵ntshai⁴³tɕe⁴⁴hi⁴³go¹³ni⁴⁴si⁴ tla⁴⁴ŋa¹³.
　　　他 拉 个〔前缀〕小〔前缀〕 姑娘 着 不 让 她 回到 家

他拉住了小姑娘不让她回家。

（5）pi⁴³a⁴³nau¹³va¹³tə⁵⁵a³³dẓa¹³m̠o⁴⁴na⁴⁴go¹³pi⁴³nau¹³mian²⁴thiau³¹?
　　　我们一贯 吃饭 的 怎么 今天 让 我们吃 面 条

我们向来都吃米饭，怎么今天让我们吃面条了？

（二）按动词的语义特征分类

1. 自主动词

自主动词包括动作行为动词和趋向动词。例如：

mba¹³敲（门）	ti³³翘（腿）	tso⁴⁴娶	vei²¹搔（痒）
qhai⁴³拴（马）	ṣau⁴⁴讨（饭）	theo⁴³推	tl̥eo⁴⁴脱（衣服）
a⁴⁴fə⁴⁴玩耍	t̥hau⁴³煨	ṇau⁴³闻	ntsa⁵⁵洗
ṇtɕi⁴⁴da¹³上来	NGə¹³mau¹³下去	NGə¹³lo¹³下来	si⁴³mau²¹回去

2. 非自主动词

非自主动词包括心理动词、判断动词、能愿动词和使令动词。例如：

ntʂheo⁴⁴爱	ʐo²¹是	di¹³ki⁵⁵应该	dzu¹³肯
dy¹³想	dzeo¹³会	sie⁴³ṇtɕo⁴⁴记住	go¹³让

自主动词和非自动词最根本的区别是：自主动词能带施事主语、受事主语和受事宾语，非自主动词则不能。例如：

（1）ni^{44}ntau^{33}a^{44}du^{21}tʂo^{55}da^{21}sãŋ^{44}. 他打死了两只老虎。
　　　他　打　二　只　老虎　死　了　（施事主语+动词+受事宾语）

（2）ni^{44}ma^{43}a^{44}du^{21}tʂo^{55}ntau^{33}da^{21}sãŋ^{44}. 他把两只老虎打死了
　　　他　把　二　只　老虎　打　死　了　（施事主语+动词+受事宾语）

（3）a^{44}du^{21}tʂo^{55}ɖau^{13}ni^{44}ntau^{33}da^{21}sãŋ^{44}. 两只老虎被他打死了。
　　　二　只　老虎　被　他　打　死　了　（受事主语+动词）

非自主动词的语义结构一般为：主事+动词+客事，例如：

（1）（主事+动词+客事=处所主语+动词+存现宾语）
　　　lai^{43}ŋga^{13}vai^{13}tha^{44}ma^{13}i^{43}fau^{44}ntau^{44}gu^{13}hai^{55}sie^{43}.
　　　个　房　前面　有　一　棵　树　是　很　高
　　　房子前面有一棵高高的树。

（2）（主事+动词+客事=当事主语+动词+处所宾语）
　　　gi^{21}bai^{43}nteo^{55}ȵo^{44}gi^{21}dau^{13}a^{55}ʂa^{43}. 你的书在桌子上。
　　　你　堆　书　在　桌子　前缀　上面

（3）（主事+动词+客事=当事主语+动词+表称宾语）
　　　tai^{43}gi^{13}dau^{13}ni^{55}gu^{13}ni^{44}bie^{21}. 这张桌子是他的。
　　　张　桌子　这　是　他　属于

（三）按动词的句法结构特征分类

滇北苗语的动词按句法结构特征可以分为及物动词和不及物动词。

1. 及物动词

及物动词是能带宾语的动词。滇北苗语的及物动词包括能愿动词、趋向动词、使令动词、部分心理动词和大部分动作行为动词。例如：

ka^{43}敢	di^{43}ki^{55}应该	dzu^{13}肯	ȵtʂheo^{44}爱
la^{21}喜欢	bei^{13}da^{13}进来	bei^{13}mau^{13}进去	si^{43}回（来）
si^{43}mau^{21}回去	go^{13}让	nau^{13}吃	tso^{44}娶（媳妇）

2. 不及物动词

不及物动词是不能带宾语的动词。滇北苗语的不及物动词包括判断动词、部分心理动词和部分行为动词。例如：

| ʐo^{21}是 | die^{13}可以 | sie^{43}lo^{43}大胆 | ȵie^{55}哭 |
| tlo^{33}笑 | mau^{13}走 | ɖãŋ^{21}跑 | ndzau^{13}呻吟 |

二　动词的组合关系

滇北苗语的动词可以和名词（或名词短语）、动词（或动词短语）、副词、指示词、代词、形容词、状词、数量词组组合在一起，形成各种语法关系。动词可以在修饰词的前面，也可以在修饰词的后面。

1. 动词与名词的组合

滇北苗语的及物动词与名词或名词短语组合在一起构成动宾结构，这种现象比较普遍。例如：

nau¹³mo̠⁴⁴吃晚饭　　　　　　ɳtʂhai⁴⁴dzai⁴³tə⁵⁵nə⁴³vai¹³害怕那些人
吃　晚饭　　　　　　　　　害怕　些　人　那

dʐo²¹ntau⁴⁴栽树　　　　　　ma¹³kau⁴⁴买鞋子
栽　树　　　　　　　　　　买　鞋子

tɕe⁴⁴qai⁴³养鸡　　　　　　　ndlai¹³a⁵⁵ntsau⁴⁴躲凉
养　鸡　　　　　　　　　　躲　前缀　荫

dʐo²¹dʑi¹³种荞麦　　　　　　ʂau⁴⁴tsi⁵⁵qa⁴³收玉米
栽　荞麦　　　　　　　　　收　前缀　玉米

n̠tɕeo³³ti⁴³挖地　　　　　　dʐo¹³lie¹³犁田
挖　地　　　　　　　　　　犁　田

2. 动词与动词（动词短语）的组合

滇北苗语动词与动词（动词短语）组合在一起可以表示连动、补充、目的、结果、能愿、趋向等语义关系，动词之间不需要连词。例如：

mau¹³khy⁴⁴gi¹³去赶集　　　　mau⁴³tl̠a⁴⁴lai⁴³tau⁴⁴ʂau⁴⁴deo¹³上山砍柴
去　赶集　　　　　　　　　去　到　个　山　砍　柴

tl̠hie⁴⁴tau⁴⁴gu¹³sie⁴³跳得高　　no⁴⁴dʐo²¹gu¹³tɕo⁴⁴tɕo⁴⁴冷得发抖
跳　得　是　高　　　　　　冷　到　是　抖　抖

mau¹³n̠thie⁴⁴gi²¹去找你　　　　n̠a⁴⁴/dʐhu¹³qa⁴⁴tau⁴⁴ni⁴⁴肯嫁给他
去　找　你　　　　　　　　肯　嫁　给　他

ka⁴³ntau³³敢打　　　　　　　n̠tɕi⁵⁵mau¹³dau¹³爬得上去
敢　打　　　　　　　　　　爬　去　能

ɳtʂhi⁴⁴ndla²¹撕烂　　　　　　deo¹³lo¹³出去
撕　烂　　　　　　　　　　出　去

si⁴³lo¹³回来　　　　　　　　ntau³³da²¹打死
回　来　　　　　　　　　　打　死

i⁴³pi³³dlau¹³na¹³nteo⁵⁵靠着看书　ky⁵⁵dau¹³i⁴³pa⁴⁴n̠i¹³gau¹³ki⁴⁴能挑120斤
靠　着　看　书　　　　　　挑　能　一　百　二　十　斤

此外，滇北苗语动词还可以与致使动词go¹³"使"组合，构成致使结构，其语序是go¹³+名词/代词+动词/动词短语。例如：

go¹³ni⁴⁴mau¹³ma⁴⁴a⁵⁵dza¹³ 让他去买药 go¹³tə⁵⁵nə⁴³ɳʈʂhai⁴⁴ 让人害怕
 使 他 去 买 前缀 药   使 人 害怕

go¹³la²¹tau⁴⁴pau⁴³ 让别人知道 go¹³ku⁵⁵tl̥o³³ 逗我笑
 使 别人 得 知道   使 我 笑

3. 动词与副词的组合

滇北苗语的动词与副词组合时，表示程度、范围、否定、时间和频率等大部分修饰性语义关系的副词前置于动词，例如：

hai⁵⁵sie⁴³ 很高 ᶰGa²¹ʈhai³³bauɯ¹³ 爱戴花
 很 高   勤 插 花

tu⁴⁴ma¹³ 都有 i⁴³dzau²¹mau¹³ 一起去
 都 有   一 起 去

gi²¹ɳʈʂi⁴⁴ʂi⁴³mau²¹ 快回来 a⁵⁵lə¹³mau¹³ 慢慢走
 快些 回来   慢 走

hi⁴⁴la²¹ 不喜欢 hi⁴³ʂo⁴⁴ 不休息
 不 喜欢   不 休息

khie⁵⁵ndu²¹ni̥⁴⁴ 经常说 la̬²¹mau¹³ 曾经去过
 经常 说   曾经 去

少部分表示方式的副词与动作组合时，既可以前置于动词，也可以后置于动词。例如：

a⁴⁴li⁴⁴ni⁵⁵a⁴⁴ 这样做 a⁴⁴a⁴⁴li⁴⁴ni⁵⁵ 这样做
 这样 做   做 这样

li³¹vai¹³a⁴⁴ 那样做 a⁴⁴li³¹vai¹³ 那样做
 做 那样   做 那样

li⁴⁴dʐãŋ¹³a⁴⁴ 怎么做 a⁴⁴li⁴⁴dʐãŋ¹³ 怎么做
 怎样 做   做 怎样

动词与否定副词 hi⁴³ 组合时，还可以构成"V+不+V"结构，表示疑问或者无定陈述。例如：

（1）gi²¹ɕau⁴⁴na⁵⁵a⁵⁵tɕi⁵⁵huei⁴⁴zau⁴⁴die¹³ʐo²¹hi⁴³ʐo²¹?
  你 年 这 前缀 身体 很 好 是否 是 不 是
  你今年身体很好，是不是？

（2）die¹³gi²¹ᶰGa²¹hi⁴³ᶰGa²¹hu⁴⁴ŋgau¹³lo³¹? 你喜欢不喜欢唱歌？
  是否 你 喜欢 不 喜欢 唱 歌 呢

（3）ma¹³hi⁴³ma¹³a⁵⁵dza¹³? 买没买药？
  买 不 买 前缀 药

（4）die¹³gi²¹dzə²¹la³³hi⁴³dzə²¹la³³?你信不信教？
　　　是否　你　信教　或者　不　信教　呢
（5）die¹³gi²¹da¹³hi⁴³da¹³?你来不来？
　　　是否　你　来　不　来
（6）ʐo²¹hi⁴³ʐo²¹n̩i⁵⁵dzo¹³qhai⁴³ni⁵⁵dzi¹³dzau⁴³dau̠²¹?
　　　是　不　是　说　到　处　这　就　够　了
　　　是不是就谈到这儿算了？
（7）ku⁵⁵n̩i⁵⁵die¹³ʐo²¹hi⁴³ʐo²¹?我说的对不对？
　　　我　说　是否　是　不　是
（8）lu¹³dʑi¹³n̩i⁴⁴li⁴⁴ni⁵⁵, nau²¹hi⁴³nau²¹dzɑ¹³ni⁴⁴.
　　　话　就　说　这么　听　不　听　由　他
　　　话是这么说，听不听由他。

否定副词 hi⁴³ 构成的"V+不+V"结构中还可以加连词 la³³ "还是"。例如：

（1）die¹³ku⁵⁵dzɑ⁴³da⁴³la³³hi⁴³dzɑ¹³da¹³?我应该来不应该来？
　　　是否　我　应该　来　还是不　应该　来
（2）ni⁴⁴tai⁴⁴mo⁴³qha⁵⁵n̩ie¹³zau⁴⁴die¹³ni⁴⁴mau¹³dau¹³la³³mau¹³hi⁴³dau̠¹³?
　　　他　个　病　刚　好　是否　他　去　能　还是　去　不　能
　　　他的病刚好，能不能去呀？

4. 动词与疑问指示词的组合

动词可以与疑问指示词和方式指示词组合在一起，动词和副词之间构成动宾结构关系或修饰关系。例如：

（1）gi²¹la⁵⁵nau¹³a⁵⁵ʂi⁴⁴?你要吃什么？（动宾关系）
　　　你　要　吃　什么
（2）ni⁴⁴dzau¹³ʐa⁵⁵tla⁴⁴qho⁵⁵dy¹³?他们要到哪里？（动宾关系）
　　　他们　要　到　哪里
（3）gi²¹tʂheo⁴⁴a⁴⁴li⁴⁴dzã¹³?你是怎样想的？（修饰关系）
　　　你　想　怎么样
（4）a⁴⁴li⁴⁴ni⁵⁵a⁴⁴la³³zau⁴⁴. 这样做也好。（修饰关系）
　　　这样　做　也　好

5. 动词与代词的组合

动词与人称代词、反身代词和泛指人称代词组合在一起，构成动宾结构关系。例如：

ȵi⁵⁵qhə⁴³gi²¹告诉你　　　　　　ntau³³ni⁴⁴dzau¹³ʐou¹³打他们自己
告诉　　你　　　　　　　　　打　他们　　自己
kə⁵⁵la²¹管别人　　　　　　　gi¹³ndla²¹pha⁴⁴ʐau⁴⁴欺负别人
管　别人　　　　　　　　　欺负　　　别人
la⁴⁴qha⁴³ʐou¹³批评自己　　　a⁴⁴la²¹ni⁴⁴a⁴³lɯ⁴³ʐou¹³陪伴他们两个
批评　自己　　　　　　　　做　伴　他们　两个　自己

6. 动词与形容词的组合

动词与形容词的组合有两种情况，一种是动词在前，形容词在后，形容词对动词起到补充作用，两者之间构成动补关系。例如：

ntsa⁵⁵hu⁵⁵tɕa¹³洗干净　　　ntsi⁵⁵zau⁴⁴修好
　洗　　干净　　　　　　　修　好
nau¹³tʂau⁴⁴吃饱　　　　　　ȵthie⁴³ȵ̩tɕãŋ⁴⁴赚够
　吃　饱　　　　　　　　　赚　够

动词与形容词的另一种组合是形容词在前，动词在后，形容词对动词起到修饰作用。例如：

zau⁴⁴zau⁴⁴a⁴⁴好好干　　　　zau⁴⁴zau⁴⁴qha⁴³好好教
　好　好　干　　　　　　　好　好　教
zau⁴⁴zau⁴⁴na¹³tɕe⁴⁴好好看着　ȵtʂhi⁴⁴mau¹³快点去
　好　好　看　着　　　　　快　去
a⁵⁵lə¹³mau¹³慢走　　　　　　tɬeo⁴³mau¹³i⁴⁴to³³白走一趟
　慢　走　　　　　　　　　白　走　一　趟
dʐeo¹³ȵi⁵⁵少说　　　　　　　tɕau⁴³a⁴⁴多做
　少　说　　　　　　　　　多　做
ʐau⁴⁴nau¹³i⁴³dla²¹饱吃一顿　　tɕau⁴³nau¹³i⁴³ntʂi⁵⁵ŋa⁴⁴多吃一点
　好　吃　一　顿　　　　　多　吃　一　点　小

7. 动词与状词的组合

动词与状词组合时，动词总是在前，状词总是在后，状词对动词起到补充作用，构成动补结构关系或者修饰结构关系。例如：

ʐãŋ⁴⁴gi¹³pi³¹leo³¹leo³³　　　　və¹³gi¹³pi⁴⁴la¹¹纷纷落下
飞　得　哗啦响音貌　　　　落　得　纷纷降落貌
哗啦哗啦地飘
dau¹³gi¹³pi⁴⁴theo⁵⁵tɬeo⁵⁵　　　mau¹³gi¹³gie¹³dʐau²¹gie¹³tɬha⁴⁴
吓　得　到处逃窜貌　　　　走　得　软貌　　疲惫貌
吓得四处逃窜　　　　　　　无精打采地走

tsha⁴³gi¹³hu³³hu⁵⁵呼呼地吹   ndlu¹³gi¹³ne⁴⁴leo⁴⁴ne⁴⁴leo⁴⁴哗哗地流
吹　得　呼响貌　　　　　　　流　得　哗啦貌　哗啦貌

8. 动词与数量词组的组合

动词与数量词组的组合，往往是动词与动量词的组合，表示动作的行为单位或次数，其组合顺序总是：动词+数词+量词。例如：

ntau³³i⁴³qa³³tshu³³打一拳　　　da¹³i⁴³da¹³踢一脚
打　一　拳　　　　　　　　踢　一　脚

do¹³a⁴³lo⁴⁴咬两口　　　　　　mau¹³tl̥a⁴⁴i⁴³to⁴³回过一趟
咬　二　口　　　　　　　　去　到　一　趟

三　动词的句法功能

滇北苗语的动词在句中主要做谓语，也可以做主语、补语和定语。

（一）谓语

动词做谓语时对某一事物进行描述，表示一种行为动作或事物存在的状态或变化。动词做谓语是动词最普遍的用法。行为动词、心里动词、判断动词、趋向动词和在句中可以直接做谓语。能愿动词和使令动词则通常与动词组合在一起共同构成句子的谓语。例如：

（1）ŋa⁵⁵ʐau⁴⁴mau¹³ʐu²¹dʑie¹³leo¹³deo²¹.
　　　孩子　去　放　牧　去了　了
　　孩子们放牛去了。（行为动词做谓语）

（2）ni⁴⁴ɳʂhai⁴⁴ta⁴⁴die²¹. 她非常害怕。（心里动词做谓语）
　　她　害怕　非常

（3）ni⁴⁴dzau¹³qa⁴³nteo⁴⁴gu¹³ʐyn³¹nan³¹tə⁵⁵nə⁴⁴.
　　　他们　　老师　是　云南　人
　　他们的老师是云南人。（判断动词做谓语）

（4）lai⁴³l̥i⁴⁴deo¹³da¹³daɯ¹³. 月亮就出来了。（趋向动词做谓语）
　　　个　月亮　出　来　了

（5）ni⁴⁴ky⁵⁵daɯ¹³i⁴³pa⁴⁴n̥i¹³ŋau¹³ki⁴⁴.
　　她　挑　能　一　百　二　十　斤
　　她挑得一百二十斤。（能愿动词作谓语）

（6）ku⁵⁵go¹³ni⁴⁴su⁴³mau¹³. 我让他先去。（使令动词做谓语）
　　我　让　他　先　去

（二）主语

动词做主语时，表示句子陈述的对象。例如：

（1）zau¹³zau⁴⁴, ṣeo⁵⁵hi⁴³zau⁴⁴. 坐着好，站着不好。
　　　坐　好　　站　不　好
（2）n̠ie⁵⁵hi⁴³zau⁴⁴na¹³, tlo³³ẓau⁴⁴na¹³. 哭不好看，笑好看。
　　　哭　不　好　看　　笑　好　看

（三）补语

动词做补语时往往跟在行为动词后面，对行为动词起到补充、说明的作用。做补语的动词和行为动词之间加助词gu¹³"得"，也可以不加。例如：

（1）gi²¹nau¹³va¹³tṣau⁴⁴dau¹³la¹³?你吃饱饭了吗？
　　　你　吃　饭　饱　了　吗
（2）ni⁴⁴ntau³³a⁴⁴du²¹tṣo⁵⁵da²¹sãŋ⁴⁴. 他打死了两只老虎。
　　　他　打　二　只　虎　死　了
（3）ku⁵⁵qha⁴³n̠ie²¹nau¹³vai¹³dau¹³. 我刚吃完饭。（补语）
　　　我　　刚　　吃　饭　完
（4）n̠u⁴⁴ma⁴³lie⁴³zie¹³gu¹³deo¹³kãŋ⁴⁴sãŋ⁴⁴. 太阳晒得田都裂了。
　　　日　把　田　晒　得　裂　缝　了

（四）定语

动词在句中做定语时往往用在关系标记词gu¹³"是"的后面，修饰、限定代词或名词。例如：

（1）tai⁴³gu¹³ẓãŋ⁴⁴vai¹³gu¹³li⁵⁵a⁴³. 飞的那只是乌鸦。
　　　只　是　飞　那　是　乌鸦
（2）nau¹³gu¹³ẓãŋ⁴⁴hi⁴³li⁴³gau¹³po⁵⁵. 飞的鸟不容易打。
　　　飞　是　飞　不　容易　打
（3）va¹³gu¹³tɕou⁴³qãŋ⁴³la⁵⁵tu⁵⁵va¹³gu¹³han⁴⁴. 蒸的饭比煮的饭好吃。
　　　饭　是　蒸　好吃　过于　饭　是　煮

四　动词重叠的语义语法功能

滇北苗语构成重叠的动词基本是自主动词。重叠的形式有ABAB式、V+i⁴³+V式、AABB式和ABAC式四种。重叠后的语义语法范畴主要是体和貌。

（一）ABAB式重叠及其语义特征

ABAB重叠式的动词A和B都有实在意义，其语义语法特征是表达尝试貌。例如：

（1）go¹³pi⁴³hi⁴⁴tə⁴⁴hi⁴⁴tə⁴⁴. 让我们讨论讨论吧。
　　　使　我们　讨论　讨论

（2）ndlai¹³na¹³ndlai¹³na¹³，ʑi¹³！tai⁴³tʂho⁵⁵leo¹³daɯ¹³.
　　　偷　看　偷　看　咦　只　虎　去了　了
　　　偷看了几眼，咦！老虎走了。

（二）V+i⁴³+V 式重叠及其语义特征

滇北苗语的自主动词基本都可以构成"V+i⁴³+V"的重叠形式，表示的语义特征属于"量"的概念和范畴，即时量短、动量小。例如：

（1）gi²¹ndy¹³i⁴³ndy¹³. 你想想看。
　　　你　想　一　想

（2）pi⁴⁴dzau¹³deo¹³mau¹³n̩dʑi¹³i⁴³n̩dʑi¹³ma²¹. 我们出去走走吧。
　　　我们　出　去　转　一　转　吧

（三）AABB 式重叠及其语义特征

滇北苗语的 AABB 重叠式比较普遍，A 和 B 都有实在意义。语义特征是表示反复进行的动作行为，在时量上表示短时、延续、反复，在动量上表示量小、轻微、惯常，在情态上表示轻松、随意、舒缓、悠闲。例如：

（1）tə⁵⁵nə⁴³mau¹³mau¹³lo¹³lo¹³si⁴⁴khy⁴⁴gi¹³i⁴³ʐãŋ⁴³.
　　　人　去　去　来　来　似　赶　集　一　样
　　　人们来来往往的像赶集一样。

（2）tsi⁵⁵a⁵⁵lau¹³tə⁵⁵nə⁴³vai¹³mau¹³mau¹³seo⁵⁵seo⁵⁵.
　　　个(前缀)老　人　那　去　去　站　站
　　　那个老人走走停停。

（四）ABAC 式及其语义特征

滇北苗语的 ABAC 重叠式中，A 表示主体动作，B 和 C 通常为趋向动词 mau¹³"来"和 lu¹³、lo²¹"去"，从而构成对称的"V 来 V 去"表层结构。ABAC 式表达的语义特征是动作行为在进行和完成中，形成一个循环的过程，即"一个来回"。这种循环过程展示了动作行为的时量、动量和情态。在时量上表示短时、反复，在动量上表示量小、轻微，在情态范畴方面表示尝试、不经意。松散。例如：

（1）i⁴³mbo¹³nau²¹n̩⁴³lai⁴³ndu¹³ʐãŋ⁴⁴mau¹³ʐãŋ⁴⁴lo²¹.
　　　一　群　鸟　在　个　天　飞　来　飞　去
　　　一群鸟在天上飞来飞去。

（2）ni⁴⁴dzau¹³deo¹³mau¹³deo¹³lu¹³a⁴⁴a⁵⁵s̩i⁴⁴na⁵⁵?
　　　他们　出　去　出　来　做　什　么　啊
　　　他们出出进进的做什么呀？

ABAC式重叠还表现为两个动宾词组通过并列式组合在一起，在时量上表示迅速有力，在动量上表示量大和强调。例如：

（1）pə⁴³tshie⁴³ɕau⁴⁴vai¹³tha⁴⁴, ni⁴⁴tsho³³ŋga¹³tsho³³lau⁴³.
　　　五　千　年　　前面　　　他们　盖　房　盖　城
　　　五千年以前，他们盖房建城。

（2）pi⁴³a⁵⁵m̥au⁴³za⁵⁵hi⁴⁴mbāŋ²¹hi⁴⁴qeo³³. 我们阿卯要互帮互助。
　　　我们　阿卯　　要　互相　帮助 互相　帮忙

五　动词的体范畴

滇北苗语的体范畴包括核心体和非核心体，核心体有完成体、完结体、结果体、经历体、先行体，非核心体有将行体、起始体、进行体、持续体、继续体、惯常体。各种体有不同的体助词，体范畴通过相关的体助词来实现。

（一）完成体

完成体表示动作行为或变化历程已经完成。滇北苗语的完成体在动词或形容词后面加动态助词 daɯ¹³ "了" 表达，由于 daɯ¹³ 的位置往往在句末，所以和语气助词容易混淆。两者区分的标准是，后置于动词或形容词的助词是体助词，置于句末的助词是语气助词，当助词既后置于动词或形容词又位于句末时，兼具有体助词和语气助词的功能。例如：

（1）die¹³gi²¹ntsa⁵⁵tl̥hu⁴⁴sāŋ⁴⁴daɯ¹³? 你洗过脸没有？（语助）
　　　是否　你　　洗　　脸　了　吗

（2）pi⁴³mau¹³ki⁵⁵mau¹³tl̥a⁴⁴daɯ¹³. 我们走路走累了。（体助+语助）
　　　我们　去　　路　去　累　了

（3）tl̥au⁴⁴au⁴³ntsau⁵⁵sāŋ⁴⁴lai⁴³n̥u⁴³. 云遮住了太阳。（体助）
　　　堆　水　遮　了　个　太阳

（4）lai⁴³n̥u⁴³dau²¹tl̥au⁴⁴au⁴³ntsau⁵⁵sāŋ⁴⁴.
　　　个　太阳　被　堆　水　遮　了
　　　太阳被云遮住了。（体助+语助）

（二）完结体

完结体表示动作行为或变化历程已经结束。滇北苗语的完结体由词源不明的 sāŋ⁴⁴ "了" 后置于动词表达。例如：

（1）ni⁴⁴zi¹³dai²¹sāŋ⁴⁴i⁴³du²¹lau⁵⁵lau¹³mpa⁴⁴dlo²¹.
　　　他　家　卖　了　一　头　大　大　猪　肥
　　　他家卖了一头大肥猪。

（2）die¹³gi²¹pau⁴³ʑou⁴⁴ʐa¹³sã̱ŋ⁴⁴daɯ¹³la¹³? 你知道自己错了吗?
　　　是否　你　知道　自己　错　了　了　吗
（3）die¹³gi²¹nau¹³va¹³sã̱ŋ⁴⁴daɯ¹³lu⁴³? 你吃饭了没有?
　　　是否　你　吃　饭　了　了　吗

（三）结果体

结果体是说明动作行为或变化历程到现在已经实现并有了结果的范畴。结果体和完结体都表示动作行为或变化历程已经完成，两者的区别是完结体仅表示动作行为或变化历程已经实现，但是没有结果；结果体除了表示动作行为或变化历程已经实现以外，还有结果。滇北苗语的结果体一般用动态助词 tau⁴⁴ "得"附着在动词后面表达。例如：

（1）ni²¹sa⁴⁴tau⁴⁴ i⁴³dzo¹³la⁴⁴gu¹³hai⁵⁵nti⁵⁵. 他搓了一根长长的绳子。
　　　他　搓　得　一　条　绳子　是　很　长
（2）ni⁴⁴ma¹³tau⁴⁴ i⁴³lu⁴³tʂho⁴⁴baɯ¹³a⁵⁵tʂhie⁴³.
　　　他　买　得　一　件　衣服　花(前缀)　新
　　她买了一件新的花衣服。
（3）ku⁵⁵ɕau⁵⁵na⁴⁴ʂau⁴⁴tau⁴⁴a⁴³dy⁴⁴dʑi¹³. 我今年收了两斗荞麦。
　　　我　年　这　收　得　二　斗　荞

（四）经历体

滇北苗语的经历体由词源不明的 l̥a²¹ "曾经"前置于动词表达。例如：

（1）a⁴³ɕau⁴⁴tou³³ndi¹³ku⁵⁵l̥a²¹ bo¹³ni⁴⁴i⁴³kau⁴³.
　　　二　年　前　我　曾经　见　他　一　次
　　我两年前见过他一次。
（2）ʂi³¹la³¹tha⁴⁴die¹³gi²¹l̥a²¹mau¹³daɯ¹³? 石腊它你去过没有?
　　　石　腊　它　是否　你　曾经　去　了
（3）ku⁵⁵l̥a²¹nau¹³ᴺɢai¹³pi⁴³nau⁴³. 我吃过蛇肉。
　　　我　曾经　吃　肉　蛇

（五）先行体

滇北苗语的先行体由词源不明的 hai⁵⁵ "先"置于两个谓语动词之间来表达。例如：

（1）gi²¹hə⁴⁴ndi¹³mau¹³hai⁵⁵pi⁴³da²¹a⁵⁵qə⁴³. 你先走，他们后面跟着来。
　　　你　前面　去　先　我们　来　(前缀)后面
（2）ku⁵⁵tʂheo³³nau¹³m̥o⁴⁴sã̱ŋ⁴⁴na¹³so⁴³a⁴⁴ntsau⁴³sã̱ŋ⁴⁴hai⁵⁵a⁵⁵lɯ¹³
　　　我　想　吃　晚饭　了　看　电影　了　先　才
　　si⁴³mau¹³.
　　回　去
　　我想吃了晚饭，看了电影再回去。

（3）su⁴³tshau⁴³ɴqai¹³tɕe⁴⁴, go¹³ni⁴⁴qha⁵⁵hai⁵⁵a⁵⁵lɯ¹³ki⁴⁴zau⁴³.
　　　先　切　肉　　着　让　它　干　先　再　炒　菜
　　先把肉切了，待一会儿炒菜。

（六）将行体

将行体表示动作行为或变化历程将要开始。滇北苗语的将行体在动词前加助动词ʑa⁴⁴"要"或者la⁵⁵"要"表达，两者在语义和用法方面基本没有区别，可以互相替换。例如：

（1）ndu¹³ʑa⁴⁴ / ʑa⁴⁴tsau³³daɯ¹³. 天要黑了。
　　　天　　要　　　　暗　　了

（2）ku⁵⁵la⁵⁵ / ʑa⁴⁴mau¹³tl̥au⁴⁴lu⁵⁵gi¹³ma¹³i⁴³du¹³l̥au⁴⁴.
　　　我　　　要　去　到　个　集市　买　一　把　锄头
　　我要上街买一把锄头。

（3）die¹³gi²¹la⁵⁵ / ʑa⁴⁴da¹³na¹³ku⁵⁵?你要不要来看我？
　　　是否　你　　　要　　来　看　我

（七）起始体

起始体表示动作行为或变化历程开始。滇北苗语的起始体在动词前后加动态助词ʂeo⁵⁵"开始"、ʂeo⁵⁵by¹³"开始"表达，ʂeo⁵⁵的本义是"起来"，表示动作忽然开始，没有预备的过程，ʂeo⁵⁵by¹³本义是"开始"表示动作开始之前有一个预备的过程。例如：

（1）ni⁴⁴a⁴⁴dʑãŋ¹³ʂeo⁵⁵a⁴⁴vau²¹la¹³daɯ¹³? 他怎么做起生意来了？
　　　他　　怎么　　开始　做　　买　　卖　了

（2）a⁵⁵ndlau¹³ntau⁴⁴ʂeo⁵⁵by¹³və²¹. 开始落树叶了。
　　　前缀叶子　　树　　开始　　落

（八）进行体

进行体表示正在进行的动作行为或变化范畴。滇北苗语的进行体在句末或者句中加助词tsi⁴⁴la⁵⁵"正在"表达。例如：

（1）pi⁴³hi⁴⁴tə⁴⁴tu⁵⁵nu¹³ni⁵⁵tsi⁴⁴la⁵⁵. 我们正在商量这个问题。
　　　我们　商量　　　问题　这　正在

（2）ni⁴⁴hi⁴⁴nto⁴⁴mpa⁴⁴zau⁴³tsi⁴⁴la⁵⁵. 他正在剁着猪食。
　　　他　剁　　猪菜　　　正在

（3）ku⁵⁵mau¹³dʑau¹³ŋa¹³thou⁴⁴i⁵⁵, ni⁴⁴nau¹³va¹³tsi⁴⁴la⁵⁵.
　　　我　去　到　家　时候　　他　吃　饭　正在
　　我到家的时候，他正在吃饭。

（九）持续体

持续体表示动作行为、变化历程的动态或静态持续的范畴。滇北苗语的持续体用动态助词 tɕe⁴⁴ "着"附在动词之后表达。例如：

（1）a⁵⁵dlau¹³ʂeo⁵⁵tɕe⁴⁴tsi⁴³lu⁴³tə⁵⁵nə⁴³. 门口站着三个人。
　　　前缀　门　　站　着　三　个　人

（2）ni⁴⁴ʂeo⁴⁴tɕe⁴⁴hau³³tɕeo⁵⁵. 他站着喝酒。
　　　他　站　着　喝　酒

（3）tu⁵⁵gu¹³py⁴⁴tɕe⁴⁴vai¹³gu¹³li⁵³by¹³. 躺着的那头是公的。
　　　头　是　睡　着　那　是　雄

（4）dlie¹³tɕhãŋ³¹tl̥ho⁴⁴tɕe⁴³i⁴³lu⁴³kau⁵⁵. 墙上挂着一把伞。
　　　面　墙　　挂　着　一　个　伞

（十）继续体

继续体表示动作行为、变化历程继续延续的范畴。滇北苗语的继续体在动词后面加动态助词 ɴɢə¹³mau¹³ "下去"构成，例如：

（1）tə⁵⁵nə⁴³gu¹³la⁵⁵na¹³dʑi¹³na⁵³ɴɢə¹³mau¹³. 要看的人看下去。
　　　人　是　要　看　就　看　下　去

（2）go¹³ni⁴⁴n̩i⁵⁵ɴɢə¹³mau¹³, hi⁴³ʑa⁵⁵ha³³n̩i⁵⁵. 不要插嘴。
　　　让　他　说　下　去　不　要　抢　说

（3）gi²¹tʂa⁵⁵a⁴⁴li⁴⁴ni⁵⁵a⁴⁴ɴɢə¹³nau¹³, pi²¹gi²¹ku⁵⁵la⁵⁵mau¹³dauɯ¹³.
　　　你　如果　这样　做　下去　明天　我　要　去　了
你要这样干下去，我明天就走。

（十一）惯常体

惯常体表示习惯性的表示动作行为或变化历程。滇北苗语的惯常体由词源不明的 a⁴³ "一贯"前置于动词表达。例如：

（1）ni⁴⁴a⁴³ ŋau³³gi¹³hi⁴³tu⁴⁴, a³¹m̥o⁴⁴ŋau³³i⁴³m̥o⁴⁴.
　　　他　一贯　咳　得　不　断　昨夜　咳　一　夜
他老是咳嗽，昨天咳了一个晚上。

（2）ni⁴⁴dzau¹³a⁴³ hi³³ndə¹³. 他们老是吵架。
　　　他们　一贯　吵架

（3）pi⁴³ a⁴³ nau¹³va¹³tə⁵⁵a³³dʑa¹³m̥o⁴⁴na⁴⁴go¹³pi⁴³nau¹³mian²⁴thiau³¹?
　　　我们　一贯　吃　饭　的　　怎么　今天　让　我们　吃　面　条
我们向来都吃饭，怎么今天让我们吃面条了？

第七节　形容词

形容词是形容事物性状、形态和颜色，描绘人的味觉、嗅觉、触觉和心理感受的词。

一 形容词的类别

按词义范畴，滇北苗语的形容词大致可以分为以下几类：

（一）描绘事物性状

这类形容词通常表示人或物的大小、长短、胖瘦等性质属性。例如：

l̥o⁴³大　　nti⁵⁵长　　ta⁴³厚　　ŋgə¹³直　　die¹³平　　dlo²¹胖

ʂau⁴³小　　lou⁵⁵短　　ȵie¹³薄　　li⁴⁴ŋkhau³³弯　　ntshaŋ⁴³陡　　ʐa²¹瘦

（二）描绘事物性质

这类形容词通常表示人、物的新旧、好坏、软硬等属性。例如：

zau⁴⁴好　　tʂhie⁴³新　　tau⁴⁴ma⁴⁴软　　Nqha⁵⁵干　　ta⁵⁵难　　dzie¹³冷

ndla²¹坏　　qou⁴³旧　　za¹³硬　　nau⁴⁴湿　　li³¹gau¹³容易　　ʂo⁵⁵热

（三）表示时间空间

这类形容词通常表示距离的远近、空间的大小等属性。例如：

l̥ai²¹迟　　tl̥i⁴³远　　faɯ⁵⁵宽　　sie⁴³高　　fə⁴³疏　　hi⁴⁴nai⁴⁴拥挤

ntso⁵⁵早　　və⁴⁴近　　NGai¹³窄　　Nə¹³低、矮　　ta⁴³密　　faɯ⁵⁵宽敞

（四）形容速度、数量、重量

这类形容词通常表示快慢、多少、轻重等属性。例如：

la⁵⁵快　　tɕau⁴³多　　ʂi⁴³轻　　bai¹³慢　　dzeo²¹少　　ȵaŋ⁵⁵重

（五）形容人、物性质状态

这类形容词通常表示人、物的性格或特征属性。例如：

pau⁴³ɕaŋ⁴³聪明　l̥au⁴³NGa¹³勤快　Nqə⁴⁴ta⁵⁵贵　tau⁴⁴ma⁴⁴嫩　dlu¹³dzie²¹凶恶

qa³¹da²¹愚蠢　　ŋgə³³懒惰　　Nqa⁴⁴ʂi⁴³便宜 lau¹³老　　tau⁴⁴ma⁴⁴善良

（六）描绘人的各种感觉

这类词通常表示包括描绘视觉、味觉、嗅觉和身体感受等。例如：

1. 描绘视觉颜色的词：vaɯ¹³黄、lie⁴³红、tl̥au⁴³黑、ntsa⁴³绿、tl̥eo⁴⁴白，等。
2. 描绘味觉的词：hi⁴³qau⁴³酸、qāŋ⁴³mu⁵⁵甜、ie⁴³苦、mbə¹³辣，等。
3. 描绘嗅觉的词：tʂu⁴⁴hāŋ⁴⁴香、tsu⁴⁴ta⁵⁵臭、ntshie⁴³腥，等。
4. 描绘身体感受的词：mo⁴³疼、khau³³khau³³痒、tʂhai⁴³饿、tʂau⁴⁴饱、Nqə³³渴、ʈha⁴⁴累，等。

二 形容词的组合关系

形容词可以和形容词、副词、指示代词、动词、数量词组、主谓词组、介词词组等组合在一起，构成修饰、补充和并列关系。修饰词可以在形容词的前面，也可以在后面。

（一）形容词与修饰成分

形容词与表示程度范围的指示词、形容词和副词、数量词组等修饰形容词时，对形容词所表示的性状进行描绘或限制，构成修饰关系。例如：

（1）gi²¹da¹³tla⁴⁴vai¹³ni⁵⁵li¹³li⁴⁴dʑãŋ¹³dauɯ¹³?到这里来有多久了？
　　　你　来　到　处　这　久　　怎么　了

（2）ni⁴⁴zau⁴⁴i⁴³ŋtsi³³ŋa³³dauɯ¹³. 他好一些了。
　　　他　好　一　点　小　了

（3）ku⁵⁵nau¹³hi⁴³ai⁴³tʂu⁴⁴. 我吃得不太饱。
　　　我　吃　不　很　饱

（4）ni⁴⁴ŋga¹³ʑi¹³vai¹³ni⁵⁵tli⁴³li³³tlau⁴³. 他家距离这里有四里远。
　　　他　房子家　处　那　远　里　四

（二）形容词与后补成分

滇北苗语的形容词后面可以带补充成分，对形容词所表示状态的程度进行强调和肯定。补充成分大部分由形容词、主谓词组和介词词组充当，位置都在形容词的后面。例如：

（1）ndu¹³ʂo⁴⁴lu⁵⁵ɳu⁴³ʂo⁵⁵gi¹³ky⁴³. 夏天的太阳热辣辣的。
　　　天　热　个　日　暖　得　烫

（2）lou⁵⁵dzi²¹za¹³ni⁴⁴hi⁴⁴qau⁴³gi¹³ndly³¹au⁴　ndzau⁴³.
　　　个　梨　这　酸　　得　流　　水　嘴
这个梨酸酸的。

（3）hi⁴⁴ʐa⁵⁵na¹³ni⁴⁴ʂau⁴³la⁵⁵tu⁵⁵la²¹vie⁴⁴a⁴⁴zau⁴⁴la⁵⁵tu⁵⁵la²¹.
　　　不　要　看　他　小　过于　别人　但　做　好　过于　别人
别看他比别人小，可是做得比别人好。

（4）die¹³ni⁴⁴ndzau¹³da¹³ndzau¹³dauɯ¹³?他们到齐了没有？
　　　是否　　他们　来　齐　了

（三）并列形容词

滇北苗语的两个形容词与连词ʐou¹³……ʐou¹³"又……又……"连用时，分别从不同的方面对同一事物进行描绘，形成并列关系。例如：

（1）ni⁴⁴a⁴⁴nu¹³ʐou¹³fai⁴⁴ʐou¹³zau⁴⁴. 她做事情又快又好。
　　　他　做事　又　快　又　好

（2）gi²¹a⁵⁵də¹³ʂau⁴⁴deo¹³ʐou¹³fa⁵⁵ʐou¹³nti⁵⁵. 你的柴刀又宽又长。
　　　你 前缀 刀 拾 柴 又 亮 又 长
（3）ni⁴⁴ŋãŋ⁵⁵gu¹³ʐou¹³zau⁴⁴ʐou¹³hi⁴⁴də¹³. 她穿得又漂亮又整齐。
　　　她 穿 是 又 好 又 整齐
（4）die⁴³ʈau⁴⁴ni⁵⁵ʐou²¹sie⁴⁴ʐou¹³lu⁴³. 这些山又高又大。
　　　些 山 这 又 高 又 大
（5）i⁴³lai⁴³ŋa⁵⁵ʐau⁴⁴ni⁵⁵ʐou¹³tleo⁴³ʐou¹³mau⁴⁴.
　　　一 个 孩子 这 又 白 又 胖
　　这个孩子白白胖胖的真可爱。

三 句法功能

形容词的主要功能是修饰或限定名词，有时候也补充动词。在句中可以充当谓语、补语和定语。

（一）形容词充当谓语

形容词充当谓语一般是在陈述句中对一种事物的性状进行描述，或在比较句中对两种同类事物的同一性状进行比较。例如：

（1）pi³¹dʐeo²¹ɲu⁴³ni⁵⁵ʂo⁵⁵ta⁴³die²¹. 这几天热得很。
　　　　几 日 这 热 真
（2）ni⁴⁴lu⁴³tl̩hu⁴⁴vai¹³gi³¹ʂi³³vo¹³. 他的脸色黄黄的。
　　　　他 个 脸 黄 得 黄色貌
（3）i⁴³dʐo¹³ki⁵⁵ni⁵⁵li⁴³ŋkhi⁴³li⁴³ŋkhau⁴⁴. 这条路弯弯曲曲的。
　　　　一 条 路 这 弯弯曲曲
（4）dzo¹³ki⁵⁵vai¹³faɯ⁵⁵gi¹³tau⁵⁵tɕha⁴⁴. 那条路宽宽敞敞的。
　　　　条 路 那 宽 得 宽敞貌

（二）形容词充当补语

滇北苗语的形容词一般后置于动词，补充行为动作的状态或程度，在句中做补语。例如：

（1）tsai⁴³vai¹³l̩o⁴³lai⁴³ŋga¹³ntsi⁵⁵ʐau⁴⁴daɯ¹³.
　　　　位 父 大 个 房 补 好 了
　　伯父的房子已经修好了。
（2）gi²¹nau¹³va¹³tʂau⁴⁴daɯ¹³la¹³? 你吃饱饭了吗？
　　　　你 吃 饭 饱 了 吗
（3）ni⁴⁴ntau³³a⁴⁴du²¹tʂo⁵⁵da²¹sãŋ⁴⁴. 他打死了两只老虎。
　　　　他 打 二 只 虎 死 了

（4）tou⁵⁵pi³³dauɯ¹³ni⁵⁵tsi⁴³ŋuɯ⁴³tsi⁴³la³³ɲi⁵⁵hi⁴⁴dauɯ¹³.
　　　个　　故事　这　三　日　三　夜　讲　不　完
　　这个故事三天三夜也讲不完。

（三）形容词充当定语

滇北苗语的形容词修饰名词，表示事物的性状或状态，在句中充当定语。例如：

（1）ni⁴⁴ndzau⁴³ŋa¹³quɯ⁴³ ɲo⁴³la⁵⁵qauɯ⁴³a⁴³zau¹³.
　　　他们　　房　旧　在　　底　　坡
　　他们的旧房子在坡底下。（定语）

（2）gi²¹guɯ¹³i⁴³lɯ⁴³zau⁴⁴tə⁴⁴nə⁴³ni⁴⁴guɯ¹³i⁴³lɯ⁴³tʂi⁵⁵tə⁵⁵nə⁴³.
　　　你　是　一　个　好　人　他　是　一　个　丑　人
　　你是一个好人，他是一个坏人。

（3）ni⁴⁴ma¹³tau⁴⁴i⁴³lu⁴³tʂho⁴⁴bauɯ⁵⁵a⁵⁵tʂhie⁴³.
　　　他　买　得　一　件　衣服　花　前缀　新
　　她买了一件新的花衣服。

（4）nto⁵⁵i⁴³fau⁴³lau⁵⁵lau⁴³ntau⁴⁴lo¹³a⁴⁴dʐi¹³. 砍一棵大树回来做柱子。
　　　砍　一　棵　大大　树　　来　做　柱

（四）形容词充当宾语

滇北苗语的形容词充当宾语时所表示具有这一性状特征的事物，例如：

（1）gi²¹la⁵⁵ʑa⁵⁵lo⁴³la³³ʑa⁵⁵sau⁴³? 你要大的还是要小的？
　　　你　要　要　大　也　要　小

（2）ni⁴⁴ma¹³ɴqou⁴³, a⁵⁵tʂhie⁴³thai⁴³ɴqə³³ta⁵⁵.
　　　她　买　旧　前缀　新　太　价格　硬
　　她买旧的，新的太贵了。

（五）形容词充当表语

滇北苗语的形容词在判断动词guɯ¹³"是"后面描绘主语的性状或特征，在句中做表语。例如：

（1）vai¹³tha⁴⁴fau⁴⁴ntau⁴⁴vai¹³guɯ¹³hai⁵⁵sie⁴³.
　　　　前面　　棵　树　那　是　很　高
　　房子前面有一棵高高的树。

（2）ntau⁴³a⁵⁵ʂa⁴³tsi²¹za¹³guɯ¹³hai⁵⁵lie⁴³. 高树上有个红红的梨。
　　　树　前缀 上面 前缀 梨　是　很　红

（3）lɯ⁵⁵ŋau¹³ntʂhai³³vai¹³guɯ¹³ai⁴³zau⁴⁴. 那个姑娘很漂亮。
　　　个　　姑娘　　那　是　很　好

（4）di¹³so⁵⁵lu¹³vai¹³gu¹³tleo⁴³. 那些棉花是白色的。
　　　些　棉花　那　是　白色

四　形容词重叠式的语义语法功能

滇北苗语的形容词重叠式包括 AA 式 ABAC 式、AABB 式和 ABAB 式四种类型。

（一）AA 式重叠及其语义语法功能

AA 式重叠形容词的数量有限，属于构词重叠，其语义语法功能是表示程度加深。例如：

（1）ni⁴⁴a⁵⁵n̠ie⁴³ŋdo²¹ni⁴⁴ŋi⁵⁵ʑa⁵⁵ni⁴⁴zau⁴⁴zau⁴⁴a⁴⁴nu¹³.
　　　他　前缀　母亲　跟　他　说　要他　好　好　做活
　　　他母亲对他说，要他好好干活。

（2）ni⁴⁴pau⁴³dʐo²¹a⁵⁵m̠au⁴³nteo⁵⁵zu¹³zu¹³. 他认识很多字。
　　　他　知道　阿卯　书　多　多

（3）lo¹³sau⁴⁴i⁴³zo²¹lau⁵⁵lau⁵⁵nau²¹. 下了一场大雨。
　　　下　了　一　场　大　大　雨

（二）ABAC 重叠及其语义语法功能

ABAC 式重叠是滇北苗语形容词中最主要的重叠形式，重叠后表示所修饰的对象是不规则、复杂多变的，在数量上表示复数，与基式表达的"规则、单一、少数"形成对比。例如：

（1）ni⁴⁴ʂeo⁵⁵li⁴³vɯ⁴³. 他站歪了。
　　　他　站　歪斜貌

（2）ndzau²¹tə⁵⁵nə⁴³vai¹³ʂeo⁵⁵li⁴³vu⁴³li⁴³vɯ⁴³.
　　　群　人　那　站　歪歪斜斜貌
　　　那群人站得歪歪斜斜的。

（三）AABB 式重叠及其语义

AABB 式的 A 和 B 都是实语素，有的单独表示语义，有的需要联合在一起才能表达语义。AABB 式重叠形容词表示程度加深。例如：

（1）dzo¹³ki⁵⁵ni⁵⁵gu¹³sie⁴³sie⁴³Gə²¹Gə²¹. 这条路高高低低的。
　　　条　路　这　是　高　高　低　低

（2）qa⁴³tɕou⁴³hu⁵⁵hu⁵⁵dʐa¹³dʐa¹³. 堂屋干干净净的。
　　　堂屋　　　干干净净

（四）ABAB 式重叠及其语义语法功能

ABAB 重叠式的 A 和 B 联合在一起表示一个实在意义，重叠后表示语气加强，往往表示不舍或催促等感情色彩。例如：

（1）gi²¹a⁵⁵lə¹³a⁵⁵lə¹³mau¹³. 你慢点走。
　　　你　慢　　慢　　走
（2）gi¹³ɳtʂhi⁴⁴gi¹³ɳtʂhi⁴⁴nau¹³！你吃快点！
　　　你　赶快　　赶快　　吃

五 形容词的级范畴

滇北苗语的形容词没有级范畴，但有级范畴的概念及其表达形式，表达级范畴概念的语法手段是在形容词前附加程度副词或能愿副词，不同的程度副词表达不同的级概念与级范畴。比较级概念附加程度副词 hai⁵⁵ "很"，最高级概念附加能愿副词ʐa⁵⁵ "要"。如：

原级概念	比较级概念	最高级概念
zau⁴⁴ 好	hai⁵⁵zau⁴⁴ 较好	ʐa⁵⁵zau⁵⁵ 最好
tɕau⁴³ 多	hai⁵⁵tɕau⁴³ 较多	ʐa⁵⁵tɕau⁴³ 最多
sie⁴³ 高	hai⁵⁵sie⁴³ 较高	ʐa⁵⁵sie⁴³ 最高
ɢə²¹ 矮	hai⁵⁵ɢə²¹ 较矮	ʐa⁵⁵ɢə²¹ 最矮
nti⁵⁵ 长	hai⁵⁵nti⁵⁵ 较长	ʐa⁵⁵nti⁵⁵ 最长
dlo²¹ 胖	hai⁵⁵dlo²¹ 较胖	ʐa⁵⁵dlo²¹ 最胖

另外，滇北苗语的形容词还有"更高"级的范畴概念，其语法手段实在形容词前附加程度副词ɣo²¹ŋo²¹ "更"和程度副词与能愿副词组合构成的ɣo²¹ŋo²¹ʐa⁵⁵ "还更"。例如：

原级概念	更高级概念	更高级概念
ɢə²¹ 矮	ɣo²¹ŋo²¹ɢə²¹ 较矮	ɣo²¹ŋo²¹ʐa⁵⁵ɢə²¹ 最矮
dlo²¹ 胖	ɣo²¹ŋo²¹dlo²¹ 较胖	ɣo²¹ŋo²¹ʐa⁵⁵dlo²¹ 最胖

形容词的级范畴概念在句法结构中，原级概念通常在没有比较对象的情况下使用，表示人或事物的性质，比较级概念通常用在两者之间的比较，最高级概念的比较对象则为三者或者三者以上。比较对象之间一般用比较标记 la⁵⁵tu⁵⁵ "于"引出。例如：

（1）lai⁴³ʈau⁴³ni⁵⁵sie⁴³, lai⁴³ʈau⁴³vai¹³hai⁵⁵sie⁴³, lai⁴³ʈau⁴³ʑi⁵⁵ʐa⁵⁵sie⁴³.
　　　个　山　这　高　个　山　那　很　高　个　山　那　最　高
　　这座山高，那座山更高，更远的那座最高。
（2）tsa⁵⁵mau¹³lo⁴³la⁵⁵tu⁵⁵tsai⁵⁵ky⁵⁵a⁴³ɕau³³. 哥哥比弟弟大两岁。
　　　个　兄　大　过　于　个　弟　二　岁
（3）gi¹³sie⁴³la⁵⁵tu⁵⁵ku⁵⁵tsi⁴³tshuei²⁴. 你比我高三寸。
　　　你　高　于　　我　三　寸

(4) i⁴³fau⁴³ntau⁴⁴ni⁵⁵nti⁵⁵la⁵⁵tu⁵⁵i⁴³fau⁴³vai¹³tsi⁴³tʂhi³¹.
　　一　棵树　这　长　过于　一　棵　那　三　尺
这棵树长过那棵三尺。

第八节　状　词

状词是表示动作行为的情貌、速度、声音、状态或事物性质的状态、颜色、气味或感觉的词。

一　状词的类别

滇北苗语的状词根据所修饰词的词类，可以分为以下四类。

（一）修饰形容词

状词修饰形容词时，直接放在形容词后面。例如：

ntsa⁴⁴mi⁵⁵sie⁴³绿油油　　tl̥eo⁴³ntshie³³lie³³白生生　　lie⁴³ki³³dza¹³红通通
绿　绿色貌　　　　　　白　白色貌　　　　　　红　红色貌

sie⁴³ŋkhau⁵⁵高高的　　dlo²¹mə³³胖乎乎　　　　ntu⁴³ntl̥a³³湿漉漉
高　高大貌　　　　　　胖　胖貌　　　　　　　湿　湿貌

（二）修饰不及物动词

状词修饰不及物动词时，直接放在不及物动词后面。例如：

zau¹³ta⁵⁵坐端正　　　　py⁵⁵dlau¹³斜睡　　　　ntla⁴⁴lai⁴³满得溢出来
坐　端正貌　　　　　　睡　斜貌　　　　　　　溢　满得溢出貌

ŋ̊au²¹pi³³tɕhie⁵⁵安静地听　ɳtʂie³³ɳtʂau⁵⁵凝视　　zo⁵⁵zo¹³静心守候
听　静听貌　　　　　　注视　注视貌　　　　　守　静守貌

a⁴⁴tl̥i⁴⁴dleo¹³烂成稀粥
做粥　稀烂貌

（三）修饰及物动词

状词修饰及物动词时，放在及物动词的宾语后面。例如：

l̥au⁵⁵ndlei¹³pi⁴³lie⁴³舌头伸得老长　　　tʂau³³a⁵⁵dʑi²¹pa⁴³li³³dʐo³³高跷二郎腿
伸　舌头　伸舌貌　　　　　　　　　　跷　前缀腿　跷腿貌

li⁵⁵au⁴³nta³³nta³³汩汩地倒水　　　　　hu⁴⁴ŋgau¹³ʂɯ⁵⁵ʐɯ³³引吭高歌
倒　水　倒水貌　　　　　　　　　　　唱　歌　唱歌貌

bai¹³ka⁴⁴ma²¹tsi⁵⁵li⁵⁵眼泪汪汪　　　　hi³³lau¹³pi⁵⁵tə⁵⁵大声说话
流　眼泪　流泪貌　　　　　　　　　　说　话　大声说话貌

sa³³di¹³zo¹³摩拳擦掌　　　　　ma¹³zo³³mbo¹³精力充沛
擦　手　擦掌貌　　　　　　　有　气　精力充沛貌
tl̥eo⁴⁴fau³³deo¹³白发苍苍　　　tl̥hu⁴⁴tl̥hu⁴⁴ɳtɕie⁵⁵面孔黝黑
白　头　苍白貌　　　　　　　脸　　黑　黝黑貌

（四）与名词连用

状词不修饰动词、形容词，在句中与名词连用，往往借用为动词，例如：

a⁵⁵ma²¹pi⁵⁵ɳtʂai³³眨眼睛　　　a⁵⁵sie⁴³ntheo³³ntheo³³心怦怦跳
前缀 眼睛　眨眼貌　　　　　　前缀 心　心跳动声貌
a⁵⁵ɳdʐau¹³pi⁴³ɳau⁴³嘴巴一张一闭　ʂeo⁵⁵pi⁴³lau¹³青筋暴露
前缀 嘴巴　一张一闭貌　　　　　筋　筋暴露貌
a⁵⁵ma²¹su³³vu¹³两眼发光（兽类）　tl̥hu⁴⁴ki⁴⁴nda¹³面若桃花
前缀 眼睛　眼睛发亮貌　　　　　脸　红润貌

二　状词的组合关系

状词由于功能单一，其组合关系也比较简单，仅存在以下两种情况：

（一）后置于动词和形容词

状词通常修饰动词和形容词，并且后置于动词和形容词。例如：

lie⁴³ndu¹³ki³³dʐa¹³红通通　　　fau⁵⁵gi¹³tau⁴³tɕha⁴⁴宽宽敞敞
红　得　红色貌　　　　　　　宽敞 得　宽敞貌
ʂo⁵⁵ntu⁴³ʂo⁴³暖洋洋　　　　　dzie¹³neu⁴³to⁴⁴冷冰冰
暖　暖貌　　　　　　　　　　冷　冷貌
ntsa⁴³ndu¹³mi⁴³sie⁴⁴蓝蓝的　　mbə¹³gi¹³ly³³leo⁵⁵辣乎乎的
蓝　得　蓝色貌　　　　　　　辣　得　辣得吸气貌
tʂu⁴⁴ta⁵⁵ntu⁴³mə⁴⁴臭烘烘　　　tʂu⁴⁴hã⁴⁴tʂhu³³lu²¹香喷喷
臭　臭貌　　　　　　　　　　香　香喷喷貌
zã⁴⁴gi¹³pi⁴³leo⁴³leo⁴³哗啦哗啦地飘　tɕi⁴⁴tʂhə⁴⁴tʂhə⁵⁵亮晶晶
飞　得　哗啦响音貌　　　　　亮　闪亮貌
tsha⁴³gi¹³hu³³hu⁵⁵呼呼地刮　　ndlu¹³gi¹³ne⁵⁵leo⁴⁴ne⁵⁵leo⁴⁴哗哗地流
刮　得　呼响貌　　　　　　　吹　得　哗啦貌

（二）后置于名词

当动词支配一个名词，还需要一个状词修饰时，状词放在名词后面。例如：

ndly¹³ka⁴⁴ma²¹ntlo³³泪如泉涌　　ɳtɕho³³ki³¹dau¹³thei⁵⁵啪的一声拍桌子
流　眼泪　急流貌　　　　　　拍　桌子　啪

li⁵⁵au⁴³nta³³nta³³汩汩地倒水　　　hu⁴⁴ŋgau¹³ʂɯ⁵⁵ʑɯ⁵³引吭高歌
倒　水　倒水貌　　　　　　　　唱　歌　唱歌貌

王辅世、王德光先生在《贵州威宁苗语的状词》(1983)一文中提出与威宁苗语状词搭配使用的助词有三个：ta⁵⁵、tsi⁵⁵和ndu¹³，其中 ta⁵⁵是指小意义，表示动作或状态所指向的施动者是小的人或事物，tsi⁵⁵表示状词程度减弱，ndu¹³表示状词程度加强。他们举的例子如下：

（1）tu³³la⁵⁵n̩i⁵⁵i⁵⁵tu³³⁻¹¹ku¹¹ tl̩eo⁵⁵ntshie²²lie¹¹.
　　　只 兔子 这 一 只　是　白　白色貌
　　这是一只白生生的兔子。

（2）ta³³la⁵⁵n̩i⁵⁵i⁵⁵da⁵⁵ku¹¹tl̩eo⁵⁵ta⁵⁵ntshie²²lie¹¹.
　　　只 兔子 这 一 只　是　白　得　白色貌
　　这是一只白生生的小兔子。

（3）ta³³la⁵⁵ni⁵⁵i⁵⁵da⁵⁵ku¹¹tl̩eo⁵⁵tsi⁵⁵ntshie²²lie¹¹.
　　　只 兔子 这 一 只　是　白　得　白色貌
　　这是一只带白不白的兔子。

（4）ta³³la⁵⁵n̩i⁵⁵i⁵⁵da⁵⁵ku¹¹tl̩eo⁵⁵ndu¹³ntshie²²lie¹¹.
　　　只 兔子 这 一 只　是　白　得　白色貌
　　这是一只白极了的兔子。

根据目前的田野调查资料，与滇北苗语状词搭配使用的助词只有 ndu¹³和gi¹³两个，其中 ndu¹³的使用频率没有gi¹³的使用频率高，两者与状词程度的加强或减弱没有联系。例如：

（1）die¹³baɯ¹³ni⁵⁵lie⁴³ndu¹³ki³³dʐa¹³. 这些花红通通的。
　　　些　花　这　红　得　红色貌
（2）lu⁵⁵ki⁴⁴ʂa⁴⁴ni⁵⁵mbə¹³gi¹³ly³³leo⁵⁵. 这个辣椒辣乎乎的。
　　　个　辣椒　这　辣　得　辣得吸气貌
（3）die¹³ntau⁴⁴vai¹³lo⁴³gi¹³ntsau⁵⁵zau⁴⁴. 那些树长得很茂盛。
　　　些　树　那　长　得　茂密状

三　状词的句法功能

滇北苗语状词的句法功能相对简单，主要充当状语，有时也做句子的谓语。

（一）补语

滇北苗语状词最主要的句法功能是放在动词或形容词后面充当句子的补语，做补语时往往和助词gi¹³"得"或ndu¹³连用。例如：

（1）phə⁵⁵lie⁴³ʑãŋ⁴⁴gi¹³pi⁴³le̯o⁴³le̯o⁴³. 红旗哗啦哗啦地飘。
　　　旗　红　飞　得　哗啦响音貌

（2）a⁵⁵ndlau¹³ntau⁴⁴və¹³gi¹³pi⁴⁴la⁴⁴lu¹³. 树叶纷纷地落下来。
　　　前缀 叶　树　落　得　叶落貌　来

（3）qai⁴³mpa⁴⁴dau¹³gi¹³pi⁴⁴theo⁵⁵tle̯o⁵⁵. 鸡和猪被吓得东奔西跑。
　　　鸡　猪　惊吓　得　到处逃窜貌

（4）tl̯au⁴⁴au⁴³ʑãŋ⁴⁴gi¹³nto³³lo³³. 白云飘飘。
　　　堆　水　飞　得　轻飘飘慢慢貌

（5）ni⁴⁴lu⁴³tl̯hu⁴⁴vai¹³gi¹³ʂi³³vo¹³. 他的脸色黄黄的。
　　　他　个　脸　黄　得　黄色貌

（6）ɕau⁴⁴na⁵⁵qau⁴³ntsa⁴³lo⁴³gu¹³ntsa⁴⁴ndu¹³mi⁴³sie⁴³.
　　　年　这　庄稼　绿　长　得　绿　得　绿色貌
　　今年的禾苗长得绿油油的。

（7）lu⁵⁵ki⁴⁴ʂa⁴⁴ni⁵⁵mbə¹³gi¹³ly̯³³le̯o⁵⁵. 这个辣椒辣乎乎的。
　　　个　辣椒　这　辣　得　辣得吸气貌

（二）状语

滇北苗语状词的另个一主要功能是放在动词后面做状语，修饰、限定动作的速度、方式和声音等。例如：

（1）pi⁴³dzau¹³zau¹³ta⁵⁵. 我们端正地坐着。
　　　我们　坐　端正貌

（2）mbei¹³ŋa⁵⁵zau⁴⁴ʂeo⁵⁵bɯ¹³. 孩子们"嗖"地一下站起来。
　　　群　孩子　站　迅速站起貌

（3）au⁴³vai¹³ʑi⁵⁵tshai³³nta³³. 那里的水溅得噼里啪啦。
　　　水　处　那　溅　溅水貌

（三）谓语

部分状词与句子的主语连用，充当句子的谓语。状词的这种功能是动词省略的形式，表面上看，是状词做动词用。例如：

（1）ku⁵⁵a⁵⁵sie⁴³ntheo³³ntheo³³. 我的心怦怦直跳。
　　　我　心　心跳动声貌

（2）a⁵⁵ṇdzau¹³vai¹³pi⁴³ṇau⁴³pi⁴³ṇau⁴³. 那张嘴巴一直在一张一合地动着。
　　　前缀 嘴巴　那　闭合貌　闭合貌

四　状词重叠的语义语法功能

滇北苗语状词的重叠包括构词重叠和构形重叠两种情况，重叠形式包括 AA 式、ABAC 式和 ABAB 式三种，其中 AA 式和 ABAB 式属于构词重叠，ABAC 式属于构形重叠，状词重叠的功能主要表现为程度增加和状态的延续。

（一）AA 式重叠及其语义语法功能

滇北苗语状词的 AA 式重叠主要表现为数量有限的双音节状词，这类词的语素单独使用没有意义，必须重叠才表示相应的情状貌。例如：

（1）ɢau¹³ndu¹³ŋu⁴³qu⁴³tɕi⁴⁴tʂhə⁴⁴tʂhə⁵⁵. 天上的星星亮晶晶。
　　　　上　天　　星　亮　闪亮貌

（2）ku⁵⁵a⁵⁵tɬau⁴³qa⁵⁵lo³³lo³³. 我的肚子圆圆的。
　　　　我 前缀 肚子 圆 圆鼓状

（二）ABAC 式重叠及其语义语法功能

ABAC 式重叠模式基本适用于所有的双音节状词，重叠后表达的语法意义是"不规则、斑驳复杂"，其语义语法范畴是情貌范畴。例如：

（1）di¹³tsi⁵⁵qə⁴³ŋi⁵⁵ntsa⁴³ndu¹³mi⁵⁵su⁵⁵mi⁵⁵sie⁵⁵. 这些玉米绿绿的。
　　　　些 前缀 玉米 这 绿 得　　绿色貌

（2）hi⁴³ʐa⁵⁵ŋi⁵⁵pi⁵⁵tu⁵⁵pi⁵⁵tə⁵⁵. 不要大声讲话。
　　　　不 要 说 大声说话貌

（三）ABAB 式重叠及其语义语法功能

滇北苗语的状词可以实现一次或多次重叠，从而构成 ABAB 或 ABABAB……式重叠。此类重叠式表示动作或状态的延续。例如：

（1）tʂo⁵⁵ni⁵⁵a⁵⁵ma⁵⁵su³³vu¹³su³³vu¹³. 老虎的眼睛一直在一亮一亮的。
　　　　老虎 的 前缀 眼睛 发亮貌 发亮貌

（2）mbei⁴³ti⁵⁵ŋgau⁴³ŋi⁵⁵lu¹³ pi⁵⁵tə⁵⁵　　pi⁵⁵tə⁵⁵　　pi⁵⁵tə⁵⁵.
　　　　群　姑娘　说　话 大声说话貌 大声说话貌 大声说话貌
　　　　姑娘们一直在大声说话。

第九节　副　词

副词是表程度、范围、方式、否定、时间、频率的词。

一　副词的类别

根据副词的语义特征，滇北苗语的副词可以表示程度、范围、方式、否定、时间、频率等五类。

（一）程度副词

滇北苗语的程度副词在所有副词中使用最广，除了 tsuei²⁴ "最"是汉语借词之外，其余都是苗语固有词。程度副词与修饰词的位置也比较简单，除了 ta^{43}die^{21}（也可以省略为 die^{21}）"真"和 gu^{13} "非常"放在修饰词的后面之外，其余程度副词均放在修饰词的前面。例如：

hai^{55}zau^{44}很好　　　　tsuei^{24}zau^{44}最好　　　　tu^{44}zau^{44}都好
很　好　　　　　　　最　好　　　　　　　都　好

ta^{31}ku^{44}mo^{43}有点疼　hai^{55}sie^{43}很高　　　　də^{13}ȵie^{13}na^{13}稍微看一下
有点　疼　　　　　很　高　　　　　　稍微　看

ʂo^{55}ta^{43}die^{21}/die^{21}真热　zau^{44}ta^{43}die^{21}/die^{21}真好　ndlie^{43}ta^{43}die^{21}/die^{21}太滑
热　　真　　　　　　好　　真　　　　　　　滑　　真

（二）范围副词

范围副词表示范围。滇北苗语所有的范围副词都放在修饰词的前面。例如：

ʈai^{44}tɕhau^{44}i^{43}khy^{44}再过一星期　kha^{44}nto^{43}湿透　　　i^{43}dzau^{21}mau^{13}一起走
再　过　一　集日　　　　　完全　湿　　　　　一起　走

dza^{21}dzo^{21}vai^{13}ȵi^{55}只去过这里　i^{31}tiŋ^{24}si^{44}lo^{13}一定回来　hu^{55}bə^{21}ʑi^{13}lu^{43}总共八个
仅　去　处　这　　　　　　一定　回　来　　　总共　八　个

（三）方式副词

方式副词表示方式，通常修饰动词。滇北苗语的方式副词均前置于所修饰的动词。例如：

ȵi^{44}la^{33}ȵi^{44}hu^{44}他也唱　　hu^{55}bə^{21}tu^{44}hu^{44}大家都唱　tsu^{55}mau^{13}khy^{44}gi^{13}故意去赶集
他　也　他　唱　　　　　大家　都　唱　　　　　　故意　去　赶集

（四）否定副词

否定副词用在形容词或动词前面，表示否定。滇北苗语的否定副词只有 hi^{44} "不"，可以用在词组中，也可以用在表示否定的祈使句中。例如：

　　hi^{44}zau^{44}不好　　　　　　　　　　　hi^{44}ŋtʂheo^{44}不爱
　　不　好　　　　　　　　　　　　　　　不　爱

　　hi^{43}mo^{13}gi^{21}ɕi^{43}, pi^{44}tsha^{44}dʑai^{13}da^{13}. 不要客气，我们经常来的。
　　不　消　客气　　我们　随时　来

（五）时间副词与频率副词

时间副词与频率副词修饰动词，表示动作发生的时间或频率。滇北苗语的时间副词与频率副词都前置于所修饰的动词，例如：

khie^{55}ndu^{21}ȵie^{55}　　　　khie^{55}khie^{55}tl̩o^{33}　　　thə^{44}dzə^{43}hau^{33}tɕeo^{55}
经常　哭　　　　　　　经常　笑　　　　　　　经常　喝酒
经常哭　　　　　　　　经常笑　　　　　　　　经常喝酒

pa^{44}ni^{55}a^{44}zo^{13}　　　　la^{21}dzo^{21}　　　　　　qha^{43}ȵie^{21}nau^{13}vai^{13}dau^{13}
马上　做活　　　　　　曾经去　　　　　　　饭　刚　吃　饭　完
马上干活　　　　　　　曾经去过　　　　　　　刚吃完饭

a³³thou⁴⁴ma²¹　　　　　pa⁴⁴ni⁵⁵mau¹³　　　　　ʈai⁴⁴tɕhau⁴⁴i⁴³khy⁴⁴
以前　有　　　　　　　马上　去　　　　　　再　过　一　集日
以前有　　　　　　　　马上去　　　　　　　再过一星期

二　副词的组合关系

滇北苗语的副词通常和动词、形容词组合在一起，大部分副词放在所修饰的动词或形容词后面。例如：

qha⁴³n̠ie¹³si⁴³lo²¹才回来　　　　　gi¹³ɳʈʂhi⁴⁴dʐa¹³快些拿
　才　回　来　　　　　　　　　　　快　拿
hai⁵⁵sie⁴³很高　　　　　　　　　ʐa⁵⁵ku⁴³更热
　很　高　　　　　　　　　　　　更　热

少数副词如 ta⁴³die²¹ "真、非常" 修饰动词或形容词时放在所修饰词的后面。例如：

zau⁴⁴ ta⁴³die²¹太滑　　　　　　　tʂu⁴⁴hãŋ⁴⁴ta⁴³die²¹真香
　好　真　　　　　　　　　　　　香　真

三　副词的句法功能

（一）状语

副词的主要功能是修饰动词和形容词，其功能相对单一，在句中只充当状语。例如：

（1）dzo¹³ki⁵⁵fau⁵⁵tau⁴³ni⁵⁵fau⁵⁵die²¹. 这条山路宽宽的。
　　　条　路　头　山　这　宽　真
（2）ko⁴³su⁴³tu⁴⁴ma¹³dau²¹. 碗和筷子都有了。
　　　碗　筷　都　有　了
（3）lo¹³sãŋ⁴⁴i⁴³zo²¹l̠au⁵⁵nau²¹tʂho⁴⁴kha⁴⁴nto⁴³sãŋ⁴⁴.
　　　下　了　一　场　大　雨　衣服　完全　湿　了
　　　下了一场大雨，把衣服都淋湿了。
（4）ni⁴⁴sə³³lu¹³hi⁴³tʂhi⁵⁵tə⁵⁵nə⁴³. 他从来不骗人。
　　　他　从来　不　骗　人

（二）关联词

副词在句法结构中除了充当相关成分的状语之外，部分副词还可以起到关联词的作用。副词的句法关联作用有三种情况，第一种情况是副词单独起关联作用，第二种情况是副词前后配合起关联作用，第三种情况是副词和连词搭配起关联作用。例如：

（1）ni⁴⁴la³³ni⁴⁴hu⁴⁴, gi¹³la³³gi²¹hu⁴⁴, ku⁵⁵la³³ku⁵⁵hu⁴⁴, hu⁵⁵bə²¹tu⁴⁴hu⁴⁴.
　　　他 也 他 唱　你 也 你 唱　我 也 我 唱　大家　都　唱
　　他也唱，你也唱，我也唱，大家都唱。（单独关联）

（2）a⁴⁴li⁴⁴ni⁵⁵die²¹zau⁴⁴, a⁴⁴li³¹vai¹³hi¹³zau⁴⁴.
　　　做　这样　才　好　做　那样　不　好
　　这样做才好，那样做不好。（单独关联）

（3）ʈai⁴⁴tɕhau⁴⁴i⁴³khy⁴⁴dʑi¹³la⁵⁵ʂau⁴⁴tsi⁵⁵qə⁴⁴dauɯ¹³.
　　　再　过　一　集日　就要　收　前缀　玉米 了　（前后关联）
　　再过一个星期就收苞谷了。

（4）hu⁵⁵bə²¹tu⁴⁴nau¹³dau¹³dauɯ¹³, ni⁴⁴qha⁴³n̠ie¹³nau¹³.
　　　大家　都　吃　完　了　他　才　吃　（前后关联）
　　大家都吃完了他才吃。

（5）tʂa⁵⁵gu¹³pi⁴³gi²¹nau²¹lu¹³, ku⁵⁵dʑi¹³hi⁴⁴da¹³dauɯ²¹.
　　　如果　明天　雨　下　我　就 不 来 了（搭配关联）
　　如果明天下雨，我就不来了。

（6）dza²¹ma¹³gi²¹hu⁴⁴ni⁴⁴, die¹³ni⁴⁴a⁵⁵mau¹³.
　　　只有　你 叫 他　那么 他 才 去
　　只有你叫他，他才肯去。（搭配关联）

第十节　介　词

　　介词是表示与动作、状态有关的时间、处所、方式、原因、目的、施事、受事、对象等的词。滇北苗语的介词依附在实词或短语前面构成介词短语，介词起标志作用，主要修饰、补充谓词性词语，标明与动作、状态有关的时间、处所、方式、原因、目的、施事、受事、对象等。

一　介词的类别

　　滇北苗语常见的介词及分类如下：

1. 表示时间　　　　　ʈhau⁴⁴…dzo²¹…"从……到……"、vai¹³tha⁴⁴"之前"、
　　　　　　　　　　　ʈau⁴⁴thau⁴⁴gu¹³"自从"、dzo²¹"到"，等。
2. 表示依据或方式　　a⁴³zie⁴⁴"依靠"，等。
3. 表示比况　　　　　a⁴⁴tu⁵⁵"比"、qa⁴⁴tu⁵⁵"比"、la⁵⁵tu⁵⁵"比"，等。
4. 表示原因、目的　　i⁵⁵gu¹³…a⁴⁴li⁴⁴ni⁵⁵…"因为……所以……"、na²¹gu¹³"为了"，等。
5. 表示施事、受事　　ma⁴³"把、给"、dau²¹"挨、被"，等。

6. 表示关涉的对象　　n̪tɕo⁴³"对"、ŋd̪o²¹"跟、和"，等。
7. 表示处所　　　　　ty⁴³"向"、dzo¹³ŋd̪o²¹"沿"、ʈhau⁴⁴"由"、n̪o⁴³"在"、ʈau⁴⁴"在"、ʈhau⁴⁴…dzo²¹…"从……到……"，等。

二　介词的组合关系

滇北苗语的介词通常与名词、名词性短语或代词组合构成介词短语结构或介宾结构。例如：

n̪o⁴⁴tai⁴³qãŋ⁴⁴dzãŋ⁴³　　　　ʈhau⁴⁴ʂeo⁵⁵ntso⁴⁴dzo²¹m̪u⁴⁴ndu¹³
在　个　下面　床　　　　从　早晨　　到　夜晚
在床底下　　　　　　　　从早到晚

ʈau⁴⁴laɯ⁵⁵qaɯ⁴³a⁵⁵ʐau²¹　　dzo¹³ŋd̪o²¹a⁵⁵du²¹a⁵⁵ky⁴³
在　底部　　山坡　　　　　沿着　　岸边　河
在坡底　　　　　　　　　沿着河边

a⁴³zie⁴⁴ni⁴⁴a⁴⁴lɯ⁴³　　　　　gi²¹ŋd̪o²¹ku⁵⁵
靠　他们　俩　　　　　　　你　和　我
靠他们俩　　　　　　　　　你和我

三　介词的句法功能

滇北苗语的不少介词是由动词虚化而来的，与动词有密切的关系，在句法结构中既有动词的功能，又有介词的功能，这些介词只能根据结构、语境和意义来判断它是介词还是动词。例如：

（1）i⁴³mbo¹³nau²¹n̪o⁴³lai⁴³ndu¹³ʑãŋ⁴⁴mau¹³ʑãŋ⁴⁴lo²¹.
　　　一　群　鸟　在　个　天　飞　来　飞　去
　　　一群鸟在天上飞来飞去。（介词）

（2）ni⁴⁴ŋgeo¹³khau⁴⁴n̪o⁴⁴tai⁴³qãŋ⁴⁴dzãŋ⁴³.
　　　他　双　鞋子　在　个　下面　床
　　　他的鞋子在床底下。（动词）

（3）ni⁴⁴ʈla⁴⁴lu⁵⁵gi¹³leo⁴³daɯ¹³. 他到街上去了。（动词）
　　　他　到　个　集市　去　了

（4）ni⁴⁴mau¹³ʈla⁴⁴tɕo⁵⁵ti⁴³leo¹³ta⁴³. 他去了地里了。（介词）
　　　他　去　到　块　地　去　了

（5）tɕa⁴⁴l̪o⁴³ma⁴⁴ntau⁴⁴tsha⁴³ɢau²¹leo¹³daɯ¹³.
　　　风　大　把　树　吹　倒　了　了
　　　大风把树吹倒了。（介词）

（6）die¹³tla⁴⁴nə⁴⁴ni⁵⁵kha⁴⁴ma⁴³tau⁴⁴ni⁴⁴. 这些东西全给他。（动词）
　　　些　东西　这　会　拿　给　他

滇北苗语的介词不能单独做句子成分，总要与名词或名词性词语构成介词词组，介词词组在句中主要做状语，表示比况、时间、处所、对象和方式等，位置通常放在所修饰的名词或代词前面。

（一）介词表示时间

介词与名词、名词性短语构成介词短语，在句中充当状语，通常表示时间的语义特征。例如：

（1）ʈhau⁴⁴ʂeo⁵⁵ntso⁴⁴dzo²¹m̩u⁴⁴ndu¹³ni⁴⁴tu⁴⁴ntɕo⁴⁴tɕe⁴⁴ti⁴³a⁴⁴nu²¹.
　　　从　　早上　　到　　晚上　他　都　在　里　地　做　活儿
　　　他从早到晚他都在地里干活儿。

（2）i⁴³li⁴⁴vai¹³tha⁴⁴ku⁵⁵hi⁴³ȵie²¹pau⁴³ni⁴⁴. 一个月前我还不认识他。
　　　一　月　前　　我　不　还　知　他

（二）介词表示依据或方式

介词与名词、名词性短语构成介词短语，在句中充当状语，表示依据或方式的语义特征。例如：

（1）di¹³ki⁵⁵ʐou¹³ʈhau⁴⁴zo¹³, hi⁴³ʑa⁵⁵a⁴³zie⁴⁴la²¹mbãŋ¹³.
　　　应该　自己　出　力　　不要　靠　别人　帮
　　　应该自己努力，不要光靠别人帮助。

（2）ni⁵⁵ʈhau⁴⁴leo⁴⁴gu¹³tsu⁵⁵ŋa¹³lo³³ma⁵⁵ŋa¹³. 她用房租费来买房。
　　　她　用　钱　是　租　房　来　买　房

（三）介词表示比况

介词与名词、名词性短语构成介词短语，在句中充当状语，表示比况的语义特征。例如：

（1）tai⁴³li⁴⁴qu⁵⁵dlau¹³zo⁴³lo⁴³a⁴⁴tu⁵⁵a⁵⁵ȵie²¹. 公牛的力气比母牛大。
　　　只　公牛　　力气　大　过于　前缀 母牛

（2）ɕau⁴⁴na⁵⁵ni⁴⁴ndli¹³ʑau⁴⁴qa⁴⁴tu⁵⁵a⁵⁵po⁴⁴na⁴⁴.
　　　年　这　的　稻　好　过于　去年
　　　今年的稻子比去年的好。

（3）tʂhi³³hu⁵⁵la⁵⁵tu⁵⁵ȵu¹³. 羊比牛干净。
　　　羊　干净　过　牛

（四）介词表示原因或目的

介词与名词、名词性短语构成介词短语，在句中充当状语，表示原因或目的的语义特征。例如：

（1）i⁵⁵gu¹³ki⁵⁵ai⁴³ɴɢai¹³, a⁴⁴li⁴⁴ni⁵⁵pi⁴³ʐo²¹mau¹³hi⁴⁴tsi⁴³.
　　因为　路很窄　　　所以　车　去　不　可能
　　因为路很窄，所以车过不去。

（2）── a⁴⁴dʐau¹³na⁵⁵pi⁴³ʐo²¹mau¹³hi⁴³tsi⁴³? 为什么车过不去？
　　　　为什么　　汽车　　去　不　可能
　　── na²¹gu¹³ki⁵⁵ɴɢai¹³na⁵⁵. 因为路窄。
　　　　因为　路　窄　　的

（五）介词表示施事或受事

介词与名词、名词性短语构成介词短语，在句中充当状语，表示施事或受事的语义特征。例如：

（1）tai⁴³tl̩i⁵⁵ni⁵⁵ma⁴³tai⁴³a⁵⁵tʂhu⁴⁴do¹³da²¹sã ŋ⁴⁴. 狗把猫咬死了。
　　只　狗　这　把　只　猫　咬　死　了

（2）tai⁴³tʂo⁵⁵ɖau¹³ni⁴⁴ntau³³da²¹sã ŋ⁴⁴. 老虎被他打死了。
　　只　虎　被　他　打　死　了

（3）ni⁴⁴ma⁴⁴hi⁵⁵ɳtʂhie⁴³ntsa⁵⁵hu⁵⁵dɑɯ¹³. 他把米淘干净了。
　　他　把　米　　洗　　净　了

（4）ta⁵⁵a⁵⁵dʑy¹³tl̩i⁵⁵ɖau²¹ntau³³lo⁵⁵sã ŋ⁴⁴i⁴³tshai³³a⁵⁵dʑi²¹.
　　只 前缀小　狗　被　打　断　了　一　只 前缀 腿
　　狗被打断了一条腿。

（六）介词表示关涉对象的语义特征

介词与名词、名词性短语构成介词短语，在句中充当状语，表示关涉对象的语义特征。例如：

（1）ni⁴⁴a⁵⁵ɲie⁴³ɳɖo²¹ni⁴⁴ni⁵⁵ʑa⁵⁵ni⁴⁴zau⁴⁴zau⁴⁴a⁴⁴nu¹³.
　　他前缀母亲　跟　他　说　要　他　好　好　做活
　　他母亲对他说，要他好好干活。

（2）ni⁴⁴ɳɖo²¹ku⁴⁴tso³³l̩eo⁴⁴. 他向我借钱。
　　他　跟　我　借　钱

介词与名词、名词性短语构成介词短语，在句中充当状语，表示处所的语义特征。例如：

（1）ni⁴⁴ty⁴⁴lai⁴³a⁵⁵ʑau²¹i⁴³na¹³. 他往山坡下看。
　　他　向　个 前缀坡　一　看

（2）ni⁴⁴na¹³bo¹³a⁴³du²¹a⁵⁵dʑy¹³tl̩ai⁴³tau⁴⁴la⁵⁵qɑɯ⁴³a⁵⁵ʑau²¹a⁴⁴fə⁴⁴.
　　他　看见　二　只 前缀小　熊　在　个　底面 前缀 山坡　玩耍
　　他看见两只小熊在山坡脚底下玩耍。

（3）lai⁴³ŋu⁴³ʈhau⁴⁴sãŋ⁵⁵ŋu⁴³da⁴³deo¹³. 太阳从东边升起。
　　　个　日　从　边　太阳　来　出
（4）ma¹³hai⁵⁵tɕau⁴³tə⁵⁵nə⁴³ʈhau⁴⁴lai⁴³za⁴⁴deo¹³lo¹³.
　　　有　很　多　人　从　个　树林　出　来
　有很多人从树林里走出来。

第十一节　连　词

连词是连接词、短语、句子的词。

一　连词的类别

按照所连接成分之间的关系，滇北苗语的连词可以分为并列、选择、转折、递进、条件、因果等六类，具体如下。

表示并列　ŋdo²¹ "和"，等。

表示选择　la¹³ "还是"，等。

表示转折　suei⁴³ʐaŋ⁴³... i⁵⁵vie⁴⁴... "虽然……但是……"、vie⁴⁴ "但是"，等。

表示递进　hi⁴⁴ta⁵⁵... hai³¹... "不仅……而且……"、hi⁴⁴ta⁵⁵... tai⁴⁴... "不仅……而且……"，ʐou¹³... ʐou¹³... "又……又……"，等。

表示条件　dzɿa²¹ʐa⁵⁵ "只要"、tʂa⁵⁵gu¹³ "如果"，等。

表示因果　i⁵⁵gu¹³... a⁴⁴li⁴⁴ni⁵⁵... "因为……所以……"，na²¹gu¹³ "因为"，等。

二　连词的组合关系

滇北苗语的连词通常连接词、词组、分句或句子，位置介于连接的两个成分之间。

（一）连接词

当连词连接词时，被连接的两个词可以是名词、代词、形容词或动词，表示并列关系。例如：

ku⁵⁵ŋdo²¹ni⁴⁴ 我和他　　　　　khau⁴⁴ŋdo²¹tʂho⁴⁴ 鞋子和衣服
　我　和　他　　　　　　　　　　鞋子　和　衣服

ʐou¹³sie⁴⁴ʐou¹³lu⁴³ 又高又大　　ʐou¹³ȵie⁵⁵ʐou¹³tl̥o³³ 又哭又笑
　又　高　又　大　　　　　　　　又　哭　又　笑

（二）连接词组

当连词连接词组时，表示并列、递进或选择关系。例如：

（1）tsi⁴⁴du¹³nau²¹ɳɖo²¹i⁴³du²¹a⁵⁵dʑy²¹tɭi⁵⁵三只鸟和一只小狗
　　　　三　只　鸟　和　一　只　前缀　小　狗
（2）ʐou¹³zau³³na¹³ʐou¹³da²¹dau¹³又好看又能跑
　　　　又　好　看　又　跑　能
（3）xai⁵⁵lie¹³ɳɖo²¹ky⁵⁵tɕhi⁵⁵耙田和挑粪
　　　　耙　田　和　挑　粪

（三）连接分句

当连词连接分句时，表示选择关系。例如：
（1）gi²¹mau¹³la¹³ni⁴⁴mau¹³？你去还是他去？
　　　　你　去　还是　他　去
（2）gi²¹mau¹³xai⁵⁵lie¹³la¹³mau¹³ky⁵⁵tɕhi⁵⁵？你去耙田，还是去挑粪？
　　　　你　去　耙　田　还是　去　挑　粪

（四）连接句子

当连词连接句子时，位置一般放在分句句首，表示因果、转折、条件、递进等关系。例如：
（1）suei⁴³ʐaŋ³¹ɕau⁴⁴na⁴⁴ndu¹³ŋai¹³i⁵⁵vie⁴⁴pi⁴³qau⁴³lau⁴⁴la³³zau⁴⁴dʐo¹³.
　　　虽然　年　这　天　旱　但是　我们　庄稼　也　好　的
　　　虽然今年天旱，但是我们的收成还是不错。（表示转折）
（2）ni⁴⁴a⁵⁵tɕau³³ʂau⁴³vie³³dlau¹³zo¹³lo⁴³. 他的个子虽小，但力气大。
　　　他　前缀　躯干　小　但是　力气　大　（表示转折）
（3）tʂa⁵⁵gu¹³pi³¹gi²¹nau²¹lu¹³, ku⁵⁵dʑi¹³hi⁴⁴da¹³daɯ²¹.
　　　如果　明天　雨　下　我　就　不　来　了　（表示条件）
　　　如果明天下雨，我就不来了。
（4）ni⁴⁴hi⁴⁴ta⁵⁵gu¹³a⁴⁴fai⁴⁴,ʈai⁴⁴a⁴⁴zau⁴⁴ta⁴³die¹³.
　　　他　不但　是　做　快　再　做　好　真　（表示递进）
　　　他不但做得快，而且做得好。

三　连词的句法功能

滇北苗语的连词不做句子成分，在句法结构中仅起连接作用，表示并列、递进、选择、转折、条件、假设、因果、目的等关系。例如：
（1）a⁵⁵n̠ie⁴³mau¹³ma¹³khau⁴⁴ɳɖo²¹tʂho⁴⁴tau⁴⁴ni⁴⁴.
　　前缀　妈妈　去　买　鞋　和　衣　给　他　（表示并列）
　　母亲去买鞋子和衣服给他

（2）ni⁴⁴hi⁴⁴ta⁵⁵hi⁴⁴dzu¹³mbãŋ¹³la²¹,hai³¹ṇi⁵⁵la²¹pi⁵⁵lu²¹.
　　　　他 不但 不愿 帮 别人 还 说别人 坏话 （表示递进）
　　　　他不但不肯帮助别人，还说别人的坏话。
（3）ni⁴⁴mau¹³la³³ku⁵⁵mau¹³? 他去还是我去？
　　　　他 去 还是 我 去 （表示选择）
（4）hi⁴³kə⁵⁵ku⁵⁵mau¹³hi¹³mau¹³, ni⁴⁴ai⁴³die¹⁴mau¹³.
　　　不管 我 去 不 去 他 必须 去 （表示条件）
　　　不论我去不去，他肯定去。
（5）die¹³tsi⁵⁵dla¹³ni⁵⁵xai⁵⁵ḷo⁴³vie⁴⁴hi⁴³li⁵⁵vie³¹.
　　　些 是 桃 这 很 大 但 不 甜 （表示转折）
　　　这些桃子虽然大，但是不甜。
（6）tʂa⁵⁵gu¹³pi²¹gi²¹ndu¹³zau⁴⁴, ku⁵⁵ai⁴³die²¹xə⁴⁴ni⁴⁴mau¹³ky⁴⁴gi¹³.
　　　如果 明天 天 好 我 很 想 带 他 去 赶集
　　　如果明天天气好，我一定带他去赶集。（表示假设）
（7）i⁵⁵gu¹³ki⁵⁵ai⁴³ɴɢai¹³, a⁴⁴li⁴⁴ni⁵⁵pi⁴³zo²¹mau¹³hi⁴⁴tsi⁴³.
　　　因为 路 很 窄 所以 车 去 不 能够（表示原因）
　　　因为路很窄，所以车过不去。

第十二节　助　词

助词是附着在其他语言单位上表示结构、动态、语气及形态等语义语法特征和结构特征的虚词。滇北苗语的助词是表达语法意义的重要手段。

一　助词的类别

滇北苗语的助词分为结构助词、关系化助词、话题助词、比况助词、体助词和语气助词等六类。

（一）结构助词

结构助词主要有三个：ni⁴⁴、gi¹³、ndu¹³，其中ni⁴⁴用在名词或代词后面，意为"的"，表示领属或修饰限定。gi¹³和 ndu¹³用在状词前，连接状词和状词所修饰的动词、形容词。例如：

lei³¹ɣo¹³ni⁴⁴lie¹³山坡上的田　　　ma⁴⁴ni⁴⁴nə¹³tʂãŋ⁴⁴姑妈家的亲戚
山坡　的　田　　　　　　　　　姑妈　的　亲戚
lie⁴³ndu¹³ki³³dʐa¹³红通通　　　　ntsa⁴⁴ndu¹³mi⁴³sie⁴³绿油油
红　得　红色貌　　　　　　　　绿　得　绿色貌

faɯ⁵⁵gi¹³tau⁴³tɕha⁴⁴宽宽敞敞　　　　　vai¹³gi¹³ʂi³³vo¹³黄黄的
宽　敞　得　宽敞貌　　　　　　　　黄　得　黄色貌

当结构助词 ni⁴⁴用在代词后面表示领属关系时，ni⁴⁴也可以省略。例如：

ku⁵⁵ni⁴⁴vai¹³ʑi⁴⁴我的叔父　　　　ku⁵⁵vai¹³ʑi⁴⁴我的叔父
我　的　父　小　　　　　　　　　我　父　小
gi²¹ni⁴⁴phau⁴⁴你的锅　　　　　　gi²¹phau⁴⁴你的锅
你　的　锅　　　　　　　　　　　你　锅

（二）关系化助词

关系化助词gu¹³"是"用在名词或代词后面，起到修饰、限定的作用。例如：

mpa⁴⁴gu¹³l̩o⁴³大猪　　　　　　　tai⁴³gu¹³ʐã⁴⁴vai¹³飞的那只
猪　关系化　大　　　　　　　　　只　关系化　飞　那
lu⁵⁵ŋgau¹³ntshai³³gu¹³ai⁴³zau⁴⁴那个漂亮的姑娘
个　　姑娘　　关系化　很　好看

（三）话题助词

话题助词用在句子的主语后面，用来烘托或强调主语。滇北苗语常用的话题助词 dʑi¹³通常用在口头叙事文学中。例如：

（1）ni⁴⁴dʑi¹³, ni⁴⁴hə¹³qai¹³ka⁴⁴mie⁵⁵tu⁴³i⁵⁵n̩o⁴³.
　　　他　嘛　他　领　群　两　小　儿子　那　在
　　　他嘛，他就在那里领着两个小孩。

（2）tsai⁴³mau⁴³dʑi¹³, n̩tɕeo⁴³ti⁴³tla⁴⁴tɕi⁴⁴. 小伙子嘛，挖地累了。
　　　个　伙子　嘛　　挖　地　累　了

（3）a⁵⁵mie³³qai⁴³dʑi¹³, a⁵⁵nau¹³a⁵⁵tʂi⁴⁴qə⁴⁴tə⁴⁴daɯ¹³.
　　　所有　小　鸡　嘛　全部　吃　前缀　碎末　食物　仅　了
　　　所有小鸡嘛，就只能碎渣渣食物了。

（四）比况助词

比况助词附着在名词性、动词性和形容词性词语后面，表示比喻。滇北苗语的比况助词主要借用汉语的比况助词 si⁴⁴"似"，有时也可以和借词 i⁴³ʐaŋ⁴³"一样"连用。例如：

（1）tsa⁵⁵ŋa⁴⁴ʐau¹³vai¹³tshai³¹di¹³dzie¹³si⁴⁴tḷau⁴⁴.
　　　个　　小孩　那　只　手　凉　似　冰
　　　那个小孩的手冷冰冰的。

（2）lai⁴³ndlo²¹ŋa¹³vai¹³si³³pi⁴⁴tɕho⁵⁵dzau¹³. 那间屋子闹哄哄的。
　　　个　里　屋　那　似　麻雀　叫

（3）tə⁵⁵nə⁴³mau¹³mau¹³lo¹³lo¹³si⁴⁴khy⁴⁴gi¹³i⁴³ʐaŋ⁴³.
　　　　人　　去　　去　　来　　来　似　赶　集　一　样
　　　人们来来往往的像赶集一样。

（五）体助词

由于滇北苗语的形态变化不丰富，动词的体范畴由具有词汇语义和语法意义的体助词表达。滇北苗语的体助词包括完成体 daɯ¹³ "了"、完结体 sãŋ⁴⁴ "了"、结果体 tau⁴⁴ "得"、经历体 la²¹ "曾经"、先行体 hai⁵⁵ "先"、将行体 ʐa⁴⁴ "要"、la⁵⁵ "要"，起始体 ʂeo⁵⁵ "开始"、ʂeo⁵⁵by¹³ "开始"，进行体 tsi⁴⁴la⁵⁵ "正在"、继续体 ɴɢə¹³mau¹³ "下去"、持续体 tɕe⁴⁴ "着" 和惯常体 a⁴³ "一贯"，等。各体助词的用法详见"动词的体范畴"部分。

（六）语气助词

语气助词是在句法结构中表示陈述、猜测、祈使、请求、感叹、疑问等语气的虚词。滇北苗语的语气词附着性强，通常附着在句末。滇北苗语的语气和语气词之间是多重交叉的，即同一个语气词可以表达陈述、疑问、祈使等多种语气，同一种语气也可以用多个不同的语气词来表达。

1. 语气助词 daɯ¹³ "了"

语气助词 daɯ¹³ "了" 在滇北苗语里的使用频率最高，既可以附着在动词后面充当完成体的体助词，又可以附在句末时，充当语气助词，表达感叹、陈述、疑问等语气。当 daɯ¹³ "了" 既后置于动词，又附着在句末时，兼有体助词和语气助词的功能。例如：

（1）a⁴⁴lei¹³ku⁵⁵di¹³nteo⁵⁵hi⁴⁴bo¹³daɯ¹³.
　　　阿嘞　我　些　书　不　见　了
　　　哎呀！我的书不见了。（完成体、感叹语气）

（2）ku⁵⁵na⁵⁵ni⁴⁴hi⁴³hau³³tɕeo⁵⁵daɯ¹³.
　　　我　现在　不　喝　酒　了
　　　我现在不喝酒了。（陈述语气助词）

（3）ŋi⁴⁴tɕha³¹ʐa¹³leo¹³hi⁴³ʐa⁵⁵tsai⁵⁵, ʈai⁴³ɲi⁵⁵i⁴³gau¹³to⁴⁴dʑi¹³zau⁴⁴daɯ¹³.
　　　说　错　去　了　不　要　紧　再　说　一　遍　的　就　好　了
　　　讲错了没关系，再讲一遍就是了。（陈述语气助词）

（4）ʐo²¹hi⁴³ʐo²¹ɲi⁵⁵dzo¹³li⁴³ni⁵⁵dʑi¹³kə⁵⁵daɯ¹³?
　　　是　不　是　说　到　处　这　就　够　了（疑问语气助词）
　　　是不是就谈到这儿算了？

2. 语气助词 da²¹ "了""啦"

语气助词的 da²¹ "了""啦"在句法结构中置于句末，表示陈述语气和感叹语气。例如：

（1）pi²¹gi²¹a⁴⁴tau⁵⁵li⁴⁴na⁵⁵ni⁴⁴ntso⁵⁵dʑa²¹ŋa¹³da²¹.
　　　明天　达　现在　他　早　到达　房　了
　　　明天这时候他早就到了家了。

（2）ai⁴³ʑei⁴³! mo⁴³ku⁵⁵la⁵⁵da²¹! 哎哟！疼死我啦！
　　　哎哟　　疼　我　死　啦

3. 语气助词 sãŋ⁴⁴ "了""的"

语气助词 sãŋ⁴⁴ "了""的"在句法结构中置于句末，表示陈述语气，有时候也和语气助词 dau¹³一起置于句末表示疑问语气。例如：

（1）ni⁴⁴ma⁴⁴hi⁵⁵ntʂhie⁴³ntsa⁵⁵hu⁵⁵sãŋ⁴⁴. 他把米淘干净了。
　　　他　把　米　　洗净　　了

（2）qa⁴³tɕou⁴³tɕhi⁴³gi¹³hu⁵⁵hu⁵⁵dʑa¹³dʑa¹³sãŋ⁴⁴.
　　　堂屋　　扫得　　干干净净　　　了
　　　堂屋里扫得干干净净的。

（3）tai⁴³tl̩i⁵⁵ni⁵⁵ma⁴³tai⁴³a⁵⁵tʂhi⁴⁴do¹³da²¹sãŋ⁴⁴. 这条狗把猫咬死了。
　　　只　狗　这　把　只　前缀　猫　咬　死　了

4. 语气助词 na⁵⁵ "呢""吧"

语气助词在句法结构中置于句末，表示陈述、疑问和祈使语气。例如：

（1）ni⁴⁴qhə⁴³n̠au¹³da¹³ku⁵⁵i⁴³teo⁴⁴, hi⁴³pau⁴³nə²¹qa⁵⁵ɕi⁴⁴na⁵⁵.
　　　他　刚　踢　我　一脚　不　知道　为什么　呢
　　　不知为什么他刚才踢了我一脚。

（2）gi²¹a⁴⁴li⁴⁴dʑãŋ¹³thie⁴³ni⁴⁴na⁵⁵? 你是怎样对付他的呢？
　　　你　怎么　对付　他　呢

（3）ma¹³khau⁴⁴khau⁵⁵a⁴⁴ɕi¹⁴gu¹³ʑa⁵⁵zau⁴⁴,go¹³ku⁵⁵tai³³dy¹³i⁴³dy¹³na⁵⁵.
　　　有　办法　什么　是　要　好　让　我　再　想　一　想　吧
　　　有什么好办法，让我再想想看。

5. 语气助词 ŋo²¹ "哦""的"

语气助词 ŋo²¹ "哦""的"在句法结构中置于句末，表示祈使语气和陈述语气。例如：

（1）ku⁵⁵deo¹³ma¹³i⁴³mbə¹³ŋa⁴⁴,tl̩au⁴³nu⁴³zau⁴⁴zau⁴⁴na¹³tɕe⁴⁴ŋo²¹.
　　　我　出去　一　会　小　东西　好　好　看　着　哦
　　　我走开一会儿，行李要好好儿地看着哦。

（2）ni⁴⁴mau¹³ki⁵⁵gi¹³tlau⁵⁵fau⁴⁴ŋo²¹. 她走路头低低的。
　　　他　去　路　是　低　头　的

6. 语气助词 lo³³ "呢""的"

语气助词 lo³³ "呢""的" 在句法结构中置于句末，表示疑问和陈述语气。例如：

（1）gi²¹ʈhau⁴³dy¹³ʂeo⁵⁵by¹³a⁴⁴vau²¹la¹³lo³³?
　　　你　从　何时　开始　做　买卖　呢
　　你什么时候做起生意来了？

（2）ku⁵⁵ʈhau⁵⁵a⁵⁵po⁵⁵na⁵⁵a⁴⁴lo³³. 我从前年开始做生意。
　　　我　从　前年　做　的

7. 语气助词 dʑo¹³ "的""吗"

语气助词 dʑo¹³ "的""吗" 在句法结构中置于句末，表示陈述和疑问语气。例如：

（1）suei⁴³ʐaŋ³¹ɕau⁴⁴na⁵⁵qha³³ŋgi²¹i⁵⁵vie⁴⁴pi⁴³qau⁴³lau⁴⁴la³³zau⁴⁴dʑo¹³.
　　　　　虽然　年　这　干燥　但是　我们　庄稼　也　好　的
　　虽然今年天旱，但是我们的收成还是不错。

（2）ku⁵⁵mau¹³dau¹³dʑo¹³. 我能去的。
　　　我　去　能　的

（3）die¹³gi²¹la⁵⁵hau³³i⁴³kho⁴³tɕeo⁵⁵dʑo¹³? 你喝杯酒吗？
　　　是否　你　还是　喝　一　杯　酒　吗

8. 语气助词 sãŋ⁴⁴ "了"

语气助词 sãŋ⁴⁴ "了" 在句法结构中置于句末，表示陈述语气。例如：

（1）lai⁴³ɲu⁴³ɖau²¹ʈlau⁴⁴au⁴³ntsau⁵⁵sãŋ⁴⁴. 太阳被云遮住了。
　　　个　日　被　云　遮　了

（2）ʈli⁵⁵do¹³da²¹a⁴⁴tʂhu⁴⁴ sãŋ⁴⁴. 狗咬死猫了。
　　　狗　咬　死　猫　了

（3）tsha³¹hə³¹paŋ⁴³ni⁴⁴a⁵⁵ma¹³nteo⁵⁵sãŋ⁴⁴. 擦掉黑板上的字。
　　　擦　黑　板　的　前缀　眼　字　了

9. 语气助词 hi⁵⁵ "吧"

语气助词 hi⁵⁵ "吧" 在句法结构中置于句末，表示祈使和陈述语气。例如：

（1）də²¹ni⁵⁵pi⁴³hi⁴³a⁴⁴daɯ¹³,go¹³ni¹³dzau¹³mau¹³a⁴⁴hi⁵⁵.
　　　从　这　我们　不　做　了　让　他们　去　做　吧
　　从此我们不做了，让他们去做吧。

（2）na¹³i⁴³na¹³sãŋ⁴⁴dʑi¹³si⁴³mau²¹a⁴⁴mu¹³hi⁵⁵. 看看就回去干活吧！
　　　　看 一 看 了 就 回 去 做 活计 吧
（3）n̥u⁴³ntsə⁴⁴dʑi¹³a⁴⁴va¹³hi⁵⁵. 日落就做饭吧。
　　　　日 落 就 做 饭 吧

10. 语气助词 a⁵⁵ "吧""啦"

语气助词 a⁵⁵ "吧""啦" 也可以变异为 na⁵⁵，在句法结构中置于句末，表示祈使语气。例如：

（1）ma⁴⁴khau⁴⁴khau⁵⁵a⁴⁴ʂi⁴⁴gu¹³ʐa⁵⁵zau⁴⁴go¹³ku⁵⁵ʈai³³dy¹³i⁴³dy¹³a⁵⁵.
　　　　有 办法 什么 是 要 好 让 我 再 想 一 想 吧
　　　有什么好办法，让我再想想看吧。
（2）tai⁴³ki⁴⁴tli⁵⁵bai²¹tlhə³³lo⁴⁴na⁵⁵. 野猫返回来啦。
　　　　只 野猫 返回 来 啦

11. 语气助词 lu⁴⁴ "吗""呢"

语气助词 lu⁴⁴ "吗""呢" 在句法结构中置于句末，表示疑问语气和祈使语气，其声调 44 调往往边读为 43 调。例如：

（1）gi²¹da¹³na¹³ku⁵⁵lu⁴⁴? 你来看我吗？
　　　　你 来 看 我 吗
（2）gi²¹mau¹³ʐu¹³tʂhi³³la³³mau⁴⁴a⁴⁴fə⁴⁴lu⁴³?
　　　　你 去 放羊 呢 去 玩 呢
　　　你是放羊去呢还是玩去呢？
（3）tɕau⁴³la³³dʐeo²¹lu⁴³? 是多呢，还是少呢？
　　　　多 还是 少 呢
（4）ma⁴³gi²¹tai⁴⁴pian⁴³tan⁴⁴tsai⁴⁴ʈau⁵⁵ku⁵⁵dʐo¹³i⁴³mba¹³ŋa⁵⁵lu⁴³.
　　　　把 你 个 扁担 借 给 我 用 一 时候 小 吧
　　　把你的扁担借给我用一会儿吧。

12. 语气助词 la³³ "吗""啦""啊"

语气助词 la³³ "吗""啦" 在句法结构中置于句末，表示疑问语气和感叹语气。例如：

（1）a⁵⁵m̥au⁴³lu⁴³ni⁴⁴n̥i⁵⁵hi⁴³ŋgə¹³la¹³? 他苗话说不准吗？
　　　　阿 卯 话 他 说 不 准 吗
（2）tai⁴³tian²⁴ʑin⁴³ni⁵⁵die¹³zau⁴⁴la¹³? 这个电影好看吗？
　　　　个 电影 这 是否 好 吗
（3）a⁴³lei⁴³!gi²¹ha⁴³la⁴⁴hi⁴⁴ntə⁴⁴la⁴⁴. 嘿！你还闹哇！
　　　　嘿 你 还 要 吵闹 啊

（4）ʐi⁴⁴ʐi⁴³! i⁴³la²¹hi⁴³ɲie¹³nau¹³si⁴³gi²¹tɕou¹³su⁴³nau¹³daɯ¹³la³³.
　　　哎呀呀　别人　不　没　吃　的　你　就　先　吃　了　啦
　　　哎呀呀，别人没吃，你就先吃起来啦!

13. 语气助词 pa⁴⁴ "吗"

语气助词 pa⁴⁴ "吗" 是汉语借词，在句法结构中置于句末，表示疑问语气。例如:

（1）die¹³gi²¹ɲtɕo⁴⁴pa⁴⁴?你记得吗?
　　　是否 你 记得 吧

（2）ni⁴⁴tsa⁵⁵ky⁵⁵hi⁴³ndʐau²¹da¹³daɯ¹³pa⁴⁴?他弟弟大概不来了吧?
　　　他 个 弟 不 大概 来 了 吧

14. 语气助词 tə⁵⁵ "的"

语气助词 tə⁵⁵ "的" 在句法结构中置于句末，表示陈述语气。例如:

（1）ku⁵⁵ŋdo²¹ni⁴⁴bo²¹i⁴³kau⁴³tɭhu⁴⁴tə⁵⁵. 我和他见过一次面。
　　　我 跟 他 见 一 次 脸 的

（2）ku⁵⁵tshai⁴³ma¹³tsi⁴³du²¹ŋa⁵⁵ŋa⁴⁴tə⁵⁵. 我才有三只幼崽。
　　　我 才 有 三 只 幼崽 的

15. 语气助词 si⁴³ "呢"

语气助词 si⁴³ "呢" 在句法结构中置于句末，表示陈述语气，例如:

（1）ni⁴⁴ɲie⁵⁵ŋdo²¹si⁴³. 她哭着呢。
　　　他 哭 跟 呢

（2）ku⁵⁵nau¹³va¹³tsi⁴⁴la⁵⁵ni⁴⁴ntsa⁵⁵di¹³tsi⁴⁴la⁴⁴si⁴³.
　　　我 吃 饭 正在 他 洗 手 正在 呢
　　　我在吃饭，他在洗手呢。

16. 语气助词 lau⁴³ "吧"

语气助词 lau⁴³ "吧" 在句法结构中置于句末，表示祈使语气。例如:

（1）ku⁵⁵hi⁴³mau¹³daɯ¹³, gi²¹mau¹³lau⁴³. 我不去了，你去吧!
　　　我 不 去 了 你 去 啦

（2）mau¹³khy⁴⁴gi¹³lau⁴³. 走去赶集啦!
　　　去 赶集 啦

17. 语气助词 ha⁵⁵ "吧" "嘛" "了" "的"

语气助词 ha⁵⁵ "吧"、"嘛"、"啊"、"的" 在句法结构中置于句末，表示祈使、陈述语气。例如:

（1）mo⁴⁴ŋa⁵⁵gi²¹tsai⁴⁴hə⁵⁵ŋga¹³tu⁴³ɲo⁴³ha⁵⁵.
　　　今天 你 又 领 孩子儿子 在 吧
　　　你今天就在家领孩子吧。

（2）ni⁴⁴vai¹³hə⁴⁴n̥o⁴³tou⁴⁴hi⁴³kuai³¹ha⁴⁴.
　　　你　爹　领　在　都　不　怪　嘛
　　你爹在家领你们的时候，你们都不怪嘛。
（3）lai⁴³gau¹³ndu¹³mau¹³kheo⁴⁴tai⁴⁴ka³³ti⁴⁴dʑo¹³lo¹³ha⁴⁴.
　　　个　姑娘　天　去　拿　个　翅膀　拿　回来　了
　　仙女去把翅膀拿回来了。
（4）tsai⁴³mau⁴³dʑi¹³n̥tɕeo⁴³ti⁴³tla⁴⁴dʑi¹³tʂha⁴⁴ku⁴⁴zau¹³tɕie¹³du¹³ti¹³ha⁵⁵.
　　　个　伙子　嘛　挖　　地　累　了　晒　烫　坐　块　边　地　的
　　小伙子挖地挖累了，就坐在田边乘凉。

18. 语气助词 tɕi⁴⁴ "呢" "嘛" "了"

语气助词 tɕi⁴⁴ "了" "呢" 在句法结构中置于句末，表示陈述语气。例如：

（1）ni⁴⁴tsha⁴³n̥u⁴³n̥tɕeo⁴⁴ti⁴³tla³³tɕi⁴⁴. 他每天挖地累了。
　　　他　齐　日　挖　地　累　嘛
（2）ma¹³i⁴³n̥u⁴³dʑi¹³ni⁴⁴la³³mau⁴⁴hau⁴⁴au⁴³tɕi⁴⁴.
　　　有　一　天　嘛　他　要　去　喝　水　呢
　　有一天，他正要去喝水。
（3）li⁴⁴gu¹³bie¹³gau¹³ndu¹³ʑi⁵⁵tsha⁴³lou⁴⁴ʂeo⁴⁴ʐãŋ⁴⁴tɕi⁴⁴.
　　　于是　群　姑娘　天　那　齐　个　起　飞　了
　　于是，那群仙女都飞走了。

除上述单音节语气助词以外，滇北苗语中还存在一些双音节语气助词。双音节语气助词从构词角度而言，相当于两个单音节语气助词的组合，其在句中的位置和功能与单音节语气助词类似。常见的复合语气助词有 si⁴³lu⁴⁴ "呢"、ti⁴³lo⁴³ "吗"，等。

1. 语气助词 si⁴³lu⁴⁴ "呢"

语气助词 si⁴³lu⁴⁴ "呢" 在句法结构中置于句末，表示惊讶的感叹语气。例如：

（1）a⁵⁵və⁴³a⁵⁵ʂa⁴³kə⁴⁴tɕe⁴⁴a⁵⁵ma²¹nteo⁵⁵si⁴³lu⁴⁴. 石头上刻着字呢。
　　　前缀 石头 前缀 面　刻　着　前缀 眼　书　呢
（2）ni⁴⁴gu¹³a³¹po⁴⁴ɕau⁴⁴la⁵⁵ma¹³si⁴³lu⁴⁴. 他是前年生的呢。
　　　他　是　前年　发芽　有　呢

2. 语气助词 ti⁴³lo⁴³ "吗" "呢"

语气助词 ti⁴³lo⁴³ "吗" 是 ti⁴³ 和 lo⁴³ 的组合，在句法结构中置于句末，表示疑问语气。例如：

（1）die¹³ntau³³kau⁴³la³³a³¹ntau³³kau⁴³ti⁴³lo⁴³? 打针了没打针？
　　　是否　打　针　还是没　打　针　呢

（2）die¹³ni⁴⁴ma¹³tsa⁵⁵ky⁵⁵ti⁴³lo⁴³?他有兄弟没有？
　　　是否他　有　个　弟兄　吗

滇北苗语的语气词还可以多个并列置于句末，表示陈述、疑问、祈使等语气。例如：

（1）gi²¹dzə¹³tau⁴⁴ni⁴⁴gu¹³qa³¹dy¹³daɯ¹³la³³? 你认出他是谁了没有？
　　　你　认　得　他　是　谁　了　吗

（2）ni⁴⁴qa⁴³ḷau⁴³sã⁴⁴daɯ¹³la³³? 他聋了吗？
　　　他　聋　了　了　吗

（3）gi²¹nau¹³va¹³tʂau⁴⁴daɯ¹³la¹³? 你吃饱饭了吗？
　　　你　吃　饭　饱　了　吗

（4）die¹³gi²¹nau¹³va¹³sã⁴⁴daɯ¹³lu³¹? 你吃饭了没有？
　　　是否你　吃　饭　了　了　吗

（5）ku⁵⁵va¹³nau¹³sã⁴⁴daɯ¹³die¹³gi²¹nau¹³sã⁴⁴daɯ¹³?
　　　我　饭　吃　了　了　是否你　吃　了　了
　　　我吃了饭了，你吃了？

二　助词的组合关系

（一）修饰词+助词

滇北苗语的结构助词、关系化助词通常后置于所修饰的词，体助词中起始体（by¹³）和进行体（ŋdo²¹、tɕe⁴⁴、tsi⁴⁴lau⁵⁵）的助词后置于相关动词。例如：

lei³¹ɣo¹³ni⁴⁴lie¹³山坡上的田　　　hi⁴⁴tə⁴⁴tsi⁴⁴lau⁵⁵正在商量
山坡　结助　田　　　　　　　　　商量　　体助

lie⁴³ndu¹³ki³³dza¹³红通通　　　　tai⁴³gu¹³ẓã⁴⁴飞的那只
红　结助　红色貌　　　　　　　　只　结助　飞

ntau⁴⁴by¹³开始落　　　　　　　　ʂeo⁵⁵ŋdo²¹/tɕe⁴⁴站着
落　体助　　　　　　　　　　　　站　　体助

（二）助词+修饰词

滇北苗语中表示完成体、将行体和起始体（ʂeo⁵⁵）的体助词通常前置于相关动词。例如：

ḷa²¹nau¹³吃过　　　　　　　　　　ḷa²¹mau¹³去过
曾经　吃　　　　　　　　　　　　曾经　去

ʂeo⁵⁵a⁴⁴vau²¹la¹³ 开始做生意　　　la⁵⁵/ʐa⁴⁴tsau³³ 将要暗
开始 做 买 卖　　　　　　　　将要 暗

三 助词的句法功能

滇北苗语的助词不能单独充当句子成分，在句法结构中通常做句子定语和补语的标记。

（一）定语标记

滇北苗语中由结构助词 ni⁴⁴ "的" 引导的短语通常在句中充当定语，助词做定语标记。例如：

（1）a⁵⁵ko⁴⁴tau⁴³ni⁴⁴lie¹³pi⁴³lei³¹ɣo¹³ni⁴⁴lie¹³aŋ⁵⁵dlo²¹.
　　前缀 脚跟 山 的 田 比 山坡 的 田 土 肥
　　山脚下的田比山坡上的田肥沃。

（2）ŋdai¹³ti⁴³lie⁴³ni⁴⁴qau⁴³ntsa⁴³ai⁴³lo⁴³ai⁴³ʐau⁴⁴.
　　 里 地 田 的 稼 绿 越 长 越 好
　　田里的禾苗越长越好。

（3）pi⁴³ti⁴³tɕeo⁴⁴ni⁵⁵a⁵⁵dʑãŋ¹³tsi⁴⁴phə⁵⁵huei⁵⁵mbə¹³. 本地姜很辣。
　　 我们 地方 的 前缀 根 前缀 姜 很 辣

（4）pə⁴³ɕau⁴⁴ni⁵⁵ŋa⁵⁵ʐau⁴⁴ai⁴³tʂo⁴⁴ki⁴⁴tʂa⁵⁵. 五岁的孩子爱放炮。
　　 五 岁 的 孩子 很 放 鞭炮

（5）gau¹³ʑi⁴³ɕau⁴⁴ni⁵⁵ti⁴⁴ŋgau⁴³ai⁴³ɴɢa²¹thai³³baɯ¹³.
　　 十 八 岁 的 姑娘 很 勤 插 花
　　十八岁的姑娘爱戴花。

（二）补语标记

滇北苗语中由结构助词 gi¹³ 和 ndu¹³ 引导的短语通常用在动词或形容词的后面，在句中做补语，助词作补语标记。例如：

（1）a⁵⁵ndlau¹³ntau⁴⁴və¹³gi¹³pi⁴⁴la⁴⁴lu¹³. 树叶纷纷地落下来。
　　 前缀 叶 树 落 得 落叶貌 来

（2）di¹³baɯ¹³ni⁵⁵lie⁴³ndu¹³ki³³dʑa¹³. 这些花红通通的。
　　 些 花 这 红 得 红色貌

第十三节　叹　词

滇北苗语的感叹词包括表喜悦、愤怒、悲伤或惊讶等四类。具体如下：

表示喜悦　　　　　　　ha³¹ha³¹ 哈哈、呵呵

表示愤怒、鄙视或者斥责、不满	ʑie⁴³哼，phei⁵⁵呸，a⁴³lei⁴³嘿，ai⁴³ʐa⁴³哎呀
表示悲伤、痛苦	ŋŋ⁴³唉，a⁴⁴ʐau⁴³哎哟，ŋŋ⁴³咳，ai⁴³ʐau⁴⁴哎呦
表示惊讶、诧异或赞叹	ʑie¹³哎呀，ʐi¹³呵，ʐi⁴⁴ʐi¹³哎呀呀，a³¹mau³¹mau³¹哎呀呀，nei¹³哪，ai⁴³ʐau⁴⁴哎哟、a⁴⁴ lei¹³阿嘞，等。

感叹词是表示感叹或呼唤、应答的词。它没有理性意义，只有感性意义，在句法结构关系中不与句法结构成分发生关系，独立于句子结构之外。滇北苗语的感叹词往往用在感叹句中，表示喜悦、愤怒、悲伤或惊讶等强烈的感情色彩，位置居于句首，不与其他句子成分发生关系。例如：

（1）ha³¹ha³¹!gi²¹dzeo¹³pai²⁴ʈau⁴⁴ku⁵⁵di¹³.
　　　哈哈　你　会　败　给　我　手
　　　呵呵!这下可输给我了。（表示喜悦）

（2）ʐei⁴³！ku⁵⁵bie²¹ʐau⁴⁴la⁵⁵tu⁵⁵ni⁴⁴bie²¹！
　　　哼！　我　的　好　过于　它　属于
　　　哼！我的比他的好得多呢！（表示不满）

（3）ai⁴³ʐei⁴³！mo⁴³ku⁵⁵la⁵⁵da²¹！哎哟！疼死我啦！（表示痛苦）
　　　哎哟　疼 我　要　死

（4）a⁴⁴lei¹³！ku⁵⁵di¹³nteo⁵⁵hi⁴⁴bo¹³daɯ¹³.
　　　啊呗　我　些　书　不　见　了
　　　哎呀！我的书不见了。（表示惊讶）

第五章 句法结构及其语义结构

句子由不同的成分构成，不同的成分构成不同的结构关系，即句法结构。不同的句法结构的成分之间有不同的语义，形成不同的语义结构。滇北苗语的句子通常由主语、谓语、宾语、表语、定语、状语、补语等成分构成，其中，主语、谓语、宾语、表语是句子结构的必有成分，在句法结构里充当必有论元，而定语、状语、补语是句子结构的可选成分，在句法结构中充当可选论元。在句法结构中，必有论元谓语是句法结构的核心，以谓语为核心构成谓核结构，谓核联系主语和宾语，主语和宾语在句法结构中有不同的语义角色。在句法结构中，可选论元在谓核结构的外围，定语与主语、宾语关联，状语、补语与谓语关联，定语、状语、补语有不同的语义，充当不同的语义角色。

第一节 主语及其语义结构

在滇北苗语中，能做句子主语的词有名词（包括方位名词、时间名词）、动词、形容词和部分词组，其中名词做主语的情况比较普遍。从句法结构关系来看，滇北苗语的主语是谓核结构联系的主体，属于主事论元或主体论元。主事论元或主体论元可以分为施事、受事、起事、范围和材料。

一 施事主语与施事主体

施事主语是指施事主体在句中置于主语的位置。施事主体是和动作主体联系的、表示动作行为的论元，是动作行为的发出者，具有发出动作行为的能力。滇北苗语典型的施事主语由具有高生命度的名词和代词充当，施事主体投射到句法平面主语的位置充当施事主语，构成"主语+谓语"的句法结构，其语义结构关系是"施事主体+谓核"。例如：

（1）tsai^{55}ky^{55}dʐo^{21}sãŋ^{44}i^{44}fau^{44}hi^{55}ȵau^{55}. 弟弟栽了一棵杉木树。
　　　个　弟　栽　了　一　棵　杉树

（2）i⁴³mbo⁴³nau̱²¹n̥o⁴³lai⁴³ndu¹³ʐãŋ⁴⁴mau¹³ʐãŋ⁴⁴lo²¹.
　　　一　群　鸟　在　个　天　飞　去　飞　来
　　　一群鸟在天上飞来飞去。
（3）ŋa⁵⁵ʑau⁴⁴mau¹³ʐu²¹dʑie¹³leo¹³daɯ¹³. 孩子们放牛去了。
　　　孩子　去　放　牧　去了　了
（4）pi⁴³n̥u⁴³na⁴⁴mau¹³dʐo²¹ntau⁴⁴. 我们今天去栽树。
　　　我们　今天　去　栽　树

二 当事主语与当事主体

当事主体是指事件中非自主变化或事物性质、性状的主体，是与表示心里、感觉、认知、遭遇等感知动词或表示性质、性状等形容词或情状动词相联系的论元。滇北苗语的当事主体通常由普通名词或代词充当，当事主体投射到句法平面主语的位置，构成"主语+谓语"的句法结构和"当事主语+谓核"的语义结构关系。例如：

（1）lai⁴³tau⁴³ni⁵⁵hai⁵⁵sie⁴³. 这座山很高。
　　　个　山　这　很　高
（2）ku⁵⁵ɖaɯ²¹tu⁵⁵gu¹³qha⁴³n̥au²¹ma²¹ni⁵⁵. 我喜欢刚买的这匹。
　　　我　喜欢　匹　是　刚　买　这
（3）lu⁵⁵ndu¹³ntsa⁴³ndu¹³mi⁴³sie⁴⁴. 天空蓝莹莹的。
　　　个　天　蓝　得　蓝色貌
（4）pi⁴³ti²¹tɕeo⁴⁴ni⁵⁵a⁵⁵dʐãŋ¹³tsi⁵⁵phə⁴³huei⁵⁵mbə¹³. 我们的本地姜很辣。
　　　我们　地方　的　_{前缀}　根　_{前缀}　姜　很　辣

三 当事主语与起事主体

起事主体是和属性动词联系着的论元，是双方属性的起方，常处于gu¹³"是"等构成的句子并处于主语位置，由普通名词、亲属称谓名词、时间名词和代词充当。当事主语投射到句法平面主语的位置，构成"主语+谓语"的句法结构和"当事主语+谓核"的语义结构关系。例如：

（1）ku⁵⁵vai¹³gu¹³ni⁴⁴tsai⁵⁵nu²¹. 我父亲是他舅舅。
　　　我　父　是　他　个　舅
（2）ti⁵⁵i⁴³ɕau⁴⁴dʐo²¹tsi⁵⁵qə⁴³. 第一年种玉米。
　　　第　一　年　栽　_{前缀}　玉米
（3）ku⁵⁵gu¹³a⁵⁵m̥au⁴³ntshai³³. 我是苗家女。
　　　我　是　阿　卯　姑娘

（4）tai⁴³gu¹³ʐaŋ⁴⁴vai¹³gu¹³li⁵⁵a⁴³. 飞的那只是乌鸦。
　　　只　是　飞　那　是　乌鸦
（5）di¹³gu¹³tleo⁴³gu¹³so⁵⁵lu¹³, di¹³gu¹³vaɯ¹³gu¹³ndli¹³.
　　　些　是　白　是　棉花　　些　是　黄　是　稻谷
　　白的是棉花，黄的是稻谷。

当时间名词做主语时，主事和客事之间往往表示判断关系，可不用谓核联系。例如：

（1）mo⁴⁴na⁴⁴lu⁴³tlau⁴⁴li⁴⁴n̩i¹³gau¹³ʐi¹³. 今天六月二十八。
　　　今天　个　六　月　二　十　八
（2）pi⁴³gi²¹li⁴³pai²⁴pə⁴³. 明天礼拜五。
　　　明天　礼　拜　五

四　处所主语、数量主语与范围主体

范围主体是与变化动词、属性动词、性质形容词和性状形容词联系的时间中所关涉的领域或范围论元，表示变化或属性双方的存现关系，表称关系或性质、性状。滇北苗语的范围主体由表示范围或领域的名词、处所名词、表示处所的介词短语或数量短语充当。当范围主体投射到句法平面主语的位置时，构成"主语+谓语"的句法结构和"处所主语+谓核"的语义结构关系。例如：

（1）lai⁴⁴ko⁴⁴tau⁴³tu⁴⁴tɕha⁴⁴deo¹³lo¹³pə⁴³lɯ⁴³tə⁵⁵nə⁴³.
　　　个　脚　山　突然　出　来　五　个　人
　　山脚下突然钻出五个人来。
（2）dai⁴³qãŋ⁴³la⁴³ʂeo⁵⁵i⁴³lɯ⁴³tə⁵⁵nə⁴³. 桥脚下站着一个人。
　　　个　下面　桥　站　一　个　人
（3）a⁵⁵ky⁴³a⁵⁵ndu²¹ma¹³tsi⁴³tlau⁴³lu⁴³ŋgau¹³ntshai³³.
　　　前缀 沟 前缀 边界　有　三　四　个　姑娘
　　河边有三四个姑娘。
（4）thau⁴⁴a⁵⁵ko⁴⁴tau⁴³dzo²¹a⁵⁵ntsi³³tau⁴³sie⁴³li⁴⁴dzãŋ¹³?
　　　从　前缀 脚 山　到　前缀 尖　山　高　怎样
　　从山脚到山顶有多高？
（5）tɕiŋ⁴³miŋ³¹dzei¹³n̩au¹³nau²¹tʂhie⁴³tʂhie⁴³. 清明时节雨纷纷。
　　　清　明　时候　雨　新　新
（6）pə⁴³tlau⁴⁴lu¹³tə⁵⁵nə⁴³fai⁴³a⁴⁴i⁴³tsu⁴³tu⁴⁴zau⁴⁴dzo¹³.
　　　五　六　个　人　分　做一组　都　好　的
　　五六个人编成一组都可以。

（8）tai⁴³ni⁵⁵gu¹³gi²¹bie²¹,tai⁴³vai¹³gu¹³ni⁴⁴bie²¹.
    个 这 是 你 属 个 那 是 他 属
    这是你的，那是他的。
（9）pi⁵⁵dau²¹tsi⁴³du¹³vai¹³gu¹³ku⁵⁵bie¹³. 下面那三只是我的。
    下面 三 只 那 是 我 属

五 当事主语与材料、工具主体

材料主体是动作行为动词所联系的表示事件中所用材料或工具的论元。滇北苗语的当事主体通常由普通名词充当，当事主语投射到句法平面主语的位置时，构成"主语+谓语"的句法结构和"当事主语+谓核"语义结构关系。例如：

（1）lai⁴³ki⁴³mpa⁴³ni⁵⁵hi⁴⁴nau¹³ʐa⁵⁵zau⁴⁴. 这个瓜最好不要吃。
    个 瓜 这 不 吃 最 好
（2）lai⁴³n̄ãŋ⁴³ni⁵⁵ndi³³tau⁴⁴gu¹³huei⁵⁵pu⁵⁵. 这个袋子装得满满的。
    个 袋 这 装 得 是 很 满
（3）die¹³a⁵⁵dla¹³nteo⁵⁵ni⁵⁵hai⁵⁵dzu²¹ʂau⁴⁴nteo⁵⁵. 这些纸合适写字。
    些 张 纸 这 很 合适 写 字

六 动作行为主语与动作行为主体

动作行为主体置于句子的主语位置时，表示对这一动作行为进行评价或判断。滇北苗语的动作行为主体由实义动词或动词短语充当，当动作行为主体投射到句法平面主语的位置时，构成"主语+谓语"的句法结构和"动作行为主语+谓核"的语义结构关系。例如：

（1）zau¹³zau⁴⁴, ʂeo⁵⁵hi⁴³zau⁴⁴. 坐着好，站着不好。
    坐 好 站 不 好
（2）py⁴⁴tɕe⁴⁴zau⁴⁴, i⁴³dʑi¹³hi⁴³zau⁴⁴. 睡着好，躺着不好。
    睡 着 好 躺 是 不 好
（3）ɲie⁵⁵hi⁴³zau⁴⁴na¹³, tlo³³ʐau⁴⁴na¹³. 哭不好看，笑好看。
    哭 不 好 看 笑 好 看
（4）dʐo¹³ʐaŋ³¹tʂua³¹qho⁵⁵dʑa²¹dʐo¹³lau⁴⁴da¹³tu⁴⁴zau⁴⁴.
    拿 洋 扎 或者 拿 锄头 来 都 好
    拿铁锹或锄头来都行
（5）a⁴⁴li⁴⁴ni⁵⁵die²¹zau⁴⁴, a⁴⁴li³¹vai¹³hi⁴³zau⁴⁴.
    做 这样 才 好 做 那样 不 好
    这样做才好，那样做不好。

（6）ku⁴³n̠ie⁴³sãŋ⁴⁴hi⁴⁴ʐau⁴⁴nau¹³. 煳了不好吃。
　　　　煳　了　不　好　吃

当动词充当句子的主语时，往往使用判断动词 dʐo¹³ 或 dʑi¹³ 形成两种选择或两个对比的动作、状态。例如：

（1）na¹³la³³zau⁴⁴dʐo¹³, hi⁴³na¹³la⁴⁴zau⁴⁴dʐo¹³. 看可以，不看也可以。
　　　看　也　好　是　不　看　也　好　是
（2）n̠ie⁵⁵dʑi¹³hi⁴³zau⁴⁴na¹³, tlo³³dʑi¹³zau⁴⁴na¹³. 哭不好看，笑好看。
　　　哭　是　不　好　看　笑　是　好　看
（3）mau¹³dʑi¹³hi⁴⁴fai⁴⁴, ɖau²¹dʑi¹³fai⁴⁴. 走不快，跑快。
　　　去　是　不　快　跑　是　快

第二节　谓语及谓核结构

谓语是陈述主语的句法成分，表示主语所发生的动作行为或所处的状态，是句法结构和语义解释的核心。谓语和句子前后的主语、宾语、状语和补语都可以发生语法和语义联系。动词是一个句子的中心，它支配着句子中的其他成分，但动词本身不受其他任何成分的支配。滇北苗语的谓语通常以动词和形容词为中心，构成以谓词为中心的谓核结构，此外，表示时间、节气的名词或名词性短语以及表示方式的副词也可以直接做谓语，是谓核隐现的形式。

一　以动词为中心的动核结构

以动词为中心的动核结构是滇北苗语句子中常见的谓语结构，其核心部分是动词，动词在句中组成动词短语结构连接句子的主事部分和客事部分，从而构成"主语+谓语动词+宾语"的基本句法结构，即"主事+谓核+客事"的语义结构关系。这种句法结构往往包括主事论元和客事论元，主事论元通常表示动作行为的发出者，客事论元通常表示动作行为的承受者或经历者。例如：

（1）ni⁴⁴ma¹³sãŋ⁴⁴pə⁴³du²¹tʂhi³³. 他买了五只羊。
　　　他　买　了　五　只　羊
（2）ku⁵⁵huei⁵⁵ɳtʂhai⁴⁴dzai⁴³tə⁵⁵nə⁴³vai¹³. 我很怕那些人。
　　　我　很　害怕　些　人　那
（3）ku⁵⁵ɳɖo²¹mi²¹i⁴³dʑau²¹nau¹³va¹³. 我和你们一起吃饭。
　　　我　和　你们　一起　吃　饭

（4）ni⁴⁴a⁵⁵na²¹la⁴⁴ku⁵⁵i⁴⁴kau⁴³. 她昨天骂了我一顿。
　　　她　昨天　骂　我　一　顿
（5）ni⁴⁴n̪ãŋ⁵⁵i⁴³lu⁴³tʂho⁴⁴a⁵⁵tʂie⁴³. 她穿了一件崭新的衣服。
　　　她　穿　一　件　衣服　前缀　新

滇北苗语的动词有时候也可以独立成句，不联系主事与客事。动词单独做谓语时通常用在以下几种情况：

用在祈使句里。例如：
（1）hau⁵⁵! 喝！
　　　喝
（2）hi⁴³tl̥o³³la⁵⁵!别笑啦！
　　　别　笑　啦

用在对话里。例如：
（1）--da¹³la³³hi⁴⁴da¹³?来还是不来？
　　　　来 或者 不 来
　　--da¹³. 来。
　　　来
（2）--die¹³gi²¹nau¹³va¹³sãŋ⁴⁴daɯ¹³lu⁴³?你吃饭了没有？
　　　　是否 你 吃　饭　了　　了　吗
　　--nau¹³sãŋ⁴⁴daɯ¹³. 吃了。
　　　吃　了　了

二　以形容词为中心的谓核结构

谓核结构的核心是形容词，谓核结构在句中对主语进行叙述、描写或判断，涉及的对象通常是主事论元。例如：
（1）tsai⁵⁵tə⁵⁵nə⁴³ni⁵⁵a⁵⁵dʐau¹³hai⁵⁵sie⁴³. 这个人个儿高。
　　　个　人　这　前缀　个儿　很　高
（2）di¹³hi⁴³tl̥o⁴³ni⁵⁵tsha⁴⁴fau⁴³tu⁴⁴hai⁵⁵nti⁵⁵. 这些竹子条儿真长。
　　　些　竹　这　齐　棵　都　很　长
（3）i⁴³ky⁴⁴ni⁵⁵ʂi⁴³, i⁴³ky³³vai¹³n̪ãŋ⁵⁵. 这挑轻，那挑重。
　　　一　挑　这　轻　一　挑　那　重
（4）ni⁴⁴zau⁴⁴i⁴³ɳtʂi³³ŋa³³daɯ¹³. 他好一些了。
　　　他　好　一　点　小　了
（5）ni⁴⁴lu⁴³tl̥hu⁴⁴vaɯ¹³gi¹³ʂi³³vo¹³. 他的脸色黄黄的。
　　　他　个　脸　黄　得　黄色貌

（6）pi³¹dʑeo²¹n̥u⁴³ni⁵⁵hai⁵⁵ʂo⁵⁵. 这几天很热。
　　　　　几　天　这　很　热

形容词独立成句，往往用在以下两种情况中：
（1）用在对话中。例如：
　　--gi²¹nau¹³va¹³tʂau⁴⁴dau¹³la¹³? 你吃饱饭了吗？
　　　你　吃　饭　饱　了　吗
　　--tʂau⁴⁴dau¹³. 饱了。
　　　饱　　了
（2）用在感叹句中。例如：
　　zau⁴⁴！好！　　　　　　　ʂo⁵⁵！热！
　　ku⁴³！烫！　　　　　　　no⁴⁴！冷！

形容词单独用于感叹句时往往与副词gu¹³"太，十分"连用，副词gu¹³"太，十分"由判断动词gu¹³"是"语法化而来，形容词与副词gu¹³连用表示感叹的程度加深。上述两个感叹句也可以表达为：
　　zau⁴⁴gu¹³！太好啦！　　　　ʂo⁵⁵gu¹³！太热啦！
　　ku⁴³gu¹³！太烫啦！　　　　　no⁴⁴gu¹³！太冷啦！

三　名词或名词性短语做谓语

名词或名词性短语在滇北苗语中直接做谓语的情况通常仅用来表达时间或节气。例如：
（1）m̥o⁴⁴na⁴⁴lu³³tl̥au⁴⁴li⁴⁴n̩i¹³gau¹³ʑi¹³. 今天六月二十八。
　　　今天　个　六　月　二　十　八
（2）m̥o⁴⁴na⁴⁴li⁴³pai²⁴tsi⁴³. 今天礼拜三。
　　　今天　礼　拜　三
（3）pi²¹gi²¹tɕiŋ⁴³miŋ³¹. 明天是清明节。
　　　明天　清　明

四　表示动作方式的副词做谓语

滇北苗语中副词做谓语的情况不常见，往往局限于表示方式的副词a⁴⁴li⁴⁴dʑãŋ¹³"怎么样"或者a⁴⁴dʑãŋ¹³。例如：
（1）na⁵⁵ni⁵⁵gi²¹a⁴⁴dʑãŋ¹³dau¹³? 你现在怎样了？
　　　现在　你　怎样　了
（2）ni⁴⁴ŋtʂheo⁴⁴a⁴⁴li⁴⁴dʑãŋ¹³dʑi¹³a⁴⁴li⁴⁴dʑãŋ¹³. 他想怎么样就怎么样。
　　　他　想　怎样　就　怎样

（3）gi²¹dy¹³a⁴⁴li⁴⁴dʐãŋ¹³dʑi¹³a⁴⁴li⁴⁴dʐãŋ¹³. 你怎样想就怎样做吧。
　　　你　想　　怎样　　就　　怎样

第三节　宾语及其语义结构

宾语通常表示动作行为的对象、结果，动作行为所凭借的事物、动作行为发生的处所等，也可以表示动作行为的施事或存在、领有的事物。从语义结构关系来看，宾语为客事论元，是句子的动核结构所涉及的客体，其语义角色表现为受事、施事、工具、结果等。

一　受事宾语

受事宾语位于谓语动词之后，表示动作、行为的对象。滇北苗语的受事宾语通常由名词、代词充当，表示句子动作、行为所联系的客体论元。当受事宾语投射到句子宾语的位置时，构成"主语+谓语+宾语"的句子结构，其语义结构关系是"施事主语+谓核+受事宾语"。例如：

（1）ni⁴⁴hi⁴⁴nto⁴⁴mpa⁴⁴zau⁴³. 他剁猪食。
　　　他　剁　　猪　　菜
（2）ni⁴⁴ma¹³sãŋ⁴⁴n̠u¹³dɯ²¹. 他买了牛了。
　　　他　买了　　牛　　了
（3）ku⁵⁵la²¹nau¹³ɴɢai¹³pi⁴³nau⁴³. 我吃过蛇肉。
　　　我　曾经　吃　肉　前缀　蛇
（4）ni³³hi⁴³nau¹³ɴɢai¹³tʂhi³³. 他不吃羊肉。
　　　他　不　吃　肉　　羊

在"施事主语+谓核+受事宾语"的结构中，受事宾语如果同时涉及到表示人和物的双宾语，表示人的间接宾语通常置于表示物的直接宾语之前，其语义结构是"施事主语+谓核+间接宾语+直接宾语"。例如：

（1）ku⁵⁵sãŋ⁴⁴ni⁴⁴i⁴³nãŋ⁴⁴nteo⁵⁵. 我拿给他一本书。
　　　我　给　他　一　本　书
（2）ni⁴⁴ma¹³ku⁵⁵a⁴⁴du²¹tʂhi³³. 他买我两只羊。
　　　他　买　我　二　只　羊
（3）ni⁴⁴fai⁴³ku⁵⁵tsi⁴³ki⁴⁴tsi⁵⁵dli¹³. 他分给我三斤桃子。
　　　他　分　我　三　斤　前缀　桃

如果表示事物的直接宾语前置于表示人的间接宾语，则需在间接宾语前加上介词tau⁴⁴"给"，构成"施事主语+谓核+直接宾语+tau⁴⁴+间接宾语"。上述三个例句也可以分别表示为：

（1）ku⁵⁵sãŋ⁴⁴i⁴³nãŋ⁴⁴nteo⁵⁵ʈau⁴⁴ni⁴⁴. 我给一本书给他。
　　　我　拿一　本　书　给　他
（2）ni⁴⁴ma¹³a⁴⁴du²¹tʂhi³³ʈau⁴⁴ku⁵⁵. 他买我两只羊。
　　　他　买　二　只　羊　给　我
（3）ni⁴⁴fai⁴³tsi⁴³ki⁴⁴tsi⁵⁵dli¹³ʈau⁴⁴ku⁵⁵. 他分给我三斤桃子。
　　　他　分　三　斤 前缀 桃　给　我

滇北苗语句中的受事宾语有时候也可以移到句子主语的位置，在句法平面上充当主语，构成"受事+谓语"的句子结构和"受事主语+谓核"的句法语义结构关系，表示受事处于某种行为状态中。例如：

（1）tsai⁴³vai¹³ɭo⁴³lai⁴³ŋga¹³ntsi⁵⁵zau⁴⁴daɯ¹³.
　　　个 父亲 大 个　房　补　好　了
　　　伯父的房子已经修好了。
（2）va¹³ku⁴³n̻ie⁴³sãŋ⁴⁴. 饭煳了。
　　　饭　煳　了
（3）tɕeo⁵⁵hau³³dau¹³daɯ²¹. 酒喝完了。
　　　酒　喝　完　了

二　结果宾语

结果宾语在谓语动词之后，表示动作行为产生、引发或达成的结果。从语义结构关系看，结果宾语表示动作行为所联系的客体，是动作行为的结果。结果宾语通常由名词充当，构成"主语+谓语+宾语"的句法结构和"施事主语+谓核+结果宾语"的句法语义结构。例如：

（1）ku⁵⁵ɕau⁵⁵na⁴⁴ʂau⁴⁴tau⁴⁴a⁴³dy⁴⁴dʑi¹³. 我今年收了两斗荞麦。
　　　我　年　这　收　得　二　斗　荞
（2）ni⁴⁴tou⁴⁴tau⁴⁴a⁴³tʂhi³¹ntau⁴³ntsa⁴³. 他扯得两尺蓝布。
　　　他　扯　得　二　尺　布　蓝
（3）ni⁴⁴a⁴⁴tau⁴⁴i⁴³lu⁴⁴ŋga¹³a⁵⁵tʂhie⁴³. 他盖得一所新房子。
　　　他　做　得　一　个　房 前缀 新

在动态语境中，结果宾语也可以移到主事论元的位置，充当表示结果的受事主语，此种情况下主语位置上的施事论元可以省略，构成"主语论元+谓语"的句法结构和"受事主语+谓核"的语义结构关系。例如：

（1）dzo¹³gy¹³au⁴³ni⁵⁵n̻tɕeo³³gi¹³sie⁴³sie⁴³ɢə²¹ɢə²¹.
　　　条　沟　水　这　挖　得　高　高　低　低
　　　这条沟挖得深浅不一。

（2）dzo¹³ki⁵⁵ni⁵⁵ntsi⁵⁵gi¹³sie⁴³sie⁴³ɢə²¹ɢə²¹. 这条路高低不平。
　　　条　路　这　修　得　高　高　低　低
（3）qa⁴³tɕou⁴³tɕhi⁴³gi¹³hu⁵⁵hu⁵⁵dʑa¹³dʑa¹³sãŋ⁴⁴.
　　　堂屋　　扫　得　干　干　净　净　的
　　堂屋里扫得干干净净的。

三　工具宾语

工具宾语是施事发出动作行为所凭借的工具或材料，是谓语动词所联系的表示工具的客体。滇北苗语的工具宾语通常由普通名词充当，工具宾语在句法结构层面上投射到宾语的位置，构成"主语+谓语+宾语"的句法结构，其语义结构关系是"施事主语/受事主语+谓核+工具/材料宾语"。例如：

（1）tai⁴³pi³¹ni⁵⁵a⁵⁵zau⁴⁴sau⁴⁴ti⁴³. 这支笔不好写。
　　　只　笔　这　不　好　写　的
（2）tai⁴³lau⁴³vai¹³a⁵⁵zau⁴⁴tɕeo⁴⁴ti⁴³. 那把锄头不好挖。
　　　把　锄头　那　不　好　挖　的
（3）ki⁴⁴tau⁴³ma¹³khau⁵⁵di¹³au⁴³. 葫芦可以装水。
　　　葫芦　有　办法　装　水

四　处所宾语

处所宾语表示动作行为进行或发生的处所。从语义结构关系而言，处所宾语表示处所论元，是动作行为联系的客体，表示施事发出动作行为的处所。滇北苗语的处所宾语通常由处所名词充当。当处所宾语在句法结构层面上投射到宾语的位置时，构成"主语+谓语+宾语"的句子结构，其语义结构关系是"施事主语/受事主语+谓核+处所宾语"。例如：

（1）ni⁴⁴hi⁴⁴ȵo⁴⁴ŋga¹³. 他不在家。
　　　他　不　在　家
（2）ni⁴⁴mau¹³tl̩a⁴⁴lu⁵⁵gi¹³dau¹³. 他上街去了。
　　　他　去　到　个　集市　了
（3）ku⁵⁵ɳɖo²¹ni⁴⁴i⁴³ndzau¹³si⁴³tl̩a⁴⁴ŋga¹³geo¹³nteo⁵⁵.
　　　我　和　他　一起　回　到　房　读书
　　我和他一起回学校。
（4）die¹³gi²¹da¹³wu⁴³tin²⁴la¹³? 你来武定吗？
　　　是否　你　来　武　定　吗

（5）mi²¹n̠o⁴⁴tau⁴⁴qa⁵⁵dy¹³?你们住在哪里？
　　　你们　住　在　哪里

五　表称宾语

表称宾语置于判断动词之后，是判断动词联系的客体论元。从语义结构关系角度而言，表称宾语属于止事论元，是属性动词联系的客体论元。滇北苗语的表称宾语通常由名词或代词充当，当与判断动词联系的名词或代词在句法层面上投射到宾语的位置时，构成"主语+谓语+宾语"的句法结构，其语义结构是"当事主语/处所主语/数量主语+谓核gu¹³+表称宾语"。例如：

（1）ku⁵⁵gu¹³mu³¹tsa⁴⁴, ni⁴⁴gu¹³lau⁴⁴li⁴⁴ky⁴⁴, gi²¹gu¹³tu⁴³a⁴⁴qau⁴³.
　　　我　是　木匠　　他　是　铁师傅　　你　是　者　做　庄稼
　　　我是木匠，他是铁匠，你是庄稼人。

（2）qhai⁴³ni⁵⁵gu¹³ŋga¹³geo¹³nteo⁵⁵la¹³?这里是学校吗？
　　　处　这　是　房　读　书　吗

（3）tai⁴³ni⁵⁵gu¹³a⁵⁵lau⁴⁴qai⁴³, tai⁴³vai¹³gu¹³a⁵⁵n̠ie²¹qai⁴³.
　　　只　这　是　前缀　公　鸡　只　那　是　前缀　母　鸡
　　　这只是公鸡，那只是母鸡。

（4）ni⁵⁵qha⁴³nteo⁵⁵gu¹³ku⁵⁵. 他的老师是我。
　　　他　教　书　是　我

六　存现宾语

存现宾语表示存在或领有的事物，在句中通常位于存现动词 ma¹³ "有"的后面。从语义结构关系而言，存现宾语与表称宾语一样，属于止事论元。滇北苗语的存现宾语由名词充当，当存现宾语在句法层面上投射到宾语的位置时，构成"主语+谓语+宾语"的句法结构，其语义结构关系是"当事主语/处所主语+谓核+存现宾语"。例如：

（1）ni⁴⁴ʐi¹³ma¹³a⁴³du²¹a⁵⁵tsi⁵⁵tli⁵⁵. 他家有两只公狗。
　　　他　家　有　二　只　前缀　公　狗

（2）ku⁵⁵ma¹³a⁴³lɯ⁴³tsi⁴⁴n̠o²¹i⁴³lɯ⁴³tsa⁵⁵ky⁵⁵.
　　　我　有　二　个　姐　和　一　个　个　弟
　　　我有两个姐姐和一个弟弟。

（3）tai⁴³gi²¹ɖau¹³ma¹³i⁴³li⁴³kau⁴³tɕeo⁵⁵. 桌子上有一壶酒。
　　　张　桌　上　有　一　瓶　酒

（4）ŋga¹³vai²¹tha⁴⁴ma¹³i⁴³dzo²¹gɤ¹³au⁴³. 房子前面有一条河。
　　　　房子　前面　有　一　条　河水

七　数量宾语

数量宾语通常由名量词短语充当。从语义结构关系而言，数量宾语充当句子的客事论元，表示动词所联系的数量的客体论元。当数量宾语在句法层面上投射到宾语的位置时，构成"主语+谓语+宾语"的句法结构，其语义结构关系是"施事主语/当事主语/处所主语+谓核+数量宾语"。例如：

施事主语+动词短语+数量宾语
（1）tai³³nau¹³i⁴³kho⁴³, tai³³hau³³i⁴³pei⁴⁴. 再吃一碗，再喝一杯。
　　　　再　吃　一　碗　再　喝　一　杯
（2）tsha⁴⁴lɯ⁴³a⁵⁵la⁴⁴kɤ⁵⁵tsi⁴³kɤ⁴⁴. 每个青年挑三担。
　　　　齐　个　_{前缀}年轻　挑　三　挑
（3）pi⁴⁴tsha⁴⁴nu⁴³nau¹³tsi⁴³dla²¹va¹³. 我们每天吃三顿饭。
　　　　我们　齐　日　吃　三　顿　饭
（4）ku⁵⁵ɕau⁵⁵na⁴⁴ʂau⁴⁴tau⁴⁴a⁴³dɤ⁴⁴dʑi¹³. 我今年收了两斗荞麦。
　　　　我　年　这　收　得　二　斗　荞

当事主语+动词短语+数量宾语
（1）tsi⁵⁵ŋa⁴⁴ʐou⁴⁴ni⁴⁴la⁴⁴ma¹³li⁴³gu¹³gau²¹a⁴³tsi⁴³ɕau⁴⁴.
　　　　个　孩子　这　要　有　样子　十　二　三　岁
　　这个孩子大约有十二三岁。
（2）ma¹³a⁴³lɯ⁴³tu⁴³. 有两个儿子。
　　　　有　二　个　儿子
（3）mi²¹zo¹³ma¹³pi³³dʑeo²¹ʑi¹³？pi³¹dʑeo²¹lɯ⁴³tə⁵⁵nə⁴³？
　　　　你们　村　有　几　家　几　个　人
　　你们村子有几家人，几个人？

处所主语+动词短语+数量宾语
（1）vai¹³ni⁵⁵ma¹³lə¹³, vai¹³ʑi⁵⁵ma¹³i⁴³dzo²¹gɤ¹³au⁴³.
　　　　处　这　有　田　处　那　有　一　条　河水
　　这里有田，那里有一条河。
（2）ntau⁴⁴a⁵⁵ʂa⁴³ha³¹ma¹³lu⁴³a⁴³lu⁴³tsi⁵⁵si⁴³.
　　　　树　_{前缀}上面　还　有　个　二　个　果　的
　　树上还有一两个果子。
（3）vai¹³ni⁴⁴ma¹³i⁴³tshie⁴⁴tshie⁴⁴mpa⁴⁴zau⁵⁵. 这里有一些野猪。
　　　　处　这　有　一　些　些　猪　郊外

（4）tu⁵⁵gi³¹ɖau¹³ni⁵⁵ma¹³tl̪au⁴³tshai³³a⁵⁵dʑi²¹. 这张桌子有四条腿。
　　　张　桌子　这　有　四　支　前缀脚

（5）ku⁵⁵ɖaɯ²¹tu⁵⁵gu¹³qha⁴³ȵau²¹ma²¹ni⁵⁵, ni⁴⁴ɖaɯ²¹tu⁵⁵gu¹³tu³³
　　　我　喜欢　匹　是　刚　买　这　他　喜欢　匹　是
　　di²¹ma²¹vai¹³.
　　以前　买　那
　　我喜欢刚买的这匹，他喜欢以前买的那匹。

第四节　定语及其语义结构

　　定语是修饰体词中心语的成分，在句法结构中修饰主语或宾语。滇北苗语的定语通常由名词、形容词、数词、量词等充当，修饰时位置可以在主语或宾语的前面，也可以在主语或宾语的后面。从语义角度而言，定语是与主事或客事论元有关的可选题元，用来修饰、限定主事或客事的语义，并映射到定语的位置，从而构成"定语+主事+谓语"，"主事+定语+谓语"，"主事+谓语+定语+客事"或"主事+谓语+客事+定语"等句法结构关系。根据定语修饰主事和客事的位置关系，滇北苗语的定语具体分为前定语和后定语两大类。

一　前定语

　　滇北苗语中能充当前定语的成分有代词、名词、数词、量词和修饰式短语。

（一）代词充当定语

　　滇北苗语的代词不论是修饰主事还是客事，在句子中的位置都前置于主语和宾语，其句法结构为"代词定语+主语+谓语"或者"主语+谓语+代词定语+宾语"，相应的语义结构关系是"领属定语+主事+谓语"或者"主事+谓语+领属定语+客事"。滇北苗语用作定语的代词包括人称代词、反身代词和泛指人称代词。例如：

（1）ku⁵⁵lai⁴³tsi⁴³a⁵⁵lo⁴³ŋɖo²¹la⁵⁵ky⁵⁵a⁵⁵dʑy¹³mau¹³tl̪a⁴⁴a⁵⁵tai⁴⁴ŋga¹³
　　　我　个　姐　前缀大　和　个　妹　前缀小　去　到　前缀外婆　家
　　leo¹³ɖaɯ¹³.
　　去　了
　　我大姐和小妹去外婆家了。

（2）hi⁴³ȵi⁵⁵la²¹pi⁵⁵tau⁴³. 不要说别人的坏话。
　　　不　说　别人　坏　话

（3）ni⁴⁴ndzau¹³ẓa⁵⁵a⁴⁴ẓou¹³nu¹³. 他们要做自己的事。
　　　　他们　要　做　自己　事
（4）hu⁵⁵bə²¹nu¹³dʑi²¹hu⁵⁵bə²¹a⁴⁴. 大家的事情，大家做。
　　　　大家　事情　就　大家　做

人称代词做定语表示领属关系时，除上述直接修饰名词的情况外，还可以在人称代词和所修饰名词之间加结构助词 ni⁴⁴ "的" 表示。例如：
　　ku⁵⁵ni⁴⁴qha⁴³nteo⁵⁵ma¹³sãŋ⁴⁴pə¹³du²¹tʂhi³³. 我的老师买了五只羊。
　　我　的　教书　买　了　三　只　羊

（二）名词充当定语

名词充当定语前置时，仅表示名词的性别和领属关系。例如：
（1）tai⁴³ni⁵⁵gu¹³a⁵⁵lau⁴⁴qai⁴³, tai⁴³vai¹³gu¹³a⁵⁵n̠ie⁴³qai⁴³.
　　　只　这　是　前缀　公　鸡　只　那　是　前缀　母　鸡
　　　这只是公鸡，那只是母鸡。
（2）ni⁴⁴gu¹³ku⁵⁵lai⁴³ma⁴⁴ni⁴⁴nə¹³tsãŋ⁴⁴. 他是我姑妈家的亲戚。
　　　他　是　我　个　姑妈　的　亲戚
（3）a⁵⁵m̥au⁴³ni⁴⁴zau⁴⁴tɕeo⁴⁴ma⁴³tau⁴⁴ɣe²¹la²¹hau³³.
　　　阿　卯　的　好　酒　拿　给　朋友　喝
　　　苗族的好酒献给朋友喝。

（三）量词短语充当定语

滇北苗语的数词在句法结构中不单独充当主事或客事的可选论元，往往和量词组合构成量词短语才能体现句法结构关系和充当句子成分。量词短语在句法结构中作为可选论元参与句法构造，起到修饰、限定主事或客事的作用。滇北苗语的量词短语前置于主事或客事论元并投射到定语的位置，充当定语，其句子结构是"数量定语+主语+谓语+宾语"或者"主语+谓语+数量定语+宾语"，其语义结构为"体词性属性定语+主语+谓语+宾语"或者"主语+谓语+体词性属性定语+宾语"。例如：
（1）tsi⁴⁴lu⁴³tə⁵⁵nə⁴³ẓi⁵⁵gu¹³pi⁴³lai⁴³zo²¹. 那三个人都是我们村里的。
　　　三　个　人　那　是　我们　个　村
（2）a⁴³du²¹mpa⁴⁴dai²¹hi⁴³tau⁴⁴pə⁴³tshie⁴³tl̠i⁴³. 两头猪卖不了五千块。
　　　二　只　猪　卖　不得　五　千　钱
（3）ni⁴⁴ma¹³dãŋ³³n̠i¹³ŋau¹³lu¹³kho⁴³. 他买了二十个碗。
　　　他　买　了　二　十　个　碗
（4）kheo³³i⁴³du¹³a⁵⁵də¹³da¹³. 拿一把刀来。
　　　　拿　一　把　前缀　刀　来

量词短语做定语时，可以在量词短语和所修饰的主事/客事之间加上结构助词 ni⁵⁵ "的"。例如：

（1）pə⁴³ɕau⁴⁴ni⁵⁵ŋa⁵⁵ʑau⁴⁴ai⁴³tʂeo⁴⁴dzo⁴⁴ki⁴⁴tʂa⁵⁵.
　　　　五　岁　的　孩子　很　爱　放　鞭炮
　　　五岁的孩子爱放炮。

（2）gau¹³ʑi⁴³ɕau⁴⁴ni⁵⁵ti⁴⁴ŋgau⁴³ai⁴³ɴɢa²¹tʰai³³bãŋ¹³.
　　　　十　八　岁的　姑娘　　很　勤　插　花
　　　十八岁的姑娘爱戴花。

（四）形容词充当定语

滇北苗语的形容词除了做句子的谓语以外，另一个主要功能就是修饰、限制主事或客事的颜色、性质等属性，在句中属于可选论元。修饰、限制主事或客事的形容词投射到定语题元的位置，充当句子主语或宾语的定语，构成"主语+形容词定语+谓语+宾语"或"主语+谓语+宾语+形容词定语"的句子结构，其句子语义结构是"主事+谓词性属性定语+谓核+客事"或"主事+谓核+客事+谓词性属性定语"。滇北苗语的谓词性属性定语做前置定语的情况较少，通常只有表示大小、美丑等少数形容词。例如：

（1）a⁴³du²¹a⁵⁵dʐy¹³tl̥ai⁴⁴n̥o⁴⁴vai¹³a⁴⁴fə⁴⁴. 两只小熊在那里玩耍。
　　　　二　只 前缀 小　熊　在　那　玩耍

（2）nto⁵⁵i⁴³fau⁴³l̥au⁵⁵l̥au¹³ntau⁴⁴lo¹³a⁴⁴n̩tɕi⁴⁴.
　　　砍　一　棵　大　大　树　来　做　柱子
　　　砍一棵大树回来做柱子。

（3）gi²¹gu¹³i⁴³lɯ⁴³zau⁴⁴tə⁵⁵nə⁴³. 你是一个好人。
　　　你　是　一　个　　好　人

（4）ni⁴⁴gu¹³i⁴³lɯ⁴³tʂi⁴⁴tə⁵⁵nə⁴³. 他是一个坏人。
　　　他　是　一　个　　丑　人

二　后定语

滇北苗语里充当后定语的有名词、形容词、指示词和动词。

（一）名词充当后定语

名词做后置定语时，表示主事或客事的材料、性质、类别等的属性，其语义为属性定语。名词做后置定语的情况比前置定语的情况普遍。例如：

（1）ni⁴⁴ntau⁴⁴kau³³hi⁴³tl̥o⁴³ʈau⁴⁴kau⁴⁴ɴqə⁴³. 他带着斗笠，穿着草鞋。
　　　他　带　伞　竹子　穿　鞋　草

（2）ŋga¹³gu¹³ni⁴⁴ndzau¹³gu¹³ŋga¹³va¹³. 他们住的是瓦房。
　　　房子　是　　他们　是　房子　瓦

（3）ɴɢai¹³tʂhi³³hai⁵⁵tʂu³³tʂhi³³. 羊肉很膻。
　　　肉　　羊　很　臭　羊
（4）a⁵⁵ndlau¹³ntau⁴⁴by¹³və²¹. 开始落树叶了。
　　前缀叶子　树　开始　落
（5）i⁴³dla¹³ntau⁴⁴baw¹³ni⁵⁵hai⁵⁵n̥ie¹³. 这块绸子薄薄的。
　　　一　块　布　花　这　很　薄

（二）形容词充当后定语

滇北苗语的形容词做后置定语的情况比较普遍，表示主事或客事的颜色、新旧、形状等的属性，其语义为属性定语。例如：

（1）ni⁴⁴ma¹³tau⁴⁴i⁴³du²¹lau⁴⁴a⁵⁵tʂhie⁴³. 她买了一把新锄头。
　　　他　买　得　一　把　锄头　前缀新
（2）ki⁵⁵ʂa⁴⁴ŋgau¹³hi⁴³ʐau⁴⁴nau¹³. 弯辣椒不好吃。
　　　辣椒　弯　不　好　吃
（3）ni⁴⁴ʐi¹³dai²¹ʂāŋ⁴⁴i⁴³du²¹mpa⁴⁴dlo²¹. 他家卖了一头肥猪。
　　　他　家　卖　了　一　头　猪　肥

（三）指示词充当后定语

滇北苗语的指示词在句法结构中可以作为可选题元来修饰、限制主事论元或客事论元的属性，说明主事论元或客事论元有指且定指。滇北苗语的指示词作定语时，只能修饰、限制量词、量词短语、数量名短语，而且总是后置于主事或客事，构成"主语+定语+谓语"或"主语+谓语+宾语+定语"的句子结构，其语义结构是"主事+定指属性定语+动词短语"或"主事+动词短语+客事+定指属性定语"。

1. 指示词修饰量词

指示词直接修饰量词的情况在滇北苗语里不多，往往用于一些对比的复句里。例如：

（1）tai⁴³ni⁵⁵gu¹³li⁵⁵a⁴³tai⁴³vai¹³gu¹³a⁵⁵tɕau⁴³.
　　　只　这　是　乌鸦　只　那　是　前缀画眉鸟
　　那这只是乌鸦，那只是画眉鸟。
（2）tai⁴³ni⁵⁵gu¹³gi²¹bie²¹, tai⁴³vai¹³gu¹³ni⁴⁴bie²¹.
　　　个　这　是　你　属于　个　那　是　他　属于
　　这是你的，那是他的。

2. 指示词修饰量词短语

指示词修饰量词短语的情况比指示词直接修饰量词普遍，常见于由复数量词构成的量词短语。例如：

（1）die¹³mbə¹³ni⁵⁵hi⁴⁵tʂha⁴⁴l̥o⁴³, tʂa⁴³i⁴³du¹³lu¹³lu¹³.
　　　些　鱼　这　不　太　大　　炸　一　条　整　整
　　这些鱼不太大，整条煎吧。
（2）die¹³ãŋ⁵⁵vai¹³tu⁴⁴ai⁴³dlo²¹. 这些土都很肥。
　　　些　土　那　都　很　肥

3. 指示词修饰数量名短语

指示词修饰数量名短语的情况在滇北苗语里比较普遍。指示词修饰数量名短语时，还可以与形容词、表示领属关系的人称代词等成分共同修饰。例如：

（1）i⁴³ɢa¹³ndli¹³ni⁴⁴la⁵⁵ɕie⁵⁵ɕãŋ⁴⁴ʑi⁴⁴beo²¹da²¹.
　　　一　块　稻　这　要　熟　七　八　倍　了
　　这片稻子成熟七八成了。
（2）ni⁴⁴tai⁴³mpa⁴⁴tl̥u⁴³ni⁵⁵dlo²¹la⁵⁵tu⁵⁵tsi⁴³du²¹vai¹³.
　　　他　头　猪　黑　这　肥　过于　三　只　那
　　他的这头黑猪比那三头都肥。

（四）关系化动词短语充当定语

滇北苗语的动词在句法结构中主要充当动核结构的谓语，部分动词可以作为可选题元修饰或限定动核结构的主事论元，投射到定语的位置做后置定语，构成"主语+定语+谓语+宾语"或"主语+谓语+宾语+定语"的句子结构，其语义结构是"主事+谓词性定语+谓核+客事"或"主事+谓核+客事+谓词性定语"。滇北苗语动词做定语通常需要借助于由gu¹³"是"引导的关系化动词短语来表达，也就是说，只有在关系化短语中，动词才可以做后定语。例如：

（1）nau¹³gu¹³ʐãŋ⁴⁴hi⁴³li⁴³gau¹³po⁵⁵. 飞的鸟不容易打。
　　　鸟　关系化　飞　不　容易　打
（2）va¹³gu¹³tɕou⁴³qãŋ⁴³la⁵⁵tu⁵⁵va¹³gu¹³hau⁴⁴. 蒸的饭比煮的饭好吃。
　　　饭　关系化　蒸　甜　过于　饭　关系化　煮
（3）tu⁵⁵nə¹³gu¹³qha⁴³n̥au¹³ma¹³lo¹³vai¹³dɯ¹³dau¹³.
　　　匹　马　关系化　刚　买　来　那　跑　能
　　刚买来的那匹马跑得快。
（4）tu⁵⁵gu¹³py⁴⁴ tɕe⁴⁴ vai¹³gu¹³li¹³by¹³, tu⁵⁵gu¹³ʂeo⁵⁵ tɕe⁴⁴ vai¹³
　　　头　关系化　睡　着　那　是　雄　　头　关系化　站　着　那
　　gu¹³a⁵⁵n̥ie⁴³.
　　是　　母
　　　　前缀
　　躺着的那头是公的，站着的那头是母的。

（5）ki⁵⁵ʂa⁴⁴ŋgau¹³gu¹³ki⁴⁴qãŋ⁴³, ki⁵⁵ʂau⁴⁴ŋgau¹³gu¹³hau⁴⁴hi⁴³qãŋ⁴³.
　　　辣椒　弯　关系化 炒 甜　　辣椒　弯　关系化 煮　不　甜
弯辣椒炒着吃甜，煮着吃不甜。

第五节　状语及其语义结构

状语是修饰动词或形容词的成分，它以谓核结构为中心，在句法结构中属于可选论元，用来限制、描写谓核结构中谓语动词或形容词的词义，映射到状语的位置，构成"状语+主语+谓语"或"主语+状语+谓语"的句子结构，其语义结构关系是"状语题元+主事+谓核"或"主事+状语题元+谓核"。滇北苗语的状语可以由副词、时间名词、能愿动词、形容词充当，还可以由介词短语、量词短语和其他一些短语充当。

一　时间状语

时间状语由名词性或数词性时间词和时间副词充当。时间状语的句法结构为："状语+主语+谓语"或"主语+状语+谓语"，语义结构为"时间状语+主事+谓核"或"主事+时间状语+谓核"。例如：

1. 句法结构"状语+主语+谓语"与语义结构"时间状语+主事+谓核"

（1）tɕiŋ⁴³miŋ³¹dʑei¹³ȵau¹³nau²¹tʂhie⁴³tʂhie⁴³. 清明时节雨纷纷。
　　　清　明　　时候　　雨　新　新
（2）a³³nau²¹ku⁴³, m̥o⁴⁴na⁵⁵ʐa⁵⁵ku⁴³. 昨天热，今天更热。
　　　昨天　 热　　今天　更　热
（3）pi²¹gi²¹ku⁵⁵la⁵⁵mau¹³dɯ¹³. 我明天就走。
　　　明天　我 要　　去　 了
（4）a⁴³ɕau⁴⁴tou³³ndi¹³ku⁵⁵la²¹bo¹³ni⁴⁴i⁴³kau⁴³. 我两年前见过他一次。
　　　二　年　　前　我 曾 见 他　一　次

2. 句法结构"主语+状语+谓语"与语义结构"主事+时间状语+谓核"

（1）gi²¹thau⁴³dy¹³ʂeo⁵⁵by¹³a⁴⁴vau²¹la¹³lo¹³?
　　　你　从　何时　　开始　做 买 卖　来
你什么时候做起生意来了？
（2）ku⁵⁵ʐi¹³tsha⁴⁴ɕau⁴⁴dʑo²¹tsi⁵⁵qə⁴³. 我们家年年都种苞谷。
　　　我 家　齐　　年　　栽　前缀　玉米
（3）ni⁴⁴ʂeo⁴³ntso⁵⁵mau¹³n̥tɕeo³³ti⁴³, n̥ta⁵⁵ȵu⁴³mau¹³dʑo¹³lie¹³.
　　　他　早上　　去　挖 地　白 天　去　犁　田
他早上去挖地，下午去犁田。

（4）pi⁴⁴tshau⁴⁴n̪u⁴³nau¹³tsi⁴³dla²¹va¹³. 我们每天吃三顿饭。
　　　我们　齐　日　吃　三　顿　饭

二　方式状语

滇北苗语的方式状语用来修饰、限定谓语的动作行为或发展变化方式，通常由方式指示词或介词结构短语充当，构成"主语+状语+谓语"的句法结构关系，其语义结构是"主事+方式状语+谓核"。例如：

（1）a⁴⁴li⁴⁴ni⁵⁵die²¹zau⁴⁴, a⁴⁴li³¹vai¹³hi⁴³zau⁴⁴.
　　　做　这样　才　好　做　那样　不　好
　　　这样做才好，那样做不好。

（2）gi²¹ʐa⁵⁵a⁴⁴li⁴⁴dʑã̠ŋ¹³? 你想要怎么办？
　　　你　要　做　怎样

（3）tai⁴³tʂo⁵⁵d̪au¹³ni⁴⁴ntau³³da²¹sã̠ŋ⁴⁴dau̠¹³. 老虎被他打死了。
　　　只　虎　被　他　打　死　了　了

（4）ku⁵⁵ma⁴³ni⁴⁴hu⁴⁴da¹³. 我把他叫来。
　　　我　把　他　叫　来

三　程度、范围、否定、条件状语

滇北苗语的程度、范围、否定、条件状语题元在句法结构中只修饰限定谓核结构的谓语中心，由程度副词、范围副词、否定副词、条件副词充当，在句中分别做程度状语、范围状语、否定状语和条件状语，构成"主语+状语+谓语"的句法结构关系，其语义结构关系是"主事+程度/范围/否定/条件状语+谓核"。例如：

（1）gi²¹ɢə¹³, ku⁵⁵ɣo²¹ŋo²¹ɢə¹³, ni⁴⁴ɣo²¹ŋo²¹ʐa⁵⁵ɢə¹³.
　　　你矮　我　更　矮　他　最　矮
　　　你矮，我更矮，他最矮。

（2）ku⁵⁵dza²¹la²¹dzau²¹vai¹³ni⁵⁵, hi⁴³la²¹dzo²¹pha⁴⁴ʐau⁴⁴ti⁴³tɕheo⁴⁴.
　　　我　只　曾经　处　外　这　不　曾经　到　别　地方
　　　我只到过这里，没有到过别的地方。

（3）ni⁴⁴hi⁴⁴ȵie²¹da¹³. 他还没有来。
　　　他　不　还　来

（4）nə¹³tʂã̠ŋ⁴⁴qha⁴⁴hi⁴³ȵie²¹da¹³ndʐau²¹ni⁴⁴tsə⁴⁴ʂeo⁵⁵hau³³tɕeo⁵⁵dau̠¹³.
　　　亲戚　客　不　还　来　到　他　就　开始　喝　酒　了
　　　客人还没到他就喝起酒来。

滇北苗语的状语一般都前置于谓语动词前，只有程度副词 die²¹/ta⁴³

die²¹ "真"和gu¹³ "非常"后置于谓语动词。例如：

（1）i⁴³nãŋ¹³nteo⁵⁵ni⁵zau⁴⁴die²¹. 这本书好极了。
　　　一　本　书　这　好　真

（2）ku⁵⁵n̥o⁴³tl̩i⁴³ta⁴³die²¹tsə³³bo¹³gi²¹da¹³dauɯ²¹.
　　　我　在　远　真　就　见　你　来　了
　　　我远远就看见你来了。

（3）ai⁴³ʐau⁴⁴!li⁵⁵fau⁴⁴mo⁴⁴ta⁴³die²¹. 哎哟！脑袋好痛！
　　　哎哟　前缀　头　疼　非常

（4）vai¹³ni⁵⁵ʂo⁵⁵gu¹³, ɴɢai¹³tɕe⁴⁴li¹³hi⁴⁴tsi⁴³.
　　　处　这　热　真　肉　放　久　不　能
　　　这里天太热，肉不能长期放。

四　处所、时间、比况、对象状语

滇北苗语的处所、时间和比况题元在句法结构中如果与介词组合成介词短语，则充当时间、处所和比况状语，构成"状语+主语+谓语"或"主语+状语+谓语"的句法结构，其句法语义结构关系是"处所/时间/比况/对象状语+主事+谓核"或"主事+处所/时间/比况/对象状语+谓核"。例如：

1. 句法结构"状语+主语+谓语"与语义结构"处所/时间/比况状语+主事+谓核"

（1）pi⁴³vai¹³ni⁵⁵tʰau⁴⁴sãŋ⁵⁵tɕa⁴⁴tsha¹³dzo²¹sãŋ⁵⁵tɕa⁴⁴ba¹³, tu⁴³ma¹³
　　　我们　处　这　从　边　风　晴　到　边　风　阴　都　有
hi⁵⁵tl̩o⁴³.
竹子
我们这里从南到北都有竹子。

（2）tʰau⁴⁴ʂeo⁵⁵ntso⁴⁴dzo²¹m̥u⁴⁴ndu¹³ni⁴⁴tu⁴⁴n̥o⁴³tɕe⁴³ti⁴³a⁴⁴nu²¹.
　　　从　早上　到　暗　天　他　都　在　里　地　做活
他从早到晚都在地里干活。

（3）ɕau⁴⁴na⁵⁵qau⁴³lau⁴⁴ʐau⁴⁴la⁵⁵tu⁵⁵tsha⁴⁴ɕau⁴⁴. 今年收成比往年好。
　　　年　这　庄稼　好　过于　去年

2. 句法结构"主语+状语+谓语"与语义结构"主事+处所/时间/比况状语+谓核"

（1）ni⁴⁴n̥o⁴³lai⁴³gy¹³ntsa⁵⁵teo⁴⁴. 他在河里洗脚。
　　　他　在　个　河　洗　脚

（2）ni⁴⁴m̥o⁴⁴na⁴⁴tai³³ʂeo⁵⁵hau³³ʑi²¹dauɯ¹³. 他今天又抽起烟来了。
　　　他　今天　又　开始　喝　烟　了

（3）tʂhi³³pi³¹n̪u¹³hu⁵⁵. 羊比牛干净。
　　　　羊　比　牛　干净

滇北苗语的对象题元做状语时，位置可以在谓语动词的前面，也可以在谓语动词的后面，构成"主语+状语+谓语"或"主语+谓语+状语"的句法结构。例如：

（1）ŋga¹³tɕe⁴⁴leo⁴⁴tsai³³t̪au⁴⁴ni⁴⁴a⁴⁴pa⁴⁴dli¹³. 银行借给他两百块钱。
　　　　房　放　钱　借　给　他　二　百　块

（2）ku⁵⁵mau²¹ŋd̪o²¹ni⁴⁴tsai³³i⁴³nãŋ²¹nteo⁵⁵. 我去跟他借一本书。
　　　　我　去　跟　他　借　一　本　书

（3）ku⁵⁵tsai³³t̪au⁴⁴ni⁴⁴pə⁴³ty⁴⁴qau⁴³. 我借给他五斗粮食。
　　　　我　借　给　他　五　斗　粮

（4）ni⁴⁴fai⁴³t̪au⁴⁴ku⁵⁵tsi⁴³ki⁴⁴tsi⁵⁵dli¹³. 他分给我三斤桃子。
　　　　他　分　给　我　三　斤　前缀　桃

第六节　补语及其语义结构

补语题元是以谓核为中心构成的句法结构成分，是谓核结构的可选论元。其功能在于补充说明动作、行为的结果、状态、趋向、数量、时间、处所、可能性或者说明性状的程度。补语题元在句法结构中映射到补语的位置，充当补语。滇北苗语的补语通常由动词、形容词、副词、助词、状词、量词短语和介词短语充当，其句法结构是"主语+谓语+补语"或"主语+谓语+补语"。

一　情态补语

滇北苗语存在大量丰富的状词，后置于动词或形容词，用来补充、说明动作、性状呈现出来的情态。这里状词的作用主要用来描写动作行为的状态，其语义分别表示施事、受事或动作的某种状态。滇北苗语的补语前可以用助词，也可以不用，其句法结构是"主语+谓语+（助词）+补语"，对应的语义结构关系是"施事主语+谓核+情状补语"。例如：

（1）a⁴⁴lḁ⁵⁵deo¹³dʑi²¹gi¹³dleo¹³dleo¹³. 燃起熊熊大火。
　　　　火　燃　得　呼响貌

（2）tsi¹³a⁵⁵lau¹³tə⁵⁵nə⁴³vai¹³lai⁴³li⁴⁴fau⁴⁴n̪ie⁵⁵tɕheo⁵⁵a⁵⁵nt̪ə⁴⁴.
　　　　个　前缀　老　人　那　个　头　额　穿　皱貌
那个老人的额头皱皱的。

（3）fau⁵⁵ntau⁴⁴tsi⁵⁵dla¹³ni⁵⁵a⁵⁵lu⁴³qã⁴³ɳʂhie⁴³die²¹.
　　　棵　　树　前缀桃子 这　前缀果　甜　　甜貌　真
　　这棵树的桃子很甜。
（4）ɢau¹³ndu¹³ɳu⁴³qu⁴³tɕi⁴⁴tʂhə⁴⁴tʂhə⁵⁵. 天上的星星亮晶晶。
　　　上面　天　　　星　　亮　　闪亮貌
（5）ku⁵⁵hai⁵⁵li¹³hi⁴³ntsa⁵⁵a⁵⁵tɕi⁵⁵dau¹³a⁵⁵tɕi⁵⁵dlau¹³ntu⁴³ntsie¹³.
　　　我　 很久　　不　洗　前缀　身　了　前缀 身　粘　　黏糊貌
　　我很久没洗澡了，身上黏乎乎的。
（6）lai⁴³qho⁵⁵a⁵⁵tsa⁴⁴vai¹³t̪lu⁴³li⁴³ntɕe⁴³. 那个岩洞黑乎乎的。
　　　个　洞　前缀岩　那　黑　　黑乎乎貌

二　结果补语

结果补语表示动作行为导致的结果。作为动核结构中的可选论元，滇北苗语的结果补语由含有结果义的动词或性状形容词充当，其句法结构是"主语+谓语+补语"，对应的语义结构关系是"施事主语+谓核+结果补语"。例如：

（1）tai⁴³t̪li⁵⁵ni⁵⁵ma⁴³tai⁴³a⁵⁵tʂhi⁴⁴do¹³da²¹sã̄ŋ⁴⁴. 这条狗把猫咬死了。
　　　只　狗　这　把　只　前缀猫　咬　死　了
（2）tsai⁴³vai¹³l̪o⁴³lai⁴³ŋa¹³ntsi⁵⁵zau⁴⁴dau¹³.
　　　个　父亲　大　个　房　补　好　 了
　　伯父的房子已经修好了。
（3）i⁴³tshie⁴⁴tshie⁴⁴a⁵⁵dʐi²¹dau¹³dzai³³lo⁵⁵sã̄ŋ⁴⁴. 一些树枝被压断了。
　　　一　些　　些　　前缀　枝　被　压　断 了
（4）ku⁵⁵tʂau⁴⁴ɳdzau¹³ʂã̄ŋ⁴⁴i⁴³lo⁴³kho⁴³. 我打碎了一个碗。
　　　我　打　　　破　　了　一　个　碗

三　程度补语

程度补语通常用来补充、说明谓核结构中谓语形容词的性质或性状程度，有时候也用来描述动作行为所处的状态，由情貌状词、副词和量词短语充当，在句中做程度补语。滇北苗语常用的副词有 hai⁵⁵、ta⁴⁴die²¹、ai⁴³、ʐa⁵⁵等，其中 hai⁵⁵、ta⁴⁴die²¹、ai⁴³表示程度很高，ʐa⁵⁵表示程度最高，量词短语 i⁴³ɳʂi⁵⁵ŋa⁴⁴、i⁴⁴ɳʂi³³等表示程度轻。副词除了 ta⁴⁴die²¹后置于形容词以外，其余副词均前置于谓语形容词，构成句法结构"主语+谓语+补语"，其语义结构关系是"当事主语+谓核+程度补语"。例如：

（1）tsai^{55}tə^{55}nə^{43}ni^{55}a^{55}dʑau^{13}hai^{55}sie^{43}. 这个人个儿高。
　　　个　人　这　个儿　很　高
　　　　　　　前缀

（2）lai^{43}tau^{43}ni^{55}sie^{43}, lai^{43}tau^{43}vai^{13}hai^{55}sie^{43}lai^{43}tau^{43}ʑi^{55}ʐa^{55}sie^{43}.
　　　个　山　这　高　个　山　那　较　高　个　山　那　最　高
　　　这座山高，那座山更高，那座山最高。

（3）a^{55}lu^{43}tsi^{55}tsi^{55}ai^{43}tɕau^{43}. 果子结得太多。
　　　果子　结果　很　多

（4）ni^{44}a^{44}lɯ^{43}hai^{55}hi^{44}ɳʂheo^{44}. 他们俩很相爱。
　　　他　二　个　很　互相爱

（5）ni^{44}ɳʂhai^{44}ta^{44}die^{21}. 她非常害怕。
　　　他　怕　非常

量词短语和情貌状词作状语时均后置于谓语形容词，构成"主语+谓语+程度补语"的句法结构，其语义结构关系是"当事主语+谓核+程度补语"。例如：

（1）ni^{44}zau^{44}i^{43}ɳtsi^{33}ŋa^{33}daɯ^{13}. 他好一些了。
　　　他　好　一　点　小　了

（2）lai^{43}ṇu^{43}zie^{43}gu^{13}ʂo^{55}ntu^{43}so^{44}. 太阳晒得大地暖乎乎的。
　　　个　日　晒　是　热　温暖貌

（3）ni^{13}a^{44}nu^{13}gu^{13}qa^{44}tou^{44}tou^{44}. 她做事情慢腾腾的。
　　　她　做活儿　是　慢　速度慢貌

四　数量补语

滇北苗语的数量补语题元在句法结构中做可选论元时用来表示谓语动词动作发生的次数或持续的时间，包括动量补语和时量补语两种类型。数量补语在句中充当句子的补语，构成"主语+谓语+补语"的句法结构关系，其语义结构关系是"施事/受事/当事主语+谓核+数量补语"。

动量补语由动量词和数词组合而成，表示动作发生的次数。例如：

（1）zau^{44}nau^{13}i^{43}dla^{21}. 饱吃一顿。
　　　好　吃　一　顿

（2）ni^{44}ɳɖo^{21}tɭi^{55}do^{13}a^{43}lo^{44}. 他被狗咬了两口。
　　　他　被　狗　咬　二　口

（3）ntau^{33}ni^{44}i^{43}qa^{33}tshu^{33}, da^{13}ni^{44}i^{43}da^{13}. 打他一拳，踢他一脚。
　　　打　他　一　拳　踢　他　一　踢

（4）ni^{44}mba^{13}daɯ^{21}a^{43}kau^{43}di^{13}. 他拍了两下巴掌。
　　　他　拍　了　二　次　手

时量补语由表示时间的量词和数词构成，表示动作发生持续的时间。例如：

（1）tai⁴⁴do¹³tshai³³li⁴⁴dʑi¹³ŋu¹³ndli¹³daɯ¹³. 再过半个月就割稻子了。
　　　再　等　半　月　　就　割　稻子　了
（2）ɢeo¹³sãŋ⁴⁴pi⁴³dzeo²¹ɕau⁴⁴nteo⁵⁵. 读过几年书。
　　　读　了　　几　　年　书
（3）pi⁴³do¹³sãŋ⁴⁴ŋtau⁴⁴du¹³tɕau⁴³dzei¹³ȵau³³, a⁵⁵dlau¹³a⁵⁵lɯ⁴³qhə⁴³.
　　　我们　等　了　半　个　多　　时间　前缀 门　才　开
　　　我们等了半个多小时，门才开。

五　可能补语

可能补语在句法结构中用来补充说明动作行为的可能性。滇北苗语的可能补语通常在谓语动词后面加 tau⁴⁴ "得"、dau¹³或ɢau¹³ "能"表示动作行为有可能进行；在谓语动词后面加 hi⁴³tau⁴⁴ "不得"、hi⁴⁴dau¹³、hi⁴³ɢau¹³ "不能"表否定。例如：

（1）i⁴³fau⁴⁴ntau⁴⁴ni⁵⁵ku⁵⁵i⁴³lɯ⁴³lai³¹ky⁵⁵dau¹³dʑo¹³.
　　　一　棵　树　　这　我　一　个　也　扛　能　的
　　　我一个人也能扛得起来这根木头。
（2）lu⁴³a⁵⁵dlau¹³ni⁵⁵la⁵⁵qhə⁴³tau⁴⁴dʑo¹³. 这扇门能打得开。
　　　个　前缀 门　这　要　开　得　　的
（3）lu⁴³a⁵⁵dlau¹³ni⁵⁵qhə⁴³hi⁴³tau⁴⁴dau¹³. 这扇门开不了了。
　　　个　前缀 门　这　开　不得　了
（4）i⁴³tʂãŋ⁴⁴ȵtɕi⁴³vai¹³nau¹³hi⁴³ɢau¹³. 那种菌子吃不得。
　　　一　种　　菌　　那　吃　不能
（5）i⁴³tʂãŋ⁴⁴ȵtɕi⁴³vai¹³nau¹³ɢau¹³. 那种菌子能吃。
　　　一　种　　菌　　那　吃　能
（6）ku⁵⁵mau¹³hi⁴³dau¹³daɯ¹³. 我走不动了。
　　　我　去　　不　能　了
（7）ku⁵⁵mau¹³dau¹³dʑo¹³. 我走得动。
　　　我　去　能　的

六　趋向补语

趋向补语表示事物随动作而移动的方向。滇北苗语的趋向补语通常由趋向动词 leo¹³ "去了"、lo¹³ "来"充当，后置于谓语动作之后，构成"主语+谓语+补语"的句法结构，其语义结构关系是"施事主语+谓核+趋向补语"。例如：

（1）ni⁴⁴ndzau¹³i⁴³ʑi¹³tu⁴⁴deo¹³leo¹³daɯ¹³. 他们全家都出去了。
　　　他们　一家　都　出　去了　了

（2）lai⁴³tɕhou³¹hi⁴³ndlo²¹tl̪a⁴⁴lai⁴³qho⁵⁵leo¹³daɯ¹³.
　　　个　球　滚　去　到　个　洞　去了　了
　　球滚到洞里去了。

（3）ma¹³hai⁵⁵tɕau⁴³tə⁵⁵nə⁴³thau⁴⁴lai⁴³za⁴⁴deo¹³lo¹³.
　　　有　很　多　人　从　个　树林　出　来
　　有很多人从树林里走出来。

（4）ŋa⁵⁵ʐau⁴⁴ʂeo⁵⁵lo¹³daɯ¹³. 小孩站了起来。
　　　孩子　站　来　了

七　处所补语

处所补语表示动作发生的地点，通常由表示地点的名词或介词短语充当，置于谓语核心之后，构成"主语+谓语+补语"的句法结构，其语义结构为"施事主语+谓核+处所补语"。例如：

（1）ma¹³i⁴³du¹³tl̪i⁵⁵py⁴⁴tau⁴⁴dzai¹³ki⁵⁵pi⁵⁵n̪tau⁴³.
　　　有　一只　狗　睡　在　条　路　中间
　　有一只狗躺在路中间.

（2）ni⁴⁴mau¹³dla⁴³lai⁴³a⁵⁵ky⁴³sãŋ⁵⁵ʑi⁵⁵leo¹³. 走向河边。
　　　他　去　向　个_前缀_　河边　那　去了

（3）ni⁴⁴a⁵⁵pau⁴³gu¹³ʐo³³ʂau⁴⁴tau⁴⁴a⁵⁵dy¹³ti⁴³.
　　　他　不知道　是　自己　生　在　哪里　的
　　他不知道自己出生在哪里。

第七节　表语及其语义结构

表语是跟在判断动词后面的句法成分。就句子的语义结构关系而言，表语是联系主事的客体，表明主事的性质、用途、类别等属性。滇北苗语的表语通常由名词、名词短语、疑问代词、形容词、形容词短语等充当。滇北苗语存在大量由判断动词gu¹³"是"构成的句子，充当表语的句法成分投射到表语的位置时，构成"主语+gu¹³+表语"的句法结构，其句法语义结构关系是"主事+gu¹³+表语论元"。滇北苗语的表语论元出现在以下三种情况中。

一 表语说明主语的职业

表语最主要的功能之一就是用来说明主语的职业或身份等社会属性特征，这类表语通常由表示民族的名词、表示职业的名词、动宾短语或疑问代词构成。例如：

（1）ku^{55}gu^{13}a^{55}m̥au^{43}, ku^{55}ʐau^{43}ʈau^{44}sie^{43}geo^{21}nteo^{55}.
　　　我 是 阿卯　　我 要 用 心 读 书
　　我是苗家女，我要努力读书。

（2）ni^{44}gu^{13}tu^{43}ʈau^{33}a^{55}dza^{13}go^{44}na^{21}a^{55}ma^{55}. 他是眼科医生。
　　　他 是 者 给 前缀 药 让 看 前缀 眼睛

（3）ku^{55}gu^{13}mu^{31}tsa^{44}, ni^{44}gu^{13}lau^{44}li^{44}ky^{44}, gi^{21}gu^{13}tu^{43}a^{44}qau^{43}.
　　　我 是 木 匠　　他 是 铁 师傅　　你 是 者 做 庄稼
　　我是木匠，他是铁匠，你是庄稼人。

（4）ku^{55}gu^{13}tu^{44}dʐo^{43}nu^{13}, gi^{21}gu^{13}tu^{43}a^{44}nu^{13}, ni^{44}gu^{13}tu^{44}geo^{13}nteo^{55}.
　　　我 是 者 管理 活计　　你 是 者 做 活计　　他 是 者 读 书
　　我是干部，你是农民，他是学生。

（5）ni^{44}gu^{13}qa^{31}dy^{13}? ku^{55}hi^{13}pau^{43}. 他是谁？我不认识。
　　　他 是 谁 我 不 知道

二 表语说明主语的性质

表语说明主语的性质、类别、时间或用途，这类表语通常由形容词、形容词短语、名词或疑问代词等构成。例如：

（1）ni^{44}mau^{13}tau^{44}i^{43}lo^{43}tʂho^{44}gu^{13}hai^{55}ʐau^{44}na^{13}.
　　　他 买 得 一 件 衣 是 很 好 看
　　他买到一件很好看的衣服。

（2）phei^{55}!gi^{21}tsi^{55}a^{55}l̪a^{44}gu^{13}hi^{43}tʂhə^{31}ni^{55}.
　　　呸 你 小 前缀 伙子 是 不 成 呢
　　呸！你这个小伙子真没出息！

（3）qhai^{43}ni^{55}gu^{13}ŋa^{43}geo^{13}nteo^{55}la^{13}?这里是学校吗？
　　　处 这 是 房 读 书 吗

（4）lu^{55}tsi^{55}vai^{13}gu^{13}pi^{43}tɕi^{43}pi^{44}tɕo^{44}hi^{43}ʐau^{44}ŋau^{13}.
　　　个 果 那 是 疙疙瘩瘩 不 好 好看
　　那个果子长得疙疙瘩瘩的不好看。

（5）gu^{13}qai^{43} la^{33} gu^{13}o^{33}lu^{43}?是鸡呢，还是鸭子？
　　　是 鸡 还是 是 鸭 呢

（6）m̥o⁴⁴na⁴⁴gu¹³li⁴³pai²⁴tsi⁴³ la³³ li⁴³pai²⁴pə⁴³?
　　　今天　是 礼 拜 三 还是 礼 拜 五
　　今天是星期三呢还是星期五?
（7）ni⁵⁵gu¹³a⁵⁵si⁴⁴?nau¹³ɢau²¹la³³nau¹³hi⁴³ɢau²¹?
　　　这 是 什么 吃 能 还是 吃 不 能
　　这是什么?能不能吃?
（9）gi²¹tsheo⁵⁵i⁴³tsheo⁵⁵na¹³gu¹³du²¹si⁴⁴. 你猜一下看，这是什么。
　　　你 猜 一 猜 看 是 什么

三　表语说明主语的拥有关系或来源

表语说明主语的拥有关系或来源时通常由形容词、名词短语或代词充当。例如：

（1）tai⁴³ni⁴⁴gu¹³tl̥eo⁴³. 这个是白色的。
　　　个 这 是 白色
（2）ku⁵⁵vai¹³gu¹³ni⁴⁴tsai⁵⁵nu²¹. 我父亲是他舅舅。
　　　我 父 是 他 个 舅
（3）a⁵⁵qu⁵⁵lai⁴³ŋa¹³ʑi⁵⁵gu¹³ku⁵⁵tsai⁴³vai¹³ʑi⁴⁴ŋa¹³.
　　　前缀 后面 个 房 那 是 我 个 父 小 房
　　后面的房子是我叔叔的。
（4）tsi⁴⁴lu⁴³tə⁵⁵nə⁴³ʑi⁵⁵gu¹³pi⁴³lai⁴³zo¹³. 那三个人都是我们村里的。
　　　三 个 人 那 是 我们 个 村
（5）ni⁴⁴dzau¹³qa⁴³nteo⁴⁴gu¹³ʐyn³¹nan³¹tə⁵⁵nə⁴⁴.
　　　他们 教 书 是 云 南 人
　　他们的老师是云南人。
（6）tai⁴³ni⁵⁵gu¹³gi²¹bie²¹, tai⁴³vai¹³gu¹³ni⁴⁴bie²¹.
　　　个 这 是 你 属于 个 那 是 他 属于
　　这是你的，那是他的。

滇北苗语的判断动词有时候也可以省略，充当表语的句子成分直接充当谓语。这种用法主要出现在以下两种情况中。

1. 形容词或形容词短语做谓语，用来说明主语的性质或特征。例如：

（1）pi³¹dʐeo²¹n̥u⁴³ni⁵⁵so⁵⁵. 这几天很热。
　　　几 天 这 热
（2）tsai⁵⁵tə⁵⁵nə⁴³ni⁵⁵a⁵⁵dʑau¹³hai⁵⁵sie⁴³. 这个人个儿高。
　　　个 人 这 前缀 个头 很 高

2. 主语是时间名词，谓语是表示时间或节气的名词，两者共指同一事物。例如：

（1）m̥o⁴⁴na⁴⁴li⁴³pai²⁴tsi⁴³. 今天礼拜三。
　　　今天　　礼 拜 三

（2）pi²¹gi²¹tɕiŋ⁴³min³¹. 明天清明节。
　　　明天　　清　明

（3）m̥o⁴⁴na⁴⁴lu³³tl̥au⁴⁴li⁴⁴n̥i¹³gau¹³ʑi¹³. 今天六月二十八。
　　　今天 个 六 月 二 十 八

第八节　复指成分和独立成分

复指结构又称提位-复指结构，它由提位部分和带复指成分（或称呼应成分）的主要部分组成。其中提位成分位于话语的开头，是话语的主题和出发点，它往往以名词或与名词相类似的形式指称的事物。独立成分是指句子里的实词或短语与其前后词语或句法成分没有结构关系，即不互为句法成分，但在表达上又有作用的成分。

一　复指成分

滇北苗语复指结构的主要部分位于提位部分之后，是话语的核心，主要部分中有呼应成分来第二次指称提位部分所表示的事物，呼应成分主要以代词形式出现。提位部分和主要部分之间往往被较短的语调停顿隔开来。滇北苗语的复指成分包括以下两种情况。

（一）重提式

滇北苗语重提式复指成分的提位部分通常由代词或名词充当，复指部分则由名词、名词短语或数量短语充当。例如：

（1）gi²¹a⁵⁵lau¹³tə⁵⁵nə⁴³ma¹³pi⁵⁵dʐeo²¹lɯ⁴³ky⁵⁵tu⁴³?
　　　你 前缀 老人　有　　几　　个　孙子
　　　你老人家有几个孙子了？

（2）pi⁴³zo¹³tu⁴³dʐo⁴³m̥au⁴³tʂhi³³mau¹³tl̥a⁴⁴lai⁴³ɕaŋ⁵⁵khai⁴⁴huei²⁴
　　　我们 村 者 管理 姓　杨　去 到 个 乡　开　会
　　　leo¹³daɯ¹³.
　　　去了 了
　　　我们村长老杨到乡上开会去了。

（3）ku⁵⁵ŋa¹³tɕeo⁴⁴wu²⁴tin³¹ma¹³ɕi⁵⁵tʂi³¹ʂan⁴⁴.
　　　我　房子　地方　武　定　有　狮　子　山
　　我的家乡武定有狮子山。

（二）指代式

滇北苗语指代式复指成分的提位部分通常由名词或代词充当，复指部分则由代词或数量短语充当。例如：

（1）bai²¹ŋa⁴⁴ʐau⁴⁴ni⁵⁵ku⁵⁵kha⁴⁴pau⁴³ni⁴⁴dzau¹³.
　　　些　小孩　这　我　会　知　他们
　　这些孩子我全认识他们。

（2）vai¹³ʑi¹³gi²¹ʐa⁵⁵tla⁴⁴qa⁵⁵dy¹³lu⁴³？叔叔你上哪儿去呀？
　　　父　小　你　要　到　哪里　呀

（3）ni⁴⁴ndzau¹³tlau⁴³lɯ⁴³tu⁴⁴gu¹³mu³¹tsa⁴⁴. 他们四个都是木匠。
　　　他们　四　个　都　是　木　匠

（4）ni⁴⁴ndzau¹³pə⁴³lɯ⁴³tu⁴⁴ʐo¹³tu⁴³ŋgeo¹³nteo⁵⁵. 他们五个都是学生。
　　　他们　五　个　都　是　者　读　书

二　独立成分

滇北苗语的独立成分在句子里没有配对成分，在句内独立于别的句法成分之外。从表义作用来看，滇北苗语的独立语有以下四种情况：

（一）称呼语

滇北苗语的称呼语置于句首，用来呼唤对方，引起注意。例如：

（1）a⁵⁵ɲie⁴³lo⁴³，gi²¹a⁴⁴mau¹³a⁴⁴ɕi⁴⁴lo⁴³？大妈，你要去做什么？
　　　妈　大　你要　去　干　什么　呢

（2）qha⁴³nteo⁴⁴，ku⁵⁵ma¹³i⁴³lu⁴³wen³¹thi³¹. 老师，我有一个问题。
　　　老师　我　有　一　个　问　题

（3）lai⁴³tsi⁴⁴, hai³³i⁴³kho⁴³dli¹³tau⁴⁴ku⁵⁵. 姐姐，盛一碗粥给我。
　　　姐姐　舀一　碗　粥　给　我

（二）感叹语

滇北苗语的感叹语通常把感叹词置于句首表示，用来表达惊讶、感慨、喜怒哀乐等强烈的感情。例如：

（1）ai⁴⁴ʐo⁴³！/a⁴⁴lei¹³ku⁵⁵di¹³nteo⁵⁵hi⁴³bo¹³daɯ¹³.
　　　哎哟　/阿嘞　我　些　书　不　见　了
　　哎呀！我的书不见了。

第五章　句法结构及其语义结构

（2）ai⁴³ʐei⁴³！mo⁴³ku⁵⁵la⁵⁵da²¹！哎哟！疼死我啦！
　　　　哎　哟　　疼　我　死　啦

（3）ʑi⁴³！ku⁵⁵bie²¹ʐau⁴⁴la⁵⁵tu⁵⁵ni⁴⁴bie²¹！哼！我的比你的好得多呢！
　　　咦　我　属于　好　过于　你　属于

（三）插入语

插入语的作用是使句子表意严密化，补足句意，包括说话者对话语的态度，或引起听话者的注意。滇北苗语的插入语具体用于以下四种情况：

1. 表示对情况的推测和估计

这种表达口气比较委婉，对所说事情的真实性不作完全肯定，留有重新考虑的余地。滇北苗语通常用汉语借词 tɕo³¹tə³³ "觉得"、ku²⁴tɕi³¹ "估计" 之类的词语来表达。例如：

（1）ku⁵⁵tɕo³¹tə³³n̩i⁵⁵dzo¹³li⁴³n̩i⁵⁵dʐi¹³kə⁵⁵dau²¹.
　　　我　觉　得　说　到　处　这　就　算　了
　　　我觉得谈到这儿就算了。

（2）ku²⁴tɕi³¹ni⁴⁴la⁵⁵mo³³dau¹³. 估计他又要生病了。
　　　估　计　他　要　病　了

2. 表示消息来源

滇北苗语用 ŋ̍au⁴³…n̩i⁵⁵ "听……说" 表示消息来源。例如：

（1）ŋ̍au⁴³la⁴⁴n̩i⁵⁵ni⁴⁴gu¹³lau⁴⁴li⁴⁴ky⁴⁴. 听说他是铁匠。
　　　听　别　人　说　他　是　铁　师傅

（2）ŋ̍au⁴³qa⁴³nteo⁴⁴n̩i⁵⁵ŋa⁵⁵ʐau⁴⁴mau¹³ʐu²¹dʑie¹³leo¹³deo²¹.
　　　听　老师　　说　孩子　　去　放　牧　去了　了
　　　听说孩子们放牛去了。

3. 引起对方注意

滇北苗语使用 na¹³gi²¹ "你看"、nau²¹gi²¹ "你听" 等字眼来引起对方注意，使对方能够同意说话者所说的内容。例如：

（1）na¹³gi²¹die⁴³tau⁴⁴ni⁵⁵ʐou²¹sie⁴⁴ʐou¹³lu⁴³. 你看，这些山又高又大。
　　　看　你　些　山　这　又　高　又　大

（2）nau²¹gi²¹mbei¹³ti⁵⁵ŋau⁴³pa⁴⁴ni⁴⁴hu⁴⁴ŋau¹³.
　　　听　你　群　姑娘　　现在　唱　歌
　　　你听，姑娘们在唱歌。

4. 拟声语

这类表达使用拟声词模拟事物的声音，给人以真实感，以加强表达效果，往往用于讲述故事。例如：

（1）tsi⁴⁴ly²¹!ʐãŋ⁵⁵tsə⁵⁵lai⁴³ɣə²¹leo¹³, a⁵⁵! hi⁴³tau⁴⁴nau¹³.
　　　噗嗤！ 飞 过 个 山 去 了 啊 不 得 吃
　　"扑嗤！"一声飞过山去了，哎，又没吃到。

（2）"wu⁵⁵wu⁵⁵wu⁵⁵" ʐi¹³! ȵo⁴³si⁴⁴ȵo⁴³si⁴⁴ȵo⁴³si⁴⁴ʈai⁴⁴ŋgau¹³si⁴⁴qu⁴³leo¹³.
　　　呜 呜 呜 咦！ 在 的 在 的 在 的 再 缩　返回 去了
　　"呜呜呜……"咦！（狗）还在呢！还在呢！还在呢！（狐狸）又缩回洞里去了.

（3）ʐou²⁴ʈai⁴³ʈi³³au⁴³sa⁴⁴ha⁵⁵ʐou²⁴ʈai⁴³dʐo¹³mau¹³,　ta⁴³pi⁵⁵ḻi³³ḻi³³
　　　又 再 倒 水 的 又 再 拿 去　这样 嚓里啪
　　ḻi³³ḻi³³ʈlou⁴³, ʐi¹³!zau⁴⁴nau¹³nai²¹, ʐi¹³!zau⁴⁴nau¹³nai²¹.
　　啦嚓里啪啦啦砰 咦 好 听 嘛 咦 好 听 嘛
　　（狐狸）又把水倒出来，然后又拿去装水，水嚓里啪啦嚓里啪啦地流进葫芦里，然后发出"砰"的响声。咦！好听嘛。

第六章　句类与句型

句类是根据句子语气特点对句子所做的分类，句型是根据句子的结构特点对句子所做的分类。滇北苗语的句子按结构分为单句和复句，单句包括陈述、疑问、祈使和感叹四种不同语气的句子。复句分为并列复句、主从复句和紧缩复句。特殊句式包括处置句、被动句、差比句和关系从句。

第一节　句　类

根据句子语气特点，滇北苗语的句类分为陈述句、疑问句、祈使句和感叹句四种类型。

一　陈述句

陈述句是用来叙述或说明事实的句子，具有陈述语调。陈述句在滇北苗语里使用最广泛，通常在句末带语气助词，有时候也可省略语气助词。例如：

（1）lai⁴³ŋu⁴⁴i⁴³ntsə⁵⁵leo¹³, lai⁴³l̥i⁴⁴deo¹³lu¹³daɯ¹³.
　　　个　日　一　落　去　个　月亮　出　来　了
　　太阳刚下山，月亮就出来了。

（2）ku⁵⁵a⁵⁵vai⁴³ɕau⁴⁴na⁵⁵ɕãŋ⁴⁴dʐau¹³pə⁴³ɕau⁴⁴daɯ¹³.
　　　我　_{前缀}父亲　年　这　七　十　五　岁　了
　　我父亲今年七十五岁了。

（3）ni⁴⁴gu¹³a⁴³po⁴⁴ɕau⁴⁴l̥a⁵⁵ma¹³. 他是前年生的。
　　　他　是　前　年　发芽　有

（4）die⁴³tau⁴⁴ni⁵⁵ʐou²¹sie⁴⁴ʐou¹³lu⁴³. 这些山又高又大。
　　　些　山　这　又　高　又　大

二　疑问句

疑问句是具有疑问语调表示提问的句子。滇北苗语的疑问句除了普遍的是非疑问句以外，还有特指疑问句、选择疑问句、正反疑问句和附加疑问句，各种疑问句均有固定的句法结构形式。

（一）是非疑问句

是非疑问句可以用肯定或否定形式作答复，是疑问句中使用最普遍的句子。滇北苗语的是非疑问句在陈述句句首加是标记词 die¹³ "是否" 构成，句末语气用升调。例如：

（1）die¹³gi²¹mau¹³?你去不？
　　　是否 你 去

（2）die¹³ni⁴⁴ma¹³ky⁵⁵di¹³?他有兄弟没有？
　　　是否 他 有 弟 吗

（3）die¹³ni⁴⁴ndzau¹³da¹³ndzau¹³daɯ¹³?他们到齐了没有？
　　　是否 他们 来 齐 了

（4）die¹³gi²¹da¹³na¹³ku⁵⁵?你来看我吗？
　　　是否 你 来 看 我

（二）特指疑问句

特指疑问句用疑问词表示疑问点，说话者希望对方针对疑问点作出答复，语调常用升调。滇北苗语常用的疑问词有 qa⁴³dy¹³ "谁"、du¹³ʂi⁴⁴ "什么"、qha⁵⁵dy¹³ "哪里"、a⁴⁴dʑãŋ¹³na⁵⁵ "为什么"、pi⁴³dʐeo²¹ "几、多少"、a⁴⁴li⁴⁴dʑãŋ¹³ "为什么" 等。滇北苗语的不少疑问词都有变体，如 qa⁴³dy¹³ "谁" 有 qa⁴³dy¹³、a⁴³dy¹³ 两个变体，a⁴⁴ʂi⁴⁴ 有 a⁴⁴ʂi⁴⁴ 和 du¹³ʂi⁴⁴ 两个变体。滇北苗语特指疑问句的疑问词可以置于句中，也可以置于句末，属于疑问词在位语言。例如：

（1）ni⁴⁴gu¹³qa⁴³dy¹³/a⁴³dy¹³?他是谁？
　　　他 是 谁

（2）tu⁵⁵ni⁵⁵gu¹³du¹³ʂi⁴⁴/a⁴⁴ʂi⁴⁴?这是什么？
　　　个 这 是 什么

（3）gi²¹go¹³ni⁴⁴mau⁴⁴ȵthie⁵⁵tla⁴⁴qha⁵⁵dy¹³/qho⁵⁵dy¹³?
　　　你 让 他 去 找 到 哪里
　　　你叫他到哪里去找？

（4）ni⁴⁴a⁴⁴dʑãŋ¹³na⁵⁵hi⁴³da¹³?他为什么不来？
　　　他 为什么 不 来

（5）ʈhau⁴⁴vai¹³ni⁵⁵dzo²¹lai⁴³lau¹³hai³¹ma¹³pi⁴³dʐeo²¹ȵ.tɕa⁴⁴?
　　　从 里 这 到 个 城 还 有 几 里
　　　从这里到城里还有多远？

（三）选择疑问句

选择疑问句通常采用复句的结构提供两个备选答案供对方选择，备选答案之间用连词 la^{33} "还是" 连接，连接的成分通常是句子的两个并列成分。例如：

(1) gi^{21}la^{55}ẓa^{55}ḷo^{43}la^{33}ẓa^{55}ṣau^{43}?你要大的还是要小的？
　　 你　要　要大　还是　要　小

(2) tɕau^{43}la^{33}dʑeo^{21}lu^{43}?是多呢，还是少呢？
　　 多　还是　少　呢

(3) tai^{43}qai^{43}la^{33}tai^{43}o^{33}?是鸡呢，还是鸭子？
　　 只　鸡　还是　个　鸭子

滇北苗语的选择疑问句还可以用两个并列的是否问句表示，是否问句之间用连词 la^{33} "还是" 连接。例如：

(1) die^{13}ku^{55}mau^{13}la^{33} die^{13} gi^{21}mau^{13}?是我去呢还是你去？
　　 是否　我　去　还是　是否　你　去

(2) die^{13}gi^{21}nau^{13}va^{13}la^{33}die^{13}gi^{21}nau^{13}ɕie^{43}?你吃米饭还是吃煎饼？
　　 是否　你　吃　饭　还是　是否　你　吃　饼

(3) gi^{21}nau^{13}va^{13}ndli^{13}la^{33}gi^{21}nau^{13}mian^{24}thiau^{31}?
　　 你　吃　饭　稻　还是　你　吃　面　条
你是吃米饭呢，还是吃面呢？

（四）正反疑问句

正反疑问句又叫作反复疑问句，它从形式上看类似选择疑问句，提供肯定和否定两种选择；从功能上看类似是非疑问句，要求对方作出肯定或否定回答。滇北苗语的正反疑问句在非疑问句的基础上加上谓语的肯定形式和否定形式并列构成。谓语的肯定形式和否定形式之间用连词 la^{33} "还是" 连接。例如：

(1) die^{13}gi^{21}dʐo^{13}dau^{21}la^{33} dʐo^{13}hi^{44}dau^{13}?你拿得动拿不动？
　　 是否　你　拿　能　还是　拿　不　能

(2) die^{13}ntau^{33}kau^{43}la^{33}a^{43}ntau^{33}ti^{43}lo^{43}?打针了没打针？
　　 是否　打　针　还是　没　打　呢

(3) die^{13}ku^{55}dʑa^{43}da^{13}la^{33}hi^{44}dʑa^{13}da^{13}?我应该来不应该来？
　　 是否　我　应该　来　还是　不　应该　来

(4) ni^{21}mau^{13}la^{33}hi^{43}mau^{13}?他去没去？
　　 他　去　还是　没　去

(5) die^{13}gi^{31}pau^{43}ni^{44} la^{3} ^{3}gi^{21}hi^{43}pau^{43}ni^{44}?你认得不认得他？
　　 是否　你　知道　他　还是　你　不　知道　他

滇北苗语的正反疑问句也可以用"动词/形容词+hi⁴³+动词/形容词"构成。例如：

（1）ku⁵⁵n̥i⁵⁵die¹³ʑo²¹hi⁴³ʑo²¹?我讲的对不对？
　　　我　说　是否是　不　是

（2）die¹³gi²¹ɴɢa²¹hi⁴³ɴɢa²¹hu⁴⁴ŋau¹³lo⁴³?你喜欢不喜欢看唱歌？
　　　是否你　喜欢　不喜欢　唱　歌　呢

（3）die¹³gi²¹da¹³hi⁴³da¹³?你来不来？
　　　是否你　来　不　来

（4）gi²¹ɖau²¹hi⁴³ɖau²¹ni⁴⁴?你喜不喜欢他？
　　　你　喜欢　不　喜欢　他

（5）die¹³gi²¹ɴɢa¹³hi⁴³ɴɢa¹³nau¹³dli²¹?你爱不爱吃稀饭？
　　　是否你　勤　不　勤　吃　粥

（五）附加疑问句

附加疑问句是在陈述句后面再附加一个疑问小句，合起来整句仍表示疑问语气。滇北苗语的附加疑问句不论陈述句是肯定或者否定形式，都在句末加上 die¹³ʑo²¹ "是否是"构成。例如：

（1）ni⁴⁴ʑi¹³tɕe⁴⁴i⁴³mbo²¹qai⁴³mpa⁴⁴，die¹³ʑo²¹?
　　　她家　养　一　群　鸡　猪　是否是
　　　她家养了一些鸡和猪，对吗？

（2）ni⁴⁴dzau¹³qa⁴³nteo⁴⁴gu¹³ʑɨn³¹nan³¹tə⁵⁵nə⁴⁴，die¹³ʑo²¹?
　　　他们　　　老师　是　云　南　人　是否是
　　　他们的老师是云南人，对吗？

（3）ni⁴⁴dza²¹kə⁵⁵ʑou¹³，hi⁴³kə⁵⁵la²¹，die¹³ʑo²¹?
　　　他　只　管　自己　不　管　别人　是否是
　　　他只管自己，不管别人，是吗？

（4）i⁴³l̥i⁴⁴va¹³tha⁴⁴gi²¹hi⁴³n̥ie²¹pau⁴³ni⁴⁴，die¹³ʑo²¹?
　　　一　月　前　你　不　还　知道　他　是否是
　　　一个月前你还不认识他，对吗？

相对语序而言，语调是疑问句的重要表示手段，滇北苗语的四种疑问句往往使用升调，特别是陈述句表示疑问句时，必须使用升调。滇北苗语陈述句作为疑问句使用的现象比较普遍，从语用功能来看，这种疑问句的交流意图通常不在于向听话者提问，而是说话者为了确认或强调自己所说的信息，仅用于非正式的口语交际中；从句子形式来看，这种疑问句通常表现为省略标记词"die¹³"的是非疑问句。例如：

（1）ni⁴⁴mau¹³ʂau⁴⁴deo¹³leo¹³daɯ¹³？他砍柴去了？
　　　他　去　拾　柴　去了　了
（2）ni⁴⁴gu¹³tshun⁴⁴tʂaŋ⁴⁴？她是村长吗？
　　　她　是　村　　长
（3）ni⁴⁴ma¹³tau⁴⁴i⁴³lu⁴³tʂho⁴⁴baɯ¹³a⁵⁵tʂhie⁴³？
　　　她　买　得　一　件　衣服　花 _{前缀} 新
　　　她买了一件新的花衣服？
（4）ni⁴⁴tsa⁵⁵ky⁵⁵hi⁴³ndʐau²¹da¹³daɯ¹³pa⁴⁴？他弟弟大概不来了吧？
　　　他　个　弟　不　大概　　来　了　吧
（5）gi²¹hi⁴³dzeo¹³hu⁴⁴ŋgau¹³？你不会唱歌？
　　　你　不会　　唱　歌

三　祈使句

祈使句是表示命令或请求听话者做某事的句子，通常省略主语。表示命令的祈使句一般带有强制性，语气比较严肃，结构简单；表示请求的祈使句往往表达请求、督促、建议或劝阻等语义，语气较为舒缓。肯定式通常以动词或动词短语开头，否定式祈使句则以"hi⁴⁴+动词原词"开头，其中否定副词hi⁴⁴往往变调为hi⁴³。例如：

（1）si⁴³mau²¹nau¹³va¹³la⁵⁵！回家吃饭啦！
　　　回去　　吃　饭　啦
（2）hi⁴³si⁴³mau²¹nau¹³va¹³la⁵⁵！别回家吃饭啦！
　　　不　回　去　吃　饭　啦

滇北苗语的祈使句有三种表达方式，第一种是把实义动词置于句首。这种结构简单，语气严肃，通常表示命令的语气。例如：

（1）gi²¹ɳtʂhi⁴⁴mau¹³leo²¹！你快去吧！
　　　你　快　　去　喽
（2）hi⁴³ʑa⁵⁵a⁴⁴pi⁵⁵tə⁴³．别吵。
　　　不　要　做　吵
（3）hi⁴³ʑa⁴⁴tʂo⁴⁴a⁴⁴la⁵⁵deo¹³tshi⁵⁵tau⁴³．不要放火烧山。
　　　不　要　放　　　火　　烧　山
（4）hi⁴³tlo³³ti⁴³！别笑啦！
　　　不　笑　啦

滇北苗语祈使句的第二种表达方式是把处置句的标记词ma⁴³"把"置于句首。这种类型的祈使句往往表达督促、请求等语义，通常表示请求的语气。例如：

（1）ma⁴³di¹³tl̪au⁴³nou⁴³ni⁵⁵dʐo¹³leo¹³. 把这些东西拿走。
　　　把　些　东西　这　拿　去
（2）ma⁴³gi²¹tai⁴⁴pian⁴³tan⁴⁴tsai⁴⁴ʈau⁵⁵ku⁵⁵dʐo¹³i⁴³mba¹³ŋa⁵⁵lu⁴³.
　　　把　你　个　扁　担　借　给　我　用　一　时候　小　吧
　　　把你的扁担借给我用一会儿吧。

滇北苗语祈使句的第三种表达方式是省略致使句中的主语，把使令动词 go¹³ "让"置于句首。这种类型的祈使句往往表达建议、劝告等语义，通常表示商量的语气。例如：
（1）go¹³ku⁵⁵ʈai³³dy¹³i⁴³dy¹³na¹³. 让我再想想看。
　　　让　我　再　想　一　想　看
（2）qhai⁴³ni⁵⁵ma¹³pi⁴³dʐeo²¹du¹²tʂhi³³?go¹³ku⁵⁵da¹³ʐy²¹i⁴³ʐy²¹.
　　　处　这　有　几　只　羊　让　我　来　数　一　数
　　　这里有几只羊？让我来数一数。
（3）go¹³ȵu¹³nau¹³i⁴³nau¹³ɴqə⁴³pau⁴⁴ŋa⁴⁴. 让牛吃吃草吧。
　　　让　牛　吃　一　吃　草　时候　小

四　感叹句

感叹句是带有浓厚感情色彩的句子，它表示快乐、惊讶、悲哀、愤怒、恐惧等感情。滇北苗语的感叹句通常与感叹词连用，有时也可以省略感叹词，在句末加程度副词 ta⁴³die¹³/die¹³ "真"表示。感叹句一般用降调。例如：
（1）ai⁴⁴ʐo⁴³/a⁴⁴lei¹³! ku⁵⁵di¹³nteo⁵⁵hi⁴⁴bo¹³daɯ¹³.
　　　哎哟／阿嘞　我　些　书　不　见　了
　　　哎呀！我的书不见了。
（2）ai⁴³ʐei⁴³! mo⁴³ku⁵⁵la⁵⁵da²¹! 哎哟！疼死我啦！
　　　哎哟　疼　我　要　死
（3）po⁵⁵zo⁴⁴ɖau²¹dau¹³fai⁴⁴die¹³/ta⁴³die¹³. 汽车跑得真快啊！
　　　汽车　跑　能　快　真

按照表达的感情色彩，滇北苗语的感叹句分为以下四种类型：
（一）表示喜悦
（1）ha³¹ha³¹! qau⁴⁴lau⁴⁴zau⁴⁴ʂau⁴⁴tau⁴⁴die²¹, die¹³hi⁴³la¹³?
　　　哈哈　粮食　好　收　得　真　是否　不　高兴
　　　哈哈！丰收了，还能不高兴？
（2）ha³¹ha³¹! gi²¹dzeo¹³pai²⁴tau⁴⁴ku⁵⁵di¹³! 呵呵！这下可输给我了。
　　　哈哈　你　会　败　给　我　手

（二）表示愤怒、鄙视或者斥责、不满

（1）ʑie¹³! tʂhau³³ɭeo¹³pi⁴³dzeo²¹lu⁴³nau²¹tsə⁴⁴hi⁴⁴ntə³³.
　　　哼　漏　　　几　个　雨　　就　互相　吵
　　哼！漏几滴雨就闹得天翻地覆。

（2）phei⁵⁵! gi²¹tsi⁵⁵a⁴⁴ɭa⁴⁴gu¹³hi⁴³tʂhə³¹ni⁵⁵.
　　　呸　你　小伙子　是　不　成　呢
　　呸！你这个小伙子就没出息！

（3）a⁴³lei⁴³! gi²¹ʈai³³hi⁴⁴ntə⁴⁴. 嘿！你还闹哇！
　　　嘿！　你　再　互相　吵

（三）表示悲伤、悔恨或者痛楚

（1）ŋŋ⁴³! ɳdo²¹gi²¹ɳi⁴⁴die²¹la¹³gi²¹hi⁴³ɳdzə¹³, ku⁵⁵ma¹³khau⁴⁴
　　　唉　跟　你　说　真话　你　不信　我　有　办法
khau⁵⁵a⁴⁴ʂi⁴⁴.
　　　什么
　　唉！跟你说真话你不信，我有什么法子！

（2）ŋŋ⁴³! mo⁴³tau⁴⁴a⁴⁴li⁴⁴nu¹³tu⁴⁴ɭa¹³sãŋ⁴⁴dɑɯ¹³.
　　　唉　病　得　二　月　工作　都　抛　了　了
　　唉！病了两个月，把工作都耽误了。

（3）a⁴⁴ʐau⁴³! ku⁵⁵a⁵⁵ʈɭau⁴³mo⁴³gu²¹. 哎哟，我肚子好痛！
　　　哎　哟　我 前缀 肚子　疼　很

（4）ŋŋ⁴³! hi⁴³ɳi⁵⁵ni⁴⁴dzi¹³ku⁵⁵ha³¹hi⁴³pa⁵⁵sie⁴³.
　　　咳　不　说　他　就　我　还　不　伤　心
　　咳，不是提起他来我还不伤心呢！

（四）表示惊讶、诧异或赞叹

（1）ʑie¹³! gi²¹a⁴⁴dzãŋ¹³na⁵⁵ʐa²¹li⁴⁴ni⁵⁵. 哎，你怎么这么瘦呀。
　　　咦　你　　怎么　　瘦　这样

（2）ʑi¹³! a⁴⁴ɭa⁴⁴ni⁵⁵tʂhə⁴³. 呵，这小伙子真棒。
　　　咦　伙子　这　能干

第二节　句　型

句型是根据句子结构特点对句子进行的分类。滇北苗语的句子分为单句和复句两大类。

一 单句

滇北苗语的单句可以分为主谓句和非主谓句两类,其中主谓句是单句的主体,非主谓句只占少数。

(一)主谓句

主谓句是由主语、谓语两个部分构成的单句句型。从谓语的构词看,滇北苗语的主谓句包括名词谓语句、动词谓语句和形容词谓语句,其中动词谓语句比较普遍。

1. 名词谓语句

名词谓语句是由名词性词语充当谓语的句子。滇北苗语的名词谓语句通常表示时间,实际上是省略判断动词 gu^{13} "是"的陈述句。例如:

(1) m̥o^{44}na^{44}li^{43}pai^{24}tsi^{43}. 今天是星期三。
　　今天　礼　拜　三
(2) pi^{43}gi^{21}lu^{33}tl̥au^{44}li^{44}n̥i^{13}gau^{13}ʑi^{13}. 明天六月二十八。
　　明天　个　六　月　二　十　八

2. 动词谓语句

动词谓语句是由动词性词语充当谓语的句子。滇北苗语动词谓语句的常见形式是动词前面有主语、状语或动词后面有宾语、补语,动词可以单独使用,也可以受主语、宾语、状语等成分修饰,对主语、宾语和状语有一定的依存性。例如:

(1) mau^{13}leo^{13}. 去吧!
　　去　吧
(2) a^{33}thou^{44}hi^{44}ma^{21}nau^{13}hi^{44}ma^{13}ŋã̠ŋ^{55}. 以前没有吃没有穿。
　　以前　不　有　吃　不　有　穿
(3) ku^{55}ʑi^{13}tsha^{44}ɕau^{44}dʐo^{21}tsi^{55}qə^{43}. 我们家年年都种苞谷。
　　我　家　齐　年　栽　前缀　玉米
(4) ni^{44}ndzau^{13}tu^{44}da^{13}dau^{21}. 他们都来了。
　　他们　都　来　了
(5) ni^{44}n̥o^{43}tsai^{44}a^{55}ndu^{13}ki^{55}ʂo^{44}. 他坐在路旁边休息。
　　他　在　条　前缀　边界　路　歇

滇北苗语的动词谓语句在三类单句中的使用频率较高,根据谓语动词的结构和特点,滇北苗语的动词谓语句又可以分为主谓谓语、连谓句、兼语句、双宾句、小句宾句和存现句等六种类型。

(1) 主谓谓语句

主谓谓语句的谓语由主谓词组构成,主谓词组中的主语,有的是真正的主语，有的是话题焦点。例如：

① ti⁴³i⁴³n̥u⁴³ni⁴⁴mau¹³, n̥u⁴³ta⁴³a⁴³qɯ⁴³ku⁵⁵mau¹³.
　　第　一　日　他　去　日　最后　我　去
　　头一天他去，最后一天我去。

② i⁴³ky⁴⁴ni⁵⁵ʂi⁴³, i⁴³ky³³vai¹³n̥ãŋ⁵⁵. 这挑轻，那挑重。
　　一　挑　这　轻　一　挑　那　重

③ ni⁴⁴hi⁴³n̥au³³n̥i⁵⁵. 他不愿意说。
　　他　不　愿意　说

（2）连谓句

连谓句的谓语动词由连谓短语或动词系列投射到谓语位置构成，也可以由独立句构成。例如：

① ni⁴⁴n̥do²¹ku⁴⁴tsai³³ɭeo⁴⁴. 他向我借钱。
　　他　跟　我　借　钱

② ni⁴⁴mbãŋ¹³ku⁵⁵sau⁴⁴i⁴³qheo⁴⁴mau⁴⁴. 他帮我写一封信。
　　他　帮　我　写　一　封　信

③ ku⁵⁵la⁵⁵mau¹³ʈlau⁴⁴lu⁵⁵ɡi¹³ma¹³i⁴³du¹³ɭau⁴⁴. 我要上街买一把锄头。
　　我　要　去　到　个　集市　买　一　把　锄头

④ pi⁴³ɡi²¹ni⁴⁴ʐa⁵⁵da¹³na¹³ku⁵⁵. 明天他要来看我。
　　明天　他　要　来　看　我

（3）兼语句

兼语句的谓语动词由兼语短语构成。例如：

① pi⁴³ʂai⁴³ni⁴⁴a⁴⁴zo¹³tu⁴³dʐo¹³. 我们选他当村长。
　　我们　选　他　做　村　者　管理

② ku⁵⁵n̥do²¹ni⁴⁴i⁴³dzau¹³n̥tɕi⁴⁴tau⁴⁴ʂau⁴⁴deo¹³.
　　我　和　他　一　走　上　山　拾　柴
　　我和他一起上山砍柴。

③ ni⁴⁴mau¹³lai⁴³a⁵⁵ky⁴³dzau¹³ɕa³³. 他下河捞虾。
　　他　去　个　河　捉　虾

④ ku⁵⁵mau¹³mbãŋ¹³ni⁴⁴ndzau¹³dʐo²¹zau⁴³. 我去帮他们种菜。
　　我　去　帮　他们　栽　菜

（4）双宾句

双宾句的谓语动词由自主及物动词引导的双宾语结构组成。例如：

① ku⁵⁵tsai³³ʈau⁴⁴ni⁴⁴pə⁴³ty⁴⁴qau⁴³. 我借给他五斗粮食。
　　我　借　给　他　五　斗　粮

② ku⁵⁵sãŋ⁴⁴ni⁴⁴i⁴³lu⁴³tʂho⁴⁴a⁵⁵tʂhie⁴³. 我送她一件新衣服。
　　我　送　他　一　件　衣　前缀　新

（5）小句宾语句

小句宾语句的谓语动词由主谓谓语句构成。例如：

① ku⁵⁵dy¹³ni⁴⁴ai⁴³die¹³la⁵⁵da¹³. 我想他一定会来。
　　我　想　他　必须　　要　来

② a⁵⁵ɲie⁴³ɳɖo²¹ni⁴⁴ɲi⁵⁵ʐa⁵⁵ni⁴⁴zau⁴⁴zau⁴⁴a⁴⁴nu¹³.
　前缀　母亲　跟　他　说　要　他　好　好　做　活
他母亲对他说，要他好好干活。

③ ku⁵⁵dy³³ni⁴⁴dzau¹³la⁵⁵nau¹³m̥o⁴⁴sãŋ⁴⁴daɯ¹³.
　　我　想　他们　大概　吃　晚饭　了　了
我想他们大概吃过晚饭了。

（6）存现句

存现句的谓语动词通常由动词 ma¹³ "有" 引导的动核结构构成，表示存在、出现或消失的语义特征。例如：

① tɕe⁴³ɴqə⁴³ma¹³i⁴³du¹³pi⁵⁵nau⁴³. 草里有一条蛇。
　　里　草　有　一　条　前缀　蛇

② vai¹³ni⁴⁴ma¹³mpa⁴⁴zau⁵⁵, hi⁴⁴ma¹³li⁴⁴kau⁴⁴.
　　处　这　有　猪　郊外　不　有　麂子
这里有野猪，没有麂子。

③ tu⁵⁵gi³¹ɖau¹³ni⁵⁵ma¹³tɭau⁴³tshai³³a⁵⁵dʑi²¹. 这张桌子有四条腿。
　　张　桌子　这　有　四　支　前缀　脚

④ ku⁵⁵ma¹³i⁴³ŋgeo¹³khau⁴⁴pi⁴⁴teo⁴⁴. 我有一双皮鞋。
　　我　有　一　双　鞋　皮

3. 形容词谓语句

形容词谓语句是由形容词性词语充当谓语的句子。滇北苗语形容词谓语句的形容词通常附带表示情貌范畴的状词。例如：

（1）ni⁴⁴lu⁴³tɭhu⁴⁴vaɯ¹³gi³¹si³³vo¹³. 他的脸色黄黄的。
　　他　个　脸　黄　得　黄色貌

（2）qhai⁴³ti⁴³tɕheo⁴⁴vai¹³tsu⁵⁵ta⁵⁵ntu⁴³mə⁴⁴. 那个地方臭烘烘的。
　　处所　地方　那　臭　臭烘烘貌

（3）ni⁴⁴tɭau⁴³fau⁴⁴hi⁴⁴mpha⁴⁴hi⁴⁴mphau⁴⁴. 他的头发乱糟糟的。
　　他　头发　乱　　乱糟糟貌

（4）lu⁵⁵ndu¹³ntsa⁴³ndu¹³mi⁴⁴sie⁴³. 天空蓝莹莹的。
　　个　天　蓝　得　蓝色貌

如果形容词不附带状词，则往往受程度副词或连词修饰，或者重叠表示程度加深。例如：

（1）die¹³tsi⁵⁵ni⁴⁴hai⁵⁵hi⁴³qau⁴³. 这些果子酸溜溜的。
　　　些　果　这　很　酸
（2）m̥o⁴⁴na⁴⁴ndu¹³hai⁵⁵ku⁴³. 今天天太热。
　　　今天　　天　很　热
（3）ni⁴⁴a⁵⁵mau¹³hai⁵⁵zau⁴⁴. 她哥哥真好。
　　　她 前缀 兄　很　好
（4）fau⁴⁴ntau⁴⁴vai¹³ʐou²¹sie⁴³ʐou²¹lo⁴³. 那棵树高高大大的。
　　　棵　树　那　又　高　又　大
（5）i⁴³lɯ⁴³ŋa⁵⁵ʐau⁴⁴ni⁵⁵ʐou¹³tleo⁴³ʐou¹³mau⁴⁴. 这个孩子白白胖胖的。
　　　一　个　孩子　这　又　白　又　胖
（6）di¹³la⁴⁴ni⁵⁵nti⁵⁵nti⁵⁵lu⁵⁵lu⁵⁵. 这些绳子长长短短。
　　　些　绳　这　长　长　短　短
（7）i⁴³dʐo¹³ki⁵⁵ni⁵⁵li⁴³ŋkhi⁴³li⁴³ŋkhau⁴⁴. 这条路弯弯曲曲的。
　　　一　条　路　这　　弯弯曲曲

（一）非主谓句

非主谓句是分不出主语和谓语的单句，由除主谓短语以外的短语构成。根据其结构特征和语义特征，非主谓句可以分为动词性非主谓句、形容词性非主谓、名词性非主谓句和拟声词句四类。

1. 动词性非主谓句

动词性非主谓句的谓语通常由动词性短语构成，对主语的出现与否不做要求，也不要求特定的语境。例如：

（1）zau¹³zau⁴⁴, ʂeo⁵⁵hi⁴³zau⁴⁴. 坐着好，站着不好。
　　　坐　好　　站　不　好
（2）la⁴⁴tə⁵⁵nə⁴⁴gu¹³hi⁴³zau⁴⁴. 骂人是不对的。
　　　骂　人　是　不　好
（3）ntau³³tə⁵⁵nə⁴³gu¹³a⁴⁴ʐa¹³. 打人是犯法的。
　　　打　人　是　做　错
（4）mau¹³dʑi¹³hi⁴⁴fai⁴⁴, ɖau²¹dʑi¹³fai⁴⁴. 走不快，跑快。
　　　去　是　不　快　跑　是　快

2. 形容词性非主谓句

形容词性非主谓句通常由形容词性短语构成，不要求主语和特定的语境。例如：

（1）zau⁴⁴ta⁴³die¹³. 太好了。
　　　好　真
（2）dʑeo¹³ŋi⁵⁵lu¹³, tɕau⁴³a⁴⁴nu¹³. 少说话，多做事。
　　　少　说话　多　做事
（3）nau¹³tɕau⁴³i⁴³ɳtʂi⁵⁵ŋa⁴⁴. 多吃一点。
　　　吃　多　一　点　少
（4）zau⁴⁴nau¹³i⁴³dla²¹. 饱吃一顿。
　　　好　吃　一　顿

3. 名词性非主谓句

名词性非主谓句由名词或定中短语组成，表示赞叹、呼唤、标题或突然的发现等。例如：

（1）zau⁴⁴ti⁴³tɕheo³³！好地方！（表示赞叹）
　　　好　地方
（2）lai⁴³tsi⁴⁴！姐姐（表示呼唤）
　　　个　姐
（3）2018ɕau⁴⁴tshu⁴³ɕou³¹tʂou⁵⁵m̥au⁴³nteo⁴⁴qa⁴³nteo⁴⁴qha⁴³ʐau²¹
　　　2018　年　楚　雄　州　苗　文字　教师　学习
　　2018年楚雄州苗文师资培训（表示标题）
（4）pi⁵⁵nau⁴³！蛇！（表示突然的发现）
　　　蛇

4. 拟声词句

拟声词句由拟声词构成。滇北苗语的拟声词句很少单独使用，往往用于讲述故事时突出故事情节的生动性。例如：

（1）tsi⁴⁴lɣ²¹！nau²¹ɣ⁴³ʐã̠⁵⁵tsə⁵⁵lai⁴³ɣə²¹leo¹³.
　　　扑嗤　鹌鹑　飞　过　个　山　去了
　　扑嗤！鹌鹑飞过山去了。
（2）pu⁵⁵thou⁵⁵！tai⁴³ki⁵⁵ɳʂa⁴⁴ni⁴⁴zã̠ŋ⁵⁵tau⁴³dza¹³ki⁵⁵ʑi⁵⁵tɕi⁴⁴.
　　　扑通　只　喜鹊　这　飞　在　条　路　那　了
　　扑通！喜鹊飞到那条路上了。

二　复句

复句由两个或两个以上意义相关、结构互不包含的单句构成。复句中的单句称为分句，根据分句与分句的语义关系和结构关系，滇北苗语的复句可以分为联合复句和主从复句两大类。

（一）联合复句

联合复句的分句在语义上平等，无主从之分。根据联合复句分句之间的语义关系和结构关系，滇北苗语的联合复句具体可以分为并列、顺承、解说、选择和递进五种类型。

1. 并列关系联合复句

并列关系联合复句的前后两个分句分别叙述或描写有关联的几件事或同一事物的几个方面。分句之间的关系有并举和对举两种。并举关系就是分句之间表示的几件事或几个方面是并存的，滇北苗语的并举关系复句通常情况下没有关联词，有时候也可以使用关联词。例如：

（1）ku⁵⁵gu¹³mu³¹tsa⁴⁴, ni⁴⁴gu¹³lau⁴⁴li⁴⁴ky⁴⁴. 我是木匠，他是铁匠。
　　　我　是　木　匠　　他　是　铁　师傅

（2）m̥o⁴⁴na⁴⁴pi⁴³mau¹³ntau⁵⁵ntau⁴⁴, ni⁴⁴ndzau¹³n̩tɕeo⁴³ti⁴³.
　　　今天　我们　去　　砍　　树　　　他们　　　挖　　地
　　　今天我们去砍树，他们去挖地。

（3）ni⁴⁴hu⁴⁴, gi²¹hu⁴⁴, ku⁵⁵hu⁴⁴, hu⁵⁵bə²¹tu⁴⁴hu⁴⁴.
　　　他　唱　你　唱　我　唱　大家　都　唱
　　　他也唱，你也唱，我也唱，大家都唱。

（4）ni⁴⁴la³³ni⁴⁴hu⁴⁴, gi¹³la³³gi²¹hu⁴⁴, ku⁵⁵la³³ku⁵⁵hu⁴⁴, hu⁵⁵bə²¹tu⁴⁴hu⁴⁴.
　　　他也他　唱　　你也你　唱　我也我　唱　大家　都　唱
　　　他也唱，你也唱，我也唱，大家都唱。

对举关系并列复句的两个分句在语义上相对或相反，表示两种情况的对立或两件事情的对比，在表达上用正反两个方面对照来说明情况。滇北苗语中表示对举关系的并列复句一般不用关联词。例如：

（1）tai⁴³ni⁵⁵gu¹³a⁵⁵lau⁴⁴qai⁴³,tai⁴³vai¹³gu¹³a⁵⁵n̩ie²¹qai⁴³.
　　　只　这　是　前缀　公　鸡　只　那　是　前缀　母　鸡
　　　这只是公鸡，那只是母鸡。

（2）ŋga¹³vai²¹tha⁴⁴ma¹³i⁴³dzo⁴³gy¹³au⁴³, ŋga¹³a⁵⁵qu⁴³ma¹³i⁴³lu⁴³tau⁴³.
　　　房　　前面　　有一条　河　水　房　前缀　后面　有　一　个　山
　　　房子前面有一条河，房子后面有座山。

（3）a⁵⁵dzi²¹a⁴³tɕo⁴³ti⁴³ʑi⁵⁵dʐo²¹tsi⁴⁴qə⁴³, 上面那两块地种苞谷，
　　　前缀边上　二　块　地　那　栽　前缀玉米
　　　pi⁵⁵dau²¹a⁴³tɕo⁴³ti⁴³ʑi⁵⁵dʐo²¹dau¹³qho⁴³a⁵⁵la¹³.
　　　边下　　二　块　地　那　种　豆　洞　前缀泥巴
　　　下面两块地种花生。

（4）tɕa⁴⁴tsha⁴³gi¹³hu³³hu⁵⁵, au⁴⁴ndly¹³gi¹³ne⁴⁴leo⁴⁴ne⁴⁴leo⁵⁵.
　　　风　吹　得　呼响貌　　水　流　得　　哗啦貌
　　风呼呼地刮，水哗哗地流。

2. 顺承关系联合复句

顺承关系联合复句按时间、空间或逻辑事理上的顺序表述连续的动作行为或相关的情况，分句之间存在一种先后承接的关系。滇北苗语的顺承关系联合复句一般不使用关联词。例如：

（1）thau³³dy¹³tʂhai⁴³,thau³³dy¹³nau¹³. 什么时候饿了，什么时候吃。
　　　何时　　饿　　何时　　吃

（2）a³³thou⁴⁴hi⁴³ma¹³nau¹³hi⁴³ma¹³n̥ãŋ⁵⁵, na⁵⁵ni⁵⁵ma¹³nau¹³ma¹³n̥ãŋ⁵⁵.
　　　以前　不　有　吃　不　有　穿　　现在　有　吃　有　穿
　　以前没有吃没有穿，现在能吃饱能穿暖了。

（3）va¹³hi⁴³nau¹³tɕeo⁵⁵la⁴⁴hi⁴³hau³³, ni⁴⁴dʑi¹³ʂeo⁵⁵leo¹³dau¹³.
　　　饭　不　吃　酒　也　不　喝　　他　就　起　去　了　了
　　饭不吃酒不喝，他就走了。

（4）ni⁴⁴ʂeo⁴³ntso⁵⁵mau¹³n̪tɕeo³³ti⁴³, n̪ta⁵⁵n̥u⁴³mau¹³dʐo¹³lie¹³.
　　　他　早上　去　挖地　　白天　去　犁　田
　　他早上去挖地，白天去犁田。

3. 解说关系联合复句

解说关系的分句之间有解释说明或总分的关系。滇北苗语的解说关系联合复句不用关联词。例如：

（1）pi⁴³n̥u⁴³na⁴⁴mau¹³dʐo²¹ntau⁴⁴, tsai⁵⁵ky⁵⁵dʐo²¹sãŋ⁴⁴i⁴⁴fau⁴⁴hi⁵⁵
　　　我们　今天　去　栽树　　个　弟　栽　了　一　棵　树
　　n̪au⁵⁵, ku⁵⁵dʐo²¹sãŋ⁴³a⁴³fau⁴³thu⁵⁵.
　　　杉　　我　栽　了　二　棵　松
　　我们今天去栽树，弟弟栽了一棵杉树，我栽了两棵松树。

（2）pi⁴³tsha⁴⁴lɯ¹³da¹³fai⁴³tsi⁵⁵i⁴³lɯ⁴³i⁴³lu⁴³.
　　　我们　齐　个　来　分　果　一　位　一　个
　　我们大家来分果子，一人一个。

（3）i⁴³pan⁴³tu⁴³geo¹³nteo⁵⁵ni⁵⁵,i⁴³pan⁴³gu¹³a⁵⁵ʐeo²¹, i⁴³pi⁴³n̪tau⁴³
　　　一　班　者　读　书　这　一　半　是　前缀男性　一　半　是
　　gu¹³bo¹³, dzau⁴³gu¹³tɕau⁴³gu¹³ni⁴⁴dzau¹³lai⁴³zo¹³dzau⁴³gu¹³
　　　女　　半　是　多　是　他们　个　村　半　是
　　dʑeo²¹gu¹³pa⁴⁴ʐau⁴⁴zo¹³.
　　　小　是　别　村
　　这班学生，一半是男孩，一半是女孩，大半是他们村的，小半是外村的。

第六章 句类与句型

4．选择关系联合复句

选择关系联合复句表达两种或两种以上可供选择的可能，让复句的主语从中选择。滇北苗语的选择关系联合复句一般用关联词 la³³ "还是" 连接两个分句。例如：

（1）gi²¹mau¹³ʐu¹³tʂhi³³la³³mau⁴⁴fə⁴⁴lu¹³?
　　　你　去　放　羊　还是　去　玩　呢
　　你是放羊去呢，还是玩去呢？

（2）gi²¹mau¹³xai⁵⁵lie¹³la³³mau¹³ky⁵⁵tɕhi⁵⁵?你去耙田，还是去挑粪？
　　　你　去　耙　田　还是　去　挑　粪

（3）gi²¹nau¹³va¹³ndli¹³la³³gi²¹nau¹³mian²⁴thiau³¹?
　　　你　吃　饭　稻　还是　你　吃　面　条
　　你是吃米饭呢，还是吃面呢？

（4）su⁴³ʈau⁴⁴wa³¹tsi⁴³la³³su⁴³n̥ãŋ⁵⁵a⁵⁵ɖi²¹?
　　　先　穿　袜　子　还是　先　穿　前缀 裤子
　　先穿袜子呢，还是先穿裤子？

5．递进关系联合复句

递进关系联合复句通常由两个分句组成，后一个分句的语义比前一个分句的语义更递进一层，一般由轻到重、由小到大、由浅入深、由易到难，反之亦可。滇北苗语的递进关系联合复句通常用关联词 hi⁴⁴ta⁵⁵…hai³¹…"不但……还……" 或者 hi⁴⁴ta⁵⁵…tai⁴⁴…"不但……再……" 表示，也可以用表示递进关系的并列分句表示。例如：

（1）ni⁴⁴hi⁴⁴ta⁵⁵hi⁴⁴dʐu¹³mbãŋ¹³la²¹, hai³¹n̥i⁵⁵la²¹pi⁵⁵ʈau⁴³.
　　　他　不但　不　愿　帮　别人　还　说　别人　坏话
　　他不但不肯帮助别人，还说别人的坏话。

（2）ku⁵⁵hi⁴⁴ta⁵⁵pau⁴⁴ni⁴⁴ɕi⁴⁴li⁴⁴dʑãŋ¹³,hai³¹pau⁴³ni⁴⁴tai⁴⁴ntsi⁴⁴.
　　　我　不但　知道　他　姓　什么　还　知道　他　个　名字
　　我不但知道他姓什么，还叫得出他的名字。

（3）ni⁴⁴hi⁴⁴ta⁵⁵gu¹³a⁴⁴fai⁴⁴ta⁵⁵, tai⁴⁴a⁴⁴zau⁴⁴ta⁴³die¹³.
　　　他　不但　是　做　快　真　再　做　好　真
　　他不但做得快，而且做得好。

（4）lai⁴³ʈau⁴³ni⁵⁵sie⁴³, lai⁴³ʈau⁴³vai¹³hai⁵⁵sie⁴³lai⁴³ʈau⁴³ʑi⁵⁵ʐa⁵⁵sie⁴³.
　　　个　山　这　高　个　山　那　较　高　个　山　那　最　高
　　这座山高，那座山更高，那座山最高。

（二）主从复句

主从复句各分句之间的语义有主、从之别，句子结构也有主句和从句之分。根据主句和从句之间的关系，滇北苗语的主从复句可以分为转折、条件、假设、因果和目的五种关系。

1. 转折关系主从复句

转折关系主从复句前后分句的语义相对或相反，一般来说，后一个分句表达正面的语义。滇北苗语的转折主从复句通常使用关联词 i^{55}vie^{44} "但是"或者使用 i^{55}vie^{44}的变体 vie^{44}、li^{55}vie^{44}。此外，i^{55}vie^{44}还可以与汉语借词 suei^{43}ʐaŋ^{31} "虽然"连用。例如：

（1）ni^{44}a^{55}tɕau^{33}ʂau^{43}vie^{44}dlau^{13}zo^{13}ḷo^{43}. 他的个子虽小，但力气大。
　　　他 前缀 躯干 小 但是 力气 大

（2）ku^{55}ma^{13}i^{43}ŋeo^{13}khau^{44}pi^{44}teo^{44}, i^{55}vie^{44}hi^{43}ma^{13}wa^{31}tsi^{43}.
　　　我 有 一 双 鞋 皮 但是 不 有 袜子
　　　我有一双皮鞋，但是没有袜子。

（3）die^{13}tsi^{55}dla^{13}ni^{55}hai^{55}ḷo^{43}li^{55}vie^{44}hi^{43}qa^{43}mu^{44}.
　　　些 前缀 桃子 这 很 大 但是 不 甜
　　　这些桃子虽然大，但是不甜。

（4）suei^{43}ʐaŋ^{31}ɕau^{44}na^{44}qha^{33}ŋgi^{21}i^{55}vie^{44}pi^{43}qau^{43}lau^{44}la^{33}zau^{44}dʑo^{13}.
　　　虽然 年 这 干燥 但是 我们 庄稼 也 好 的
　　　虽然今年天旱，但是我们的收成还是不错的。

2. 条件关系主从复句

条件关系主从复句的从句提出条件，主句表示在满足条件的情况下所产生的结果。滇北苗语的条件关系主从复句通常使用关联词 dʑa^{13}ʐa^{55} "只要"或者 i^{43}……dʑi^{13}…… "一……就……"表达。例如：

（1）dʑa^{13}ʐa^{55}pi^{43}ṭhau^{44}zo^{21}a^{44}nu^{13}, nau^{13}ŋãŋ^{55}tu^{44}hi^{43}tə^{44}.
　　　只要 我们 出 力 做活 吃 穿 都 不 愁
　　　只要我们努力劳动，吃穿都不愁。

（2）dʑa^{13}ʐa^{55}ṭhau^{44}zo^{21}ʐau^{21}dʑi^{13}dzeo^{13}ʐau^{21}zau^{44}.
　　　只要 出 力 学 就 会 学 好
　　　只要努力学习，就能学好。

（3）dʑa^{13}ʐa^{55}gu^{13}ãŋ^{55}ɳo^{43}, a^{55}dʑãŋ^{13}ɳo^{43}. 只要土在，根就在。
　　　　只要 是 土 在 前缀 根 在

（4）i^{43}sãŋ^{43}ndu^{13}dʑi^{13}pi^{43}mau^{21}. 天一亮，我们就去。
　　　　一 亮 天 就 我们 去

（6）ni^{44}i^{43}ɳi^{55}dʑi^{13}hi^{43}dzeo^{13}dau^{21}. 他一讲就没个完。
　　　他 一 说 就 不 会 完

3. 假设关系主从复句

假设关系主从复句的从句提出假设，主句表达假设产生的后果。滇北苗语的假设关系主从复句通常用关联词 tʂa⁵⁵gu¹³…dʑi¹³… "如果……就……"表达，dʑi¹³有时候也使用汉语借词 dʑou¹³，也可以省略。例如：

（1）tʂa⁵⁵gu¹³pi³¹gi²¹nau²¹lu¹³, ku⁵⁵dʑi¹³hi⁴⁴da¹³daɯ²¹.
　　　如果　明天　雨　下　我　就　不　来　了
　　如果明天下雨，我就不来了。

（2）tʂa⁵⁵gu¹³pi³¹gi²¹hi⁴³nau²¹lo¹³, pi⁴³dʑou¹³mau¹³khy⁴⁴gi¹³.
　　　如果　明天　不　雨　下　我们　就　去　赶　集
　　如果明天不下雨，我们就去赶集。

（3）tʂa⁵⁵gu¹³ni⁴⁴hi⁴³mau¹³dʑi¹³ku⁵⁵mau¹³. 如果他不去，我就去。
　　　如果　他　不　去　就　我　去

（4）mi²¹tʂa⁵⁵gu¹³hi⁴³pau⁴³ki⁵⁵, ku⁵⁵qhə⁴⁴mi²¹mau²¹.
　　　你们　如果　不　知道　路　我　指　你们　去
　　你们如果不认识路，我指给你们。

4. 因果关系主从复句

因果关系主从复句的从句表达原因，主句表达结果。滇北苗语的因果关系主从复句通常使用关联词 i⁵⁵gu¹³…a⁴⁴li⁴⁴ni⁵⁵…或者 i⁵⁵gu¹³……a⁵⁵lə¹³…… "因为……所以……"表达。例如：

（1）i⁵⁵gu¹³a⁵⁵lu⁴³tsi⁵⁵tsi⁵⁵ai⁴³tɕau⁴³a⁴⁴li⁴⁴ni⁵⁵ma¹³i⁴³tshie⁴⁴tshie⁴⁴
　　　因为　果子　结果　很　多　　　所以　有一　些　些
a⁵⁵dʑi²¹dau¹³dzai³³lo⁵⁵sãŋ⁴⁴.
前缀　枝　被　压　断　了
因为果子结得太多，所以有些树枝被压断了。

（2）i⁵⁵gu¹³ki⁵⁵ai⁴³ɴɢai¹³, a⁴⁴li⁴⁴ni⁵⁵pi⁴³zo²¹mau¹³hi⁴⁴tsi⁴³.
　　　因为　路　很　窄　所以　车　去　不　可能
　　因为路很窄，所以车过不去。

（3）i⁵⁵gu¹³ni⁴⁴geo²¹nteo⁵⁵zau⁴⁴a⁵⁵lə¹³khau⁵⁵tau⁴⁴zau⁴⁴ŋa¹³geo¹³nteo⁵⁵.
　　　因为　他　书　读　好　所以　考　得　好　房　读　书
　　因为他学习好，所以考上了好的学校。

5. 目的关系主从复句

目的关系主从复句的从句表示动作行为，主句表示动作行为的目的。滇北苗语的目的关系主从复句可以用关联词 li⁴⁴mo⁴³ "免得"，也可以不使用关联词。例如：

（1）gi²¹la⁵⁵da¹³ntso⁵⁵ɳtʂi³³ŋa⁴⁴, li⁴⁴mo⁴³go²¹ku⁵⁵do²¹gi²¹.
　　 你　要　来　早　点　小　　免得　让　我　等　你
　　 你要早些来，免得我等你。

（2）ku⁵⁵ma⁴³ni⁴⁴hu⁴⁴da¹³, gi²¹zau⁴⁴zau⁴⁴qha⁴³ni⁴⁴i⁴³gau⁴³.
　　 我　把　他　叫来　　你　好　好　教　他　一　顿
　　 我把他叫来，你好好地说他一顿。

（三）多重复句和紧缩复句

滇北苗语在口语中用一些长句表达复杂的语义，从而构成多重复句。滇北苗语的多重复句一般由两三个分句构成，也就是说，多重复句常以二重复句或三重复句的形式出现。例如：

（1）m̥o⁴⁴na⁴⁴pi⁴³mau¹³nto⁵⁵ntau⁴⁴, ni⁴⁴ndzau¹³n̥tɕeo⁴³ti⁴³,
　　 今天　我们　去　砍　　树　　　他们　　挖　　地
　　 mi²¹mau¹³ŋə¹³Nqə⁴³, pi⁴³gi²¹pi⁴³mau²¹ntau³³zau⁴⁴Nɢai¹³.
　　 你们　去　割　草　　明天　我们　去　　打　野外　肉
　　 今天我们去砍树，他们去挖地，你们去割草，明天咱们去打猎。

（2）ma⁴³pə⁴³lu⁴³ʈau⁴⁴ku⁵⁵, ʐa⁴⁴die⁴³gu¹³ɭo⁴³, hi⁴³ʐa⁵⁵die¹³gu¹³ʂau⁴³.
　　 给　五　个　给　我　　要　些　是　大　　不　要　些　是　小
　　 给我五个，要大的，不要小的。

（3）ku⁵⁵n̥o⁴³vai¹³ni⁵⁵, gi²¹n̥o⁴³vai¹³vai¹³, zau⁴⁴zau⁴⁴na¹³,
　　 我　在　处　这　　你　在　处　那　　好　好　看
　　 hi⁴⁴ʐa⁵⁵go¹³ni⁴⁴dli¹³leo¹³.
　　 不　要　让　他　脱　去了
　　 我在这，你在那，好好看着，别让他跑了。

滇北苗语的多重复句在口语表达中不需要把逻辑关系都表达出来，只要把语义表达清楚即可，于是出现一些紧缩复句。滇北苗语紧缩复句的两个分句之间可以用关联词连接，也可以不用关联词语。例如：

（1）ni⁴⁴ai⁴³dy¹³ai⁴³zau⁴⁴tɭo⁴⁴. 他越想越好笑。
　　 他　越　想　越　好　笑

（2）dʑo¹³lie¹³hi⁴³ʐo²¹hi⁴³dzeo¹³. 犁田不学不会。
　　 犁　田　不　学　不　会

（3）ni⁴⁴mau¹³tsi⁴⁴la⁵⁵hu⁴⁴tsi⁴⁴la⁵⁵. 他一边走一边唱。
　　 他　去　　正在　唱　　正在

（4）ni⁴⁴hi⁴⁴ndzə²¹dʑi¹³kə⁵⁵dau¹³. 他不相信就算了。
　　 他　不　信　　就　算　了

第三节　特殊句式

滇北苗语的特殊句式包括处置句、被动句、比较句和关系从句，这四种句式均有各自固定的句式结构。

一　处置句

处置句是含有处置义的行为动词引导的动核结构。滇北苗语的处置句在谓语动词前用介词"ma^{43}"引出受事，对受事加以处置，受事通常是名词，也可以是代词。例如：

（1）ma^{43}di^{13}tḷau^{43}nou^{43}ni^{55}dʐo^{13}leo^{13}. 把这些东西拿走。
　　　把　些　东西　这　拿　去了
（2）ma^{43}ki^{55}ɲi^{55}tḷeo^{43}ɳtʂhie^{43}. 把道理说明白。
　　　把　路　说　白　清
（3）ni^{21}ma^{44}hi^{55}ɳtʂie^{43}ntsa^{55}hu^{55}daɯ^{13}. 他把米淘干净了。
　　　他　把　米　　洗　干净　了
（4）tai^{43}tḷi^{55}ni^{55}ma^{43}tai^{43}a^{55}tʂhi^{44}do^{13}da^{21}sã ŋ^{44}. 这条狗把猫咬死了。
　　　只　狗　这　把　只　前缀　猫　咬　死　了
（5）ku^{55}ma^{43}ni^{44}hu^{44}da^{13}. 我把他叫来。
　　　我　把　他　叫　来

二　被动句

被动句是由自主及物动作行为动词引导的动核结构。滇北苗语的被动句在谓语动词前用介词"ɖau^{13}"引出施事，使受事宾语转换为受事主语。例如：

（1）ni^{44}ɖau^{13}ŋgeo^{13}ndzi^{13}daɯ^{13}. 他被黄蜂蜇了。
　　　他　被　蜂　蜇　了
（2）tai^{43}tʂo^{55}ɖau^{13}ni^{44}ntau^{33}da^{21}sã ŋ^{44}daɯ^{13}. 老虎被他打死了。
　　　只　虎　被　他　打　死　了　了
（3）ntau^{44}ɖau^{13}tɕa^{44}tsha^{44}ɢau^{21}leo^{13}. 树被风吹到了。
　　　树　被　风　吹　倒　了
（4）ni^{44}ʑi^{13}ʑi^{55}tai^{43}nə^{13}a^{551}nã ŋ^{21}ɖau^{13}la^{13}ȵie^{21}leo^{13}daɯ^{13}.
　　　他家　那　只　马　昨天　　被　别人　偷　去了　了
　　　他家的马昨天被人偷了。

（5）ni¹³ʐi¹²bai²¹qai⁴³ɖau¹³ki⁵⁵dli¹³nau¹³sãŋ⁴⁴. 他家的鸡被野猫吃了.
　　　他　家　些　鸡　被　野猫　吃　了

三　比较句

比较句是由性质、性状形容词引导的谓核结构，包括等比句和差比句两种类型。滇北苗语的等比句在形容词前使用汉语借词 i⁴⁴zaŋ⁴³ "一样" 表达。例如：

（1）tsha⁴⁴fau⁴³ntau⁴⁴tu⁴⁴i⁴⁴zaŋ⁴³ɭo⁴³. 根根木头一样大。
　　　齐　根　木　都　一样　大
（2）gi²¹ɳɖo²¹ku⁵⁵i⁴⁴zaŋ⁴³sie⁴³. 你和我一样高。
　　　你　和　我　一样　高

滇北苗语差比句的语序类型是"比较主体+形容词+比较标记+比较基准"，比较标记有 a⁴⁴tu⁵⁵、qa⁴⁴tu⁵⁵ 和 la⁵⁵tu⁵⁵ 三种变体。例如：

（1）tai⁴³li⁴⁴qu⁵⁵dlau¹³zo⁴³ɭo⁴³a⁴⁴tu⁵⁵a⁵⁵n̩ie²¹. 公牛的力气比母牛大。
　　　只　公牛　力气　大　过于　前缀　母
（2）ɕau⁴⁴na⁵⁵ni⁴⁴ndli¹³ʐau⁴⁴qa⁴⁴tu⁵⁵a⁵⁵po⁴⁴na⁴⁴.
　　　年　这　的　稻　好　过于　去年
　　　今年的稻子比去年的好。
（3）tʂhi³³hu⁵⁵la⁵⁵tu⁵⁵n̩u¹³. 羊比牛干净。
　　　羊　干净　过于　牛
（4）a⁵⁵ko⁴⁴ʈau⁴³ni⁴⁴lie¹³ãŋ⁵⁵dlo²¹la⁵⁵tu⁵⁵lei³¹ɣo¹³ni⁴⁴lie¹³.
　　　前缀 脚跟　山　的　田　土　肥　过于　山　坡　的　田
　　　脚下的田比山坡上的田肥。

随着汉语的影响，滇北苗语的差比句有时候也借用汉语借词 pi⁴³ "比" 来表达差比句，其句法结构也采用汉语的 "比较主体+比+比较基准+形容词"。整体而言，这种借用汉语的差比句在滇北苗语中不常用，在所记录的语法例句中只有以下一个例句：

a⁵⁵ko⁴⁴ʈau⁴³ni⁴⁴lie¹³pi⁴³lei³¹ɣo¹³ni⁴⁴lie¹³ãŋ⁵⁵dlo²¹.
前缀 脚跟　山　的　田　比　山　坡　的　田　土　肥
山脚下的田比山坡上的田肥沃。

四　关系从句

滇北苗语存在大量由标记词 "gu¹³" 引导的关系从句，其主要功能是修饰、限定句子的主语或宾语，充当定语从句的功能；此外，"gu¹³" 引导的关系从句也可以用在句子的谓语动词后面，充当句子的补语或状语。

1. 关系从句修饰限定句子的主语

关系从句修饰限定句子的主语时，通常修饰、限定名词或量词，其位置紧跟在所修饰的名词或量词后面，对定语从句起到修饰功能，即修饰、限定主语的性质、状态、排序、用途等。例如：

（1）va¹³gu¹³tɕou⁴³qãŋ⁴³la⁵⁵tu⁵⁵va¹³gu¹³hau⁴⁴. 蒸的饭比煮的饭好吃。
　　　饭 标记 蒸　　甜　过于 饭 标记 煮

（2）tu⁵⁵nə¹³gu¹³qha⁴³nau¹³ma¹³lo¹³vai¹³dɑɯ¹³dɑɯ¹³.
　　　匹 马 标记 刚　买 来 那　跑 能
　　刚买来的那匹马跑得快。

（3）lɯ⁵⁵ŋgau¹³ntshai³³gu¹³ai⁴³zau⁴⁴ŋgau¹³vai¹³gu¹³qa³¹dy?
　　　位 姑娘 标记 很 漂亮 那 是 谁
　　那个漂亮的姑娘是谁？

（4）qə⁵⁵nau¹³gu¹³ŋa⁵⁵zau⁴⁴nau¹³la⁵⁵ma¹³tə⁵⁵nə⁴³lo⁴³tsi⁴³beo²¹ni⁴⁴a⁴³beo²¹.
　　　粮食 标记 孩子 吃 只 有　人 大 三倍 的 二倍
　　小孩吃的粮食只相当于大人的三分之二。

（5）tla⁴⁴nu⁴⁴gu¹³qhə⁴⁴ɕau⁴⁴la⁵⁵dʑo¹³no⁴⁴ndu¹³dʑau⁴³tsə⁴⁴a⁴⁴zau⁴⁴dɑɯ¹³.
　　　东西 标记 开 年 要 用 在 天 冷 就 做 好 了
　　开春用的东西，在冬天就办好了。

（6）tə⁵⁵nə⁴³gu¹³a⁵⁵sie⁵⁵tsai⁵⁵li³¹gau¹³a⁴⁴tɕha³³ʐa¹³nu¹³.
　　　人 标记 前缀 心 急 容易 做 错 事情
　　脾气急的人容易做错事。

（7）tu⁵⁵gu¹³py⁴⁴tɕe⁴⁴vai¹³gu¹³li¹³by¹³, tu⁵⁵gu¹³ʂeo⁵⁵tɕe⁴⁴vai¹³gu¹³a⁵⁵ɲie²¹.
　　　头 标记 睡 着 那 是 雄　头 是 站 着 那 是 前缀 母
　　躺着的那头是公的，站着的那头是母的。

（8）ni⁵⁵a⁴³lɯ⁴³ŋa⁵⁵ʐau⁴⁴, tsai⁴³gu²¹lo⁴³a⁴⁴ndo²¹tsa⁵⁵gu¹³sau⁴³no⁴³
　　　他 二个 　小孩　个 标记 大 当兵　个 标记 小 在
　　ŋga¹³geo¹³nteo⁵⁵.
　　　家 读 书
　　他的两个孩子，大的当兵，小的在家读书。

（9）tai⁴³gu¹³ʐãŋ⁴⁴vai¹³gu¹³li⁵⁵a⁴³. 飞的那只是乌鸦。
　　　只 标记 飞 那 是 乌鸦

2. 关系从句修饰限定句子的宾语

关系从句修饰限定句子的宾语时，先行词通常为名词或量词，关系从句紧跟在所修饰调名词或量词后面，关系从句对定语从句起修饰功能，即修饰、限定宾语的性质和动作行为所处的状态等。例如：

(1) ni²¹sa⁴⁴tau⁴⁴i⁴³dzo¹³la⁴⁴gu¹³hai⁵⁵nti⁵⁵. 他搓了一根长长的绳子。
　　　他　搓　得　一条　绳 标记 很　长
(2) ntau⁴³a⁵⁵ṣa⁴³ma¹³i⁴³lu⁴³tsi²¹za¹³gu¹³hai⁵⁵lie⁴³.
　　　树 前缀 上面 有 一个前缀 梨 标记 很　红
　　树上有个红红的梨。
(3) qə⁵⁵nau¹³gu¹³ie⁴³mbə¹³qã⁴³mu⁵⁵hi⁴³qau⁴³ni⁴⁴tu¹³na¹³.
　　　食物 标记 苦 辣 甜 糖 酸 他 都 吃
　　酸甜苦辣的东西他都吃。
(4) ni⁴⁴tʰau⁴⁴a⁵⁵tʰau⁴⁴lo¹³hi⁴³la²¹n̩i⁵⁵lu¹³gu¹³tṣhi⁵⁵.
　　　他　从　以前　来 不曾 经 说 话 是 假
　　她从来没有说过假话。
(5) ku⁵⁵a³¹m̩o⁴⁴a⁴⁴i⁴³du¹³mpu⁵⁵sa⁵⁵gu¹³ntshai⁴⁴.
　　　我 昨晚 做一个　　梦 标记 害怕
　　我做了一个可怕的噩梦。
(6) lu¹³gu¹³ni⁴⁴ni⁵⁵ku⁵⁵ma¹³i⁴⁴tshie⁴⁴hi⁴⁴ndzə²¹.
　　　话 标记 他 讲 我 有 一 些　不 相信
　　他讲的话我有些怀疑。
(7) ma⁴³pə⁴³lu⁴³tau⁴⁴ku⁵⁵, za⁴⁴die⁴³gu¹³lo⁴³,hi⁴³za⁵⁵die¹³gu¹³sau⁴⁴.
　　　给 五 个 给 我 要 些 标记 大 不要 些 标记 小
　　给我五个，要大的，不要小的。
(8) ku⁵⁵nau¹³lu⁵⁵gu¹³sau⁴³ni⁵⁵, gi²¹nau¹³lu⁵⁵gu¹³lo⁴³³vai¹³.
　　　我 吃 个 标记 小 这 你 吃 个 标记 大 那
　　我吃这个小的，你吃那个大的。
(9) ku⁵⁵ɖaɯ²¹tu⁵⁵gu¹³qha⁴³n̩au²¹ma²¹ni⁵⁵. 我喜欢刚买的这匹。
　　　我 喜欢 匹 标记 刚　　买 这

3. 关系从句充当句子的补语

gu¹³引导的关系从句除了修饰、限定名词和量词以外，还可后置于句子的谓语动词或动词短语，在句中充当补语，补充说明动作行为的状态或程度。例如：

(1) a⁴⁴tṣhu⁴⁴tl̥hie⁴⁴gu¹³sie⁴³, tl̥i⁵⁵ɖau¹³gu¹³fai⁴⁴. 猫跳得高，狗跑得快。
　　　猫　跳 标记 高　狗 跑 标记 快
(2) ku⁵⁵no⁴⁴n̥o⁴⁴dzo²¹gu¹³tɕo⁴⁴tɕo⁴⁴daɯ¹³. 我冷得发抖.
　　　我 冷 到 标记 抖　　了
(3) ni⁴⁴ndzau¹³tuei²⁴tai⁴³nu¹³ni⁵⁵na¹³gu¹³qə¹³da¹³.
　　　他们　对　件 事 这 看 标记 价格 重
　　他们对这件事情很重视。

（7）lai⁴³n̥āŋ⁴³ni⁵⁵ndi³³tau⁴⁴gu¹³huei⁵⁵pu⁵⁵. 这个袋子装得满满的。
　　　个　袋　这　装　得　标记　很　满
（8）ni¹³n̥au⁵⁵gu¹³ʐou¹³zau⁴⁴ʐou¹³hi⁴⁴də²¹. 她穿得又漂亮又整齐。
　　　她　穿　标记　又　好　又　整齐

4. 关系从句充当句子的状语

gu¹³引导的关系从句紧跟在充当句子谓语的动词短语后面，表示伴随动作行为的另一个动作行为或状态，在句法结构中充当状语的功能。例如：

（1）ni¹³a⁴⁴nu¹³ gu¹³ qa⁴⁴tou⁴⁴tou⁴⁴. 她做事情慢吞吞的。
　　　她　做活儿　标记　慢　慢貌
（2）ni¹³mau¹³ki⁵⁵gu¹³tlau⁵⁵fau⁴⁴ŋo²¹. 她走路头低低的。
　　　他　去　路　标记　低　头　的

第七章 基本结论

前文我们对滇北苗语的语音、词汇、语法进行了较为系统的描写,基本揭示了滇北苗语的结构特征和规律,下面是一些基本结论。

一 关于语音

滇北苗语共有 79 个声母、30 个韵母和 8 个声调。滇北苗语的声母多、韵母少,声调包含了苗语的固有声调,也有汉语借词专用声调,变调复杂。

(一)关于声母

1. 发音部位与发音方法齐全

滇北苗语的声母复杂,语音类型丰富,几乎涵盖了每个发音部位和发音方法。从发音部位来看,有双唇音、唇齿音、齿龈音、舌尖后音、腭龈音、软腭音、小舌音和喉头音八类;从发音方法来看,有塞音、塞擦音、塞边擦音、鼻音、擦音、边音、边擦音和通音。

2. 语音系统性强

滇北苗语的声母排列有序,对仗工整。如果不把浊送气音视为声调的伴随特征,滇北苗语的塞音、塞擦音和塞边音都有清、清送气、浊和浊送气四种形式。其唇音、舌尖前音、舌尖中音、舌尖后音、舌面音、舌根音、小舌音都存在单辅音和鼻冠复辅音,且都遵循清、清送气、浊和浊送气四种对应形式,鼻冠音辅音声母与塞音、塞擦音的发音部位相同,具体如下表 7-1:

表 7-1 滇北苗语的塞音、塞擦音和塞边音

	单 辅 音				鼻 冠 复 辅 音			
	清	清送气	浊	浊送气	清	清送气	浊	浊送气
塞音	p	ph	b	bɦ	mp	mph	mb	mbɦ
	t	th	d	dɦ	nt	nth	nd	ndɦ
	ʈ	ʈh	ɖ	ɖɦ	ɳʈ	ɳʈh	ɳɖ	ɳɖɦ
	k	kh	g	ŋɦ	ŋk	ŋkh	ŋg	ŋgɦ
	q	qh	ɢ	ɢɦ	ɴq	ɴqh	ɴɢ	ɴɢɦ

续表

	单 辅 音				鼻 冠 复 辅 音			
	清	清送气	浊	浊送气	清	清送气	浊	浊送气
塞擦音	ts	tsh	dz	dzɦ	nts	ntsh	ndz	ndzɦ
	tʂ	tʂh	dʐ	dʐɦ	ɳtʂ	ɳtʂh	ɳdʐ	ɳdʐɦ
	tɕ	tɕh	dʑ	dʑɦ	ɲtɕ	ɲtɕh	ɲdʑ	ɲdʑɦ
塞边音	tl̥	tl̥h	dl	dlɦ	ntl̥	ntl̥h	ndl	ndlh

3. 复辅音构成形式独特

滇北苗语的复辅音声母分成两种不同的类型，第一种是齿龈闭塞音（t、d）后带浊续音，如 tl、dl，闭塞音与浊续音的分化还使得闭塞音脱落，浊连读音清化，构成齿龈闭塞清音，如 tl̥、tl̥h；第二种复辅音是闭塞音前带鼻音，又称鼻冠音，塞音、塞擦音、塞边音前都可以带鼻音，从而构成大量鼻冠音，例如：mp、mph、mb、nts、ntsh、ndz、ntl̥、ntl̥h、ndl 等，闭塞音前的鼻音发音部位与闭塞音保持一致。闭塞音前带鼻音的形式是滇北苗语复辅音的主要构成形式，也是滇北苗语声母众多的重要原因。滇北苗语有 79 个声母，含有鼻冠音的复辅音有 26 个，占声母总量的 33%。

4. 清、浊对立区分特点保留完整

滇北苗语声母较好地保留了全清、次清、全浊、次浊的对立区分。声母除了喉塞音ʔ和汉语借词声母 w 没有清、浊对立之外，其余都有全清、次清和浊音的对立区分。例如：

全清	词义	次清	词义	全浊	词义
pau43	掉落	phau44	知道	bau21	脓
ʈau44	穿	ʈhau44	用	ɖau21	半
qa44	啼	qha44	客人	ɢa13	喊
tɕeo55	炼铁	tɕheo33	纳~鞋	dʑeo13	踩
tau44	得	thau44	从	dau21	被
kau43	针	khau44	鞋子	gau13	芽
tʂi43	胆	tʂhi33	羊	dʐi13	睡醒
tl̥i44	稀	tl̥hi44	变	dli13	逃脱

此外，滇北苗语的鼻音（m、n、ŋ、ɲ）和边音（l、l̥）都有清浊对立之分，且清鼻音、清边音与清声母调类配合，浊鼻音、浊边音与浊声母调类配合。例如：

鼻音	清化音	词义	浊音	词义
m	a⁵⁵m̥au⁴³	阿卯、苗族	mau⁴⁴	信
n	n̥u⁴³	太阳	nu¹³	事情
ȵ	n̥ie⁵⁵	牙齿	ȵie¹³	银
ŋ	ŋ̊u⁴³	坛子	ŋu⁴³	马嘶
l	l̥a⁴³	桥	la⁴⁴	骂
l	l̥a³³	年轻	a⁵⁵la⁴⁴	男青年

（二）关于韵母

相对声母而言，滇北苗语的韵母比较简单。在 30 个韵母中，有 8 个单韵母（i y e a ə o u ɯ），10 个复元音韵母（ie ei eo ai au aɯ ou ua ui iau）和 12 个鼻音韵尾韵母（in en un yn aŋ ãŋ oŋ ian uɛn uan iaŋ uaŋ）。滇北苗语韵母具有以下三个特点。

1. 元音音位系统分布均衡

滇北苗语有个 8 单韵母，元音系统选择等级类型属于八元音型。滇北苗语单韵母在结构分布上大致呈现出以 /i/、/e/、/ə/、/u/、/o/ 为顶点构成的三角形，然后在此基础上选择圆唇标记特征前后均衡扩展并在对称的三角形结构图外围加上前低元音 /a/，从高低维度上来看，滇北苗语的单韵母呈四层分布，前元音和后元音呈均衡分布状态，具体如下：

```
    i   y           ɯ   u
      e               o
              ə
              a
```

滇北苗语的 8 个单韵母中包含由 /i/ 和 /ɯ/ 经过圆唇标记特征而来的 2 个圆唇韵母（即 y、u），符合雅柯布森（2001）提出的蕴涵原则：有 /y/ 就一定有 /u/，但是有 /u/ 不一定出现 /y/。

2. 汉语借词专用韵母比例高

滇北苗语韵母首要特点之一就是增加了大量汉语借词专用韵母。在 30 个韵母中，除了单韵母和 8 个复元音韵母（ie、ei、eo、ai、au、aɯ、ou、ua）以外，其余 13 个韵母均为汉语借词专用韵母，汉语借词专用韵母占韵母总量的比例高达 43%。

3. 固有韵母保留鼻音韵尾残余

滇北苗语仅有一个鼻化元音韵母 ãŋ，ãŋ 是后低元音 a 鼻化之后与韵尾同时并存的鼻化元音，在固有词中的使用频率较高。这与 Maddieson（1984）提出的 /i/ > /a/ > /u/ 鼻化元音等级排序不同，但是符合苗瑶语元音鼻化的共性（谭晓平 2016:124）。可以认为滇北苗语/i/>/a/ >/u/的鼻化已经消失，仅残留 ãŋ。

（三）关于声调

滇北苗语属于有声调的语言，其声调除了保留苗瑶语四声八类的特征以外，还与声母密切关联。其特征具体表现在以下四方面。

1. 清声母的调值高于浊声母

滇北苗语的声调保留了苗瑶语四声八类的特征，清声母仅出现在阴声调上（即 1、3、5、7 调），浊声母仅出现在阳声调上（即 2、4、6、8 调），并且清声母的调值通常高于浊声母，较好地体现了苗语阴高阳低的声调格局。滇北苗语的四声八类具体如下：

1 类调（43）> 2 类调（13 调）；3 类调（55）> 4 类调（13 调）
5 类调（44）> 6 类调（21 调）；7 类调（33）> 8 类调（13 调）

2. 调值合并

古苗语有平、上、去、入 4 个调类，后因声母的清、浊不同而分化为 8 个调类。滇北苗语的调类也发生合并，阳入与阳平、阳上合并，调值都为 13，故为 6 个调值。滇北苗语虽然也有 8 个声调，但其中 2 个声调为现代汉语借词专用声调。

3. 声调有浊送气的伴随特征

滇北苗语的浊塞音、浊塞擦音、浊塞边音、浊擦音和浊鼻音都存在浊送气现象，并且浊送气音总是出现在阳类调（即第 2、4、6、8 调），是声调的伴随特征。

4. 连读变调复杂

滇北苗语的连读变调复杂。连读变调不仅发生在同类声调中，如第 3 调阴上调（55）之后的第 7 调阴入调（33）变读为第 5 调阴去调（44），还发生在阴声调和阳声调之间的跨类变调现象，如第 1 调阴平调（43）和第 2 调阳平调（13）之间存在互相变读的现象。

5. 增加汉语借词专用声调

滇北苗语不仅借用了不少汉语借词，而且还增加了汉语借词专用声调。在滇北苗语里现代汉语借词的阴平归入 44 调，上声归入 43 调，阳平和去声则没有对应苗语声调，故增加了 31 调和 24 调两个汉语借词专用声调。

二 关于词汇

滇北苗语是语素音节语言，绝大多数音节都表示一个语素或一个词。其词汇音节多数为单音节和双音节，词汇的语音类型丰富。

（一）关于词汇的音节

滇北苗语的词汇系统以单音节和双音节词为主，三个或三个以上的多音节词只占少数。词的结构形式与词性之间有一定倾向性的联系。其倾向性联系具体如下：

1. 名词以双音节词和多音节居词多

在统计的 1213 个名词中，单音节词共 284 个，占 23%，双音节词共 516 个，占 43%；多音节词共 413 个，占 34%。双音节名词既包括单纯词，也包括合成词，涉及各个语义场。

2. 动词以单音节词为主

在统计的 922 个动词中，单音节动词共 627 个，占 68%；双音节动词共 238 个，占 26%；多音节动词共 57 个，占 6%。单音节动词大部分为实义动词，包括及物动词和不及物动词、自主动词和使役动词等，双音节动词大部分表现为含有前缀 hi^{44} "互相"的动词及合成词，也有少部分叠音词，多音节动词则多半表现为合成词和四音格词。形同词以单音节词为主

3. 形容词以单音节为主

在记录的 3696 余词汇中，形容词仅占 3.5%。滇北苗语的绝大部分形容词都是单音节词，涉及颜色、味道、形状、性质、状态等属性，双音节形容词主要表现为一些连绵词与合成词，也有少数叠音词，多音节形容词大部分是一些四音格词。在统计的 130 个形容词中，单音节形容词共 94 个，占 72%；双音节形容词共 25 个，占 19%；多音节形容词共 11 个，占 8%。

4. 量词基本都是单音节词

在所记录的 114 个量词中，除了 li^{44}phy^{55} "瓶"和 ki^{43}dau^{13} "桌"两个量词是双音节以外，其余量词，不论是固有量词，还是借用汉语的量词，都是单音节词。目前还没有发现多音节量词。

滇北苗语的多音节词，特别是双音节词，包含了大量连绵词、叠韵词、双声词、拟声词和叠音词。叠音词分布于名词、动词、形容词、副词、状词等词类，这与大部分苗语的叠音词仅分布于状词和副词的情况有所不同。此外，滇北苗语四音格词的音节有不同类型的语音联系，在叠音、叠韵、双声的基础上表现出多种组合形式。

（二）关于构词法

滇北苗语的词汇由单纯词与合成词构成。单纯词分布于动词、形容词、量词、数词、代词、指示词、副词、介词、连词、叹词和助词等词类，使用频率比合成词高。合成词的构词法包括附加式、复合式和重叠式三种类型。合成词具有以下几个特征：

1. 构词前缀丰富

滇北苗语常见的前缀有 tsi^{55}-、pi^{55}-、a^{55}-、ki^{55}-、li^{55}-、pi^{55}-、tu^{43}-、ti^{44}-、qa^{55}-、ŋa^{55}-、hi^{44}-，等。各前缀均有相对固定的表义功能。

2. 复合式合成词

滇北苗语复合式合成词的成分语法之间的关系有联合式、修饰式、补充式、支配式、主谓式等五种，其中，修饰式合成词分正偏式和偏正式，且正偏式比偏正式多。

3. 重叠式合成词

滇北苗语的重叠手段丰富，包括原形重叠、变音重叠和嵌音重叠三种。重叠形式包括 AA 式、AABB 式、ABAC 式、ABCB 式和 ABAB 式等五种。

4. 重叠构形

在滇北苗语里既是构词手段，又是构形手段。重叠作为构词手段时，普遍用来构成名词、动词、形容词、量词、状词等，在语义表达方面均有"反复、持续、程度加深"等含义。重叠作为构形手段时，通常表达不明确、泛指等概念。

（三）关于借词

滇北苗语吸收了不少当地汉语西南官话借词，汉语借词是丰富其词汇的主要手段。滇北苗语借用西南官话词汇的方式有三种：音译、半音译和音译加注。汉语借词和苗语固有词在语用上互补，但是随着汉语借词的普及，一些苗语固有词的使用处于退化的趋势，出现了苗、汉兼用的情况。

滇北苗语还吸收了少量彝语借词。这些彝语借词已经融为苗语词汇。

（四）关于旧词新用

滇北一部分大花苗信仰基督教，受基督文化影响用苗语固有词自创了一些跟基督教文化有关的新词，用以表达与基督教文化有关或与基督教传播的事项，属旧词新用的现象。

三 关于语法

滇北苗语的基本语序是 SVO，语序和虚词是表达语法的重要手段。

（一）关于词类特征

根据词的词汇意义、语法意义和语法功能，滇北苗语的词类分为名词、代词、指示词、数词、量词、动词、形容词、状词、副词、介词、连词、助词和感叹词等 13 类，其中，状词和量词比较有特点。

状词用在形容词或动词后面，用来描述动作行为的情貌、速度、声音、状态或事物性质的状态、颜色、气味或感觉。滇北苗语的状词可以直接放在形容词、不及物动词、动宾词组或形补词组后面做修饰语，还可以与句子主语连用，借用为动词。

滇北苗语的量词与亲属称谓名词连用时具有区分称谓名词性别和辈分的功能，tsai55用在不区分年幼的高平调称谓名词前，tsai43用在表示年长的低平调称谓名词前，tsa55用在表示年幼的高平调称谓名词前；lai43用在表示年长的高平调称谓名词前，la55用在年幼的高平调称谓名词前。滇北苗语量词重叠表示部分复数。

滇北苗语量词有肯定形普通称、肯定形或不定形壮美称和肯定形指小称三种形式，其中普通称是原形，壮美称和指小称是变形。例如，tai55li44a43是普通称，表示"乌鸦"，tai43li44a43是壮美称，表示"大乌鸦"，ta55li44a43是指小称，表示"小乌鸦"。

（二）关于形态

滇北苗语属于分析型语言，但仍有一些非分析性形态，可以通过语音屈折或词汇语义和语法表达相关的语法范畴。

1. 关于语音屈折形态变化

滇北苗语的名词、形容词、动词、量词和状词都有语音屈折形态变化，其中，量词的语音屈折形态变化较为典型，名词、动词、形容词、状词的语音屈折形态变化是通过重叠音变来实现的。

量词的形态变化主要通过韵母和声调变化表示事物的大小或美丑。变形时声母一般与原形保持一致，壮美称的韵母一般变为 ai 或 u，声调为高平调时变为高降调，为其他声调时不变；指小称的韵母一般变为 a，声调不变。

名词、形容词和双音节状词的变化一般在原形前加两个音节构成，所加的第一个音节的声、韵、调与原形第一个音节相同，第二个音节的声母和声调与原形第二个音节的声母、声调相同，韵母则发生变化，当原形第二个音节的韵母是 a、ə、ɯ、i、ai 时，变为 u，当原形第二个音节的韵母是 u 时，变为 i，当原形第二个音节的韵母是 o、y、au、eo 时，变为 u 或者 i。

动词和单音节状词的变形一般是在原形前加一个音节构成，所加音节的声母和声调与原形相同，韵母则按照上述规律变化，即当原形第二个音节的韵母是 a、ə、ɯ、i、ai 时变为 u，原形韵母是 u 时变为 i，原形韵母是 o、y、au、eo 时变为 u 或者 i。

名词、形容词、动词和状词的原形和变形均表达固定的语法意义，且在一定的语境中形成对比。一般而言，名词的原形表示明确、特指的概念，变形则表示不明确、泛指的概念。形容词、动词和状词的原形表示规则、单一、单纯少变的概念，变形则表示不规则、随意多变的概念。

2. 关于名词的性别范畴和数范畴

滇北苗语没有性范畴与数范畴，但有性范畴和数范畴的概念，其语法手段是附加相关成分以词汇语法意义表达有关范畴。滇北苗语的名词含有丰富的前缀，不同的前缀具有对不同名词进行词汇性分类的功能，其中有表动物自然性别的成分，不同科目动物的自然性别用不同的词汇性成分，如，雌性名词一般用前缀 a^{55}ȵie^{43}构成，雄性名词则用 a^{44}lau^{44}、li^{44}qu^{55}、pi^{44}tu^{33}、qa^{43}、qa^{43}tsi^{44}、a^{44}pou^{44}、a^{44}py^{44}、ki^{44}lau^{43}、qa^{55}tsi^{44}、a^{44}tsi^{44}等前缀构成，其中 a^{44}lau^{44}表雄性禽类，li^{44}qu^{55}为雄性牛的专用词汇性成分，pi^{44}tu^{33}为雄性马的专用词汇性成分，qa^{43}为雄性猫科动物的词汇性成分，qa^{55}tsi^{44}为雄性犬科动物的词汇性成分。

滇北苗语的名词没有数范畴，但有表达数概念意义的手段，那就是在相关名词之后附加-mi^{44}"们"。如，单数名词ɣe^{21}la^{21}（朋友）的复数形式是ɣe^{21}la^{21}mi^{44}（朋友们）。

3. 关于动词的致使结构和体标记

滇北苗语的致使结构用词汇语法意义表达，是一种分析型致使结构，其具体结构是"主语+致使动词go^{13}+宾语+宾语补足语"。例如：

（1）lai^{43}ŋga^{13}ni^{55}tsau^{33}ndu^{13}go^{13}tə^{55}nə^{43}ɳʂhai^{44}.

　　　个　房子　这　暗　得　使　人　　害怕

　　这房子黑得使人害怕。

（2）hi^{44}ʐa^{55}go^{13}la^{21}tau^{44}pau^{43}. 别让别人知道。

　　　不　要　使　别人　得　知道

（3）ni^{44}go^{13}ku^{55}mau^{13}, ku^{55}hi^{43}ndzau^{21}hi^{43}mau^{13}.

　　　他　使　我　去　　我　不　可能　不　去

　　他叫我去，我不得不去。

滇北苗语的体范畴包括核心体和非核心体，核心体有完成体、完结体、结果体、经历体、先行体；非核心体有将行体、起始体、进行体、持续体、继续体、惯常体，不同的体用不同的体助词来标记，具体如下表7-2：

表7-2　滇北苗语的体范畴及其体助词

体范畴		体助词	位置
核心体	完成体	dauɯ^{13} "了"	谓语动词或形容词后面
	完结体	sãŋ^{44} "了"	谓语动词或形容词后面
	结果体	tau^{44} "得"	谓语动词后面
	经历体	la^{21} "曾经"	谓语动词前面
	先行体	hai^{55} "先"	两个谓语动词之间

续表

体范畴		体助词	位置
非核心体	将行体	ʑa⁴⁴ "要"、la⁵⁵ "要"	谓语动词前
	起始体	ʂeo⁵⁵ "开始"、ʂeo⁵⁵by¹³ "开始"	谓语动词前面或后面
	进行体	tsi⁴⁴la⁵⁵ "正在"	句末或者句中
	持续体	tɕe⁴⁴ "着"	谓语动词后面
	继续体	ŋgə¹³mau¹³ "下去"	谓语动词后面
	惯常体	a⁴³ "一贯"	谓语动词前面

4. 关于重叠形态

重叠式属广义形态的范畴，滇北苗语的名词、动词、形容词、量词和状词都有丰富的重叠式。重叠式包括部分重叠和完全重叠，具体的重叠形式包括 AA 式、AABB 式、ABAB 式、ABAC 式和 V+i⁴³+V 式五种，其中的 ABAC 式主要分布于状词、双音节名词和双音节形容词。滇北苗语的重叠式都有语音屈折变化，不同的重叠式有不同的语法意义。

(三) 关于句法结构与语义结构

本书从传统语法学的角度把滇北苗语的句子成分分为主语、谓语、宾语、定语、状语和补语。从主语、谓语、宾语、定语、状语和补语的句法位置来看，滇北苗语的句子以谓核为中心，主语、宾语是谓核联系的必有成分，定语、状语和补语是谓核结构的可选成分。从论元角色来看，主语是主体论元，宾语、表语是客体论元。从根据语义角色来看，滇北苗语主语的语义有施事主语、受事主语、起事主语、范围和材料主语，宾语的语义有受事宾语、施事宾语、工具宾语、结果宾语等，定语的语义有领属定语、属性定语，补语的语义情态补语、结果补语、程度补语、数量补语、可能补语、趋向补语、处所补语，状语的语义有方所状语、时间状语、方式状语、程度状语、范围状语、否定状语、条件状语、处所状语、比况状语、对象状语。滇北苗语的句法结构与语义结构之间不是一对一的关系，一种句法结构可以有多种语义结构。

(四) 关于句类和句型

1. 关于句类

句类是按语气划分出来的句子的类型。滇北苗语的句类有陈述句、疑问句、祈使句、感叹句。

滇北苗语的陈述句通常在句末带语气助词，有时候也可省略语气助词。滇北苗语的句末语气词丰富，常见的语气助词包括 dau^{13}"了"、da^{21}"了、啦"、na^{55}"呢、吧"、ŋo^{21}"哦、的"、lo^{33}"呢、的"、dʐo^{13}"的、吗"、sãŋ^{44}"了"、hi^{55}"吧"、a^{55}"吧"、lu^{44}"吗、呢"、la^{33}"吗、啦、啊"，等等。

滇北苗语的疑问句包括是非疑问句、特指疑问句、选择疑问句、正反疑问句和附加疑问句五种类型。各疑问句都有各自的表达标记手段，如，是非疑问句在陈述句句首加是非问句标记词 die^{13}"是否"构成，句末语气用升调；特指疑问句的通过 qa^{43}dy^{13}"谁"、du^{13}ʂi^{44}"什么"、qha^{55}dy^{13}"哪里"等疑问词构成；选择疑问句用连词 la^{33}"还是"连接两个并列的备选成分构成；正反疑问句在非疑问句的基础上加上谓语的肯定形式和否定形式并列构成。谓语的肯定形式和否定形式之间用连词 la^{33}"还是"连接。附加疑问句是在陈述句后面再附加一个疑问小句 die^{13}zo^{21}"是否是"构成。此外，滇北苗语的疑问句除了是否问句必须把疑问词 die^{13}"是否"置于句首以外，其余疑问词均没有显性的疑问迹象，属于疑问词在位语言。

祈使句根据语气分为表示命令、请求和商量三种类型，表示命令的祈使句通常以实义动词开头，表示请求的祈使句通常以 ma^{43}"把"开头，表示商量的祈使句则通常用省略主语的致使句表达。这三种祈使句的否定式都在句首加否定副词 hi^{44}"不"构成。

滇北苗语的感叹句表示快乐、惊讶、悲哀、愤怒、恐惧等感情，通常与感叹词连用，还可以在句末加程度副词 ta^{43}die^{13}/die^{13}"真"来突显感叹程度。

2. 关于句型

句型是按句子的结构划分出来的句子的类型。滇北苗语的句型有单句和复句。

单句包括主谓句和非主谓句两类。主谓句包括名词谓语句、动词谓语句和形容词谓语句，其中动词谓语句又分为主谓谓语、连谓句、兼语句、双宾句、小句宾语句和存现句等六种类型。非主谓句包括动词性非主谓句、形容词性非主谓、名词性非主谓句和拟声词句四类。

复句包括联合复句和主从复句两大类。根据主句和从句之间的关系，联合复句包括并列、顺承、解说、选择和递进五种类型，主从复句则包括转折、条件、假设、因果和目的五种类型。主句通常在从句前面，主从句之间的关联词属于非强制性，具体如下表 7-3：

表 7-3　滇北苗语的复句及其关联词

复句类型		是否使用关联词 是	是否使用关联词 否	使用的关联词
联合复句	并列复句	√	√	la^{33} "也"
联合复句	顺承复句		√	
联合复句	解说复句		√	
联合复句	选择复句	√		la^{33} "还是"
联合复句	递进复句	√	√	hi^{44}ta^{55}…hai^{31}… "不但……还……" hi^{44}ta^{55}…tai^{44}… "不但……再……"
主从复句	转折复句	√		i^{55}vie^{44}(vie^{44}、li^{55}vie^{44}) "虽然" suei^{43}ʐaŋ^{31}… i^{55}vie^{44}… "虽然……但是……"
主从复句	条件复句	√		dʐa^{13}ʐa^{55} "只要" i^{43}… dʑi^{13}… "一……就……"
主从复句	假设复句	√		tʂa^{55}gu^{13}… dʑi^{13}… "如果……就……" tʂa^{55}gu^{13}…dʑou^{13}… "如果……就……"
主从复句	因果复句	√		i^{55}gu^{13}…a^{44}li^{44}ni^{55}… (i^{55}gu^{13}…a^{55}lə^{13}…) "因为……　所以……"
主从复句	目的复句	√		li^{44}mo^{43} "免得"

（五）关于语序类型

1. 关于名词短语语序

名词短语语序包括指示词与名词、数词与名词、形容词与名词、领有成分与名词、关系小句与名词、名词与名词等成分之间的语序。这些成分之间通常只有两种选择，即前置或后置于名词，但是少数成分之间也允许两种语序共存。滇北苗语名词短语的语序可以归纳为如下：

（1）名词中心语在前，指称性定语指示词在后，即：N+Dem；

（2）数词和量词在前，名词性中心语在后，即：Num+CL+N；

（3）形容词在前，名词中心语在后，即 Adj+N；

（4）名词中心语在前，形容词在后，即 N+Adj；

（5）领有成分在前，名词中心语在后，即 G+N；

（6）名词中心语在前，关系小句在后，即 N+Rel；

（7）名词中心语在前，修饰性名词在后，即 N(head)+N；

（8）修饰性名词在前，名词中心语在后，即 N+ N(head)；

滇北苗语的基本语序是 SVO。当名词中心语与领属性定语和修饰性定语成分组合时，中心语名词理应在领属性和修饰性成分之前，而滇北苗语出现了相反的语序，这与苗语历史上的语言接触和汉语的影响有关。由于汉语的领属性定语和修饰性定语成分总是在中心语名词之前，滇北苗语也出现了与汉语相同的语序。

滇北苗语的名词中心语与形容词和修饰性名词组合时均存在两种语序。当形容词修饰名词中心语时，即大部分表示颜色、形状、性质和属性的形容词修饰名词时都后置于名词，只有少数表示大小、好坏的单音节形容词修饰名词时才前置于名词，也就是说，当形容词修饰名词中心语时并存着 Adj+N 和 N+Adj 两种语序，其中 N+Adj 是优势语序。当修饰性名词与名词中心语组合时，只有表示性别、领属关系的修饰性名词前置于中心语名词，其余大部分修饰性名词都后置于中心语名词。也就是说，当修饰性名词与名词中心语组合时并存着 N(head)+N 和 N+N(head)两种语序，其中 N+ N(head)是优势语序。在 Adj+N、N+Adj、N(head)+N 和 N+ N(head)四种语序中，N+Adj 和 N(head)+ N 既是优势语序，也是符合苗语支 SVO 语序类型学蕴涵共性原则的语序，而 Adj+N 和 N+N(head)应该是受汉语影响产生的语序。这表明滇北苗语 N+Adj 和 N(head)+ N 的语序正处于中介状态，但是符合其类型学蕴涵共性原则的固有语序依然是优势语序，受汉语影响的语序只占少数情况。

滇北苗语名词短语的一些语序已经完成了语序转变的过程，如，领属性成分与中心语名词、数量词与中心语名词的语序；一些语序的演变则处于临界状态，如，修饰性名词与中心语名词、形容词与中心语名词的语序。

2. 关于动词短语语序

滇北苗语动词短语的基本语序是 VO，常见的修饰成分有名词、动词、副词、形容词、代词、状词和数量词等，语序可以归纳为如下：

（1）动词在前，宾语性名词成分在后，即 V+N；

（2）动词在前，宾语性疑问代词在后，即 V+Pron；

（3）动词在前，动词短语在后，即 V+VP；

（4）副词修饰性成分在前，动词在后，即 Adv+V；

（5）动词在前，修饰性副词成分在后，即 V+Adv；

（6）修饰性疑问代词在前，动词在后，即 Pron+V；

（7）否定副词在前，动词在后，即 Neg Adv+V；

（8）体助词在前，动词在后，即 AuxV+V；

（9）动词在前，体助词在后，即 V+AuxV；

（10）动词在前，形容词补充性成分在后，即 V+Adj；

（11）动词在前，代词在后，即 V+Pron；

（12）动词在前，状词在后，即 V+Adv；

（13）动词在前，数词、量词在后，即 V+Num+CL；

滇北苗语是 SVO 语言，动词与宾语的语序总是遵循 V+O，所以宾语性名词成分、宾语性疑问代词和代词与动词组合时，都无一例外地在动词后面，而有些修饰性成分则既可以在动词前面，也可以在动词后面，如修饰性副词与动词的组合。

在有关动词短语的语序中，动词与修饰性副词、体助词的组合有两种并存的位置，其余均只有一种语序。当动词与副词组合时，否定副词总是前置于动词，表示程度、范围、否定、时间和频率等大部分副词前置于动词，少数表示方式的副词与动作组合时，既可以前置于动词，也可以后置于动词。从 SVO 语言的蕴涵共性来看，滇北苗语动词与方式副词的 V+Adv 的语序类型应该是苗瑶语的早期类型，而 Adv+V 的语序类型应该是语言影响的结果。

当动词与动词短语组合时，构成表示连动、补充、目的、结果、能愿、趋向等语义关系的短语，动词之间不需要连词。

3. 关于从句语序语序

滇北苗语的句子语序都遵循 SVO 的基本语序。在与汉语长期的接触过程中，苗瑶语大部分语言的关系从句已经前置，但是滇北苗语的关系从句总是遵循苗瑶语早期 N+Rel 的语序类型，并且保留着固有的关系化标记词 gu^{13}"是"。

滇北苗语的差比句较好地保留了苗瑶语早期的形式和语序。其语序是"比较主体+比较结果+比较标记+比较基准"，比较标记有 3 个，分别是 a^{44}tu^{55}、qa^{44}tu^{55} 和 la^{55}tu^{55}，其中 la^{55}tu^{55} 比较正式，a^{44}tu^{55}、qa^{44}tu^{55} 比较随意。

受汉语的长期影响，大多数地方苗语方言差比句的优势语序已经演变为"比较标记+比较基准+比较结果"，比较标记也大多使用汉语西南官话借词"比"，例如：

（1）黔东苗语（李云兵 2008：164）

tɕo^{55}ə^{33}noŋ^{35}pi^{55}tɕo^{55}ə^{33}ɛ^{44}l̥hə^{33}. 这条河比那条河大。

条　河　这　比　条　河　那　大

（2）湘西矮寨苗语（余金枝 2012：132）

  məŋ³¹pi⁴⁴bɯ⁴⁴ɕu⁵³pu⁵³tɕu³⁵. 你比他小三岁。
  你 比 他 小 三 岁

  总之，由于语言接触和语言影响等因素，滇北苗语的语序在共时平面上表现出双重语序的类型特征。在两种语序并存的情况中，滇北苗语的 N(head)+N、N+Adj、V+Adv、关系从句和差比句的语序都保留了苗瑶语早期的语序类型。

附录　滇北苗语语料

语料一　词　汇

序号	苗语	词义	序号	苗语	词义
1	baɯ¹³	还₍帐₎	2	mba¹³	拍₍手₎
3	vaɯ¹³	园₍花₎	4	baɯ¹³	花
5	a⁵⁵mba¹³	耳朵	6	a⁵⁵ndzau¹³	呻吟
7	hãŋ⁵⁵	谷	8	ndlau¹³	叶
9	ʑeo⁴⁴	钱	10	thy³³dzãŋ¹³	害羞
11	dzeo¹³	会	12	a⁵⁵mau⁴⁴	兄
13	da¹³	来	14	dau¹³	铜
15	ndaɯ¹³	剑	16	n̪u⁴³	天
17	li¹³	久	18	ly¹³	烂
19	lɯ⁴³	个₍一个人₎	20	nau¹³	吃
21	ŋta⁴⁴	步₍走一~₎	22	gi²¹dau¹³	椅₍桌₎
23	li⁵⁵lu⁴⁴	笛子	24	dlo¹³	油、脂肪
25	a⁵⁵dlau¹³	门	26	ŋtʂa⁵⁵	量₍米₎
27	ty⁴⁴	埋₍葬₎	28	a⁵⁵lie⁴³	镰刀
29	lə¹³	田	30	a⁵⁵n̪dzau¹³	嘴
31	n̪ie¹³	银子	32	ɢeu¹³to⁴⁴to⁴⁴	芦笙
33	dʑi¹³	荞麦	34	ɢeu¹³	蒜
35	dʐɯ¹³	骑₍马₎	36	a⁵⁵dʑãŋ²¹	根₍树~₎
37	a⁵⁵n̪tɕi⁴³	柱子	38	dʐa¹³	九
39	ʐaɯ¹³	溶₍化₎	40	tsi⁵⁵ɢeo¹³	螺蛳
41	tsi⁵⁵dla¹³	桃子	42	pho⁴³ki⁵⁵	亮₍天~₎
43	vaɯ¹³	黄	44	dlãŋ¹³	庹
45	tl̥hu⁴⁴	脸	46	ndla²¹	坏₍桌~₎

序号	苗语	词义	序号	苗语	词义
47	fau^{55}tau^{43}	山	48	mo^{55}mo^{44}	苍蝇
49	mau^{13}	去	50	nə^{13}	马
51	tsi^{55}pu^{44}ḻu^{44}	柿花	52	phau^{44}	锅
53	ndzie^{13}	编~辫子	54	di^{13}	手
55	mbə^{13}	鱼	56	vɯ^{44}	尿
57	dzie^{13}	凉	58	kho^{43}	碗
59	a^{55}sau^{55}deo^{13}	火	60	i^{43}du^{21}qai^{43}	只~鸡
61	do^{13}	等待	62	ni^{44}	他
63	tsa^{55}nu^{21}	舅舅	64	si^{43}	回~来
65	daɯ^{13}	完	66	ntlie^{55}	浅
67	ɲie^{13}	薄	68	dʐo^{13}	碓~白
69	tʂha^{43}	茶	70	ŋgə^{13}	懒~惰
71	li^{55}ŋgau^{13}	獐	72	va^{13}	瓦
73	və^{13}	窝~鸟	74	ŋga^{13}qau^{43}	仓~粮
75	zo^{13}	寨~村	76	ɢə^{13}	矮
77	ɴGə^{13}	下~山	78	ɴGO^{13}	梭~子
79	dlo^{13}	蒜头	80	bau^{21}	镯~手
81	bau^{21}	脓	82	qo^{44}tḻo^{44}	盖~锅
83	dai^{21}	卖	84	vai^{21}ki^{43}ɖau^{13}	芋头
85	ba^{21}	抱	86	ba^{21}	孵
87	a^{55}ma^{21}	眼~睛	88	nau^{21}	听
89	a^{55}mby^{21}	鼻~子	90	tu^{43}ki^{33}ndza$^{21-13}$	孤~儿
91	ŋgau^{13}ki^{55}tlo^{43}	笋~竹	92	ndlie^{21}	滑~光
93	tau^{44}ma^{44}	软	94	a^{44}tḻi^{43}	魂~灵
95	li^{44}ky^{44}	匠	96	dzau^{21}	凿~子
97	ʐa^{21}	瘦	98	dʑi^{21}	燃~烧
99	hi^{43}do^{21}	沉~底	100	i^{43}pi^{43}ŋtau^{43}	半~天
101	da^{21}	死	102	deo^{21}	爆~炸
103	qa^{55}dy^{13}	哪~里	104	ndi^{21}	下~蛋
105	mãŋ^{13}	麻~兰	106	nau^{21}	鸟
107	nau^{21}	雨	108	ɦ^{21}	迟~缓
109	nu^{21}	问	110	dau^{21}	中射~
111	su^{43}	筷~子	112	ŋɖa^{21}	鼓

序号	苗语	词义	序号	苗语	词义
113	a^{55}la^{44}	男青年	114	ɳdau^{21}	摘~猪草
115	dlo^{21}	肥~胖	116	so^{44}	滴~水
117	ȵtɕo^{55}	滴水~水到地	118	ndlə^{21}	挂~拐杖
119	tsu^{44}	惯~习	120	dʐa^{21}	淡
121	dʐau^{21}	箭猪	122	ɕã^{44}	七
123	ȵie^{21}	偷	124	tl̥au^{43}a^{33}ȵdʐau^{13}	胡须
125	a^{55}ʐeo^{21}	男（男人）	126	ʐo^{21}	是
127	tɕe^{44}	养~鸡	128	fau^{55}dʐau^{21}	膝~盖
129	ŋã ŋ^{21}	爬~行	130	ndau^{13}	稠~粥
131	za^{21}	梳~子	132	zo^{21}	力~气
133	zau^{21}	穿山甲	134	ɢau^{21}	醉~酒
135	l̥au^{43}ɴɢa^{13}	勤~快	136	dli^{13}	脱
137	bo^{13}	见~看	138	a^{55}ȵie^{13}	母~狗
139	mbə^{13}	辣	140	ndza^{13}	扇~子
141	ki^{43}ndzau^{21}	蚂蚁	142	ndleo^{13}	鞭~子
143	a^{55}ndlei^{13}	舌~头	144	do^{13}	咬
145	dau^{13}	豆~子	146	hi^{55}tl̥o^{43}	竹~子
147	ndlai^{13}	躲~雨	148	pi^{55}lei^{55}ndau^{13}	闪~电
149	dzi̩^{13}	醒~醒	150	ʐei^{13}	舔
151	ʑi^{13}	八	152	ŋgeo^{13}	双~鞋
153	ɢou^{13}	磨~面	154	ɢau^{13}	脊背
155	ɴɢai^{13}	窄	156	dleo^{13}	坳口~山
157	a^{55}tɕi^{55}pa^{43}	腿~大	158	pau^{43}	知道
159	pau^{43}	落~掉	160	tso^{44}	娶~媳妇
161	mo^{43}	痛~疼	162	m̥aŋ^{43}	藤~子
163	a^{55}m̥au^{43}	苗族	164	vau^{43}	簸箕
165	ntau^{44}	树	166	tsi^{43}	三
167	pi^{43}dzau^{13}	我们	168	pə^{43}	五
169	t̥hau^{44}	播~种	170	tl̥ou^{43}	黑色
171	ntsa^{43}	绿~色	172	tl̥au^{43}	四
173	l̥au^{43}	壳~笋	174	tl̥au^{43}	毛~马鬃
175	tsau^{43}	鬃	176	tɕou^{43}	蒸~饭
177	ti^{43}	地~天	178	ti^{43}	答~回

序号	苗语	词义	序号	苗语	词义
179	ta⁴³	厚	180	to⁴³	深
181	ki⁵⁵tau⁴³	葫芦	182	tie⁴³	裙子
183	nãŋ⁴³	蛇	184	lou⁴³	个(一碗)
185	fɯ⁵⁵	袋(口)	186	lie⁴³	猴子
187	lie⁴³	红(色)	188	tu⁴³	儿子
189	nau⁴⁴	湿(潮)	190	ntau⁴³	布
191	pi⁴⁴ŋtãŋ⁴³	中间	192	a⁵⁵ŋthau⁴³	绑腿
193	tʂãŋ⁵⁵	种子	194	du²¹	把(一刀)
195	ɬ⁵⁵	铸(造)	196	tʂɿ⁴³	胆(苦)
197	ȵo⁴³	住	198	a⁵⁵nãŋ⁴³ʂa⁴⁴	嫂子
199	ȵie⁵⁵	额	200	pi⁵⁵tɕãŋ⁴³	蚯蚓
201	tɕãŋ⁴³	牵(牛)	202	a⁵⁵tɕau⁴³	画眉鸟
203	tɕhi⁴³	扫(地)	204	tl̥ãŋ⁴³	肚子
205	ŋgə¹³	直	206	ʐou⁴³	秧(苗)
207	tɕie⁴³	蜡	208	ku⁴³	金
209	kau⁴³	针	210	a⁵⁵dza²¹	药
211	ȵtɕi⁴³	菌子	212	ki⁴⁴	斤
213	ku⁴³	热(水)	214	pi⁵⁵kãŋ⁴³	虫
215	ki⁴³	炒	216	gy¹³	沟(渠)
217	ku⁴⁴ku⁴³	角(牛)	218	zau⁴³	菜
219	a⁵⁵və⁴³	石(石)	220	zə⁴³	晒(谷子)
221	qai⁴³	鸡	222	ŋu⁴³qu⁴³	星星
223	qãŋ⁴³	甜(香)	224	a⁵⁵qə⁴³	后(面)
225	ɴqa⁴³	鸽子	226	ɴqə⁴³	茅(草)
227	qãŋ⁴³mu⁵⁵	甜	228	tl̥eo⁴³	白色
229	tl̥i⁴³	远	230	ki⁵⁵ntl̥i⁴³	黄瓜
231	tl̥u⁵⁵	黑色	232	tl̥ãŋ⁴³	鬼
233	daɯ¹³	槽(木)	234	i⁴³	一
235	a⁴³	二	236	ie⁴³	苦
237	au⁴³	水	238	phy⁴³	拱(猪土)
239	mu⁴³	跳蚤	240	so⁴³	雷
241	sa⁴³sa⁴³	搓	242	ʂi⁴³	轻
243	tsha⁴³	吹(火)	244	hi⁴³qau⁴³	酸

序号	苗语	词义	序号	苗语	词义
245	tshie⁴³	千	246	si⁴³	蓑~衣
247	kaŋ⁴⁴	钢	248	tshãŋ⁴³	疮
249	hu⁵⁵ndʐa¹³	干净	250	ntshãŋ⁴³	陡
251	sie⁴³	初	252	nthãŋ⁴³	楼
253	l̥a⁴³	桥	254	l̥au⁴³	烫~虱子
255	ŋu⁴³	太阳	256	a⁵⁵ɲãŋ⁴³	穗
257	l̥o⁴³	大	258	tʂhai⁴³	饿
259	tshie⁴³	新	260	ɳtʂha⁴³	水獭
261	ɳtʂhə⁴³	清	262	ʂə⁴³	升~米
263	ʂau⁴³	细~线	264	tɕho⁴³	穿~针
265	tsi⁵⁵ kheo⁴³	李	266	sie⁴³	肝
267	sie⁴³	高	268	ʂãŋ⁴³	声音
269	a⁵⁵ɲãŋ⁴³sa⁴³	蕨菜	270	ndeo¹³	捆~柴
271	ɴqha⁵⁵	干燥	272	ɴqheo³³	渴
273	hãŋ⁴⁴po⁴⁴	雾	274	ɕie⁴³	编~簸箕
275	ŋ̥u⁴³	坛	276	mpa⁵⁵	含
277	və⁵⁵	盖~被子	278	li⁵⁵fau⁵⁵-⁴⁴	头
279	po⁵⁵	打~枪	280	ntsi⁵⁵	补~衣服
281	tsi⁵⁵	果子	282	a⁵⁵vai⁴³	父亲
283	pu⁵⁵	满	284	ŋga¹³	房
285	tsau⁵⁵	簸~米	286	a⁴⁴du²¹	面粉
287	tl̥ou⁵⁵	心脏	288	ntsa⁵⁵	洗~手
289	ntso⁵⁵	早	290	ʈhie⁵⁵	春
291	ɳʈau⁵⁵	虱子	292	a⁵⁵tʂãŋ⁵⁵li⁴⁴tãŋ⁵⁵	肋骨
293	pi⁵⁵teo⁴⁴	皮~肤	294	nti⁵⁵	长
295	nto⁵⁵	砍~树	296	nteo⁵⁵	纸
297	a⁵⁵ntsi⁵⁵di¹³	手~指	298	ni⁵⁵	这~里
299	lo⁵⁵	断~棍子	300	lou⁵⁵	短
301	a⁵⁵ndzau¹³	尾~巴	302	si⁴⁴	回~家
303	tl̥au⁵⁵	烧~火	304	ntl̥o⁵⁵	浑~水
305	la⁵⁵	兔子	306	a⁵⁵lau⁵⁵	公~鸡
307	tʂo⁵⁵	老虎	308	ɳtʂə⁵⁵	盐
309	ȵie⁵⁵	哭	310	tɕeo⁵⁵	酒

序号	苗语	词义	序号	苗语	词义
311	ʐa⁵⁵	要	312	ki⁵⁵li⁴⁴	蚊
313	ɕie⁴³	粑粑	314	tsa⁵⁵ky⁵⁵	弟
315	ku⁵⁵	我	316	tsai³³	借~牛
317	qa⁵⁵	屎	318	tsi⁵⁵a⁴³ma²¹n̠u¹³	葡萄
319	hi³³tl̠au⁴³	脖子	320	a⁵⁵pei⁴⁴tɕa⁴⁴	青蛙
321	tl̠i⁵⁵	狗	322	tl̠a⁵⁵	腰
323	tl̠ãŋ⁵⁵	鹰	324	fau⁵⁵	宽
325	n̠ie⁵⁵	牙齿	326	so⁵⁵	线
327	tsho⁵⁵	吹~芦笙	328	a⁵⁵tshãŋ⁴⁴	骨头
329	hin⁵⁵ɳtʂie⁴³	米	330	a⁵⁵po⁵⁵thau⁴³	风箱
331	ŋo⁵⁵	听见	332	ŋaŋ⁵⁵	穿~衣服
333	ŋə⁵⁵	弩	334	hi⁴³tɕo⁴⁴	忘记
335	l̠eo⁵⁵	烧火~山	336	ɳtʂhau⁵⁵	虱~头
337	ʂeo⁵⁵	筋	338	ʂeo⁵⁵	起~来
339	ɳdʐo¹³	站~立	340	ʂə⁵⁵	熟~成
341	tʂhau⁵⁵	灰~烬	342	ɳtʂhãŋ⁵⁵	血
343	ʂo⁵⁵	暖和	344	ŋ̠ãŋ⁵⁵	重
345	a⁵⁵n̠u⁵⁵	肠子	346	nto⁵⁵	泼~水
347	ki⁵⁵	路	348	ho⁵⁵	磨~刀
349	a⁵⁵su⁵⁵	蒿子	350	ŋgi²¹	干枯
351	qheo⁵⁵	包~糖	352	qho⁵⁵	洞
353	a⁵⁵dʐãŋ¹³tsi⁴⁴phə⁵⁵	姜	354	ŋou⁵⁵	印~脚
355	pa⁴⁴	铺~床	356	pãŋ⁴⁴	空气
357	pa⁴⁴	百	358	mpa⁴⁴	猪
359	mpa⁴⁴	披~衣服	360	mpu⁴⁴sa⁵⁵	梦
361	py⁴⁴	睡	362	pau⁴⁴	滚沸
363	tsie⁴⁴	嗉囊	364	ki⁵⁵ntsi⁴³	蝴蝶
365	ntsi⁴⁴	名	366	mpu⁴⁴	雪
367	hi⁴⁴mpou⁴⁴	拧~毛巾	368	mpy³³	肺
369	ki⁵⁵tl̠i³³	野猫	370	tsʅ⁴⁴ta⁵⁵	臭
371	a⁵⁵tso³³	灶~炉	372	hi⁴⁴ntsa⁴⁴	坟墓
373	ti⁴⁴	霜	374	a⁵⁵tau³³	斧子
375	ta⁴⁴	杀	376	teo⁴⁴	脚

序号	苗语	词义	序号	苗语	词义
377	tou^{44}	断~线~	378	tau^{44}	得到
379	nti^{44}	烤	380	ntau^{44}	戴~帽子~
381	a^{55}ndlei^{44}hi^{43}tlo^{43}	篾条	382	hi^{55}ȵtɕau^{44}	枕头
383	tɕa^{44}	嚼~饭~	384	ȵtɕi^{44}	爬~树~
385	ȵtɕo^{44}	记住	386	ʂau^{43}	小
387	ʑãŋ^{44}	飞	388	ɕau^{44}	年
389	və^{44}	近	390	zau^{44}	好
391	la^{44}	骂	392	ɴɢo^{13}	吞~饭~
393	ɴqə^{44}	价钱	394	ɴqə^{44}	钩子
395	qa^{44}	叫~公鸡~	396	qo^{55}qo^{33}	蛋
397	ɳtʂhi^{44}	撕~布~	398	tlo^{44}	炸~
399	tlou^{44}ɳtʂə^{44}	咸	400	o^{44}	肿
401	tlau^{44}au^{43}	云	402	phai^{44}	剖~腹~
403	mo^{44}ndu^{13}	夜晚	404	ŋau^{43}	闻
405	hi^{33}bãŋ^{13}qau^{43}	糠	406	sãŋ^{44}	送
407	ntsha^{55}	洗~衣服~	408	ntshi^{44}	大象
409	thi^{44}	箍	410	thə^{44}	炭
411	l̥i^{44}	月亮	412	l̥a^{44}	绳子
413	tʂho^{44}	拔~刀~	414	va^{13}	米饭
415	l̥au^{44}	铁	416	ʂo^{44}	休息
417	ʂo^{44}	擦~桌子~	418	ɳtʂhai^{44}	害怕
419	pãŋ^{44}deo^{21}	烟~火~	420	khau^{44}	鞋子
421	sau^{44}	写	422	tsai^{33}ʂau^{44}	接受
423	a^{55}ɖie^{13}	柴刀	424	tsai^{33}	借~钱~
425	a^{55}ti^{33}-^{44}	翅膀	426	tai^{33}	夹
427	ntau^{33}	打~人~	428	nto^{33}ntau^{43}	织~布~
429	a^{55}ȵu^{33}tu^{33}	肚脐	430	zau^{13}pi^{43}kãŋ^{43}tau^{33}	鱼腥草
431	tlo^{33}	笑	432	a^{44}tʂeo^{44}	腋窝
433	a^{55}tʂeo^{44}	野鸡	434	ɳtʂeo^{44}li^{44}phy^{55}	塞瓶子
435	ɳtʂai^{33}	眨~眼睛~	436	ȵtɕeo^{33}	啄
437	ȵtɕeo^{33}	挖~地~	438	kãŋ^{55}kãŋ^{33}	蛆
439	keo^{33}	啃	440	kau^{33}hi^{43}tlo^{31}	斗笠
441	ŋko^{33}	泥泞	442	vai^{33}	藏~东西~

序号	苗语	词义	序号	苗语	词义
443	tʂai³³	熊	444	o³³	鸭子
445	ntshai³³	姑娘	446	ka⁴³	漆
447	qo³³	关~门	448	n̪au³³	咳嗽
449	ŋə³³	割~稻谷	450	ʈhai³³	插~刀
451	ȴa³³	年轻	452	khau³³khau³³	痒
453	ŋkhau³³	弯曲	454	hai³³	舀~饭
455	hau³³	喝~水	456	ndu¹³	天
457	lai⁴³n̪u⁴³	太阳	458	lai⁴³ȴi⁴⁴	月亮
459	n̪u⁴³qu⁴³	星星	460	n̪u⁴³qu⁴³ndau¹³⁻⁴³	彗星
461	ndu¹³dli¹³	天河	462	tai⁴³hi³³thai³³	虹
463	tai⁴³zau¹³hou³³au⁴³	虹	464	zau¹³ntsau⁵⁵n̪u⁴³	日晕
465	zau¹³ntsau⁵⁵ȴi⁴⁴	月晕	466	tʂau⁴⁴au⁴³	云
467	tʂau⁴⁴au⁴³tʂu⁴³	乌云	468	so⁴³	雷
469	tɕa⁴⁴	风	470	tsi⁵⁵dʑi¹³beo¹³tɕa⁴⁴	旋风
471	mpu⁴⁴	雪	472	tʂau³³	冰
473	nau²¹a⁴³lʐ¹³	雹子	474	au⁴³	水
475	nau²¹	雨	476	a⁴⁴dʐy²¹nau²¹	毛毛雨
477	a⁴⁴zo¹³nau²¹	阵雨	478	hã⁵⁵mpo³³	雾
479	pi⁵⁵lʐ²¹	露	480	ti⁴³	地
481	ɣə²¹	岭	482	ʈau⁴³	山
483	a⁵⁵ŋtʂi³¹ʈau⁴³	山顶	484	lu⁴⁴hãŋ⁵⁵	山谷
485	a⁵⁵ko⁵⁵ʈau⁴³	山脚	486	a³³zau²¹	坡
487	pi⁵⁵ŋtãŋ⁴³ʈau⁴³	山腰	488	dleo¹³	山坳口
489	dzie¹³a³³tsa⁴⁴⁻³³	悬崖	490	qho⁵⁵	洞
491	qho⁵⁵	窟窿	492	qho⁵⁵	坑
493	bãŋ¹³qa³³dy¹³	水牛塘	494	ɕeo⁵⁵	海
495	a⁵⁵dʐy¹³ɕeo⁵⁵	湖	496	gy¹³	溪
497	a⁵⁵ndu²¹gy¹³	河岸	498	a⁵⁵ndu²¹a⁴³ky⁴³	河边
499	bãŋ¹³	池塘	500	gy¹³	沟渠
501	gy¹³au⁴³	水沟	502	la⁵⁵ɕeo⁵⁵	水坝
503	au⁴³ŋdza¹³	瀑布	504	hi⁴⁴ntʂau⁴⁴	波浪
505	pi⁵⁵lə¹³au⁴³	漩涡	506	bãŋ¹³ki⁴⁴thy⁴⁴	潭
507	pi⁴⁴ȴʐ³³au	水泡	508	hi⁵⁵mba¹³	泡沫

序号	苗语	词义	序号	苗语	词义
509	qho⁵⁵au⁴³	井	510	qho⁵⁵au⁴³tsheo⁵⁵⁻⁴⁴	泉
511	ãŋ⁵⁵	泥	512	tʂhau⁵⁵tʂa⁴⁴	尘土
513	au⁵⁵	土	514	lie¹³	田
515	a³³ndzãŋ¹³lie¹³	田埂	516	ti⁴³ŋkhi⁴⁴	旱地
517	ti⁴³ka⁴⁴bo¹³	荒地	518	ɳɖau¹³lie¹³	平坝
519	ɳɖau¹³ti⁴³	平地	520	a⁴⁴və⁴³	石头
521	a³³və⁴³dau¹³	鹅卵石	522	a⁵⁵ndzi¹³a⁴⁴və⁴³	沙子
523	a⁵⁵du¹³ɕeo⁵⁵dli¹³	沙滩	524	a⁵⁵və⁴³l̪au⁴⁴	矿物
525	ku⁴³	金	526	n̪ie¹³	银
527	dau¹³	铜	528	l̪au⁴⁴	铁
529	ɣo⁴³ʐi⁴³	锡	530	kaŋ⁴⁴	钢
531	tsha³³	铅	532	thə⁴⁴a⁴³la¹³	煤
533	a⁵⁵və⁴³ki³³lu¹³	硫黄	534	dzŋ¹³	铁锈
535	a⁴⁴du²¹tɕhy³³tɕhy³³	火药	536	a⁴⁴lau⁵⁵deo¹³	火
537	a⁴⁴n̪dzi²¹deo¹³	火炭	538	thə⁴⁴a⁴⁴la⁵⁵	炭
539	pi⁵⁵lei⁵⁵deo¹³	火苗	540	pi⁴³dzei⁵⁵deo¹³	火花
541	tʂãŋ⁵⁵deo¹³	火种	542	pãŋ⁴⁴tɕho⁴⁴	炊烟
543	ŋkheo⁴³	煤烟子	544	qa⁴³n̪a³phou⁴⁴	锅煤烟
545	sãŋ⁵⁵n̪u⁴³da²¹	东	546	sãŋ⁴³tɕa⁴⁴tʂhãŋ⁵⁵	南
547	sãŋ⁴³n̪u⁴³ntsə⁴⁴	西	548	sãŋ⁵⁵tɕa⁴⁴ba¹³	北
549	a⁵⁵ʂa⁴³	上面	550	pi⁵⁵ti⁴³	下面
551	a⁵⁵ʂa⁴³	以上	552	pi⁵⁵ti⁴³	以下
553	qãŋ⁴³	底下	554	vai¹³zau⁴⁴	外面
555	vai¹³tha⁴⁴	前面	556	vai¹³ndlo²¹	里面
557	hi⁵⁵ntlie⁴³	正面	558	ti⁵⁵qau⁴⁴	背面
559	ti⁵⁵qau⁴⁴	反面	560	phau⁵⁵pi⁴⁴di¹³	对面
561	sãŋ⁵⁵si³³	右边	562	sãŋ⁵⁵fə⁴⁴	左边
563	sãŋ⁵⁵li⁴⁴tãŋ⁵⁵	旁边	564	a⁴⁴ndu²¹ki⁵⁵	路边
565	qãŋ⁴³tʂho⁴⁴	衣边	566	a⁴³sãŋ⁴³	两端
567	pi⁴⁴ɳʈau⁴³	当中	568	pi⁴⁴ɳʈau⁴³	中间
569	pi⁴⁴ɳʈau⁴³lə²¹	田中间	570	pi⁴⁴ɳʈau⁴³ki⁵⁵	半路
571	gau¹³dzu¹³	附近	572	gau¹³dzu¹³	周围
573	ti⁴³tɕheo⁴⁴	地方	574	ku⁵⁵ku⁴³ti⁴³	角落

序号	苗语	词义	序号	苗语	词义
575	ndlə¹³ti⁴³	界线	576	a³³thau⁴⁴a⁴³ndza²¹	古代
577	a³³thau⁴⁴	从前	578	teo³³ndi¹³	以前
579	a⁵⁵qə⁴³	以后	580	ndzo¹³qə⁴³	今后
581	na⁵⁵ni⁵⁵	现在	582	a⁵⁵qə⁴³lo²¹	后来
583	i⁴³tɕha⁵⁵ni⁵⁵	近来	584	teo³³ndi¹³	过去
585	ndo¹³qə⁴³	将来	586	tsha⁴⁴tʂɿ⁴⁴	世代
587	tou⁴³ki⁴⁴	后代	588	phiŋ³¹ʂi³¹	平时
589	dʑai¹³ndau¹³	时候	590	ndu¹³lã̩ŋ⁵⁵	春
591	ndu¹³so⁵⁵⁻⁴⁴	夏	592	ndu¹³dzie¹³	秋
593	ndu¹³dʑa¹³⁻⁴³	冬	594	ɕau⁴⁴	年
595	ɕau⁴⁴	岁	596	ɕau⁴⁴na⁵⁵	今年
597	a⁵⁵po⁴⁴na⁴⁴	去年	598	a⁵⁵ɲau⁴⁴na⁵⁵	前年
599	tl̥a⁴⁴a⁵⁵ɲau⁴⁴na⁵⁵	大前年	600	leo³³li⁴⁴ɲau⁴⁴na⁵⁵	后年
601	leo³³li⁴⁴ɲau⁴⁴o⁴⁴	大后年	602	pi³¹dʑeo¹³ɕau⁴⁴ni⁵⁵	往年
603	ʑi²¹ɣau⁴⁴	端午	604	dʑai¹³lau⁵⁵pi⁵⁵tl̥au⁴²	中元
605	ɲ̊dʑa²¹ndli¹³	中秋	606	a⁴⁴tʂie⁴³	除夕
607	sie⁴³i⁴³	春节	608	l̥i⁴⁴	月
609	i⁴⁴l̥i⁴⁴	一月	610	a⁴³l̥i⁴⁴	二月
611	tsi⁴³l̥i⁴⁴	三月	612	tl̥au⁴⁴l̥i⁴⁴	四月
613	pə⁴⁴l̥i⁴⁴	五月	614	tl̥ou⁴⁴l̥i⁴⁴	六月
615	ɕã̩ŋ⁴⁴l̥i⁴⁴	七月	616	ʑi¹³l̥i⁴⁴	八月
617	dʑa¹³l̥i⁴⁴	九月	618	gau¹³l̥i⁴⁴	十月
619	gau¹³i⁴³l̥i⁴⁴	十一月	620	gau¹³a⁴³l̥i⁴⁴	十二月
621	nau⁴³l̥i⁴⁴	己	622	nu⁴³l̥i⁴⁴	午
623	ʐau¹³l̥i⁴⁴	末	624	lie⁴³l̥i⁴⁴	申
625	qai⁴³l̥i⁴⁴	酉	626	tl̥i⁵⁵l̥i⁴⁴	戌
627	mpa⁴⁴l̥i⁴⁴	亥	628	nau¹³l̥i⁴⁴	子
629	ɲ̊u¹³l̥i⁴⁴	丑	630	tʂo⁵⁵l̥i⁴⁴	寅
631	la⁵⁵l̥i⁴⁴	卯	632	nau⁴³l̥i⁴⁴	正月
633	la⁵⁵l̥i⁴⁴	冬月	634	zau¹³l̥i⁴⁴	腊月
635	l̥i⁴⁴a⁴³ʂa⁴³	上月	636	l̥i⁴⁴pi⁴⁴ti⁴³	下月
637	ɲ̊u⁴³	天	638	m̥o⁴⁴na⁴⁴	今天
639	a³³nau²¹	昨天	640	a³³nau²¹qa⁴⁴	前天

序号	苗语	词义	序号	苗语	词义
641	tla⁵⁵a³³nau²¹qa⁴⁴	大前天	642	pi⁴³gi²¹	明天
643	tla⁵⁵a³³nau²¹ki²¹	后天	644	pi⁴³gi²¹tla⁵⁵a³³nau²¹ki²¹	大后天
645	ŋta⁴³ŋu⁴³	白天	646	mo⁴⁴ndu¹³	夜里
647	ʂeo⁵⁵ntso⁵⁵	早晨	648	mo⁴⁴ndu¹³	晚上
649	dau²¹mo⁴⁴	半夜	650	seo⁵⁵ntso⁵⁵	上午
651	ŋda¹³ŋu⁴³	下午	652	hi⁴⁴zau⁴⁴tsau⁴⁴	黄昏
653	ki⁴³zu⁴³ki²¹za²¹	黎明	654	sie⁴³i⁴³	初一
655	sie⁴³a⁴³	初二	656	sie⁴³tsi⁴³	初三
657	sie⁴³tlau⁴³	初四	658	sie⁴³pə⁴³	初五
659	sie⁴⁴tlau⁴⁴	初六	660	sie⁴³ɕaŋ⁴⁴	初七
661	sie⁴³ʐi¹³	初八	662	sie⁴³dʐa⁴³	初九
663	sie⁴³gau¹³	初十	664	gau¹³i⁴³	十一
665	gau¹³pə⁴³	十五	666	gau¹³tlau⁴⁴	十六
667	tsi⁴³dʐau¹³	三十	668	nau¹³	子
669	la⁵⁵	卯	670	zau¹³	辰
671	nau⁴³	巳	672	nou¹³	午
673	ʐau¹³	未	674	lie⁴³	申
675	mpa⁴⁴	亥	676	ȵu¹³	牛
677	ȵu¹³va⁴³	黄牛	678	a³³dy¹³	水牛
679	li⁴⁴qu⁵⁵ȵu¹³	公牛	680	tʂaŋ⁵⁵ȵu¹³	种公牛
681	a⁵⁵ȵie²¹ȵu¹³	母牛	682	a⁵⁵dʐy⁵³a⁵⁵ȵie²¹ȵu¹³	小母牛
683	nə¹³	马	684	nə¹³la⁵⁵	驴
685	nəu¹³zau¹³	骡	686	tʂhi³³	羊
687	a⁵⁵by²¹tʂhi³³	公羊	688	a⁵⁵ȵie²¹tʂhi³³	母羊
689	tʂhi³³	山羊	690	ʐaɯ¹³	绵羊
691	tʂhi³³ʂi⁵⁵	骟羊	692	mpa⁴⁴	猪
693	a⁵⁵ȵie²¹mpa⁴⁴	母猪	694	tɕhou⁵⁵mpa⁴⁴	公猪
695	tʂaŋ⁵⁵mpa⁴⁴	种公猪	696	tli⁵⁵	狗
697	a⁵⁵ȵie²¹tli⁵⁵	母狗	698	a⁵⁵tsi⁵⁵tli⁵⁵	公狗
699	tli⁵⁵yau¹³	疯狗	700	tli⁵⁵leo⁵⁵ɴGai¹³	猎狗
701	a⁵⁵tʂʅ³³	猫	702	ŋdʐ¹³ko⁴⁴a⁴⁴dza¹³	野兽
703	tso⁵⁵	老虎	704	tso⁵⁵lie⁴³	狮子
705	mãŋ⁴⁴	豹	706	ntshu⁴⁴	象

序号	苗语	词义	序号	苗语	词义
707	tɭai³³	熊	708	tɭi⁵⁵tɭai³³	狗熊
709	tai⁴³pu³¹qha⁴³	人熊	710	ki⁵⁵ndzau²¹	山魈
711	lie⁴³	猴子	712	tsai³³	鹿
713	tsai³³ndlau²¹	马鹿	714	li⁵⁵kau⁴⁴	麂
715	li⁵⁵kau⁴⁴qai⁴⁴	鸡麂	716	li⁵⁵kau⁴⁴n̠u¹³	牛麂
717	mpa⁴⁴zau⁵⁵	野猪	718	va²¹sy⁴⁴	豪猪
719	dʐau²¹	刺猬	720	hi³³ŋgau¹³	獐麝
721	tə⁴⁴lə⁴³	狼	722	ki⁵⁵tɭi³³	野猫
723	tsai³³hi⁴⁴tɭãŋ⁴³nti⁵⁵	长颈鹿	724	ki⁵⁵dy¹³	狐狸
725	tɕi⁵⁵mãŋ⁴³	果子狸	726	ʂi³¹leo¹³	黄鼠狼
727	ŋtʂha⁴³au⁴³	水獭	728	la⁵⁵	兔
729	zau²¹	穿山甲	730	a⁵⁵khə⁴⁴	松鼠
731	ŋãŋ⁵⁵	老鼠	732	qai⁴³	鸡
733	a⁵⁵lau⁴⁴qai⁴³	公鸡	734	a⁵⁵dʑy¹³a⁴⁴lau⁴⁴qai⁴³	小公鸡
735	a⁵⁵n̠ie²¹qai⁴³	母鸡	736	a⁵⁵dʑy¹³a⁵⁵n̠ie²¹qai⁴³	小母鸡
737	qai⁴⁴seo⁴⁴	阉鸡	738	a⁵⁵tʂhə⁴⁴	野鸡
739	a⁴⁴tʂhə⁵⁵	箐鸡	740	a⁴⁴pu⁴⁴	秧鸡
741	o³³	鸭	742	o³³zau⁵⁵	野鸭
743	ŋou¹³	鹅	744	nau²¹	鸟
745	qou⁵⁵ɢo²¹	雁	746	tɭãŋ⁵⁵nau¹³bə¹³	鸬鹚
747	ɴqa⁴³vei¹³ŋga¹³	鸽	748	tɭãŋ⁵⁵	鹰
749	lie¹³	鹞	750	tʂho⁴⁴tʂho⁴³	猫头鹰
751	qai⁴³qa⁴⁴da²¹	鹧鸪	752	ɴqa⁴³vei¹³zau⁵⁵	斑鸠
753	kau⁵⁵ky³³	布谷鸟	754	mpa⁴⁴dlo¹³leo¹³	阳雀
755	tei⁴³ki⁴⁴lie⁵⁵	啄木鸟	756	ki⁵⁵ntʂa⁴⁴	喜鹊
757	li⁵⁵a⁴³	乌鸦	758	pi⁴⁴tɕho⁵⁵	麻雀
759	nau²¹lie¹³ki⁴⁴lu⁴⁴	燕	760	a⁵⁵tɕau⁴³	画眉鸟
761	mpa⁴⁴pa⁵⁵	蝙蝠 生活在岩石上	762	nau¹³pa⁵⁵	蝙蝠 生活在山洞里
763	pi⁵⁵nɯ⁴³	龙	764	thu⁵⁵ma¹³gə¹³	壁虎
765	pi⁵⁵nau⁴³	蛇	766	pi⁵⁵nau⁴³au⁴³	水蛇
767	ŋtau⁵⁵ndau¹³pi⁴³nau⁴³	蟒蛇	768	pi⁵⁵nau⁴³tɭu⁴³	眼镜蛇
769	pi⁵⁵nau⁴³ndlau¹³	蛇黑白相间的	770	pi⁵⁵nau⁴³a⁵⁵ntau⁴⁴ki⁴³	秤杆蛇
771	pi⁵⁵nau⁴³ku⁴³ʂai⁴⁴	青竹蛇	772	pi⁵⁵kãŋ⁴³	虫

序号	苗语	词义	序号	苗语	词义
773	ki⁵⁵ntsi⁴³	蝴蝶	774	ki⁵⁵ntsi⁴³	蛾
775	tsi⁴⁴qau⁵⁵	蜻蜓	776	pi⁵⁵kãŋ⁴³ʑãŋ⁴⁴ʂaŋ⁴³	蜘蛛
777	pi⁵⁵kãŋ⁴⁴qa³³lou²¹	蟑螂	778	pi⁵⁵kãŋ⁴⁴khau⁴³	蜈蚣
779	tsi⁴⁴ly⁵⁵	蟋蟀	780	pi⁵⁵kãŋ⁴⁴tai⁴⁴tau⁴³	萤火虫
781	ki⁵⁵ndzau²¹	蚂蚁	782	ki⁵⁵ndzau²¹tl̪eo⁴³	白蚁
783	ki⁵⁵ndzau²¹tl̪u⁴³	黑蚁	784	ki⁵⁵ndzau²¹lie⁴³	红蚁
785	kãŋ⁴³n̠aŋ⁴⁴	蝉	786	pi⁴⁴tɕau⁵⁵ŋai³³	螳螂
787	tsi³¹gau¹³	蚱蜢	788	tsi⁵⁵dzi²¹	蝗虫
789	mu⁵⁵	蜜蜂	790	a⁵⁵n̠ie²¹mu⁵⁵	蜂王
791	ŋgeo¹³	黄蜂	792	pi⁵⁵kãŋ⁴³tshau⁴⁴a⁴⁴dʐãŋ¹³lie¹³	蟋蛄
793	pi⁵⁵kãŋ⁴³tʂu⁴⁴ta⁵⁵	臭大姐	794	pi⁵⁵kãŋ⁴³tshau⁴⁴qa⁵⁵	屎壳郎
795	pi⁵⁵kãŋ⁴³n̠u¹³	天牛虫	796	mo⁵⁵mo⁴⁴	苍蝇
797	mo⁵⁵mo⁴⁴ntsai⁴⁴n̠tʂhãŋ⁴⁴	牛虻	798	kə⁵⁵	孑孓
799	ki⁵⁵li⁴⁴	蚊	800	pi⁵⁵kãŋ⁴³lie⁴³	木蛀虫(杂木)
801	pi⁵⁵kãŋ⁴³a⁵⁵pheo⁴³	木蛀虫(松木)	802	pi⁵⁵kãŋ⁴³a⁵⁵hi⁴⁴n̠tʂ⁴³	米蛀虫
803	pi⁵⁵kãŋ⁴³l̪au⁴³	青叮虫	804	pi⁵⁵kãŋ⁴³ndʐi̪¹³	毛虫
805	mu⁴³	跳蚤	806	tu⁵⁵	衣虱
807	n̠tʂhau⁵⁵	头虱	808	tsi⁵⁵khie⁵⁵n̠u¹³	牛虱
809	qai⁴³mu⁴³tu⁵⁵⁻⁴⁴	鸡虱	810	dzi²¹ɢau¹³kə⁴⁴	蜗牛
811	dzi²¹ɢeo¹³	蛞蝓	812	kãŋ³³kãŋ³³	蛆
813	pi⁵⁵kãŋ⁴³ɕie⁴³ly¹³	蚕	814	pi⁵⁵tɕãŋ⁴³	蛔虫
815	pi⁵⁵tɕãŋ⁴³	蚯蚓	816	a⁵⁵pei⁴⁴tɕa⁴⁴	蛙
817	a⁵⁵pei⁴⁴tɕa⁴⁴	田鸡	818	qa⁵⁵nto⁴³	石蛙
819	n̠t̪ai⁵⁵qa⁴³qa⁴³	青蛙	820	n̠t̪ai⁵⁵qa⁴³qo³¹	树蛙
821	qa⁵⁵keo³³	蛤蟆	822	qə⁴⁴qə⁵⁵	蝌蚪
823	ɕa⁴⁴	虾	824	pi⁵⁵kãŋ⁴³thi⁴⁴za¹³	螃蟹
825	pi⁵⁵kãŋ⁵⁵ki⁴⁴t̪au⁴⁴di¹³	蚌	826	dzi³¹ɢou¹³	田螺
827	mbə¹³	鱼	828	mbə¹³pi⁵⁵nau⁴³	黄鳝
829	mbə¹³ãŋ⁵⁵	泥鳅	830	ndla¹³	蚂蟥
831	ndla¹³qha⁴³	旱蚂蟥	832	ku⁵⁵ku⁴³	角
833	ku⁵⁵ku⁴³n̠u¹³⁻⁴³	牛角	834	pi⁵⁵teo⁴⁴n̠u¹³	牛皮
835	ʂo⁵⁵n̠u¹³	牛筋	836	ti⁴⁴tʂo⁵⁵n̠u¹³	牛背峰

序号	苗语	词义	序号	苗语	词义
837	ki⁵⁵ʈau⁴⁴	蹄	838	ki⁵⁵ʈau⁴⁴	爪
839	a⁵⁵ndzau¹³	尾	840	nə¹³tsau⁴³	马鬃
841	tsau⁴³mpa⁴⁴	猪鬃	842	tl̥au⁴³	毛
843	a⁵⁵ti⁴⁴	翅膀	844	qai⁴³za²¹	鸡冠
845	a⁵⁵tl̥ãŋ⁴³qai⁴³	鸡肫	846	a⁵⁵tsie⁴⁴qai⁴³	鸡嗉
847	nau²¹a⁴³ndʐau¹³	鸟嘴	848	ku⁵⁵ku⁴³	触角
849	a⁵⁵tsi⁴⁴	鱼鳞	850	a⁴⁴tshãŋ⁴⁴mbə¹³	鱼刺
851	a⁵⁵ti⁴⁴mbə¹³	鱼鳍	852	pi⁵⁵kãŋ⁴³dzo¹³	蜘蛛网
853	pi⁵⁵kãŋ⁴³ʂãŋ⁴³	蜘蛛丝	854	ly⁴⁴	蚕茧
855	pi⁵⁵kãŋ⁴³ly⁴⁴	蚕蛹	856	qa⁵⁵tl̥ie⁴⁴	蜂刺
857	və⁴³ntau⁴⁴	树	858	nda²¹tɕe⁴³	柏树
859	thu⁵⁵	松树	860	dlo¹³thu⁵⁵⁻⁴⁴	松香
861	a⁴⁴ndlau¹³thu⁵⁵⁻⁴⁴	松针	862	hi⁵⁵n̥au¹³	杉树
863	pi⁵⁵tl̥au⁴⁴hi⁵⁵n̥au¹³	杉皮	864	tsi⁵⁵pi⁴⁴su⁴⁴	樟树
865	lʐ⁵⁵lʐ²¹ntau⁴⁴	柳树	866	tl̥hə⁴³ntau⁴³	漆树
867	tl̥hə⁴³	漆	868	si⁵⁵si⁴³ntau⁴⁴	棕树
869	si⁴³	棕皮	870	tsi⁵⁵pi⁵⁵kãŋ⁴³zau⁴³	桑树
871	tʂo⁴³	寄生树	872	ʈau⁴⁴qa⁴⁴zau⁵⁵⁻⁴⁴	树林
873	pi⁵⁵tl̥au⁴⁴ntau⁴⁴	树皮	874	a⁵⁵ɳtʂi⁴⁴ntau⁴⁴	树梢
875	a⁵⁵tɕãŋ⁴⁴ntau⁴⁴	树干	876	pi⁵⁵tɕo⁴⁴deo⁴⁴	树疙瘩
877	n̥tɕau⁴⁴	树杈	878	a⁵⁵dʑi²¹	树枝
879	a⁵⁵tɕy⁴⁴ntau⁴⁴	树桩	880	dzo¹³ntau⁴⁴	树浆
881	a⁵⁵dʑãŋ¹³⁻⁴³	根	882	gau¹³	芽
883	a⁴³ndlau¹³	叶	884	ndlau¹³ʂeo⁵⁵	叶脉
885	baɯ¹³	花	886	tl̥au⁵⁵baɯ¹³	花蕾
887	tə⁴⁴baɯ¹³	花瓣	888	baɯ¹³a⁵⁵n̥tɕo⁴⁴	花蒂
889	m̥ãŋ⁴³	藤	890	a⁴⁴lu⁴³	果
891	a⁴³dlo¹³	果仁	892	tʂãŋ⁵⁵	种子
893	tsi⁵⁵a⁴⁴ma²¹n̥u¹³a⁴⁴ma¹³nə³³	葡萄	894	a⁵⁵lou⁴³tʂeo⁴³tʂeo⁴³ntau⁴⁴	香蕉
895	tsi⁵⁵dla¹³	桃	896	tsi⁵⁵kheo⁴³lu⁴³	梅
897	tsi⁵⁵pi³³lʐ³³	柿	898	tsi⁵⁵kheo⁴³	李
899	dzi²¹za¹³	梨	900	tsi⁵⁵ŋu¹³	杨梅

序号	苗语	词义	序号	苗语	词义
901	tsi⁵⁵li⁴⁴phy⁵⁵	石榴	902	a⁵⁵ntau⁴⁴su⁴⁴tha⁵⁵	甘蔗
903	baɯ¹³ty⁴³n̥u⁴³	向日葵	904	a⁴⁴dza¹³ntau⁴³au⁴³	浮萍
905	ki⁵⁵tau⁴³au⁴³	水葫芦	906	tsi⁵⁵beo¹³	菖蒲
907	m̥aŋ⁴³tə⁴³lɯ⁴⁴	金银花	908	zau⁴³a⁴⁴mby¹³mpa⁴⁴	车前草
909	ɴqa⁴³	草	910	hə⁴⁴hə⁵⁵	茅草
911	ʑi²¹	烟	912	ŋgau¹³ɴqə⁴³	蓝靛草
913	ɴqə⁴³a⁴⁴ndzhau¹³ki⁵⁵	狗尾草	914	a⁵⁵n̥ãŋ⁴³sa⁴³	蕨草
915	tʂi⁴⁴ma⁴⁴	芝麻	916	baɯ¹³qai⁴³za²¹	鸡冠花
917	pa⁴³ko³¹	八角	918	zau⁴³dzi²¹vau²¹	薄荷
919	n̥au⁵⁵n̥au⁴⁴	紫苏	920	a⁵⁵ndza¹³ʂə⁴⁴⁻³³	茴香
921	n̠tɕi⁴³a⁴³mbə¹³mpy⁴⁴	木耳	922	n̠tɕi⁴³	菌
923	n̠tɕi⁴³qhai⁴³	香菌	924	n̠tɕi⁴³ki⁴³tso⁴³	牛肝菌
925	n̠tɕi⁴³pi⁴⁴ntsi⁵⁵	奶浆菌	926	qa⁵⁵ntsha⁴³	青苔
927	so⁵⁵lu¹³	棉花	928	a⁴⁴lu⁴³so⁵⁵lu¹³	棉桃
929	mãŋ¹³	黄麻	930	ntau⁴⁴tsi⁴⁴khie⁴³nu¹³	蓖麻
931	qə⁴³	芦苇	932	hi⁵⁵tl̥o⁴³	竹
933	hi⁵⁵tl̥o⁴³pi¹³l̥au⁴³	竹膜	934	gau¹³hi⁵⁵tl̥o⁴³	竹笋
935	pi⁵⁵tl̥au⁴⁴gau¹³hi⁵⁵tl̥o⁴³	笋壳	936	a⁴⁴ʐau⁵⁵hi⁵⁵tl̥o⁴³	竹节
937	ki³³mbə¹³hi⁵⁵tl̥o⁴³	毛竹	938	hi⁵⁵tl̥o⁴³a⁴⁴ko⁴⁴m̥u⁵⁵	楠竹
939	ki³³mbə¹³hi⁵⁵tl̥o⁴³	竹刺	940	khau⁴³bo¹³	荆棘（藤刺类）
941	ki⁵⁵bo¹³	荆棘	942	ndli¹³	稻
943	ndli¹³va¹³	籼稻	944	ndli¹³ndlau¹³	糯稻
945	ʐou⁴³	秧	946	a⁵⁵ɳtʂi⁴⁴ʂi⁵⁵	野燕麦
947	ʐou⁴³ndli¹³	禾苗	948	ndli¹³ntso²¹	早稻
949	ndli¹³l̥ɿ²¹	晚稻	950	ndli¹³dzi²¹	旱稻
951	a⁵⁵n̥aɯ⁴³ndli¹³⁻⁴³	稻穗	952	a⁵⁵ntshi⁴³ntli¹³⁻⁴³	谷粒
953	a⁵⁵ntshi⁴³ntli¹³⁻⁴³	米谷粒	954	hi⁴⁴ba¹³ndli¹³	秕谷
955	tsãŋ⁵⁵ndli³¹	谷种	956	a⁵⁵n̥a⁴³ntli¹³⁻⁴³	稻草
957	a⁵⁵tɕhy⁴³ntli¹³⁻⁴³	稻苑	958	pi⁴⁴tshau⁵⁵	稗
959	pi⁴⁴tshau⁵⁵	水稗	960	qə⁴³ɳtʂau⁴³	红稗
961	tsi⁵⁵qə⁴³	玉米	962	ntsha⁴⁴tsi⁵⁵qə⁴³	玉米芯
963	a⁴⁴mba²¹tsi⁵⁵qə⁴³	天花	964	a⁵⁵ntau⁴⁴tsi⁵⁵qə⁴³	玉米秆
965	ʂau⁴³	麦	966	a⁴⁴n̥ãŋ⁴³ʂau⁴³	麦穗

序号	苗语	词义	序号	苗语	词义
967	hi⁵⁵ȵau¹³ʂau⁴³	麦芒	968	ʂau⁴³	小麦
969	mo²¹	大麦	970	ʂi⁴⁴si⁵⁵	燕麦
971	dʑi¹³qãŋ⁴³	甜荞	972	dʑi¹³ie⁴³	苦荞
973	dʑi¹³	荞麦	974	a⁵⁵ɳtʂa⁴⁴	高粱
975	tʂhu⁵⁵	小米	976	ʂau⁵⁵	糁子
977	dau¹³	豆	978	dau¹³qa⁴³sa⁴³	黄豆
979	ntsha⁵⁵tsi⁵⁵qə⁴³	玉米缨	980	dau¹³qa⁴³sa⁴³tlu⁴³	黑豆
981	dau¹³na⁴³ta⁴³	冰豆	982	dau¹³vaɯ²¹	花豆
983	dau¹³tsha⁴⁴	蚕豆	984	dau¹³su⁴³	豇豆
985	dau¹³ti⁴³	绿豆	986	dau¹³vaɯ²¹lie⁴³	红豆
987	gau¹³dau¹³	豆芽	988	pi⁵⁵tlau⁴⁴dau¹³	豆荚
989	dau¹³qho⁴⁴a⁵⁵la¹³	花生	990	zau⁴³	蔬菜
991	zau⁴³tlou⁴³	白菜	992	zau⁴³ntsa⁴³	青菜
993	zau⁴³tlu⁴³	芥菜	994	zau⁴³pi⁵⁵teo⁴⁴ȵu¹³	牛皮菜
995	po⁴⁴tshai²⁴	菠菜	996	ki⁵⁵ʂa⁴⁴ŋkau⁵⁵	茄子
997	zau⁴³ie⁴³	苦马菜	998	sau⁵⁵	苋菜
999	a⁴⁴mbə²¹zau⁴³	芸苔	1000	a⁴⁴mbə²¹zau⁴³	菜苔
1001	zau⁴³a⁴⁴su⁵⁵	茼蒿	1002	zau⁴³ki⁵⁵tha⁴³	韭菜
1003	zau⁴³qa⁵⁵dza¹³ka⁴⁴qai⁴³	芹菜	1004	zau⁴³dʑi²¹ɢo¹³	水芹菜
1005	zau⁴³a⁵⁵dza¹³zau⁴³	黄花菜	1006	dlo¹³	葱
1007	ɢə¹³	蒜	1008	a⁵⁵mbə²¹ɢə¹³	蒜薹
1009	zau⁴³tʂhu⁴³	芫荽	1010	a⁵⁵dʐãŋ¹³-⁴³tsi⁴⁴phə⁵⁵	姜
1011	ki⁵⁵ʂa⁴⁴	辣椒	1012	sie⁴⁴sie⁴⁴tlu⁴³	胡椒
1013	tʂi⁴⁴ma⁴⁴	芝麻	1014	a⁴⁴su⁵⁵	蒿子
1015	ki⁵⁵mpa⁴³	瓜	1016	ki⁵⁵mpa⁴³ndlau¹³	冬瓜
1017	ki⁵⁵mpa⁴³thau⁴³	南瓜	1018	ki⁵⁵tli⁴³	黄瓜
1019	ɕi⁴³kua⁴³	西瓜	1020	a⁴⁴mo²¹	薯
1021	ki⁵⁵mpa⁴³ie⁴³	苦瓜	1022	a⁵⁵ȵu¹³ki⁵⁵mpa⁴³	瓜瓤
1023	ki⁵⁵mpa⁴³ʂeo⁵⁵	瓜络	1024	qa⁴³dli¹³ki⁵⁵mpa⁴³	瓜子
1025	a⁵⁵mo²¹tlou⁴³	凉薯	1026	a⁵⁵mo²¹lie⁴³	甘薯
1027	vai¹³gi²¹dau¹³	芋头	1028	ʐy⁵⁵ʐy¹³	马铃薯
1029	qa⁵⁵tɕy⁴⁴	荸荠	1030	tʂhi²⁴ku⁴⁴	慈姑
1031	ki⁵⁵tau⁴³	葫芦	1032	a⁴⁴fau⁵⁵zau⁴³	萝卜

序号	苗语	词义	序号	苗语	词义
1033	a^{44}tɕi^{55}	身体	1034	li^{44}fau^{44}	头
1035	die^{13}li^{44}fau^{44}	头顶	1036	li^{44}fau^{44}ȵie^{55}	额头
1037	a^{55}lɤ^{43}li^{44}fau^{44}	脑髓	1038	tl̥au^{43}fau^{44}	头发
1039	tɕy^{44}tɕy^{44}	髻	1040	ndzie^{13}	辫子
1041	pi^{55}lə^{44}	发旋	1042	tl̥hu^{44}	脸
1043	ku^{55}ku^{43}li^{44}fau^{44}	太阳穴	1044	a^{44}tsha^{43}a^{44}dʑi^{13}	颧骨
1045	pa^{43}qa^{43}dʑi^{13}	腮颊	1046	a^{43}mbə^{13}	耳朵
1047	ndlau^{13}a^{43}mbə^{13}	耳垂	1048	a^{55}ma^{21}	眼睛
1049	pi^{55}teo^{44}a$^{55\text{-}44}$ma^{21}	眼皮	1050	ku^{55}ku^{43}a^{55}ma^{21}	眼角
1051	a^{55}ləu^{44}a$^{55\text{-}31}$ma^{21}	眼珠	1052	ŋa^{55}ŋa^{13}a$^{55\text{-}31}$ma^{21}	瞳仁
1053	tl̥au^{43}a$^{55\text{-}31}$ma^{21}	眉毛	1054	tl̥au^{43}a$^{55\text{-}31}$ma^{21}	睫毛
1055	a^{55}mby^{21}	鼻子	1056	qho^{55}a$^{55\text{-}31}$mby^{21}	鼻孔
1057	ɳʈou^{44}ȵie^{55}	龅牙	1058	a^{43}ndʑau^{13}	嘴
1059	pi^{55}teo^{44}a^{43}ndʑau^{13}	嘴唇	1060	tl̥au^{43}a^{43}ndʑau^{13}	胡子
1061	ɢau^{13}a^{44}ɳʈo^{44}	上颚	1062	ȵie^{55}	牙齿
1063	ȵie^{55}pa^{43}	臼齿	1064	ȵie^{55}gau^{13}	门牙
1065	pa^{43}a^{44}dʑai^{13}	下巴	1066	a^{55}ndlai^{13}	舌头
1067	a^{55}ɳʈu^{44}	小舌	1068	a^{55}ndlai^{13}	舌苔
1069	a^{55}qə^{44}	喉咙	1070	a^{55}ɳʈu^{44}dzi^{13}a^{55}thau^{55}	喉结
1071	hi^{55}tl̥au^{43}	脖子	1072	qho^{55}qou^{55}qou^{43}	后颈窝
1073	hi^{55}by^{13}	肩膀	1074	ti^{55}ɢau^{13}	脊背
1075	ɳʈo^{43}	胸脯	1076	qãŋ^{43}a^{44}tʂo^{44}	腋下
1077	mi^{44}	乳房	1078	ɴqo^{55}mi^{44}	奶头
1079	a^{55}tl̥ãŋ^{43}	肚子	1080	a^{55}tl̥ãŋ^{43}	腹部
1081	a^{44}ȵou^{53}dlu^{13}	肚脐	1082	tl̥ãŋ^{43}teo^{55}	脐带
1083	tl̥a^{55}	腰	1084	mpãŋ^{43}	胳膊
1085	po^{44}qo^{44}di^{13}	肘	1086	di^{13}	手
1087	si^{43}di^{13}	手掌	1088	ɢau^{13}di^{13}	手背
1089	ndlie^{13}di^{13}	手心	1090	po^{31}qo^{13}di^{13}	手腕
1091	kãŋ^{43}di^{13}	手纹	1092	qa^{33}ntsi^{55}di^{13}	手指
1093	a^{44}ȵie^{21}di^{13}	拇指	1094	a^{44}dʑy^{21}di^{13}	小指
1095	ki^{55}ʈau^{44}di^{13}	指甲	1096	qa^{44}pheo^{55}kãŋ^{43}	箕纹
1097	fãŋ^{55}dʑi^{21}kãŋ^{43}	斗纹	1098	a^{44}ʐa^{55}a^{55}ntsi^{55}di^{13}	指节

序号	苗语	词义	序号	苗语	词义
1099	qa⁵⁵tɕei⁴⁴a⁴⁴ntsi⁵⁵di¹³	指叉	1100	ŋa⁵⁵ŋa⁴³a⁵⁵tl̥ãŋ⁴³	小腹
1101	a⁴⁴tshi⁴⁴di¹³	拳头	1102	teo⁴⁴	脚（足）
1103	qãŋ⁴⁴teo⁴⁴	脚心	1104	ɢau¹³teo⁴⁴	脚背
1105	a⁴³lau¹³teo⁴⁴	脚后跟	1106	a⁵⁵ma²¹teo⁴⁴	脚踝
1107	a⁴⁴ntsi⁵⁵teo⁴⁴	脚趾	1108	fau⁵⁵dʐau²¹	膝盖
1109	a⁵⁵dʑi²¹	腿	1110	ɢau¹³a⁵⁵dʑi²¹pa⁴³	大腿
1111	qãŋ⁴³a⁵⁵dʑi²¹	小腿	1112	pi⁵⁵l̥au⁴³	腿肚
1113	qa⁴⁴qa⁵⁵	屁股	1114	qho⁴³qa⁵⁵	肛门
1115	qo⁵⁵qo⁴⁴	阴囊	1116	a⁵⁵lou⁴³qo⁵⁵qo⁴⁴	睾丸
1117	dʑi¹³mi⁵⁵	男阴	1118	a⁴⁴ki⁵⁵	女阴
1119	lei⁴³tl̥ou⁵⁵	心	1120	a⁵⁵mpy⁴⁴	肺
1121	a⁵⁵sie⁴³	肝	1122	tʂi⁴³	胆
1123	ɖau¹³	肾	1124	tai⁴³po⁴⁴	脾
1125	a⁴⁴ȵu⁵⁵	肠	1126	l̥a⁵⁵l̥a¹³a⁴⁴ȵu⁵⁵	大肠
1127	a⁴⁴dʐɿ¹³a⁴⁴ȵu⁵⁵	小肠	1128	a⁴⁴ȵu⁵⁵ȵtɕau⁴⁴	盲肠
1129	phu⁵⁵vu¹³	膀胱	1130	ʂeo⁵⁵	筋
1131	ȵtʂhãŋ⁵⁵	血	1132	ʂeo⁵⁵ȵtʂhãŋ⁵⁵	脉搏
1133	pi⁵⁵teo⁴⁴	皮肤	1134	tl̥au⁴³a⁴⁴tʂhi³³	汗毛
1135	a⁵⁵tshãŋ⁴⁴	骨头	1136	a⁵⁵l̥y⁴³	骨髓
1137	a⁴⁴ʐãŋ⁵⁵a⁴⁴thau⁵⁵	骨节	1138	a⁵⁵tsãŋ⁴⁴li⁴⁴pãŋ⁵⁵	肋骨
1139	a⁵⁵tshãŋ⁴⁴ti⁵⁵⁻³³ɢau¹³	脊椎	1140	tl̥a⁵⁵po⁴⁴di¹³	肩胛
1141	ka⁴⁴mi⁴⁴	奶汁	1142	ka⁴⁴ma²¹	眼泪
1143	qa⁵⁵a⁵⁵ma²¹	眼屎	1144	qa⁵⁵a⁵⁵⁻³³mbə¹³	耳屎
1145	a⁵⁵mby²¹nau⁴³lə³³l̥ə³³	鼻涕	1146	au⁴³ȵtɕau¹³⁻⁴³	口水
1147	ŋɢau¹³lau⁴³	汗	1148	kau⁵⁵	汗垢
1149	qa⁵⁵	屎	1150	və⁴⁴	尿
1151	a⁴⁴qa⁵⁵	屁	1152	a⁴⁴tie⁴⁴	痣
1153	pi⁵⁵tɕo⁵⁵a⁴³da²¹	瘊	1154	pi⁵⁵qa⁴⁴ŋɢau¹³lau⁴³	汗斑
1155	khau⁴³tʂho⁴⁴	胞衣	1156	qau⁵⁵a⁴⁴tɕi⁵⁵	尸体
1157	hi³³gy¹³	趼	1158	pi⁴⁴l̥i⁵⁵	泡
1159	ʂeo⁵⁵sa⁴³sa⁴³	鸡皮疙瘩	1160	tɕheo⁴⁴a⁴⁴ȵə⁴⁴	皱纹
1161	a⁵⁵lau¹³a⁵⁵phy⁵⁵	祖先	1162	tu⁴³ki⁴⁴tu⁴³l̥a¹³	后代
1163	a⁵⁵tai³³lau¹³	曾祖父	1164	a⁵⁵tai³³lau¹³	曾祖母

序号	苗语	词义	序号	苗语	词义
1165	a^{55}ʑeo^{13}	祖父	1166	a^{55}bo^{13}	祖母
1167	ȵie^{13}vai^{13}	父母	1168	a^{55}vai^{43}	父亲
1169	a^{55}ȵie^{43}	母亲	1170	a^{55}ȵie^{43}a^{55}tʂhə^{43}	后母
1171	ȵie^{13}vai^{13}	夫妇	1172	vau^{55}	丈夫
1173	ȵã̠ŋ^{43}	妻子	1174	a^{55}mau^{13}	兄
1175	a^{55}ȵã̠ŋ^{43}l̥a^{44}	嫂	1176	tsa^{55}ky^{55}	弟
1177	ȵie^{21}l̥a^{44}	弟媳	1178	ky^{55}zi^{55}	妯娌
1179	ky^{55}di^{13}	弟兄	1180	ky^{55}zi^{55}	姊妹
1181	lai^{43}zi^{55}	姐姐	1182	a^{44}vau^{44}	姐夫
1183	la^{55}ky^{55}	妹妹	1184	a^{44}vau^{44}	妹夫
1185	tu^{43}	儿	1186	tu^{43}ȵã̠ŋ^{43}	儿媳
1187	ntshai^{33}	女儿	1188	ntshai^{33}vau^{55}	女婿
1189	tu^{43}ntshai^{33}	儿女	1190	tsa^{55}ndzeo^{13}	幺儿
1191	la^{55}ndzeo^{13}	幺女	1192	ky^{55}	子孙
1193	tsa^{55}ky^{55}	孙子	1194	la^{55}ky^{55}	孙女
1195	vai^{13}l̥o^{43}	伯父	1196	ȵie^{13}l̥o^{43}	伯母
1197	vai^{13}ʑi^{44}	叔父	1198	ȵie^{13}a^{55}tsi^{44}	叔母
1199	tu^{43}dy^{21}	侄儿	1200	ntshai^{33}dy$^{21\text{-}13}$	侄女
1201	ma^{44}l̥o^{43}	大姑母爸之姐	1202	lai^{43}ma^{44}	小姑母爸之妹
1203	tsa^{55}nu^{21}l̥a^{44}	大姑父	1204	tsa^{55}nu^{21}l̥a^{44}	小姑父
1205	ȵie^{13}l̥o^{43}	大姨母	1206	ȵie^{13}a^{55}ndzeo^{13}	小姨母
1207	vai^{13}l̥o^{43}	大姨父	1208	vai^{13}a^{55}ndzeo^{43}	小姨父
1209	a^{55}ʑeo^{13}	外祖父	1210	a^{55}tai^{44}	外祖母
1211	a^{55}ʑeo^{13}ȵie^{13}nu^{13}a^{55}l̥o^{43}	大舅父	1212	a^{55}ʑeo^{13}ȵie^{13}nu^{13}a^{55}ndzeo^{13}	小舅父
1213	la^{43}a^{44}ma^{44}	大舅母	1214	la^{43}a^{44}ma^{44}/a^{44}tai^{44}l̥a^{44}	小舅母
1215	tsa^{55}mbeo^{13}	表兄	1216	la^{43}zi^{44}la^{55}ky^{55}	表嫂
1217	tsa^{55}tʂhu^{43}	外甥	1218	la^{55}tʂhu^{43}	外甥女
1219	tsa^{55}ky^{55}	外孙	1220	la^{55}ky^{55}	外孙女
1221	a^{44}ʑeo^{13}	公公	1222	a^{44}bo^{21}	婆婆
1223	a^{55}ʑeo^{13}	岳父	1224	a^{55}tai^{44}	岳母
1225	nə^{13}dzã̠ŋ^{13}	亲戚	1226	tsa^{55}tʂhau^{43}	亲家

序号	苗语	词义	序号	苗语	词义
1227	tə⁵⁵nə⁴³	人	1228	tʂʅ⁵⁵ŋga¹³	主人
1229	qha⁴⁴	客人	1230	tu⁴³a⁴⁴fə⁴⁴	游方客
1231	dzi¹³za¹³	平辈	1232	tshi⁴⁴gu¹³ʂau⁴³	晚辈
1233	a⁵⁵ʐeo¹⁴lau¹³	老翁	1234	a⁵⁵po⁴³lau²¹	老太太
1235	a⁴⁴l̥ou⁴³tə⁴³nə⁴³	老人	1236	tə⁵⁵nə⁴³l̥o⁴³	大人
1237	ŋa⁵⁵ʐau⁴⁴	小孩	1238	a⁵⁵ʐeo²¹	男人
1239	a⁵⁵bo²¹	女人	1240	a⁵⁵l̥a⁴⁴	男青年
1241	ti⁵⁵ŋgau¹³	女青年	1242	vau⁵⁵tʂhə⁴³	新郎
1243	n̥aŋ⁴³tʂhə⁴³	新娘	1244	tu⁴³tɕi⁴⁴qau⁴⁴	媒人
1245	lu⁴³tə⁵⁵a⁴⁴tɕi⁵⁵	单身汉	1246	ŋa⁵⁵ŋa⁴⁴	婴儿
1247	ŋa⁵⁵ʐau⁴⁴	儿童	1248	tu⁴³gu¹³hə⁴⁴lo²¹ʂau⁴³	养子
1249	a⁵⁵ntsai⁴³	双生子	1250	tu⁴³tl̥au⁴³	私生子
1251	a⁵⁵ʐeo²¹ndza¹³	鳏夫	1252	a⁴³bo¹³ndza¹³	寡妇
1253	tu⁴³ti³³ndza¹³	孤儿	1254	zi¹³zo²¹	邻居
1255	tu⁴³kho⁴⁴ndzau¹³	医生	1256	qha⁴³nteo⁵⁵⁻⁴⁴	先生
1257	ɕau³¹tʂaŋ²⁴	校长	1258	qha⁴³nteo⁴⁴	老师
1259	tu⁴³geo²¹nteo⁵⁵	学生	1260	li⁴⁴ky⁴⁴	师傅
1261	tu⁴³qə⁴⁴	徒弟	1262	nə¹³tə⁵⁵nə⁴³	恩人
1263	ki⁵⁵pa⁵⁵	仇人	1264	tə⁵⁵nə⁴³ʂʅ⁵⁵⁻⁴⁴	熟人
1265	ɣe²¹la²¹	朋友	1266	dzou²¹	敌人
1267	tu⁴⁴ntou³³ʐo²¹gu¹³li¹³	长工	1268	tu³³zo²¹gu³¹lo⁵⁵	短工
1269	qhə⁵⁵/a⁴⁴ni²¹māŋ⁴³ni²¹qhə⁵⁵	奴隶	1270	ti⁴⁴tʂu⁵⁵⁻⁴⁴	地主
1271	mu³¹tsa⁴⁴	木匠	1272	a⁴⁴və⁴³li⁴⁴ky⁴⁴	石匠
1273	tu⁴³ntau³³⁻⁴⁴l̥au⁴⁴	铁匠	1274	tu⁴³tsi⁵⁵phau⁴⁴	补锅匠
1275	tu⁴³pa⁴³va¹³	瓦匠	1276	tu⁴³vou²¹la¹³	商人
1277	tu⁴³a⁵⁵qə⁵⁵li⁴⁴ky⁴⁴	厨师	1278	tu⁴⁴ta⁴⁴mpa⁴⁴	屠夫
1279	tu⁴³hu⁴⁴ŋgau¹³	歌手	1280	tu⁴³ntau³³ɴɢai¹³	猎人
1281	tu⁴³ʐu¹³dzeo¹³	牧童	1282	tu⁴³ʂau⁴⁴qou⁵⁵	乞丐
1283	l̥̩³³qha⁵⁵l̥̩³³dʑʅ²¹	跛子	1284	a⁵⁵da²¹	哑巴
1285	tu⁴³nãŋ⁴³my⁴³/tə⁵⁵dl̥lə²¹	瞎子	1286	tsai⁴³pei⁴⁴ko⁴⁴	驼子
1287	a⁴⁴l̥au¹³⁻⁴³	聋子	1288	a⁵⁵da²¹	傻子
1289	tsai⁴³ma⁴³tsʅ⁴³	麻子	1290	tsai⁴³ɣau³³	疯子

序号	苗语	词义	序号	苗语	词义
1291	zau⁴³tə⁵⁵nə⁴³	好人	1292	tə⁵⁵nə⁴³ly¹³	坏人
1293	tu⁴³ʐa¹³	犯人	1294	a⁵⁵ʐeo¹³dzi²¹mu¹³	巫师
1295	a⁵⁵ʐeo¹³nə⁴³	道端公	1296	li⁴⁴fau⁴⁴dzə²¹	匪首
1297	dzə²¹tʃau⁴³	土匪	1298	dzə²¹	强盗
1299	a⁴⁴dʐy²¹dzə²¹	小偷	1300	tʂʅ⁴³nau¹³tʂʅ⁴³hou³³	骗子
1301	tu⁴³ma⁴³-⁴³	富翁	1302	ki⁴⁴my⁴⁴	皇帝
1303	vau²¹zau⁴⁴	官	1304	tu⁴³tsi⁴³tu⁴⁴ɖo¹³	兵
1305	li⁵⁵vu¹³	民	1306	tʂu³¹ɕi³¹	主席
1307	zoŋ²⁴li³³	总理	1308	tsai⁴³pu⁴³tʂaŋ⁴³	部长
1309	tsai⁴³ʂeŋ⁴³tʂaŋ⁴³	省长	1310	tsai⁴³ʂu⁴⁴tɕi¹³	书记
1311	tsai⁴³ɕian²⁴tʂaŋ⁴³	县长	1312	tsai⁴³tsen²⁴tʂaŋ⁴³	镇长
1313	tsai⁴³ɕaŋ⁴⁴tʂaŋ⁴³	乡长	1314	zo¹³tu⁴³n̩tɕo⁴³	村长
1315	tsai⁴³taŋ⁴³ʐuɛn³¹	党员	1316	tsai⁴³thuan³¹ʐuɛn³¹	团员
1317	tsai⁴³kan²⁴pu²⁴	干部	1318	tɕhyn³¹tʂoŋ²⁴	群众
1319	li⁵⁵vu¹³li³³dzy¹³	百姓	1320	li⁵⁵vu¹³li³³dzy¹³	人民
1321	koŋ⁴⁴zən³¹	工人	1322	tu⁴³a⁴⁴nu¹³	农民
1323	tai⁴⁴piau⁴³	代表	1324	mo³¹fan²⁴	模范
1325	ʑiŋ⁴⁴ɕoŋ³¹	英雄	1326	ŋga¹³ʑi¹³	家
1327	ŋga¹³	房屋	1328	tɕhãŋ⁴⁴ŋga¹³	房间
1329	ŋga¹³geo¹³nteo⁵⁵	学校	1330	li⁴³thaŋ³¹	礼堂
1331	tɕau²⁴ʂi²⁴	教室	1332	paŋ²⁴koŋ⁴⁴ʂi³¹	办公室
1333	ʂaŋ⁴⁴tien²⁴	商店	1334	ŋga¹³de²¹tʃãŋ⁴³nə⁴³	铺子
1335	tho³¹ə³¹so⁴³	托儿所	1336	vau¹³tsau⁴⁴ŋgau²¹	衙门
1337	ŋga¹³mpa⁴⁴	牢房	1338	ŋga¹³mpa⁴⁴ti⁴³	监狱
1339	ŋga¹³qa⁴⁴tso⁴⁴	厨房	1340	a⁵⁵tso⁴⁴	灶
1341	qho⁵⁵a⁵⁵-⁴⁴tso⁴⁴	灶口	1342	ʑiɛn⁴⁴tshu⁴⁴	烟囱
1343	ŋga²¹ɴqə⁴³	茅屋	1344	ŋga¹³tɕy⁴³ly⁴³	棚子
1345	ŋga¹³qho⁵⁵tɕhi⁵⁵	厕所	1346	ŋga¹³ndi¹³qau⁴³	粮仓
1347	hi⁵⁵gi¹³zie⁴³qau⁴³	晒谷场	1348	vau¹³zau⁴³	菜园
1349	so⁴³vau¹³	篱笆	1350	ŋga¹³n̩u¹³-⁴³	牛圈
1351	ŋga¹³mpa¹³	猪圈	1352	ŋga¹³qai⁴³	鸡埘
1353	və¹³qai⁴³	鸡窝	1354	və¹³nau²¹	鸟窝
1355	so⁴³ŋgeo¹³	鸟蜂窝	1356	pi⁵⁵lau¹³ŋgeo¹³	马蜂窝

附录　滇北苗语语料

序号	苗语	词义	序号	苗语	词义
1357	qho⁵⁵mu⁵⁵	蜂房	1358	qho⁵⁵ki³¹ndzau²¹	蚂蚁窝
1359	geo¹³mpa⁴⁴	猪笼	1360	geo¹³qai⁴³	鸡笼
1361	tly̩⁴³nau²¹	鸟笼	1362	a⁴⁴ntṣa⁴⁴ŋa¹³	屋檐
1363	ɢau¹³ŋa¹³	屋背	1364	a⁴⁴tu⁴⁴ŋa¹³	屋脊
1365	liaŋ³¹	梁	1366	liaŋ³¹	檩条
1367	a⁵⁵n̩tɕi⁴³	柱子	1368	tə⁴³ŋka¹³⁻⁴³	椽子
1369	ntha⁴³	楼	1370	ti⁵⁵dzo¹³	楼梯
1371	a⁵⁵dlau¹³	门	1372	ɴqə⁴⁴a⁵⁵dlau¹³	门扣
1373	lã̩ŋ¹³ŋa¹³	门闩	1374	beo¹³a⁵⁵dlau¹³	门槛
1375	ka⁴³a⁴³dlau¹³	门缝	1376	a⁵⁵dzie¹³a⁴³dlau¹³	门板
1377	lai⁴³la⁵⁵la¹³a⁴³dlau¹³	前门	1378	ŋa⁵⁵ŋa⁴⁴a⁴³dlau¹³	后门
1379	qho⁵⁵bei¹³na¹³	窗户	1380	a⁵⁵və⁴³fə⁴³	石灰
1381	ṣui⁴³ni³¹	水泥	1382	va¹³	瓦
1383	tṣuã̩⁴⁴	砖	1384	qho⁵⁵thə⁴⁴	窑
1385	tɕhaŋ⁵⁵	墙壁	1386	die¹³tɕhaŋ⁵⁵	板墙
1387	ki⁵⁵	路	1388	ki⁵⁵lau⁴⁴	铁路
1389	ki⁵⁵pi⁴³zo⁴³	公路	1390	ki⁵⁵ãŋ⁵⁵	山路
1391	ki⁵⁵n̩tɕau⁴⁴	岔路	1392	pi⁵⁵zo⁴⁴	车
1393	pi⁵⁵zo⁴⁴lau⁴⁴	火车	1394	pi⁵⁵zo⁴³	汽车
1395	tan⁴⁴tṣhə⁴⁴	单车	1396	mo³¹tho³¹	摩托
1397	pi⁵⁵zo⁴³n̩u¹³	牛车	1398	pi⁵⁵zo⁴³nə²¹	马车
1399	pi⁵⁵lo⁴³	轮子	1400	la⁵⁵tṣhã̩ŋ⁴⁴gi¹³	轿子
1401	l̩a⁴³	桥	1402	ŋo¹³	船
1403	su⁴³	筏子	1404	tl̩a⁵⁵ŋo¹³	船桨
1405	a⁵⁵n̩tɕi⁴³go¹³	船篙	1406	lai⁴³fei⁴⁴tɕi⁴⁴ / tl̩ãŋ⁵⁵lau⁴⁴	飞机
1407	tṣho⁴⁴	衣服	1408	tṣho⁴⁴mi⁴³nty⁴³	单衣
1409	miɛn³¹ʑi⁴⁴/tṣho⁴⁴a⁵⁵tʂ̩⁵⁵	棉衣	1410	tɕa⁵⁵ʑi⁴⁴	夹衣
1411	tṣho⁴⁴ti⁴⁴tɕa⁴⁴	背心	1412	phei⁴³si⁴³	蓑衣
1413	a⁵⁵lau¹³tṣho⁴⁴	衣领	1414	a⁵⁵ndi¹³tṣho⁴⁴	袖子
1415	fei⁵⁵tṣho⁴⁴	扣子	1416	ŋã̩ŋ⁴³tṣho⁴⁴	衣袋
1417	kã̩ŋ⁴³tṣho⁴⁴	衣缝	1418	a⁵⁵di²¹	裤子
1419	tl̩a⁵⁵a⁵⁵⁻³³di²¹	裤腰	1420	qa⁴³a⁵⁵⁻³³di²¹	裤裆

序号	苗语	词义	序号	苗语	词义
1421	tshai^{44}teo^{44}a$^{55\text{-}33}$di^{21}	裤管	1422	teo^{44}a$^{55\text{-}33}$di^{21}	裤脚
1423	tuan^{43}khɯ^{24}	短裤	1424	so^{55}a$^{55\text{-}33}$di^{21}	内裤
1425	a^{55}di^{21}to^{44}qho^{55}qa^{44}	开裆裤	1426	tie^{43}	裙子
1427	l̥a^{43}a$^{55\text{-}33}$di^{21}	裤带	1428	l̥a^{44}ʂa^{44}	腰带
1429	a^{55}n̠thau^{43}	绑腿	1430	ntsi^{55}ki^{55}dlai^{13}	补丁
1431	khau^{44}	鞋	1432	khau^{44}tɕau^{44}hai^{31}	胶鞋
1433	khau^{44}Nqə^{13}	草鞋	1434	khau^{44}liaŋ^{31}hai^{31}/ khau^{44}a^{55}pei^{55}tɕa^{44}	凉鞋
1435	khau^{44}deɯ^{13}	木鞋	1436	khau^{44}zaɯ^{13}	鞋样
1437	qã̠ŋ^{43}khau^{44}	鞋底	1438	a^{43}lau^{13}khau^{44}	鞋跟
1439	wa^{43}tsi^{43}	袜子	1440	ntau^{43}	布
1441	ntau^{43}baɯ$^{13\text{-}43}$	花布	1442	ntau^{43}a^{44}m̥au^{43}	土布
1443	ntau^{43}mba^{13}	绸子	1444	ntau^{43}dzo$^{13\text{-}43}$	缎子
1445	bau^{21}ku^{43}lau^{21}nu^{44}	珠子	1446	ntau^{43}mã̠ŋ$^{13\text{-}43}$	麻布
1447	a^{55}l̥u^{44}	被子	1448	so^{55}a^{55}l̥u^{44}	棉被
1449	so^{55}lu^{13}	棉絮	1450	ntau^{44}ndlau^{13}	被面
1451	ntau^{43}tl̥əu^{43}	被单	1452	tʂə^{43}	毯子
1453	tshuaŋ^{31}tan^{44}	床单	1454	ɕi^{31}tsi^{31}	席子
1455	a^{55}nã̠ŋ^{43}ntl̥i$^{13\text{-}43}$	草席	1456	hi^{55}n̠tɕau^{44}	枕头
1457	wen^{31}tʂaŋ^{24}	蚊帐	1458	tɕy^{55}ly^{43}	帽子
1459	kau^{33}hi^{55}tl̥o^{43}	斗笠	1460	thou^{31}tɕin^{44}	头巾
1461	ŋã̠ŋ^{43}	包袱	1462	lã̠ŋ^{43}ti^{44}n̠ta^{44}	背带
1463	lau^{21}nə^{13}	戒指	1464	baɯ^{21}	手镯
1465	ʂou^{43}piau^{43}	手表	1466	dau^{13}a^{43}vo^{13}	颈圈
1467	Nqə^{44}a^{43}vo^{13}	耳环	1468	ko^{43}	碗
1469	tai^{23}n̠tʂou^{44}	海碗	1470	və^{13}ndi^{13}ko^{43}	碗柜
1471	su^{43}	筷子	1472	tl̥y^{43}su^{43}	筷筒
1473	tl̥ie^{55}va^{13}	饭勺	1474	tl̥ie^{55}va^{13}	粥勺
1475	phau^{44}	锅	1476	qheo^{33}	鼎锅
1477	qheo^{33}	砂锅	1478	ko^{44}tʂhaŋ^{43}	锅铲
1479	tai^{43}san^{31}tɕo^{31}	锅架	1480	dei^{13}a^{44}la^{55}deo^{13}	火盆
1481	hi^{55}tl̥o^{43}tsha^{43}deo^{13}	火筒	1482	deo^{13}tl̥au^{55}	柴
1483	pi^{55}tl̥au^{44}deo^{13}	柴劈	1484	tl̥o^{44}/phau^{55}	盖子

序号	苗语	词义	序号	苗语	词义
1485	tɬo⁴⁴phau⁵⁵	锅盖	1486	li⁵⁵ŋkau⁴³⁻¹³	壶
1487	ʂui⁴³fu³¹	水壶	1488	tʂha⁴³fu³¹	茶壶
1489	pei⁵⁵tsi⁴³	杯子	1490	li⁴⁴phy⁵⁵	瓶子
1491	li⁴⁴phy⁵⁵ɳtʂeo³³	瓶塞	1492	dei¹³	碟子
1493	die¹³tɬie⁵⁵	盘子	1494	tɬie⁵⁵dau¹³	调羹
1495	ki⁵⁵ɳdʐou¹³	瓢	1496	ŋu⁴³	坛子
1497	ɭa⁵⁵ɭa¹³ŋu⁴³	瓮	1498	ŋu⁴³	罐子
1499	ɭa⁵⁵ɭha¹³dei¹³	缸	1500	dei¹³	水缸
1501	lei⁴³tʂu⁴⁴	瓿子	1502	phen³¹	盆
1503	dei¹³ntau⁴⁴	木盆	1504	dei¹³dau⁴⁴	铜盆
1505	dei¹³ɭau⁴³	铁盆	1506	dei¹³thi⁴⁴	锑盆
1507	tsi⁴³phen³¹/lei⁴³phai³¹	瓷盆	1508	pen³¹ntsai⁵⁵tɬhu⁴⁴	脸盆
1509	thau⁴³	桶	1510	thau⁴³ntau⁴⁴	木桶
1511	ʐaŋ³¹thi³¹thau⁴³	铁桶	1512	su²⁴liau²⁴thau⁴³	塑料桶
1513	vãŋ⁴³tʂhau⁴⁴	筛子	1514	ɢeo¹³	背篓
1515	thi⁴⁴thau⁴³	桶箍	1516	qau⁴³thau⁴³	桶底
1517	vãŋ⁴³tshu⁵⁵	大簸箕	1518	vãŋ⁴³ɢau¹³	簸箕
1519	vãŋ⁴³tʂhau⁴⁴a³³ndʐhau¹³nə¹³	细筛	1520	vãŋ⁴³tʂhau⁴⁴ntshi⁴³	粗筛
1521	vãŋ⁴³tɕau⁴³	笋斗	1522	ki⁵⁵tla⁴⁴zie⁴³qau⁴³	晒席
1523	dãŋ¹³	槽	1524	dãŋ¹³ntau⁴⁴	木槽
1525	dãŋ¹³və⁴³	石槽	1526	a⁵⁵ɖə¹³	刀
1527	a⁵⁵ɖə¹³tshau⁵⁵zau⁴³	菜刀	1528	a⁵⁵ɖə¹³ɳtʂə⁴⁴li⁴⁴fau⁴⁴	尖刀
1529	a⁵⁵ɖə¹³tshu⁵⁵li⁴⁴fau⁴⁴	剃头刀	1530	a⁵⁵ȵie⁵⁵a⁵⁵⁻³³ɖə¹³	刀刃
1531	a⁵⁵ntʂi⁴⁴a⁵⁵⁻³³ɖə¹³	刀尖	1532	ɢau¹³a⁵⁵⁻³³ɖə¹³	刀背
1533	naŋ⁴³a⁵⁵⁻³³ɖə¹³	刀鞘	1534	ko⁴⁴a⁵⁵⁻³³ɖə¹³	刀把
1535	a³³do¹³	砧板	1536	ki⁴³dau¹³	桌子
1537	ki³¹dau¹³zau⁵⁵	凳子	1538	ki³¹dau¹³nei⁵⁵	长凳
1539	lu⁵⁵a⁵⁵do¹³	木墩	1540	ʐi⁴³tsi⁴³	椅子
1541	ti⁵⁵ɳdʐo¹³	梯子	1542	dzau¹³tɕheo⁴⁴	床
1543	zu¹³	柜子	1544	tʂhou⁴⁴thi⁴⁴	抽屉
1545	lai⁴³ɕaŋ⁴⁴tsi⁴⁴	箱子	1546	ho³¹ho⁴⁴	盒子
1547	qou⁴⁴	笋筐	1548	thi⁴³lo²¹	提篮

序号	苗语	词义	序号	苗语	词义
1549	dã$ŋ^{13}$hi^{55}tl̥o^{43}	竹筒	1550	dã$ŋ^{13}$	米筒
1551	khi^{55}tha^{43}	扫帚	1552	khi^{55}tha^{43}hi^{55}tl̥o^{43}	竹扫帚
1553	nã$ŋ^{43}$	袋子	1554	lai^{43}fə^{55}	麻袋
1555	lai^{43}na^{13}tl̥hu^{44}	镜子	1556	lai^{43}ʑin^{43}tɕin^{24}	眼镜
1557	po^{44}li^{31}	玻璃	1558	tai^{43}ntsa^{55}tl̥hu^{44}	毛巾
1559	lai^{43}za^{21}	梳子	1560	za^{21}ntʂi^{33}ntʂau^{55}	篦子
1561	tai^{43}ndʐa^{13}deo^{13}	扇子	1562	kau^{33}	伞
1563	kau^{33}ntau^{55}	纸伞	1564	kau^{33}ntau^{43}	洋伞
1565	ʂua^{43}tsi^{43}	刷子	1566	fei^{31}tsau^{24}	肥皂
1567	kau^{43}	针	1568	so^{55}	线
1569	so^{55}mã$ŋ^{13}$	麻线	1570	so^{55}mba^{21}	丝线
1571	l̥a^{44}qhai^{43}	带子	1572	tai^{43}tshə^{44}	剪子
1573	l̥a^{44}	绳子	1574	l̥a^{44}si^{43}si^{43}	棕绳
1575	l̥a^{44}mã$ŋ^{13}$	麻绳	1576	pi^{55}tɕo^{44}l̥a^{44}	疙瘩
1577	pi^{55}tɕo^{44}l̥a^{44}da^{21}	死结	1578	l̥au^{44}tho^{44}	活结
1579	ka^{55}ʑi^{21}	烟斗	1580	kã$ŋ^{44}$tl̥hə^{43}tl̥hə^{43}	水烟筒
1581	n̥ã$ŋ^{43}$ndi^{13}ʑi^{21}	烟袋	1582	lai^{43}fa^{43}tʂu^{31}	火柴
1583	lai^{43}teo^{33}tau^{43}	灯	1584	tiɛn^{24}ten^{44}	电灯
1585	tɕhi^{24}ten^{44}	汽灯	1586	a^{44}n̥u^{55}tau^{43}	灯草
1587	ten^{44}loŋ^{44}	灯笼	1588	la^{43}tʂu^{31}	蜡烛
1589	qeo^{33}	棍子	1590	tɕy^{55}pə^{44}	拐杖
1591	qeo^{33}hi^{55}tl̥ou^{43}	竹竿	1592	tai^{43}ki^{44}	秤
1593	ki^{44}a^{44}lu^{43}bau̯^{13}	秤星	1594	a^{44}lou^{43}ki^{44}	秤砣
1595	a^{55}ntau^{44}ki^{44}	秤杆	1596	ki^{44}ɴqə^{44}	秤钩
1597	k̥i^{44}l̥a^{44}	秤索	1598	ntʂə^{44}phu^{55}	锁
1599	a^{55}ndlai^{13}ntʂə^{44}phu^{55}	钥匙	1600	dã$ŋ^{13}$ntau^{33}tɕeo^{55}	酒提
1601	ntʂou^{33}	酒海	1602	lai^{43}lou^{24}tou^{43}	漏斗
1603	tai^{43}di^{13}	耳子	1604	a^{55}ko^{44}	把儿
1605	tshi^{31}	瓷	1606	tai^{43}o^{44}	鞍子
1607	tai^{43}ndleo^{13}	鞭子	1608	khy^{43}a^{43}n̥dʐou^{13}n̥u^{13}-^{43}	牛嘴笼
1609	l̥a^{44}qhai^{43}n̥u^{13}	牛绳	1610	l̥a^{44}tɕheo^{44}a^{55}mby^{21}	牛鼻环
1611	l̥a^{44}tɕheo^{44}a^{55}mby^{21}	牛鼻索	1612	l̥a^{44}qhai^{43}n̥u^{13}	牛绳
1613	n̥u^{13}li^{55}qa^{43}	牛轭	1614	n̥ə̥^{55}	弓

序号	苗语	词义	序号	苗语	词义
1615	l̥a⁴⁴n̥ə⁵⁵	弓弦	1616	su⁴³o⁴⁴	箭
1617	m̥u⁵⁵	矛	1618	phau²⁴	炮
1619	tɕhy⁵⁵tɕhy⁵⁵	枪	1620	a⁵⁵lou⁴³tɕhy⁴⁴tɕhy⁴⁴	子弹
1621	tɕhy⁵⁵tɕhy⁴⁴po⁵⁵nau²¹	鸟枪	1622	ʂa⁴⁴tsi⁴⁴	铁砂
1623	lai⁴³thoŋ³¹phau²⁴	火帽	1624	li⁵⁵vau¹³	犁
1625	li⁴⁴pha⁴⁴	犁板	1626	a⁵⁵n̥tɕi¹³⁻⁴³li⁵⁵⁻⁴⁴vau¹³	犁箭
1627	a⁴⁴n̥ie⁵⁵li⁵⁵⁻⁴⁴vau¹³	犁头	1628	li⁵⁵fai⁴⁴	犁铧
1629	dau¹³li⁵⁵⁻⁴⁴vau¹³	犁弯	1630	ʑaŋ³¹tʂua⁴³	锹
1631	ki⁴⁴tɕa⁵⁵fai⁴⁴ti⁴³	耙	1632	a⁴⁴n̥ieki⁴⁴tɕa⁴⁴	耙齿
1633	ki⁴⁴tɕa⁵⁵ʑie⁴³qau⁴³	谷耙	1634	ki⁴⁴tɕa⁵⁵n̥tɕeo³³tɕhi⁵⁵	钉耙
1635	tho⁴⁴la⁴⁴tɕi⁴⁴	拖拉机	1636	l̥au⁴⁴	锄头
1637	l̥au⁴⁴n̥tɕeo³³ti⁴³	齿锄	1638	l̥au⁴⁴tl̥i⁵⁵	板锄
1639	l̥au⁴⁴tʂa⁴⁴	薅锄	1640	l̥a⁴⁴lau⁴⁴	铁链
1641	qa³³thou³³	打脚	1642	li⁵⁵qhau⁴⁴	连枷
1643	lai⁴³kuan²⁴tou⁴³	挞斗	1644	tai⁴³ky⁵⁵au⁴³	扁担
1645	tai⁴³qou³³ky⁵⁵	杠子	1646	fãŋ⁵⁵n̥dʑi²¹	粪箕
1647	fãŋ⁵⁵n̥dʑi²¹	撮箕	1648	foŋ⁵⁵kuei²⁴	风车
1649	a⁵⁵də¹³sau⁴⁴deo¹³	柴刀	1650	a⁴⁴lie⁴³	镰刀
1651	a⁵⁵və⁴³gu¹³qou⁵⁵	磨	1652	a⁵⁵və⁴³lau⁴³qau⁴³	碾子
1653	tai⁴³a⁵⁵dʐo¹³	碓	1654	a⁵⁵tɕa⁴⁴a⁵⁵⁻⁴⁴dʐo¹³	碓杆
1655	lu¹³a⁵⁵dʐo¹³	碓窝	1656	dzau²¹	凿子
1657	dzau²¹kho⁴³	圆凿	1658	la⁵⁵lu⁴³a⁵⁵dʐo¹³	臼
1659	tʂha⁴³	纺车	1660	tai⁴³dzau²¹a⁴⁴və⁴³	錾子
1661	dlau¹³	木杵	1662	tai⁴³tsuan²⁴thou³¹	钻子
1663	tai⁴³tʂuei⁴⁴tsi⁴³	锥子	1664	tai⁴³tsho⁴³tsi⁴³	锉刀
1665	mu³¹ma⁴³	木马	1666	mə³¹tou³¹	墨斗
1667	so⁵⁵mə³¹tou³¹	墨线	1668	a⁵⁵və⁴³ho⁵⁵⁻⁴⁴	磨石
1669	qou³³tɕãŋ⁴³mbə¹³	钓竿	1670	tai⁴³ɴqa⁴⁴mbə¹³	鱼钩
1671	ki⁴³mbə¹³	鱼篓	1672	mbə¹³dzo¹³	渔网
1673	bə²¹	雀套	1674	thy⁴³l̥¹³	木槌
1675	tai⁴³tʂhuei³¹tsi⁴³	锤子	1676	ki⁵⁵n̥i²¹	钳子
1677	mba¹³ty⁴³	鱼笼	1678	ki⁵⁵n̥i²¹deo¹³	火钳
1679	tai⁴³ɴqə⁴⁴	钩子	1680	a⁴⁴po⁴⁴thau⁴³	风箱

序号	苗语	词义	序号	苗语	词义
1681	tai^{43}dlau^{43}	砸夯	1682	tai^{43}tau^{33}	斧头
1683	tai^{43}ʂau^{43}	锯子	1684	tai^{43}thuei^{44}pau^{24}	刨子
1685	phin^{31}pau^{24}	平刨	1686	tshau^{21}pau^{24}	槽刨
1687	l̥a^{44}dau^{13}	铁线	1688	so^{55}lau^{44}	钉子
1689	l̥a^{44}lau^{44}	铁链	1690	ntau^{44}	木头
1691	a^{55}dzie^{13}	木板	1692	ɴɢai^{13}hi^{55}tlo^{43}	篾条
1693	a^{55}dlai^{35}ntau^{44}	木屑	1694	a^{55}ndu^{21}ntau^{44}	锯末
1695	tʂa^{44}	楔子	1696	tɕi^{55}tɕhi^{31}	机器
1697	lu^{43}gi^{13}	集市	1698	leo^{44}	钱
1699	ȵie^{13}leo^{44}	银圆	1700	thoŋ^{31}paŋ^{43}	铜板
1701	leo^{44}to^{44}qho^{55}	铜钱	1702	ɴqə^{44}zo^{21}	工钱
1703	ɴqə^{44}zo^{21}	工资	1704	vou^{21}la^{44}	生意
1705	ɴqə^{44}	价钱	1706	ŋa^{3}tɕe^{44}leo^{44}	银行
1707	a^{55}ɳtʂi^{55}	利息	1708	dzie^{13}	税
1709	pi^{31}	笔	1710	tɕhiɛn^{43}pi^{31}	铅笔
1711	ʂuei^{43}pi^{24}	水笔	1712	mau^{31}pi^{31}	毛笔
1713	nteo^{55}	纸	1714	nteo^{55}pi^{55}tlã^{43}	草纸
1715	nteo^{55}hi^{55}tlo^{43}	土纸	1716	mə^{31}	墨
1717	mə^{31}ʂuei^{43}	墨水	1718	tli^{44}lo^{44}nteo^{55}	糨糊
1719	a^{55}ma^{21}nteo^{55}	字	1720	nteo^{55}	书
1721	nteo^{55}baɯ^{13}	图画	1722	tuei^{24}liɛn^{31}	对联
1723	nteo^{55}ȵu^{43}ȵau^{13}	历书	1724	mau^{44}	信
1725	ntsi^{44}za^{13}	印章	1726	tiɛn^{24}hua^{13}	电话
1727	suan^{24}phan^{31}	算盘	1728	phə^{55}	旗子
1729	lai^{43}a^{44}lo^{21}ntau^{33}	球	1730	tɕhi^{31}	棋
1731	pi^{55}dau^{21}tʂheo^{55}	谜语	1732	ŋgau^{13}	歌
1733	ŋgau^{13}fau^{55}tau^{43}	山歌	1734	ŋgau^{13}	民歌
1735	ŋgau^{13}mbə^{13}sie^{44}	情歌	1736	tiɛn^{24}ʑin^{43}	电影
1737	tiɛn^{24}ʂi^{24}	电视	1738	pi^{55}daɯ^{21}	故事
1739	phai^{31}	扑克牌	1740	ma^{43}tɕaŋ^{24}	麻将牌
1741	tlã^{55}tou^{55}	风筝	1742	lai^{43}tʂoŋ^{55}dʐa^{13}	钟
1743	tɕo^{44}tɕo^{44}leo^{44}	摇铃	1744	li^{55}la^{44}	唢呐
1745	ŋda^{13}	锣	1746	pi^{55}teo^{44}ŋda^{13}	鼓

序号	苗语	词义	序号	苗语	词义
1747	ɳɖa^{13}ntau^{44}	木鼓	1748	ɳɖa^{13}ɖau^{13}	铜鼓
1749	qeo^{33}to^{43}ɳɖa^{13}	鼓棒	1750	ʁeo^{13}pi^{55}nau^{43}	胡琴
1751	li^{55}lu^{44}	箫	1752	li^{55}lu^{44}	笛
1753	tsi^{44}ly^{55}	哨子	1754	ndlie^{13}ti^{43}	世界
1755	vu^{21}ʑi^{21}	国家	1756	tʂo^{44}ko^{31}	中国
1757	ʑe^{31}nan^{31}	越南	1758	mei^{43}ko^{31}	美国
1759	ʑin^{44}ko^{31}	英国	1760	fa^{43}ko^{31}	法国
1761	ʐi^{24}pen^{43}	日本	1762	sen^{43}	省
1763	tsi^{24}tʂi^{24}tɕhy^{44}	自治区	1764	tsi^{24}tʂi^{24}ɕiɛn^{24}	自治县
1765	si^{24}	市	1766	ɕiɛn^{24}	县
1767	tʂen^{24}	镇	1768	ɕaŋ^{55}	乡
1769	zo^{13}	村	1770	zo^{13}	村寨
1771	lau^{21}	城	1772	khui^{43}mi^{31}	昆明
1773	ʑyn^{31}nan^{31}	云南	1774	pə^{31}tɕin^{43}	北京
1775	wu^{43}tin^{24}	武定	1776	lu^{31}tɕhuɛn^{24}	禄劝
1777	tʂhu^{43}ɕou^{31}	楚雄	1778	lu^{31}foŋ^{44}	禄丰
1779	sa^{43}pu^{43}ʂa^{44}	洒普山	1780	wei^{44}lin^{31}	威宁
1781	kuei^{24}tʂou^{43}	贵州	1782	tshau^{44}m̥au^{43}	民族
1783	a^{55}vau^{21}	汉族	1784	a^{55}m̥au^{43}	苗族
1785	a^{55}mãŋ^{43}	彝族	1786	a^{55}ʂa^{55}	傣族
1787	li^{31}su^{44}	傈僳族	1788	a^{55}vau^{21}tl̥u^{43}	回族
1789	tl̥ãŋ^{31}ʂei^{31}	神	1790	fau^{55}tau^{43}tl̥ãŋ^{43}	土地神
1791	pi^{55}tl̥ãŋ^{43}	鬼	1792	pi^{55}tl̥ãŋ^{43}	妖怪
1793	a^{55}di$^{13\text{-}43}$	魂魄	1794	beo^{13}	菩萨
1795	ŋgha^{13}beo$^{13\text{-}21}$	庙	1796	a^{55}və^{43}ȵtɕo^{44}	碑
1797	tha^{43}	塔	1798	hi^{55}ntsa^{44}	坟墓
1799	a^{44}ʐãŋ^{55}kãŋ^{43}ki^{44}	经文	1800	də^{13}hi$^{55\text{-}43}$ntsa^{44}	棺材
1801	l̥ou^{44}pi^{55}tl̥ãŋ^{43}	纸钱	1802	ɕa^{44}	香
1803	la^{55}dei^{13}tshi^{55}ɕa^{44}	香炉	1804	tɕe^{43}tau^{43}	蜡烛
1805	tɕe^{43}mo$^{55\text{-}44}$	蜂蜡	1806	ki^{44}tʂa^{55}	爆竹
1807	mau^{43}kãŋ^{43}mau^{43}ki^{44}	风俗	1808	dʐai^{13}nau^{13}gu^{13}ma^{13}lo^{21}/ dʐai^{13}nau^{13}gu^{13}l̥a^{13}ma^{13}	生辰
1809	mo^{43}ndzau^{13}	疾病	1810	qa^{55}a^{55}ɖau^{21}	疟疾

序号	苗语	词义	序号	苗语	词义
1811	lau^{31}pin^{24}	痨病	1812	mo^{43}a^{55}tḷau^{43}	胃病
1813	mo^{43}mo^{43}tḷu^{43}	瘟疫	1814	mo^{43}tḷu^{43}	瘟疫
1815	mo^{43}hi^{55}pɯ^{43}	天花	1816	ʂeo^{55}sa^{43}sa^{43}	麻疹
1817	mo^{43}au^{43}dau^{13}	水痘	1818	ʂeo^{55}dau^{13}au^{43}	水痘
1819	mo^{43}huaŋ^{31}tan^{43}	黄疸病	1820	o^{44}	水肿病
1821	kau^{55}tu^{43}	流产	1822	pau^{43}və^{13}	流产
1823	nau^{21}ntɕa^{44}	麻风	1824	ɣau^{13}tɕeo^{55}	酒疯
1825	mo^{43}thi^{31}lau^{13}	癫痫	1826	gau^{13}ʂeo^{55}	抽筋
1827	a^{43}dʐau^{13}mo^{43}	伤口	1828	pu^{44}qa^{44}	疤
1829	py^{55}qa^{44}	疤	1830	tshãŋ^{43}	疮
1831	mo^{43}lau^{43}li^{44}gu^{21}	疥疮	1832	lau^{43}li^{44}gu^{21}	疥疮
1833	bau^{21}	脓	1834	o^{44}hi^{55}tḷau^{43}	大颈泡
1835	seo^{55}pi^{55}tɕo^{43}qa^{43}da^{21}/ pi^{55}tɕo^{43}qa^{43}da^{21}	疣子	1836	hi^{55}tḷãŋ^{43}phau^{55}	癣
1837	seo^{55}pi^{55}tɕo^{44}	疙瘩	1838	ndʐe^{13}li^{44}fau^{44}	癞痢头
1839	pi^{55}tɕo^{43}qa^{43}da^{21}	疣子	1840	seo^{55}tsu^{44}tsu^{55}qai^{13}	鸡眼
1841	a^{55}ma^{13}tḷou^{43}	翳子	1842	ȵie^{55}ntu^{33}	龅牙
1843	lau^{13}ntʂãŋ^{55}	瘀血	1844	a^{44}dza^{13}	药
1845	tʂãŋ^{55}a^{44}dzai^{13}	药方	1846	a^{44}dza^{13}ntsa^{43}	草药
1847	ɕi^{43}ʐo^{31}	西药	1848	kau^{43}ʐo^{31}	膏药
1849	hi^{33}ŋgau^{13}	麝香	1850	qa^{55}nau^{13}	食物
1851	qau^{43}lau^{44}	粮食	1852	qa^{55}ntshi^{43}	糙米
1853	a^{55}ntshi^{43}dli^{21}	糙米	1854	ɳtʂie^{43}	精米
1855	ndli^{13}va^{13}	粳米	1856	ndli^{13}ndlau^{13}	糯米
1857	va^{13}ndli^{13}ndli^{13}	糯米饭	1858	ka^{44}hi^{55}ɳtʂie^{43}	米粉
1859	ka^{44}hi^{55}ɳtʂie^{43}	米汤	1860	va^{13}	饭
1861	ki^{44}ŋkau^{44}	锅巴	1862	ʂu^{44}	午饭
1863	tʂhai^{44}	早饭	1864	m̥o^{44}	晚饭
1865	tḷi^{44}	粥	1866	a^{55}du^{21}qau^{44}	面粉
1867	pi^{55}tɕãŋ^{43}ʂau^{43}	面条	1868	tʂhau^{44}hi^{55}tḷa^{44}	粉末
1869	ɕie^{43}	粑粑	1870	ɕie^{43}	饼子
1871	pa^{55}pa^{44}	饼子	1872	qa^{55}lo^{13}ndli^{13}	汤圆
1873	zau^{43}	菜	1874	zau^{43}i^{43}qau^{43}	酸菜

序号	苗语	词义	序号	苗语	词义
1875	ka⁴⁴ka⁴⁴	汤	1876	ka⁴⁴zau⁴³	菜汤
1877	zau⁴³ka⁴⁴ka⁴⁴	菜汤	1878	ᴺGai¹³	肉
1879	ᴺGai¹³n̠u⁴³	牛肉	1880	a⁵⁵tl̠au⁴³ᴺGai¹³⁻⁴³n̠u⁴³	牛腩
1881	ᴺGai¹³mpa⁴⁴	猪肉	1882	ᴺqai¹³qa³³lau¹³	腊肉
1883	ᴺGai¹³dlo²¹	肥肉	1884	ᴺGai¹³ʐa²¹	瘦肉
1885	pi⁵⁵tɕo⁴⁴ᴺGai¹³	瘤肉	1886	dlo¹³	油
1887	dlo¹³zau⁴³	菜油	1888	dlo¹³ntau⁴⁴	植物油
1889	dlo¹³dʐe¹³	动物油	1890	dlo¹³n̠u¹³⁻⁴³	牛油
1891	dlo¹³mpa⁴⁴	猪油	1892	pi⁵⁵la¹³dlo¹³	网油
1893	dlou²¹ta⁴³	板油	1894	kie⁵⁵dlo¹³	油渣
1895	tɕaŋ²⁴	酱	1896	tɕaŋ²⁴ʐou³¹	酱油
1897	ka⁴⁴hi⁵⁵qou⁴³	醋	1898	ŋtsə⁵⁵	盐
1899	tɕeo⁵⁵	酒	1900	tɕeo⁵⁵tl̠ou⁴³	甜酒
1901	sãŋ⁴³	酒糟	1902	qa⁵⁵tɕeo⁵⁵	酒糟
1903	mu⁵⁵	糖	1904	mu⁵⁵tl̠ou⁴³	白糖
1905	mu⁵⁵lie⁴³	红糖	1906	mu⁵⁵tãŋ⁴⁴ʈi⁵⁵	冰糖
1907	mu⁵⁵ka⁴⁴ka⁴⁴	蜂蜜	1908	dou¹³ɕy⁵⁵	豆腐
1909	qa⁵⁵dou¹³	豆渣	1910	qo⁵⁵qo¹³	蛋
1911	qo⁵⁵qo¹³qa⁴⁴li⁴⁴	蛋白	1912	qo⁵⁵qo¹³qa⁴⁴ŋkau⁴³	蛋黄
1913	pi⁵⁵lau⁴³qo⁵⁵⁻³³qo¹³⁻³³	蛋壳	1914	qa⁵⁵Go¹³qa⁴³ntsai⁴³	双黄蛋
1915	tʂa⁴³	茶	1916	ndlau¹³tʂau⁴⁴au⁴³	茶叶
1917	ʑi²¹	烟	1918	a³³ndlau¹³ʑi²¹tshau⁵⁵	烟丝
1919	a³³ndlau¹³ʑi²¹	烟叶	1920	au⁴³ku⁴³	开水
1921	au⁴³dzie²¹	冷水	1922	mpa⁴⁴qə⁵⁵	猪食
1923	hi⁵⁵ba¹³qa⁴³mo¹³	细糠	1924	hi⁵⁵ba¹³qau⁴³ntshi⁵⁵	粗糠
1925	ᴺqə⁴⁴tɕãŋ⁴³mbə¹³	钓饵	1926	a⁵⁵ntsau⁴⁴	荫
1927	a⁵⁵ntsau⁴⁴	影子	1928	ka⁴³zãŋ¹³	颜色
1929	n̠u⁴³tɕi⁴⁴	光	1930	ndlau²¹kãŋ⁴³ndlau²¹ki⁵⁵	花纹
1931	a⁴⁴sau⁴⁴	记号	1932	tɕeo⁴⁴hi⁴⁴qə⁴⁴	污点
1933	zãŋ¹³	样子	1934	tɕhi⁵⁵	粪
1935	tʂau⁵⁵	草木灰	1936	a⁴⁴dza¹³tɕhi⁵⁵	肥料
1937	tɕhi⁵⁵	粪肥	1938	tɕhi⁵⁵hi⁵⁵tl̠a⁴⁴	垃圾
1939	pi⁵⁵lau⁴³	壳儿	1940	a⁴⁴tso⁴⁴	沉淀物

序号	苗语	词义	序号	苗语	词义
1941	a^{55}tsi^{43}a^{44}tso^{44}	渣子	1942	tɕau^{44}	胶
1943	deo^{13}kã ŋ^{43}	裂缝	1944	kã ŋ^{44}ly$^{44\text{-}55}$	痕迹
1945	teo^{44}nə^{55}	脚印	1946	a^{55}ɖa^{13}ki^{55}	脚步
1947	ʂã^{43}	瓣儿	1948	tʂho^{44}a^{44}tʂhau^{44}	衣服霉
1949	qə^{55}a^{44}tʂhau^{44}	食物霉	1950	lu^{13}	话
1951	hi^{44}ntshi^{44}	耳语	1952	pi^{55}daɯ^{21}ndu^{13}pi^{55}daɯ^{21}ti^{41}	传说
1953	ʂa^{44}a^{44}qa^{44}	声音	1954	tai^{43}dzi^{21}zã^{43}nto^{55}	回声
1955	mpo^{44}sa^{55}	梦	1956	dʑou^{13}dʑou^{13}	梦话
1957	sa^{55}kau^{55}	口哨	1958	ɕi^{44}	姓
1959	ntsi^{44}	名字	1960	tl̥ã ŋ^{43}nəu^{43}	东西
1961	ki^{55}lau^{21}	福气	1962	ʂə^{55}ki^{55}lau^{21}	命运
1963	dʑie^{44}sə^{55}	性命	1964	tɕa^{33}ʐa^{13}	罪过
1965	tl̥ã ŋ^{43}nən^{43}gu^{13}sã ŋ^{44}ʈhau^{44}	礼物	1966	ntlie^{43}	手艺
1967	a^{44}nu^{13}	工作	1968	nu^{13}sə^{55}	事情
1969	tʂi^{55}nu^{13}	坏事	1970	ʈa^{43}ki^{55}	道理
1971	pi^{55}lau^{21}	脾气	1972	tsu^{44}pi^{55}lau^{13}	习惯
1973	tl̥a^{43}	胆量	1974	dlau^{13}zo^{13}	力气
1975	sie^{43}ɲ̥tɕo^{44}	记性	1976	ʑin^{43}	瘾
1977	li^{55}fau^{44}	头	1978	a^{44}ndʑau^{13}	尾
1979	koŋ^{24}tʂhan^{44}taŋ^{44}	共产党	1980	tshun^{44}wei^{43}huei^{24}	村委会
1981	lai^{43}zo^{13}a^{43}dzi^{21}	上村	1982	lai^{43}zo^{13}pi^{55}dau^{21}	下村
1983	wen^{31}hua^{24}ʂi^{21}	文化室	1984	tʂen^{24}tʂi^{24}	政治
1985	tɕin^{55}tɕi^{43}	经济	1986	ven^{31}hua^{24}	文化
1987	tɕau^{24}ʐou^{31}	教育	1988	wei^{24}seŋ^{44}	卫生
1989	tʂen^{24}fu^{43}	政府	1990	ko^{4}tɕa^{44}	国家
1991	kə^{31}min^{24}	革命	1992	ʐyn^{24}toŋ^{24}	运动
1993	za^{13}zie^{55}	政策	1994	min^{44}tʂhu^{43}	民主
1995	tsi^{24}ʐou^{31}	自由	1996	die^{13}du^{21}	和平
1997	hi^{44}ndzi^{43}	平等	1998	noŋ^{31}ȵe^{31}	农业
1999	koŋ^{43}ȵe^{31}	工业	2000	dʑou^{13}ŋgie^{13}	技术
2001	zau^{44}tɕheo^{44}	利益	2002	tl̥ou^{33}za^{13}za^{13}	整风

序号	苗语	词义	序号	苗语	词义
2003	thai²⁴tu²⁴	态度	2004	tɕi⁴³ʑiɛn²⁴	经验
2005	nteo³³tʂãŋ⁵⁵	计划	2006	sie⁴⁴ndy¹³	意见
2007	tɕa⁵⁵ʐa¹³	错误	2008	tʂi⁵⁵tɕheo⁴⁴	缺点
2009	zau⁴⁴tɕheo⁴⁴	优点	2010	tei⁴⁴ɳʈãŋ⁴⁴	任务
2011	khau⁴⁴khau⁵⁵	办法	2012	tseo³³ndə¹³	证据
2013	ni⁴⁴	报告	2014	tʂãŋ⁴⁴dzi̠¹³	觉悟
2015	sie⁴⁴ndy¹³	思想	2016	a⁴⁴dʑy¹³tʂie⁴³	元旦
2017	li³¹tɕhaŋ³¹	立场	2018	nu¹³	问题
2019	tʂheŋ³¹tɕi³¹	成绩	2020	ʂuei⁴³li²⁴	水利
2021	kho⁴³ɕo³¹	科学	2022	wei²⁴ɕiŋ⁴³	卫星
2023	ho⁴³tɕiɛn²⁴	火箭	2024	qə⁵⁵	叠~被子
2025	hi⁴⁴ti⁴⁴	挨着	2026	ɴɢa¹³	矮
2027	ɴɢa²¹	爱~看	2028	ɳʈʂheo⁴⁴	爱~小孩
2029	dzai¹³	按~用手	2030	tsau³³du¹³	暗
2031	ɴqə³³	凹	2032	ɣau²¹	熬~酒
2033	hau⁴⁴	熬~粥	2034	tl̥o⁴³	拔~草
2035	ta⁵⁵	把尿	2036	ha³³ŋdzu¹³	霸占
2037	tl̥i⁴⁴	掰	2038	tl̥eo⁴³	白
2039	tɕo⁴⁴tɕo⁴⁴	摆动	2040	fə⁴⁴fə⁴⁴	摆尾
2041	dlo¹³fau⁵⁵	拜	2042	ʂãŋ⁴⁴tʂie⁴³	拜年
2043	dlo¹³fau⁵⁵	拜堂	2044	qhə⁴⁴qhau⁴⁴	扳
2045	tʂhai³³	搬	2046	ɣou¹³	拌
2047	hi³³dlou¹³	绊	2048	hi⁴⁴bau¹³	帮助
2049	ndeo¹³	绑	2050	qheo⁵⁵	包
2051	gau¹³ɳʈau⁴³	包围	2052	tʂau⁴⁴	饱
2053	pu⁵⁵	饱满	2054	qheo⁵⁵zo⁵⁵	保护
2055	qheo⁵⁵kau⁴⁴	保卫	2056	kau⁴⁴tʂə⁴³	保佑
2057	qheo⁵⁵	保证	2058	zi²¹bau¹³	报仇
2059	ba²¹	抱~柴火	2060	ba²¹	抱~小孩
2061	ba²¹	抱~窝	2062	deo²¹	爆炸
2063	ʈi³³	背~孩子	2064	ʈi³³	背~柴
2065	pei²⁴	背诵	2066	ʐy¹³ti⁴³tɕheo⁴⁴	本地
2067	n̥dʐa¹³	比	2068	qə⁴⁴	闭~眼

序号	苗语	词义	序号	苗语	词义
2069	qo³³	闭~嘴	2070	ʂo⁴⁴	滗
2071	ndlai¹³	避~雨	2072	ndzie¹³	编~辫子
2073	ɕie⁴³	编~簸箕	2074	ʈa⁴³la⁴³	扁
2075	ɴqa⁴⁴ʂi⁴³	便宜	2076	tɬhi⁴⁴	变~兑
2077	tsau⁵⁵	表扬	2078	ʈa⁴³la⁴³	瘪
2079	ʈho⁴⁴	拨~刀	2080	tɬo⁴³	拨~毛
2081	ti⁵⁵	剥~果皮	2082	leo³³	剥~牛皮
2083	leo³³	剥~树皮	2084	po³¹ɕo³¹	剥削
2085	ȵie¹³	薄	2086	hi⁴⁴zau⁴⁴tsau⁴⁴	薄暮
2087	tsau⁵⁵	簸~米	2088	tʂa⁵⁵ʂə⁵⁵	卜卦
2089	ntsi⁵⁵	补~锅	2090	ntsi⁵⁵	补~衣服
2091	ntsi⁵⁵	补~秧苗	2092	hi⁴³zo²¹	不是
2093	ʂo⁴⁴	擦~抹	2094	ʂo⁴⁴	擦~桌
2095	ʂo⁴⁴	擦~鞋	2096	tʂheo⁵⁵	猜~谜语
2097	tsheo⁵⁵a⁴⁴tshu⁴⁴	猜拳	2098	seo³³	裁~衣服
2099	tseo⁴³	踩	2100	vai³³	藏
2101	gi¹³ɳʈau⁴⁴nthy⁵⁵	嘈杂	2102	a⁴⁴ti⁵⁵ɳtʂai⁴⁴	侧~着睡
2103	ɢai¹³li⁵⁵fau⁴⁴	侧头	2104	pa⁴³	叉~腰
2105	tʂhai⁴⁴	插~刀	2106	ɳtʂə⁵⁵	插~地上
2107	tʂhai⁴⁴	插~秧	2108	tʂha⁵⁵	差~很多
2109	ʈha⁵⁵	拆~房子	2110	tɕãŋ⁴³	搀~老人
2111	thie⁴³	搀~水	2112	ɳtʂo⁵⁵	馋
2113	ɳtʂo⁵⁵	馋嘴	2114	hi⁴⁴ky⁴⁴ndeo¹³	缠绕
2115	khə⁴⁴	铲~锅巴	2116	nti⁵⁵	长
2117	da¹³	长~草	2118	lo⁴³	长~大
2119	tʂhãŋ³¹	尝~试	2120	qhə⁴³fa⁵⁵	敞开
2121	hu⁴⁴	唱~歌	2122	hu⁴⁴	唱~山歌
2123	nau⁴⁴	潮湿	2124	hi³³ndə¹³	吵架
2125	ki⁴³	炒	2126	ɴɢou⁴⁴	车~水
2127	tɬo⁴³	扯~秧	2128	la¹³dzo¹³	撤~网
2129	do²¹	沉~底	2130	hi⁴³do²¹	沉淀
2131	hi³³ni³³lou¹³	沉默	2132	lu¹³	称~东西
2133	tsu⁵⁵	趁	2134	ky³³	撑~船

序号	苗语	词义	序号	苗语	词义
2135	tha⁵⁵	撑~伞	2136	ʂə⁵⁵	成熟
2137	tʂen³¹	乘~法	2138	nau¹³	吃
2139	nau¹³ie⁴³	吃亏	2140	li²¹	迟
2141	nthɣ⁵⁵	冲~水	2142	thə⁵⁵	春
2143	ȵtɕheo⁴⁴	宠	2144	hau³³	抽~烟
2145	a⁴⁴qa⁴⁴ntl̥ho⁵⁵	抽泣	2146	ndleo¹³	抽~打
2147	ŋgau¹³ʂou⁵⁵	抽筋	2148	ndlau¹³	稠
2149	si⁴⁴tl̥ãŋ⁴³	丑	2150	tʂi⁴⁴ta⁵⁵	臭
2151	deo¹³	出	2152	deo¹³da¹³	出~太阳
2153	deo¹³ŋgau¹³lau⁴³	出汗	2154	deo¹³da¹³	出来
2155	deo¹³mau¹³	出去	2156	deo¹³ bauɯ¹³	出~天花
2157	tʂhu⁵⁵	除~草	2158	tʂhu³¹	除~法
2159	ntau⁴⁴	除~虫	2160	tʂhu⁵⁵	锄~地
2161	tau⁴⁴	穿~鞋	2162	ȵāŋ⁵⁵	穿~衣服
2163	tɕho⁴³	穿~针	2164	hi⁴⁴ki⁴⁴	传染
2165	pau⁴⁴lo⁴⁴pau⁴⁴ʂau⁴³	喘	2166	tsha⁴³	吹~风
2167	tsha⁴³	吹~火	2168	tsho⁵⁵	吹~口哨
2169	tl̥au⁵⁵	垂~下	2170	tɕho⁴³	戳~破
2171	tɕi⁴⁴	刺~眼	2172	deo¹³	匆忙
2173	pau⁴³ɕãŋ⁴³	聪明	2174	hi⁴⁴thie⁴³	凑~钱
2175	lo¹³	粗~布	2176	lo⁴³	粗~大
2177	ntshi⁴³	粗糙~米	2178	ntshi⁴³ki⁴⁴lə⁵⁵	粗糙~桌面
2179	a⁴⁴lə⁵⁵lə⁴³	粗心	2180	leo⁵⁵	催
2181	ŋgi²¹	脆	2182	tshau⁴³	淬~火
2183	sa⁴³	搓~绳	2184	hi⁴⁴mo⁴⁴	搓~衣
2185	vai¹³	撮~土	2186	tsho⁵⁵ / ho⁵⁵	锉
2187	tɕa³³za¹³	错	2188	ȵo⁴³	搭~车
2189	teo⁴³	搭~棚	2190	ti⁴³	答
2191	nau²¹ti⁴³	答应	2192	ntau⁴⁴	打~鼓
2193	ntau⁴⁴	打~人	2194	ȵti⁵⁵	打~算盘
2195	ntau⁴⁴	打~铁	2196	mbu¹³	打~桩
2197	ntau⁴⁴	打~谷	2198	ntau⁴⁴	打~用棍
2199	ntau⁴⁴	打~用拳	2200	ndy¹³za¹³	打扮

序号	苗语	词义	序号	苗语	词义
2201	a⁴⁴qa⁴⁴n̠tɕe⁴⁴	打饱嗝	2202	a⁴⁴teo⁴⁴ti⁴⁴tɕa⁴⁴	打~赤脚
2203	ntau³³	打~电话	2204	a⁴⁴tə⁵⁵qə⁴³	打嗝
2205	hi⁴⁴tl̠i⁴⁴	打滚孩子~	2206	hi⁴⁴tl̠i⁴⁴	打滚马~
2207	a⁵⁵mby²¹nto⁵⁵	打鼾	2208	ndu¹³ŋga¹³	打夯
2209	ha⁵⁵qai⁴³	打呵欠	2210	a⁴⁴sau⁴⁴	打~记号
2211	hi⁴⁴ntau⁴⁴	打架人~	2212	hi⁴⁴n̠tɕeo³³⁻⁴⁴	打架鸡~
2213	hi⁴⁴ɳtau⁴⁴	打架牛~	2214	ntl̠au⁴⁴ŋo⁴⁴	打瞌睡
2215	so⁴³qa⁴³	打雷	2216	ntau⁴⁴ɴGai¹³	打猎
2217	va¹³tshau⁴³	打喷嚏	2218	po⁵⁵	打~枪
2219	ntau⁴⁴	打~拳	2220	so⁴³bi²¹lei¹³dau¹³	打闪
2221	qhai⁴³	打~结	2222	ntau⁴⁴ɳtʂi⁴⁴	打仗
2223	l̠o⁴³	大	2224	qa⁵⁵	大便
2225	sie⁴³l̠o⁴³	大胆	2226	ʈhau⁴⁴zo¹³dãŋ²¹	大跑
2227	tl̠o³³ki³³n̠dʑi¹³a⁴³dʑi²¹dau²¹	大笑	2228	l̠u⁵⁵	代替
2229	dʐo¹³	带~干粮	2230	dʐo¹³	带~路
2231	hə⁴⁴	带~小孩	2232	hə⁴⁴ndi¹³	带头
2233	ʈau⁴⁴	戴~耳环	2234	ntau⁴⁴	戴~帽
2235	ntau⁴⁴	戴~头巾	2236	tl̠ho⁴⁴	戴~项圈
2237	tə⁴⁴	担心	2238	ɳti⁵⁵	弹（棉花）
2239	ɳti⁵⁵	弹用手指~	2240	dza²¹	淡
2241	dza²¹	淡酒~	2242	a⁴⁴	当~兵
2243	a⁴⁴tʂʯ⁵⁵	当家	2244	l̠ʯ⁵⁵	倒~米
2245	n̠tɕha⁵⁵	倒~水	2246	to⁵⁵	倒~筷子
2247	Gau²¹	倒~树	2248	to⁵⁵	倒~写
2249	ɴGau²¹	倒塌	2250	ndzau¹³	来到
2251	mau¹³dzo²¹	去到	2252	tau⁴⁴	得
2253	ty⁵⁵tshi⁵⁵	得罪	2254	ndzə¹³do¹³	等候
2255	nthə⁴³a⁵⁵ma²¹	瞪眼	2256	Nə¹³	低
2257	tl̠au⁵⁵li⁵⁵fau⁴⁴	低头	2258	ndlo²¹	滴~水
2259	a⁴⁴pi²¹tl̠au⁴³	抵赖	2260	dzai¹³	抵押
2261	ɳtau⁴⁴	牴	2262	tɕi⁵⁵	递
2263	n̠tɕho³³	颠簸车~	2264	to⁵⁵qãŋ⁴³to⁵⁵⁻⁴⁴fau⁵⁵	颠倒

序号	苗语	词义	序号	苗语	词义
2265	l̥o⁵⁵l̥eo⁴⁴	典当	2266	teo⁴⁴	点~灯
2267	tʂhi⁵⁵	点~火	2268	fə⁴⁴fə⁴⁴li⁴⁴fau⁴⁴	摇头
2269	tɕo⁴⁴tɕo⁴⁴li⁴⁴fau⁴⁴	点~头	2270	a⁴⁴hi⁴⁴ŋkhai⁴⁴	踮
2271	die²¹	垫	2272	mpho⁴³	凋谢
2273	tʂãŋ⁴⁴	吊~苞谷	2274	tʂãŋ⁴⁴	吊~顶
2275	tɕãŋ⁴³	钓	2276	kə⁴³kə⁴³	调皮
2277	pau⁴³	掉~牙	2278	pau⁴³	掉~地上
2279	tl̥hau⁴⁴	掉~桶底	2280	hi⁴⁴dleo¹³ɢau²¹	跌~倒
2281	ɴau²¹ɴqə⁴⁴	跌价	2282	ȵtsie⁴⁴	钉~钉子
2283	teo⁴⁴	顶~用木	2284	ti⁴⁴dʐai¹³	订婚
2285	l̥a⁵⁵tl̥hu⁴⁴	丢脸	2286	pau⁴³	懂
2287	a⁴⁴zo²¹gau²¹	动摇~牙	2288	hi⁴⁴ndɯ¹³	斗争
2289	n̥tɕho³³	抖~尘土	2290	ntshãŋ⁴³	陡
2291	tʂhi⁵⁵	逗~孩子	2292	do¹³	毒
2293	geo²¹	读	2294	a⁵⁵ma¹³lie⁴³	妒疾
2295	tʂhə⁵⁵	端	2296	lu⁵⁵	短
2297	lo⁵⁵	断~扁担	2298	tou⁴⁴	断~绳子
2299	tsy⁴⁴	堆~土	2300	ʐo²¹	对
2301	zau¹³dʐeo¹³	蹲	2302	hau⁴⁴	炖
2303	qa⁴⁴mpy⁴⁴	钝	2304	tɕau⁴³	多
2305	ndlai¹³	躲	2306	hi⁴⁴nto⁴⁴	剁
2307	n̥dʐeo¹³	跺	2308	tʂi⁵⁵a⁵⁵sie⁴³	恶心
2309	tʂhai⁴³	饿	2310	qa⁴³lãŋ⁴³	耳背
2311	fa⁴³	发~工资	2312	ʂeo⁵⁵tə⁴⁴	发愁
2313	tʂhə⁴⁴tʂhə⁴⁴	发抖	2314	ɣau¹³	发疯
2315	da¹³	发酵	2316	no⁴⁴no⁴⁴	发冷
2317	a⁴⁴qa⁴⁴tʂau⁴⁴	发霉	2318	o⁴⁴sie⁴³	发怒
2319	ȵthie⁵⁵la²¹	发情	2320	a⁴⁴tɕi⁵⁵ku⁴³	发烧
2321	lãŋ⁵⁵gau¹³	发芽~树枝	2322	lãŋ⁵⁵gau¹³	发芽~种子
2323	ʂeo⁵⁵ndzy¹³	发展	2324	fa⁴³	罚~款
2325	ntsə⁵⁵	翻~锅	2326	ntsə⁵⁵	翻~粑粑
2327	ntsə⁵⁵	翻~猪肠	2328	a⁴⁴n̥tɕha⁵⁵pi³¹dʐa¹³lau²¹	翻筋斗
2329	ntsə⁵⁵tl̥hu⁴⁴	翻脸	2330	ntsə⁵⁵a⁴⁴tɕi⁵⁵	翻身~政治

序号	苗语	词义	序号	苗语	词义
2331	hi³³nti⁴³a⁴⁴tɕi⁵⁵	翻身~睡觉	2332	tʂi⁵⁵ȵo⁴³	烦闷
2333	ɕãŋ⁴⁴	繁殖	2334	ntsə⁵⁵	反~穿
2335	nti⁴⁴zo¹³	反刍	2336	ʂeo⁵⁵ntsə⁵⁵	反动
2337	si⁴³a⁵⁵qə⁴³	返	2338	si⁴³a⁵⁵qə⁴³	返回
2339	a⁴⁴ʐa¹³	犯法	2340	a⁴⁴ʐa¹³	犯罪
2341	vau²¹la¹³	贩	2342	ku⁴³	方~四
2343	tau⁴⁴tɕha⁴⁴	方便	2344	sie⁴³ʂa⁴³a⁴⁴la⁵⁵deo	防火
2345	ɳʈhie⁵⁵nu¹³	访	2346	tʂha⁴³	纺
2347	tʂo⁴⁴	放~鸟	2348	tʂo⁴⁴	放~手
2349	tʂo⁴⁴	放~水	2350	tʂo⁴⁴tɕie⁴⁴	放置
2351	tʂo⁴⁴tɕa²⁴	放假	2352	zo²¹dʐə¹³	放牧
2353	zo⁵⁵na¹³	放哨	2354	ẑãŋ⁴⁴	飞
2355	dlo²¹	肥~地	2356	dlo²¹	肥~肉
2357	dʐu²¹	吠	2358	mpau⁴⁴	沸
2359	gi³³ʐo²¹	费力	2360	fai⁴³	分（工）
2361	ɳtɕau⁴⁴	分~路	2362	fai⁴³	分（配）
2363	hi⁴⁴fai⁴³	分别	2364	fai⁴³ʑi¹³	分家
2365	qha⁴³fai⁴⁴	吩咐	2366	qau⁴⁴lau⁴⁴zau⁴⁴	丰收
2367	tsheo⁴⁴	封	2368	seo³³	缝
2369	ba²¹	孵	2370	tshau⁴⁴so⁵⁵	纺线
2371	tl̥ou⁵⁵	敷	2372	tʂãŋ⁴⁴	扶~起来
2373	tsheo⁵⁵	扶~稳	2374	ʂo⁴⁴	拂
2375	ntãŋ⁴³	浮	2376	o⁴⁴	浮肿
2377	tl̥hu⁴⁴tl̥hu⁴⁴	抚摩	2378	ma¹³	富
2379	tl̥eo³³	改	2380	və⁵⁵	盖~被
2381	qo³³	盖~锅	2382	mbo²¹	盖~瓦
2383	qha⁵⁵	干~柴	2384	ɴqha⁴³	干~衣
2385	ɴqha⁴³	干涸	2386	hu⁵⁵dʐa¹³	干净
2387	qa⁴³sie⁴³	甘心	2388	leo⁵⁵	赶~牛
2389	leo⁵⁵	赶驱	2390	khy⁴⁴gi¹³	赶场
2391	ka⁴³	敢	2392	tʂha⁴⁴la²¹	感谢
2393	sie⁴³	高	2394	lə²¹tl̥o³³⁻⁴⁴	高兴
2395	lə²¹tl̥o³³⁻⁴⁴	高兴	2396	ɲi⁵⁵qhə⁴⁴	告诉

序号	苗语	词义	序号	苗语	词义
2397	tl̥eo⁴⁴nu¹³	告状	2398	ŋu¹³	割~稻
2399	ndzu¹³	割~肉	2400	tɕai⁴⁴	隔开
2401	lu⁴³	硌~脚	2402	ma⁴³	给~钱
2403	ȵie²¹dʐo¹³	跟踪	2404	dlai²¹	鲠
2405	leo⁵⁵ki⁵⁵	公平	2406	ntau⁴⁴	攻打
2407	l̥a⁵⁵tl̥au⁴³	供神	2408	phy⁴³	拱~猪
2409	ɴqə⁴⁴	钩	2410	tsau³³	够
2411	ɳ̊tɕãŋ⁴⁴	够~物体	2412	dzu¹³gu¹³	估计
2413	hi⁴⁴tau⁴⁴l̥a²¹	孤独	2414	thi⁴⁴	箍~桶
2415	tu⁴³kau⁴⁴	雇~工	2416	tsha⁴³	刮~风
2417	kau³³	刮~毛	2418	dlə²¹	挂~拐杖
2419	tʂãŋ⁴⁴	挂~墙上	2420	dʐo¹³hə⁴⁴	挂帅
2421	khau⁵⁵nu¹³	乖	2422	tʂho⁵⁵	拐~弯
2423	qo³³	关~门	2424	kə⁵⁵	管~事
2425	kə⁵⁵dzi̩¹³	管理	2426	tsu⁴⁴pi⁵⁵lau²¹	惯~习
2427	tshau³³	灌~药	2428	tl̥o⁴⁴	光
2429	ma¹³tl̥hu⁴⁴	光彩	2430	ndlie²¹	光滑
2431	bo¹³ki⁵⁵	光明	2432	dlau²¹tɕi⁴⁴	光荣
2433	dzi¹³	龟裂、破裂	2434	ɴqə⁴⁴ta⁵⁵	贵
2435	tsho⁴⁴dʐau²¹	跪	2436	hi⁴⁴tl̥o⁵⁵	滚~石头
2437	hi⁴⁴tl̥i⁴⁴	滚~泥	2438	mbai¹³	捆
2439	qheo⁵⁵	裹~粽	2440	ky¹³	过~河
2441	ky¹³dʐai¹³tʂə⁴³	过节	2442	so⁴⁴	过滤
2443	a⁴⁴tʂie⁴³	过年	2444	lo¹³sie⁴³	过瘾
2445	ha⁴³qai⁴³	哈~气	2446	gi¹³tə⁴³nə⁴³	害~人
2447	thy³³dzãŋ¹³	害羞	2448	mpa⁵⁵	含
2449	ɢa¹³	喊	2450	ŋgi²¹	旱~天
2451	lo⁴⁴/tshi⁵⁵lo⁴⁴	焊	2452	zau⁴⁴	好
2453	zau⁴⁴	好~酒	2454	hu⁴⁴	号召
2455	hau³³	喝	2456	ho⁴³	合~八字
2457	ho⁴³	合~身	2458	hi⁴⁴thie⁴³	合拢
2459	hi⁴⁴ɕeo⁴⁴	合拼	2460	a⁴⁴qa⁴⁴ntsau⁴⁴	合影
2461	hi⁴⁴tl̥ho⁴⁴	合作	2462	hi⁴⁴ndo¹³zau⁴⁴	和睦~家庭外部~

序号	苗语	词义	序号	苗语	词义
2463	hi^{44}ntʂheo^{44}	和睦~家庭内部	2464	tl̪u^{43}	黑
2465	tl̪u^{43}	黑~脸	2466	tsau^{33}	黑~天
2467	tl̪u^{43}	黑~心	2468	ʂu^{43}	恨
2469	ndei^{13}	横~路	2470	tsie^{44}	横~线
2471	so^{55}tsie^{44}	纬线	2472	so^{44}l̪au^{44}	经线
2473	tʂhi^{55}	哄~小孩	2474	lie^{43}	红
2475	lu^{13}tʂhau^{55}	后悔	2476	ta^{43}	厚
2477	tʂo^{44}	呼~气	2478	l̪y^{44}pau^{44}	呼吸
2479	lo^{44}	糊~墙	2480	a^{44}tu^{43}a^{43}da^{21}	糊涂
2481	hi^{44}mpau^{44}hi^{44}qeo^{44}	互助	2482	tl̪ou^{33}	戽~水
2483	baɯ^{13}	花~布	2484	ndlie^{21}	滑
2485	ndlie^{21}	滑~鱼	2486	ky^{33}	划~船
2487	ndlau^{13}	划~线	2488	ndlau^{13}	画~画
2489	dy^{13}tə^{44}	怀疑	2490	ŋə^{13}tu^{43}	怀孕~人
2491	ʂo^{55}tɕi^{55}	怀孕	2492	ndla^{21}	坏
2493	ndla^{21}	损坏	2494	baɯ^{13}	还~钱
2495	l̪u^{55}	换~工	2496	l̪u^{55}	换~衣服
2497	ti^{43}qa^{43}bo^{13}	荒~地	2498	dou^{13}	慌忙
2499	tə^{44}	慌乱	2500	vaɯ^{13}	黄
2501	phau^{55}	灰色	2502	phu^{55}sie^{43}	灰心
2503	si^{43}	回	2504	si^{44}lo^{13}	回来
2505	qhə^{44}tl̪hu^{44}	回门	2506	si^{43}mau^{21}	回去
2507	si^{44}lo^{13}na^{13}fau^{44}qeo^{43}	回头	2508	dzeo^{13}	会
2509	ȵtɕi^{33}vu^{33}	昏~头	2510	da^{21}i^{43}ntʂi^{33}	昏迷
2511	ntl̪o^{55}	浑	2512	dze^{21}	活
2513	l̪au^{43}	积极	2514	ndleo^{13}	急~水
2515	bai^{21}	急~尿	2516	nai^{33}	挤~进去
2517	ȵtɕo^{44}	记得	2518	sã^{44}	寄~信
2519	a^{44}tl̪a^{43}	祭祀	2520	l̪a^{55}	祭~天
2521	thie^{43}	加~法	2522	tai^{33}	夹~腋下
2523	a^{55}ȵi^{43}a^{33}ȵau^{13}	夹~生	2524	tai^{33}	夹~菜
2525	tʂhi^{55}	假	2526	tʂhi^{55}zãŋ^{13}	假装
2527	qa^{44}	嫁	2528	ntʂə^{44}	尖（刀）

序号	苗语	词义	序号	苗语	词义
2529	phə^{43}	间~苗	2530	tʂa^{43}	煎~鱼
2531	deo^{13}sãŋ^{44}	减~法	2532	dʐeo^{21}sãŋ^{44}	减少
2533	tshə^{44}	剪	2534	ʂen^{43}na^{13}	检查
2535	ʂen^{43}na^{13}	检讨	2536	bo^{13}tl̥hu^{44}	见面
2537	tʂãŋ^{44}tsho^{44}	建设	2538	tsho^{44}	建筑~房
2539	dʐa^{21}	溅~水	2540	ʐa^{44}	将要
2541	ȵtɕãŋ^{43}ki^{43}tə^{43}	僵硬	2542	ȵi^{44}	讲~故事
2543	ȵi^{44}	讲~话	2544	a^{44}	交~朋友
2545	hi^{44}lu^{55}	交换	2546	a^{44}ɕie^{44}	娇~气
2547	neo^{55}	浇~菜	2548	lo^{43}du^{13}	骄傲
2549	ku^{43}ȵie^{43}	焦	2550	ȵtɕi^{55}	缴~税
2551	hu^{44}	叫~名字	2552	hu^{44}	叫~他
2553	dʐau^{13}	叫~母鸡	2554	qa^{44}	叫~公鸡
2555	ɴqo^{55}	叫~黄牛	2556	qha^{43}	教
2557	tsai^{33}	接受	2558	mbaɯ^{13}ʂau^{44}tu^{43}	接生
2559	hi^{44}qhau^{43}	接吻	2560	qhə^{43}	揭~盖子
2561	sɯ^{43}	节俭	2562	sɯ^{43}	节省
2563	sɯ^{43}	节约	2564	khu^{44}tlau^{44}	结冰
2565	tsi^{44}a^{55}lu^{43}	结果	2566	dʑie^{13}nu^{13}	结婚
2567	ɖa^{13}	结实	2568	ndʑie^{13}	结~网
2569	tl̥eo^{33}	解~绳结	2570	tl̥eo^{33}tʂo^{44}	解放
2571	ŋɖau^{13}	戒~烟	2572	tsai^{33}	借~钱
2573	tsai^{33}	借~牛	2574	ʐeo^{13}	紧绑
2575	ŋdʐeo^{13}	紧~塞	2576	dlau^{13}	紧~土
2577	ʐa^{55}tsai^{55}	紧急	2578	və^{44}	近
2579	bei^{13}	进	2580	bei^{13}da^{13}	进来
2581	bei^{13}mau^{13}	进去	2582	tʂau^{44}	浸~种
2583	ndʐau^{13}tɕhau^{44}	经过	2584	ndãŋ^{13}ntʂhai^{44}	惊跳
2585	ȵou^{55}lu^{13}	敬~酒	2586	la^{55}	敬~鬼
2587	sau^{55}ŋdʐə^{13}	静	2588	li^{13}	久
2589	qou^{43}	旧	2590	mbaɯ^{13}tɕou^{33}	救
2591	tʂãŋ^{44}	举	2592	ʂau^{43}	锯~板
2593	ʂau^{43}	锯~木	2594	hi^{44}tl̥o^{55}	卷~席

序号	苗语	词义	序号	苗语	词义
2595	thi^{55}	卷~袖	2596	ʐo^{13}	嚼
2597	hi^{44}mbau^{13}	均匀	2598	ʐau^{44}ɳɖau$^{13-21}$	俊
2599	dlei^{21}	卡~脖	2600	qhə^{43}	开~门
2601	deo^{13}	开~花	2602	qhə^{43}	开~荒
2603	hi^{44}tə^{44}	开会	2604	ʂeo^{55}by^{13}	开始
2605	nto^{55}	砍~树	2606	ʂau^{44}	砍~柴
2607	pha^{44}	砍~骨	2608	na^{13}	看
2609	na^{13}bo^{13}	看见	2610	na^{13}ʐo^{55}	看守
2611	a^{44}phou^{55}phou^{55}	糠心~萝卜	2612	ky^{55}	扛
2613	ndʐa^{13}ʐaɯ^{21}	考~试	2614	qhãŋ^{44}	烤~谷子
2615	qhãŋ^{44}	烤~衣服	2616	lə^{43}	烤~火
2617	i^{43}	靠~他	2618	i^{43}	靠~树
2619	ȵ.tɕho^{33}	磕	2620	dlou^{13}fau^{55}	磕头
2621	ŋau^{44}	咳嗽	2622	ʂeo^{55}nə^{13}/tʂha^{44}tu^{43}	可怜
2623	tʂha^{44}tʂha^{44}	可惜	2624	ɴqə^{33}	渴
2625	kə^{44}	刻~名字	2626	ŋgi^{21}ɕi^{43}	客气
2627	ȵ.tɕho^{33}	嗑	2628	dʑu^{13}	肯
2629	tɕa^{44}	啃	2630	hi^{43}ma^{13}	空
2631	dʐo^{13}di^{13}gu^{13}tɕa^{55}	空手	2632	tɕeo^{44}la^{44}	恐吓
2633	kə^{44}	抠	2634	qə^{43}	扣~板机
2635	fai^{55}	扣~纽扣	2636	ɴqou^{33}	扣~钱
2637	ɴqha^{55}	枯	2638	ȵie^{55}	哭
2639	ie^{43}	苦	2640	ʐou^{13}tsau^{43}ʐou^{13}	夸口
2641	ʐeo^{13}	垮~田坎	2642	hi^{44}ndli^{13}	跨~沟
2643	ŋtʂə^{44}	快~刀	2644	fai^{44}	快~走
2645	faɯ^{55}	宽~路	2646	lo^{43}	宽~衣服
2647	nie^{21}na^{13}	窥探	2648	ndeo^{21}	捆
2649	ntlau^{44}mo^{44}	睏	2650	tɕãŋ^{43}	拉~长
2651	ɴqou^{13}	拉~风箱	2652	tɕãŋ^{43}ta^{55}	拉~手
2653	tɕãŋ^{43}	拉~向前	2654	ɴqai^{13}	腊肉
2655	mbə^{13}	辣	2656	da^{13}	来
2657	l̥au^{13}	拦	2658	ntsa^{43}	蓝
2659	ŋgə^{13}	懒	2660	ly^{13}	烂~瓜果

序号	苗语	词义	序号	苗语	词义
2661	ndla²¹	烂〜衣服	2662	ŋgi¹³	浪费
2663	ʂa⁴⁴	捞〜水草	2664	a⁴⁴nu¹³	劳动
2665	a⁴³ndʐau¹³tɕau⁴³	唠叨	2666	lau¹³	老〜菜
2667	lau¹³	老〜人	2668	gə¹³	老实
2669	zeo¹³	勒〜紧	2670	so⁴³ntau³³⁻⁴⁴	雷击
2671	ʈha⁴⁴	累	2672	dzie¹³	冷〜水
2673	no⁴⁴	冷〜天	2674	fə⁵⁵	离〜家
2675	dʐo¹³	犁	2676	tsa³³	粘连
2677	tsa³³	连接	2678	tl̥ho⁴⁴	连累
2679	tɕeo⁵⁵	炼〜钢	2680	tɕeo⁵⁵	炼〜铁
2681	dzie¹³	凉〜水	2682	dzie¹³	凉〜天
2683	dzie¹³	凉快	2684	hu⁵⁵	亮〜擦
2685	bo¹³ki⁵⁵	亮〜天	2686	bo¹³ki⁵⁵	亮〜屋
2687	zie⁴³	晾〜衣服	2688	ŋdza¹³	量〜布
2689	lu¹³	量〜米	2690	deo¹³kãŋ⁴³	裂开
2691	ntu⁴³	淋〜雨	2692	dʐo¹³hə⁴⁴	领导
2693	ndly¹³	流〜口水	2694	ndly¹³	流〜水
2695	ndly¹³	流〜泪	2696	tsi⁴³	留〜饭
2697	khau⁵⁵	留〜客	2698	ntɕo⁴⁴sie⁴³taʴ⁴³ndə¹³	留心
2699	a⁴⁴l̥ãŋ⁴³	聋	2700	ba²¹	搂
2701	tʂhau⁴⁴ŋtau⁴⁴	漏〜房	2702	tʂhau⁵⁵ŋtau⁴⁴to⁴⁴	漏〜桶
2703	to⁴⁴	露〜脚	2704	ki⁴⁴zu⁴³ki⁴³za²¹	黎明
2705	ki⁴⁴tsi⁴⁴ki⁴⁴tsau⁴⁴	黄昏	2706	ntsi⁴⁴	露〜牙
2707	ntsa⁴³	绿	2708	ntsho⁵⁵	乱〜头发
2709	pi⁴³tʂa⁴³pi⁴⁴tʂi⁴⁴	乱〜东西	2710	tsi⁴⁴dlau¹³	轮流
2711	a⁴⁴ti⁵⁵tɕa⁴⁴	裸体	2712	və²¹	落〜叶
2713	ntsə⁴⁴	落〜太阳	2714	pau⁴³qa⁵⁵	落后
2715	l̥ãŋ⁴³di¹³	麻烦	2716	khau⁵⁵di¹³khau⁵⁵teo⁴⁴	麻木
2717	la⁴⁴	骂	2718	ty⁴⁴	埋〜东西
2719	ty⁴⁴tu⁴³da¹³	埋葬	2720	ma¹³	买
2721	dai²¹	卖	2722	vai⁴⁴	瞒
2723	pu⁵⁵	满	2724	pu⁵⁵tsau⁴⁴	满意
2725	pu⁵⁵l̥i⁴⁴	满月	2726	bai¹³	慢

序号	苗语	词义	序号	苗语	词义
2727	ɖeo¹³	忙	2728	ɖeo³³pau⁴⁴pi⁴⁴n̠tɕho⁴⁴	冒烟
2729	hi⁴³ma¹³	没有	2730	a⁴⁴tʂhau⁴⁴ly¹³	霉烂
2731	zau⁴⁴ŋgau¹³	美丽	2732	po⁴⁴a³³tʂeo⁵⁵	闷~空气
2733	ʂa⁴⁴	朦胧、模糊	2734	qheo⁵⁵	蒙~头觉
2735	tɕhi³³bə¹³	迷~路	2736	ta⁴³	密~稻
2737	tsai⁵⁵	密~编	2738	tsu⁵⁵ŋə¹³	瞄准
2739	fə⁴⁴	灭~火	2740	dʑau¹³	摸~鱼
2741	sa⁴⁴sa⁴⁴ki⁵⁵	摸黑	2742	lau⁴³	磨~谷
2743	ho⁵⁵	磨~刀	2744	ɢu¹³	磨~面
2745	ho⁵⁵	磨~墨	2746	sa⁴³sa⁴³	抹~石灰
2747	kheo³³	拿	2748	tɕheo³³	纳~鞋底
2749	ndlai¹³qãŋ⁴⁴ntsau⁴⁴	纳凉	2750	ma¹³tɕo⁴³	耐用
2751	ta⁵⁵	难	2752	tsi⁵⁵na¹³	难看
2753	kə⁴³kə⁴³	闹~小孩	2754	tau⁴⁴ma⁴⁴	嫩
2755	tʂhə³¹	能干	2756	ŋky⁴³	逆~风
2757	fa⁵⁵	腻	2758	la³³	年轻
2759	ȵie¹³ɕau⁴⁴ʂau⁴³	年幼	2760	lo⁴⁴	黏
2761	tai³³	捻~虫	2762	qeo⁵⁵	捻~线
2763	lau⁴³	碾~米	2764	geo¹³kãŋ⁴³ki⁴⁴	念经
2765	tʰau⁴⁴	酿~酒	2766	və²¹tɕheo⁴⁴	尿床
2767	nai⁴³	捏~鼻子	2768	tso⁴⁴	拧~毛巾
2769	khu⁴⁴	凝结~油	2770	gai¹³	扭~脚
2771	hi⁴⁴mpou⁴⁴	扭~菜	2772	ʈleo⁴⁴	浓~茶
2773	ʈhau⁴⁴zo²¹	努力	2774	ʂo⁵⁵	暖和
2775	nta⁵⁵	呕吐	2776	a⁴⁴ntha⁴³la¹³	趴
2777	n̠tɕi⁴⁴	爬~树	2778	ndau¹³	爬~蛇
2779	ŋgãŋ²¹	爬行~小孩	2780	xai⁵⁵	耙
2781	n̠tɕhai⁴⁴	怕	2782	n̠tɕho³³	拍~尘土
2783	mba¹³	拍~手	2784	mba¹³	拍~桌
2785	dlo²¹	胖	2786	ʂau⁴³	刨~丝
2787	zeo⁴⁴	刨~木板	2788	ɢa¹³li⁴⁴leo¹³	咆哮
2789	ɖãŋ²¹	跑	2790	ŋtʂə⁴⁴	泡~饭
2791	tʂau⁴⁴	泡~水	2792	a⁴⁴la²¹	陪伴

序号	苗语	词义	序号	苗语	词义
2793	tʂhu⁵⁵xa⁴⁴	培~土	2794	kha⁴³ʐau²¹	培养
2795	bau¹³	赔~本	2796	bau¹³	赔偿
2797	ntau⁴⁴	佩带	2798	a⁵⁵sie⁴³pu⁵⁵tsau⁴⁴	佩服
2799	dza²¹	喷~水	2800	li⁵⁵	蓬松~头发~
2801	pho⁴³vo⁴³	膨胀~豆	2802	hai³³	捧~水
2803	la⁴⁴qha⁴³	批评	2804	mpa⁴⁴	披~衣服
2805	pha⁴⁴	劈~柴	2806	phie⁴⁴	骗
2807	zau⁴⁴ŋgau¹³	漂亮	2808	dou¹³thie⁴³	拼~木板
2809	tɕau⁴⁴ʂie⁵⁵	拼命	2810	die¹³	平~路~
2811	die¹³du²¹	平安	2812	n̩tɕha⁵⁵	泼~水
2813	ŋdzau²¹	破~罐~	2814	tʂhi⁴⁴	破~脸
2815	ndla²¹	破~衣服	2816	gi¹³ndla²¹	破坏
2817	ndla²¹pi⁴⁴tl̩a⁴⁴	破烂	2818	a⁵⁵sã̃⁴³ndu¹³	破晓~天~
2819	phai³³	剖~开	2820	tl̩hie⁴⁴n̩dzi̩²¹	扑~老虎~
2821	tha⁴⁴	铺~床	2822	gi¹³ndla²¹	欺负
2823	fau⁴⁴	漆~桌	2824	ndzau¹³	齐~人~
2825	ŋdzai¹³ntsə⁵⁵	奇怪	2826	li³³ŋkhau³³	崎岖
2827	dzɚ¹³	骑~马	2828	ʂeo⁴⁴tɕheo⁴⁴	起床
2829	pa⁵⁵	气~坏	2830	tsi⁴⁴	砌~砖
2831	tɕã̃⁴³	牵~牛	2832	tɕã̃⁴³	牵~手
2833	ty⁴⁴	潜~水	2834	ntlie⁵⁵	浅~水~
2835	ntlie⁵⁵	浅~书~	2836	tʂha⁵⁵	欠
2837	tshau⁴³	呛~水	2838	tshau⁴³	呛~辣椒
2839	ma¹³dlau¹³ma¹³zo²¹	强壮	2840	ha³³	抢
2841	ntau³³	敲~锣	2842	mba¹³	敲~门
2843	a⁵⁵sie⁴³ndlau²¹/ndleo¹³	巧	2844	tʂi³³	翘~腿
2845	ɕã̃⁴³	翘~母指	2846	tɕhau²⁴	撬~石头~
2847	tshau⁵⁵	切~菜	2848	ntau³³ha³³	侵略
2849	ɭau⁴³ɴGai¹³	勤	2850	ʂi⁴³	轻
2851	n̩tʂhie⁴³	清~水~	2852	tl̩eo⁴³n̩tsie⁴³	清楚
2853	ɴqha⁴³	晴	2854	tʂhã̃⁵⁵ndu¹³	晴朗
2855	tʂhã̃⁵⁵	请	2856	ʂau⁴⁴	穷
2857	ndə²¹ʐa⁵⁵	求	2858	leo⁵⁵pi⁵⁵tl̩ã̃⁴³	驱鬼

序号	苗语	词义	序号	苗语	词义
2859	tso⁴⁴	娶	2860	mau¹³	去
2861	ŋga¹³dzə¹³	圈~牲口	2862	ŋgau¹³	蜷缩~身体
2863	khau⁵⁵qha⁴³	劝	2864	mpai³³	缺~刀
2865	mpai³³	缺~牙	2866	mpai³³	缺~碗
2867	ɬi⁴⁴qha⁴⁴ɬi⁴⁴dʑi²¹	瘸~腿	2868	ndie²¹ta⁴³ndie²¹	确实
2869	tl̥au³³	染~衣服	2870	ndzeo¹³	让~路
2871	ndzeo¹³	让~我	2872	ndzeo¹³	让~给
2873	dza̠¹³	饶~命	2874	a⁴³ndzau¹³tɕau⁴³	饶舌
2875	tʂho⁵⁵	绕~路	2876	tshau⁴⁴	绕~线
2877	tho⁴³	热~饭	2878	tho⁴³	热~水
2879	tʂhãŋ⁴⁴ku⁴³	热~天	2880	ndzai¹³ndzə¹³	忍耐
2881	ndzai¹³ndzə¹³	忍受	2882	dzə¹³ʐa¹³	认错
2883	pau³³n̥hai⁴⁴	认识	2884	ɖa¹³	韧
2885	la¹³	扔	2886	tl̥i⁵⁵kau³³ŋu⁴³	日食
2887	li¹³gau¹³	容易	2888	ʐau¹³	溶化
2889	n̠tɕi⁴⁴a⁴³dlau¹³	入赘	2890	tau⁴⁴ma⁴⁴	软
2891	dza̠u²¹	弱~身体	2892	thau⁴⁴	撒~种子
2893	a⁴⁴ɕie⁴⁴	撒娇	2894	xa⁴⁴	洒~米
2895	hi⁴⁴nda²¹	洒~水	2896	tsheo³³	塞~洞
2897	pi³³ɖa¹³	散~瓣子	2898	pi³³ɖa¹³	散~盯
2899	ɴqhãŋ⁴⁴	散~雾	2900	vei²¹	搔~痒
2901	tʂi⁴⁴və¹³	臊尿	2902	tɕhi⁴³	扫~地
2903	kho⁴⁴hi⁵⁵ntsau⁴⁴	扫墓	2904	ʂau⁴³	涩
2905	ta⁴⁴	杀~猪	2906	ta⁴⁴/ta⁴⁴n̠iu¹³lau⁴³	杀~牛
2907	ta⁴⁴	杀~鸡	2908	ta⁴⁴	杀~人
2909	qa⁴³ɖa²¹	傻	2910	tshau⁴⁴	筛
2911	zie⁴³	晒~谷	2912	ɬə⁴³	晒~太阳
2913	ndza¹³	煽~风	2914	tʂi⁴⁴tɕhi⁴⁴	膻~羊
2915	ɢai¹³	闪~腰	2916	ndza¹³	扇~风
2917	a⁵⁵tha⁴⁴	伤风	2918	tu⁴³sie⁴³/mo⁴³sie⁴³	伤心
2919	hi⁴⁴tə⁴⁴	商量	2920	n̠tɕi⁴⁴	上~山
2921	n̠tɕi⁴⁴da¹³	上来	2922	n̠tɕi⁴⁴mau¹³	上去
2923	bau¹³ɖau²¹	上算	2924	ʂeo³³	绱~鞋

序号	苗语	词义	序号	苗语	词义
2925	tshi⁵⁵	烧~纸	2926	ļeo⁵⁵	烧~山
2927	tļau⁵⁵	烧~火	2928	dzeo²¹	少
2929	ndza¹³lo²¹	潲雨	2930	ŋdʑi¹³	赊
2931	dʑu¹³	舍得	2932	po⁵⁵	射
2933	gy¹³au⁴³	涉水	2934	ɕãŋ⁴³	伸~舌头
2935	ɕãŋ⁴³	伸~手	2936	ɕãŋ⁴³	伸长~橡皮
2937	ɕãŋ⁴³	伸~懒腰	2938	ndza¹³	呻吟
2939	to⁴³	深	2940	li¹³	深~夜
2941	tsie⁴⁴	渗透	2942	a⁵⁵ɲau¹³	生~果
2943	ndi²¹	生~蛋	2944	ʑu²¹	生~孩子
2945	a⁵⁵ɲau¹³	生~人	2946	a⁵⁵ɲau¹³	生~肉
2947	hə⁴⁴	生~小牛	2948	a⁴⁴qau⁴³lau⁴⁴	生产
2949	o⁴⁴sie⁴³	生气	2950	ʂeo⁵⁵dzi¹³	生锈
2951	tau⁴⁴ʂou⁴⁴	胜利	2952	hai³³	盛~饭
2953	qou⁴³	剩~饭	2954	ŋtʂhə¹³	撒开
2955	ţau⁴⁴a⁵⁵dza¹³	施肥	2956	nteo⁴³	湿~衣服
2957	kheo³³	拾	2958	ŋdza¹³	试
2959	ʐo²¹	是	2960	ʂau⁴⁴	收
2961	ʂau⁴⁴tau⁴⁴	收到	2962	ʂau⁴⁴ŋə¹³	收割
2963	ʂau⁴⁴ha⁵⁵	收拾	2964	zo⁵⁵	守~门
2965	zeo⁵⁵kau⁴⁴	守卫	2966	tau⁴⁴ʂãŋ⁴⁴	受伤
2967	ɲdʑe¹³	瘦~地	2968	ʑa²¹	瘦~人
2969	ʑa²¹	瘦~肉	2970	xa⁴⁴	梳~头
2971	fə⁴³	疏~疏	2972	lo¹³ʂə⁵⁵	舒服
2973	hi⁴⁴ʂeo⁴⁴	输	2974	ma¹³to⁵⁵	赎
2975	ʂə⁵⁵	熟~人	2976	ʂə⁵⁵	熟~肉
2977	ŋdzə²¹	竖	2978	tʂãŋ⁴⁴	竖
2979	ʑu²¹	数	2980	ntsa⁵⁵	漱~口
2981	a⁴⁴pi⁵⁵tļau⁴³	耍赖	2982	fə⁴⁴fə⁴⁴la¹³	甩
2983	lãŋ¹³	闩	2984	qhai⁴³	拴~马
2985	ntsa⁵⁵	涮~碗	2986	ʑau²¹	涮~衣服
2987	py⁴⁴	睡	2988	tau⁴⁴py⁴⁴	睡着
2989	ntsai³³	吮~乳	2990	dzo¹³ki⁵⁵	顺~路

序号	苗语	词义	序号	苗语	词义
2991	dzo^{13}tɕa^{44}	顺风	2992	ɳi^{44}	说
2993	dʑou^{13}dʑou^{13}	说梦话	2994	ŋŋ^{44}	嘶~马~
2995	ɳtʂhi^{44}	撕~纸	2996	da^{21}	死
2997	dau^{21}	松~绑	2998	tʂheo^{43}tʂheo^{43}	松~土
2999	tʂhi^{55}tl̥i^{43}	怂恿	3000	sãŋ^{44}	送
3001	pa^{43}	塑~菩萨	3002	hi^{44}qau^{43}	酸
3003	tʂa^{55}	算（计算）	3004	kə^{55}da^{13}	算~了
3005	tʂa^{55}ɕie^{55}	算命	3006	dʐa^{13}	随~你
3007	qho^{55}dʑa^{21}	随便	3008	qa^{55}dʑi̯^{13}	碎
3009	tʂhi^{55}	唆~狗	3010	so^{44}	缩~水
3011	ʈu^{55}	锁	3012	ky^{55}	抬
3013	tʂãŋ^{44}li^{44}fau^{44}	抬头	3014	die^{13}du^{21}	太平
3015	ɳtʂo^{55}	贪吃	3016	heo^{55}	贪心
3017	tha^{55}	摊~开	3018	tha^{55}la^{13}	谈天
3019	l̥o^{55}khi^{44}	叹气	3020	a^{44}qha^{44}	探~亲
3021	ɕãŋ^{43}	躺	3022	ʈou^{55}	烫~用水~
3023	sa^{44}sa^{44}	掏~衣袋	3024	pə^{55}	逃
3025	ntsa^{55}	淘~米	3026	ʂau^{44}	讨~饭
3027	hi^{44}tə^{44}	讨论	3028	khy^{43}	套~笔
3029	ŋa^{55}	套~衣服	3030	ɳtʂheo^{44}	疼~孩子
3031	mo^{43}	疼	3032	xa^{44}	腾~地方
3033	khə^{33}	剔~肉	3034	tsha$^{43}ɲ̊u^{13}	吹牛
3035	phai^{43}ki^{55}bo^{13}	挑刺	3036	tɕi^{44}khy^{55}	剔~牙
3037	da^{13}	踢	3038	qa^{44}	啼
3039	tʂhə^{55}	提~桶	3040	tʂhə^{55}ɕie^{43}	提高
3041	tʂhu^{55}	剃	3042	ɻu^{55}	替
3043	thie^{43}	添~饭	3044	qãŋ^{43}	甜~果子~
3045	qãŋ^{43}mu^{55}	甜~糖	3046	tshu^{43}	填~坑
3047	ʐai^{13}	舔	3048	ky^{55}	挑~担
3049	tɕi^{44}fai^{44}	挑~开	3050	sai^{55}	挑选
3051	tl̥hie^{44}	跳~双脚	3052	tl̥hie^{44}	跳~单脚
3053	tl̥hie^{44}wu^{43}	跳舞	3054	lo^{44}	贴
3055	nau^{21}	听	3056	no^{33}tau^{44}	听见

序号	苗语	词义	序号	苗语	词义
3057	ndzə^{21}	停	3058	tʂãŋ^{44}li^{55}fau^{44}ɕãŋ^{43}tl̥a^{55}	挺~胸膛
3059	to^{44}	通~路	3060	hi^{44}si^{44}	同
3061	m̥o^{43}	痛	3062	tʂi^{55}n̥o^{43}	痛苦
3063	lo^{13}sie^{43}	痛快	3064	n̥ie^{21}	偷
3065	n̥ie^{21}nau^{21}	偷听	3066	a^{44}ti^{44}ko^{55}	凸
3067	tl̥o^{55}	秃~头	3068	tl̥eo^{44}	涂~脸
3069	ntshi^{43}	土~堆	3070	nti^{44}	吐~饭
3071	nto^{44}	吐~口水	3072	nta^{55}	吐~奶
3073	a^{44}qa^{55}lo^{13}	团结	3074	theo^{43}	推
3075	n̥i^{43}	退	3076	l̥i^{55}	蜕
3077	mpho^{43}	褪色	3078	ɴɢo^{13}	吞
3079	n̥dza^{13}	托~人	3080	teo^{44}	托~腮
3081	ɢou^{13}	拖	3082	l̥i^{55}	脱~骨头
3083	l̥i^{55}	脱~皮	3084	l̥i^{55}	脱~头发
3085	l̥i^{55}	脱~鞋	3086	tl̥eo^{44}	脱~衣服
3087	ti^{55}	脱~玉米粒	3088	tʂai^{55}	驮
3089	tsə^{44}zau^{44}	妥当	3090	n̥tɕeo^{33}qho^{55}	挖~洞
3091	n̥tɕeo^{33}	挖~用木棍	3092	vai^{13}	挖~用手
3093	ɴqə^{33}	洼	3094	li^{44}və^{43}	歪~戴
3095	li^{44}ŋkhau^{33}	歪~画	3096	li^{44}və^{43}	歪~嘴
3097	tʂho^{55}	弯~扁担	3098	khau^{55}	弯~腰
3099	li^{44}ŋkhau^{44}	弯~竹条	3100	li^{44}ki^{43}li^{44}ŋkau^{44}	弯弯曲曲的
3101	daɯ^{13}	完	3102	a^{44}fə^{44}	玩耍
3103	və^{43}kə^{43}	顽皮	3104	l̥i^{21}	晚、迟
3105	m̥o^{44}ndu^{13}	晚	3106	vau^{13}ɕau^{44}	万岁
3107	li^{33}mo^{13}	忘记	3108	ʐy^{13}	旺~火
3109	na^{13}	望~看	3110	tl̥o^{33}a^{44}ntshi^{44}	微笑
3111	t̥hau^{43}	煨	3112	qheo^{55}ba^{21}	围抱
3113	lau^{13}ɴɢai^{13}	围拢	3114	ai^{43}l̥o^{43}	伟大
3115	pu^{43}	喂~鸡	3116	tu^{55}	喂~小孩
3117	n̥i^{21}	喂~用嘴	3118	ʂo^{55}	温
3119	a^{55}sie^{43}tau^{44}ma^{44}	温和	3120	ŋau^{13}	闻
3121	kho^{55}	稳	3122	nu^{21}	问

序号	苗语	词义	序号	苗语	词义
3123	ta^{55}	握~刀把	3124	tshu^{43}tsie^{44}	诬赖
3125	po^{33}	捂~嘴	3126	ly̠^{33}	吸~气
3127	ntsai^{33}	吸~吮	3128	do^{13}na^{13}	希望
3129	fu^{43}	稀~布	3130	tl̠i^{44}	稀~粥
3131	da^{21}	熄~灯	3132	fə^{44}deo^{13}	熄~火
3133	ntsa^{55}	洗~脸	3134	ntsa^{55}	洗~手
3135	ntsa^{55}	洗~头	3136	ntsha^{44}	洗~衣服
3137	ntsa^{55}a^{44}tɕi^{55}	洗澡	3138	la^{21}/dʑau^{13}	喜欢
3139	mo^{13}	细~面粉	3140	ʂau^{43}	细~线
3141	ŋkau^{55}	细~声音	3142	na^{43}my^{43}	瞎
3143	ti^{43}dlə^{21}sa^{33}sa^{33}	瞎摸	3144	ɴGə^{13}	下~山
3145	lo^{13}	下~雨	3146	ndza^{21}	下~饭
3147	tl̠eo^{44}tʂo^{44}	下放	3148	ɴGə^{13}lo^{13}	下来
3149	ɴGə^{13}mau^{13}	下去	3150	tɕeo^{44}	吓
3151	mpha^{43}	掀~开	3152	tʂə^{43}thi^{55}	鲜美
3153	ʂo^{44}	闲	3154	tl̠eo^{44}	咸
3155	ndu^{13}	嫌	3156	l̠au^{44}	陷~地
3157	və^{21}	羡慕	3158	hi^{31}dzy^{21}	相逢
3159	hi^{44}ndo^{13}zau^{44}	相好	3160	hi^{44}nthy^{55}	相碰
3161	lə^{43}pau^{43}lə^{43}	相识	3162	hi^{44}sy^{44}	相同
3163	ŋdzə^{21}	相信	3164	tʂi^{44}hãŋ^{44}	香~花
3165	khi^{43}	香~味觉	3166	tʂi^{44}hãŋ^{44}	香~肉
3167	thi^{44}	镶~牙	3168	ŋtʂo^{55}	响~枪
3169	dy^{13}	想	3170	ŋtʂheo^{33}	想~家
3171	ty^{43}	向~东	3172	lə^{43}/ty^{43}	向~太阳
3173	sy^{44}	像	3174	tɕhai^{33}	削
3175	lau^{43}tshu^{43}	消灭	3176	ʂau^{43}	小
3177	və^{13}	小便	3178	a^{55}lə^{13}dau^{21}	小跑
3179	fə^{44}	小气	3180	ʂie^{43}ʂau^{43}	小心
3181	tl̠o^{33}	笑	3182	li^{43}və^{43}	斜~线
3183	ʂau^{44}	写	3184	qa^{55}a^{55}tl̠ãŋ^{43}	泻肚
3185	a^{55}sie^{43}tl̠u^{43}	心毒	3186	vu^{13}	心服
3187	mo^{43}sie^{43}	心疼	3188	ie^{43}mbə^{13}də^{13}tl̠ha^{44}	辛苦

序号	苗语	词义	序号	苗语	词义
3189	tʂhie⁴³	新	3190	tʂhie⁴³khi⁵⁵	新鲜
3191	ntshie⁴³	腥	3192	gə¹³	醒~酒
3193	dzi̭¹³	醒~睡	3194	l̻i⁴⁴	擤
3195	zau⁴⁴n̻o⁴³die¹³du²¹	幸福	3196	dlu¹³dzie²¹	凶恶
3197	ʂo⁴⁴	休息	3198	ntsi⁵⁵	修理~房子
3199	ly¹³	朽~木头	3200	kho⁴⁴	修理~物体
3201	ɕi⁵⁵bau̯¹³	绣~花	3202	tɕau⁴³ta⁴³die¹³	许多
3203	qha⁴³	宣传	3204	hi⁴³ntlo⁴³	旋转
3205	sai⁵⁵	选~种	3206	sai⁵⁵	选举
3207	ʐau²¹	学	3208	mbə²¹a⁵⁵mə²¹/hi⁴⁴n̻tɕho⁴⁴a⁵⁵mə²¹	熏~眼
3209	ki⁵⁵po⁴³	熏~老鼠	3210	ki⁵⁵po⁴³	熏~肉
3211	la¹³ɲʈhie⁵⁵/ɲʈhie⁵⁵	寻找	3212	py⁵⁵	驯
3213	dzai¹³	压	3214	dzai¹³dzi̭¹³	压迫
3215	tsheo³³	哑	3216	tsheo³³a⁴⁴qɯ⁴⁴	哑~嗓子
3217	ɴGO¹³	咽	3218	və⁵⁵	淹~水
3219	tshau⁴³da¹³	淹死	3220	seo⁴⁴	阉~鸡
3221	a⁴⁴zau⁴³dzai²¹	腌~菜	3222	ɳʈseo³³	掩~耳
3223	a⁵⁵ma²¹fa⁴⁴	眼花	3224	ndza¹³	扬~谷子
3225	tʂau⁴⁴li⁴⁴fau⁴⁴	仰头	3226	tɕe⁴⁴	养~牲口
3227	tu⁵⁵	养~家人	3228	khau⁴⁴khau⁴⁴	痒
3229	vai¹³ki⁴³ndzau¹³	痒~芋头	3230	tɕi⁴⁴li⁵⁵	痒~挠
3231	fə⁴⁴fə⁴⁴	摇~手	3232	a⁴⁴zo²¹	摇、摆动
3233	tɕo⁴⁴tɕo⁴⁴	摇动	3234	fə⁴⁴fə⁴⁴li⁴⁴fau⁴⁴	摇头
3235	do¹³	咬	3236	do¹³	咬~狗
3237	do¹³	咬~老鼠	3238	do¹³n̻ie⁵⁵	咬牙
3239	hai³³	舀	3240	la⁵⁵	要~将
3241	ʐa⁵⁵	要~听话	3242	ʐa⁵⁵	要~需
3243	qa⁴⁴n̻tɕie⁴⁴	噎	3244	kho⁴⁴mo⁴³ntsau⁴³	医治
3245	zie⁴⁴n̻tɕau⁴⁴	依靠	3246	tʂhai⁴⁴dʐo¹³	移植
3247	dlo¹³leo¹³	遗失	3248	ntla⁴⁴	溢
3249	ba¹³	阴~天	3250	tl̻ou⁴⁴a⁴⁴ti⁴⁴	阴~沉
3251	nou¹³tl̻i⁵⁵mpa⁴⁴	淫荡	3252	tsy⁴⁴deo¹³	引火

序号	苗语	词义	序号	苗语	词义
3253	tḷi^{43}tʂhi^{55}	引诱	3254	ntsi^{33}ʐa^{13}	印
3255	ti^{43}	应~答	3256	di^{13}ki^{55}	应当
3257	di^{13}ki^{55}	应该	3258	ʂeo^{44}	赢
3259	ʐa^{13}	硬	3260	hi^{44}nai^{44}	拥挤
3261	ty^{44}deo^{13}	壅火	3262	ma^{13}tḷa^{43}	勇敢
3263	dʐo^{21}	用	3264	thy^{33}dḷa^{13}zo^{13}	用力
3265	la^{21}	游	3266	la^{21}au^{43}	游泳
3267	ma^{13}	有	3268	ma^{13}dʐai^{13}ɲau^{13}	有空
3269	qa^{43}ɖa^{21}	愚蠢	3270	ɳtʂi^{43}bo^{13}ɳtʂi^{43}ɖau^{13}	遇见
3271	tshu^{55}tsie^{33}	冤枉	3272	a^{44}qa^{55}lo^{13}	圆~球
3273	a^{44}pi^{55}lo^{43}	圆~圈	3274	tḷi^{43}	远
3275	dʐu^{13}	愿意	3276	tḷi^{55}keo^{33}ḷi^{44}	月食
3277	a^{33}lə^{13}	耘~田	3278	dʐu^{13}	允许
3279	ɲtɕhi^{33}vu^{13}	晕~头	3280	ntsai^{33}	咂~嘴
3281	tʂau^{44}	砸~核桃	3282	ɲo^{43}	在
3283	tsau^{55}	赞扬	3284	hi^{44}qə^{44}	脏
3285	hi^{44}qə^{44}hi^{44}hu^{55}	糟~衣服	3286	dzau^{21}	凿
3287	ntso^{55}	早~很	3288	ntso^{55}	早~点儿
3289	ʐa^{55}zau^{44}	增产	3290	ʐa^{55}tɕau^{43}	增加
3291	tɕho^{43}	扎~荆棘	3292	ntau^{33}	扎~针
3293	lau^{43}	轧	3294	ɳtʂai^{33}a^{55}ma^{13}	眨眼
3295	tʂa^{43}	炸~用油	3296	tʂa^{43}	炸~石头
3297	ntau^{33}	榨~油	3298	sai^{55}	摘~菜
3299	tḷi^{44}	摘~叶子	3300	tu^{44}	摘~花
3301	ɴɢai^{13}	窄	3302	lo^{44}	沾~泥
3303	ʂeo^{55}	站	3304	tḷau^{44}	蘸~辣椒
3305	tʂa^{44}	张~嘴	3306	ʂeo^{55}/lo^{43}	涨~河水
3307	ʂeo^{55}ɴqə^{44}	涨价	3308	phy^{55}	胀~肚子
3309	fə^{44}fə^{44}	招~手	3310	tsai^{33}dʐo^{13}	招待
3311	hu^{44}a^{55}tḷi$^{13\text{-}43}$	招魂	3312	tsau^{43}vau^{55}	招赘
3313	ɳthie^{55}	找~虱子	3314	tɕi^{44}	照~用灯
3315	na^{13}	照~镜子	3316	ndzi^{13}	蜇
3317	ntsau^{55}	遮~太阳	3318	qə^{55}	折~纸

序号	苗语	词义	序号	苗语	词义
3319	die²¹	真	3320	ḷi⁵⁵	斟~酒
3321	ɲtɕau⁴⁴	枕头	3322	a⁴⁴zo²¹gau²¹	震动
3323	hi⁴⁴ntə³³	争~斗	3324	hi⁴⁴ha³³	争夺
3325	qhə⁴³a⁵⁵ma²¹	睁眼	3326	tɕou⁴³	蒸
3327	hi⁴⁴də²¹	整齐	3328	gi¹³ŋgə¹³	正戴
3329	ʐo³¹dʐo¹³	正确	3330	pau⁴³dʐo²¹	知道
3331	hau⁴⁴tɕeo⁵⁵	喝酒	3332	li⁴⁴tu⁵⁵	挤虱子
3333	nto³³	织~布	3334	dʐo²¹	植~树
3335	ŋgə²¹	直爽	3336	Nqə⁴⁴ḷeo⁴⁴	值~钱
3337	qhə⁴⁴	指~方向	3338	la¹³	掷~石头
3339	dau²¹	中~射	3340	o⁴⁴	肿
3341	o⁴⁴	肿~虫咬	3342	dʐo²¹	种~菜
3343	dʐo²¹	种~树	3344	n̥ãŋ⁵⁵	重
3345	ɲtɕy⁴⁴la⁵⁵	咒骂	3346	nthə⁴³	皱~眉头
3347	a⁴⁴va¹³	煮~饭	3348	hau⁴⁴	煮~红薯
3349	ɲo⁴³	住	3350	pi⁵⁵kãŋ⁴³nau¹³	蛙
3351	ḷi⁵⁵	铸~锅	3352	vai¹³	抓~一撮
3353	vai¹³	抓住	3354	hi³¹ndlo¹³	转动~车轮
3355	hi⁴⁴ti⁴³tḷheo⁴⁴	转脸	3356	n̥thie⁴⁴	赚~钱
3357	ndi³³	装~袋里	3358	nthy⁵⁵	撞~人
3359	leo⁵⁵	追	3360	dʐau¹³	捉~鸡
3361	hi⁴⁴pə⁴⁴dlai¹³	捉迷藏	3362	ɲtɕeo³³	啄
3363	dʐau¹³	着~火	3364	dʐau¹³ga¹³lau⁵⁵deo¹³	着火
3365	tə⁴⁴	着急	3366	ɖau²¹dzie¹³	着凉
3367	a⁴⁴tɕi⁵⁵ku⁴³	上火	3368	mau¹³	走
3369	tsu⁵⁵	租~地	3370	bai¹³	钻~进
3371	tshau⁴⁴	钻~洞	3372	'ɢau²¹tɕeo⁵⁵	醉
3373	ɲu⁵⁵lu¹³	尊敬	3374	dlu¹³fau⁵⁵	作揖
3375	a⁴⁴tʂi⁵⁵	做主	3376	zau¹³	坐
3377	ɲo⁴³a⁴⁴ḷi⁴⁴	坐月子	3378	a⁴⁴	做~桌椅
3379	a⁴⁴zo²¹	做~工	3380	a⁴⁴tɕi⁴⁴qau⁴⁴	做媒
3381	a⁴⁴mpu⁴⁴sa⁵⁵	做梦	3382	a⁴⁴və¹³	做窝
3383	i⁴³	一	3384	a⁴³	二

序号	苗语	词义	序号	苗语	词义
3385	tsi^{43}	三	3386	tl̥au^{43}	四
3387	pə^{43}	五	3388	tl̥au^{44}	六
3389	ɕãŋ^{44}	七	3390	ʐi^{13}	八
3391	dʑa^{13}	九	3392	gau^{13}	十
3393	gau^{13}i^{43}	十一	3394	gau^{13}a^{43}	十二
3395	gau^{13}tsi^{43}	十三	3396	gau^{13}tl̥au^{44}	十四
3397	gau^{13}pə^{43}	十五	3398	gau^{13}tl̥au^{44}	十六
3399	gau^{13}ɕãŋ^{44}	十七	3400	gau^{13}ʐi^{13}	十八
3401	gau^{13}dʑa^{13}	十九	3402	ɲi^{13}ŋgau^{13}	二十
3403	ɲi^{13}ŋgau^{13}i^{43}	二十一	3404	ɲi^{13}ŋgau^{13}pə^{43}	二十五
3405	tsi^{43}dʑau^{13}	三十	3406	tsi^{43}dʑau^{13}i^{43}	三十一
3407	tl̥au^{43}dʑau^{13}	四十	3408	tl̥au^{43}dʑau^{13}pə^{43}	四十五
3409	pə^{43}dʑau^{13}	五十	3410	pə^{43}dʑau^{13}i^{43}	五十一
3411	tl̥au^{43}dʑau^{13}	六十	3412	tl̥au^{44}dʑau^{13}	六十九
3413	ɕãŋ^{44}dʑau^{13}	七十	3414	ɕãŋ^{44}dʑau^{13}a^{43}	七十二
3415	ʐi^{13}dʑau^{13}	八十	3416	ʐi^{33}dʑau^{13}tsi^{43}	八十三
3417	dʑa^{13}dʑau^{13}	九十	3418	dʑa^{13}dʑau^{13}tl̥au^{43}	九十四
3419	pa^{44}	百	3420	tshie^{43}	千
3421	vau^{13}	万	3422	vau^{13}vau^{13}	亿
3423	lin^{31}	零	3424	ti^{24}i^{43}	第一
3425	ti^{24}a^{43}	第二	3426	ti^{24}pə^{43}	第五
3427	ti^{24}ʐi^{13}	第八	3428	i^{43}pi^{55}n̥ta^{43}	半、一半
3429	tshai^{33}ɕau^{44}	半年	3430	da^{21}n̥u^{43}	半天
3431	tshai^{33}ki^{44}	半斤	3432	ntãŋ^{44}thau^{43}	半桶
3433	i^{43}n̥u^{43}	整天	3434	hi^{43}ma^{13}ŋgeo^{13}	单
3435	ŋgeo^{13}	双	3436	i^{43}n̥tʂi^{44}ŋa^{44}	一点儿
3437	i^{44}tshie^{44}tshie^{44}	一部分	3438	huei^{55}tɕau^{43}	很多
3439	pi^{55}dʑeo^{21}	几	3440	mu^{43}	亩
3441	n̥tɕa^{44}	里	3442	dʑa^{21}	丈
3443	tʂhi^{31}	尺	3444	tsuen^{24}	寸
3445	fen^{44}	分（长度）	3446	dlɯ^{13}-^{43}	庹
3447	tl̥o^{44}	拃	3448	lu^{13}	石
3449	ty^{44}	斗	3450	ʂə^{43}	升

附录　滇北苗语语料

序号	苗语	词义	序号	苗语	词义
3451	dãŋ²¹⁻⁴³	筒	3452	ki⁴⁴	斤
3453	li¹³	两	3454	ndzə²¹⁻⁴³	钱
3455	li³¹	厘	3456	ntli⁴³	元
3457	tɕo³¹	角	3458	fen⁴⁴	分
3459	lɯ⁴³	个 —ˇ人	3460	lu⁴³	个 —ˇ碗
3461	du²¹	只 —ˇ鸡	3462	du²¹	头 —ˇ牛
3463	du²¹	匹 —ˇ马	3464	fau⁴³	棵 —ˇ树
3465	dzo²¹	蔸 —ˇ草	3466	dzo²¹	蔸 —ˇ秧子
3467	du²¹	根 —ˇ棍子	3468	tsau⁴⁴	把 —ˇ秧苗
3469	tsau⁴⁴	把 —ˇ筷子	3470	du²¹	把 —ˇ锄头
3471	du²¹	把 —ˇ菜刀	3472	lu⁴³	颗 —ˇ星星
3473	tli⁴³	颗 —ˇ谷子	3474	tli⁴³	粒 —ˇ米
3475	tɕo⁴³	块 —ˇ石头	3476	ʂeo⁴³	块 —ˇ肉
3477	dla¹³	块 —ˇ布	3478	du²¹	架 —ˇ机器
3479	lu⁴³	辆 —ˇ车	3480	lu⁴³	顶 —ˇ帽子
3481	dla¹³	面 —ˇ旗子	3482	lu⁴³	座 —ˇ山
3483	du²¹	枝 —ˇ笔	3484	sãŋ⁴³	扇 —ˇ门
3485	tɕãŋ⁴⁴	间 —ˇ房子	3486	lu⁴³	件 —ˇ衣服
3487	du²¹	件 —ˇ事	3488	dzo¹³	条 —ˇ裙子
3489	dzo¹³	条 —ˇ路	3490	du²¹	条 —ˇ鱼
3491	ŋgeo²¹	条 —ˇ裙子	3492	lu⁴³	条 —ˇ裤子
3493	ɲtɕo⁴⁴	滴 —ˇ水	3494	fen²⁴	份 —ˇ文件
3495	dla²¹	层 —ˇ皮	3496	ŋkhə⁴⁴	行 —ˇ玉米
3497	ŋkhə⁴⁴	排 —ˇ椅子	3498	di²¹	叠 —ˇ钱
3499	fə⁴⁴	袋 —ˇ米	3500	dla¹³	张 —ˇ纸
3501	du²¹	张 —ˇ桌	3502	lu⁴³	盏 —ˇ灯
3503	tə⁴⁴	朵 —ˇ花	3504	tə⁴⁴	朵 —ˇ云
3505	fau⁴³	枝 —ˇ花	3506	ʐãŋ⁴⁴	段 —ˇ木头
3507	ʐãŋ⁴⁴	段 —ˇ路	3508	və¹³	块 —ˇ田
3509	ɢa¹³	片 —ˇ稻田	3510	ɢa¹³	垌 —ˇ田
3511	ndza²¹	匹 —ˇ布	3512	nãŋ²¹	本 —ˇ书
3513	qheo⁴⁴	封 —ˇ信	3514	ndzo¹³	首 —ˇ歌
3515	sãŋ⁴³	页 —ˇ书	3516	lo⁴⁴	句 —ˇ话

序号	苗语	词义	序号	苗语	词义
3517	dla²¹	顿—饭	3518	zo²¹	阵—雨
3519	baɯ²¹	泡—尿	3520	tʂãŋ⁴⁴	种—稻谷
3521	tʂãŋ⁴⁴	样—两东西	3522	tshi⁴⁴	代—人
3523	vo⁴³	圈—绳子	3524	ʑãŋ⁴⁴	节—竹子
3525	fu²⁴	付—扑克	3526	ŋgeo¹³	双—筷子
3527	ŋgeo¹³	双—鞋	3528	tshai⁴³	只—鞋
3529	ŋgeo¹³	对—手镯	3530	mpo⁴³	群—羊
3531	ndzau²¹	群—人	3532	du²¹	缕—烟
3533	deo²¹/kai⁴⁴	缕—线	3534	pho⁴³	床—被子
3535	ʑi³³	家—人	3536	və²¹	窝—猪
3537	tɕai⁴⁴	筐—菜	3538	ho⁴³	盒—饼
3539	ɳʈau⁴³	筒—米	3540	ki⁴³ɖau¹³	桌—菜
3541	kho⁴³	杯—水	3542	li⁴⁴phy⁵⁵	瓶—油
3543	tɕi⁴⁴	身—汗	3544	lo³³⁻⁴⁴	口—饭
3545	tɭa¹³⁻⁴³	围三树	3546	ky⁵⁵⁻⁴⁴	担—水
3547	di²¹	捧—米	3548	qai⁴⁴	撮—毛
3549	thai³³	撮—盐	3550	deo²¹	捆—柴
3551	tshi⁴³	堵—墙	3552	tɭau⁴⁴	堆—草
3553	tɭau⁴⁴	堆—肥	3554	ŋkhə⁴⁴	串—鱼
3555	du²¹	点—点	3556	ɳu⁴³	天—
3557	ḷi⁴⁴	月—个	3558	qho⁴⁴	处—两围地
3559	lu⁴³	面—镜子	3560	sãŋ⁴³	边—两围墙
3561	ŋgau¹³	次—去	3562	ŋkhau⁴³	下—打一
3563	ŋkhau⁴³/ʈo⁴⁴	回—去两	3564	ʈo⁴⁴	趟—走一
3565	ʈo⁴⁴	遍—读一	3566	ŋkhau⁴³	顿—打一
3567	tʂi⁴⁴	觉—睡一	3568	ɖa²¹	步—走一
3569	tsy⁴⁴	拳—打一	3570	teo⁴⁴	脚—
3571	ku⁵⁵	我	3572	gi²¹	你
3573	ni⁴⁴	他	3574	pi⁴³dzau¹³	我们
3575	pi⁴³dzau¹³	咱们	3576	mi²¹dzau¹³	你们
3577	ni⁴⁴dzau¹³	他们	3578	ʑou¹³	自己
3579	i⁴³la²¹	别人	3580	i⁴³la²¹	人家
3581	hu⁵⁵bə²¹	大家	3582	a⁴³lɯ⁴³	我们俩

序号	苗语	词义	序号	苗语	词义
3583	a^{44}lɯ^{43}	你们俩	3584	ni^{44}a^{43}lɯ^{43}	他们俩
3585	ni^{55}	这	3586	tsai^{43}ni^{55}	这个
3587	ɭo^{43}li^{44}ni^{55}	这么~大	3588	a^{44}li^{44}ni^{55}	这么~做
3589	vai^{13}ni^{55}	这里	3590	di^{13}ni^{55}	这些
3591	vai^{13}	那	3592	i^{43}la^{21}	那个
3593	a^{55}dʑi^{13}	那么~远	3594	ȵ̥^{44}li^{44}i^{55}	那么~说
3595	vai^{13}i^{55}	那里（较远）	3596	qhai^{43}vai^{13}	那里（较近）
3597	die^{13}vai^{13}	那些	3598	qa^{33}ȵe^{13}	各~个
3599	tsha^{44}ȵu^{43}	每~天	3600	qa^{44}dy^{13}	谁
3601	du^{13}ʂi^{44}/qa^{55}ʂi^{44}	什么	3602	li^{44}dʐãŋ^{13}	甚么
3603	a^{44}dʐãŋ^{13}na^{55}	为什么	3604	a^{44}dʐãŋ^{13}	怎么、怎样
3605	a^{43}ɭo^{43}	多么~大?	3606	pi^{55}dʐeo^{21}	多少
3607	pi^{55}dʐeo^{21}	几~个	3608	qa^{44}dy^{13}	哪
3609	qa^{43}dy^{13}	哪~一个	3610	qa^{44}dy^{13}	哪里
3611	ai^{43}ɭo^{43}	最~大	3612	hai^{55}sie^{43}	很~高
3613	ai^{44}pu^{55}tsau^{33}	非常	3614	ai^{43}zau^{44}	极~好了
3615	thai^{24}tɕau^{43}	太~多了	3616	huei^{55}zau^{44}	比较~好
3617	ɣo^{21}ɣo^{21}	更加	3618	tʂha^{44}pu^{44}to^{44}	差不多
3619	qha^{43}ȵie^{21}	才	3620	qha^{43}ȵie^{21}	刚刚
3621	a^{43}na^{44}	刚才	3622	tsau^{44}da^{21}	已经
3623	thə^{43}ntsə^{43}	常常	3624	tʂeŋ^{24}tsai^{24}	正在
3625	tou^{44}tɕha^{44}	立刻	3626	hə^{44}ndi^{13}	先
3627	qa^{55}qə^{43}	后	3628	su^{43}by^{21}	开头
3629	qa^{55}qə^{55}	后来	3630	la^{55}	快
3631	dʑi^{13}	就	3632	i^{43}mbou^{13}ŋa^{44}	一会儿
3633	ai^{43}ȵo^{43}	渐渐	3634	a^{55}ɭə^{13}	慢慢
3635	gi^{21}ȵtʂhi^{44}	快快	3636	tsuei^{24}zau^{44}	最好
3637	ha^{43}ma^{13}	还有	3638	ha^{43}	还
3639	tu^{44}tɕha^{44}	忽然	3640	tu^{44}	都
3641	la^{33}	也	3642	ʈai^{44}	再
3643	hu^{55}bə^{21}	完全	3644	hu^{55}bə^{21}	全
3645	hu^{55}bə^{21}	总共	3646	dʑa^{21}	只
3647	dʑa^{21}ma^{13}	只有	3648	i^{43}dzau^{21}	一起

序号	苗语	词义	序号	苗语	词义
3649	tai⁴⁴	又、再	3650	ʐou¹³	又_快_好
3651	i³¹tiŋ²⁴	一定	3652	tsu⁵⁵	特地
3653	tsu⁵⁵	故意	3654	phiɛn⁴⁴phiɛn⁴⁴	偏偏
3655	pha⁴⁴ʐau⁴⁴	另外	3656	a⁴⁴li⁴⁴dʐo¹³	仍旧
3657	ai⁴³die²¹	当然	3658	dzu¹³	恰巧
3659	ɖau²¹ɕãŋ⁴⁴	可能	3660	hi⁴³	不
3661	hi⁴⁴	别	3662	hi⁴⁴ʐa⁵⁵	不要
3663	hi⁴³ma¹³	没有	3664	hi⁴³ʐa²¹	未曾
3665	die¹³/zau⁴⁴daɯ¹³	可以	3666	la⁵⁵ma¹³	大约
3667	si⁴⁴si⁴⁴	好像	3668	ʐuɛn³¹lai³¹	原来
3669	ɖo²¹	和	3670	tʂa⁵⁵gu¹³	如果
3671	i⁵⁵gu¹³	因为	3672	tʂa⁵⁵li⁴⁴dʐi¹³	所以
3673	i⁵⁵vie¹³	虽然	3674	vie¹³	但是
3675	dza²¹ʐa⁵⁵	只要	3676	na²¹gu¹³	为了
3677	ma⁴³	把	3678	dau²¹	挨
3679	dau²¹	被	3680	ma⁴³	给
3681	ʈhau⁴⁴	从	3682	ʈhau⁴⁴	由
3683	ȵo⁴³	在	3684	dzo²¹	到
3685	ty⁴³	向	3686	tla⁴⁴	往
3687	dzo¹³	用	3688	dzo¹³ɳɖo²¹	沿
3689	ɳɖo²¹	跟、和	3690	dzo¹³	跟
3691	i⁴³	依	3692	la⁵⁵tu⁵⁵	比
3693	lie²¹	连	3694	la²¹ȵdzau¹³	过_到
3695	sie⁴³tɕhau⁴⁴	过_高	3696	tau⁴⁴thau⁴⁴gu¹³	自从

语料二　语法例句

一　词单说或充当句子成分时是否带前缀、后缀或量词，构成复合词或构成词组时，量词或前缀是否脱落？

1. pi⁴³ȵu⁴³na⁴⁴mau¹³dʐo²¹ntau⁴⁴, tsai⁵⁵ky⁵⁵dʐo²¹sãŋ⁴⁴i⁴⁴fau⁴⁴hi⁵⁵n̩au⁵⁵,
   我们　今天　去　栽　树　个　弟　栽　了　一　棵　杉树
   ku⁵⁵dʐo²¹sãŋ⁴³a⁴³fau⁴³thu⁵⁵.
   我　栽　了　二　棵　松
   我们今天去栽树，弟弟栽了一棵杉木树，我栽了两棵松树。

2. ntau⁴⁴a⁵⁵ʂa⁴³ma¹³tsi⁴⁴du¹³nau²¹. 树上有三只鸟。
   　树　上　有　三　只　鸟

3. ku⁵⁵ʐi⁴³tɕe³³i⁴³du²¹a⁵⁵dʐy²¹tl̩i⁵⁵fa⁴⁴. 我家养了一只小花狗。
   我　家　养　一　只　前缀　小　狗　花

4. ni³³hi⁴³nau¹³ɴɢai¹³tʂhi³³. 他不吃羊肉。
   他　不　吃　肉　羊

5. ko⁴³su⁴³tu⁴⁴ma¹³daɯ¹³. 碗和筷子都有了。
   碗　筷　都　有　了

6. a⁵⁵ȵie⁴³mau¹³ma¹³khau⁴⁴ɳɖo²¹tʂo⁴⁴tau⁴⁴ni⁴⁴.
   前缀妈妈　去　买　鞋　和　衣　给　他
   母亲去买鞋子和衣服给他。

7. ku⁵⁵tshai³³di¹³ma¹³ta³¹ku⁴⁴mo⁴³. 我的手有点疼。
   我　只　手　有　点　疼

8. lai⁴³ʈau⁴³ni⁵⁵hai⁵⁵sie⁴³. 这座山很高。
   个　山　这　很　高

二　表示人和职业的称谓的名词是怎样构成的？

9. ku⁵⁵gu¹³mu³¹tsa⁴⁴, ni⁴⁴gu¹³ḷau⁴⁴li⁴⁴ky⁴⁴, gi²¹gu¹³tu⁴³a⁵⁵qau⁴⁴.
   我　是　木匠　他　是　铁　师傅　你　是　者　做　庄稼
   我是木匠，他是铁匠，你是庄稼人。

10. na⁵⁵ni⁵⁵ti⁵⁵dlə²¹,a⁵⁵ḷa⁴³ḷa²¹tu⁴⁴ma¹³va¹³nau¹³daɯ¹³.
    现在　瞎子　前缀聋子　前缀哑巴　都　有　饭　吃　了
    现在瞎子、聋子、哑巴都可以有饭吃了。

11. li⁴⁴ky⁴⁴ntsi⁵⁵phau⁴⁴da¹³tḷa⁴⁴pi³³ʐo¹³daɯ¹³. 补锅匠到我们村里来了。
    师傅　修补　锅　来　到　我们　村　了

三 名词的复数怎样表示？

12. ŋa⁵⁵ʑau⁴⁴mau¹³ʐu²¹dzie¹³leo¹³dau¹³. 孩子们放牧去了。
    孩子　　去　放　牧　去了　了

13. mbei²¹ti⁵⁵ŋau²¹pa⁴⁴ni⁴⁴n̥o⁴³lai⁴³a⁵⁵ndu²¹zo¹³hu⁴⁴ŋau¹³.
    群　姑娘　现在　在　个 前缀 边　村　唱　歌
    姑娘们正在村边唱歌。

14. tsi⁴⁴lu⁴³tə⁴⁴nə⁴³i⁵⁵gu¹³pi⁴³lai⁴³zo¹³. 那三个人都是我们村里的。
    三　个　　人 那 是　我们 个 村

15. i⁴³mbo²¹nau²¹n̥o⁴³lai⁴³ndu¹³ʐã⁴⁴mau¹³ʐã⁴⁴lo²¹.
    一 群　鸟　在　个　天　飞　来　飞　去
    一群鸟在天上飞来飞去。

16. ku⁵⁵ʑi¹³tɕe⁴⁴i⁴³mbo²¹qai⁴³mpa⁴⁴. 我家养了一群鸡和猪。
    我 家　养　一 群　鸡　猪

17. ku⁵⁵ŋa¹³tɕe⁴⁴i⁴³tshie⁴⁴tshie⁴⁴qai⁴³n̥o²¹i⁴³tshie⁴⁴tshie⁴⁴mpa⁴⁴.
    我　家　养 一 些　些　鸡 和 一 些　些　猪
    我家养了一些鸡和猪。

18. die⁴³ʈau⁴⁴ni⁵⁵ʐou²¹sie⁴⁴ʐou²¹lu⁴³. 这些山又高又大。
    些　山　这　又　高　又　大

四 人和动物的性别怎样表示？表示性别的词的语序如何？表示性别的词是否可作量词用？

19. tai⁴³ni⁵⁵gu¹³a⁴⁴ɭau⁴⁴qai⁴³,tai⁴³vai¹³gu¹³a⁵⁵ȵie²¹qai⁴³.
    只 这 是 前缀 公　鸡　只　那　是 前缀 母　鸡
    这只是公鸡，那只是母鸡。

20. ȵi⁴⁴ʑi¹³ma¹³a⁴³du²¹a⁴⁴tsi⁵⁵tɭi⁵⁵a⁴³du²¹a⁴³ȵie²¹mpa⁴⁴ŋɖo²¹tsi⁴³du²¹a⁴³ȵie²¹tʂhi³³.
    他 家 有 二 只 前缀 公　狗 二 只 前缀 母　狗 和　三 只 前缀
    母 羊
    他家有两只公狗、两头母猪和三只母羊。

21. ȵi⁴⁴ʑi¹³tai⁴³nə¹³xə¹³ŋa⁵⁵na¹³dau¹³. 他家的马下崽了。
    他 家　只 马 下　幼崽　了

22. tai⁴³li⁴⁴qu⁴⁵n̥u¹³dlau¹³zo⁴³lo⁴³a⁴⁴tu⁵⁵a⁵⁵ȵie²¹. 公牛的力气比母牛大。
    只 前缀 公　牛　力气　大　过于 前缀 母

23. tai⁴³pu⁴⁴tu⁴⁴nə¹³ni⁵⁵ʐou²¹zau³³na¹³ʐou²¹da²¹dau¹³.
    只　公　马 这　又　好看　又　跑　能
    这匹公马又好看又跑得快。

24. ku⁵⁵ma¹³a⁴⁴lɯ⁴³tsi⁴⁴, i⁴³lɯ⁴³mau¹³ŋdo²¹i⁴³lɯ⁴³tsa⁵⁵ky⁵⁵.
　　我　有　二　个　姐　一个　兄　和　一　个　个　弟
　　我有两个姐姐、一个哥哥和一个弟弟。

五　方位词受名词修饰时，语序怎样？

25. ndlo²¹ŋa¹³ma¹³tə⁴³nə⁴³n̠i⁴⁴lu¹³. 屋子里有人说话。
　　里　屋　有　人　说　话

26. tai⁴⁴gi²¹ɖau¹³ma¹³i⁴³li⁴³kau⁴³tɕeo⁵⁵. 桌子上有一壶酒。
　　张　桌上　有　一　瓶　酒

27. ni⁴⁴ŋgeo¹³khau⁴⁴n̠o⁴⁴tai⁴³qãŋ⁴⁴dzau¹³. 他的鞋子在床底下。
　　他　双　鞋子　在　个　下面　床

28. ŋga¹³vai²¹tha⁴⁴ma¹³i⁴³dzo¹³gy¹³au⁴³, ŋga¹³a⁵⁵qə⁴³ma¹³i⁴³lu⁴³tau⁴³.
　　房　　前面　　有一条　河水　房　后面　有一个　山
　　房子前面有一条河，房子后面有一座山。

29. lai⁴³qa⁴³tɕou⁴³pi⁵⁵n̠tau⁴³tə⁴³i⁴³du²¹a⁵⁵dʑy¹³gi²¹ɖau¹³.
　　个　堂屋　　中间　放一　张　前缀　小　桌子
　　堂屋当中放着一张小方桌。

30. ni⁴⁴n̠o⁴³tsai⁴³a⁴⁴ndu¹³ki⁵⁵so⁴⁴. 他坐在路旁边休息。
　　他　在　条　前缀边界　路　歇

31. ku⁵⁵n̠o⁴³ni⁴⁴ʑi⁴⁴i⁵⁵a⁴³dlau¹³. 我住在他家对面那里。
　　我　住　他　家　那　前缀　对面

32. a⁵⁵lau¹³tə⁴³nə⁴³tu⁴⁴n̠o⁴³qãŋ⁴⁴ntau⁴⁴ndlai¹³a⁴⁴ntsau⁴⁴.
　　前缀老　人　都　坐　底下　树　　躲　前缀雨
　　老人们都坐在树下躲雨。

六　方位词修饰量词或名词时，语序如何？

33. vai⁴³tha⁴⁴lai⁴³ŋga¹³i⁵⁵gu¹³ku⁵⁵tsai⁴³vai¹³lo⁴⁴ŋga¹³.
　　　前面　　个　房　那　是　我　个　父　大　房
　　前面的房子是我伯父的。

a⁵⁵qə⁴³lai⁴³ŋga¹³i⁵⁵gu¹³ku⁵⁵tsai⁴³vai¹³ʑi⁴⁴ŋga¹³.
　　后面　个　房　那　是　我　个　父　小　房
　　后面的房子是我叔叔的。

34. sãŋ⁵⁵n̠u⁴³da²¹lai⁴³tau⁴³sie⁴⁴a⁴⁴tu⁵⁵sãŋ⁵⁵n̠u⁴³ntsə³³lai⁴⁴tau⁴³.
　　边　日　出　个　山　高　过于　边　日　落　个　山
　　东边的山比西边的山高。

35. vai¹³dlo²¹lai⁴³tʂho⁴⁴ɴɢai¹³,vai¹³ʐau⁵⁵lai⁴³tʂho⁴⁴faɯ⁵⁵.
　　里面　个　衣　窄　　外面　个　衣　宽
　　里面的衣服窄，外面的衣服宽。

36. a⁵⁵dzi²¹a⁴⁴tɕo⁴³ti⁴³i⁵⁵dʐo²¹tsi⁴⁴qə⁴³，上面那两块地种玉米，
　　前缀边上 二　块　地那　栽　玉米
　　pi⁵⁵daɯ²¹a⁴³tɕo⁴³ti⁴³i⁵⁵dʐo²¹daɯ¹³qho⁴³a³³la¹³.下面两块地种花生。
　　边下　二　块　地那　种　豆　洞　泥巴

七　时间词的用法怎样？

37. m̥o⁴⁴na⁴⁴lu³³tl̥au⁴⁴li⁴⁴n̪i¹³gau¹³ʑi¹³. 今天六月二十八。
　　今天　　个　六　月 二 十 八

38. pi³¹dʑeo²¹n̪u⁴³ni⁵⁵hai⁵⁵ʂo⁵⁵. 这几天很热。
　　　　几　天 这 很 热

39. i⁴³li⁴⁴va¹³tha⁴⁴ku⁵⁵hi⁴³n̪ie²¹pau⁴³ni⁴⁴. 一个月前我还不认识他。
　　一月　前　我　不　还　知道　他

40. m̥o⁴⁴na⁵⁵ku⁵⁵mau¹³n̪tʂhie⁵⁵ni⁴⁴. 今天晚上我去找他。
　　　夜　这　我　去　找　他

41. thau³³dy¹³tʂhai⁴³,thau³³dy¹³nau¹³. 什么时候饿了，什么时候吃。
　　时候 哪里 饿　时候 哪里 吃

42. a³³thou⁴⁴hi⁴³ma¹³nau¹³hi⁴³ma¹³n̪aŋ⁵⁵, 以前没有吃没有穿，
　　以前　不　有 吃　不　有　穿
　　na⁵⁵ni⁵⁵ma¹³nau¹³ma¹³n̪aŋ⁵⁵,现在能吃饱穿暖了，
　　　现在　有　吃　有　穿
　　ɳɖo²¹qə⁴³n̪u⁴³n̪au¹³gu¹³gy¹³ʐa⁴⁴zau⁵⁵. 将来生活会更好。
　　　将来　　日子　　是　过　更　好

43. pi⁵⁵dʑeo²¹n̪u⁴³ni⁵⁵tsha⁴⁴n̪u⁴³nau²¹lo³³. 这几天，天天下雨。
　　　几　天 这 齐　天　雨　下

44. ku⁵⁵ʑi¹³tsha⁴⁴ɕau⁴⁴dʐo²¹tsi⁵⁵qə⁴³. 我家年年都栽苞谷。
　　　我　家　齐　年　栽　玉米

45. ni⁴⁴ʂeo⁴³ntso⁵⁵mau¹³n̪tɕeo³³ti⁴³,n̪ta⁵⁵n̪u⁴³mau¹³dʐo¹³lie¹³.
　　他　早上　去　挖　地　白天　去　犁　田
　　他早上去挖地，下午去犁田。

46. tʂhau⁴⁴ʂeo⁵⁵ntso⁴⁴dzo²¹m̥u⁴⁴ndu¹³ni⁴⁴tu⁴⁴n̪o⁴³tɕe⁴³ti⁴³a⁴⁴nu²¹.
　　从　早上　到　晚　天　他　都　在　里　地 做活
　　从早到晚他都在地里干活。

47. ku⁵⁵do¹³sãŋ⁴⁴ni⁴⁴i⁴³dãŋ²¹n̪u⁴³ni⁴⁴tu⁴⁴hi⁴³n̪ie²¹da¹³.
　　我　等　了　他　一　半　日　他　都　不　还　来
　　我等了半天他都还没来。

48. ɕau⁴⁴na⁵⁵ni⁴⁴ndli¹³zau⁴⁴qa⁴⁴tu⁵⁵a³³po⁴⁴na⁴⁴.今年的稻子比去年的好。
　　年　这　的　稻　好　过于　去年

八 名词修饰名词表领属关系的语序如何？

49. tsai⁴³vai¹³lo⁴³lai⁴³ŋa¹³ntsi⁵⁵zau⁴⁴daɯ¹³. 伯父的房子已经修好了。
　　个　父亲　大　个　房　补　好　了

50. ni⁴⁴ʑi¹³i⁵⁵tai⁴³nə¹³a³¹nãŋ²¹ŋd̪o¹³la³n̪ie²¹leo¹³daɯ¹³.
　　他　家　那　只　马　昨天　被　别人　偷　去了　了
　　他家的那匹马昨天被人偷了。

51. pi⁴³lai⁴³zo¹³tian²⁴ten⁴⁴a³³n̪ie¹³tɕãŋ⁴³to⁴⁴ti⁴³.
　　我们　个　村　电灯　尚未　拉通　的
　　我们村的电灯还没有接通。

52. zo¹³tu⁴³tʂi⁵⁵nu¹³ni⁴⁴tsai⁴³tu⁴³mau¹³geo²¹nteo⁵⁵leo¹³daɯ¹³.
　　村　者　管　活儿　的　个　儿　去　读　书　去了　了
　　村长的儿子上学去了。

九 名词修饰名词表来源、处所、年龄等关系时的语序。

53. lai⁴³a⁵⁵gy⁴³die¹³mbə¹³qãŋ⁴³a⁴⁴tu⁵⁵lai⁴³bãŋ¹³die¹³mbə¹³.
　　个　前缀　河　些　鱼　好吃　过于　个　塘　些　鱼
　　河里的鱼比塘里的好吃。

54. ni⁴⁴dzau¹³qa⁴³nteo⁴⁴gu¹³ʑin³¹nan³¹tə⁵⁵nə⁴⁴. 他们的老师是云南人。
　　他们　教　书　是　云　南　人

55. pi⁴³ti⁴³tɕeo⁴⁴ni⁵⁵a⁴⁴dʑãŋ¹³tsi⁴⁴phə⁵⁵huei⁵⁵mbə¹³.我们本地的姜很辣。
　　我们　地方　的　前缀　根　姜　很　辣

56. pə⁴³ɕau⁴⁴ni⁵⁵ŋa⁵⁵ʐau⁴⁴ai⁴³tʂeo⁴⁴dzo¹³ki⁴⁴tʂa⁵⁵.
　　五　岁　的　孩子　很　爱　放　鞭炮
　　五岁的很孩子爱放鞭炮。

57. gau¹³ʑi¹³ɕau⁴⁴ni⁵⁵ti¹³ŋgau¹³ai⁴³ɴɢa²¹thai³³baɯ¹³.
　　十　八　岁　的　姑娘　很　勤　插　花
　　十八岁的姑娘特别爱戴花。

十 人称代词的属范畴。

58. ku⁵⁵gu¹³tu⁴³dʑo⁴³nu¹³,gi²¹gu¹³tu⁴³a⁴⁴nu¹³,ni⁴⁴gu¹³tu⁴³geo¹³nteo⁵⁵.
　　我　是　者　管　活　你　是　者　做　活　他　是　者　读　书
　　我是干部，你是农民，他是学生。

59. a⁴³lɯ⁴³dʐo¹³lie¹³,a³³lɯ⁴³xa⁵⁵lie¹³,ni⁴⁴a⁴³lɯ⁴³tl̥o⁴³ʐou⁴³.
　　我俩　犁田　　你俩　耙田　　他二个　拔 秧
　　我俩犁田，你俩耙田，他俩拔秧。

60. pi⁴³hi⁴³mau¹³daɯ¹³,gi²¹ʐou¹³mau¹³. 我们不去了，你自己去。
　　我们 不 去 了　　你 自己 去

61. mi²¹n̥o⁴⁴tau⁴⁴qa⁵⁵dy¹³? 你们住在哪里？
　　你们　住　在　哪里

62. ni⁴⁴ndzau¹³tu⁴⁴da¹³daɯ¹³. 他们都来了。
　　　他们　　都　来 了

63. m̥o⁴⁴na⁴⁴pi⁴³mau¹³nto⁵⁵ntau⁴⁴,ni⁴⁴ndzau¹³n̥tɕeo⁴³ti⁴³.
　　今天　　我们　去　砍树　　他们　　挖地
　　今天我们去砍树，他们去挖地。

64. mi²¹mau¹³ŋə¹³ɴqə⁴³,pi⁴³gi²¹pi⁴³mau²¹ntau³³zau⁴⁴ɴGai¹³.
　　你们 去　割草　　明天 我们 去　打　野外 肉
　　你们去割草，我们明天去打猎。

65. pi⁴⁴tsi⁴³lu⁴³tu⁴³n̥o⁴⁴lu⁵⁵zo¹³vai¹³. 我们三个都住在那边的村子里。
　　　我们　三　个　都　住　个　村　那

十一　"自己"有几种说法，用法有什么不同？

66. ʐou¹³a⁴⁴ʐou¹³nau¹³. 自己做自己吃。
　　 自己 做 自己 吃

67. ku⁵⁵ʐou¹³tou⁴⁴hi⁴³pau⁴³,ni⁴⁴a⁴⁴dʐãŋ¹³na⁵⁵dzeo¹³pau⁴³?
　　我 自己 都　不　知道 他　为什么　　会　知道
　　我自己都不知道，他怎么会知道？

68. ni⁴⁴dʐa²¹kə⁵⁵ʐou¹³,hi⁴³kə⁵⁵la²¹. 他只管自己，不管别人。
　　他 只　管 自己　不 管 别人

69. pi⁴³ndzau¹³hi⁴³ʐa⁵⁵la²¹tl̥ãŋ⁴³nə⁴³. 咱们不要人家的东西。
　　　　咱们　　不 要　别人 东西

十二　"别人"、"人家"有哪些说法，用法有何不同？

70. ni⁴⁴hi⁴³mau¹³go¹³pha⁴⁴ʐau⁴⁴mau¹³. 他不去让别人去。
　　　他 不 去　让　别人　去

71. gi²¹hi⁴³ʐa⁴⁴n̥i⁴⁴qhə⁴⁴la²¹. 你别告诉别人。
　　　你 不 要　告诉　别人

72. gi²¹hi⁴³ʐa⁴⁴n̥i⁴⁴qhə⁴⁴pha⁴⁴ʐau⁴⁴. 你别告诉别人。
　　　你 不要　　告诉　　别人

十三 "谁""哪""什么"有几种说法，其修饰名词或量词的语序如何？

73. qa⁴³dy¹³gu¹³zo¹³tu⁴³dʐo⁴³? 谁是村长？
    谁　是　村　者　管理

74. qa⁴³dy¹³gu¹³zo¹³tu⁴³tʂi³³nu¹³? 谁是村长？
    谁　是　村　者　背　活计

75. lai⁴³ni⁵⁵gu¹³qa⁴³dy¹³tʂo⁴⁴? 这是谁的衣服？
    件　这　是　谁　衣

76. i⁴³nãŋ²¹nteo⁵⁵dy¹³gu³¹gi²¹bie²¹? 哪一本书是你的？
    一　本　书　哪　是　你　属

77. gi²¹ȵtɕhie⁵⁵a³¹dy¹³? 你找谁？
    你　找　谁

78. qa⁵⁵dy¹³ma¹³au⁴³? 哪里有水？
    哪里　有　水

79. bau¹³ni⁵⁵gu¹³bau¹³a⁴⁴ɕi⁴⁴? 这是什么花？
    花　这　是　花　什么

80. du²¹ʂi⁴⁴tu⁴⁴hi⁴³ma¹³. 什么都没有。
    什么　都　不　有

81. ma¹³du²¹ʂi⁴⁴ma⁴³du²¹ʂi⁴⁴. 有什么给什么。
    有　什么　给　什么

82. ma¹³qa⁵⁵ʂi⁴⁴ma⁴³qa⁵⁵ʂi⁴⁴. 有什么给什么。
    有　什么　给　什么

83. ni⁴⁴a⁴⁴dʐãŋ¹³na⁵⁵hi⁴³da¹³? 他为什么不来？
    他　怎么　不　来

十四 "怎样"有几种说法？如何用？

84. a⁴⁴li⁴⁴dʐãŋ¹³die¹³a⁵⁵lə¹³ʐau⁴⁴? 怎样做才好？
    做　怎么　才　好

85. ni⁴⁴ȵtʂheo⁴⁴a⁴⁴li⁴⁴dʐãŋ¹³dʑi¹³a⁴⁴li⁴⁴dʐãŋ¹³. 他想怎么样就怎么样。
    他　想　做　怎样　就　做　怎样

86. gi²¹dy¹³a⁴⁴li⁴⁴dʐãŋ¹³dʑi¹³a⁴⁴li⁴⁴dʐãŋ¹³. 你怎样想就怎样做吧。
    你　想　做　怎样　就　做　怎样

十五、相当于"多少"的词有几个，用法有何异？

87. mi²¹zo¹³ma¹³pi³³dʐeo²¹ʑi¹³? pi³¹dʐeo²¹lɯ⁴³tə⁵⁵nə⁴³?
    你们　村　有　几　家　几　个　人
    你们村有几家人，有几个人？

88. ʈhau⁴⁴vai¹³ni⁵⁵dzo²¹lai⁴³l̥au¹³hai³¹ma¹³pi⁴³dʐeo²¹n̠tɕa⁴⁴?
　　从　处　这　到　个　城　还　有　　几　里
　　从这里到城里还有多远？
89. gi²¹da¹³tl̥a⁴⁴vai¹³ni⁵⁵li¹³li⁴⁴dʑãŋ¹³daɯ¹³? 你到这里来有多久了？
　　你　来　到　处所　这　久　　怎么　　了
90. zau⁴³tl̥eo⁴³pi⁴³dʐeo²¹l̥eo⁴⁴i⁴³ki⁴⁴? 白菜多少钱一斤？
　　菜　白　　　几　　钱　一　斤

十六　是否有表达"每"的词，用法如何？

91. pi⁴⁴tsha⁴⁴n̠u⁴³nau¹³tsi⁴³dla²¹va¹³. 我们每天吃三顿饭。
　　我们　齐　　日　　吃　三　顿　饭
92. tsha⁴⁴lɯ¹³tə⁵⁵nə⁴³tu⁴³dzeo¹³hu⁴⁴ŋgau¹³. 每个人都会唱歌。
　　齐　　个　　人　　都　会　唱　歌
93. tsha⁴⁴lɯ⁴³a⁵⁵l̥a⁴⁴ky⁵⁵tsi⁴³ky⁴⁴. 每个年轻人挑三担。
　　齐　　个　前缀　年轻　挑　三　挑

十七　指示词有几个，用法和语序如何？

94. vai¹³ni⁵⁵ma¹³lə¹³vai¹³i¹³ma¹³i⁴³dzo⁴³a⁵⁵dʐy¹³gy¹³au⁴³vai¹³i⁵⁵ma¹³i⁴³
　　处　这　有　田　处　那　有　一　条　前缀　小　河　水　处所　这　有　一
　　lu⁴³l̥a⁵⁵l̥a⁵⁵tau⁴³.
　　个　大　大　山
　　这里有田，那里有一条小河，那里有一座大山。
95. ni⁴⁴tai⁴³mpa⁴⁴tl̥u⁴³ni⁵⁵dlo²¹la⁵⁵tu⁵⁵tsi⁴³du²¹vai¹³.
　　他　头　猪　黑　这　肥　过于　　三　只　那
　　他的这头黑猪比那三头都肥。
96. tai⁴³ni⁵⁵gu¹³gi²¹bie²¹,tai⁴³vai¹³gu¹³ni⁴⁴bie²¹. 这是你的，那是他的。
　　个　这　是　你　属　个　那　是　他　属
97. a⁴⁴li⁴⁴ni⁵⁵die²¹zau⁴⁴,a⁴⁴li³¹vai¹³hi⁴³zau⁴⁴. 这样做才好，那样做不好。
　　做　这样　才　好　做　那样　不　好
98. ku⁵⁵n̠o⁴³vai¹³ni⁵⁵,gi²¹n̠o⁴³vai¹³vai¹³,zau⁴⁴zau⁴⁴na¹³,hi⁴⁴ʐa⁵⁵go¹³ni⁴⁴
　　我　在　处所　这　你　在　处所　那　　好　好　看　不要　让　他
　　dli¹³leo¹³.
　　脱　去
　　我在这，你在那，好好看着，别让他跑了。

十八　人称代词做宾语或定语时，是否需要助词？

99. ku⁵⁵vai¹³gu¹³ni⁴⁴tsai⁵⁵nu²¹. 我父亲是他舅舅。
　　我　父　是　他　个　舅

100. ku⁵⁵tsa⁵⁵ky⁵⁵ɕau⁴⁴na⁵⁵ma¹³tsi⁴³dʑau¹³ɕau⁴⁴daɯ¹³.
　　　我　个　弟　岁　这　有　三　十　　岁　了
　　　我弟弟今年三十岁了。

101. gi²¹bai²¹nteo⁵⁵ȵo⁴⁴gi²¹dau¹³a⁵⁵ʂa⁴³. 你的书在桌子上。
　　　你　堆　书　　在　桌子　　上面

102. ku⁴³bai²¹kho⁴³l̥o⁴³a⁴⁴tu⁵⁵gi²¹bie²¹. 我的碗比你的大。
　　　我　堆　碗　　大　过于　你　属

103. lai⁴³ŋga¹³ni⁵⁵gu¹³ni⁵⁵bie²¹. 这座房子是他的。
　　　个　房　这　是　他　的

十九 基数词和序数词是否一样，用法怎样？

104. qhai⁴³ni⁵⁵ma¹³pi⁴³dʑeo²¹du²¹tʂhi³³ʔgo¹³ku⁵⁵da¹³ʐy²¹i⁴³ʐy²¹：i⁴³du²¹,
　　　处　这　有　几　　只　羊　让　我　来　数　一　数　一只
　　　a³³du²¹, tsi⁴³du²¹, tl̥au⁴³du²¹, pə⁴³du²¹, hu⁵⁵bə²¹ma¹³pə⁴³du²¹.
　　　二只　三只　四只　　五只　一共　有　五只
　　　这里有几只羊？让我来数一数：一只、两只……一共有五只。

105. ti²⁴i⁴³,ti²⁴a⁴³,ti²⁴tsi⁴³,ti²⁴tl̥au⁴³,ti²⁴pə⁴³.
　　　第一　第二　第三　第四　第五
　　　第一、第二、第三、第四、第五。

106. hu⁵⁵bə²¹ɳdo²¹ku⁵⁵ʐy²¹i⁴³a⁴³tsi⁴³tl̥au⁴³pə⁴³tl̥au⁴⁴ɕãŋ⁴⁴ʑi¹³dʑa¹³gau¹³.
　　　大家　跟　我　数　一　二　三　四　　五　六　　七　八　九　十
　　　大家跟我数：一、二、三、四、五、六、七、八、九、十。

107. tɕe⁴³ti⁴³i⁵⁵ti⁵⁵i⁴³ɕau⁴⁴dʑo²¹tsi⁵⁵qə⁴³,ti²⁴a⁴³ɕau⁴⁴dʑo²¹a⁵⁵mo²¹lie⁴³.
　　　块　地　那　第　一　年　　栽　玉米　第　二　年　　栽　前缀 薯　红
　　　那块地第一年种玉米，第二年种红薯。

108. i⁴³thie⁴³a⁴⁴tau⁴⁴tsi⁴³. 一加二等于三。
　　　一　加　二　得　三

109. ma¹³i⁴⁴ɕau⁴⁴li⁴⁴a⁴³li⁴⁴tu⁴⁴hi⁴³nau¹³lo¹³. 有一年，一连两个月不下雨。
　　　有　一　年　月　二月　都　不　雨　下

110. ni⁴⁴ma¹³dãŋ¹³ȵi¹³gau¹³lu¹³kho⁴³. 他买了二十个碗。
　　　他　买　了　二　十　个　碗

111. gau¹³lu¹³qo⁵⁵qo⁵⁵la⁵⁵ma¹³li⁴³gu¹³i⁴³ki⁴⁴. 十个蛋大概有一斤。
　　　十　个　蛋　　要　有　大约　一　斤

112. pi⁴³zo¹³hu⁵⁵bə²¹ma¹³i⁴³pa⁴⁴pə⁴³dʑau²¹lə¹³.
　　　我们　村　一共　有　一百　五　十　人
　　　我们村一共有一百五十人。

113. ʈhau⁴⁴i⁴³pa⁴⁴ʑi¹³dʑau²¹dzo²¹a⁴⁴pa⁴⁴pə⁴³dʑau¹³.
   从　一　百　八　十　到　二　百　五　十
   从一百八十到二百五十。

114. ti⁴³i⁴³n̥u⁴³ni⁴⁴mau¹³, n̥u⁴³ta⁴³a⁴³qə⁴³ku⁵⁵mau¹³.
   第　一　日　他　去　日　最后　我　去
   头一天他去，最后一天我去。

115. ku⁵⁵lai⁴³tsi⁴³a⁴³l̥o⁴³ɳo²¹la⁵⁵ky⁵⁵a⁵³dʑeo¹³mau¹³dla¹³a⁴⁴tai⁴⁴ŋai¹³
   我　个　姐　前缀　大　和　个　妹　前缀　小　去　到　前缀　外婆　家
   leo¹³dauɯ¹³.
   去了　了
   我大姐跟幺妹到外婆家去了。

二十　约数怎样表达？

116. ntau⁴⁴a⁵⁵ʂa⁴³ha³¹ma¹³lu⁴³a⁴³lu⁴³tsi⁵⁵si⁴³. 树上还有一两个果子。
   树　上面　还　有　个　二个　果　的

117. tsai⁴³tə⁵⁵nə⁴³vai¹³ma¹³tsi⁴³dʑau¹³ɕau⁴⁴n̥tɕi⁴⁴ᶰGə¹³.
   个　人　那　有　三　十　岁　上下
   那个人有三十岁上下。

118. ni⁴⁴pi⁴⁴gi²¹ʑi¹³du¹³dʑei¹³n̥au¹³ntɕi⁴⁴ᶰGə¹³da²¹vai¹³ni⁵⁵.
   他　明天　八　个　时候　上　下　来　处所　这
   他明天八点左右来这里。

119. ni⁴⁴ndzau⁴⁴zo¹³ma¹³i⁴³pa⁴⁴tɕau⁴⁴ʑi¹³la⁵⁵ma¹³pə⁴³pa³³tɕau⁴³tə⁵⁵nə⁴³.
   他们　村　有　一　百　多　家　要　有　五　百　多　人
   他们村有一百多家，约有五百多人。

120. pə⁴³tl̥au⁴⁴lu¹³tə⁵⁵nə⁴³qho⁵⁵dʑa²¹ɕãŋ⁴⁴ʑi¹³lu⁴³tə⁵⁵nə⁴³fai⁴³a⁴⁴i⁴³tsu⁴³
   五　六　个　人　或者　七　八　个　人　分　做　一组
   tu⁴⁴zau⁴⁴dʑo¹³.
   都　好　的
   五六个人或七八个人分成一组都可以。

121. a⁵⁵ky⁴³a⁵⁵ndu²¹ma¹³tsi⁴³tl̥au⁴³lu⁴³ŋau¹³ntshai³³ntsha⁴⁴ki⁵⁵dla¹³
   前缀　沟　前缀　边界　有　三　四　个　姑娘　洗　衣服
   tsi⁴⁴la⁵⁵.
   正在
   河边有三四个姑娘正在洗衣服。

122. tsi⁵⁵ŋa⁴⁴ʐau⁴⁴ni⁵⁵la⁴⁴ma¹³li⁴⁴gu¹³gau²¹a⁴³tsi⁴³ɕau⁴⁴.
　　 个　孩子　这　要　有　大约　十　二　三　岁
　　 这个孩子大约有十二、三岁。

123. ni⁴⁴a⁵⁵vai⁴³ma¹³ɕãŋ⁴⁴ʑi¹³dʐau¹³ɕau⁴⁴dau¹³.
　　 他 前缀父亲　有　七　八　十　岁　了
　　 他父亲已经七、八十岁了。

二十一　分数、倍数怎样表达？

124. i⁴³tḻau⁴⁴tsi⁵⁵ni⁵⁵tɕau⁴³la⁵⁵tu⁵⁵i⁴³tḻau⁴⁴tsi⁵⁵va¹³tsi¹³beo²¹.
　　 一　堆　果　这　多　过于　一　堆　果　那　三　倍
　　 这堆果子比那堆果子多三倍。

125. ni⁴⁴la⁵⁵ma¹³ʑi¹³beo²¹gu¹³hi⁴³dla¹³da²¹. 他八成又是不来了。
　　 他　要　有　八　倍　是　不　来　了

126. i⁴³ɢa¹³ndli¹³ni⁴⁴la⁵⁵sie⁵⁵ɕãŋ⁴⁴ʑi¹³beo²¹dau²¹. 这片稻子成熟七八成了。
　　 一　块　稻　这　要　熟　七　八　倍　了

127. ku⁵⁵ʐa⁵⁵tsi⁴³beo²¹ni⁴⁴i⁴³beo²¹,gi²¹ʐa⁵⁵tsi⁴³beo²¹ni⁴⁴a⁴³beo²¹.
　　 我　要　三　倍　之　一　倍，你　要　三　倍　之　二　倍。
　　 我要三分之一，你要三分之二。

128. i⁴³pan⁴³tu⁴³geo¹³nteo⁵⁵ni⁵⁵, i⁴³pan⁴³gu¹³a⁵⁵ʐeo²¹,i⁴³pi⁴³ŋtau⁴³gu¹³bo¹³,
　　 一　班　者　读书　这　一　半　是　前缀男性　一　半　是　女
　　 dzau¹³gu¹³tɕau⁴³gu¹³ni⁴⁴dzau¹³lai⁴³zo¹³dzau¹³gu¹³dʑeo²¹gu¹³pa⁴⁴ʐau⁴⁴zo¹³.
　　 半　是　多　是　他们　个　村　半　是　小　是　别　村
　　 这班学生，一半是男孩，一半是女孩，大半是他们村的，小半是外村的。

二十二、"全" "一点" "一些" "不"怎样表达？

129. i⁴³zo²¹hu⁵⁵bə²¹tə⁵⁵nə⁴³tu⁴⁴da²¹khai⁴⁴huei²⁴dau¹³.
　　 一　村　全部　人　都　来　开　会　了
　　 全村的人都来开会了。

130. die¹³mbə¹³ni⁵⁵hi⁵⁵tʂha⁴⁴ḻo⁴³,tʂa⁴³i⁴³du¹³ḻu¹³ḻu¹³.
　　 些　鱼　这　不　太　大　煎　一　条　整　整
　　 这些鱼不太大，整条煎吧。

131. ni⁴⁴ndzau¹³i⁴³ʑi¹³tu⁴⁴deo¹³leo¹³dau¹³. 他们全家都出去了。
　　 他们　一　家　都　出　去了　了

132. ma⁴³i⁴³ŋtʂi³³ŋa³³au⁴³tau⁴³ku⁵⁵hau³³. 给我一点儿水喝。
　　 给　一　点　小　水　给　我　喝

133. ni⁵⁵ma¹³i⁴³tshie⁴⁴tshie⁴⁴tɬau⁴³nə⁴³gu¹³ɴqə⁴⁴ʂi⁴⁴lo¹³.
　　 他 买 一 些 　些 东西 是 价 轻 来
　　 他买了一些不贵的东西回来。

134. ma¹³i⁴³tshie⁴⁴tshie⁴⁴tə⁵⁵nə⁴⁴n̩tɕeo³³ãŋ⁵⁵,有些人挖土,
　　 有 一 些 　些 人 挖 土
　　 ma¹³i⁴³tshie⁴⁴tshie⁴⁴tə⁵⁵nə⁴⁴ky⁵⁵tɕhi⁵⁵. 有些人挑粪。
　　 有 一 些 　些 人 挑 粪

135. ni⁴⁴zau⁴⁴i⁴³n̩tʂi³³ŋa³³daɯ¹³. 他好一些了。
　　 他 好 一 点 小 了

136. die¹³ãŋ⁵⁵ni⁵⁵tu⁴⁴ai⁴³dlo²¹. 这些土都很肥。
　　 些 土 这 都 很 肥

137. die¹³ntau⁴⁴vai¹³ḷo⁴³gi¹³ntsau⁵⁵zau⁴⁴. 那些树长得很茂盛。
　　 些 树 那 长 得 茂密状

二十三 量词可以与哪些词类组合？

138. ni⁴⁴ndzau¹³zo¹³tsha⁴⁴ʑi³³phin³¹tɕyn⁵⁵ma¹³i⁴³du²¹mpa⁴⁴a⁴³du²¹tʂhi³³.
　　 他们 村 齐 家 平 均 有一 头 猪 二 只 羊
　　 他们村平均每户有一头猪、两只羊。

139. tʂhi³³hu⁵⁵la⁵⁵tu⁵⁵ɲu¹³. 羊比牛干净。
　　 羊 干净 过于 牛

140. a⁴³lu⁴³tə⁵⁵nə⁴³hi⁴⁴dlo¹³ɴgu¹³ʂau⁴³. 两个人一起拉锯子。
　　 二 个 人 一起 拉 据

141. kheo³³i⁴³du¹³a⁵⁵də¹³da¹³. 拿一把刀来。
　　 拿 一 把 前缀 刀 来

142. tai⁴³gu¹³ʐãŋ⁴⁴vai¹³gu¹³li⁵⁵a⁴³. 飞的那只是乌鸦。
　　 只 是 飞 那 是 乌鸦

143. ma⁴³pə⁴³lu⁴³tau⁴⁴ku⁵⁵, ʐa⁴⁴die¹³gu¹³ḷo⁴³, hi⁴³ʐa⁵⁵die¹³gu¹³ʂau⁴³.
　　 给 五 个 给我 要 些 是 大 不要 些 是 小
　　 给我五个,要大的,不要小的。

144. i⁴³ky⁴⁴ni⁵⁵ʂi⁴³,i⁴³ky³³vai¹³ɲau⁵⁵. 这挑轻,那挑重。
　　 一 挑 这 轻 一 挑 那 重

145. a⁵⁵dzi²¹tsi⁴³du¹³ni⁵⁵gu¹³ni⁴⁴bie²¹pi⁵⁵dau²¹tsi⁴³du¹³vai¹³gu¹³ku⁵⁵bie¹³.
　　 上面 三 只 这 是 他 属 下面 三 只 那 是 我 属
　　 上面这三只是他的,下面那三只是我的。

146. tsha⁴⁴lu⁴³tu⁴⁴ɲi⁴⁴ni⁴⁴zau⁴⁴. 个个都说他好。
　　 齐 个 都 说 他 好

147. i⁴³mbo⁴³n̩u¹³ni⁵⁵tsha⁴⁴du¹³tu⁴⁴hai⁵⁵dlo²¹. 这群牛头头都很肥。
　　　一　群　牛　这　齐　个　都　很　肥

二十四　量词能否重叠，其语义语法怎样？

148. tsha⁴⁴fau⁴³ntau⁴⁴tu⁴⁴i⁴⁴ʐãŋ⁴³l̩o⁴³. 根根木头一样大。
　　　齐　根　木　都　一　样　大

149. gi²¹ma⁴³i⁴³nãŋ²¹dy²¹tou⁴⁴zau⁴⁴. 你给哪一本都行。
　　　你　给　一　本　哪　都　好

二十五　表示量的抽象名词，与量词是否一样还是有量词加前缀构成？

150. di¹³daɯ¹³a⁴³sa⁴³vai¹³tsha⁴⁴ndli⁴³l̩o⁴³. 上面那些黄豆粒儿大。
　　　些　豆子　上面　那　齐　颗　大

151. qo⁵⁵qo⁴⁴qai⁴³dzo¹³a⁵⁵lo⁴³dai²¹, hi⁴³dzo¹³a⁴⁴ki⁴⁴dai²¹.
　　　　蛋　鸡　吃　做　个　卖　不　吃　做　斤　卖
　　　鸡蛋论个卖，不论斤卖。

152. di¹³hi⁴³t̩lo⁴³ni⁵⁵tsha⁴⁴fau⁴³tu⁴⁴hai⁵⁵nti⁵⁵. 这些竹子条儿真长。
　　　些　竹　这　齐　棵　都　很　长

153. tsai⁵⁵tə⁴⁴nə⁴³ni⁵⁵a⁵⁵dʐau¹³hai⁵⁵sie⁴³. 这个人个儿很高。
　　　个　人　这　个　儿　很　高

二十六　以量词为中心的词组可否做主语或宾语？

154. i⁴³du²¹ni⁵⁵zau⁴⁴, i⁴⁴du²¹vai¹³hi⁴³zau⁴⁴. 这个好，那个不好。
　　　一　个　这　好　一　个　那　不　好

155. ku⁵⁵nau¹³lu⁵⁵gu¹³ʂau⁴³ni⁵⁵, gi²¹nau¹³lu⁵⁵gu¹³l̩o⁴³vai¹³.
　　　我　吃　个　是　小　这　你　吃　个　是　大　那
　　　你吃那个大的，我吃这个小的。

156. pi⁴³dzau¹³tsha⁴⁴lɯ¹³da¹³fai⁴³tsi⁵⁵i⁴³lɯ¹³i⁴³lu⁴³.
　　　我们　齐　个　来　分　果　一位　一个
　　　我们大家来分果子，一人一个。

157. ku⁵⁵ɖaɯ²¹tu⁵⁵gu¹³qha⁴³nau²¹ma²¹ni⁵⁵, ni⁴⁴ɖaɯ²¹tu⁵⁵gu¹³tu³³di²¹
　　　我　喜欢　匹　是　刚　买　这　他　喜欢　匹　是　以前
ma²¹vai¹³.
买　那
　　　我喜欢刚买的这匹，他喜欢以前买的那匹。

158. ni⁴⁴ma¹³sãŋ⁴⁴pə⁴³du²¹tʂhi³³. 他买了五只羊。
　　　他　买　了　五　只　羊

159. a⁴³du²¹mpa⁴⁴dai²¹hi⁴³tau⁴⁴pə⁴³tshie⁴³t̩li⁴³. 两头猪卖不了五千块。
　　　二　只　猪　卖　不得　五　千　钱

二十七　常用的动量词及其用法？

160. ɕau⁴⁴na⁵⁵ku⁵⁵si⁴³mau¹³dla¹³i⁴³to⁴⁴ŋga¹³. 今年我回了一趟家。
　　　年　这　我　回　去　到　一　次　家

161. a⁴³ɕau⁴⁴tou³³ndi¹³ku⁵⁵la²¹bo¹³ni⁴⁴i⁴³khau⁴³. 我两年前见过他一次。
　　　　二　年　　前　　我　曾经　见　他　一　　次

162. ni⁴⁴mba¹³ɖaɯ²¹a⁴³khau⁴³di¹³. 他拍了两次巴掌。
　　　他　拍　　了　二　次　　手

163. ntau³³ni⁴⁴i⁴³qa³³tshy³³,da¹³ni⁴⁴i⁴³da¹³. 打他一拳，踢他一脚。
　　　打　他　一　　拳　　踢　他　一　踢

二十八　动词能否重叠，其语义语法范畴如何？

164. kheo³³ma⁴³lo²¹ʈau⁵⁵ku⁵⁵na¹³i⁴³na¹³. 拿来给我看看。
　　　　拿　给　来　给　我　看　一　看

165. gi²¹ndy¹³i⁴³ndy¹³. 你想想看。
　　　你　想　一　想

166. pi⁴⁴dzau¹³deo¹³mau¹³ɳdʐi¹³i⁴³ɳdʐi¹³ma²¹. 我们出去走走吧。
　　　　我们　　出　去　　转　　一　　转　　吧

167. ni⁴⁴dzau¹³deo¹³mau¹³deo¹³lu¹³a⁴⁴a⁵⁵ʂi⁴⁴na⁵⁵?
　　　　他们　　　出　去　　出　来　做　什　么　啊
　　　他们出出进进的做什么呀？

168. tə⁵⁵nə⁴³mau¹³mau¹³lo¹³lo¹³si⁴⁴khy⁴⁴gi¹³i⁴³zã ŋ⁴³.
　　　　人　　去　去　来　来　似　赶　集　一　样
　　　人们来来往往的像赶集一样。

169. tsi⁵⁵a³³lau¹³tə⁵⁵nə⁴³vai¹³mau¹³mau¹³seo⁵⁵seo⁵⁵.那个老人走走停停。
　　　个　前缀 老　人　那　去　去　站　站

170. gi²¹nau¹³na¹³lu⁵⁵ni⁵⁵die¹³qã⁴³la³³hi⁴³qã⁴³. 你尝尝这个甜不甜。
　　　你　尝　看　个　这　是否　甜　或者　不　甜

171. gi²¹ʂi²⁴i⁴³ʂi²⁴die¹³ŋã ŋ⁵⁵la³³hi⁴³ŋã ŋ⁵⁵? 你试试重不重？
　　　你　试　一　试　是否　重　或者　不　重

172. gi²¹n̻u⁴³i⁴³n̻u⁴³ni⁴⁴pi⁴³la⁴⁴mau¹³li⁴⁴dʑã ŋ¹³? 你问问他我们怎么走？
　　　你　问　一　问　他　我们　将要　走　怎么

173. gi²¹n̻au⁴³i⁴³n̻au⁴³die¹³tʂu⁴⁴hã⁴⁴la³³hi⁴³tʂu⁴⁴hã⁴⁴?
　　　你　闻　一　闻　是否　香　或者　不　香
　　　你闻闻香不香？

174. go¹³n̥u¹³nau¹³i⁴³nau¹ɴqə⁴³pau⁴⁴ŋa⁴⁴. 让牛吃一小儿会草吧。
　　　让　牛　吃　一　吃　草　时候　小
175. go¹³nə¹³hau⁴³i⁴³hau⁴³au⁴³a⁵⁵lɯ¹³mau¹³. 让马喝喝水再去。
　　　让　马　喝　一　喝　水　再　去
176. ni⁴⁴fə⁴⁴mpãŋ¹³fə⁴⁴di⁴³mau⁴⁴tɕhau⁴⁴leo¹³daɯ¹³.
　　　他　甩　臂　甩　手　去　过　去了　了
　　　他大摇大摆地走过去了。

二十九　动词后有否附加音节（即状词），状词可否重叠？状词与动词的语序及其关系可否插入其他成分？

177. a⁴⁴pei⁵⁵tɕa⁴⁴i⁴³ŋau¹³i⁴³ŋau¹³tl̥hie⁵⁵. 青蛙一蹦一蹦地跳。
　　　青蛙　一　蹦　一　蹦　跳
178. a⁴⁴ndlau¹³ntau⁴³və¹³gi¹³pi⁴⁴la⁴⁴lo¹³. 树叶纷纷地落下来。
　　₍前缀₎　叶　树　落　得　降落貌　来
179. qai⁴³mpa⁴⁴ɖau¹³gi¹³pi⁴⁴theo⁵⁵tl̥eo⁵⁵. 鸡和猪被吓得东奔西跑。
　　　鸡　猪　惊吓　得　到处逃窜貌
180. tɕa⁴⁴tsha⁴³gi¹³hu³³hu⁵⁵,au⁴⁴ndly¹³gi¹³ne⁴⁴leo¹³ne⁴⁴leo⁵⁵.
　　　风　吹　得　呼响貌　水　流　得　哗啦貌
　　　风呼呼地刮，水哗哗地流。
181. tu⁴³mo⁴³ndza⁴³mau¹³gi¹³gie¹³dʑau²¹gie¹³tl̥ha⁴⁴.
　　　者　疼　病　走　得　疲惫貌
　　　病人无精打采地走着。

三十　动词有否表示肯定、无次序、催促、随意等的用法，或有否形态变化？

182. hi⁴⁴ʐa⁵⁵bi²¹nau¹³li³³nau¹³, 别乱吃，
　　　不要　胡乱吃
　　　bi²¹nau¹³li³³nau¹³dzeo¹³mo⁴⁴a⁴³tl̥au⁴³. 乱吃会肚子疼的。
　　　胡乱吃　会　疼　₍前缀₎肚子
183. ŋa⁵⁵ʐau⁴⁴hi⁴⁴ʐa⁵⁵bi³¹nto⁵⁵li³³nto⁵⁵ntau⁴⁴. 小孩不要乱砍树。
　　　孩子　不要　乱砍　树
184. la⁵⁵m̥o⁴⁴ndu¹³daɯ²¹,pi⁴³dʑiu²¹pi⁴³dʐo²¹ʂãŋ⁴⁴hi⁵⁵.
　　　个　天　晚　了　随便种　算　了
　　　天晚了随便种点算了。

三十一　动词的进行体表达方式如何？

185. ku⁵⁵mau¹³dʑau¹³ŋa¹³thou⁴⁴i⁵⁵,ni⁴⁴nau¹³va¹³tsi⁴⁴la⁵⁵.
　　　我　去　到　家　时候　他　吃饭　正在
　　　我到家的时候，他正在吃饭。

186. pi⁴³hi⁴⁴tə⁴⁴tu⁵⁵nu²¹ni⁵⁵tsi⁴⁴la⁵⁵. 我们正在商量这个问题。
　　 我们 商量 件 事 这 正在
187. ni⁴⁴hi⁴⁴nto⁴⁴mpa⁴⁴zau⁴³tsi⁴⁴la⁵⁵. 他正在剁着猪食。
　　　 他 剁 猪 菜 正在
188. gi²¹zau²¹tɕe⁴⁴n̩i⁴⁴. 你坐着讲。
　　　 你 坐 着 说
189. ni⁴⁴ʂeo⁴⁴tɕe⁴⁴hau³³tɕeo⁵⁵. 他站着喝酒。
　　　 他 站 着 喝 酒
190. vai¹³zau⁵⁵lo¹³nau²¹tsi⁴⁴lau⁵⁵,gi²¹hi⁴⁴ʑa⁴⁴deo¹³mau¹³dau̵¹³.
　　　 处所 郊外 下 雨　　正在　你 不要 出　去 了
　　　 外面下着雨，你不要出去了。
191. ni⁴⁴n̩o⁴⁴tɕo⁵⁵ti⁴³a⁴⁴nu¹³tsi⁴⁴lau⁵⁵. 他正在地里干活儿。
　　　 他 在 块 地 做 活 正在

三十二 动词的完成体和实现体如何表达？

192. nau²¹lo¹³dau̵¹³. 下雨了。
　　　 雨 下 了
193. tu⁴³mo⁴³dza⁴³da²¹leo¹³dau̵¹³. 病人死了。
　　　 者 疼 病 死 去了 了
194. ni⁴⁴tl̩a⁴⁴lu⁵⁵gi¹³leo¹³dau̵¹³. 他赶集去了。
　　　 他 到 个 集市 去了 了
195. ni⁴⁴mau¹³ʂau⁴⁴deo¹³leo¹³dau̵¹³. 他砍柴去了。
　　　 他 去 拾 柴 去了 了
196. ni⁴⁴mau¹³tl̩a⁴⁴tɕo⁵⁵ti⁴³leo¹³ta⁴⁴. 他去地里了。
　　　 他 去 到 块 地 去了 的
197. ni⁴⁴ma¹³sãŋ⁴⁴n̩u¹³dau̵¹³. 他买牛了。
　　　 他 买 了 牛 了
198. ku⁵⁵la²¹bo¹³ni⁴⁴. 我曾见过他。
　　　 我 曾 见 他
199. ni⁴⁴la²¹dzo¹³lai⁵⁵ɕian²⁴,hai⁵³la¹³bo¹³tsai⁴³ɕian²⁴tʂaŋ⁴³.
　　　 他 曾 到 个 县　还 曾 见 个 县 长
　　　 他到过县里，还见过县长。
200. ku⁵⁵ɕau⁵⁵na⁴⁴ʂau⁴⁴tau⁴⁴a⁴³dy⁴⁴dʐi¹³. 我今年收了两斗荞麦。
　　　 我 年 这 收 得 二 斗 荞
201. ku⁵⁵la²¹nau¹³ᴺɢai¹³pi⁴³nau⁴³. 我吃过蛇肉。
　　　 我 曾 吃 肉 蛇

202. ni⁴⁴la²¹a⁴⁴tu⁴⁴ntau³³zo²¹gu¹³li¹³. 他做过长工。
　　 他 曾做者 打 力 是 久
203. ku⁵⁵ma¹³sãŋ⁴⁴a⁴⁴ki⁴³ntʂə⁵⁵. 我买了两斤盐巴。
　　 我 买 了 二 斤 盐
204. ni⁴⁴tou⁴⁴tau⁴⁴a⁴³tʂhi³ntau⁴³ntsa⁴³. 他扯了两尺蓝布。
　　 他 扯 得 二 尺 布 蓝
205. ni⁴⁴a⁴⁴tau¹⁴i⁴³lu⁴³ŋa¹³a⁴³tʂhie⁴³. 他盖了一所新房子。
　　 他 做 得 一 个 房(前缀) 新

三十三 动词的将来体如何表达？

206. ni⁴⁴ʐa⁴⁴mau¹³tla⁴⁴qho⁵⁵dy¹³? 他要到哪里去？
　　 他 要 到 去 哪里
207. gi²¹ʐa⁵⁵a⁴⁴li⁴⁴dʐãŋ¹³? 你将要怎么办？
　　 你 要 做 怎样
208. ku⁵⁵la⁵⁵mau¹³tlau⁴⁴lu⁵⁵gi¹³ma¹³i⁴³du¹³lau⁴⁴. 我要上街买一把锄头。
　　 我 将要去 到 个集市 买 一 把 锄头
209. bi²¹gi²¹ni⁴⁴ʐa⁵⁵da¹³na¹³ku⁵⁵. 明天他要来看我。
　　 明天 他 将要来 看 我
210. la⁵⁵tsau³¹ndu¹³daɯ¹³,si⁴³mau¹³hi⁵⁵? 天要黑了，回去吧？
　　 将要暗 天 了 回 去 吧
211. pi²¹gi²¹ku⁵⁵mau¹³ɳthie⁵⁵ni⁴⁴. 明天我去找他。
　　　明天 我 去 找 他

三十四 动词的互动态如何表达？

212. pi⁴³hu⁵⁵bə²¹i⁴³tshie⁴⁴mbãŋ¹³i⁴³tshie⁴⁴. 我们大家相互帮助。
　　 我们 大家 一 些 帮 一 些
213. hu⁵⁵bə²¹ŋa⁵⁵ʐau⁴⁴hi⁴³ʐa⁵⁵hi⁴⁴ntau³³hi⁴⁴la⁴⁴.
　　　大家 孩子 不 要 互相 打 互相 闹
　　 孩子们不要互相吵架和互相打架。
214. ni⁴⁴a⁴⁴lɯ⁴³hai⁵⁵hi⁴⁴ɳtʂheo⁴⁴. 他们俩很相爱。
　　 他 二 个 很 互相 爱
215. a⁴³du¹³tli⁵⁵hi⁴⁴do¹³tsi⁴⁴lau⁵⁵. 两只狗在咬架。
　　 二 只 狗 互相 咬 正在

三十五 词能否修饰名词、量词，语序如何？

216. nau¹³gu¹³ʐãŋ⁴⁴hi⁴³li⁴³gau¹³po⁵⁵. 飞的鸟不容易打。
　　 鸟 是 飞 不 容易 打

217. va¹³gu¹³tɕou⁴³qãŋ⁴³la⁵⁵tu⁵⁵va¹³gu¹³hau⁴⁴.
　　　饭　是　蒸　好吃　过于　饭　是　煮
　　　蒸的饭比煮的饭好吃。
218. tu⁵⁵gu¹³py⁴⁴tɕe⁴⁴vai¹³gu¹³li¹³by¹³tu⁵⁵gu¹³ʂeo⁵⁵tɕe⁴⁴vai¹³gu¹³a⁵⁵n̠ie²¹.
　　　头　是　睡　着　那　是　雄　头　是　站　着　那　是　前缀 母
　　　睡着的那头是公的，站着的那头是母的。
219. tʂhi³³ʂi⁵⁵zau⁴⁴tɕe⁴⁴go¹³dlo²¹. 骟羊好养肥。
　　　羊　骟　好　养　肥
220. ki⁵⁵ʂa⁴⁴ŋgau¹³gu¹³ki⁴⁴qãŋ⁴³,ki⁵⁵ʂau⁴⁴ŋgau¹³gu¹³hau⁴⁴hi¹³qãŋ⁴³.
　　　辣椒　弯　是　炒　甜　辣椒　弯　是　煮　不　甜
　　　弯辣椒炒着吃甜，煮着吃不甜。

三十六 判断动词的语用功能？

221. ni⁴⁴gu¹³tshun⁴⁴tʂaŋ⁴⁴,hi⁴³ʐo²¹khuai²⁴tɕi²⁴. 他是村长，不是会计。
　　　他　是　村　长　不　是　会　计
222. ku⁵⁵gu¹³lai⁴³zo¹³ni⁵⁵tə⁴⁴nə⁴³. 我是这个村子的人。
　　　我　是　个　村　这　人
223. m̥o⁴⁴na⁴⁴gu¹³lu³³tl̥au⁴⁴li⁴⁴tsi⁴³dʐau¹³. 今天是六月三十。
　　　今天　是　个　六　月　三　十
224. i⁴³qheo⁴⁴nau⁴⁴ni⁴⁴die²¹ʐo²¹ni⁴⁴sau⁴⁴? 这封信是不是他写的？
　　　一　封　信　这　是否　是　他　写
225. ni⁴⁴gu¹³ku⁵⁵vai⁴³ni⁴⁴a⁴⁴vai⁴³,hi⁴³ʐo¹³ku⁴³n̠ie⁴³ni⁴³a⁴⁴vai⁴³.
　　　他　是　我　父　的　前缀 父　不　是　我　母　的　前缀 父
　　　他是我爷爷，不是我外公。
226. m̥o⁴⁴na⁴⁴gu¹³zau⁴⁴n̠u⁴³n̠au¹³. 今天是好日子。
　　　今天　是　好　日子

三十七 表存现的动词的肯定与否定形式的对立用法？

227. vai¹³ni⁴⁴ma¹³mpa⁴⁴zau⁵⁵,hi⁴⁴ma¹³li⁴⁴kau⁴⁴. 这里有野猪，没有麂子。
　　　处　这　有　猪　郊外　不　有　麂子
228. ku⁵⁵ma¹³i⁴³ŋgeo¹³khau⁴⁴pi⁴⁴teo⁴⁴, i⁵⁵vie⁴⁴hi⁴³ma¹³wa³¹tsi⁴³.
　　　我　有　一　双　鞋　皮　但是　不　有　袜子
　　　我有一双皮鞋，但是没有袜子。
229. ma¹³tə⁵⁵nə⁴³da¹³ŋthie⁵⁵ni⁴⁴, ni⁴⁴hi⁴³n̠e²¹da¹³la⁴⁴?
　　　有　人　来　找　他　他　不　还　来　啊
　　　有人来找他，他还没有来呀？

230. tu⁵⁵gi³¹dau¹³ni⁵⁵ma¹³tḷau⁴³tshai³³a⁵⁵dʑi²¹. 这张桌子有四条腿。
　　　张　桌子　这　有　四　支　前缀　脚
231. ma¹³i⁴³nãŋ²¹nteo⁵⁵ȵo⁴³gi²¹dau¹³hi⁴⁴fa⁵⁵. 有一本书在桌子上。
　　　有　一　本　书　在　桌子　上面
232. dlie¹³tɕhãŋ³¹tḷho⁴⁴tɕe⁴³i⁴³lu⁴³kau⁵⁵. 墙上挂着一把伞。
　　　面　墙　挂　着　一　个　伞

三十八 能愿动词的语用功能如何？

233. ni⁴⁴hi⁴³ȵau³³ȵi⁴⁴. 他不愿意说。
　　　他　不　愿意　说
234. ni⁴⁴ȵa⁴⁴hi⁴³ȵa⁴⁴qa⁴⁴tau⁴⁴ni⁴⁴? 她肯嫁给他吗？
　　　他　愿　不　愿　嫁　给　他
235. ni⁴⁴ka⁴³ntau³³ni⁴⁴lai⁴³ȵie¹³. 他敢打他老婆。
　　　他　敢　打　他　个　媳妇
236. die¹³ni⁴⁴ȵ̩tɕi⁵⁵mau¹³dɯ¹³? 他能爬上去吗？
　　　是否　他　爬　去　能
237. ku⁵⁵hi⁴³dzeo¹³hu⁴⁴ŋgau¹³gi²¹die¹³dzeo¹³hu⁴⁴ŋgau¹³lu⁴³?
　　　我　不　会　唱　歌　你　是否　会　唱　歌　吗
　　　我不会唱歌，你会唱歌吗？
238. pi⁴³hu⁵⁵bə²¹di¹³ki⁵⁵tʂhai⁴⁴zo¹³a⁴⁴nu¹³a⁴⁴sə⁵⁵.我们大家应该努力劳动。
　　　我们　大家　应该　出　力　做　事　做　农活
239. ni⁴⁴ai⁴³die¹³ʐa⁴⁴ȵo⁴³tsau³³ndu¹³vai¹³tha⁴⁴si⁴³lo¹³.
　　　他　必须　要　在　暗　天　前　回来
　　　他必须在天黑以前回来。

三十九 动词带宾语和补语时的语序，动词和补语之间是否需要助词？

240. tɕa⁴⁴ḷo⁴³ma⁴⁴ntau⁴⁴tsha⁴³ɢau²¹leo¹³dɯ¹³. 大风把树吹倒了。
　　　风　大　把　树　吹　倒　去了　了
241. ni⁴⁴ntau³³a⁴⁴du²¹tʂo⁵⁵da²¹sãŋ⁴⁴. 他打死了两只老虎。
　　　他　打　二　只　虎　死　了
242. ni⁴⁴ma⁴³a⁴⁴du²¹tʂo⁵⁵ntau³³da²¹sãŋ⁴⁴. 他把两只虎打死了。
　　　他　把　二　只　虎　打　死　了
243. lo¹³sau⁴⁴i⁴³zo²¹lau⁵⁵lau¹³nau²¹tsho⁴⁴kha⁴⁴ntu⁴³sãŋ⁴⁴.
　　　下　了　一　场　大　大　雨　衣服　完全　湿　了
　　　下了一场大雨，把衣服都淋湿了
244. ŋu⁵⁵zie⁴³gu¹³lie¹³tu⁴⁴deo¹³kãŋ⁴³sãŋ⁴⁴. 太阳晒得田都裂了。
　　　日　晒　得　地　都　出　裂缝　了

245. ņu⁴⁴ma⁴³lie⁴³zie⁴³gu¹³deo¹³kã ŋ⁴⁴sã ŋ⁴⁴. 太阳把田都晒裂了。
　　 日　 把 田 晒　 得出 　裂缝　 了

四十 动词带宾语和补语的语序如何？

246. kheo⁴⁴i⁴³du²¹qeo⁴⁴lo¹³. 拿一根棍子来。（祈使语气）
　　 拿　 一　 条　棍　来

247. dʐo¹³da¹³i⁴³du³¹qeo⁴⁴. 拿来一根棍子。（陈述语气）
　　 拿　 来　 一　 条　 棍

248. ni⁴⁴bai¹³tḷa⁴⁴ŋga¹³leo¹³daɯ¹³. 他进屋里去了。
　　 他　 进　 到　 屋　去了 了

249. lai⁴³tsi⁴⁴ma⁴³tɕai⁵⁵tʂhə⁵⁵ṭau⁴⁴a⁵⁵ṣa⁴⁴tɕe⁴⁴daɯ¹³.
　　 个　 姐 把　 篮子　 提　 在　 上面　着　了
　　 大姐把篮子提起来了。

250. tsa⁵⁵ky⁵⁵ņtɕi⁴⁴ntau⁴⁴mau¹³dʐau¹³nau¹³. 弟弟爬上树去抓鸟。
　　 个 弟　 爬　 树　 去　抓　 鸟

251. ŋa⁵⁵ʐau⁴⁴ṣeo⁵⁵lo¹³daɯ¹³. 小孩站了起来。
　　 孩子　 站　 来 了

四十一 动词带可能补语的语序如何？

252. i⁴³fau⁴⁴ntau⁴⁴ni⁵⁵ku⁵⁵i⁴³lɯ⁴³lai³¹ky⁵⁵daɯ¹³dʐo¹³.
　　 一　 棵　 树 　这 我 一　 个　 也 扛　 能　 的
　　 这根木头，我一个人也能扛得起来。

253. tou⁵⁵pi³³daɯ¹³ni⁵⁵tsi⁴³ņu⁴⁴tsi¹³la³³ņi⁴⁴hi⁴⁴daɯ¹³.
　　 个　 故事　 这　 三　 日 三　 夜 讲　 不　 完
　　 这个故事三天三夜也讲不完。

254. tou⁵⁵pi³³daɯ¹³ni⁵⁵tsi⁴³ņu⁴⁴tsi¹³la³³m̥o⁴⁴la⁵⁵lə¹³ņi⁴⁴daɯ¹³.
　　 个　 故事　 这　 三　 日 三　 夜　 才 讲　 完
　　 这个故事三天三夜才讲得完。

255. lu⁴³a³¹dlau¹³ni⁵⁵qhə⁴³hi⁴³tau⁴⁴daɯ¹³. 这扇门打不开了。
　　 个 前缀 门　 这　 开 不 得　 了

256. lu⁴³dlau¹³ni⁵⁵qhə⁴³hi⁴³daɯ¹³. 这扇门打不开了。
　　 个　 门 这　 开 不 了

257. lu⁴³a³¹dlau¹³ni⁵⁵la⁵⁵qhə⁴³tau¹³dʐo¹³. 这扇门能打得开。
　　 个 前缀 门　 这　 要　 开　 得　 的

258. i⁴³tʂaŋ⁴⁴ņtɕi⁴³vai¹³nau¹³hi⁴³ɢau¹³. 那种菌子吃不得。
　　 一 种　 菌　 那　 吃 不　 能

259. i⁴³tʂãŋ⁴⁴n̩tɕi⁴³vai¹³nau¹³ɢau¹³. 那种菌子能吃。
　　　一　种　菌　那　吃　能
260. ku⁵⁵mau¹³hi⁴³daɯ¹³daɯ¹³. 我走不动了。
　　　我　去　不　能　了
261. ku⁵⁵mau¹³daɯ¹³dʐo¹³. 我走得动。
　　　我　去　能　的
262. ni²¹sa⁴⁴tau⁴⁴i⁴³dzo̥¹³la⁴⁴gu¹³hai⁵⁵nti⁵⁵. 他搓了一根长长的绳子。
　　　他　搓　得一　条　绳子　是　很　长
263. lai⁴³ŋga¹³vai¹³tha⁴⁴ma¹³i⁴³fau⁴⁴ntau⁴⁴gu¹³hai⁵⁵sie⁴³.
　　　个　房　前面　有一　棵　树　是　很　高
　　房子前面有一棵高高的树。
264. i⁴³dʐo¹³ki⁵⁵ni⁵⁵li⁴³ŋkhi⁴³li⁴³ŋkhau⁴⁴hi⁴³zau⁴⁴mau¹³.
　　　一　条　路　这　　弯弯曲曲　　不　好　去
　　这条路弯弯曲曲的不好走。

四十二　形容词能否重叠，有哪些重叠形式？

265. i⁴³lɯ⁴³ŋa⁵⁵ʐau⁴⁴ni⁵⁵ʐou¹³tl̥eo⁴³ʐou¹³mau⁴⁴a⁴³khau⁴⁴nu¹³gu¹³.
　　　一　个　孩子　这　又　白　又　胖　　可爱　是
　　这个孩子白白胖胖的真可爱。
266. ntau⁴³a⁵⁵ʂa⁴³ma²¹i⁴³lu⁴³tsi²¹za¹³gu¹³hai⁵⁵lie⁴³. 树上有个红红的梨。
　　　树　上　有一　个　梨　是　很　红
267. ni⁴⁴lu⁴³tl̥hu⁴⁴vaɯ¹³gi³¹ʂi³³vo¹³. 他的脸色黄黄的。
　　　他　个　脸　黄　得　黄色貌
268. di¹³tsi⁵⁵qə⁴³ni⁵⁵ntsa⁴³ndu⁴³mi⁴³sie⁴³hi⁴³n̥e¹³zau⁴⁴ʂau⁴⁴.
　　　些　玉米　这　绿　得　绿色貌　不　还　好　收
　　这些玉米绿绿的，还不能收。

四十三　形容词可否带状词，状词可否重叠，状词与形容词间可否加入助词？

269. ɕau⁴⁴na⁵⁵qau⁴³ntsa⁴³lo̥⁴³gu¹³ntsa⁴⁴ndu⁴³mi⁴³sie⁴³.
　　　年　这　庄稼　绿　长　得　绿　得　绿色貌
　　今年的禾苗长得绿油油的。
270. die¹³tsi⁵⁵ni⁵⁵hai⁵⁵hi⁴³qau⁴³. 这些果子酸溜溜的。
　　　些　果　这　很　酸
271. die¹³baɯ¹³ni⁵⁵lie⁴³ndu¹³ki³³dzḁ¹³. 这些花红通通的。
　　　些　花　这　红　得　红色貌

272. i⁴³ɢa¹³ndli¹³vai¹³vaɯ¹³ŋḍaɯ¹³ɕi³³vo¹³. 那片稻子黄灿灿的。
　　　一　片　稻　那　黄　得　黄色貌
273. dzo¹³ki⁵⁵vai¹³faɯ⁵⁵gi¹³tau⁴³tɕha⁴⁴. 那条路宽敞敞的。
　　　条　路　那　宽　得　宽敞貌
274. ni⁴⁴tl̥au⁴³fau⁴⁴hi⁴⁴mpha⁴⁴hi⁴⁴mphau⁴⁴. 他的头发乱糟糟的。
　　　他　头发　　重叠前缀　　乱
275. i⁴³phau⁴³ɴɢai¹³ni⁵⁵tʂu⁴⁴hã̄ŋ⁴⁴tʂhu⁴⁴hã̄ŋ⁴⁴lo²¹. 这锅肉香喷喷的。
　　　一　锅　肉　这　重叠前缀　　香　　的
276. qhai⁴³ti⁴³tɕheo⁴⁴vai¹³tʂu⁴⁴ta⁵⁵ntu⁴³mə⁴⁴. 那个地方臭烘烘的。
　　　处所　地方　那　臭烘烘
277. lou⁵⁵tsi⁴³za¹³ni⁵⁵hi⁴⁴qau⁴³gi¹³ndly³¹au⁴³ndʐau¹³. 这个梨酸酸的。
　　　个　梨　这　酸　得　流　水　嘴
278. lu⁵⁵ki⁴⁴ʂa⁴⁴ni⁵⁵mbə¹³gi¹³l̥y³³leo⁵⁵. 这个辣椒辣乎乎的。
　　　个　辣椒　这　辣　得　吸气声响貌
279. ndu¹³dʐau¹³lu⁵⁵n̥u⁴³ʂo⁵⁵ntu⁴³ʂo⁵⁵. 冬天的太阳暖洋洋的。
　　　天　寒　个　日　暖　暖和貌
280. ndu¹³ʂo⁵⁵lu⁵⁵n̥u⁴³ʂo⁵⁵gi¹³ku⁴³. 夏天的太阳热辣辣的。
　　　天　暖　个　日　暖　得　烫
281. ni⁴⁴tshai⁴³di¹³dzie¹³ntu⁴³to⁴⁴. 他的手冷冰冰的。
　　　他　只　手　凉　冰凉貌
282. lu⁵⁵ndu¹³ntsa⁴³ndu¹³mi⁴³sie⁴⁴. 天空蓝莹莹的。
　　　个　天　蓝　得　蓝色貌

四十四　形容词修饰名词或量词时的语序如何？

283. gi²¹gu¹³i⁴³lɯ⁴³zau⁴⁴tə⁴⁴nə⁴³. 你是一个好人。
　　　你　是　一　个　好　人
284. ni⁴⁴gu¹³i⁴³lɯ⁴³tʂi⁵⁵tə⁵⁵nə⁴³. 他是一个坏人。
　　　他　是　一　个　丑　人
285. ni⁴⁴ma¹³tau⁴⁴i⁴³lu¹³tʂho⁴⁴baɯ⁴⁴a⁵⁵tʂhie⁴³. 她买了一件新的花衣服。
　　　他　买　得　一件　衣服　花　前缀　新
286. nto⁵⁵i⁴³fau⁴³lau⁴³lau¹³ntau⁴⁴lo¹³a⁴⁴n̪dʑi⁴³. 砍一棵大树回来做柱子。
　　　砍　一　棵　大　大　树　来做柱子
287. lɯ⁵⁵ŋgau¹³ntshai³³gu¹³ai⁴³zau⁴⁴ŋgau¹³vai¹³gu¹³qa³¹dy?
　　　位　姑娘　是　很　好　看　那　是　谁
　　那个漂亮的姑娘是谁？

288. ni⁴⁴ma¹³tau⁴⁴i⁴³du²¹lau⁴⁴a⁴⁴tʂhie⁴³. 他买了一把新锄头。
　　　他　买　得　一　把　锄头 前缀 新

289. ni⁴⁴ʑi¹³dai²¹ʂau⁴⁴i⁴³du²¹lau⁵⁵lau¹³mpa⁴⁴dlo²¹.他家卖了一头大肥猪。
　　　他　家　卖了　一　头　大　大　猪　肥

四十五　形容词是否有级的语法范畴？

290. a⁴⁴li⁴⁴ni⁵⁵zau⁴⁴,a⁴⁴li¹³vai¹³hai⁵⁵zau⁴⁴,tʂa⁵⁵hi⁴⁴a⁴⁴ʐa⁵⁵zau⁵⁵.
　　　做　这样　好　做　那样　很　好　　如果　不　做　最　好
　　　这样做好，那样做更好，要是不做最好了。

291. ku⁵⁵i⁴³mbə²¹ni⁵⁵tɕau⁴³, 我这份多,
　　　我　一　份　这　多
　　gi²¹i⁴³mbə²¹vai¹³hai⁵⁵tɕau⁴³, 你那份比较多,
　　　你　一　份　那　较　多
　　ni⁴⁴i⁴³mbə²¹i⁵⁵ʐa⁵⁵tɕau⁴³. 她那份最多了。
　　　她　一　份　那　最　多

292. lai⁴³tau⁴³ni⁵⁵sie⁴³,lai⁴³tau⁴³vai¹³hai⁵⁵sie⁴³,lai⁴³tau⁴³i⁵⁵ʐa⁵⁵sie⁴³.
　　　个　山　这　高　个　山　那　较　高　个　山　那　最　高
　　　这座山高，那座山更高，那座山最高。

293. ku⁵⁵ɢə¹³la⁵⁵tu⁴⁴gi²¹, ni⁴⁴ɢə¹³la⁴⁴tu⁴⁴ku⁵⁵, ni⁴⁴ʐa⁵⁵ɢə¹³daɯ¹³.
　　　我　矮　过于　你　　他　矮　过于　我　　她　最　矮　了
　　　我比你矮，他比我更矮，她最矮啦。

294. gi²¹ɢə¹³, ku⁵⁵ɣo³¹ŋo³¹ɢə¹³, ni⁴⁴ɣo³¹ŋo³¹ʐa⁵⁵ɢə¹³.
　　　你　矮　我　更　矮　他　更　最　矮
　　　你矮，我更矮，他最矮。

295. gi²¹ɢə¹³,ku⁵⁵ɣo³¹ŋo³¹ɢə¹³, ni⁴⁴ʐa⁵⁵ɢə¹³. 你矮,我更矮,他最矮。
　　　你　矮　我　更　矮　他　最　矮

296. pi⁴³tsi⁴³lɯ⁴³n̪ie¹³ɕau⁴⁴ni⁴⁴ʐa⁵⁵la⁴³. 我们三个里面他年纪最大。
　　　我们　三　个　　年纪　他　最　大

297. tsai⁵⁵mau¹³l̩o⁴³la⁵⁵tu⁵⁵tsa⁵⁵ky⁵⁵a⁴³ɕau³³. 哥哥比弟弟大两岁。
　　　　个　兄　大　过于　个　弟　二　年

298. gi²¹sie⁴³la⁵⁵tu⁵⁵ku⁵⁵tsi⁴³tshun²⁴. 你比我高三寸。
　　　你　高　过于　我　三　寸

299. i⁴³fau⁴⁴ntau⁴⁴ni⁵⁵nti⁵⁵la⁵⁵tu⁵⁵i⁴³fau⁴⁴vai¹³tsi⁴³tʂhi³¹.
　　　一　棵　树　这　长　过于　一　棵　那　三　尺
　　　这棵树比那棵长三尺。

四十六 形容词修饰动词的语序是如何的？

300. hu⁴⁴ni⁴⁴da²¹gi²¹ȵtʂhi⁴⁴khai⁴⁴huei²⁴, go¹³ni⁴⁴gi²¹ȵtʂhi⁴⁴mau¹³ma⁴⁴a⁵⁵tsa⁴⁴.
　　叫他来快　开会　使他　快　　去买 前缀 药
　　叫他快来开会，叫他快点去买药。

301. da¹³gi²¹ȵtʂhi³³.来快点。
　　来　快

302. gi²¹ȵtʂhi³³da¹³.快点来。
　　快　来

303. ki⁵⁵ndlie⁴³ta⁴³die²¹, a⁵⁵lɯ¹³mau¹³. 路太滑，慢点走。
　　路　滑　非常　　慢　走

304. hi⁴³ʑa⁵⁵tsai⁵⁵, a⁵⁵lɯ¹³mau¹³. 不要急，慢慢走。
　　不　要　急　　慢　走

305. gi¹³ȵtʂhi⁴⁴dʐo¹³l̩au⁴⁴da¹³. 快点拿锄头来。
　　　快　拿　锄头　来

306. dʐo¹³l̩au¹³da¹³gi²¹ȵtʂhi³³. 快点拿锄头来。
　　拿　锄头　来　　快

307. ni⁴⁴hi⁴³ȵ̩o⁴³ŋga¹³, tl̩eo⁴³mau¹³i⁴⁴to³³. 他不在家，白走了一趟。
　　他　不　在　家　　白　走　一　趟

308. hu⁵⁵bə²¹tu⁴⁴ʑa⁴⁴a⁴⁴na¹³sə⁴⁴, hi⁴⁴ʑa⁵⁵tl̩eo⁴⁴nau¹³.
　　大家　都　要　做活计　　不　要　白　吃
　　大家都要劳动，不能白吃。

309. dʐeo¹³ȵi⁴⁴lu¹³,tɕau⁴³a⁴⁴nu¹³. 少说话，多做事。
　　　少　说话　多　做事

310. tɕau⁴³nau¹³i⁴³ȵtʂi⁵⁵ŋa⁴⁴. 多吃一点。
　　多　吃　　一点

311. nau¹³tɕau⁴³i⁴³ȵtʂi⁵⁵ŋa⁴⁴. 多吃一点。
　　吃　多　　一点

312. zau⁴⁴nau¹³i⁴³dla²¹. 饱吃一顿。
　　好　吃　一　顿

313. ni⁴⁴qha⁴³ȵa¹³da¹³,ʈai³³leo¹³daɯ¹³. 她刚刚来，又走了。
　　他　刚刚　来　又　去了　了

四十七 副词修饰动词或形容词时的语序是如何的？

314. ni⁴⁴leo¹³tu⁴⁴leo¹³daɯ¹³.她已经走了。
　　　她去了 都　去了　了

315. ku⁵⁵pa⁴⁴ni⁵⁵da¹³. 我马上来。
　　　我　马上　来

316. ni⁴⁴a⁵⁵vai⁴³thə⁴⁴dzə⁴³mo⁴³dzau⁴³. 她父亲常常生病。
　　　她 前缀 父亲　经常　病 疼

317. gi¹³hə⁵⁵ndi¹³, ku⁵⁵da¹³a⁵⁵qə⁵⁵. 你先走，我后来。
　　　你 前 走　我 来 后

318. m̥o⁴⁴na⁴⁴ndu¹³hai⁵⁵ku⁴³. 今天天太热。
　　　今天　天　很　烫

319. ku⁵⁵hai⁵⁵ɳtʂheo⁴⁴ni⁴⁴. 我很喜欢他。
　　　我　很　喜欢　他

320. ni⁴⁴ɳtʂhai⁴⁴ta⁴⁴die²¹. 她非常害怕。
　　　她　怕　非常

321. i⁴³du²¹nə¹³ni⁵⁵hai⁵⁵ɖau²¹daɯ¹³. 这匹马跑得真快。
　　　一　匹　马　这　很　跑　能

322. ni⁴⁴a⁵⁵mau¹³hai⁵⁵zau⁴⁴. 她哥哥真好。
　　　她 前缀 兄　很　好

323. hu⁵⁵bə²¹tu⁴⁴da¹³daɯ¹³. 大家都来了。
　　　大家　都　来　了

324. die⁴³tl̥a⁴⁴nə⁴⁴ni⁵⁵kha⁴⁴ma⁴³ʈau⁴⁴ni⁴⁴. 这些东西全给他。
　　　是否　东西　这　会　拿　给 他

325. i⁴³nãŋ¹³nteo⁵⁵ni⁵⁵zau⁴⁴die²¹. 这本书好极了。
　　　一　本　书　这　好　真

326. ku⁵⁵ɳɖo²¹gi²¹i⁴³dzau²¹mau¹³. 我和你一起去。
　　　我　同　你　一　起　去

327. ku⁵⁵dza²¹l̥a²¹dʐau²¹vai¹³ni⁵⁵, hi⁴³l̥a²¹dzo²¹pha⁴⁴ʐau⁴⁴ti⁴³tɕheo⁴³.
　　　我　只 曾经　处所　这　不 曾经　到　别　地方
　　　我只到过这里，没有到过别的地方。

328. ni⁴⁴hi⁴³ɲie²¹da¹³. 他还没有来。
　　　他　不　还　来

329. ni⁴⁴a⁴⁴dʑãŋ²¹na⁵⁵a⁴⁴ʂeo⁴⁴ɳɖo¹³qhai⁴³vai¹³？他为什么老站在那里？
　　　他　为何　做　站立　一直　处所 那

330. ni⁴⁴la³³ni⁴⁴hu⁴⁴gi¹³la³³gi²¹hu⁴⁴ku⁵⁵la³³ku⁵⁵hu⁴⁴hu⁵⁵bə²¹tu⁴⁴hu⁴⁴.
　　　他 也 他 唱 你 也 你 唱 我 也 我 唱 大家　都 唱
　　　他也唱，你也唱，我也唱，大家都唱。

331. ni⁴⁴hu⁴⁴, gi²¹hu⁴⁴, ku⁵⁵hu⁴⁴, hu⁵⁵bə²¹tu⁴⁴hu⁴⁴.
　　　他 唱　你 唱　我 唱　大家　都 唱
　　　他唱，你唱，我唱，大家都唱。

332. a⁴⁴li⁴⁴ni⁵⁵a⁴⁴la³³ʐau⁴⁴. 这样做也好。
　　　　这样　做 也 好

333. ʈai⁴⁴do¹³tshai³³li⁴⁴dʑi¹³ŋu¹³ndli¹³dɑɯ¹³. 再过半个月就割稻子了。
　　　再　等　半　月　就　割　稻子 了

334. hi⁴⁴kə⁵⁵ni⁴⁴ŋi⁴⁴li⁴⁴dʑã̃ŋ¹³, ku⁵⁵tu⁴⁴hi⁴⁴ɳdʐə²¹.
　　　不管　他 说　什么　　我 都 不 信
　　　随他怎么说，我都不相信。

335. ni⁴⁴hi⁴³ȵie¹³py⁴⁴si⁴³. 他还没有睡觉呢。
　　　他 不 还 睡 呢

336. gi²¹ɳtʂhai⁴³hi⁴⁴ɳtʂhai⁴⁴pi⁵⁵dlau¹³? 你怕不怕鬼?
　　　你 怕　不 怕　鬼

337. ku⁵⁵hi⁴³ɳtʂhai⁴⁴pi⁵⁵dlau¹³. 我不怕鬼。
　　　我 不 怕 鬼

338. ŋa⁵⁵ʑau⁴⁴hi⁴³ʑa⁴⁴tʂhau⁴⁴. 小孩别吵闹。
　　　孩子　不 要 吵

339. lu⁵⁵a⁴⁴gy¹³ni⁵⁵hai⁵⁵to⁴³. 这条河很深。
　　　条 前缀 河 这 很 深

340. ʈai³³nau¹³i⁴³kho⁴³, ʈai³³hau³³i⁴³pei⁴⁴. 再吃一碗，再喝一杯。
　　　再 吃 一 碗 再 喝 一 杯

341. gi¹³su⁴³mau¹³, ku⁵⁵i⁴³mbeo¹³ŋa⁴⁴da¹³. 你先去，我马上来。
　　　你 先 去 我 一 时候 小 来

四十八　有没有成对的相关的关联词?

342. ni⁴⁴ŋi⁴⁴tsi⁴⁴la⁵⁵tlo³³tsi⁴⁴la⁵⁵. 他一边说，一边笑。
　　　他 说 正在 笑 正在

343. ni⁴⁴ai⁴³dã̃ŋ²¹ai⁴³fai⁴⁴. 他越跑越快。
　　　他 越 跑 越 快

344. lai⁴³ḷau⁴³vai¹³ʐou¹³sie⁴³ʐou¹³lo⁴³. 那座山又高又大。
　　　个 山 那 又 高 又 大

345. qai⁴³i⁴³qa⁴⁴ni⁴⁴tɕou³¹ʂeo¹³lo¹³dɑɯ¹³. 鸡一叫他就起来了。
　　　鸡 一 叫 他 就 起 来 了

346. ni⁴⁴hai⁵⁵ḷau⁴³ɴɢa¹³, tsha⁴⁴ŋu⁴³hi⁴³ʐo²¹a⁴⁴qau⁴⁴dʑi⁴³ʂau⁴⁴deo¹³.
　　　她 很 勤劳　　齐 日 不 是 做 庄稼 就 砍 柴
　　　她很勤劳，整天不是种地，就是砍柴。

四十九 有哪些常用的介词，其用法如何？

347. a⁵⁵tʂhu³³n̠ɖo²¹tl̠i⁵⁵hi³³do¹³. 猫跟狗打架。
　　前缀　猫　　跟　狗　互相　咬

348. ni⁴⁴a⁵⁵n̠ie⁴³n̠ɖo²¹ni⁴⁴n̠i⁴⁴ʐa⁵⁵ni⁴⁴zau⁴⁴zau⁴⁴a⁴⁴nu¹³.
　　他 前缀 母亲 跟　他 说 要 他 好　好　做活
　　他母亲对他说，要他好好干活。

349. na⁴⁴ni⁴⁴i⁴³ɕau⁴⁴:³³zau⁴⁴la⁵⁵tu⁵⁵i⁴³ɕau⁴⁴:³³. 现在一年比一年好。
　　　现在　一　年　　好　过于　一　年

350. ni⁴⁴a⁴³lɯ⁴³ŋa⁵⁵ʐau⁴⁴tu⁴⁴mau¹³tl̠a⁴⁴a⁴⁴tai⁴⁴leo¹³daɯ¹³.
　　他　二　个　孩子　都　去　到 前缀 外婆 去了 了
　　他的两个孩子都到外婆家去了。

351. ku⁵⁵tsai³³t̠au⁴⁴ni⁴⁴pə⁴³ty⁴⁴qau⁴³. 我借给他五斗粮食。
　　　我　借　给　他　五 斗　粮

352. ni⁴⁴fai⁴³t̠au⁴⁴ku⁵⁵tsi⁴³ki⁴⁴tsi²¹dli¹³. 他分给我三斤桃子。
　　　他　分　给　我　三 斤 前缀 桃

353. ni⁴⁴tsai³³a⁴³pa⁴⁴dli¹³t̠au⁴⁴ku⁵⁵. 他借二百块给我。
　　　他　借 二　百　块　给　我

354. ŋga¹³tɕe⁴⁴leo⁴⁴tsai³³t̠au⁴⁴ni⁴⁴a⁴⁴pa⁴⁴dli¹³. 银行借给他两百块钱。
　　　房　放　钱　借　给　他　二 百　块

355. ŋga¹³tɕe⁴⁴leo⁴⁴tsai³³a⁴³pa⁴⁴dli¹³t̠au⁴⁴ni⁴⁴. 银行借给他两百块钱。
　　　房　放　钱　借　二 百 块　给　他

356. ku⁵⁵sãŋ⁴⁴ni⁴⁴i⁴³lɯ⁴³tʂho⁴⁴a⁴³tʂhie⁴³. 我送她一件新衣服。
　　　我　送　她　一 件　衣　新

357. ni⁴⁴ma¹³ku⁵⁵a⁴⁴du²¹tʂhi³³. 她买我两只羊。
　　　她 买 我　二 只　羊

358. ni⁴⁴hau³³ku⁵⁵a⁴³li⁴⁴phy⁵⁵tɕeo⁵⁵. 她喝我两瓶酒.
　　　她　喝　我　二　瓶　酒

五十 复指成分

359. pi⁴³zo¹³tu⁴³dʑo⁴³m̠au⁴⁴tʂhi⁴³mau¹³tl̠a⁴⁴lai⁴³ɕaŋ⁵⁵khai⁴⁴huei²⁴leo¹³daɯ¹³.
　　我们 村 者 管理 姓 杨　去　到　个　乡　开会　去了 了
　　我们村长老杨到乡上开会去了。

360. bai²¹ŋa⁴⁴ʐau⁴⁴ni⁵⁵ku⁵⁵kha⁴⁴pau⁴⁴ni⁴⁴dzau¹³. 这些孩子我全认识。
　　　些　小孩　这　我　会　知道　他们

361. ni⁵⁵a⁴³lɯ⁴³ŋa⁵⁵ʐau⁴⁴, tsai⁴³gu²¹lo⁴³a⁴⁴ɖo²¹, tsa⁵⁵gu¹³ʂau⁴³n̩o⁴³ŋa¹³
　　　他　二　个　　小孩　　个　是　大　当兵　　个　是　小　在家
geo¹³nteo⁵⁵.
　读　书
他的两个孩子，大的当兵，小的在家读书。

362. ni⁴⁴ndzau¹³pə⁴³lɯ⁴³tu⁴⁴ʐo¹³tu⁴³ŋgeo¹³nteo⁵⁵. 他们五个都是学生。
　　　他们　　　　五　个　都　是　者　读　书

363. vai¹³ʑi¹³gi²¹ʐa⁵⁵tl̩a⁴⁴qa⁵⁵dy¹³lu⁴³? 叔叔你上哪儿去呀？
　　　父　小　你　要　到　哪里　呀

五十一　陈述句

364. tɕe⁴³ɴqə⁴³ma¹³i⁴³du¹³pi⁵⁵naɯ⁴³. 草里有一条蛇。
　　　里草　　有　一　条　前缀　蛇

365. lai⁴³n̩u⁴⁴i⁴³ntsə⁵⁵leo¹³, lai⁴³li⁴⁴deo¹³da¹³daɯ¹³.
　　　个　日　一　落　去了　　个　月亮　出　来　了
太阳刚下山，月亮就出来了。

366. ni⁴⁴gu¹³a³¹po⁴⁴ɕau⁴⁴la⁵⁵ma¹³. 他是前年生的。
　　　他　是　前年　发芽　有

367. ku⁵⁵a⁵⁵vai⁴³ɕau⁴⁴na⁵⁵ɕãŋ⁴⁴dzau¹³pə⁴³ɕau⁴⁴daɯ¹³.
　　　我　前缀　父亲　年　这　七　十　五　岁　了
我父亲今年七十五岁了。

368. ku⁵⁵hi⁴⁴n̩ie²¹tau⁴⁴bo¹³ni⁴⁴. 我还没有见过他。
　　　我　还　没　得　见　他

369. ku⁵⁵hi⁴⁴la²¹tau⁴⁴bo¹³ni⁴⁴. 我还没有见过他。
　　　我　不　曾　得　见　他

五十二　疑问句：除了疑问副词、疑问代词、疑问指示词外，有没有以下五种方式表达的？

（一）在句末加否定副词"不""没有"表示？

370. die¹³gi²¹mau³³? 你去不？
　　　是否　你　去

371. die¹³ni⁴⁴ma¹³tsa⁵⁵ky⁵⁵? 他有没有兄弟？
　　　是否　他　有　个　弟兄

372. die¹³ni⁴⁴ndzau¹³da¹³ndzau¹³daɯ¹³? 他们到齐了没有？
　　　是否　他们　　　来　齐　吗

（二）谓语用肯定加否定的形式表达？

373. ni⁴⁴da¹³la³³hi⁴⁴da¹³? 她来不来？
　　　他　来　也　不　来

374. gi²¹mau¹³ky⁵⁵au⁴³la³³hi⁴⁴mau¹³? 他去不去挑水？
　　　你　去　挑　水　也　不　去

375. gi²¹dau²¹hi⁴³dau²¹ni⁴⁴? 你喜不喜欢他？
　　　你　喜欢　不　喜欢　他

376. ni⁴⁴ntsheo⁴⁴hi⁴⁴ntsheo⁴⁴gi²¹? 她爱不爱你？
　　　他　爱　不　爱　你

（三）用疑问助词表示？

377. ni⁴⁴tḷau⁴⁴dzau¹³ɕau⁴⁴da¹³, na⁵⁵gi²¹? 他六十岁了，你呢？
　　　他　六　十　岁　了　呢　你

378. die¹³gi²¹da¹³na¹³ku⁵⁵? 你来看我吗？
　　　是否　你　来　看　我

379. die¹³gi²¹la⁵⁵da¹³na¹³ku⁵⁵? 你要来看我吗？
　　　是否　你　要　来　看　我

380. gi²¹da¹³na¹³ku⁵⁵lu⁴⁴? 你来看我吗？
　　　你　来　看　我　吗

381. ni⁴⁴tsa⁵⁵ky⁵⁵hi⁴³ndzau²¹da¹³daɯ¹³pa⁴⁴? 他弟弟大概不来了吧？
　　　他　个　弟　不　大概　来　了　吧

（四）用升调表示？

382. ni⁴⁴la⁴⁴mau¹³? 他也去？
　　　他　也　去

383. ni⁴⁴la⁴⁴mau¹³lu⁴⁴? 他也去吗？
　　　他　也　去　吗

384. gi²¹dzu¹³tɕi⁴⁴da¹³li²¹gau¹³? 你以为容易？
　　　你　以为　容易

385. ni⁴⁴hi⁴³dzeo¹³hu⁴⁴ŋgau¹³? 她不会唱歌？
　　　他　不　会　唱　歌

（五）用连词"还是"表示？

386. gi²¹la⁵⁵mau¹³la³³hi⁴³mau¹³? 你去还是不去？
　　　你　要　去　也　不　去

387. gi²¹la⁵⁵ʐa⁵⁵ḷo⁴³la³³ʐa⁵⁵ʂau⁴³? 你要大的还是要小的？
　　　你　要　要　大　也　要　小

五十三 祈使句

388. ma⁴³di¹³tḷau⁴³nou⁴³ni⁵⁵dʐo¹³leo¹³. 把这些东西拿走。
  把 些 东西 这 拿 去了

389. hi⁴⁴ʐa⁴⁴tʂo⁴⁴a⁴⁴la⁵⁵deo¹³tshi⁵⁵tau⁴³. 不要放火烧山。
  不 要 放 前缀 火 烧 山

390. hi⁴³ʐa⁵⁵a⁴⁴pi⁵⁵tə⁴³. 别吵。
  不 要 做 吼

391. gi²¹ɳtʂhi⁴⁴mau¹³leo³¹. 快去吧！
  快 去 去了

392. ma⁴³gi²¹tai⁴⁴piɛn⁴³taŋ⁴⁴tsai⁴⁴tau⁵⁵ku⁵⁵dʐo¹³i⁴³mba¹³ŋa⁵ lu⁴³.
  把 你 个 扁担 借 给 我 用 一 小会儿 吧
  把你的扁担借我用一会儿吧。

五十四 感叹句

393. tɕou²⁴miŋ²⁴ei⁴³ma¹³tə⁵⁵nə⁴³pau⁴³tḷa⁴⁴a⁵⁵gy¹³leo¹³daɯ¹³.
  救 命 啊 有 人 掉 到 前缀 河 去了 了
  救命啊！有人掉进河里啦！

394. pi⁵⁵zo⁴⁴dɑɯ²¹daɯ¹³fai⁴⁴ die¹³. 汽车跑得真快啊！
  汽车 跑 能 快 真

395. a⁴⁴lei¹³! ku⁵⁵di¹³nteo⁵⁵hi⁴³bo¹³daɯ¹³. 哎呀！我的书不见了。
  阿嘞 我 些 书 不见 了

396. ai⁴³ʑei⁴³! mo⁴³ku⁵⁵la⁵⁵da²¹! 哎哟！疼死我啦！
  哎哟 疼 我 死 啦

397. ʑi⁴³! ku⁵⁵bie²¹zau⁴⁴la⁵⁵tu⁵⁵ni⁴⁴bie²¹! 哼！我的比他的好得多呢！
  哼 我 属 好 过于 你 属

五十五 并列复句

398. ɲu¹³dzeo¹³dʐo¹³lie¹³, nə¹³dzeo¹³xai⁵⁵pi⁴³zo⁴³. 牛能犁田，马能拉车。
  牛 会 犁 田 马 会 拉 车

399. ku⁵⁵gu¹³ʐyn³¹nan³¹tə⁵⁵nə⁴³, ni²⁴gu¹³kuaŋ⁴³ɕi⁴⁴tə⁵⁵nə⁴³.
  我是 云南 人 你是 广西 人
  我是云南人，他是广西人。

400. ku⁵⁵hi⁴³mau¹³daɯ¹³, gi²¹mau¹³lau⁴³. 我不去了，你去吧！
  我 不 去 了 你 去 吧

401. ni⁴⁴ntau⁴⁴kau³³hi⁴³tḷo⁴³tau⁴⁴kau⁴⁴ɴqə⁴³dʐo¹³i⁴³du⁴³a⁵⁵də¹³ʂau⁴⁴deo¹³
  他 带 伞 竹子 穿 鞋 草 拿 一 把 前缀 刀 柴 拾

t̪la⁴⁴lai⁴³t̪au⁴³leo⁴⁴.
　到　个　山　去了
他头上戴着斗笠，脚下穿着草鞋，手里拿着一把柴刀上山去了。

402. ni⁴⁴hi⁴³ta⁵⁵gu¹³a⁴⁴fai⁴⁴ta⁵⁵, t̪ai⁵⁵a⁴⁴zau⁴⁴ta⁴³die¹³.
　　他 不但　是　做 快　非常　再 做　好　非常
　　他不仅做得快，而且做得好。

403. gi²¹mau¹³xai⁵⁵lie¹³la¹³mau¹³ky⁵⁵tɕhi⁵⁵? 你去耙田，还是去挑粪？
　　你　去　耙　田　还是 去　挑　粪

五十六 主从复句

404. i⁵⁵gu¹³ki⁵⁵ai⁴³ɴGai¹³, a⁴⁴li⁴⁴ni⁵⁵pi⁴³zo⁴³mau¹³hi⁴⁴tsi⁴³.
　　因为　路　很　窄　　所以　车　去　不　可能
　　因为路很窄，所以车过不去。

405. vai¹³ni⁵⁵ʂo⁵⁵ta⁴⁴die²¹, ɴGai¹³tɕe⁴⁴li¹³hi⁴⁴tsi⁴³.
　　处所 这 热 非常　肉　放 久 不 能
　　这里天太热，肉不能放太久。

406. tʂa⁵⁵gu¹³pi³¹gi²¹hi⁴³nau²¹lo²¹, pi⁴³dʐou¹³mau¹³khy⁴⁴gi¹³.
　　如果　明天　不　雨　下　我们　就　去　赶　集
　　如果明天不下雨，我们就去赶集。

407. m̪o⁴⁴na⁴⁴xai⁵⁵ti⁴³zau⁴⁴dʐi¹³pi²¹gi²¹tʂo⁴⁴tʂãŋ⁵⁵.
　　今天　　耙　地　好　就　明天　播　种
　　今天能把地耙好，明天就播种。

408. die¹³tsi²¹dla¹³ni⁵⁵xai⁵⁵lo⁴³li³³vie³³hi⁴³qa⁴³mu⁴⁴.
　　些 前缀 桃子 这 很 大 但　不　甜
　　这些桃子虽然大，但是不甜。

409. die¹³tsi²¹dla¹³ni⁵⁵xai⁵⁵lo⁴³vie³³hi⁴³qa⁴³mu⁴⁴.
　　些 前缀 桃子 这 很 大 但 不 甜
　　这些桃子虽然大，但是不甜。

410. ni⁴⁴ŋi⁴⁴sãŋ⁴³dau²¹ŋu⁴³, i⁵⁵vie³³hu⁵⁵bə²¹hi⁴⁴pau⁴³.
　　他 说 了 半 天　但是　大家 不　知道
　　他说了半天，大家还是不懂。

411. ni⁴⁴tɕi²⁴zaŋ³¹ŋi⁴⁴gu¹³a³¹nau²¹da¹³, a⁴⁴dʐãŋ¹³na⁵⁵t̪ai²¹hi⁴³da¹³?
　　他　既然　说 是　昨天　来　　为什么　又 不 来
　　他既然说昨天来，为什么又不来呢？

412. gi²¹la⁵⁵da¹³ntso⁵⁵ɳtʂi³³ŋa⁴⁴, li⁴⁴mo⁴³go²¹ku⁵⁵do²¹gi²¹.
　　你 要 来 早 点 小　免得　让 我 等 你
　　你要早些来，免得让我等你。

413. dʐa¹³ʐa⁵⁵ʈhau⁴⁴zo²¹ʐau²¹dʑi¹³dzeo¹³ʐau²¹ʐau⁴⁴.
　　　只要　出　力　学　就　会　学　好
　　只要努力学习，就能学好。

414. i⁴³sã̃ŋ⁴³ndu¹³dʑi¹³pi⁴³mau²¹. 天一亮，我们就去。
　　　一　亮　天　就　我们　去

五十七　紧缩复句

415. ni⁴⁴ai⁴³dy¹³ai⁴³ʐau⁴⁴tl̥o³³:⁴⁴. 他越想越好笑。
　　　他　越　想　越　好　笑

416. ni⁴⁴mau¹³tsi⁴⁴la⁵⁵hu⁴⁴tsi⁴⁴la⁵⁵. 他一边走一边唱。
　　　他　去　正在　唱　正在

417. ni⁴⁴hi⁴⁴ndʐə²¹dʑi¹³kə⁵⁵daɯ¹³. 他不相信就算了。
　　　他　不　信　就　算　了

418. ni⁴⁴i⁴³n̥i⁴⁴dʑi¹³hi⁴³dzeo¹³daɯ²¹. 他一讲就没个完。
　　　他　一　说　就　不　会　完

419. dʐo¹³lie¹³hi⁴³ʐo²¹hi⁴³dzeo¹³. 犁田不学不会。
　　　犁　田　不　学　不　会

语言田野语法大纲扩展调查

420. lai⁴³m̥u⁴³zie⁴³gu¹³ʂo⁵⁵ntu⁴³so⁴⁴. 太阳晒得大地暖乎乎的。
　　　个　日　晒　是　热　温暖貌

421. va¹³qha⁴³n̥o²¹tɕiu⁴³deo¹³lo¹³pã̃ŋ⁴⁴qa⁴⁴tʂeo⁵⁵. 饭刚蒸出来热腾腾的。
　　　饭　刚　蒸　出　来　气　升腾貌

422. lu⁵⁵tʂho⁴⁴ni⁵⁵ŋau¹³dlau¹³hi⁴⁴ʐau⁴⁴, lu⁵⁵n̥u⁴³i⁴³zie⁴³dʑi¹³tl̥hi³³gi¹³
　　　件　衣　这　靛染　不　好　个　日　一　晒　就　变　得
　　　ndlau²¹pi⁴³ŋə¹³.
　　　花　花哨貌
　　这件衣服染得不好，太阳一晒就变得红不愣登的。

423. a⁵⁵lu⁵⁵py⁴⁴gi¹³ʂo⁵⁵ntu⁴³so⁴⁴. 被子睡得暖烘烘的。
　　　前缀　被子　睡　得　暖　暖和貌

424. tsa⁵⁵ŋa⁴⁴ʐau¹³vai¹³tshai³¹di¹³dzie¹³si⁴⁴tl̥au⁴⁴.
　　　个　小孩　那　只　手　凉　似　冰
　　那个小孩的手冷冰冰的。

425. lai⁴³ndlo²¹ŋa¹³vai¹³si³³qai⁴³dzau²¹. 那间屋子闹哄哄的。
　　　个　里　屋　那　似　鸡　叫

426. lai⁴³ndlo²¹ŋga¹³vai¹³si³³pi⁴⁴tɕho⁵⁵dzau¹³. 那间屋子闹哄哄的。
　　　个　里　屋　那　似　麻雀　　叫

427. ni⁴⁴n̥i⁴⁴lu¹³gi¹³gi¹³tʰu⁴³gi¹³tʰu⁴⁴. 她说话结结巴巴的。
　　　他　说　话　得　结结巴巴

428. ku⁵⁵hai⁵⁵li¹³hi⁴³ntsa⁵⁵a⁴⁴tɕi⁵⁵dauɯ¹³, a⁴⁴tɕi⁵⁵dlau¹³ntu⁴³ntsie¹³.
　　　我　很　久　不　洗　前缀 身 了　前缀 身　粘　黏糊貌
　　　我很久没洗澡了，身上黏乎乎的。

429. ni⁴⁴ndzau¹³dai²¹dauɯ¹³tɭu⁴⁴dauɯ¹³a⁴⁴sa⁴³. 他们卖黑豆和黄豆。
　　　　他们　卖　豆　黑　豆　上面

430. tsa⁵⁵ŋa⁴⁴ʐau⁴⁴ni⁵⁵ma¹³dʑai¹³n̥ie⁵⁵, ma¹³dʑai¹³tɭo³³.
　　　个　小孩　这　有　时　哭　有　时　笑
　　　这个小孩有时哭，有时笑。

431. qə⁵⁵nau¹³gu¹³ie⁴³mbə¹³qã̠ŋ⁴³mu⁵⁵hi⁴³qau⁴³ni⁴⁴tu⁴⁴na¹³, vie¹³hi⁴³
　　　食　吃　是　苦　辣　甜　糖　酸　他　都　吃　但 不
nau¹³tɭeo⁴⁴n̥tsə⁵⁵.
吃　咸　盐
酸甜苦辣的东西他都吃，就是不吃咸的。

432. tsai⁵⁵tə⁵⁵nə⁴³vai¹³i⁴³n̥tʂi⁵⁵ki⁵⁵tu⁴⁴hi⁴³n̥i⁴⁴. 那个人不讲一点儿道理。
　　　个　人　那　一　点　路　都　不　说

433. tsi⁵⁵tə⁵⁵nə⁴³vai¹³i⁴³n̥tʂi⁵⁵ki⁵⁵tu⁴⁴hi⁴³n̥i⁴⁴. 那个人不讲一点儿道理。
　　　个　人　那　一　点　路　都　不　说

434. tsi⁵⁵tə⁵⁵nə⁴⁴vai¹³hi⁴³n̥i⁴⁴i⁴³n̥tʂi⁵⁵ŋa⁴⁴ki⁵⁵. 那个人一点儿道理都不讲。
　　　个　人　那　不　说　一　点　小　路

435. tsi⁵⁵tə⁵⁵nə⁴³ni⁵⁵du²¹a⁴⁴si⁴⁴tu⁴⁴hi⁴³nau¹³. 这个人什么东西都不吃。
　　　个　人　这　个　什么　都　不　吃

436. di¹³qə⁴³mau¹³ni⁵⁵a³¹dy¹³tu⁴⁴hi⁴³nau¹³. 这种东西谁都不吃。
　　　些　食　吃　这　谁　都　不　吃

437. tsi⁵⁵tə⁵⁵nə⁴³ni⁴⁴a³¹dy¹³tu⁴⁴hi⁴³pau⁴³. 这个人谁都不认识。
　　　个　人　这　谁　都　不　知

438. tsi⁵⁵tə⁵⁵nə⁴³ni⁵⁵a³¹dy¹³tu⁴⁴hi⁴³pau⁴³ni⁴⁴. 这个人谁都不认识他。
　　　个　人　这　谁　都　不　知　他

439. tsi⁵⁵tə⁵⁵nə⁴³ni⁵⁵ni⁴⁴a³¹dy¹³tu⁴⁴hi⁴³pau⁴³. 这个人他谁都不认识。
　　　个　人　这　他　谁　都　不　知

440. sãŋ⁴⁴mau⁴⁴tau⁴⁴ni⁴⁴. 给他送信。
　　　送　信　给　他

441. sãŋ⁴⁴ʈau⁴⁴ni⁴⁴i⁴³qheo⁴⁴mau⁴⁴. 寄给他一封信。
　　　送　　给　　他　一　封　信

442. tsai⁴⁴ʈau⁴⁴ni⁴⁴hai³³tɕau⁴³l̪eo⁴⁴. 借给他很多钱。
　　　借　　给　　他　很　多　钱

443. ni⁴⁴sau⁴⁴ʐou¹³fai⁴⁴ʐou¹³ɳʈthai⁴⁴. 他写得又快又清楚。
　　　他　写　　又　快　又　清楚

444. ku⁵⁵tɕeo⁵⁵na⁵⁵ni⁵⁵hi⁴³hau³³dau¹³. 我现在不喝酒了。
　　　我　酒　　现在　不　喝　了

445. ku⁵⁵na⁵⁵ni⁴⁴hi⁴³hau³³tɕeo⁵⁵dau¹³. 我现在不喝酒了。
　　　我　现在　不　喝　酒　了

446. l̪a⁵⁵l̪a¹³qho⁵⁵l̪a⁵⁵l̪a¹³a³³tʂhi³³bai¹³, a⁴⁴dʐy¹³qho⁵⁵a⁴⁴dʐy¹³a³³tʂhi³³bai¹³.
　　　大　大　洞　大　大　前缀　猫　钻　　前缀　小　洞　前缀　小　前缀　猫　钻
　　　大洞大猫钻，小洞小猫钻。

447. hi⁴³ʐo²¹ku⁵⁵mau¹³dʑi¹³ni⁴⁴da¹³. 不是我去，就是他来。
　　　不　是　我　去　　就　他　来

448. dʑa²¹dli¹³tsha⁴⁴ʑi¹³nau¹³ɕie⁴³a⁴⁴lo³³. 八月十五家家吃月饼。
　　　　　到　稻谷　齐　家　吃　饼　前缀　圆

449. tɕiŋ⁴³miŋ³¹dʑei¹³ɳau¹³nau²¹tʂhie⁴³lo¹³. 清明时节雨纷纷。
　　　　清明　　时候　　雨　新　来

450. tɕiŋ⁴³miŋ³¹dʑei¹³ɳau¹³nau²¹tʂhie⁴³tʂhie⁴³. 清明时节雨纷纷。
　　　　清明　　时候　　雨　新　新

451. ni⁴⁴tsai³³ku⁵⁵i⁴³du¹³l̪au⁴⁴. 他向借我一把锄头。
　　　他　借　　我　一　把　锄

452. ni⁴⁴tsai³³ʈau⁴⁴ku⁵⁵i⁴³du²¹l̪au⁴⁴. 他借给我一把锄头。
　　　他　借　给　　我　一　把　锄头

453. ni⁴⁴ɳɖo²¹ku⁵⁵tsai³³i⁴³du¹³l̪au⁴⁴. 他跟我借一把锄头。
　　　他　跟　　我　借　一　把　锄头

454. ku⁵⁵sãŋ⁴⁴ni⁴⁴i⁴³nãŋ²¹nteo⁵⁵. 我送他一本书。
　　　我　送　　他　一　本　书

455. ku⁵⁵sãŋ⁴⁴i⁴³nãŋ²¹nteo⁵⁵ʈau⁴⁴ni¹⁴. 我送他一本书。
　　　我　送　一　本　书　给　　他

456. ɳthie⁵⁵ni⁴⁴tau⁴⁴tsi⁴³ŋu⁴³. 找了他三天。
　　　找　　他　得　三　天

457. ɳthie⁵⁵dau¹³ni⁴⁴tsi⁴³ŋu⁴⁴. 找了他三天。
　　　找　了　　他　三　天

458. geo¹³sãŋ⁴⁴pi⁴³dʐeo²¹ɕau⁴⁴nteo⁵⁵. 读过几年书。
　　　读　了　几　　年　书
459. geo¹³pi⁴³dʐeo²¹ɕau⁴⁴nteo⁵⁵sãŋ⁴⁴. 读过几年书。
　　　读　　几　年　书　了
460. ma⁴³ki⁵⁵n̩i⁴⁴tl̩eo⁴³ɳtʂhie⁴³. 把道理讲明白。
　　　把　路　说　白　清
461. pi⁴³mau¹³ki⁵⁵mau¹³tl̩a⁴⁴daɯ¹³. 我们走路走累了。
　　　我们　去　路　去　累　了
462. ku⁵⁵dy¹³ni⁴⁴ai⁴³die¹³la⁵⁵da¹³. 我想他一定会来。
　　　我　想　他　真正　　要　来
463. i⁴³lɯ⁴³tə⁵⁵nə⁴³ʂeo⁵⁵dai⁴³l̩a⁴³. 桥上站着一个人。
　　　一　个　人　站　座　桥
464. ma¹³i⁴³lɯ⁴³tə⁵⁵nə⁴³ʂeo⁵⁵dai⁴³l̩a⁴³. 有一个人在桥上站着。
　　　有　一　个　人　站　　个　桥
465. ma¹³i⁴³lɯ⁴³tə⁵⁵nə⁴³ʂeo⁵⁵ɳɖo¹³dai⁴³l̩a⁴³. 有一个人站在桥上。
　　　有　一　个　人　站　和　个　桥
466. ma¹³i⁴³lɯ⁴³tə⁵⁵nə⁴³ʂeo⁵⁵tɕe⁴⁴dai⁴³l̩a⁴³. 有一个人站在桥上。
　　　有　一　个　人　站　着　个　桥
467. dai⁴³qãŋ⁴³l̩a⁴³ʂeo⁵⁵i⁴³lɯ⁴³tə⁵⁵nə⁴³. 桥脚下站着一个人。
　　　个　下　桥　站　一　个　人
468. lai⁴⁴ko⁴⁴ʈau⁴³ʈu⁴⁴tɕha⁴⁴deo¹³lo¹³pə⁴³lɯ⁴³tə⁵⁵nə⁴³.
　　　个　脚　山　突然　　出　来　五　个　人
　　　山脚下突然钻出五个人来。
469. ma¹³hai⁵⁵tɕau⁴³tə⁵⁵nə⁴³ʈhau⁴⁴lai⁴³za⁵⁵:⁴⁴deo¹³lo¹³.
　　　有　很　多　人　从　个　树林　　出　来
　　　有很多人从树林里走出来。
470. au⁴³gu¹³ndly¹³. 流着的水。
　　　水　是　流
471. zau¹³zau⁴⁴, ʂeo⁵⁵hi⁴³zau⁴⁴. 坐着好，站着不好。
　　　坐　好　站　不　好
472. ni⁴⁴hi⁴³hau¹³ʑi²¹hi⁴³hau³³tɕeo⁵⁵. 他不抽烟不喝酒。
　　　他　不　喝　烟　不　喝　酒
473. lu⁵⁵ti⁵⁵ŋgau¹³ni⁵⁵n̩ie⁵⁵gi²¹to⁴⁴sie⁴³. 这个姑娘哭得很伤心。
　　　个　姑娘　这　哭　得　断　肝

474. lai⁴³ntshai³³ni⁵⁵ai⁴³to⁴⁴sie⁴³. 这个姑娘很伤心。
　　 个　姑娘　这　很　断 肝

475. pi⁴³vai¹³ni⁵⁵ʈhau⁴⁴sãŋ⁵⁵tɕa⁴⁴tsha¹³dzo²¹sãŋ⁵⁵tɕa⁴⁴ba¹³, ʈhau⁴⁴sãŋ⁵⁵
　　 我们　处　这　从　边　风 晴　到　边　风 阴　从　边
n̥u⁴³da¹³dzo²sãŋ⁵⁵n̥u⁴³ntsə³³, tu⁴³ma¹³hi⁵⁵tlo⁴³.
　 日　出　到　边　日　落　都　有　竹子
　　 我们这里从南到北，从东到西都有竹子。

476. ʈhau⁴⁴a⁵⁵ko⁴⁴tau⁴³dzo²¹a⁵⁵ɳtʂi³³tau⁴³sie⁴⁴li⁴⁴dʑãn¹³?
　　 从　前缀 脚　山　到　前缀 尖　山　高　怎样
　　 从山脚到山顶有多高？

477. ni⁴⁴ʈhau⁴⁴a³¹thau⁴⁴lo¹³hi⁴³la²¹n̥i⁴⁴lu¹³gu¹³tʂhi⁵⁵.
　　 他　从　以前　来　不　曾　说话　是　假
　　 他从来没有说过假话。

478. ni⁴⁴sə³³lo¹³hi⁴³tʂhi⁵⁵tə⁵⁵nə⁴³. 他从来不骗人。
　　 他　从来　不　骗　人

479. lu¹³dʑi¹³n̥i⁴⁴li⁴⁴ni⁵⁵, nau²¹hi⁴⁴nau²¹dza¹³ni⁴⁴.
　　 话　就　说　这样　听　不　听　由　他
　　 话是这么说，听不听由他。

480. ŋa⁵⁵ʐau⁴⁴na⁴³ʈau⁴⁴ku⁵⁵ʂau⁴⁴ni⁴⁴du²¹qa⁴⁴ʂi⁴⁴hi⁴³kə⁵⁵dʑi¹³leo¹³daɯ¹³.
　　 小孩　拿　给　我　带　领　她　个　什么　不　管　就　去 了 了
　　 小孩给我带，她什么都不管就走了。

481. ŋa⁵⁵ʐau⁴⁴na⁴³ʈau⁴⁴ku⁵⁵xə⁴⁴ni⁴⁴du²¹qa⁴⁴ʂi⁴⁴hi⁴³kə⁵⁵dʑi¹³leo¹³daɯ¹³.
　　 小孩　拿　给　我　带　她　个　什么　不　管　就　去 了 了
　　 小孩给我带，她什么不管就走了。

482. ni⁴⁴ʐi¹³a³¹dlau¹³ty⁴³ʈau⁴⁴sãŋ⁵⁵tɕa⁴⁴ɳtʂhãŋ⁵⁵la³³sãŋ⁵⁵tɕa⁴⁴ba¹³?
　　 他　家　前缀 门　对　给　边　刮　晴　还是　边　刮　阴
　　 他家的门朝南还是朝北？

483. ni⁴⁴ɳɖo²¹ku⁴⁴tsai³³leo⁴⁴. 他向我借钱。
　　 他　跟　我　借　钱

484. ni⁴⁴n̥o⁴³vai¹³ŋa¹³pu⁴³mpa⁴⁴hi⁴⁴tau⁴⁴da¹³. 她在家喂猪，没有来。
　　 他　在　处所　家　喂　猪　不　得　来

485. ni⁴⁴n̥o⁴³lai⁴³gy¹³ntsa⁵⁵teo⁴⁴. 他在河里洗脚。
　　 他　在　个　河　洗　脚

486. gi²¹mbãŋ¹³ku⁵⁵sau⁴⁴i⁴³qheo⁴⁴mau⁴⁴zau⁴⁴hi⁴³zau⁴⁴?
　　 你　帮　我　写　一　封　信　好　不　好
　　 你帮我写一封信，好不好？

487. ni⁴⁴ɳɖo¹³ku⁵⁵hai⁵⁵ʂə⁵⁵. 她和我很熟。
    她　跟　我　很　熟
488. a⁴³lɯ⁴³a⁴⁴i⁴³ki⁵⁵:⁴⁴hi⁴⁴ɳɖo²¹mau¹³. 我们两个同路去。
    我俩　做　一　路　互相　跟　去
489. ni⁴⁴ɭo⁴³ku⁵⁵pə⁴³ɕau⁴⁴. 他比我大五岁。
    他　大　我　五　岁
490. ɕau⁴⁴na⁵⁵qau⁴³lau⁴⁴ʐau⁴⁴la⁵⁵tu⁵⁵tsha⁴⁴ɕau⁴⁴. 今年收成比往年好。
    年　这　庄稼　好　过于　去　年
491. pi⁴⁴ɖau¹³ni⁴⁴tʂhi⁵⁵daɯ¹³. 我们被他骗了。
    我们　被　他　骗　了
492. tai⁴³tʂo⁵⁵ɖau¹³ni⁴⁴ntau³³da²¹sãŋ⁴⁴daɯ¹³. 老虎被他打死了。
    只　虎　被　他　打　死　了　了
493. ku⁵⁵go¹³ni⁴⁴su⁴³mau¹³, gi²¹mau¹³a³³ɢau²¹la¹³zau⁴⁴.
    我　让　他　先　去　你　去　后　也　好
    我让他先走，你后走也可以嘛。
494. ku⁵⁵go¹³ni⁴⁴su⁴³mau¹³, gi²¹mau¹³a³³ɢau²¹la¹³ɢau²¹.
    我　让　他　先　去　你　去　后　也　可以
    我让他先走，你后走也可以嘛。
495. ni⁴⁴ma⁴⁴hi⁵⁵ɳtʂhie⁴³ntsa⁵⁵hu⁵⁵daɯ¹³. 他把米淘干净了。
    他　把　米　　洗　净　了
496. ni²¹ma⁴⁴hi⁵⁵ɳtʂhie⁴³ntsa⁵⁵hu⁵⁵sãŋ⁴⁴. 他把米淘干净了。
    他　把　米　　洗　净　了
497. ku⁵⁵ma⁴³ni⁴⁴hu⁴⁴da¹³, gi²¹zau⁵⁵zau⁴⁴qha⁴³ni⁴⁴i⁴³gau¹³.
    我　把　他　叫　来　你　好好　　教他一　顿
    我把他叫来，你好好地说他一顿。
498. ni⁴⁴lie²¹gi²¹tu⁴⁴hi⁴³pau⁴³daɯ¹³. 他连你也不认识了。
    他　连　你　都　不　知　了
499. va¹³hi⁴³nau¹³tɕeo⁵⁵la⁴⁴hi⁴³hau³³, ni⁴⁴dʐou³¹ʂeo⁵⁵leo¹³daɯ¹³.
    饭　不　吃　酒　也　不　喝　　他　就　起　去　了　了
    饭不吃酒不喝，他就走了。
500. lie²¹va¹³la³³hi⁴³nau¹³ni⁴⁴dʐou¹³leo¹³daɯ¹³. 连饭也不吃他就走了。
    连　饭　也　不　吃　他　就　去　了　了
501. ni⁴⁴ndzau¹³tuei²⁴tai⁴³nu⁴⁴i⁵⁵na¹³gu¹³qə¹³da¹³.
    他们　　对　件　事　这　看　是　宝贵
    他们对这件事情很重视。

502. deo¹³sãŋ⁴⁴qau⁴³lau⁴⁴gu¹³la⁵⁵nau¹³, di¹³gu¹³ʂou⁴⁴tu⁴⁴dai²¹ʈau⁴⁴ko²¹tɕa⁴⁴.
　　　除了　粮食　　　是要吃　些　是剩　都　卖　给　国家
　　除去口粮，剩下的都卖给国家。

503. ku⁵⁵ɳɖo¹³ni⁴⁴i⁴³dzau¹³ɳ̍tɕi⁴⁴ʈau⁴⁴ʂau⁴⁴deo¹³. 我和他一起上山砍柴。
　　　我　和　他一　走　　上　山　拾　柴

504. ni⁴⁴hi⁴⁴ta⁵⁵hi⁴³dʐu¹³mbãŋ¹³la²¹, hai³¹ŋi⁴⁴la²¹pi⁵⁵ʈau⁴³.
　　　他不但　　不　愿　帮　别人　还　说　别人　坏话
　　他不但不肯帮助别人，还说别人的坏话。

505. ku⁵⁵hi⁴⁴ta⁵⁵pau⁴⁴ni⁴⁴ɕi⁴⁴li⁴⁴dʐãŋ¹³, hai³¹pau⁴³ni⁴⁴tai⁴⁴ntsi⁴⁴.
　　　我　不但　　知道　他　姓　什么　　还　知道　他　个　名字
　　我不但知道他姓什么，还叫得出他的名字。

506. hi⁴⁴ʐa⁵⁵na¹³ni⁴⁴ʂau⁴³la⁵⁵tu⁵⁵la²¹vie⁴⁴a⁴⁴zau⁴⁴la⁵⁵tu⁵⁵la²¹.
　　　不要　看　他　小　过于　别人　但　做　好　过于　别人
　　别看他比别人小，可是做得比别人好。

507. i⁵⁵gu¹³ni⁴⁴nteo⁵⁵geo¹³zau⁴⁴a⁵⁵lə¹³khau⁵⁵tau⁴⁴zau⁴⁴ŋga¹³geo¹³nteo⁵⁵.
　　　因为　他　书　读　好　所以　考　得　好　房　读　书
　　因为他学习好，所以考上了好的学校。

508. tʂa⁵⁵gu¹³pi²¹gi²¹ndu¹³zau⁴⁴, ku⁵⁵ai⁴³die²¹xə⁴⁴ni⁴⁴mau¹³khy⁴⁴gi¹³.
　　　如果　明天　　天　好　　我　很　想　带　他　去　赶集
　　如果明天天气好，我一定带他去赶集。

509. suei⁴³zaŋ³¹ɕau⁴⁴na⁴⁴qha³³ŋgi²¹i⁵⁵vie⁴⁴pi⁴³qau⁴³lau⁴⁴la³³zau⁴⁴dʐo¹³.
　　　虽然　　年　这　干燥　　但是　我们　庄稼　也　好　的
　　虽然今年天旱，但是我们的收成还是不错的。

510. dʐa²¹ma¹³gi²¹hu⁴⁴ni⁴⁴, die¹³ni⁴⁴a⁵⁵lə²¹mau¹³. 只有你叫他，他才肯去。
　　　只　有　你　叫　他　　那么　他　才　去

511. hi⁴³kə⁵⁵ku⁵⁵mau¹³hi⁴³mau¹³, ni⁴⁴ai⁴³die¹⁴mau¹³.
　　　不管　　我　去　不　去　　他　真正　去
　　不论我去不去，他一定去。

512. hi⁴³kə⁵⁵gi²¹ŋi⁴⁴li⁴⁴dʐãŋ¹³, tu⁴⁴hi⁴⁴dʐu¹³ni⁴⁴mau¹³.
　　　不管　　你　说　怎样　　都　不　能　他　去
　　不管你怎样讲，他都不能去。

513. ni⁴⁴qha⁵⁵ɳie¹³leo¹³, gi²¹tai³³da¹³dɯ¹³. 她刚刚走，你就来了。
　　　她　刚　去了　　你　就　来　了

514. pi⁴³sə⁴³lo¹³hi⁴³ŋi⁴⁴lu¹³tʂhi⁵⁵. 我们从来就不讲假话。
　　　我们　从来　　不　说　话　假

515. ni⁴⁴hi⁴³n̥i⁴⁴du¹³ʂi⁴⁴tsə³³leo¹³daɯ¹³. 她没有说什么就走了。
　　　他　不　说　　什么　就　　去了　了

516. hi⁴³mo¹³gi²¹ɕi⁴³, pi⁴⁴tsha⁴⁴dʐai¹³da¹³. 不要客气，我们经常来的。
　　　不　消　客气　　我们　齐　　时　来

517. ni⁴⁴a⁴⁴nu¹³ʐou¹³fai⁴⁴ʐou¹³ʐau⁴⁴. 他做事情又快又好。
　　　他　做　事　又　快　又　好

518. ku⁵⁵ai⁴³dy¹³ai⁴³pa⁵⁵. 我越想越气。
　　　我　越　想　越　气愤

519. a⁴⁴thau⁴⁴pi⁴³hai⁴³nau¹³ie⁴³, lie²¹i⁴³lu⁴³a⁵⁵ma²¹nteo⁵⁵tu⁴⁴hi⁴³pau⁴³.
　　　从前　我们　很　吃　苦　连　一个　前缀　眼　书　都　不　知
　　　过去我们太吃亏了，连一个字都不认识。

520. dou²¹ndi¹³pi⁴³hai⁴³nau¹³ie⁴³, lie²¹i⁴³lu⁴³a⁵⁵ma²¹nteo⁵⁵tu⁴⁴hi⁴³pau⁴³.
　　　　过去　我们　很　吃　苦　连　一个　前缀　眼　书　都　不　知
　　　过去我们太吃亏了，连一个字都不认识。

521. n̥u⁴³na⁵⁵si⁴⁴li⁴⁴gu¹³la⁵⁵nau¹³lu¹³, pi⁴³gi²¹ha⁵⁵tai⁴⁴da¹³.
　　　今天　恐怕　是　要　雨　下　明天　还　再　来
　　　今天恐怕要下雨，明天再来吧。

522. i⁴³tsa⁴⁴ki⁴³dla¹³ni⁴⁴hi⁴³lo⁴³hi⁴⁴ʂau⁴⁴huei⁵⁵dzu³³.
　　　一　套　服饰　这　不　大　不　小　很　合适
　　　这套衣服不大不小很合适。

523. ŋdai¹³ti⁴³lie⁴³ni¹⁴qau⁴³ntsa⁴³ai⁴³lo⁴³ai⁴³ʐau⁴⁴. 田里的庄稼越长越好。
　　　里　地　田　的　庄稼　绿　越　大　越　好

524. ni⁴⁴gu¹³tu⁴³ntau³³lau⁴⁴, ku⁵⁵gu¹³tu⁴³geo¹³nteo⁵⁵.
　　　他　是　者　打　铁　我　是　者　读　书
　　　他是打铁的，我是读书的。

525. ni⁴⁴ki⁴³nu⁴³ki⁴³tshu⁴³leo¹³daɯ¹³. 她急急忙忙地走了。
　　　她　　急急忙忙　　去了　了

526. qa⁴³tɕou⁴³tɕhi⁴³gi¹³hu⁵⁵hu⁵⁵dʑa¹³dʑa¹³sãŋ⁴⁴.
　　　堂屋　　扫　得　重叠　干净　重叠　了
　　　堂屋里扫得干干净净的。

527. ni⁴⁴ndzau¹³n̥o⁴³ŋga¹³va¹³, nau¹³va¹³ndli¹³.
　　　他们　　住　房　瓦　吃　是　饭
　　　他们住的是瓦房，吃的是米饭。

528. ni⁴⁴ndzau¹³py⁴⁴n̥do¹³si¹³, gi²¹hi⁴³ʐa⁵⁵bai¹³mau¹³.
　　　他们　　睡　正在　你　不　要　进　去
　　　他们正在睡觉，你别进去。

529. hu⁵⁵bə²¹nu¹³dʑi¹³hu⁵⁵bə²¹a⁴⁴. 大家的事情，大家做。
　　　大家　　事情　就　大家　　做
530. ni⁴⁴la⁴⁴tə⁵⁵nə⁴³thau⁴³ʑi⁴⁴zãŋ¹³ni⁴⁴ai⁴³ɳtʂai⁴⁴.
　　　他　骂　人　　时候　样子　他　很　害怕
　　　他骂人的时候样子真可怕。
531. tu⁴³ti⁴³ntsa⁴⁴hai⁵⁵tʂha⁴⁴l̥u⁴³. 孤儿最可怜。
　　　　者　孤儿　　很　　可怜
532. ndu¹³dʑau⁴³no⁴⁴, ndu¹³ʂo⁵⁵:⁴⁴ku⁴³. 冬天冷，夏天热。
　　　天　寒　　冷　　天　暖　　烫
533. ta⁵⁵a³¹dʑy¹³tl̥i⁵⁵ɖau²¹ntau³³lo⁵⁵sãŋ⁴⁴i⁴³tshai³³a⁵⁵dʑi²¹.
　　只　前缀　小　狗　　被　打　断　　了　一　只　前缀　脚
　　　小狗被打断了一条腿。
534. ni⁴⁴du²¹ʂi⁴⁴la³³hi⁴³n̥i⁴⁴tsa³³leo¹³daɯ¹³. 她什么也不说就走了。
　　　他　什么　也　不　说　就　去了　了
535. ni⁴⁴ma¹³a⁴³lɯ⁴³tu⁴³, i⁴³lɯ⁴³a⁴⁴gau⁴³, i⁴³lɯ⁴³geo¹³nteo⁵⁵.
　　　他　有　二　个　儿子　一　个　做　庄稼　一　个　　读　书
　　　他有两个儿子，一个种田，一个读书。
536. a⁴⁴va¹³ta⁵⁵li⁴⁴dʑãŋ¹³. 煮饭有什么难的。
　　　做　饭　困难　　怎么
537. la⁴⁴tə⁵⁵nə⁴⁴gu¹³hi⁴³ʐau⁴⁴, ntau³³tə⁵⁵nə⁴³gu¹³a³³ʐa¹³.
　　　骂　人　　是　不　好　　打　　人　　是　犯罪
　　　骂人是不对的，打人是犯法的。
538. ni⁴⁴ ŋɖo²¹ku⁵⁵gu¹³i⁴³ɕau⁴⁴:³³. 她和我同年。
　　　她　和　我　是　一　年
539. gi²¹sie⁴³dy¹³hai⁴⁴zau⁴⁴. 你的意见很好。
　　　你　意见　很　好
540. lai⁴³n̥u⁴³ɖau²¹tl̥au⁴⁴au⁴³ntsau⁵⁵sãŋ⁴⁴. 太阳被云遮住了。
　　　个　日　被　堆　水　遮　了
541. tl̥au⁴⁴au⁴³ntsau⁵⁵sãŋ⁴⁴lai⁴³n̥u⁴³. 云遮住了太阳。
　　　堆　水　遮　了　个　日
542. a³³dlau¹³vai¹³tha⁴⁴ma¹³a⁴³fau⁴³hi³³n̥au¹³. 门前有两棵杉木树。
　　　前缀　门　前面　有　二　棵　树　杉
543. qa⁵⁵nau¹³gu¹³nau¹³ʐa⁵⁵ntsa⁵⁵hu⁵⁵tɕa¹³. 吃的东西要洗干净。
　　　食物　　是　吃　要　洗　　干净

544. tə⁵⁵nə⁴³gu¹³a⁵⁵sie⁵⁵tsai⁵⁵li³³gau¹³a⁴⁴tɕha³³ʐa¹³nu¹³.
　　　人　是　前缀 肝　急　容易　做　错　事情
　　脾气急的人容易做错事。

545. ti⁴³tɕheo⁴⁴gu¹³n̩o⁴³ʈau⁴³sie⁴³hi⁴⁴zau⁴⁴a⁴⁴qau⁴³lau⁴⁴.
　　　地方　是　在　山　高　不　好　做　庄稼
　　山高的地方不好种庄稼。

546. ti⁴³ɕy⁴⁴hi⁴⁴zau⁴⁴a⁴⁴qau⁴³lau⁴⁴. 寒冷的地方不好种庄稼。
　　　地 寒冷 不 好　做　庄稼

547. tsai⁴³tə⁵⁵nə⁴³vai¹³huei⁵⁵zau⁴⁴. 那个人真好。
　　　个　人　那　很　好

548. lai⁵⁵ŋgau¹³ntshai³³ni⁵⁵huei⁵⁵zau⁴⁴ŋgau¹³. 这个姑娘真漂亮。
　　　个　姑娘　这　很　好看

549. qau⁴³lau⁴⁴i⁴³ɕau⁴⁴tɕau⁴⁴la⁵⁵tu⁵⁵i⁴³ɕau⁴⁴. 粮食一年比一年多。
　　　粮食　一　年　多　过于　一　年

550. li⁴³tɕhou⁴⁴sãŋ⁴⁴a⁵⁵qə⁴³, i⁴³n̩u⁴³dzie¹³a⁵⁵tu⁵⁵i⁴³n̩u⁴³.
　　　立秋　了　后面　一　天　凉　过于　一　年
　　立秋过后，天气一天比一天冷。

551. ni⁴⁴mo⁴³ndzau⁴³i⁴³n̩u⁴³zau⁴⁴la⁵⁵tu⁵⁵i⁴³n̩u⁴³. 他的病一天比一天好转。
　　　他　病　一　天　好　过于　一　天

552. lai⁴³ŋa¹³ni⁵⁵tsau³³ndu¹³go¹³tə⁵⁵nə⁴³ntʂhai⁴⁴. 这房子黑得使人害怕。
　　　个　房子　这　暗　天　使　人　害怕

553. hu⁵⁵bə¹³ma¹³n̩i⁴⁴ma¹³tl̩o³³. 大家有说有笑。
　　　大家　有 说 有 笑

554. vai¹³zo¹³ma¹³tl̩i⁵⁵do¹³. 村里有狗叫。
　　　处所 村 有 狗 咬

555. a⁵⁵dʐi²¹ntau⁴⁴ma¹³a⁴³du¹³nau¹³. 树枝头有两只鸟。
　　　前缀 枝 树 有 二 只 鸟

556. ni⁴⁴huei⁵⁵ntʂheo³³ni a⁵⁵n̩ie⁴³. 他很想念他母亲。
　　　他　很　想念 他 前缀 母亲

557. ni⁴⁴geo¹³nteo⁵⁵po⁴⁴ai⁴³ʈhau⁴⁴zo²¹. 他读书倒是用功。
　　　他　读　书 倒是 很 出 力

558. a³³nau²¹ku⁴³, m̩o⁴⁴na⁵⁵ʐa⁵⁵ku⁴³. 昨天热，今天更热。
　　　昨天 热 今天 更 热

559. hi⁴⁴ʐa⁵⁵go¹³la²¹tau⁴⁴pau⁴³. 别让别人知道。
　　　不 要 使 别人 得 知道

560. i⁴³ŋgeo¹³khau⁴⁴ni⁵⁵gu¹³ku⁵⁵a⁵⁵n̠ie⁴³mbã̠ŋ¹³ku⁵⁵a⁴⁴.
　　　一　双　鞋　这　是　我　前缀　母亲　帮　我　做
　　这双鞋是我母亲帮我做的。
561. i⁴³ŋgeo¹³khau⁴⁴ni⁵⁵gu¹³ku⁵⁵a⁵⁵n̠ie⁴³mbã̠ŋ¹³ku⁵⁵seo³³.
　　　一　双　鞋　这　是　我　前缀　母亲　帮　我　缝
　　这双鞋是我母亲帮我做的。
562. gi²¹hi⁴³ʑa⁵⁵ntau³³ŋa⁵⁵ʑau⁴³. 你别打孩子。
　　　你　不　要　打　孩子
563. ni⁴⁴n̠o⁴³lai⁴³tɕheo⁴⁴dlo²¹mau¹²dlo¹³lu¹³. 他在床上滚来滚去。
　　　他　在　个　床　滚　去　滚　来
564. ku⁵⁵a³¹m̠o⁴⁴a⁴⁴i⁴³du¹³mpu⁵⁵sa⁵⁵gu¹³ntʂhai⁴⁴.
　　　我　昨晚　做　一　个　梦　是　害怕
　　我做了一个可怕的噩梦。
565. va¹³ku⁴³n̠ie⁴³sã̠ŋ⁴⁴hi⁴⁴zau⁴⁴nau¹³. 饭煳了不好吃。
　　　饭　煳　了　不　好　吃
566. tai⁴³tl̠i⁵⁵ni⁵⁵ma⁴³tai⁴³a⁴⁴tʂhi⁴⁴do¹³da²¹sã̠ŋ⁴⁴. 这条狗把猫咬死了。
　　　只　狗　这　把　只　前缀　猫　咬　死　了
567. tl̠i⁵⁵do¹³da²¹a⁴⁴tʂhu⁴⁴sã̠ŋ⁴⁴. 狗咬死了猫。
　　　狗　咬　死　前缀　猫　了
568. a⁵⁵tʂhu⁴⁴dau¹³tl̠i⁵⁵do¹³da²¹leo¹³dau̠¹³. 猫被狗咬死了。
　　　前缀　猫　被　狗　咬　死　去　了　了
569. ku⁵⁵n̠o²¹ni⁴⁴i⁴³ndzau¹³si⁴³tl̠a⁴⁴ŋa¹³. 我和他一起回家。
　　　我　和　他　一　起　回　去　家
570. fai⁴³ntau⁴⁴ni⁵⁵sie⁴³a⁴⁴tu⁵⁵fai⁴³vai¹³. 这树比那树更高。
　　　棵　树　这　高　过于　棵　那
571. ku⁵⁵dy¹³ni⁴⁴dzau¹³la⁵⁵nau¹³m̠o⁴⁴sã̠ŋ⁴⁴dau̠¹³.
　　　我　想　他们　大概　吃　晚饭　了
　　我想他们大概吃过晚饭了。
572. ku⁵⁵ʑi¹³i⁵⁵tai⁴³n̠ie⁴³qhai⁴³lau²¹da²¹leo¹³dau̠¹³. 我家的老母鸡死了。
　　　我　家　那　只　母　鸡　老　死　去　了　了
573. ni⁴⁴lai⁴³ntshai³³l̠o⁴³dau̠¹³. 他的女儿大了。
　　　他　个　女儿　大　了
574. pi⁴³dzau¹³pai⁴³lie¹³au⁴³qha⁵⁵leo¹³dau̠¹³. 咱们田里的水干了。
　　　我们　些　田　水　干　去　了　了

575. gi²¹hi⁴³nau¹³va¹³, hi⁴³nau¹³dli²¹, ʑa⁵⁵nau¹³a⁴³ʂi⁴⁴?
　　　你　不　吃　饭　　不　吃　粥　　要　吃　什么
　　　你不吃饭，不喝粥，要吃什么？

576. tsa⁴⁴ni⁵⁵gi²¹a⁴⁴tɕi⁵⁵a⁴⁴li⁴⁴dʑãŋ¹³? 你身体最近怎么样？
　　　最近　你　前缀身体　做　怎样

577. gi²¹a⁵⁵lə¹³mau¹³hi⁴⁴ʑa⁵⁵ɖeo¹³. 你慢慢走不要着急。
　　　他　慢　去　　不要　忙

578. ni⁴⁴dzau¹³ŋa⁵⁵ʑau⁴⁴a⁴⁴dʑãŋ¹³na⁵⁵lie²¹ku⁵⁵tu⁴⁴hi⁴⁴ndʑa¹³?
　　　他们　　孩子　　怎么　　连　我　都　不　信
　　　他们的孩子怎么连我都不相信？

579. gi²¹a⁴⁴li⁴⁴dʑãŋ¹³thie⁴³ni⁴⁴na⁵⁵? 你是怎样对付他的呢？
　　　你　　怎么　　对付　他　呢

580. na²¹m̥o⁴⁴ni⁴⁴hu⁴⁴dzai⁴³tə⁵⁵nə⁴³vai¹³nau¹³ɴɢai¹³zau²¹.
　　　昨晚　他　喊　些　人　那　吃　肉　穿山甲
　　　昨晚他请那些人吃穿山甲。

581. ku⁵⁵huei⁵⁵ɳtʂhai⁴⁴dzai⁴³tə⁵⁵nə⁴³vai¹³. 我很怕那些人。
　　　我　　很　害怕　　些　人　那

582. gi¹³go¹³ni³³mau⁴⁴ɳthie⁵⁵tḷa⁴⁴qho⁵⁵dy¹³? 你叫他到哪里去找？
　　　你　让　他　去　找　　到　哪里

583. ku⁵⁵n̩dʑa¹³gi²¹dʑo¹³i⁴³dla¹³mau⁴⁴mau¹³tau⁴³ni⁴⁴.
　　　我　托　你　带　一　封　信　去　给　他
　　　我托你带封信给他。

584. mi²¹ma¹³tɕeo⁵⁵lu¹³, ku⁵⁵n̩do²¹mi²¹i⁴³dzau²¹nau¹³va¹³.
　　　你们　买　酒　来　我　和　你们　一起　吃　饭
　　　你们买酒来，我和你们一起吃饭。

585. gi²¹so⁴³hə⁴⁴ndi¹³, ku⁵⁵la⁵⁵n̩i⁴⁴qhə⁴⁴ni⁴⁴dzau¹³mau¹³li⁴⁴dzaɯ¹³si⁴³.
　　　你　先　前　　我　要　告诉　　他们　走　怎么　呢
　　　你先走吧，我还要告诉他们怎么走。

586. gi²¹so⁴⁴mau¹³n̩i⁴⁴qhə⁴⁴ni⁴⁴dzau¹³. 你先去告诉他们。
　　　你　先　去　　告诉　　他们

587. tʂa⁵⁵gu¹³ni⁴⁴hi⁴³mau¹³dʑi¹³ku⁵⁵mau¹³. 如果他不去，我就去。
　　　如果　他　不　去　　就　我　去

588. gi¹³so⁴⁴mbãŋ¹³ku⁵⁵zo⁵⁵ŋga¹³, ku⁵⁵si⁴³lu²¹hai⁵⁵gi²¹tai³³mau¹³.
　　　你　先　帮　　我　守　家　　我　回来　后　你　再　去
　　　你先帮我看家，我回来后你再去。

589. ku⁵⁵qha⁴³n̻ie²¹nau¹³va¹³daɯ¹³, ni¹³dʑou¹³da¹³daɯ²¹.
　　我　　刚　　吃　饭　完　　他　　就　来　了
　　我刚吃完饭，他就来了。

590. ku⁵⁵mau¹³thau⁴⁴i⁵⁵ni¹³dzau¹³dʑo²¹ndli¹³tsi⁴⁴la⁴⁴.
　　我　去　时候　那　他们　　栽　稻　正在
　　我去的时候，他们正在插秧。

591. ni¹³da¹³dzo²¹tau⁴⁴i⁵⁵pi⁴³ta⁴⁴mpa⁴⁴daɯ¹³daɯ¹³.
　　他　来　到　得　那　我们　杀　猪　　完　了
　　他来的时候，我们已经杀完了猪。

592. ni⁴⁴tsha⁴³dʑe¹³tɬa⁴⁴lai⁴³tau⁴³ʂau⁴⁴deo¹³. 他常常到山里砍柴。
　　他　常常　　到　个　山　拾　柴

593. ni⁴⁴dzau¹³bai⁴³mpa⁴⁴nau¹³gi¹³tʂau⁴⁴ta⁵⁵. 他们的猪吃得饱饱的。
　　他们　　些　猪　吃　得　饱　饱貌

594. tsi¹³a³³lau¹³tə⁵⁵nə⁴³vai¹³lai⁴³li⁴⁴fau⁴⁴n̻ie⁵⁵tɕheo⁵⁵a⁵⁵ɳʈə⁴⁴.
　　个　前缀老　人　那　个　头　额　　穿　　　皱貌
　　那个老人的额头皱皱的。

595. ni⁴⁴dzau¹³ma⁴³ku⁵⁵lai⁴³tʂho⁴⁴ɳtʂhi⁴⁴ndla²¹sãŋ⁴⁴.
　　他们　　把　我　个　衣　　撕　烂　　了
　　他们把我的衣服撕烂了。

596. ni⁴⁴dzau¹³ɳtʂhi⁴⁴ndla²¹sãŋ⁴⁴ku⁵⁵lai⁴³tʂho⁴⁴. 他们撕烂了我的衣服。
　　他们　　撕　　烂　　了　　我　个　衣

597. gi²¹hə⁴⁴ndi¹³hai⁵⁵pi⁴³da²¹a⁵⁵qə⁴³. 你先走，我们随后来。
　　你　先　行　我们　来　后面

598. mi²¹tʂa⁵⁵gu¹³hi⁴³pau⁴³ki⁵⁵, ku⁵⁵qhə⁴⁴mi²¹mau¹³.
　　你们　如果　不　知道　路　　我　指　你们　去
　　你们如果不认识路，我指给你们。

599. də²¹ni⁵⁵pi⁴³hi⁴³a⁴⁴daɯ¹³, go¹³ni⁴⁴dzaɯ¹³mau¹³a⁴⁴hi⁵⁵.
　　从　这　我们　不　做　了　　让　他们　　　去　做　吧
　　从此我们不做了，让他们去做吧。

600. ku⁵⁵n̻i⁴⁴qhə⁴⁴gi²¹, gi²¹hi⁴⁴ʐa⁵⁵n̻i⁴⁴qhə⁴⁴la²¹.
　　我　告诉　你　　你　不要　　告诉　别人
　　我告诉你，你别告诉别人。

601. pi⁴⁴dzau¹³ma⁴³ɭeo⁴⁴tau⁴⁴ni¹³. 咱们把钱给他。
　　我们　把　钱　给　他

附录　滇北苗语语料　　325

602. na⁵⁵ni⁵⁵ku⁵⁵i⁴³pau⁴⁴n̥i⁴⁴qhə⁴⁴ni⁴⁴. 现在我马上就告诉他。
　　　现在　我　一　气　告诉　他

603. gi²¹nau¹³va¹³tʂau⁴⁴daɯ¹³la¹³? 你吃饱饭了吗？
　　　你　吃　饭　饱　了　吗

604. gi²¹ʑi¹³tai⁴³tl̥i⁵⁵do¹³daɯ¹³. 你家的狗叫了。
　　　你　家　只　狗　叫　了

605. ku⁵⁵ɳtʂheo⁴⁴py⁴⁴ntl̥au⁴⁴ŋo⁴⁴daɯ¹³, ni¹³la³³ɳtʂheo⁴⁴py⁴⁴ntl̥au⁴⁴ŋo⁴⁴daɯ¹³.
　　　我　想　睡　瞌睡　　了　他　也　想　睡　瞌睡　　了
　　　我想睡觉了，他也想睡觉了。

606. ni¹³n̥au⁵⁵i⁴³tsa³³ki⁵⁵dlha⁵³ni⁵⁵dʑi¹³hai⁵⁵zau⁴⁴ŋgau¹³.
　　　她　穿　一　套　衣服　这　就　很　好看
　　　她穿上这套衣服就很漂亮。

607. ni⁴⁴dzau¹³ŋa⁵⁵zau⁴⁴tu⁴⁴mau¹³geo¹³nteo⁵⁵leo¹³daɯ¹³.
　　　他们　孩子　都　去　读　书　去了　了
　　　他们的孩子都去上学了。

608. mo⁴³na⁵⁵ni⁴⁴dzau¹³la⁵⁵dzeo¹³tau⁴⁴bo¹³mi²¹dzau¹³.
　　　今天　　他们　要　会　得　见　你们
　　　今天他们可能看见你们。

609. a⁵⁵n̥ie²¹qai⁴³ŋdo²¹ŋa⁵⁵ŋa⁴⁴qai⁴⁴n̥o⁴³ɳdai¹³ti⁴³ɳthie⁵⁵pi⁵⁵kãŋ⁴³nau¹³.
　　　前缀　母　鸡　跟　小　小鸡　在　里　地　找　前缀　虫子　吃
　　　母鸡和小鸡在地里找虫子吃。

610. lai¹³tau⁴³a⁴⁴zau⁵⁵-⁴⁴ma¹³dzə¹³ko⁴⁴a⁴⁴dza¹³. 树林里有野兽。
　　　个　山　前缀箐沟　有　兽　树林　前缀　野外

611. vai¹³ndlo²¹ŋgau¹³tə⁵⁵nə⁴³hai⁵⁵tɕau⁴³, vai¹³zau⁵⁵dzie¹³i⁴³ɳtʂi⁴⁴ŋa⁴⁴.
　　　处所　里　屋　人　很　多　外　野外　凉　一　点　小
　　　屋子里人很多，外面凉快些。

612. ni⁴⁴go¹³ku⁵⁵lai⁴³ma⁴⁴ni⁴⁴　nə¹³tʂãn⁵⁵⁻⁴⁴. 他是我姑妈家的亲戚。
　　　他　是　我　个　姑妈　的　亲戚

613. tsi⁵⁵gu¹³qãŋ⁴³mu⁵⁵hai⁵⁵qãŋ⁴³. 甜的果子很好吃。
　　　果　是　甜糖　很　甜

614. die⁴³zau⁴³a³³dza¹³ni⁵⁵huei⁵⁵ie⁴³. 这些野菜太苦了。
　　　些　菜　前缀野外　这　很　苦

615. ni⁴⁴a⁵⁵n̥ie⁴³hu⁴⁴ni¹³si⁴³mau¹³nau¹³m̥o⁴⁴. 他母亲叫他回去吃晚饭。
　　　他　前缀母亲　叫　他　回　去　吃　晚饭

616. ni⁴⁴tsha⁴⁴n̩u⁴⁴tl̩a⁴⁴lai¹³dli¹³mau¹³dzau¹³mbə¹³. 他天天到河里去抓鱼。
　　　他　齐　日　到　条　河　去　捉　鱼

617. tɕa⁴⁴ma⁴³ntau⁴⁴tsha⁴⁴ɢau²¹leo¹³daɯ¹³. 风把树吹倒了。
　　　风　把　树　吹　倒　去了　了

618. tɕa⁴⁴pa⁵⁵ntau⁴⁴tsha⁴⁴ɢau²¹leo¹³daɯ¹³. 风把树吹倒了。
　　　风　把　树　吹　倒　去了　了

619. ntau⁴⁴ɳɖo¹³tɕa⁴⁴tsha⁴⁴ɢau²¹leo³³. 树被风吹倒了。
　　　树　被　风　吹　倒　去了

620. tɕa⁴⁴tsha⁴³ɢau²¹sã̩ŋ⁴⁴ntau⁴⁴. 风吹倒了树。
　　　风　吹　倒　了　树

621. fai⁴³ntau⁴⁴a⁵⁵lu⁴³tsi⁵⁵lie⁴⁴daɯ¹³. 树上果子红了。
　　　棵　树　果子　果　红　了

622. ni⁴⁴dzau¹³hai⁴³ɳtʂhai⁴⁴gi²¹. 他们很害怕你。
　　　他们　很　害怕　你

623. m̥o⁴⁴na⁴⁴nau²¹lu¹³ni⁴⁴la⁵⁵hi⁴³da¹³daɯ¹³. 今天下雨他恐怕不来了。
　　　今天　雨　下　他　要　不　来　了

624. ku⁵⁵n̩o⁴³tl̩i⁴³ta⁴³die²¹tsə³³bo²¹gi²¹da¹³daɯ²¹. 我远远地就看见你来了。
　　　我　在　远　非常　就　见　你　来　了

625. gi²¹l̩o⁴³la⁵⁵tu⁵⁵ ku⁵⁵. 你比我大。
　　　你　大　过于　我

626. gi²¹l̩o⁴³la⁵⁵tu⁵⁵ku⁵⁵tsi⁴³ɕau⁴⁴. 你比我大三岁。
　　　你　大　过于　我　三　岁

627. lai⁴³ʈau⁴³ni⁵⁵sie⁴³la⁵⁵tu⁵⁵lai⁴³ʈau⁴³vai¹³. 这座山比那座山高。
　　　个　山　这　高　过于　个　山　那

628. la⁵⁵a⁵⁵ndzaɯ¹³lu⁵⁵la⁵⁵tu⁵⁵a⁵⁵tʂhu³³a⁵⁵ndzaɯ¹³.
　　　兔子 前缀 嘴　短　过于　前缀 猫 前缀 尾巴
　　　兔子尾巴比猫尾巴短。

629. ɳʈai¹³ti⁴³ma¹³pə⁴³tl̩au⁴⁴du¹³n̩u¹³, lai⁴³ʈau⁴³ma¹³ɕã̩ŋ⁴⁴ʑi¹³du¹³tʂhi³³.
　　　里　地　有　五　六　只　牛　个　山　有　七　八　只　羊
　　　地里有五六头牛，山上有七八只羊。

630. fai⁴³ntau⁴⁴ma¹³ʑi¹³dʑa¹³du¹³nau²¹lai⁴³a⁵⁵gy²¹ma¹³tlau⁴³pə⁴³du²¹o³³.
　　　上　树　有　八　九　只　鸟，里 前缀 河　有　四　五　只　鸭子
　　　树上有八九只鸟，河里有四五只鸭子。

631. gi²¹a⁵⁵ɖə¹³ʂau⁴⁴deo¹³ʐou⁴⁴fa⁵⁵ʐou¹³nti⁵⁵ku⁵⁵a⁵⁵ɖə¹³ʂau⁴⁴deo¹³ʐou¹³
　　 你 _{前缀} 刀 砍 柴 又 宽 又 长, 我 _{前缀} 刀 砍 柴 又
　　 lu⁵⁵ʐou¹³ʂau⁴³.
　　 短 又 小
　　 你的柴刀又宽又长，我的柴刀又短又小。

632. mi²¹ʐa⁵⁵nau¹³ka⁴⁴zau¹³a⁴⁴ɕi⁴⁴? 你们要吃什么菜?
　　 你们 要 吃 菜 什么?

633. ni⁴⁴thai⁴⁴ɳo²¹gi²¹ɳi⁴⁴a⁴⁴ɕi⁴⁴? 他经常对你说什么?
　　 他 经常 对 你 说 什么?

634. lai⁴³ɳu⁴³la⁵⁵ntsə⁵⁵lai⁴³ʈau⁴⁴thou⁴⁴i⁵⁵dʑi¹³a⁴⁴va¹³hi⁵⁵.
　　 个 日 要 翻 个 山 时候 就 做 饭 吧
　　 太阳下山的时候就煮饭吧。

635. nu⁴³ntsə⁵⁵:⁴⁴dʑi¹³a⁴⁴va¹³hi⁵⁵. 日落就做饭吧。
　　 日 落 就 做 饭 吧

636. ku⁵⁵ɳo²¹ni⁴⁴bo²¹i⁴³kau⁴³tɭhu⁴⁴tə⁵⁵. 我和他见过一次面。
　　 我 跟 他 见 一 次 脸 的

637. m̥o⁴⁴na⁴⁴lo¹³i⁴³zo²¹nau²¹. 今天下了一场雨。
　　 今天 下 一 场 雨

638. ni⁴⁴a³³na²¹la⁴⁴ku⁵⁵i⁴⁴kau⁴³. 她昨天骂了我一顿。
　　 她 昨天 骂 我 一 顿

639. ni⁴⁴mau⁴⁴tɭa⁴⁴ni⁴⁴a³³tai⁴ʐa⁵⁵gy¹³tsi⁴³lo¹³a⁵⁵gy²¹.
　　 他 去 到 他 _{前缀}外婆 要 过 三 个 _{前缀} 河
　　 他去他外婆家要过三条河。

640. gi²¹dy²¹i⁴³dy²¹qha⁵⁵ma¹³du²¹ɕi⁴⁴hi⁴³ȵie²¹dʐo¹³da¹³?
　　 你 想 一 想 还 有 什么 不 还 拿 来
　　 你想一下还有什么没有拿来?

641. na¹³i⁴³na¹³sāŋ⁴⁴dʑi²¹si⁴³mau²¹a⁴⁴mu¹³hi⁵⁵. 看一下就回去干活儿了。
　　 看 一 看 了 就 回 去 做 活儿 了

642. a⁵⁵nau²¹gu¹³ba¹³ndu¹³, m̥o⁴⁴na⁴⁴gu¹³tʂhãŋ⁵⁵ndu¹³.
　　 昨天 是 阴天 今天 是 晴 天
　　 昨天是阴天，今天是晴天。

643. ba¹³ndu¹³da¹³, nau¹³la⁵⁵lu¹³dau¹³. 天阴了，快下雨了。
　　 阴天 了 雨 要 来 了

644. ni¹³hu⁴⁴go¹³ku⁵⁵mau¹³, ku⁵⁵hi⁴³ŋdʐau²¹hi⁴³mau¹³.
　　 他 叫 使 我 去 我 不 可能 不 去
　　 他叫我去，我不得不去。

645. ni⁴⁴hi⁴³ʐo²¹n̩i⁴⁴gu¹³hi⁴³da¹³, a⁴⁴dʑɯ¹³na⁵⁵ʈai³³da¹³?
　　　她　不是　说　是　不　来　　为何　又　来
　　她不是说不来，为什么又来？

646. ni¹³n̩au⁵⁵gu¹³ʑou¹³zau⁴⁴ʐou¹³hi⁴⁴də²¹. 她穿得又漂亮又整齐。
　　　她　穿　是　又　好　又　　整齐

647. ku⁵⁵nau¹³hi⁴³ai⁴³tʂau⁴⁴. 我吃得不太饱。
　　　我　吃　不　很　饱

648. ku⁵⁵nau¹³tʂau⁴⁴la⁵⁵tu⁵⁵mi²¹. 我吃得比你们饱。
　　　我　吃　饱　过于　你们

649. ni⁴⁴n̩i⁴⁴gi¹³hi⁴³n̩thu⁴³hi⁴³n̩thai⁴⁴. 他说得不明不白的。
　　　他　说　得　不　明　　不　白

650. ni⁴⁴tɕhi⁴³ŋga¹³gi¹³hu⁵⁵hu⁵⁵dʑa¹³dʑa¹³. 他扫地扫得干干净净的。
　　　他　扫　屋子　得　重叠　干净　重叠

651. ku⁵⁵mau¹³tla⁴⁴lai⁴³tau⁴³sau⁴⁴deo¹³ni⁴⁴mau¹³lai⁴³a⁵⁵ky⁴³dʑau¹³ɕa³³.
　　　我　去　到　个　山　拾　柴　他　去　个　前缀　河　捉　虾
　　我上山砍柴，他下河捞虾。

652. tai⁴³a⁵⁵dʑy²¹nau²¹ʐãŋ⁴⁴tla⁴⁴fai⁴³ntau⁴⁴a⁵⁵ʂa⁴³leo¹³daɯ¹³.
　　　个　前缀　小　鸟　飞　到　棵　树　　上面　去　了　了
　　小鸟飞到树上去了。

653. lai⁴³n̩u⁴³thau⁴⁴sãŋ⁴³n̩u⁴³da¹³ʂeo⁵⁵da¹³, lai⁴³li⁴³thau⁴⁴sãŋ⁴³n̩u⁴³
　　　个　日　从　边　升　出　起来　　个　月亮　从　边　日
　　tsə³³tsə³³deo¹³da¹³
　　落　落　出　去
　　太阳从东方升上来，月亮从西边落下去。

654. ni⁴⁴a⁴³ʂa⁴³ma¹³n̩ie¹³vai¹³pi⁵⁵di⁴³ma¹³ŋa⁵⁵ʐau⁴⁴. 她上有老，下有小。
　　　她　上面　有　母　父　下面　有　孩子

655. vai¹³tha⁴³ma¹³i⁴³dzo⁴³a⁴⁴dʑy²¹gy¹³au⁴³a⁵⁵qə⁴³ma¹³i⁴³lu⁴³la⁵⁵la⁵⁵tau⁴³.
　　　前面　有　一　条　前缀　小　沟　水　后面　有　一　个　大　大　山
　　前面有条小河，后面有座大山。

656. lo⁴³lo⁴³ʂau⁴³ʂau⁴³i⁴³dzau²¹mau¹³khai⁴⁴huei²⁴. 老老少少一起去开会。
　　　大　大　小　小　一　起　去　开　会

657. m̩o⁴⁴na⁴⁴die¹³ʐo²¹khai⁴⁴huei²⁴? 今天是不是开会？
　　　今天　是否　是　开　会

658. lai⁴³ki⁴³mpa⁴³ni⁵⁵huei⁵⁵ie⁴³, hi⁴⁴nau¹³ʐa⁵⁵zau⁴⁴.
　　　个　瓜　这　很　苦　不　吃　最好
　　这个瓜太苦了，最好不要吃。

659. hu⁵⁵bə²¹tu⁴⁴nau¹³daɯ¹³daɯ¹³, ni⁴⁴qha⁴³n̠ie¹³nau¹³.
　　　大家　都　吃　完　了　他　才　吃
　　　大家都吃完了，他才吃。

660. a³³n̠a⁴⁴i⁵⁵ni⁴⁴ndzau¹³ntau³³da²¹i⁴³du²¹pi⁵⁵nau⁴³tl̠u⁴³.
　　　刚才　　他们　　打　死　一　条　蛇　黑色
　　　刚才他们打死一条毒蛇。

661. ni⁴⁴khie⁵⁵ɳɖo²¹tsai⁴³a³³lau¹³tə⁴⁴nə⁴³i⁴⁴dzau²¹mau¹³.
　　　他　经常　跟　个　前缀　老　人　一　起　去
　　　他经常和那个老人一起走。

662. tai⁴³tə⁴⁴nə⁴³vai¹³huei⁵⁵ŋgə¹³hi⁴⁴deo¹³zo²¹ɳtʂi⁴⁴ka⁴³.
　　　个　人　那　很　懒　不　出　工　点　的
　　　那个人很懒，总是不出工。

663. gi²¹gi²¹ɳtʂhi⁴⁴mau¹³, ma¹³tə⁵⁵nə⁴³ɳthie⁵⁵gi²¹.
　　　你　快些　去　有　人　找　你
　　　你快些回去，有人找你。

664. ni⁴⁴ndzau¹³tsi⁴³lɯ⁴³, tsha⁴⁴lɯ⁴³tu⁴⁴huei⁵⁵mau¹³fai⁴⁴.
　　　他们　　三　个　齐　个　都　很　去　快
　　　他们三个，个个都是走得很快的。

665. ki⁵⁵tl̠i⁴³i⁴³ki⁴⁴ɴqə⁴⁴ta⁵⁵la⁵⁵tu⁵⁵ki⁵⁵mpa⁴³thau⁴⁴i⁴³fai⁴⁴.
　　　前缀　黄瓜　一　斤　贵　过于　南瓜　　得　一　分
　　　黄瓜要比南瓜一斤贵一分钱。

667. ku⁵⁵hi⁴³ɳtʂhai⁴⁴tʂo⁵⁵vie⁴⁴ɳtʂhai⁴⁴pi⁵⁵naɯ⁴³.我不怕老虎，就是怕蛇。
　　　我　不　怕　虎　但是　怕　前缀　蛇

668. ni⁴⁴ʑi¹³a⁴⁴lɯ⁴³ky⁵⁵di¹³huei⁵⁵zau⁴⁴l̠a²¹. 他们兄弟俩很和气。
　　　他　家　二　个　兄弟　　很　好　伴

669. tsai⁴³a⁴⁴l̠a²¹tə⁵⁵nə⁴³ni⁵⁵a⁴⁴nu¹³huei⁵⁵ŋgə¹³.这个年轻人办事很认真。
　　　个　前缀　年轻　人　这　做事　很　　认真

670. m̠o⁴⁴na⁵⁵n̠u⁴³qu⁴³tɕi⁴⁴gi¹³li⁴³li⁴³lu²¹lu²¹. 今晚星光闪闪。
　　　今晚　　星星　　照　得　闪闪发亮

671. tai⁴³n̠u¹³ni⁵⁵i⁴³pau⁴⁴dʑi¹³nau¹³i⁴³pau⁴⁴dʑi¹³hi⁴³nau¹³.
　　　头　牛　这　一　气　嘛　吃　一　气　嘛　不　吃
　　　这头牛一下吃，一下又不吃了。

672. tsai⁵⁵ŋa⁴⁴ʐau⁴⁴vai¹³i⁴³pau⁴⁴nie⁵⁵i⁴³pau⁴⁴tl̠o³³.
　　　个　孩子　那　一　气　哭　一　气　笑
　　　那个小孩一下哭，一下笑。

673. gi²¹so⁴³mau¹³, ku⁵⁵do²¹i⁴³pau⁴⁴ŋa⁵⁵ɖai¹³mau¹³.
　　　你　先　去　　我　等　一　气　小　再　去
　　　你先去，我等一下再去。

674. gi²¹su⁴³mau¹³, ku⁵⁵mau¹³a⁵⁵qə⁴³. 你先走，我后面走。
　　　你　先　去　　我　去　后面

675. ni⁴⁴dzau¹³i⁴³lɯ⁴³i⁴³lɯ⁴³tu⁴⁴kha⁴⁴ daɯ²¹leo¹³daɯ¹³.
　　　他们　一个　一个　都　全部　跑去了　了
　　　他们一个个都跑光了。

676. lai⁴³ʈau⁴³hi⁵⁵tlo⁵⁵ma¹³hi⁴³tlo⁴³a⁵⁵qhə⁵⁵. 茅草山有竹鼠。
　　　个　山　竹　　有　竹　前缀 松鼠

677. lai⁴³qho⁵⁵ma¹³a⁴³do²¹nau³³. 洞里有两只老鼠。
　　　个　洞　有　二　只　鼠

678. ntau⁴⁴a⁵⁵ʂa⁴³ma¹³i⁴³do²¹pi⁵⁵nau⁴³. 树上有条蛇。
　　　树　上面　　有　一　条　前缀 蛇

679. qã̃ŋ⁴⁴ʈau⁴³ma¹³pə⁴³ʑi¹³m̥au⁴³. 山脚有五户人家。
　　　底　山　有　五　家人

680. bãŋ¹³a⁵⁵dy¹³ma¹³ndla¹³hai⁵⁵tɕau⁴³. 水牛塘里有很多蚂蟥。
　　　塘　前缀 水牛　有　蚂蟥　很　多

681. ɖo¹³qə⁴³a⁵⁵gy⁴³a⁴³sãŋ⁴³ʐa⁵⁵dʐo²¹ntau⁴⁴. 将来河岸两边要种树。
　　　将来　前缀 沟　二　边　要　栽　树

682. i⁴³dla¹³ntau⁴³mba¹³ni⁵⁵hai⁵⁵n̩ie¹³. 这块绸子薄薄的。
　　　一　块　布　绸　这　很　薄

683. i⁴³tɕheo⁴⁴ntau⁴³dʐu⁴³vai¹³hai⁵⁵mo¹³. 那匹缎子滑滑的。
　　　一　匹　布　缎　那　很　滑

684. m̥o⁴⁴na⁴⁴ndu¹³tlu⁴³li⁴³n̩tɕe⁴³. 今天天气阴阴的。
　　　今天　　天　黑　阴沉

685. m̥o⁴⁴na⁴⁴ndu¹³gi¹³tsau⁴⁴ndu¹³a⁴⁴nti⁴⁴. 今天天气阴阴的。
　　　今天　　天　是　暗　天　阴暗

686. i⁴³fau⁴³ntau⁴⁴hi³³n̩au¹³ni⁴⁴sie⁴³ta⁴³die²¹. 这株杉木树很高。
　　　一　棵　树　杉　这　高　非常

687. fau⁵⁵ntau⁴⁴tsi⁴³dla¹³ni⁵⁵a⁵⁵lu⁴³qãŋ⁴³ɳʈshie⁴³die²¹. 这棵树的桃子甜。
　　　棵　树　前缀 桃子 这　果　甜　甜貌　非常

688. dzo¹³ki⁵⁵faɯ⁵⁵ʈau⁴³ni⁵⁵fãŋ⁵⁵die²¹. 这条山路宽宽的。
　　　条　路　头　山　这　宽　非常

689. dzo¹³ki⁵⁵ni⁵⁵gu¹³sie⁴³sie⁴³gə²¹gə²¹. 这条路高低不平。
    条 路 这 是 高 高 低 低
690. ŋa⁵⁵zau⁴⁴n̥i⁴⁴lu¹³hi⁴⁴fai⁴³zau⁴⁴tʂi⁵⁵. 小孩说话不分好坏。
    小孩 说话 不 分 好 坏
691. ni¹³ʐi¹³ma¹³qa⁴³li⁴³qa⁴³lau¹³ŋa⁵⁵ʐi⁴³ŋa⁴⁴ʑau⁴⁴fə⁵⁵hi⁴⁴tsi⁴³ŋa¹³.
    他 家 有 老的 小的 抛 不 可以 家
    他家有老小离不开家。
692. i⁴³gau⁴³ni⁵⁵daɯ¹³ɕy⁵⁵hau⁴³ku⁴³n̥ei⁴³sã̃ŋ⁴⁴, tʂu⁴⁴khu⁵⁵n̥ie⁴⁴.
    一 次 这 豆腐 煮 煳 了 臭 煳
    这次的豆腐煮煳了，有点臭味。
693. ɴɢai¹³tʂhi³³hai⁵⁵tʂu³³tʂhi³³. 羊肉很膻。
    肉 羊 很 臭 羊
694. i⁴³tɕo⁴⁴daɯ¹³ɕy¹³ni⁵⁵tʂu⁴⁴hi⁵⁵qau⁴³. 这块豆腐臭酸了。
    一 块 豆腐 这 臭 酸
695. la⁴³tsi⁵⁵phu⁴⁴lu⁴⁴ni⁵⁵hai⁵⁵ʂau⁴³a⁵⁵ndʐau¹³. 这个柿子很涩嘴。
    个 前缀 柿 这 很 涩 前缀 嘴
696. i⁴³dla¹³ntau⁴³ni⁵⁵hai⁵⁵dzai¹³ndlau²¹. 这块布花哨得很。
    一 块 布 这 很 花 花
697. ɢau¹³ndu¹³n̥u⁴³qu⁴³tɕi⁴⁴tʂhə⁴⁴tʂhə⁵⁵. 天上的星星亮晶晶。
    上 天 星 亮 闪亮貌
698. ni⁴⁴li⁵⁵fau⁴⁴gu¹³tl̥o⁴⁴tɕi⁴⁴la⁴⁴. 他的头光秃秃的。
    他 头发 是 光秃秃 的
699. ni¹³a⁴⁴nu¹³gu¹³qa⁴⁴tou⁴⁴tou⁴⁴. 她做事情慢腾腾的。
    她 做 活儿 是 慢 慢貌
700. ni¹³mau¹³ki⁵⁵gu¹³tlau⁵⁵fau⁴⁴ŋo²¹. 她走路头低低的。
    他 去 路 是 低 头 的
701. di¹³l̥a⁴⁴ni⁵⁵nti⁵⁵nti⁵⁵lu⁵⁵lu⁵⁵. 这些绳子长长短短。
    些 绳 这 长 长 短 短
702. fau⁴⁴ntau⁴⁴vai¹³ʐou²¹sie⁴³ʐou⁵¹l̥o⁴³. 那棵树高高大大的。
    棵 树 那 又 高 又 大
703. die¹³deo¹³ni⁵⁵nti⁵⁵nti⁵⁵lu⁵⁵lu⁵⁵. 这些柴长短不一。
    些 柴 这 长 长 短 短
704. ni⁴⁴n̥i⁴⁴lu¹³hi⁴³fai⁴³ŋã̃ŋ⁵⁵si⁴³. 她说话不知轻重。
    她 说话 不 分 重 轻

705. die¹³a⁵⁵dla¹³nteo⁵⁵ni⁵⁵ta⁴³ȵie²¹hai⁵⁵dzu²¹. 这些纸厚薄合适。
　　　些　张　纸　这　厚薄　很　合适
706. ki⁵⁵ntsi⁴³ʐãŋ⁴⁴gi¹³sie⁴³sie⁴³Gə²¹Gə²¹. 蝴蝶翩翩飞舞。
　　　蝴蝶　飞　得　高　高　低　低
707. tai⁴³tl̥ãŋ⁵⁵ȵo⁴³Gou¹³ndu¹³ʐãŋ⁴⁴. 老鹰翱翔在天空。
　　　个　鹰　在　上　天　飞
708. pi⁴⁴zo¹³tu⁴⁴tʂi⁴³nu³³ȵi⁴⁴lu¹³a⁴⁴nu¹³tu⁴⁴hai⁵⁵ŋgə¹³.
　　　我们　村　者　负责　说　话　做　事　都　很　直爽
　　　我们村长说话做事都很直爽。
709. di¹³deo¹³ni⁵⁵ʐa⁴⁴ʂau⁴⁴hi⁴³dzi⁴³a⁴⁴lu¹³zau⁴⁴qhai⁴³.
　　　些　柴　这　要　拾　齐　才　好　捆
　　　这些柴要弄整齐才好捆。
710. lu⁵⁵tsi⁵⁵vai¹³gu¹³pi⁴³tɕi⁴³pi⁴⁴tɕo⁴⁴hi⁴³zau⁴⁴ŋgau¹³.
　　　个　果　那　是　疙疙瘩瘩　不　好　靓
　　　那个果子长得疙疙瘩瘩的不好看。
711. a⁴⁴l̥a⁵⁵deo¹³dʐi²¹gi¹³dleo¹³dleo¹³. 燃起熊熊大火。
　　　火　燃　得　呼响貌
712. a⁴⁴l̥a⁵⁵deo¹³dʐi²¹gi¹³dleo¹³dleo¹³gi¹³dzi¹³ndu¹³. 燃起熊熊大火。
　　　火　燃　得　呼响貌　得　齐　天
713. qeo³³za²¹gi¹³ntʂə⁴⁴tl̥ha⁴⁴tl̥ha⁵⁵. 木条削得尖尖的。
　　　棍　削　得　尖　尖貌
714. ky⁵⁵a⁵⁵mby²¹tɕe⁴⁴hi⁴³ȵi⁴⁴i⁴⁴lo³³lu¹³. 嘴噘噘着不说一句话。
　　　扛 前缀 鼻　着　不　说　一　句　话
715. lai⁴⁴qho⁵⁵a⁵⁵tsa⁴⁴vai¹³tl̥u⁴³li⁴³ntɕe⁴³. 那个岩洞黑乎乎的。
　　　个　洞 前缀 岩　那　黑　黑洞洞貌
716. ni⁴⁴ȵau⁵⁵i⁴³lu⁴³tʂho⁴⁴a⁵⁵tʂie⁴³. 她穿了一件崭新的衣服。
　　　她　穿　一　件　衣服 前缀 新
717. a⁵⁵tʂhu³³a⁵⁵ndzau¹³tʂho⁵⁵li⁴⁴ŋkhau⁴⁴. 猫尾巴翘翘的。
　　　前缀 猫 前缀 尾巴　翘　上翘貌
718. lai⁴³tʂho⁴⁴gu¹³ni⁴⁴ȵãŋ⁵⁵gau¹³gi¹³a⁴³ȵti⁴³a⁴⁴ȵtu⁴⁴.
　　　件　衣服　是　他　穿　皱　得　皱貌　 重叠
　　　她穿的那件衣服皱巴巴的。
719. tshi⁵⁵deo¹³i⁴³qai⁴³qai⁴³pãŋ⁴⁴deo¹³. 烧出缕缕的烟火。
　　　烧　出　一　缕　缕　气　柴

720. lai⁴³ki⁴³mpa⁵⁵ni⁵⁵hai⁵⁵ie⁴³. 这个瓜苦几几的。
     个　前缀　瓜　这　很　苦
721. ni⁴⁴na¹³bo¹³leo¹³hai⁵⁵tl̩i⁴³. 她看得远远的。
     她　看见　去了　很　远
722. ni⁴⁴tsha⁴⁴n̩u⁴³tu⁴⁴mau¹³a⁴⁴nu¹³. 他天天都去做活。
     他　齐天　都　去　做活
723. qə⁵⁵nau¹³gu¹³ŋa⁵⁵ʐau⁴⁴nau¹³la⁵⁵ma¹³tə⁴⁴nə⁴³l̩o⁴³tsi⁴³beo²¹ni⁴⁴a⁴³beo²¹.
     食吃　是　孩子　吃　只有　人　大　三　倍　的　二　倍
     小孩吃的粮食只相当于大人的三分之二。
724. m̩o⁴⁴na⁵⁵lu⁵⁵l̩i⁴⁴hai⁴⁴a⁴⁴a⁵⁵lo³³. 今晚的月亮真圆。
     今晚　个　月　很　做　前缀　圆
725. sãŋ⁵⁵fə⁴⁴ki⁵⁵faɯ⁵⁵, sãŋ⁵⁵si³³ki⁵⁵ɴgai¹³. 左边的路宽右边的路窄。
     边　左　路　宽　边　右　路　窄
726. i⁴³tɕo⁴³lie¹³ni⁵⁵ndli¹³ai⁴³ʐau⁴³die¹³. 这块田的稻子真好呀！
     一　块　田　这　稻谷　很　好　真
727. n̩ie⁵⁵hi⁴³zau⁴⁴na¹³, tl̩o³³ʐau⁴⁴na¹³. 哭不好看，笑好看。
     哭　不　好看　笑　好看
728. n̩ie⁵⁵dʑi¹³hi⁴³zau⁴⁴na¹³, tl̩o³³dʑi¹³zau⁴⁴na¹³. 哭不好看，笑好看。
     哭　嘛　不　好看　笑　嘛　好看
729. mau¹³dʑi¹³hi⁴³fai⁴⁴, d̩au²¹dʑi¹³fai⁴⁴. 走不快，跑快。
     去　嘛　不　快　跑　嘛　快
730. nau¹³hau³³dʐeo²¹hi⁴³gau²¹. 吃是不能少的。
     吃喝　少　不　能
731. nau¹³hau³³dʐeo²¹hi⁴³ tsi⁴³. 吃是不能少的。
     吃喝　少　不　能
732. py⁴⁴tɕe⁴⁴zau⁴⁴, i⁴³dʑi¹³hi⁴³zau⁴⁴. 睡着好，躺着不好。
     睡着　好　躺着　不　好
733. na¹³la⁴⁴zau⁴⁴dʐo¹³, hi⁴³na¹³la⁴⁴zau⁴⁴dʐo¹³. 看可以，不看也可以。
     看　也　好　是　不　看　也　好　是
734. na⁵⁵ni⁵⁵gi²¹a⁴⁴dʐãŋ¹³daɯ¹³? 你现在怎样了?
     现在　你　怎样　了
735. ni⁴⁴gu¹³qa³¹dy¹³? ku⁵⁵hi⁴³pau⁴³. 他是谁？我不认识。
     他　是　谁　我　不　知道
736. ni⁵⁵gu¹³a⁵⁵ʂi⁴⁴? nau¹³gau²¹la³³nau¹³hi⁴³gau²¹. 这是什么？能不能吃?
     这　是　什么　吃　能　还是　吃　不　能

737. lu⁵⁵a⁵⁵ma²¹nteo⁵⁵ni⁴⁴ku⁵⁵hi⁴³pau⁴³. 这个字我不认识。
    个 前缀 眼睛 书 这 我 不 知

738. ni⁴⁴də¹³ȵie¹³na¹³ku¹³i⁴³qa³³ma¹³. 她稍微看了我一眼。
    她 稍微 看 我 一 眼眼

739. ku⁵⁵ʈhau⁴⁴ŋga¹³da¹³. 我从我家来。
    我 从 家 来

740. ku⁵⁵i⁴³lɯ⁴³tə¹³nə⁴³tu⁴⁴hi⁴³pau⁴³. 我一个人都不认识。
    我 一 个 人 都 不 知道

741. ku⁵⁵ȵi⁴⁴i⁴³lo¹³lu¹³ʈau⁴⁴gi²¹nau²¹. 我说一句话给你听。
    我 说 一 句 话 给 你 听

五十八 动词的体貌

（一）完成

742. ku⁵⁵tʂau⁴⁴ndʐau¹³ʂãŋ⁴⁴i⁴ lo⁴³kho⁴³. 我打破了一个碗。
    我 打 破 了 一 个 碗

743. ni⁴⁴a⁵⁵ȵie⁴³ta⁴⁴sãŋ⁴⁴ni⁴⁴ʑi¹³ta⁵⁵qai⁴³. 他母亲杀了他家的那只鸡。
    他 母亲 打 了 他 家 只 鸡

744. gi²¹qha⁴³ȵa¹³hau³³sãŋ⁴⁴a⁴³dza¹³hi⁴³ʑa⁵⁵hau³³tʂha³¹.
    你 刚 喝 了 前缀 药 不 要 喝 茶
    你刚吃了药,不能喝茶。

745. ni⁴ ma⁴³ʈhau⁴³ku⁵⁵tsi¹³ki⁵⁵ɴGai¹³mpa⁴⁴ku⁵⁵i⁴³pau⁴⁴ma⁴³leo⁴⁴ʈhau⁴⁴ni⁴⁴.
    他 拿 给 我 三 斤 肉 猪 我 一 气 拿 钱 给 他
    他给了我三斤猪肉,我马上就给了他钱。

746. ni⁴⁴tsha⁴⁴n̥u⁴³nau¹³tʂhai³³sãŋ⁴⁴dʑi¹³deo¹³leo¹³daɯ¹³.
    他 齐 天 吃 午饭 了 就 出 去 了 了
    他每天吃了早饭就出去。

747. ku⁵⁵tʂheo³³nau¹³m̥o⁴⁴sãŋ⁴⁴, na¹³so⁴³a⁴⁴ntsau⁴³sãŋ⁴⁴hai⁵⁵a⁵⁵lɯ¹³si⁴³mau¹³.
    我 想 吃 晚饭 了 看 电影 了之后 才 回 去
    我想吃了晚饭,看了电影再回去。

748. ni⁴⁴ndzau¹³leo¹³daɯ¹³die¹³ku⁵⁵a⁵⁵lɯ¹³zau¹³zau⁴⁴ɴGə¹³lo¹³a⁴⁴ʐou¹³nu¹³.
    他们 去了 了 后 我 才 好 好 做 来 做 自己 事
    他们走了我才能坐下来做自己的事。

749. ȵi⁴⁴tɕha³¹ʑa¹³leo¹³hi⁴³ʑa⁵⁵tsai⁵⁵, ʈai⁴³ȵi⁴⁴i⁴³gau⁴³to⁴⁴dʑi¹³zau⁴⁴daɯ¹³.
    说 错 去 了 不 要 紧 再 说 一 遍 都 就 好 了
    讲错了没关系,再讲一遍就是了。

750. a⁵⁵dlau¹³i⁴³qh̥ə⁴³tsie⁴⁴ma¹³pi¹³dʐeo¹³du¹³mo⁴⁴mo⁴⁴zãŋ⁴⁴bai¹³lo¹³daɯ¹³.
    前缀 门 一 开 就 有 几 只 苍蝇 飞 进 来 了
    门一开就有几只苍蝇飞了进来。

751. lai⁴³ȵu⁴³deo¹³lo¹³daɯ¹³, ti⁴³die¹³ɴqha⁴³daɯ¹³?
 个　日　出　来　了　　地　是否　干　了
 太阳出来了，地干了没有？

752. va¹³ɳo²¹qa⁴⁴zau⁴³tu⁴⁴dzie¹³leo¹³daɯ¹³tho⁴³i⁴³tho⁴³a⁵⁵lɯ¹³ʈai³³nau¹³.
 饭　和　菜　都　凉　了　了　热　一　热　才　再　吃
 饭和菜都凉了，热一热再吃吧。

753. ku⁵⁵dy¹³sãŋ⁴⁴ʈai³³dy¹³la⁴⁴ndʐau²¹hi⁴³mau¹³daɯ¹³.
 我　想　了　再　想　或者　决定　不　去　了
 我想了想，还是决定不去。

754. ni⁴⁴ȵi⁴⁴sãŋ⁴⁴daɯ²¹ȵu⁴³la³³ȵi⁴⁴hi⁴³ȵthai⁴⁴. 他说了半天还没说清楚。
 他　说　了　半　天　也　说　不　清楚

755. ku⁵⁵hu⁴⁴ni⁴⁴daɯ²¹ȵu⁴³sãŋ⁴⁴, ni⁴⁴tu⁴⁴hi⁴³ti⁴³, ni⁴⁴qa⁴³l̥au⁴³sãŋ³³daɯ¹³la³³?
 我　叫　他　半　天　了　　他　都　不应　他　聋　了　了　吗
 我叫了他半天他都不答应，他聋了吗？

756. ku⁵⁵hu⁴⁴ni⁴⁴daɯ²¹ȵu⁴³sãŋ⁴⁴ni⁴⁴tu⁴⁴hi⁴³ti⁴³die¹³ni⁴⁴qa⁴³l̥a⁴³sãŋ³³?
 我　叫　他　半　天　了　　他　都　不应　是否　他　聋　了
 我叫了他半天他都不答应，他聋了吗？

757. ku⁵⁵ȵthie⁵⁵sãŋ⁴⁴ni⁴⁴tsi⁴³ʈo³³tu³³ȵtie⁵⁵hi⁴³tau⁴⁴.
 我　找　了　他　三　趟　都　找　不　得
 我找了三趟都没找到他。

758. ku⁵⁵py⁴⁴sãŋ³³i⁴³mbə¹³ŋa⁴⁴dʐi¹³dʐi¹³lo¹³daɯ¹³. 我睡了一会儿就醒了。
 我　睡　了　一　时候　小　就　醒　来　了

759. pi⁴³do¹³sãŋ⁴⁴ntau⁴⁴du¹³tɕau⁴³dʑe¹³ȵau³³, a⁵⁵dlau¹³a⁵⁵lɯ¹³qhə⁴⁴.
 我们　等　了　半　个　多　时间　前缀　门　才　开
 我们等了半个多小时门才开。

760. ni⁴⁴qhə⁴³ȵau¹³da¹³ku⁵⁵i⁴³teo⁴⁴, hi⁴³pau⁴³nə²¹qa⁵⁵si⁴⁴na⁵⁵.
 他　刚　踢　我　一　脚　不　知　为什么　呢
 不知为什么他刚才踢了我一脚。

761. a⁵⁵dlau¹³qhə⁴³sãŋ⁴⁴daɯ¹³, hu⁵⁵bə²¹bai¹³mau¹³hi⁵⁵.
 前缀　门　开　了　了　大家　进　去　吧
 门打开了，大家进去吧。

762. die¹³gi²¹ntsha⁴⁴daɯ¹³ki⁵⁵dla¹³daɯ¹³? ntsha⁴⁴daɯ¹³daɯ¹³.
 是否　你　洗　完　衣　了　　洗　完　了
 你洗完衣服了吗？洗完了。

763. do¹³ku⁵⁵nu²¹ni⁴⁴sãŋ⁴⁴, a⁵⁵lɯ¹³ɲi⁴⁴qhə⁴⁴gi²¹. 等我问过了他再告诉你。
　　　等　我　问　他　了　才　　告诉　你
764. tsha³¹hə³¹paŋ⁴³ni⁴⁴a⁵⁵ma⁴⁴nteo⁵⁵sãŋ⁴⁴. 擦掉黑板上的字。
　　　擦　黑板　的　前缀　眼　字　了
765. ni⁴⁴tɕãŋ³³la⁵　a⁴⁴ndʐy¹³ntshai³³tɕe⁴⁴hi⁴³go¹³ni⁴⁴si⁴³tl̩a⁴⁴ŋa¹³.
　　　他　拉　个　前缀　小　姑娘　着　不　让　她　回去　到　家
　　他拉住小姑娘，不让她回家。
766. ni⁴⁴mau¹³tau⁴⁴i⁴³lo⁴³tʂho⁴⁴gu¹³hai⁵⁵zau⁴⁴na¹³.
　　　他　买　得　一　件　衣　是　很　好看
　　他买到一件很好看的衣服。
767. a⁵⁵dlau¹³tə⁴⁴nə⁴³tɕau⁴³ta⁴³die¹³hi⁴⁴nai⁴⁴. 门口挤了许多人。
　　　前缀　门口　人　多　真　挤
768. ndlo²¹ŋa¹³teo³³i⁴³lo⁴³teo³³ʈau⁴³. 房间里点着一盏灯。
　　　里面　房　点　一　个　灯　着
769. ndlo²¹ŋa¹³teo³³i⁴³lo⁴³teo³³ʈau⁴³tɕe⁴⁴. 房间里点着一盏灯。
　　　里面　房　点　一　个　灯　着　着
770. su⁴³tshau⁴³ɴgai¹³tɕe⁴⁴, go¹³ni⁴⁴qha⁵⁵hai⁵⁵a⁵⁵lɯ¹³ki⁴⁴zau⁴³.
　　　先　切　肉　着　让　它　干之后　再　炒菜
　　先把肉切了，过一会儿炒菜。
771. su⁴³ʂau⁴³ntau⁴³tɕe⁴⁴, go¹³ni⁴⁴qha⁵⁵hai⁵⁵a⁵⁵lɯ¹³a⁴⁴gi²¹ɖau¹³.
　　　先　据　木　着　让　它　干之后　再　做　桌子
　　先把木头锯了，让它干一干，再做张桌子。
772. tsi⁴³lu⁴³tsi²¹za¹³ku⁵⁵nau¹³sãŋ⁴⁴a⁴³lu⁴³. 三个梨我吃了两个。
　　　三　个　前缀　梨　我　吃　了　二　个
773. ku⁵⁵ma¹³tau⁴⁴i⁴³tshie⁴⁴tshie⁴⁴l̩au⁴⁴nu⁴³daɯ¹³la⁵⁵ki⁵⁵tsie⁴⁴ʈai³³ma¹³
　　　我　买　得　一　些　些　东西　了　还要　准备　再买
　　i⁴³tshie⁴⁴tshie⁴⁴.
　　一　些　些
　　我已经买了一些家具了，还准备再买一些。

（二）进行

774. ku⁵⁵nau¹³va¹³tsi⁴⁴la⁴³ni⁴⁴ntsa⁵⁵di¹³tsi⁴⁴la⁴⁴si⁴³.
　　　我　吃饭　正在　他　洗　手　正在　呢
　　我在吃饭，他在洗手呢。
775. ni⁴⁴ɲie⁵⁵ɳɖo²¹si⁴³ni⁴⁴hi⁴³n̩au¹³nau¹³du²¹ʂi⁴⁴.
　　　他　哭　着　呢　他　不　肯　吃　什么
　　她哭着呢，什么也不吃。

776. ku⁵⁵dau²¹a⁴⁴li⁴⁴ni⁵⁵hi⁴³si⁵⁵ni¹³no⁴⁴no⁴⁴. 我跑着呢，所以不觉得冷。
    我   跑   所以   不 觉得   冷 重叠

777. vai¹³zau⁵⁵nau²¹lu³¹si⁴³ʐa⁵⁵dʐau¹³kau³³. 外面下雨呢，要带伞。
    处所 野外 雨 下 呢 要 带 伞

778. pa⁴⁴ni⁵⁵ku⁵⁵hi⁴³n̻ie¹³nau¹³va¹³, ku⁵⁵tɕhi⁴³ŋga¹³.
    现在 我 不 在 吃 饭 我 扫 房
    我没有在吃饭，我在扫地。

779. pa⁴⁴ni⁵⁵ni⁴⁴a⁴⁴a⁵⁵ʂi⁴⁴? ni⁴⁴py⁴⁴lai⁴³tɕheo⁴⁴na¹³nteo⁵⁵.
    现在 他 做 什么 他 睡 个 床 看 书
    这会儿他在干什么？他躺在床上看书呢。

(三) 持续

780. ni⁴⁴tshai³³di¹³dʐo¹³i⁴⁴lo⁴³kho⁴³. 他手里拿着一个茶杯。
    他 只 手 拿 一 个 碗

781. ni⁴⁴n̻o⁴³a⁴⁴ndʐa³³ŋga¹³ʂeo⁴⁴tɕe⁴⁴. 他在屋檐下站着呢。
    他 在 前缀 屋檐 房 站 着

782. ni⁴⁴n̻au⁵⁵tɕe⁴⁴i⁴³tsai⁴³dzau¹³a⁵⁵tʂie⁴³. 他穿着一身新衣服。
    他 穿 着 一 套 衣服 前缀 新

783. ni⁴⁴n̻o⁴³pi⁵⁵ti⁴³zau¹³n̻o¹³hi⁴³n̻au³³ʂeo⁴⁴tau⁴⁴a⁵⁵ʂa⁴³.
    他 在 地 坐 着 不 肯 站 在 上面
    他在地上坐着，不肯站起来。

784. ku⁵⁵dʐo¹³tɕe⁴⁴tʂho⁴⁴nau²¹hi⁴³n̻tʂhai⁴⁴nau²¹lo¹³.
    我 拿 着 衣 雨 不 怕 雨 下
    我带着雨衣，不怕下雨。

785. a⁵⁵dlau¹³qhə⁴³tɕe⁴⁴vai¹³ndlo¹³hi⁴³ma¹³tə⁴⁴nə⁴³. 门开着，里面没有人。
    前缀 门 开 着 处所 里面 不 有 人

786. gi²¹dʐo¹³tɕe⁴⁴! 你拿着!
    你 拿 着

787. zau¹³tɕe⁴⁴hi⁴³ʐa⁵⁵ʂeo⁵⁵tau⁴⁴a⁵⁵ʂa⁴³. 坐着,不要站起来!
    坐 着 不 要 站 在 上面

788. ku⁵⁵deo¹³ma¹³i⁴³mbə¹³ŋa⁴⁴, tlau⁴³nu⁴³zau⁴⁴zau⁴⁴na¹³tɕe⁴⁴ɣo⁵⁵.
    我 出 去 一 时候 小 东西 好 好 看 着 哦
    我走开一会儿，行李要好好儿地看着。

789. ni⁴⁴tlau⁵⁵li⁵⁵faɯ⁴⁴tɕe⁴⁴hi⁴³n̻i⁴⁴lu¹³. 他低着头不说话。
    他 低 前缀 头 着 不 说 话

790. ni⁴⁴ndzau¹³ntau⁴⁴kau⁴⁴tɕe⁴⁴ndʐi¹³lai⁴³gi¹³. 他们打着伞在街上走。
　　　他们　　打　伞　着　转　个　集市

791. ntau⁴⁴tɕy⁵⁵ly⁴⁴tɕe⁴⁴ɳthie⁵⁵tɕy⁵⁵ly⁵⁵. 戴着帽子找帽子。
　　　戴　帽子　着　找　帽子

792. ni⁴⁴ɴɢa²¹ʂeo⁵⁵tɕe⁴⁴nau¹³. 他喜欢站着吃。
　　　他　喜欢　站　着　吃

793. ni⁴⁴i⁴³tɕhãŋ³¹tɕe⁴⁴hau³³ʑi²¹. 他靠着墙抽烟。
　　　他　靠　墙　着　喝　烟

794. ni⁴⁴ndzau¹³di¹³ta⁵⁵di¹³mau¹³tsi⁴⁴lau⁵⁵hu⁴⁴tsi⁴⁴lau⁵⁵.
　　　他们　　手　握　手　去　正在　唱　正在
　　他们手拉着手，一边走一边唱。

795. ndlo²¹pi⁴³zo⁴³zau¹³tɕe⁴⁴a⁴⁴ lɯ⁴³wai²⁴ko³¹tə⁴⁴nə⁴³.
　　　里面 前缀　车　坐　着　二　个　外　国　人
　　车子里坐着两个外国人。

796. lai⁴³tɕhãŋ³¹tʂãŋ⁴⁴tɕe⁴⁴i⁴³dla¹³baɯ¹³. 墙上挂着一幅画。
　　　个　墙　挂　着　一　块　画

797. a⁵⁵və⁴³a⁵⁵ʂa⁴³kə⁴⁴tɕe⁴⁴a⁵⁵ma²¹nteo⁵⁵si⁴³lu⁴⁴. 石头上刻着字呢。
　　　前缀石头　上　刻　着　前缀　眼　书　呢

798. a⁵⁵dlau¹³ʂeo⁵⁵ɳo¹³tsi⁴³lɯ⁴³tə⁴⁴nə⁴³. 门口站着三个人。
　　　前缀门　站　着　三　个　人

（四）经历

799. ni⁴⁴la²¹mau¹³ɳdzau¹³ti⁴³tɕheo³³gu¹³tɕau⁴³i⁴³vie⁴⁴hi⁴³la²¹ɳdzau¹³
　　　他　曾经　去　到　地方　是　多　但　不曾经　到
　　dzo²¹pi⁴³zo¹³.
　　过　我们　村
　　他到过很多地方，就是没到过我们村。

800. ku⁵⁵la²¹ɳthie⁵⁵ni⁴⁴tɕau⁴³kai²⁴qa³¹gau¹³. 我找过他好几次。
　　　我　曾经　找　他　多　更多　次数

801. ni⁴⁴tou³³ndi¹³la²¹a⁴⁴vau²¹la¹³. 他从前做过生意。
　　　他　从前　曾经　做　买　卖

802. ku⁵⁵ntso⁵⁵tsə⁴⁴la²¹na¹³i⁴³nãŋ²¹nteo⁵⁵ni⁵⁵. 我早就看过这本书了。
　　　我　早就　曾经看　一　本　书　这

803. ku⁵⁵la²¹nau¹³i⁴⁴tʂãŋ⁴⁴zau⁴³ni⁵⁵hi⁴³ai⁴³qãŋ⁴³.
　　　我　曾经吃　一　种　菜　这　不　很　甜
　　我吃过这种菜，不大好吃的。

804. pi³¹dʐeo²¹n̠u⁴³tou⁴³ndi¹³la²¹no⁴⁴, mo⁴⁴na⁴⁴ʈai⁷³ʂo⁵⁵ daɯ¹³.
　　　几　　天　　　之前　曾经　冷　今天　再　热　了
　　前几天冷过，今天又热了。

（五）起始

805. gi²¹thau⁴³dy¹³ʂeo⁵⁵by¹³a⁴⁴vau²¹la¹³lo¹³? 你什么时候做起生意来了？
　　　你　从　何时　　开始　做　买卖　了

806. ndu¹³ʂeo⁵⁵by¹³no⁴⁴daɯ¹³. 天气开始凉了。
　　　天　开始　　冷　了

807. ndu¹³no⁴⁴daɯ¹³, ʐa⁵⁵tɕau⁴³n̠au⁵⁵i⁴³lo⁴³tʂho⁴⁴.
　　　天　冷　了　要　多　穿　一　件　衣服
　　天气冷了，要多穿一件衣服。

808. ni⁴⁴ndzau¹³ʂeo⁵⁵hi⁴⁴ntau³³daɯ¹³, gi²¹mau¹³khau⁵⁵i⁴³khau⁵⁵.
　　　他们　开始　互相　打　了　　你　去　劝　一　劝
　　他们打起来了，你去劝一劝。

809. nə¹³tʂãŋ⁴⁴qha⁴⁴hi⁴³n̠ie²¹da¹³ndzau²¹tsə⁴⁴ni⁴⁴ʂeo⁵⁵hau³³tɕeo⁵⁵daɯ¹³.
　　　亲戚　　客人　　不　还　来　到　就他　开始　喝　酒　了
　　客人亲戚都没来，他就开始喝酒了。

810. ni⁴⁴a⁴⁴dʐãŋ¹³ʂeo⁵⁵a⁴⁴vau²¹la¹³daɯ¹³? 他怎么做起生意来了？
　　　他　怎么　开始　做　买卖　语助

811. ni⁴⁴a⁴⁴dʐãŋ¹³ʂeo⁵⁵a⁴⁴vau²¹la¹³daɯ¹³? 他怎么做起生意来了？
　　　他　怎么　开始　做　买卖　了

（六）继续

812. go¹³ni⁴⁴n̠i⁴⁴ɴɢə¹³mau¹³, hi⁴³ʐa⁵⁵ha³³n̠i⁴⁴. 让他说下去,不要插嘴。
　　　让　他　说　下　去　　不　要　抢　说

813. gi²¹tʂa⁵⁵a⁴⁴li⁴⁴ni⁵⁵a⁴⁴ɴɢə¹³nau¹³, pi²¹gi²¹ku⁵⁵la⁵⁵mau¹³daɯ¹³.
　　　你如果　　这样　做　下　去　　明天　我　要　去　了
　　你要这样干下去，我明天就走。

（七）已然

814. ku⁵⁵va¹³nau¹³sãŋ⁴⁴daɯ¹³die¹³gi²¹nau¹³sãŋ⁴⁴daɯ¹³?
　　　我　饭　吃　了　了　是否　你　吃　了　吗
　　我吃了饭了，你吃了吗？

815. ni⁴⁴tsa⁵⁵tu⁴³khau⁴³tau⁴⁴ta²⁴ɕo³¹daɯ¹³. 他儿子已经考上大学了。
　　　他　个儿　考　得　大学　了

816. ni⁴⁴l̥eo¹³tau⁴⁴i⁴³li⁴³tɕau⁴³daɯ¹³hi⁴³n̠ie²¹si⁴³lo²¹.
　　　他　去　得　一　日　多　了不还　回　来
　　他去了一个多月了，还没有回来。

817. ni⁴⁴ɭeo¹³tau⁴⁴i⁴³ɭi⁴³tɕau⁴³daɯ¹³hi⁴³n̠ie²¹to³³lo²¹.
　　 他　去　得　一　日　多　 了　不　还　回　来
　　 他去了一个多月了，还没有回来。

818. gi²¹ma⁴³bai²¹tɭau⁴³nu⁴³gu¹³a⁵⁵nau¹³ma¹³i⁵⁵tʂo⁴⁴ʈau⁴⁴qa⁵⁵dy¹³tɕe⁴⁴?
　　 你　把　些　东西　是　前缀　昨天　买　那　放　在　哪里　着
　　 你把昨天买的东西放在哪儿了?

819. tʂo⁴⁴ʈau⁴⁴tai⁴³gi²¹dau¹³. 放在桌子上。
　　 放　在　个　桌子

820. toŋ⁵⁵tʂhi²⁴qa⁵⁵qə⁴³n̠ta⁵⁵n̠u⁴³ai⁴³n̠o⁴³ai⁴³li¹³m̥o⁴⁴ndu¹³ai⁴³n̠o⁴³ai⁴³lu⁵⁵.
　　 冬至　　 后面　当　日　越　在　越　久　　夜　越　在　越　短
　　 冬至以后白天渐渐变长了,夜晚渐渐变短了。

821. pi²¹ki²¹a⁴⁴tau⁵⁵li⁴⁴na⁵⁵ni⁴⁴ntso⁵⁵dʑa²¹ŋa¹³ta²¹.
　　　　 明天　　 达　现在　他　早　到达　房　了
　　 明天这时候他早就到了家了。

822. lai⁴³tɕhou³¹hi⁴³ndlo²¹tɭa⁴⁴lai⁴³qho⁵⁵leo¹³daɯ¹³. 球滚到洞里去了。
　　 个　球　滚　去　到　个　洞　去　了　了

823. ɭeo⁴⁴tu⁴⁴kheo³³deo¹³lu¹³daɯ¹³dʑi¹³i⁴³n̠tʂi³³ŋa⁴⁴ni⁵⁵tə⁵⁵dʑo¹³daɯ¹³.
　　 钱　都　拿　出　来　了　就　一　点　小　这　仅　有　的
　　 钱都拿了出来了，就这么一点儿。

824. ni⁴³da¹³mba¹³a⁵⁵dlau¹³thou⁴⁴i⁵⁵ku⁵⁵py⁴⁴leo¹³daɯ¹³.
　　 他　来　敲　前缀　门　时候　那　我　睡　去了　了
　　 他来敲门的时候我已经睡了。

825. hai³¹ma¹³i⁴³n̠tʂi⁴³ŋa⁴⁴ɭeo⁴⁴ku⁵⁵hi⁴³ma⁴⁴ʈau⁴⁴gi²¹.
　　 还　有　一　点　小　钱　我　不　拿　给　你
　　 还有一点钱我不给你了。

826. gi²¹dzə¹³tau⁴⁴ni⁴⁴gu¹³qa³¹dy¹³daɯ¹³la³³?你认出他是谁了没有?
　　 你　认　得　他　是　谁　了　吗
　　 dzə¹³ deo¹³ lo¹³ daɯ¹³. 认出来了。
　　 认　 出　 来　了

(八) 短时

827. hu⁵⁵bə²¹ʂo⁴⁴i⁴³mbə¹³ŋa⁴⁴a⁴⁴lɯ¹³ʈai³³a⁴⁴. 大家歇歇再干。
　　 大家　歇　一　时候　小　才　再　做

828. gi²¹zau¹³do¹³, ku⁵⁵bai¹³mau¹³ly⁵⁵i⁴³ly⁵⁵ki⁵⁵dla¹³.
　　 你　坐　等　我　进　去　换一换　　衣服
　　 你坐着，我进去换一换衣服。

829. n̥u⁴³ʂo⁴⁴, n̥o⁴³ŋa¹³na¹³n̥a⁵⁵ʐau⁴⁴, hi⁴³deo¹³zau⁵⁵.
　　 日　休息　在　家　　看　孩子　　不　出　野外
　　 星期天在家里看看小孩，没出门。

（九）尝试

830. ma⁴⁴khau⁴⁴khau⁵⁵a⁴⁴ʂi⁴⁴gu¹³ʐa⁵⁵zau⁴⁴, go¹³ku⁵⁵ʈai³³dy¹³i⁴³dy¹³a⁵⁵.
　　 有　办法　重叠　什么　是　要　好　让　我　再　想　一　想　啊
　　 有什么好办法，让我再想想看。

831. ma⁴⁴khau⁴⁴khau⁵⁵a⁴⁴ʂi⁴⁴gu¹³ʐa⁵⁵zau⁴⁴go¹³ku⁵⁵ʈai³³dy¹³i⁴³dy¹³na⁵⁵.
　　 有　办法　重叠　什么　是　要　好　让　我　再　想　一　想　啊
　　 让我再想想看有什么好办法。

832. gi²¹tsheo⁵⁵i⁴³tsheo⁵⁵na¹³gu¹³du²¹ʂi⁴⁴. 你猜一下看，这是什么。
　　 你　猜　一　猜　看　是　什么

（十）反复

833. pi⁴³mau¹³tsi⁴⁴la⁵⁵n̥i⁴⁴tsi⁴⁴la⁵⁵hi⁴³si⁴³ni⁴³dʑi¹³dʐa¹³daɯ¹³.
　　 我们　去　正在　说　正在　不　感觉　就　到　了
　　 我们边走边说，说着说着就到了。

834. ni⁵⁵hu⁴⁴gu¹³hu⁴⁴gu¹³tu⁴⁴tɕha⁴⁴tsheo³³qa⁴⁴qa⁴⁴daɯ¹³.
　　 他　唱着　唱　着　突然　哑　喉咙　了
　　 他唱着唱着忽然哑了喉咙。

835. ni⁵⁵na¹³gu¹³na¹³gu¹³a⁵⁵lə¹³a⁵⁵lə¹³tau⁴⁴py⁴⁴leo¹³daɯ¹³.
　　 他　看着　看着　慢　慢　得　睡　去了　了
　　 他看着看着慢慢地睡着了。

（十一）随意

836. ni⁴⁴nau¹³pi⁵⁵tl̥i⁴³pi⁵⁵tl̥au⁴³tsə⁴⁴deo¹³leo¹³.他胡乱吃了几口就出门了。
　　 他　吃　重叠　几口　就　出　去了

837. ni⁴⁴nau¹³pi⁵⁵dʐeo¹³lo⁴³tsə⁴⁴deo¹³leo¹³. 他胡乱吃了几口就出门了。
　　 他　吃　几　口　就　出　去了

838. ni⁴⁴nau¹³pi⁵⁵dʐeo¹³lo⁴³tsə⁴⁴deo¹³leo¹³. 他胡乱吃了几口就出门了。
　　 他　吃　几　口　就　出　去了

839. ku⁵⁵nu⁵⁵na¹³pi²⁴dʐeo¹³dla¹³sãŋ⁴⁴tsə⁴⁴bau¹³ni¹³sãŋ⁴⁴daɯ¹³.
　　 我　随便看　几　张　了　就　还　他　了　了
　　 我随便翻了几页就把书还给他了。

（十二）起始

840. ni⁴⁴ʂeo⁵⁵n̥ie⁵⁵. 他哭起来。
　　 他　开始　哭

841. a⁴³lɯ⁴³tə⁴⁴nə⁴³ʈai³³ʂeo⁵⁵n̥i⁴⁴lu¹³daɯ¹³. 两个人又开说起话来。
　　 二　个　人　　又　开始　说　话　了
842. ʂeo⁵⁵by¹³ŋə³³ʂau⁴³. 开始割麦子了。
　　 开始　割 麦子
843. a⁵⁵ndlau¹³ntau⁴⁴by¹³və²¹. 开始落树叶了。
　　 ⁽前缀⁾叶子　树　开始　落

（十三）其他

844. ku⁵⁵lai⁴³ʂou⁴³piau⁴³pau⁴³leo¹³ʈai³³n̥ʈʂheo³³ma¹³i⁴³lu⁴³a⁵⁵tʂhie⁴³.
　　 我　个　手表　　掉　去了再　想　　买 一 个 ⁽前缀⁾新
　　 我的手表掉了，想再买一只新的。
845. ma⁴³a⁴³du²¹gi²¹ɖau¹³vai¹³tsa⁴³si⁴³lo²¹. 把那两张桌子搬回来。
　　 把　　二　个　桌子　　那　搬　回 来
846. ma⁴³a⁴³du²¹gi²¹ɖau¹³vai¹³tʂhə⁵⁵si⁴³lo²¹. 把那两张桌子搬回来。
　　 把　　二　个　桌子　　那　搬　回 来
847. ku⁵⁵mbãŋ¹³gi²¹a⁴⁴i¹³za⁴³nu¹³ni⁵⁵sãŋ⁴⁴dʑi¹³ku⁵⁵ʐa⁵⁵si⁴³mau²¹a⁴⁴
　　 我　帮　　你 做 一 件 事　这　了　就　我　要 回 去　做
　　 ʑou¹³nu¹³daɯ¹³.
　　 自己　事情　了
　　 帮你做完这件事，我就要回过头做自己的事了。
848. ni⁴⁴qha⁴³n̥au²¹n̥ɖau¹³ʑi²¹tsi⁴³n̥u⁴³, m̥o⁴⁴na⁴⁴ʈai³³ʂeo⁵⁵hau³³daɯ¹³.
　　 他　才　　戒　三 日　烟　　今天　　又　起　喝　了
　　 他才戒了三天烟，今天又抽起来了。
849. i⁴³ʑi¹³ŋga¹³nau¹³va¹³gu¹³pi⁴³n̥ʈhə⁴³ntsə⁴³mau¹³i⁵⁵zau⁴⁴dʐo¹³.
　　 一 家 房 吃　饭 是 我们　常常　　去　那　好　是
　　 我们一直去的那家饭店不错。
850. pi⁴³a⁴³nau¹³va¹³tə⁵⁵a³³dʐa⁴³m̥o⁴⁴na⁴⁴go¹³pi⁴³nau¹³miɛn²⁴thiau³¹?
　　 我们 一 贯 吃 饭 只　怎么　　今天　让　我们 吃　　面条
　　 我们向来都吃饭，怎么今天让我们吃面条了？
851. m̥o⁴⁴na⁵⁵i⁴³m̥o⁴⁴ni⁴⁴tu⁴⁴hi⁴³dʐə¹³ʂeo⁵⁵tl̥hie⁴⁴.
　　 今晚　一　晚　他 都 不停　站　跳
　　 这一晚上他都不停地跳着。
852. nau²¹lu¹³gi¹³hi⁴³n̥dʐə¹³. 雨不停地下着呢！
　　 雨　下　得　不　停

853. nau²¹lu¹³gi¹³hi⁴³tu³³. 雨不停地下着呢!
　　　雨　下　得　不　停
854. ni⁴⁴a⁴³n̥au⁴⁴gi¹³hi⁴³tu⁴⁴, a³¹m̥o⁴⁴n̥au³³i⁴³m̥o⁴⁴.
　　　他 一贯 咳 得 不 断　昨夜　咳 一 夜
　　　他老是咳嗽,昨天咳了一个晚上。

五十九、疑问句

（一）特指问句

855. gi²¹ŋa¹³n̥o⁴³a⁵⁵dy¹³? 你的家在哪里?
　　　你　家　在　哪里
856. gi²¹la⁵⁵mau¹³tla¹³qho⁵⁵dy¹³? 你上哪儿去?
　　　你　要　去　到　哪里

（二）是非问句

857. die¹³gi²¹n̥tɕi⁴⁴mau¹³daɯ¹³? 你能上去吗?
　　　是否 你 爬 去 能
858. ntʂhãŋ⁵⁵du¹³daɯ¹³la¹³? 天晴了吗?
　　　天　晴　了 吗
859. die¹³gi²¹n̥tɕo⁴⁴ba¹³? 你记得吗?
　　　是否 你 记得 吧
860. die¹³gi²¹ma¹³tsai⁴³mau¹³? 你有哥哥吗?
　　　是否 你 有 个 兄
861. a⁵⁵m̥au⁴³lu⁴³ni⁴⁴n̥i⁴⁴hi⁴³ŋə¹³la¹³? 他苗话说不准吗?
　　　阿卯　话 他 说 不 准 吗
862. die¹³gi²¹pau⁴³ʐou⁴⁴ʑa¹³sãŋ⁴⁴daɯ¹³la¹³? 你知道自己错了吗?
　　　是否 你 知道 自己 错 了 了 吗
863. tai⁴³tiɛn²⁴ʑin⁴³ni⁵⁵die¹³zau⁴⁴la¹³? 这个电影好看吗?
　　　个　电影 这 是否 好 吗
864. gi²¹dzeo¹³hu⁴⁴ŋgau¹³la¹³? 你会唱歌吗?
　　　你　会　唱　歌 吗
865. die¹³n̥i¹³pau⁴³gi²¹da⁴³wu⁴³tiŋ²⁴la¹³? 他知道你来武定吗?
　　　是否 他 知 你 来 武定 吗
866. gi²¹mau¹³ʐu¹³tʂhi³³la³³mau⁴⁴a⁴⁴fə⁴⁴lu¹³? 你是去放羊呢还是去玩呢?
　　　你　去　放羊　呢 去 玩 呢
867. die¹³ku⁵⁵mau¹³la¹³die¹³gi²¹mau¹³? 是我去呢还是你去?
　　　是否 我 去 或者 是否 你 去

868. die¹³gi²¹nau¹³va¹³la¹³die¹³gi²¹nau²¹ɕie⁴³? 你吃米饭还是吃煎饼?
　　是否 你 吃　饭　吗是否 你 吃　饼
869. su⁴³tau⁴⁴wa³¹tsi⁴³la³³su⁴³ŋau⁵⁵a⁵⁵ḍi²¹? 先穿袜子呢还是先穿裤子?
　　先穿　袜子　或者 先 穿 前缀 裤子
870. tɕau⁴³la³³dʐeo²¹lu⁴³? 是多呢，还是少呢?
　　多 还是 少 呢
871. gi²¹nau¹³va¹³ndli¹³la³³gi²¹nau¹³miɛn²⁴thiau³¹?
　　你 吃 饭 稻 还是 你 吃　　面条
　你是吃米饭呢，还是吃面呢?
872. gu¹³qai⁴³la³³gu¹³o³³lu⁴³? 是鸡呢，还是鸭子呢?
　　是　鸡 还是 是 鸭子呢
873. hi⁴³pau⁴³ni⁴⁴da¹³la³³hi⁴³da¹³? 还不知道他来呢还是不来?
　　不　知 他　来 还是不 来

（三）正反（反复）问句

874. ku⁵⁵n̥i⁴⁴die¹³ʐo²¹hi⁴⁴ʐo²¹? 我讲的对不对?
　　我　说　是否 是 不 是
875. die¹³gi²¹dʐo¹³dauɯ²¹la³³dʐo¹³hi⁴³dauɯ¹³? 你拿得动拿不动?
　　是否 你 拿　能　还是 拿 不 能
876. ʂi³¹la³¹tha⁴⁴die¹³gi²¹la²¹mau¹³dauɯ¹³? 你去过石腊它没有?
　　石 腊 它 是否 你 曾　去　了
877. die¹³gi²¹ɴɢa¹³hi⁴³ɴɢa¹³nau¹³dli²¹? 你爱不爱吃稀饭?
　　是否 你 勤　不 勤 吃 粥
878. gi²¹ɕau⁴⁴na⁵⁵a⁴⁴tɕi⁵⁵huei⁴⁴zau⁴⁴die¹³ʐo²¹hi⁴³ʐo²¹?
　　你　年 这 前缀身体　很　好　是否 是 不 是
　你今年身体很好，是不是?
879. die¹³ntau³³kau⁴³la³³a⁴³ntau³³kau⁴³ti⁴³lo⁴³? 打针了没有?
　　是否　打 针 还是 没 打 针 呢
880. die¹³ni⁴⁴dʐo¹³sa⁴⁴phu⁴³ʂa⁴⁴tə⁴⁴nə⁴³lu⁴³? 他是不是洒普山人?
　　是否 他 是 洒 普 山　人 吗
881. die¹³gi²¹nau¹³va¹³sãŋ⁴³dauɯ¹³lu³¹? 你吃饭了没有?
　　是否 你 吃 饭　了　了 吗
882. ni⁴⁴mo¹³ntsau⁴³qha⁵⁵n̥ie¹³zau⁴⁴die¹³ni⁴⁴mau¹³dauɯ¹³la³³mau¹³hi⁴³dauɯ¹³
　　他 病　刚　好 是否 他 去　能 还是 去 不 能
　他的病刚好，能不能去呀?

883. die¹³gi²¹ɴɢa²¹hi⁴³ɴɢa²¹hu⁴⁴ŋgau¹³lu³¹? 你喜不喜欢唱歌?
　　是否　你　喜欢　不　喜欢　唱　歌　呢

884. die¹³ma¹³a⁵⁵dza¹³la³³hi⁴³ma¹³? 买没买药?
　　是否　买 前缀 药　或者　不　买

885. die¹³gi²¹ntsa⁵⁵tl̥hu⁴⁴dau¹³lo¹³? 你洗过脸没有?
　　是否　你　洗　脸　了　吗

886. die¹³gi²¹ntsa⁵⁵tl̥hu⁴⁴sãŋ⁴⁴dau¹³? 你洗过脸没有?
　　是否　你　洗　脸　了　吗

887. die¹³ku⁵⁵ti⁴³ki⁴⁴da¹³la³³hi⁴³da¹³? 我应不应该来?
　　是否　我　应该　来　还是　不　来

888. ni⁴⁴mau¹³la³³hi⁴³mau¹³? 他去没去?
　　他　去　还是　没　去

889. die¹³gi²¹pau⁴³hi⁴⁴pau⁴³ni⁴⁴? 你认不认得他?
　　是否　你　知　不　知　他

890. die¹³gi²¹dzɿ²¹hi⁴³dzɿ²¹kãŋ⁴³ki⁴⁴? 你信不信教?
　　是否　你　信教　不　信　真理

891. die¹³gi²¹n̥i⁴⁴n̥ʈhai⁴⁴hi⁴³n̥ʈhai⁴⁴? 你说清楚没有?
　　是否　你　说　清楚　不　清楚

892. die¹³gi²¹da¹³hi⁴³da¹³? 你来不来?
　　是否　你　来　不　来

893. ʐo²¹hi⁴³ʐo²¹n̥i⁴⁴dzo¹³li⁴³ni⁵⁵dʑi¹³kə⁵⁵dau²¹? 是不是就谈到这儿算了?
　　是　不　是　说　处　样　这　就　够　了

（四）疑问语气

894. die²¹lo¹³? 真的啊?
　　真的　吗

895. ni⁴⁴tsha⁴⁴n̥u⁴³tu⁴⁴n̥o⁴³lo¹³? 他每天都在吧?
　　他　每　天　都　在　吗

896. ndu¹³la⁵⁵hi⁴³dʐau²¹nau²¹lo¹³dau¹³? 天大概不会再下雨了吧?
　　天　大概　　雨　来　吧

897. die¹³gi²¹la⁵⁵hau³³i⁴³kho⁴³tɕeo⁵⁵dʐo¹³? 你喝杯酒吗?
　　是否　你　还是　喝　一　杯　酒　吗

898. gi²¹hi⁴³nau¹³dau¹³la¹³? 你不吃吗?
　　你　不　吃　了　吗

六十 叹词

899. ʑi⁴⁴ʑi⁴³! i⁴³la²¹hi⁴³ȵie¹³nau¹³si⁴³gi²¹tɕou¹³su⁴³nau¹³daɯ¹³la³³.
　　哎呀呀　别人　不　没　吃　呢　你　就　先　吃　了　啦
　　哎呀呀，别人没吃，你就先吃起来啦！

900. ai⁴³ʐau⁴⁴! li⁵⁵faɯ⁴⁴mo⁴⁴ta⁴³die²¹. 哎哟，脑袋好痛！
　　哎呦　 前缀 头　 疼　 非常

901. ai⁴³ʐa⁴³, lai⁴³phau⁴⁴ni⁵⁵qha⁴³ȵau¹³ma¹³lo¹³tau⁴⁴ŋdʐau¹³sãŋ⁴⁴daɯ¹³.
　　哎呀　个　锅　这　刚　回　买　得　破　了　了
　　哎呀，这个锅刚买来就打破了！

902. nei¹³, ȵo⁴³qhai⁴³vai¹³gi²¹hi⁴³bo²¹la¹³? 那，在这里，你没看到吗？
　　那　在　里　这　你　不　看见　吗

903. hei⁴³, pi⁴³gi²¹ɕa²⁴paŋ⁴³ma¹³lu⁴³phau⁴⁴lo³³?
　　喂　明天　下　班　买　个　锅　来
　　喂！明天你下班买个锅来？

（一）表示喜悦情感的叹词

904. ha³¹ha³¹! ʂau⁴⁴tau⁴⁴die²¹, a⁵⁵dʐãŋ³³hi⁴³la¹³?
　　哈哈　收割　得　真　为何　不　高兴
　　哈哈！丰收了，还能不高兴？

905. ha³¹ha³¹! gi²¹dzeo¹³pai²⁴tau⁴⁴ku⁵⁵di¹³! 呵呵！这下可输给我了！
　　哈哈　你　会　输　给　我　手

（二）表示愤怒、鄙视或者斥责、不满情感的叹词

906. ʑie¹³, tʂhau³³lau¹³pi⁴³dzeo²¹lu⁴³nau²¹tsɤ⁴⁴hi⁴⁴ntə³³.
　　哼　漏　几　个　雨　就　互　吵
　　哼！漏几滴雨就闹得天翻地覆。

907. phei⁵⁵! gi²¹tsi⁵⁵a⁴⁴la⁴⁴gu¹³hi⁴³tʂhə³¹ni⁵⁵. 呸!你这个小伙子就没出息！
　　呸　你　小伙子　是　不　成　呢

908. a⁴³lei⁴³!gi²¹ha⁴³la⁴⁴hi⁴⁴ntə⁴⁴la⁴⁴. 嘿！你还闹哇！
　　嘿!　你　还　要　吵闹　哇

（三）表示悲伤、悔恨或者痛楚情感的叹词

909. ŋŋ⁴³! ɳɖo²¹gi²¹ȵi⁴⁴die²¹la¹³gi²¹hi⁴³ɳɖʐɤ¹³, ku⁵⁵ma¹³khau⁴⁴hkau⁵⁵a⁴⁴si⁴⁴.
　　唉　跟　你　说　真话　你　不　信　我　有　办法　什么
　　唉！跟你说真话你不信，我有什么法子！

910. ŋŋ⁴³! mo⁴³tau⁴⁴a⁴⁴li⁴⁴nu⁴⁴tu⁴⁴la¹³sã̃ŋ⁴⁴daɯ¹³.
    唉 病得 二月 活计 都 抛了 了
    唉！病了两个月，把工作都耽误了。

911. a⁴⁴ʑau⁴³, ku⁵⁵a⁵⁵tl̩au⁴³mo⁴³gu¹³. 哎哟，我肚子好痛。
    哎哟 我 前缀肚子 疼 非常

912. ŋŋ⁴³, hi⁴³n̩i⁴⁴dzo¹³ni¹³dʑi¹³ku⁵⁵ha³¹hi⁴³o¹³sie⁴³si⁴³.
    咳 不 说 到 他 就 我 还 不 肿 心 呢

（四）表示惊讶、诧异或赞叹情感的叹词

913. ʑie¹³, gi²¹a⁴⁴dzã̃ŋ¹³na⁵⁵ʑa²¹li⁴⁴ni⁵⁵. 哎！你怎么这么瘦呀。
    哎 你 怎么 瘦 这样

914. ʑi¹³, tsi⁵⁵a⁴⁴la⁴⁴ni⁵⁵tʂhə⁴³. 呵，这小伙子真棒。
    呵 小伙子 这 能干

六十二 调查提纲以外补充的语法例句

915. ni⁴⁴a⁴³lɯ⁴³ŋa⁵⁵ʑau⁴⁴tu⁴⁴mau¹³tla⁴⁴a⁴⁴tai⁴⁴leo¹³daɯ¹³.
    他 二个 孩子 都 去到 前缀外婆 去了 了
    他的两个孩子都到外婆家去了。

916. ʈhau⁴⁴gi²¹ŋa¹³dzo²¹lai⁴³ɕiɛn²⁴ma¹³pi⁵⁵dʐeo²¹n̩tɕa⁴⁴?
    从 你家 到 个 县 有 多少 里
    从你家到县城有多少路程？

917. ni⁴⁴ɳɖau²¹ŋgeo¹³ndzi¹³daɯ¹³. 他被黄蜂蜇了。
    他 被 蜂 蜇 了

918. lai⁴³li⁴⁴fai⁴⁴gu¹³ʈhau⁴⁴lau⁴⁴a⁴⁴. 犁头是用铁做的。
    个 前缀犁桦 是 用 铁 做

919. ni⁴⁴n̩o⁴³lai⁴³tau⁴³ʂau⁴⁴deo¹³. 他在山上砍柴。
    他 在 个 山 拾 柴

920. ma¹³i⁴³du¹³tli⁵⁵py⁴⁴tau⁴⁴dzai¹³ki⁵⁵pi⁵⁵ɳtau⁴³. 有一只狗躺在路中间。
    有 一 只 狗 睡 在 条 路 中间

921. tu⁴³dzau¹³a⁵⁵nto⁴³dzo¹³lai⁴³ky⁴³leo¹³daɯ¹³.
    者 拿 前缀石蚌 沿着 条 河 去了 了
    拿石蚌的人沿着河边走了。

922. mau¹³tla⁴⁴tha⁴⁴i⁴³mbeo¹³ŋa⁴⁴dʑa²¹daɯ¹³. 向前走一会儿就到了。
    去 到 前 一 时候 小 到 了

923. ni⁴⁴ty⁴⁴tau⁴⁴lai⁴³a³³ʑau²¹i⁴³na¹³, na¹³bo¹³a⁴³du²¹a⁵⁵dʐy³¹tlai⁴⁴n̩o⁴⁴
    他 对 在 个 前缀坡 一 看 看见 二 只 前缀小 熊 在

vai¹³a⁴⁴fə⁴⁴.
　　那　　玩耍
他往山坡下一看，只见两只小熊在那里玩耍。

924. ni⁴⁴na¹³tau⁴⁴la⁵⁵qaɯ⁴³a³³ʐau²¹, bo¹³a⁴³du¹³a⁵⁵dʑy¹³tlai⁴⁴a⁴⁴fə⁴⁴.
　　他 看 在 个 底 前缀 山坡 见 二 只 前缀 小　　熊　 玩耍
　　他往山坡下一看，只见两只小熊在那里玩耍。

925. di¹³ki⁵⁵ʑou¹³ʈhau⁴⁴zo¹³, hi⁴³ʐa⁵⁵a⁴³zie⁴⁴la²¹mbã̩¹³.
　　应该 自己 出 力 不要 靠 别人 帮
　　应该自己努力，不要光靠别人帮助。

926. ku⁵⁵mau²¹ɳo²¹ni⁴⁴tsai³³i⁴³nã̩ŋ²¹nteo⁵⁵. 我去跟他借一本书。
　　我 去 跟 他 借 一 本 书

927. lai⁴³ɲu⁴³ʈhau⁴⁴sã̩ŋ⁵⁵ɳu⁴³ta⁴³deo¹³da¹³, ntsə⁵⁵tla⁴⁴sã̩ŋ⁵⁵ɳu⁴³ntsə⁴⁴.
　　个 日 从 边 日 的 出 来 落 到 边 日 落
　　太阳从东方升起，朝西方落下。

928. ni⁴⁴va¹³hi⁴³ɲie²¹nau¹³tsə⁴⁴si⁴³leo¹³daɯ¹³. 他连饭也不吃就回去了。
　　他 饭 不 还 吃 就 回 去了 了

929. ŋga¹³dai⁴³ntau⁴⁴ni⁴⁴ntau⁴³hai⁵⁵tɕau⁴³, lie⁴³, ntsa⁴³, phə⁵⁵tu⁴⁴ma¹³.
　　房 买 布 的 布 很 多 红 蓝 花 都 有
　　商店里的布真多，红的、蓝的、花的都有。

930. die¹³gu¹³tleo⁴³gu¹³so⁵⁵lu¹³, di¹³gu¹³vau¹³gu¹³ndli¹³.
　　些 是 白 是 棉花 些 是 黄 是 稻谷
　　白的是棉花，黄的是稻谷。

931. dʐa²¹ʑa⁵⁵pi⁴³ʈhau⁴⁴zo²¹a⁴⁴nu¹³, nau¹³ɳəŋ⁵⁵tu⁴⁴hi⁴³tə⁴⁴.
　　只要 我们 出 力 做 活 吃 穿 都 不 愁
　　只要我们努力劳动，吃的、穿的都不愁。

932. ɕau⁴⁴na⁴⁴pi⁴³dʑo²daɯ¹³tu⁴⁴hai⁵⁵zau⁴⁴, gi²¹bie²¹zau⁴⁴la⁵⁵tu⁵⁵ku⁵⁵bie²¹.
　　年 这 我们 栽 豆 都 很 好 你 属 好 过于 我 属
　　今年我们种的豆子都很好，你的比我的更好。

933. ni⁴³ɳi⁴⁴tsha⁴⁴lu³³ly¹³tu⁴⁴die²¹dʐo¹³. 他说的句句都是实话。
　　他 说 齐 句 话 都 真 是

934. ni⁴⁴ndzau⁴³ŋa¹³ŋeo¹³nteo⁵⁵die⁴³ŋa¹³gu¹³tshie⁴³si⁴³.
　　他们　 房 读 书 些 房 是 新 的
　　他们学校的房子都是新盖的。

935. ni⁴⁴ʐi¹³qai⁴³dau²¹ki⁵⁵dli¹³nau¹³sã̩ŋ⁴⁴. 他家的鸡被野猫吃了。
　　他 家 鸡 被 前缀 野猫 吃 了

936. ni⁴⁴ndzau¹³zo¹³ntau⁴⁴tsi⁵⁵gu¹³pa³¹po⁴⁴ɕau⁴⁴dʐo²¹ɕau⁴⁴na⁵⁵tu⁴⁴tsi⁴⁴
　　　他们　　村　树　果　是　　前年　　　栽　年　这　都　果
　　a⁵⁵lu⁴³daɯ²¹.
　　做　个　了
　　他们村前年栽的果树，今年都结果了。

937. tai⁴³gi¹³dau¹³ni⁵⁵gu¹³ni⁴⁴bie²¹. 这张桌子是他的。
　　　张　桌子　这　是　他　属

938. tu⁴³dai²¹zau⁴³da¹³daɯ²¹. 卖菜的来了。
　　　者　卖　菜　来　了

939. a⁴⁴tʂhu⁴⁴tl̥hie⁴⁴gu¹³sie⁴³, tl̥i⁵⁵dau¹³gu¹³fai⁴⁴. 猫跳得高，狗跑得快。
　　　前缀　猫　跳　是　高　　狗　跑　是　快

940. ni⁴⁴tl̥o³³gu¹³ka⁴⁴ma¹³tu⁴⁴ndlu¹³deo¹³lu¹³daɯ¹³.
　　　她　笑　得　汤　眼　都　流　　出　来　了
　　她笑得泪都流出来了。

941. ni⁴⁴ky⁵⁵daɯ¹³i⁴³pa⁴⁴ni¹³gəu¹³ki⁴⁴. 她挑得一百二十斤。
　　　她　挑　能　一　百　二　十　斤

942. ku⁵⁵no⁴⁴no⁴⁴dzo²¹gu¹³tɕo⁴⁴tɕo⁴⁴daɯ¹³. 我冷得发抖。
　　　我　冷　重叠　到　是　抖　重叠　了

943. ni⁴⁴i⁴³pi³³dlau¹³na¹³nteo⁵⁵. 她躺着看书。
　　　她　靠着　门　看　书

944. tsi⁵⁵a⁴⁴lau¹³tə⁵⁵nə⁴³vai¹³ŋo²¹ni⁴⁴tsai⁴³tu⁴⁴hau²⁴ntau³³ɡai¹³.
　　　个　前缀　老　人　那　跟　他　个　儿　好　打　肉
　　那个老人和他的儿子都喜欢打猎。

945. dʐo¹³ʑaŋ³¹tʂua³¹qho⁵⁵dʐa²¹dʐo¹³l̥au⁴⁴da¹³tu⁴⁴zau⁴⁴.
　　　拿　洋　扎　或者　　拿　锄头　来　都　好
　　拿铁锹或锄头来都行。

946. gi²¹mau¹³la¹³ni⁴⁴mau¹³? 你去还是他去？
　　　你　去　还是　他　去

947. ni⁴⁴a⁵⁵tɕau³³ʂau⁴⁴vie³³dlau¹³zo¹³l̥o⁴³. 他的个子虽小，但力气大。
　　　他　前缀　躯干　小　但是　力气　大

948. i⁵⁵gu¹³lu⁴³tsi⁵⁵tsi⁵⁵ai⁴³tɕau⁴³a⁴⁴li¹³ni⁵⁵ma¹³i⁴³tshie⁴⁴tshie⁴⁴a⁵⁵dʑi²¹
　　　因为　个　果子　结　很多　　所以　有　一　些　　些　前缀　枝
　　daɯ¹³dzai³³lo⁵⁵sãŋ⁴⁴.
　　被　在　断　了
　　因为果子结得太多，所以有些树枝被压断了。

949. tʂa⁵⁵gu¹³pi⁴³gi²¹nau²¹lu¹³, ku⁵⁵dʑi¹³hi⁴³da¹³daɯ²¹.
　　　如果　明天　雨　下　我　就　不　来　了
　　如果明天下雨，我就不来了。

950. ʐa⁵⁵si⁴³mau²¹dʑi¹³ntso⁵⁵si⁴³mau¹³tʂa⁵⁵hi⁴³ʐo²¹tsau³³ndu¹³daɯ²¹
　　　要　回去　就　早　回　去　若　不　是　暗　天　了
　　　dʑi¹³hi⁴³zau⁴⁴mau¹³daɯ²¹.
　　　就　不　好　去　了
　　要回去就早回去，要不然天黑了，就不好走了。

951. ni⁴⁴tl̪o⁴³gi¹³lo⁵⁵qa⁵⁵tshaɯ⁴⁴hi⁴³tl̪au⁴³. 她笑得前仰后伏。
　　　她　笑　得　断　骨　　脖子

952. tsai⁴³mau¹³n̪tɕi⁴⁴ʈau⁴⁴mau¹³ntau³³ɴɢai¹³, tsa⁵⁵ky⁵⁵ɴɢə¹³dli¹³mau¹³
　　　个　兄　爬　山　去　打　肉　个　弟　下　河　去
　　　dʐau¹³mbə¹³.
　　　捉　鱼
　　哥哥上山打猎，弟弟下河抓鱼。

953. ku⁵⁵mau¹³bãŋ¹³ni⁴⁴ndzau¹³dʑo²¹zau⁴³. 我去帮他们种菜。
　　　我　去　帮　　他们　　栽　菜

954. ni⁴⁴mau¹³tl̪a⁴⁴lu⁵⁵gi⁴³ma¹³ntau⁴³lu²¹a⁴⁴ki⁵⁵dla¹³.
　　　她　去　到　个　集市　买　布　来　做　服装
　　她上街去买布回来做衣服。

955. ni⁴⁴ʈhau³³tai⁴³dzau¹³d̪au¹³deo¹³lu¹³na¹³. 她翻身下床跑出来看。
　　　她　从　个　床　跑　出　来　看

956. ku⁵⁵sãŋ⁴⁴ni⁴⁴mau¹³geo¹³nteo⁵⁵. 我送她去上学。
　　　我　送　她　去　读　书

957. ku⁵⁵sãŋ⁴⁴ni⁴⁴ntɕi⁴⁴pi⁴³zo⁴³. 我送他上车。
　　　我　送　他　爬　前缀　车

958. ku⁵⁵n̪d̪o²¹ni⁴⁴tsai⁴⁴a⁴⁴ki⁴⁴tʂãŋ⁵⁵dʑi¹³. 我向他借两斤荞种。
　　　我　跟　他　借　二　斤　种子　荞

959. ni⁴⁴tsai³³a⁴³ki⁴⁴tʂãŋ⁵⁵dʑi¹³tau⁴⁴ku⁵⁵. 他借两斤荞种给我。
　　　他　借　二　斤　种子　荞　给　我

960. a⁵⁵n̪ie⁴³hu⁴⁴ni⁴⁴gi²ntʂi⁴⁴si⁴³mau²¹nau¹³va²¹. 妈妈叫他快回去吃饭。
　　　前缀　妈妈　喊　他　赶快　回　去　吃　饭

961. pi⁴³ʂai⁴³ni⁴⁴a⁴⁴zo¹³tu⁴³dʑo⁴³. 我们选他当村长。
　　　我们　选　他　做　村　者　管理

962. ni⁴⁴a⁵⁵ȵie⁴⁴go¹³ni⁴⁴hai³³i⁴³kho⁴³dli¹³ʈau⁴⁴tsa⁵⁵ky⁵⁵.
　　他 前缀 妈 让 他 舀 一 碗 粥 给 个 弟
　　他妈叫他盛一碗粥给弟弟吃。
963. ni⁴⁴tɕau⁴³ȵu¹³mau³¹hau³³au⁴³. 她拉牛去喝水。
　　她 牵 牛 去 喝 水
964. ku⁵⁵a⁴⁴va¹³ʈau⁴⁴mi²¹dzau¹³nau¹³. 我做饭给你们吃。
　　我 做 饭 给 你们 吃
965. ni⁴⁴ŋi⁴⁴ni⁴⁴ɳʂheo⁴⁴geo¹³nteo⁵⁵. 他说他想读书。
　　他 说 他 爱 读 书
966. ku⁵⁵go¹³ni⁴⁴mau¹³ɳthie⁴⁴gi²¹. 我让他去找你。
　　我 让 他 去 找 你
967. gi²¹tɕau⁴³nə¹³mau¹³mbã̃ŋ¹³ni⁴⁴tʂai⁵⁵tsi⁵⁵qi⁴⁴. 你拉马去帮他驮苞谷。
　　你 牵 马 去 帮 他 驮 前缀 玉米
968. ni⁴⁴thau⁴⁴ʂeo⁵⁵ntso⁴⁴dzo²¹mu⁴⁴ndu¹³tu⁴⁴ntɕo⁴⁴tɕe⁴³ti⁴³a⁴⁴nu²¹.
　　他 从 早上 到 暗天 都 挖 着 地 做活计
　　从早到晚他都在地里干活儿。
969. gi²¹a⁵⁵ɖə¹³sau⁴⁴deo¹³ʐou¹³fa⁵⁵ʐou¹³nti⁵⁵ku⁵⁵a⁵⁵ɖə¹³sau⁴⁴deo¹³ʐou¹³
　　你 前缀 刀 砍 柴 又 宽 又 长, 我 前缀 刀 砍 柴 又
　　lu⁵⁵ʐou¹³sau⁴³.
　　短 又 小
　　你的柴刀又宽又长，我的柴刀又短又小。
970. pi⁴³zo¹³ɳɖo²¹pha⁵⁵pi²¹di¹³lai⁴³zo¹³hi⁴⁴ɳɖo²¹tə⁵⁵i⁴³lu⁴⁴a⁴⁴dzy⁵³ɕeo⁵⁵au⁴³.
　　我们 村 跟 对面 个 村 共同 修一个 前缀 小 海水
　　我们村和对面的村共同修了一个水坝。
971. ni⁴³da¹³mba¹³a³¹dlau¹³thou⁴⁴i⁵⁵ku⁵⁵py⁴⁴leo¹³dau̠¹³.
　　他 来 敲 前缀 门 时候 那 我 睡 去 了 了
　　他来敲门的时候我已经睡了。
972. lu¹³gu¹³ni⁴⁴ŋi⁵⁵, ku⁵⁵ma¹³i⁴³tsie⁴⁴gu¹³hi⁴³ɳdzə²¹.
　　话 是 他 说 我 有 一些 是 不 信
　　他说的话我有一些不相信。
973. ni¹³ʂeo⁵⁵bə¹³tsə⁴⁴mau¹³dzo¹³lie¹³leo¹³dzo²¹ʈla⁴⁴mu⁴⁴ndu¹³a⁵⁵lɯ¹³si⁴³lu²¹.
　　他 起来 就 去 犁 田 去了 到 到 傍晚 才 回来
　　他从黎明就去犁田一直到傍晚才回来。
974. die¹³gi²¹dʑo¹³dau̠²¹la³³dʑo¹³hi⁴³dau̠¹³? 你拿得动拿不动?
　　是否 你 拿 能 还是 拿 不 能

975. m̥o⁴⁴na⁴⁴gu¹³li⁴³pai²⁴tsi⁴³la⁵⁵li⁴³pai²⁴pə⁴³?
　　　今天　　是　礼拜　三　还是　礼拜　　五
　　今天是星期三呢还是星期五?

976. hu⁵⁵bə¹³hi⁴³la²¹hi⁴³tl̥o³³. 大家有说有笑。
　　　大家　　有 说 有 笑

977. ni⁴⁴a⁵⁵dzə̩¹³ʂau⁴deo¹³ʐu²¹fa⁵⁵ʐu²¹nti⁵⁵ku⁵⁵a⁵⁵dzə¹³ʂau⁴deo¹³ʐu²¹lu¹³
　　　他 前缀 刀　砍　柴　又　宽　又　长，我 前缀 刀　砍　柴　又　短
ʐu²¹ʂau⁴³.
又　小
　　他的砍柴刀又宽又长，我的砍柴刀又短又小。

978. a⁴⁴ko⁴⁴ʈau⁴³ni⁴⁴lie¹³ãŋ⁵⁵dlo²¹la⁵⁵tu⁵⁵lei³¹yo¹³ni⁴⁴lie¹³.
　　前缀 根　山　的　田　土　肥　过于　　山坡　的　田
　　山脚下的田比山坡上的田肥。

979. ku⁵⁵sãŋ⁴⁴ni⁴⁴i⁴³nãŋ²¹nteo⁵⁵. 我送他一本书。
　　　我 送 他 一 本 　书

980. ku⁵⁵ma²¹i⁴³nãŋ²¹nteo⁵⁵ʈau⁴⁴ni⁴⁴. 我送他一本书。
　　　我 送 一 本 书 给 他

981. gi²¹a⁵⁵lau¹³tə⁵⁵nə⁴³ma¹³pi⁵⁵dʑeo²¹lɯ⁴³ky⁵⁵tu⁴³?
　　　你 前缀 老　人　　有　多少　个　孙子
　　你老人家有几个孙子?

982. hi⁴³ʐa⁵⁵ma⁴³di¹³tl̥au⁴³nu⁵⁵ni⁵⁵la¹³sãŋ⁴⁴. 不能把这些东西丢掉。
　　　不 要 把 些 东西　这 丢 了

983. phə⁵⁵lie⁴³ʐãŋ⁴⁴gi¹³pi⁴³li⁴³pi⁴³lẹo⁴³. 红旗哗啦哗啦地飘。
　　　旗 红 飞 得 哗啦响音貌

984. lai⁴³ŋ̥ãŋ⁴³ni⁵⁵ndi³³tau⁴⁴gu¹³huei⁵⁵pu⁵⁵. 这个袋子装得满满的。
　　　个 袋 这 装 得 是 很 满

985. lai⁴³ndu¹³ɢə²¹deo¹³tai⁴³hi⁴⁴tha⁴³ai⁴³zau⁴⁴na¹³. 天上出彩虹最美丽。
　　　个 天 出 出来 个　虹 最 好 看

986. ni⁴⁴dzau¹³da¹³la⁵⁵zau⁴⁴, tʂa⁴⁴hi⁴³da¹³la⁵⁵ku⁵⁵hi⁴³də²¹.
　　　他们 来 也 好　如果 不 来 也 我 不 担心
　　他们来也好，不来也好。

987. ni⁴⁴hi⁴³ʐa¹³mau¹³tl̥a⁴⁴lai⁴³ʈau⁴³, vai¹³ʑi⁵⁵ma¹³tʂo⁵⁵.
　　　他 不 要 去 到 个 山　处所 那 有 老虎
　　他不去那座山，那里有老虎。

语料三　民间谚语及谜语

988. a⁵⁵və⁴³hi⁴³ʐo¹³hi⁵⁵tɕau⁴⁴,a⁵⁵vau¹³hi⁴³ʐo²¹ɣe²¹la²¹.
　　ᴘʀᴇ石头 不 是　　枕头　ᴘʀᴇ汉人 不 是 朋友
　　石头不是枕头，汉人不是朋友。

989. nə¹³la⁴⁴hi⁴³ʐo²¹nə²¹, a⁵⁵vau¹³hi⁴³ʐo²¹tə⁵⁵nə⁴³.
　　马 兔 不 是 马　ᴘʀᴇ汉族 不 是 人
　　毛驴不是马，汉人不是人。

990. qa⁵⁵ndlau¹³ntau⁴⁴hi⁴³ʐo²¹ntau⁴⁴baɯ¹³qa⁵⁵ma²¹qa⁵⁵vau¹³hi⁴³ʐo²¹ɣe²¹la²¹.
　　ᴘʀᴇ叶子 树 不 是 布 花　ᴘʀᴇ彝族 ᴘʀᴇ汉族 不 是 朋友
　　芭蕉叶不是绸缎，彝人和汉人不是朋友。

991. mo⁴³bai¹³a⁵⁵dʐau¹³, nu⁵⁵deo¹³su⁴³dʐau¹³. 病从口入，祸从口出。
　　病 入 ᴘʀᴇ 口　祸 出 嘴

992. ki⁵⁵ɳtʂa⁵⁵qa¹³, zau⁴⁴ɲou⁴⁴dʐa²¹. 喜鹊叫，喜事到。
　　喜鹊　　叫　好 事情 到

993. ntɕha⁵⁵au⁴³hi⁴³nto⁵⁵tḷu⁴³, a⁴⁴tsə⁴³hi⁴³ntɕi³³tha⁴³.
　　泼 水 不 波 脸　做 贼 不 爬 楼
　　泼水莫泼脸，做贼莫上楼。

994. ki⁵⁵ntsi⁴³z̃ãŋ⁴⁴a⁵⁵ʂa⁴³, qa⁵⁵dy¹³mbə¹³la²¹pi⁵⁵ti⁴³.
　　蝴蝶 飞 ᴘʀᴇ上面 ᴘʀᴇ小 鱼 游 下面　（谜底：dlau¹³m̥o⁴³豌豆）
　　上面蝴蝶飞，下面小鱼游。

995. la⁵⁵ŋa⁵⁵ɳɖau¹³ɖau²¹lai⁴³la⁵⁵ɳɖau¹³. 小平坝在大平坝里转。
　　个 ᴘʀᴇ 平坝 转 个 ᴘʀᴇ 平坝 （谜底：vãŋ⁴³tʂhau⁴⁴筛子）

996. i⁴³du²¹a⁵⁵tɕhi⁵⁵deo¹³, deo¹³n̥o⁴³du¹³qo⁵⁵zau⁴⁴.
　　一 个 ᴘʀᴇ 屎 出来　出来 在 边 ᴘʀᴇ 野外
　　一坨搁兜，凳在林子边。（谜底：n̥o⁴³zau⁴⁴qa⁵⁵və¹³在野外大小便）

997. tɕhy⁵⁵tu⁴³bai¹³thau⁴³mu⁵⁵. 秃秃钻蜂桶。
　　树桩 木 钻 桶 蜜蜂 （谜底：tau⁴⁴a⁵⁵ɳthau⁴³穿男式的绑腿）

998. a⁵⁵qo⁵⁵tai⁴⁴au⁴³, a⁵⁵ɳtʂi⁵⁵deo¹³baɯ¹³. 根部泡水，顶梢开花。
　　ᴘʀᴇ根 泡 水 ᴘʀᴇ顶梢 出来 花 （谜底：dlo¹³deo¹³tau⁴³煤油灯）

999. i⁴³lu⁴³qo⁵⁵n̥u¹³, gau¹³tə⁵⁵mau¹³ha⁵⁵. 一个牛蛋，十个人抢。
　　一 个 蛋 牛　十 人 去 抢 （谜底：ntau⁴⁴tɕhiu³¹打篮球）

1000. i⁴³tə⁵⁵ndlau¹³ɕy⁴³i⁴³du¹³a⁵⁵tɕhi⁵⁵deo¹³. 一张叶子，改一个搁兜。
　　一 个 叶子 改 一 个 ᴘʀᴇ 屎 出来（谜底：a⁴⁴tɕy⁵⁵ly⁴³ɴqə⁴³编草帽）

1001. i⁴³lu⁴³ŋga¹³, tsa⁵⁵ma¹³ɕãŋ⁴⁴du¹³tə⁴³. 一间房，只有七根角子。
　　　 一 个　房　　只 有 七 根　 角　（谜底：kau³³雨伞）
1002. i⁴³kho⁴³au⁴³ntɕie⁴³tsai⁴³ko⁵⁵tɕiaŋ³¹. 一碗清水贴墙壁。
　　　 一 碗　水　清澈　贴 个　墙　（谜底：lai⁴³na¹³tl̥hu⁴⁴镜子）
1003. i⁴³dzo²¹l̥a⁵⁵ɕie⁴⁴ndeo²¹i⁴³du¹³nau¹³. 一根腰带捆一条龙。
　　　 一 条 绳子　捆　　一　条　龙　（谜底：l̥a⁴³桥梁）
1004. a⁵⁵tlã̃ŋ⁴³tʂhi³³ai⁴³tɕau⁴³nti⁴⁴ɕau⁵⁵ʂə⁴³. 羊肚子最多装七升。
　　　前缀肚子 羊　最　多　装　七　升　（谜底：dlau¹³m̥o⁴³豌豆）

语料四　民间故事

故事一　恶媳妇

　　　　　　lai⁴³n̥ãŋ⁴³gu¹³deo¹³deo²¹ 恶媳妇
　　　　　　个　媳妇　是　　凶恶

1. die¹³mi⁴⁴pau⁴³?
　　是否 你们 知道
　　你们知不知道？

2. a⁴⁴dʐã̃ŋ¹³na⁵⁵na⁴⁴n̥i⁴⁴tə⁵⁵nə⁴³dzeo¹³nau¹³ki⁵⁵ʂa⁴⁴?
　　为什么　　 现在　 人　会　吃　辣椒
　　为什么现在的人会吃辣椒？

3. ku⁵⁵la⁵⁵ba³³tai⁴³pu⁵⁵dau¹³ni⁵⁵n̥i⁴⁴qhə⁴³kheo⁴⁴bə²¹bə²¹.
　　我　要　把　个　故事　这 告诉　全部　　重叠
　　我要把这个故事告诉大家。

4. a⁴⁴thau⁴⁴i⁵⁵dʐi¹³,
　　从前　嘛
　　从前，

5. na¹³ni⁵⁵gu¹³ma¹³i⁴³ʑi⁵⁵m̥au⁴³.
　　然后　有　一　家　人
　有一家人。

6. lai⁴³n̠aŋ⁴³deo¹³deo²¹gu¹³i⁵⁵.
　　个 媳妇　凶恶　　是　的
　儿媳妇很可恶。

7. ma¹³tsa⁴³a⁵⁵ʐou¹³lau⁴⁴,
　　有　个　_{前缀}　爷爷　老
　有一个老头子，

8. n̠d̠o²¹ni⁴⁴ŋgeo²¹tu⁴⁴n̠aŋ⁴³.
　　跟　他　两个　儿子　媳妇
　跟他儿子和儿媳妇一起生活。

9. tsai⁴³tu⁴³la⁵⁵ma¹³bã̠ŋ¹³tsa⁵⁵a⁵⁵ʐou¹³lau⁴⁴ti⁴³.
　　个 儿子 也　不　帮　个 _{前缀} 爷爷　老　的
　他的儿子不但不帮助老头子，

10. tsai⁴³tu⁴³la⁵⁵tʂuan⁴⁴mi³¹n̠d̠o²¹lai⁴³n̠aŋ⁴³ha⁵⁵gi¹³tsa⁵⁵a⁵⁵ʐou¹³lau⁴⁴.
　　个　儿子 也　专门　　和　个　媳妇　啊　欺负　个　_{前缀}　爷爷　老
　而且联合他媳妇一起欺负老头子。

11. a⁴⁴li⁵⁵dʑi³, tsa⁴³a⁵⁵ʐou¹³lau⁴⁴nau¹³va¹³nau¹³a⁴⁴d̠au¹³ti⁴³.
　　于是　　　个 _{前缀} 爷爷 老 吃 饭 吃 不 饱 的
　老头子总是吃不饱，

12. ma¹³n̠u⁴³n̠ia⁴⁴dʑi¹³, lai⁴³n̠aŋ⁴³dʑi¹³da¹³: "
　　有　天　一　嘛　个　媳妇　说
　有一天，儿媳妇说："

13. ha⁵⁵, tsai⁴³ʐou¹³lau⁴⁴da¹³ni⁵⁵,
　　啊　个 爷爷 老 死 这
　这个老不死的，

14. da¹³la⁵⁵a⁵⁵da¹³leo¹³tai⁴³.
　　死　也　不　死　去了　的
　　死也死不掉，

15. li⁴⁴mo⁴⁴dzie¹³n̻o⁴³ni⁵⁵ha⁵⁵, nau¹³va¹³dau²¹gu¹³i⁵⁵.
　　就　　活　　在这　啊　吃　饭　能　是　的
　　就这么活着，又要吃很多饭，

16. a⁵⁵, ku⁵⁵la⁵⁵ntau⁴⁴khau⁴⁴khau⁴⁴ʐe¹³.
　　啊　我　要　打　办法　　　呀
　　我要想个办法，

17. ku⁵⁵la⁵⁵ba³³ni⁴⁴a⁴⁴gu¹³da¹³sãŋ⁴⁴."li⁴⁴na⁵⁵.
　　我　要　把　他　做　是　死　了　这样
　　我要把他弄死。"儿媳妇这样说。

18. a⁴⁴tʰau⁴⁴i⁵⁵dʑi¹³, ki⁵⁵ʂa⁴⁴dʑi¹³tə⁵⁵nə⁴³a⁴⁴nau¹³ti⁴³.
　　以前　　　　　辣椒　嘛　　人　不　吃　的
　　以前辣椒是没人吃的。

19. pu⁵⁵lau⁴⁴, n̻o⁴³lai⁴³lau⁴⁴ha⁵⁵.
　　满山谷　在　个　山谷　啊
　　漫山遍野都是辣椒。

20. pu⁵⁵ndzie¹³ndzie¹³, lie⁴³gi²¹nda¹³ha⁵⁵.
　　满　满貌　　重叠　　红　得　红色貌　啊
　　漫山遍野都是红彤彤的。

21. li⁴⁴mo⁴⁴deo¹³da¹³, li⁴⁴mo⁴⁴l̻o⁴³a⁵⁵.
　　　　就　出　来　　　就　大　啊
　　辣椒发芽后就一直长大，

22. li⁴⁴mo⁴⁴ʈai⁴⁴kha⁵⁵m̻ə⁵⁵kha⁵⁵l̻y¹³kha⁵⁵da¹³sãŋ⁴⁴.
　　就　　然后　全部　枯萎 全部　腐烂　全部　死　了
　　然后全部枯萎、腐烂，最后全部死掉。

23. a^{44}li^{55}dʑi^{13}, lai^{43}ɲaŋ^{43}mau^{13}tla^{44}lai^{43}lau^{44}a^{55}, dʑi^{13}da^{13}: "
然后　　　个　媳妇　去　　到　个　山谷　啊　说
有一天，儿媳妇去到山谷里面，说："

24. a^{55}, tsai^{43}a^{55}ʐou^{21}lau^{44}da^{21}ni^{55}ku^{55}la^{55}kheo^{44}ki^{55}ʂa^{44}mau^{13}teo^{44}.
啊　个 前缀 爷爷　老　死　这　我　要　拿　　辣椒　　去　毒
这个死老头，我要拿点辣椒去把他毒死。"

25. lai^{43}ɲaŋ^{43}kheo^{44}daɯ^{13}i^{43}di^{21}ki^{55}ʂa^{44}.
　个　媳妇　　拿　　　了　一　　手　辣椒
儿媳妇摘了一把辣椒。

26. dzo^{13}o^{13}a^{55}, tshau^{55}thau^{55}a^{55}, ma^{33}ʈau^{43}tsa^{55}a^{55}ʐou^{13}lau^{44}nau^{13}.
　拿　来　啊　　切　　　切　啊　拿　给　个 前缀 爷爷　老　吃
拿回来切了给老头子吃。

27. tsa^{55}a^{55}ʐou^{13}lau^{44}nau^{13}nau^{13}tai^{43}ki^{55}ʂa^{44}i^{55}da^{13}dʑ^{13},tsa^{55}a^{55}ʐou^{13}lau^{44}
　个 前缀 爷爷　老　吃　吃　个　辣椒　那　　然后　个 前缀 爷爷　老
a^{44}da^{13}ti^{43}.
不　死　的
老头子吃了那些辣椒后没有死。

28. dʑi^{13}tsa^{55}a^{55}ʐou^{13}lau^{44}dʑi^{13}da^{13}: "la^{55}ɲaŋ^{43},
　然后　个 前缀 爷爷　老　　说　　　个　媳妇
老头子说："儿媳啊，

29. ta^{55}ɴqə^{43}nau^{13}ni^{55}hai^{43}qau^{43}ha^{55}.
个　物　吃　这　很　好吃　啊
这个东西很好吃。

30. gi^{21}kheo^{44}lo^{13}qha^{44}dy^{13}lou^{43}ʔku^{55}ɲtɕheo^{44}nau^{13}si^{43}." li^{44}na^{55}.
你　拿　　来　哪里　　啊　我　爱　　　吃　　　的　这样
你是从哪里拿回来的啊？我还想再吃点。"

31. lai⁴³n̥aŋ⁴³dʑi¹³da¹³: "i⁴³, tsai⁴³a⁵⁵ʐou¹³lau¹³da¹³ni⁵⁵,
   个 媳妇   说   咦 个 前缀 爷爷 老   死   这
   儿媳妇说："咦，这个老不死的，

32. ku⁵⁵po⁵⁵ku⁵⁵la⁵⁵kheo⁴⁴lo¹³teo⁴⁴ni⁴⁴li⁴⁴ha⁵⁵.
   我 嘛 我 要 拿   来   毒   他 的 啊
   我嘛，我要拿来毒死他。

33. ni⁴⁴po⁵⁵ni⁴⁴ma¹³da²¹ti⁴³ha⁵⁵,ni⁴⁴po⁵⁵ni⁴⁴ʈai⁴⁴n̥tɕheo⁴⁴nau¹³tai⁴³ni⁵⁵,
   他 嘛 他 不 死 的 啊 他 么 他 又   想   吃 个 这
   li⁴⁴na⁵⁵a⁵⁵.
   样 这 啊
   他嘛，不但没死，还更想吃。

34. na¹³gu¹³, a⁴⁴dʑi¹³tai⁴³dy¹³lou⁴³?
    这样   那么 个 哪 呢
   这是怎么回事呢？

35. na¹³dʑi¹³da¹³: "tai⁴³gu¹³na⁵⁵gi²¹ma³³ʈau⁴³ku⁵⁵nau¹³i⁵⁵." li⁴⁴na⁵⁵a⁵⁵.
   然后 说   个 是 那 你 给 给 我 吃 的   样 这 啊
   老头又说："就是你拿给我吃的。"

36. a⁵⁵qə⁴³ni⁵⁵dʑi¹³, tsai⁴⁴mau³kheo³³tla⁴⁴lai⁴³lau⁴⁴ʐe¹³.
   后面 这 嘛 又 去 拿 到 个 山谷 啊
   然后她又去山谷里面摘，

37. lai⁴³n̥aŋ⁴³ʈai⁴⁴dzo¹³lo¹³a⁵⁵ʈai⁴⁴tshau⁴⁴a⁵⁵ʈai⁴⁴ʐau²¹nau¹³dʑi¹³qau⁴³gu¹³i⁵⁵na⁵⁵.
   个 媳妇 再 拿 来 啊 再 切 啊 再 学 吃 嘛 好吃 很 那
   儿媳妇回来也学着切了吃，发现竟然很好吃。

38. a⁵⁵qə⁴³tə⁵⁵nə⁴³ʈai⁴⁴mau¹³ʐau²¹nau¹³dʑi¹³ʈai⁴⁴mau¹³kheo⁴⁴ki⁵⁵ʂa⁴⁴
   后来   人 再 去 学 吃 嘛 又 去 拿 辣椒
   lo¹³dzo¹³na⁵⁵a⁵⁵.
   来 种 这样 啊
   后来的人也学着吃，又去拿辣椒来种。

39. na⁵⁵ni⁵⁵lai⁴³die¹³ti⁴³ni⁵⁵dzeo¹³deo¹³ki⁵⁵ʂa⁴⁴.
    现在　个　世界　里　会　出来　辣椒
    现在这个世界才有辣椒。

40. dʐi¹³, ta⁵⁵pu⁵⁵daɯ¹³ni⁵⁵dʐi¹³n̥i⁵⁵qhə⁴³kheo⁴⁴bə²¹bə²¹.
    然后　个　故事　这　嘛　告诉　全部　_{重叠}
    这个故事就是要告诉大家，

41. n̥i⁴³tuei²⁴a⁵⁵lau⁴³, n̥i⁴³a⁵⁵dzeo¹³ma¹³ʐa²¹ti⁴³.
    你们　对　_{前缀}老　你们　不　会　有　错误　的
    我们要善待老人。

42. n̥i⁴³a⁵⁵dzeo¹³na¹³gu¹³a⁵⁵ni⁵⁵tuei²⁴a⁵⁵lau⁴³ti⁴³.
    你们　不　会　然后　做　这　对　_{前缀}老　的
    我们不能虐待老人。

43. a⁵⁵lau⁴³ni⁴⁴n̥o⁴³die¹³ti⁴³, ni⁴⁴nau¹³va¹³ni⁴⁴nau¹³a⁵⁵tɕau⁴⁴ti⁴³.
    _{前缀}老　他　在　世界　他　吃　饭　他　吃　不　多　的
    老人在世上吃不了多少饭，

44. a⁵⁵zau⁴⁴zau⁴⁴nə³³tuei²⁴a⁵⁵lau⁴³.
    要　好　好　地　对　_{前缀}老
    要好好对待老人。

45. tuei²⁴a⁵⁵lau⁴³gu¹³ʐou¹³tuei²⁴ʐou¹³pi⁴³ʐou¹³.
    对　_{前缀}老　是　自己　对　自己　我们　自己
    对老人好了我们自然也会好。

46. suo³¹ʐi²⁴,pi⁴³qa⁴³a⁴⁴tsai⁴³ni⁵⁵a⁵⁵,pi⁴³tuei²⁴qa⁵⁵lau⁴³gu¹³hi⁴³zau⁴⁴li⁴⁴ni⁵⁵ti⁴³.
    所以　我们　不　做　样　这　啊　我们　对　_{前缀}老　是　不　好　样　这　的
    所以，我们不能虐待老人，这样做是不好的。

47. a⁴⁴ni⁵⁵na⁵⁵, na⁵⁵ni⁵⁵dʐi¹³, tai⁴³ki⁵⁵ʂa⁵⁵ni⁵⁵n̥o⁴³lai⁴³die¹³ti⁴³ni⁵⁵dʐi¹³.
    于是　现在　嘛　个　辣椒　这　在　个　世界　这　嘛
    然后到现在，辣椒在这世界上，

48. tsa⁴³leo¹³dzo²¹a⁵⁵tsa⁴³leo¹³nau¹³,
　　齐　个　种　啊齐　个　吃
　　每人都种辣椒，每人都吃辣椒。

49. dʑi¹³ɲi⁴⁴qhə⁴³ kheo⁴⁴bə²¹bə²¹sa⁵⁵hau⁵⁵.
　　于是 告诉　　全部　重叠　了　啊
　　我就这样告诉大家，

50. na⁴⁴ni⁵⁵gu¹³ɲi⁴³a⁵⁵dzeo²¹a⁵⁵tə⁵⁵nə⁴³gu¹³ma¹³ʐa²¹ti⁴³.
　　　于是　　你们 不　会　做　　人　是　有　错误 的
　　我们不能做可恶的人，

51. ta⁵⁵pu⁵⁵daɯ¹³ni⁵⁵da¹³tsa⁵⁵li⁴⁴ni⁵⁵.
　　个　　故事　这　来　个　这样
　　这个故事就是这样来的。

故事译文：

　　你们知不知道？为什么现在的人会吃辣椒？我要把这个故事告诉大家。从前，有一家人，儿媳妇很可恶。有一个老头子，他跟他儿子、和儿媳妇一起生活。他的儿子不但不帮助老头子，而且联合他媳妇一起欺负老头子。老头子总是吃不饱，有一天，儿媳妇说："这个老不死的，死也死不掉，就这么活着，又要吃很多饭，我要想个办法把他弄死。"

　　以前辣椒是没人吃的。漫山遍野都是红彤彤的辣椒。辣椒发芽后就一直长大，然后全部枯萎、腐烂，最后全部死掉。有一天，儿媳妇去到山谷里面，说："这个死老头，我要拿点辣椒去把他毒死。" 儿媳妇摘了一把辣椒，拿回来切了给老头子吃。老头子吃了那些辣椒后没有死，还说："儿媳啊，这个东西很好吃。你是从哪里拿回来的啊？我还想再吃点。" 儿媳妇说："咦，这个老不死的，我嘛，我要拿辣椒毒死他。他嘛，不但没死，还更想吃。这是怎么回事呢？" 老头又说："就是你拿给我吃的。" 于是她又去山谷里面摘辣椒，摘回来后也学着切了吃，发现竟然很好吃。后来的人也学着吃，又去拿辣椒来种。现在这个世界才有辣椒。

　　这个故事就是要告诉大家，我们要善待老人，不能虐待老人。老人在世上吃不了多少饭，要好好对待他们。对老人好了我们自然也会好。所以，我们不虐待老人，这样做是不好的。然后到现在，世界各地的人们都会种辣椒、吃辣椒。

我就这样告诉大家，我们不能做可恶的人，这个故事就是这样来的。

语料备注信息：
故事标题： 恶媳妇
故事讲述人： 张美英，女，苗族，时年 50 岁，小学文化，禄丰县仁兴镇村民，一直在家务农。母语为苗语，母语和汉语都熟练。
拍摄地点： 云南省楚雄州禄丰县仁兴镇大箐小学村口的斗牛举办现场。
拍摄场景： 户外，斗牛现场的山顶，略有噪音。
拍摄时间： 2018 年 8 月 2 日。
拍摄人： 季红丽、王斌
摄像机品牌及型号： SonyFDR-AXP55
视频参数设定： 1080/25P
故事时长： 2 分 27 秒
故事转写字数： 2033

故事二　葫芦娃

$tsa^{55}ki^{44}tau^{43}$ 葫芦娃
　　个　　葫芦

1. $m̥ɔ^{44}na^{44}ku^{55}n̥i^{44}ta^{55}pu^{55}daɯ^{13}ni^{55}gu^{13}n̥i^{44}$.
　　今天　我　说　个　故事　这　是　说
　　今天，我来讲的这个故事，

2. $ə^{44}……tsa^{55}ki^{44}tau^{43}$,
　　嗯　　个　葫芦
　　叫葫芦娃。

3. $tsa^{55}ki^{44}tau^{43}$, $ə^{44}$, $n̥i^{44}a^{55}vau^{13}lu^{43}gu^{13}n̥i^{44}hu^{24}lu^{24}wa^{31}$.
　　个　葫芦　　嗯　说　前缀　汉族　话　是　说　葫　芦　娃
　　$tsa^{55}ki^{44}tau^{43}$ 用汉话来说就是葫芦娃。

4. $na^{44}ni^{55}a^{55}vau^{13}pu^{55}daɯ^{13}ni^{44}hu^{24}lu^{24}wa^{31}dʑi^{13}n̥i^{44}ma^{13}$.
　　现在　前缀　汉族　故事　的　葫　芦　娃　嘛　说　有
　　现在汉语故事中说的葫芦娃有，

5. ə⁴⁴……
　　嗯
　　嗯……

6. tʴau⁴⁴lu¹³ hu²⁴lu²⁴wa³¹.
　　六　个　葫芦娃
　　六个葫芦娃。

7. huo³¹tsə³¹dʑi¹³ŋi⁴⁴tɕin⁴⁴kan⁴⁴hu²⁴lu²⁴wa³¹.
　　或者　嘛　说　金　刚　葫芦娃
　　或者说金刚葫芦娃。

8. pi⁴³a⁵⁵m̥au⁴³ta⁵⁵pu⁵⁵daɯ¹³ni⁵⁵gu¹³ŋi⁴⁴lɯ⁴³n̥ia⁴⁴tə⁴⁴.
　　我们　阿卯　个　故事　　这　是　说　个　一　的
　　我们苗族的这个故事说的葫芦娃则只有一个。

9. i²⁴kə⁴³i⁴⁴lɯ⁴³n̥ia⁴⁴, i⁴⁴lɯ⁴³n̥ia⁴⁴tsa⁵⁵ki⁴⁴tau⁴³tə⁴⁴.
　　一　个　一　个　的　　一　个　的　个　葫芦　的
　　只是一个葫芦娃。

10. dʑi¹³ŋi⁴⁴ta⁵⁵pu⁵⁵daɯ¹³ni⁵⁵dʑi¹³lo¹³tsa⁵⁵ni⁵⁵li⁴⁴.
　　然后说　个　故事　　这　嘛　来　样　这　样
　　这个故事的由来是这样的。

11. dʑi¹³da¹³a³³thau⁴⁴i⁵⁵dʑi¹³, ma¹³i⁴³ʑi⁵⁵m̥au⁴³,
　　说　　从前　嘛　有　一　家　苗
　　很久以前，有一家人，

12. ma¹³a⁴³lɯ⁴³n̥ia⁴⁴ntshai⁵⁵.
　　有　二　个　啊　女儿
　　有两个女儿，

13. i⁴³lɯ⁴³ n̥ia⁴⁴dʑi¹³hui⁴⁴ʴau⁴³,
　　一　个　啊　嘛　很　勤快
　　其中一个女儿很勤快，

14. i⁴³lɯ⁴³ȵia⁴⁴dʑi¹³hui⁴⁴ŋə¹³.
　　一个　啊　嘛　很　勤快
　　另一个女儿很懒。

15. dʑi¹³la⁵⁵gu¹³ȵau⁴³ni⁵⁵dʑi¹³ni⁴⁴a⁵⁵ȵie⁴³ni⁴⁴a⁵⁵vai¹³ dʑi¹³da¹³: "
　　然后　个　是　勤快　这　嘛　她 前缀 妈　她 前缀 爹　说
　　有一天，爸爸妈妈对那个勤快女儿说：

16. a⁴³! gi²¹mi⁴⁴ȵo⁴³ŋa¹³,
　　啊　你　你们　在　家
　　"你在家，

17. a⁵⁵ȵie⁴³a⁴⁴lɯ⁴³dʑi¹³a⁴⁴lɯ⁴³mau¹³a⁵⁵ȵu⁴³li⁴⁴vie¹³.
　　前缀　妈　俩　嘛　俩　去　做　活计　吧
　　（我和）你妈妈我们两个去干活。"

18. la⁵⁵na⁵⁵ai⁴³ȵau⁴³i⁵⁵dʑi¹³ȵo⁴³ŋa¹³.
　　个　那　很　勤快　那　嘛　在　家
　　那个勤快的女儿于是待在家里。

19. ȵo⁴³ni⁴⁴lai⁴³ti⁵⁵tɕeo⁵⁵i⁵⁵dzo¹³tau⁴⁴fau⁴³ki⁴⁴tau⁴³.
　　在　她　个　院子　那　种　得　棵　葫芦
　　她在院子里种了一棵葫芦。

20. fau⁴³ki⁴⁴tau⁴³tɕe⁴⁴dʑi¹³dzo¹³dʑi¹³,
　　棵　葫芦　着　嘛　种　嘛
　　种了这棵葫芦以后，

21. a⁴⁴qɯ⁴³dʑi¹³,fau⁴³ki⁴⁴tau⁴³i⁵⁵dzo²¹tau⁴⁴la⁵⁵ki⁴⁴tau⁴³gu¹³hui⁴⁴ȵo⁴³
　　后来　嘛　棵　葫芦　那　结果　得　个　葫芦　是　很　大
　　na¹³li⁵⁵dʑi¹³.
　　那样　嘛
　　后来啊，这棵葫芦结了一个很大的葫芦，有这么大。

22. ni⁴⁴la̠⁴³gu¹³tsha⁴³ŋu⁴³nto⁴⁴au⁴³.
　　她　高兴　很　齐　日　浇　水
　　她很高兴，每天都给葫芦浇水。

23. tsha⁴³ŋu⁴³mau¹³to⁴⁴ɴqə⁴³.
　　齐　日　去　拔　草
　　每天去拔草。

24. hai³¹tʂheo⁴⁴ɣa²¹a⁴⁴li⁵⁵dʑi¹³a⁵⁵ɴqə⁴³ni⁵⁵la⁵⁵ki⁴⁴tau⁴³ni⁵⁵lo̠⁴³gu¹³i⁵⁵da¹³dʑi¹³.
　　还　除草　整理　于是　嘛　后来　呢　个　葫芦　那　大　是　这样　嘛
　　还为葫芦除草并且照看葫芦，然后这个葫芦这么大了。

25. ni⁴⁴tɕiu³¹mau¹³tl̠i⁴⁴, mau¹³, o³¹, mau¹³tʂa⁵⁵hu⁵⁵.
　　她　就　去　摘　去　哦　去　招　呼
　　她就去摘，哦，去照顾葫芦。

26. a⁵⁵n̠ie¹³tl̠i⁴⁴ti⁴³, khai⁴³ni⁵⁵ni⁴⁴ʐa¹³leo¹³daɯ¹³.
　　尚未　摘　的　处所　这　说　错误　走　了
　　还没有摘，这里说错了。

27. ha⁵⁵lai⁴³lo̠⁴³dʑi¹³, la⁵⁵lo̠⁴³dʑi¹³lai⁴³gu¹³huei⁴⁴ŋə¹³.
　　哈　个　大　嘛　个　大　嘛　个　是　很　懒
　　（那户人家的）大女儿很懒。

28. tsha⁴⁴ŋu⁴³to⁴⁴py⁵⁵.
　　齐　日　都　睡觉
　　每天都在睡觉。

29. py⁵⁵dzo¹³gu¹³lai⁴³ŋu⁴³deo¹³da¹³sie⁴³gu¹³i⁵⁵daɯ¹³.
　　睡　到　是　个　太阳　出　来　高　很　那　了
　　太阳高高升起了还在睡。

30. die¹³ni⁴⁴a⁵⁵nie⁴³a⁵⁵vai¹³a⁵⁵ntʂhai⁴⁴die¹³dʑi¹³mau¹³hiu⁴⁴lo¹³nau¹³va¹³
　　然后　她　前缀　妈　前缀　爹　做　早饭　完　嘛　去　叫　来　吃　饭
　　睡到她爸爸妈妈把早饭做好去叫她来吃饭。

31. na¹³vai¹³dou¹³tʂi⁴⁴to⁴⁴a⁴⁴ti⁴³.
  然后 什么 都 不 做 的
  她什么都不做。

32. a⁴⁴dʑi¹³, a⁴⁴qɯ⁴³li⁵⁵dʑi¹³,
  以后 以后 嘛
  后来，

33. fa⁴⁴ki⁴⁴tau⁴³ni⁵⁵lo⁴³gu¹³tsi⁴⁴tau⁴⁴lai⁴³ki⁴⁴tau⁴³gu¹³na¹³ni⁵⁵.
  棵 葫芦 这 大 得 结果 得 个 葫芦 是 样 这
  这棵葫芦长大了，结了一个这么大的葫芦了。

34. la⁵⁵pe⁵⁵ɳʈau⁴³ni⁵⁵,
  个 中间 这
  中间的这个女儿（即小女儿），

35. la⁵⁵ntsai³³pe⁵⁵ɳʈau⁴³ni⁵⁵mau¹³, mau¹³,
  个 姑娘 中间 这 去 去
  小女儿就去，

36. mau¹³dʑi¹³a⁵⁵mau¹³tl̩i⁴⁴la⁵⁵ki⁴⁴tau⁴³ni⁵⁵lo¹³daɯ¹³.
  去 嘛 要 去 摘 个 葫芦 这 回来 了
  要去把那个葫芦摘回来。

37. a⁵⁵tl̩i⁴⁴la⁵⁵ki⁴⁴tau⁴³ni⁵⁵dzo¹³lo¹³pha⁵⁵a⁴⁴a⁴³sau⁴³a⁴⁴tai⁴³ki⁴⁴tɕiu⁴⁴.
  要 摘 个 葫芦 这 拿 回来 砍 做 二 半 做 个 瓢
  要把葫芦摘回来并且砍成两半当做瓢来使用。

38. khua⁴³dʑi¹³dzo¹³lo¹³thuo⁴⁴qa⁵⁵ʂa⁴³tau⁴⁴a⁵⁵, a⁴⁴lai⁴³gu¹³tʂi⁴⁴au⁴³.
  或者 拿 回来 凿开 上面 得 啊 做 个 是 背水
  或者拿回来把葫芦口凿开，用来背水。

39. di¹³au⁴³a⁵⁵, tʂi⁴⁴mau¹³a⁴⁴n̩ou⁴⁴a⁴⁴li⁵⁵dʑi¹³.
  装 水 啊 背 水 做 活计 这样 嘛
  这样背水去干活。

40. ni⁴⁴mau¹³dʑi¹³mau¹³tl̪i⁴⁴la⁵⁵ki⁴⁴tau⁴³ni⁵⁵lo¹³.
　　她 去 嘛 去 摘 个 葫芦 这 来
　　她去了，把这个葫芦摘回来了。

41. tl̪i⁴⁴la⁵⁵ki⁴⁴tau⁴³ni⁵⁵na²¹vai¹³ni⁴⁴ni⁴⁴mau¹³tl̪i⁴⁴to³³la⁵⁵ki⁴⁴tau⁴³ni⁵⁵
　　摘 个 葫芦 这 那样 她 她 去 摘 时候 个 葫芦 这
　　pau⁴³ʈa⁴³tla⁵⁵pu⁴⁴ti⁴³.
　　掉 掉落貌 到 地面
　　她去摘葫芦的时候，葫芦就掉在地上了。

42. a⁵⁵dʑi¹³, deo¹³a⁴⁴a⁴³sa⁴³daɯ¹³dʑi¹³.
　　然后 裂开 做 二 半 了 嘛
　　然后就摔成了两半。

43. ni⁴⁴na¹³dʑi¹³, ma¹³la⁵⁵mie⁴⁴ŋa⁵⁵ŋa⁴⁴.
　　她 看 嘛 有 个 小 孩子
　　她一看，看见一个小孩子，

44. ma¹³la⁵⁵mie⁴⁴ŋa⁵⁵gu¹³zau⁴⁴ta⁴³ki⁴⁴py⁵⁵ py⁵⁵i⁴³sa⁴³ɳa¹³ki⁴⁴tau⁴³na¹³.
　　有 个 小 孩子 是 好 非常 睡 睡 一 半 的 葫芦 呢
　　一个很好看的小孩子正在裂开的一半葫芦里睡觉呢！

45. na¹³ni⁴⁴dʑi¹³da¹³:" a⁵⁵lu¹³!
　　然后 她 说 哎哟
　　然后她就说："哎哟！

46. a⁴⁴dʑãŋ¹³na⁵⁵na²¹vai¹³la⁵⁵ki⁴⁴tau⁴³ni⁵⁵li⁴⁴mo⁴⁴ma¹³la⁵⁵ŋa⁵⁵ŋa⁴⁴py⁵⁵
　　为什么 样子 那个 葫芦 这 呢 有 个 孩子 睡
　　khai⁴³vai¹³sa⁵⁵!"li⁴⁴na⁵⁵,
　　处所 那 啊 那样
　　为什么会有一个小孩子睡在葫芦里呢？"

47. ni⁴⁴ba²¹la⁵⁵ŋa⁵⁵ŋa⁴⁴i⁵⁵lo¹³tla⁴⁴ŋa¹³leo¹³dʑi¹³.
　　她 把 个 小孩 那 来 到 房子 回来 嘛
　　她就把那个小孩子抱回家了。

48. mau¹³kheo⁴⁴ta⁵⁵a⁵⁵l̩u⁴⁴və⁴⁴ʈau⁴³ni⁴⁴la⁵⁵, la⁵⁵tɕheo⁴⁴tɕe⁴⁴.
去　拿　条 前缀 被子 盖 给 她 个 个 床 着
然后就去拿她的被子把小孩子盖在她的床上。

49. a⁵⁵dʑi¹³ni⁴⁴tsha⁴³n̩u⁴³lo¹³to⁴⁴ni⁴⁴ntshai⁴⁴ni⁴⁴a⁵⁵n̩ie⁴³gu¹³dʑi¹³.
然后　她　齐　日　来　都　她　害怕　她 前缀 妈　很　嘛
她回来后每天都很害怕她妈妈。

50. ni⁴⁴a⁵⁵ka⁴³n̩i⁴⁴qhə⁴³ni⁴⁴a⁵⁵n̩ie⁴³ni⁴⁴a⁵⁵vai¹³ti⁴³.
她　不敢　告诉　她 前缀 妈　她 前缀 爹　的
所以她不敢告诉她爹妈。

51. a⁴⁴li⁵⁵dʑi¹³, ni⁴⁴na¹³vai¹³hai⁴³va¹³mau¹³ʈau⁴⁴nau¹³.
然后　嘛　她　于是　舀　饭　去　给　吃
然后她就舀饭去给那个小孩吃。

52. a⁴⁴li⁴⁴a⁵⁵dzo¹³au⁴³mau¹³ʈau⁴³hau⁴⁴.
这样啊 拿 水 去 给 喝
还端水去给他喝。

53. a⁴⁴li⁵⁵dʑi¹³la⁵⁵ŋa⁵⁵ŋa⁴⁴ni⁵⁵ai⁴³n̩o⁴³ai⁴³l̩o⁴³ai⁴³n̩o⁴³ai⁴³l̩o⁴³.
然后　嘛　个　小孩　这　越　在　越　大　越　在　越　大
这个小孩子就越长越大，越长越大。

54. dʑi¹³la⁵⁵ŋa⁵⁵ŋa⁴⁴ni⁵⁵, ei⁴³, a⁵⁵l̩o⁴³si⁴³tə⁵⁵nə⁴³ti⁴³, l̩o⁴³bai¹³gu¹³i⁵⁵.
然后 个 小孩 这 哎 不 大 似 人 的 大 慢 很 的
然后这个小孩子长得不像正常人那样快，长得很慢。

55. ma¹³bu¹³dze¹³ɕau⁴⁴daɯ¹³to⁵⁵la⁵⁵ŋa⁵⁵ŋa⁴⁴ni⁵⁵nti⁵⁵tsa⁵⁵li⁴⁴ni⁵⁵tou⁵⁵.
有　多少　年　了　了　个　小孩　这　长　样子　这　的
长了好几年才长了这么高。

56. a⁵⁵li⁴⁴na⁵⁵, la⁵⁵vai¹³, ə⁴⁴.
那样　以后　嗯
那以后呢，

57. ni⁵⁵a⁵⁵n̪ie⁴³ni⁵⁵a⁵⁵vai¹³ʑi²⁴tʂi³¹to⁴⁴a⁵⁵pau⁴³gu¹³.
　　她 前缀 妈妈 她 前缀 爸爸 一 直　都　不 知道 的
　　她爸爸妈妈一直都不知道。

58. ni⁵⁵, ni⁵⁵hə⁴⁴la⁵⁵ga¹³mie⁴⁴ŋa⁵⁵n̪a⁴⁴ni⁴⁴li⁵⁵py⁵⁵ti⁴³.
　　她　她　领　个　小　　孩子　这样　睡　的
　　她领着这样一个小孩子睡觉（这件事）。

59. a⁵⁵li⁴⁴la⁵⁵, ni⁵⁵tɕo³¹tə³¹dʑi¹³da¹³: "pi⁴³a⁵⁵m̪au⁴³dʑi¹³da¹³
　　于是　　　她　觉　得　说　　　我们 阿 卯　说
　　她也觉得我们苗族

60. tə⁵⁵nə⁴³gu¹³khu⁵⁵hi⁴³n̪ie⁴³dʐe¹³ʑi⁴³.
　　人 是 只要　尚未　成　家
　　只要还没有成家，

61. ə⁴⁴, na²¹ni⁵⁵ʂau⁴³ŋa⁵⁵n̪a⁴⁴dʑi¹³.
　　嗯　这样　生　孩子　嘛
　　就生孩子，

62. die¹³n̪ou⁴⁴gu¹³hai²⁴thi⁴³tsau⁴³tə⁵⁵nə⁴³, hai²⁴thi⁴³tsau⁴³tə⁵⁵nə⁴³ka⁴³,
　　些 事情 是 还 害羞　　　人　　还 害羞　　　人　嘎
　　这种事是很羞人的。

63. na⁴⁴ni⁵⁵a⁵⁵ka⁴³n̪i⁴⁴qhə⁴³ni⁵⁵a⁵⁵n̪ie⁴³a⁵⁵vai¹³tʂi⁴³ka⁴³ti⁴³.
　　所以　她　不　敢　告诉　　　她 前缀 妈妈 前缀 爸爸 一 点　的
　　所以她一点都不敢告诉她爸爸妈妈。

64. a⁵⁵dʑi¹³, na²¹vai¹³, mau¹³i⁴³n̪u⁴³dau¹³dʑi¹³, ma¹³i⁴³du²¹tɕa⁴⁴tl̪ou⁴³.
　　然后　　　那样　　有　一　日　了　嘛　有　一　阵　风　黑色
　　然后，有一天就吹来了一阵黑风。

65. tɕa⁴⁴tl̪ou⁴³gu¹³, la⁵⁵vai¹³tʰau⁴⁴sa⁵⁵tɕa⁴⁴ba¹³sa⁵⁵i⁵⁵.
　　风　黑色　是　　个 那　从　　边　风 吹　边 那
　　那阵黑风是从那边吹来的。

66. ʐe²⁴ṣi²⁴bə³¹faŋ⁴⁴, a⁵⁵, ə⁴⁴, da¹³i⁴³du²¹tɕa⁴⁴tḷou⁴³gu¹³.
　　也 是 北 方　　啊　嗯　来 一 阵　风 黑色 非常
　　也就从北方吹来了一阵很黑的风。

67. ə⁴⁴, na²¹vai¹³, pi⁴³ŋi⁴⁴nə⁴⁴hə²⁴ɕuan³¹foŋ⁴⁴.
　　嗯　那样　　我们 说 的　黑 旋 风
　　就是我们说的黑旋风。

68. ə⁴⁴,tɕa⁴⁴tsi⁵⁵dʑi¹³bau²¹gau²¹pi⁴³a⁵⁵m̥au⁴³lu⁴³da¹³dʑi¹³da¹³tsha⁴³dʑi¹³.
　　嗯　风　黑旋风　　　　啊 我们 阿卯 话 来 嘛 来 吹 嘛
　　我们苗话说的黑旋风就吹来了。

69. na²¹vai¹³tau⁴⁴tsha⁴³ni⁵⁵a⁵⁵ɲ̥ie⁴³hi⁴³by¹³hi⁴³pou⁵⁵hə⁴⁴ni⁵⁵a⁵⁵ɲ̥ie⁴³hi⁴⁴
　　然后　　不小心 吹　她 前缀 妈妈 互相 扭 互相 扭　领 它 前缀 妈妈 不
　　bo¹³daɯ²¹.
　　见　了
　　风一不小心就把葫芦娃的妈妈卷走了，葫芦娃的妈妈于是失踪了。

70. hi⁴³bo²¹daɯ¹³dʑi¹³, i⁴³m̥o⁴⁴da¹³dʑi¹³, na²¹vai¹³.
　　不 见 了 嘛　　一 晚 来 嘛　　那样
　　葫芦娃妈妈失踪的那天晚上，

71. la⁵⁵ŋau¹³ntshai⁴⁴ni⁵⁵hi⁴³bo²¹daɯ¹³mau¹³dzo²¹ni⁵⁵la⁵⁵ŋa⁵⁵ŋa⁴⁴
　　个　姑娘　　　那 没有 了 去 跟　她 个 孩子
　　ki⁴⁴tau⁴³ni⁵⁵py⁵⁵.
　　葫芦　这 睡
　　这个小姑娘就没有去哄她的葫芦娃睡觉。

72. py⁵⁵tla⁴⁴lai⁴⁴n̠tɕeo⁴⁴daɯ¹³na⁵⁵, la⁵⁵vai¹³, i⁴³n̠ou⁴³a⁵⁵qə⁴³da¹³dʑi¹³.
　　睡 在 个 床　了 嘛　　然后　　一 天 后面 了 嘛
　　没有哄他睡觉的第二天，

73. na²¹vai¹³, ni⁵⁵la⁵⁵, la⁵⁵ŋa⁵⁵ŋa⁴⁴ki⁴⁴tau⁴³ni⁵⁵.
　　然后　　她 个　个 孩子 葫芦 这
　　然后，她的这个葫芦娃，

74. ni⁵⁵lo¹³daɯ¹³, lo¹³ŋou⁴³lo¹³ŋou⁴³vai¹³, la⁵⁵ŋgau¹³ntshai⁴⁴ni⁴⁴a⁵⁵n̠ie⁴³
　　她来　了　来　问　来　问　那　个　姑娘　　的 前缀 妈妈
　　a⁵⁵vai¹³dʑi¹³da¹³: "
　　前缀 爸爸　说
　　就回来问这个小姑娘的爸爸妈妈："

75. ku⁵⁵a⁵⁵n̠ie⁴³tla⁴⁴qha⁴³dy¹³leo¹³?ku⁵⁵a⁵⁵n̠ie⁴³tla⁴⁴qha⁴³dy¹³leo¹³?" li⁴⁴na⁵⁵.
　　我 前缀 妈妈 到　哪里　去了 我 前缀 妈妈 到　哪里　去了　这样
　　我妈妈去哪里了?我妈妈去哪里了?"

76. dʑi¹³da¹³: "a⁵⁵dʑi¹³gi²¹gu¹³qha⁴³dy¹³?" li⁴⁴na⁵⁵.
　　说　　那么　你 是　哪个　　样 这
　　回答是："那么你是谁？"

77. ə⁴⁴, ni⁵⁵a⁵⁵, la⁵⁵ŋgau¹³ntshai⁴⁴ni⁴⁴a⁵⁵n̠ie⁴³ni⁴⁴a⁵⁵vai¹³dʑi¹³da¹³:
　　嗯　她的　个　　姑娘　　　的 前缀 妈妈的 前缀 爸爸 说
　　小姑娘的爸爸妈妈就问他：

78. "gi²¹gu¹³qha⁴³dy¹³?" li⁴⁴na⁵⁵.
　　你　是　哪个　　这样
　　"你是谁？"

79. "na¹³ku⁵⁵dʑi¹³, na¹³vai¹³, ə⁴⁴.
　　那 我 嘛　那样　嗯
　　我嘛，我是,

80. ə⁴⁴, na¹³vai¹³gi²¹ntshai⁴⁴ni⁵⁵dzo²¹la⁵⁵ki⁴⁴tau⁴³na⁵⁵,
　　嗯　那样　你　姑娘　这种　个　葫芦　啊
　　你女儿种了一棵葫芦,

81. na²¹vai¹³, ə⁴⁴, lai⁴³ki⁴⁴tau⁴³, la⁵⁵ki⁴⁴tau⁴³ni⁵⁵sə⁴⁴deo¹³ku⁵⁵lo¹³i¹⁵⁵.
　　然后　嗯　个　葫芦　　个　葫芦　这 生 出　我 来 啊
　　然后这个葫芦就生了我。

82. na¹³gi²¹la⁵⁵ntshai⁴⁴hiu⁴⁴a⁴⁴ku⁵⁵,a⁴³hiu⁴⁴ku⁵⁵a⁴⁴tsa⁵⁵ki⁴⁴tau⁴³tsa⁴⁴
  然后 你 个 姑娘 叫 做 我 一直 叫 我 做 个 葫芦 个
  ki⁴⁴tau⁴³li⁵⁵i⁵⁵.
  葫芦 的
  然后你女儿就一直叫我葫芦娃。

83. vie¹³na¹³na²¹vai¹³m̥o⁴⁴na⁴⁴dʑi⁴³a⁴³m̥o⁴⁴to⁴⁴ku⁵⁵a⁵⁵ɲie⁴³hi⁴³lo¹³dzo²¹
  但是 啊 这样 今天 嘛 昨晚 哦 我 前缀 妈妈 不 来 跟
  ku⁵⁵py⁵⁵daɯ¹³.
  我 睡 了
  但是昨天晚上我妈妈就没有回来哄我睡觉。

84. o⁴³, hi⁴³lo¹³dzo²¹ku⁵⁵py⁵⁵a⁴³tsi⁴³m̥o⁴⁴daɯ¹³.
  哦 不 来 跟 我 睡 二 三 晚 了
  两三天晚上都没有回来跟我睡了。

85. ə⁴⁴, ku⁵⁵a⁵⁵ɲie⁴³da¹³qha⁴⁴dy¹³leo¹³?
  嗯 我 前缀 妈妈 去 哪里 去了
  我妈妈去哪里了?"

86. dʑi¹³da¹³:"a⁵⁵! ma¹³tai⁴³tɕa⁴⁴tlou⁴³gu¹³tlou⁴³,tlou⁴³ha⁵⁵, py⁵⁵ma¹³dzo²¹
  回答 啊 有 阵 风 黑色 是 黑色 黑色 啊 扭 有 力气
  gu¹³i⁵⁵ da¹³dʑi¹³.
  是 的 来 了
  回答是:"啊!刮来了一阵强劲有力的黑旋风,

87. na²¹vai¹³, gi²¹a⁵⁵ɲie⁴³hi⁴³bo²¹leo¹³daɯ¹³li⁴⁴na⁵⁵."
  然后 你 前缀 妈妈 不 见 去了 了 样 这
  之后,你妈妈就不见了。"

88. na²¹vai¹³dʑi¹³da¹³ a⁵⁵a⁵⁵dʑi¹³ku⁵⁵a⁵⁵mau¹³ȵthie⁵⁵ku⁵⁵a⁵⁵ɲie⁴³li⁴⁴na⁵⁵.
  然后 说 啊 那么 我 要 去 找 我 前缀 妈妈 样 这
  (葫芦娃)然后说:"啊!我要去找我妈妈。"

89. dza¹³gu¹³tsi⁵⁵ŋa⁴⁴ni⁵⁵tə⁴⁴.
　　它　是　高　小　这　的
它就这么高。

90. tsa⁴³ki⁴⁴tau⁴³dʑi¹³,na²¹vai¹³la⁵⁵ŋgau¹³tshai⁴⁴ni⁵⁵a⁴³hiu⁵⁵ni⁴⁴a⁴⁴tsa⁵⁵
　　个　葫芦　嘛　这样　个　姑娘　那一直叫它做个
ki⁴⁴tau⁴³.
　葫芦
这个小姑娘一直叫它葫芦娃。

91. ə¹³,ku⁵⁵tsa⁵⁵ki⁴⁴tau⁴³ku⁵⁵tsa⁵⁵ki⁴⁴tau⁴³li⁵⁵,i⁵⁵gu¹³ni⁴⁴ʈhau⁴⁴la⁵⁵
　　嗯 我　个　葫芦　我　个　葫芦　啊 因为 它 从 个
ki⁴⁴tau⁴³deo¹³lo¹³na⁵⁵.
　葫芦　出　来　的
嗯，我叫它葫芦娃，因为它是从葫芦里出来的。

92. na²¹vai¹³dʑi¹³da¹³: "a⁵⁵dʑi¹³gi²¹a⁵⁵mau¹³ɳʈhie⁵⁵gi²¹a⁵⁵n̻ie⁴³dʑi¹³
　　然后　　　　说　　那么　你要　去　找　　你ᵨ 妈妈 嘛
（小姑娘的父亲）说；"如果你要去找你妈妈，

93. gi²¹a⁵⁵mau¹³ɳʈhie⁵⁵li⁴⁴dzãŋ¹³.
　　你 要 去 找　　怎样
你要怎么去找呢？

94. pi⁴³, pi⁴³dʑi¹³, pi⁴³a⁵⁵, pi⁴³to⁴⁴pi⁴³hi⁴³ma¹³khau⁴⁴mau¹³ɳʈhie⁵⁵daɯ¹³.
　　我们　我们 嘛 我们 啊 我们 都 我们 不　有　办法　去　　找　了
我们都没有办法去找了。"

95. dʑi¹³da¹³: "mi²¹za¹³tai⁴³su⁴³ʈhau⁴³ku⁵⁵." li⁴⁴dʑi¹³,
　　　说　　　你们　削　个　筷子　给　我　　这样
你们把那的筷子削好了给我。

96. kheo⁴⁴tai⁴³su⁴³, tai⁴³su⁴³gu¹³na⁵⁵nau¹³va¹³, nau¹³va¹³ni⁵⁵.
　　拿　个 筷子　个 筷子 是 那 吃　饭　吃　饭　的
吃饭的筷子

97. ni⁵⁵za¹³gu¹³ɳtʂə⁴⁴, i⁴³sa⁴³za¹³gu¹³ɳtʂə⁴⁴.
　　这　削　是　尖　一　端　削　是　尖
　　把筷子的一头削尖。

98. tsa⁵⁵ki⁴⁴tau⁴³ky⁵⁵ta⁵⁵su⁴³, ky⁵⁵ta⁵⁵su⁴³a⁵⁵mau¹³ɳthie⁵⁵ni⁵⁵a⁵⁵ɲie⁴³.
　　个　葫芦　扛个筷子　扛个筷子啊　去　找　它 前缀 妈妈
　　葫芦娃就扛着筷子去找他妈妈了。

99. dʑi¹³ni⁴⁴mau¹³sa⁵⁵dʑa¹³dʑau¹³dʑa¹³lu¹³tau⁴³.
　　然后　它　去　了　九　十　九　座　山
　　它翻过了九十九座山。

100. ti⁴³sa⁵⁵dʑa¹³dʑau¹³dʑa¹³lu¹³hau³³.
　　跨　了　九　十　九　个　山谷
　　跨越了九十九个山谷。

101. dʑi¹³ni⁴⁴mau¹³dʑi¹³khu⁴³ɳthie⁵⁵to⁴³ɳthie⁵⁵hi⁴³bo²¹na⁵⁵ni⁴⁴na¹³dʑi¹³
　　然后　它　去　嘛　不管　找　都　找　不见　啊　它　看　啊
　　然后它去找它妈妈，但是不管怎么找都找不到。

102. ma¹³lai⁴³l̥a⁵⁵ka⁵⁵tsa⁴³gu¹³sie⁴³gu¹³.
　　有　个　大　悬崖　是　高　非常
　　有一个很高的悬崖。

103. na¹³ni⁴⁴to⁴⁴, ə⁴⁴, tl̥au⁴³au⁴³da²¹mau²¹da²¹lo¹³lai⁴³pu⁴⁴ɳtau⁴³ka⁵⁵tsa⁴³.
　　看　它　都　嗯　堆　水　飘　去　飘　来　个　中间　悬崖
　　它看见白云在悬崖中间飘来飘去。

104. na⁴⁴ni⁴⁴dʑi¹³da¹³: "a⁵⁵！"
　　然后　它　说　啊
　　它不由自主发出"啊"的惊叫声。

105. ha⁵⁵na¹³dʑi¹³lai⁴³pu⁴⁴ɳtau⁴³ka⁵⁵tsa⁴³i⁵⁵ma¹³lai⁴³kho⁵⁵tl̥u⁴³tou⁴⁴tɕie⁴³.
　　然后　看　嘛　个　中间　悬崖　那　有　个　洞　黑色　黑色貌
　　看见悬崖中间有一个黑乎乎的洞，

106. na⁴⁴ni⁴⁴dʑi¹³da¹³: "a⁵⁵! tsha⁴³kho⁵⁵to⁴⁴gu¹³ɳʈhie⁵⁵dzau¹³daɯ¹³,
　　然后 它 说　　啊　齐　洞　都　是　找　过　了
　　它说："我找遍了所有地方，

107. tli⁴⁴lai⁴³kho⁵⁵vai¹³ku⁵⁵hi⁴³ȵie⁴³mau¹³ɳʈhie⁵⁵tə³³daɯ¹³.
　　只　个　洞　那　我　不　还　去　找　的　了
　　只有那个洞我没有去找了。

108. a⁵⁵dʑi¹³, a⁵⁵mo⁴³ku⁵⁵, ku⁵⁵mau¹³li⁴⁴na⁵⁵."
　　然后　　要么 我　我　去　吧
　　要不我就去那里看看吧！

109. tsa⁵⁵ki⁴⁴tau⁴³i⁵⁵mau¹³deo¹³ma⁴³.
　　个　葫芦　那　去　扯　藤
　　它就去扯藤蔓。

110. mau¹³deo¹³ma⁴³ha⁵⁵khai⁵⁵khai⁵⁵i⁴³dzo²¹tsa⁵⁵i⁴³dzo²¹i⁴³dzo²¹tsa⁵⁵i⁴³
　　去　扯　藤　啊　栓　栓　一　根　连 一 根　一 根　连 一
dzo²¹a⁵⁵.
　　根　啊
　　把藤蔓一根连一根地拴在一起。

111. mau¹³khai⁴³ʈau⁴³ka⁵⁵pi⁴³lai⁴³fau⁴⁴tsa⁵⁵i⁵⁵dʑa¹³ha⁵⁵,khai⁵⁵ʈau⁴³fai⁴³
　　去　栓　在　上面　个　顶　悬崖　那　啊　栓　在　棵
ntau⁴⁴dʑi¹³ha⁵⁵,
　　树　嘛　啊
　　然后拴在崖顶的一棵树上。

112. qə⁴³lai⁴³tsa⁵⁵i⁵⁵qə⁴³mau¹³.
　　下　个　悬崖　那　下　去
　　就顺着悬崖下去了。

113. qə⁴³lai⁴³tsa⁵⁵i⁵⁵qə⁴³mau¹³daɯ¹³dʑi¹³,na⁴⁴ni⁴⁴bai²¹lai⁴³tsa⁵⁵i⁵⁵mau¹³
　　下　个　悬崖　那　下　去　了　嘛　于是 它 钻进　个　悬崖　那　去

da¹³dʑi¹³.
到　嘛
顺着悬崖下去后，它就钻进洞里。

114. o⁵⁵dʑi¹³da¹³a⁵⁵,tsha⁴³qho⁵⁵to⁴⁴ku⁵⁵ȵthie⁵⁵dzau²¹dɑɯ¹³dʑi¹³lai⁴³tsa⁵⁵.
哦　说啊齐　洞　都我　找　遍　了　嘛个悬崖
它说："所有地方我都找遍了。

115. lai⁴³qho⁵⁵ni⁵⁵dʑi¹³ku⁵⁵a⁵⁵mau¹³na¹³tie³³ku⁵⁵a⁵⁵ȵie⁴³ȵo⁴³hi⁴³ȵo⁴³
个　洞　这　嘛我　要　去　看　的　我 前缀 妈妈在 不 在
khai⁴³ni⁵⁵dʑi¹³."
处所　这　嘛
我要去这个洞里面看看我妈妈在不在。"

116. dʑi¹³mau¹³dʑi¹³ma¹³tai⁴³l̩a⁵⁵l̩a⁵⁵pu⁵⁵tl̩au⁴³gu¹³.
然后　去　嘛　有　个　大　大　鬼　是
它进去就看见一个很大的鬼。

117. zau²¹ndu²¹ta⁵⁵ la⁵⁵vai¹³lai⁴³to⁴⁴qho⁵⁵ha⁵⁵.
坐　得 端正貌　个　那　个　里　洞　啊
端端正正地坐在洞里。

118. a⁵⁵！lai⁴³ka⁵⁵ma¹³dʑi¹³tl̩ou⁴³tou⁴⁴li⁴⁴tɕie⁴³.
啊　个　眼睛　嘛　黑　黑色貌
鬼的眼睛黑乎乎的。

119. lai⁴³ka⁵⁵ma¹³tl̩ou⁴³tou⁴⁴tɕie⁴³ha⁵⁵, die¹³ȵie⁵⁵to⁴³si⁴⁴ka⁵⁵və²¹ka⁵⁵tsa⁵⁵.
个　眼睛　黑　黑色貌　啊　些　牙齿　都　似　石头　悬崖
鬼的眼睛黑乎乎，每颗牙齿都像悬崖上的石头。

120. ha¹³lai⁴³ȵdzau¹³l̩a⁵⁵ni⁵⁵a⁵⁵,lai⁴³ȵdzau¹³lo⁵⁵gu¹³i⁵⁵ha⁵⁵si⁴⁴ka⁵⁵və²¹
啊　个　嘴　大　这　啊　个　嘴　大　是　那　啊似　石头
ka⁵⁵tsa⁵⁵na⁵⁵.
悬崖　的
鬼的嘴有这么大，就像悬崖上的石头。

121. ni⁴⁴mau¹³ni⁴⁴mau¹³dʑi¹³,
　　它　去　它　去　嘛
　　葫芦娃去了。

122. ha⁵⁵,tsai⁴³,tai⁴³pu⁵⁵tl̥au⁴³ni⁵⁵na¹³vai¹³n̥o⁴³lai⁴³lo⁵⁵qho⁵⁵ha⁵⁵,dʑi¹³da¹³.
　　啊　个　个　鬼　那　于是　在　个　大　洞　啊　说
　　那个鬼就坐在大洞里。

123. da¹³kheo⁴⁴ni⁴⁴do¹³.
　　来　拿　它　咬
　　它把葫芦娃抓过来咬。

124. da¹³kheo⁴⁴ni⁴⁴, ni⁴⁴, ni⁴⁴, da¹³, da¹³dʐau²¹ni⁴⁴.
　　来　拿　它　它　它　来　来　捉　它
　　来捉葫芦娃。

125. ni⁴⁴do²¹lai⁴³n̥dʐau¹³ni⁴⁴to⁴⁴, do²¹a⁵⁵daɯ¹³ni⁴⁴ti⁴³.
　　它　咬　个　嘴　它　啊　咬　不　完　它　的
　　鬼把它放在嘴里咬，但是咬不动。

126. ni⁴⁴kha⁵⁵tli⁵⁵deo¹³mai²¹ka⁵⁵tɕie⁴⁴n̥ie⁵⁵ni⁴⁴deo¹³lo¹³lou³³.
　　它　全部　逃脱　出　些　缝隙　牙齿　啊　出　来　了
　　葫芦娃从鬼的牙齿缝里逃脱出来。

127. ɖãŋ²¹na⁵⁵, na⁵⁵vai¹³ni⁴⁴ni⁴⁴ ni⁴⁴ni⁴⁴do²¹ni⁴⁴tl̥hie⁴⁴mau¹³tl̥hie⁴⁴lo¹³,
　　跑　啊　然后　它　它　它　它　咬　它　跳　去　跳　来
　　tl̥hie⁴⁴mau¹³tl̥hie⁴⁴lo¹³.
　　跳　去　跳　来
　　然后跳来跳去，

128. o⁵⁵tai⁴⁴pu⁵⁵tl̥au⁴³gu¹³na⁵⁵n̥o⁴³lai⁴³lo⁴³qho⁵⁵ni⁵⁵i⁴³tʂi²⁴to⁴⁴na⁴³vai¹³
　　哦　个　鬼　是　那　在　个　里　洞　的　一直　都　样　那
　　在洞里的那个鬼一直都，

129. a⁴³tau⁴⁴do²¹ni⁴⁴ti⁴³ma⁴³ma⁴³ma⁴³ni⁵⁵to⁴⁴, tau⁴⁴ma⁴³dzo²¹.
    不 得 咬 它 啊 抓 抓 抓 它 啊 得 抓 的
    咬不到他，只是抓到它。

130. dzo²¹lo¹³do²¹tla⁴⁴lai⁴³n̩dzau¹³to⁴⁴, do²¹ni⁴⁴a⁴³da¹³ti⁴³.
    拿 来 咬 在 个 嘴 啊 咬 它 不 死 的
    拿来放在嘴里咬，都没把它咬死。

131. ni⁴⁴kha⁵⁵bai²¹mai²¹ka⁴³dzie¹³n̩ie⁵⁵ni⁴⁴deo¹³lo¹³lou³³.
    它 全部 钻进 些 缝隙 牙齿 啊 出 来 了
    葫芦娃从牙齿缝里面跑出来。

132. a⁵⁵li⁴⁴dʑi¹³, tai⁴³, tai⁴³pu⁵⁵tl̩au⁴³i⁵⁵,
    于是 个 个 鬼 那
    然后，那个鬼

133. na²¹vai¹³o⁵⁵sie⁴³gu¹³na¹³ba¹³n̩ia³³dʑi¹³li⁴⁴mo⁵⁵o⁵⁵li⁴⁴o⁵⁵sie⁴³da¹³dʑi¹³.
    然后 肿 心 非常 啊 过 一会 嘛 啊 肿 的 肿 心 啊 嘛
    很生气。

134. li⁴⁴mo⁵⁵do²¹dei²¹dei²¹qa⁴³n̩tɕi⁴⁴qa⁵⁵və²¹.
    于是 咬 些 些 柱子 石头
    于是，鬼就咬洞里那些石头柱子。

135. lai⁴³lo¹³qho⁵⁵qa⁵⁵və²¹i⁵⁵ma¹³dei²¹dou¹³qa⁴³n̩tɕi⁴⁴gu¹³,
    个 里面 洞 石头 那 有 些 根 柱子 是
    石洞里面有一些柱子，

136. l̩o⁵⁵gu¹³a⁵⁵ʑa⁵⁵pu⁴³dʑeo²¹lou⁴³tə⁵⁵nə⁴³die¹³a⁵⁵lie⁴³ba²¹.
    大 非常 需要 多少 个 人 啊 才能 抱
    柱子很大，需要很多人才能围抱一圈。

137. dʑi¹³ni⁴⁴mau¹³mau¹³do²¹mai²¹qa⁴³n̩tɕi⁴⁴ "au³³".
    于是 它 去 去 咬 些 柱子 "嗷"
    鬼就"嗷嗷"叫着去咬那些柱子。

138. "au^{33}, au^{33}"li^{44}ha^{55}do^{21}dai^{21}qa^{43}ɳtɕi^{44}na^{55}.
　　　嗷　　嗷　这样　咬　些　柱子　　啊
　　这样"嗷、嗷、嗷"地咬那些柱子。

139. dai^{21}qa^{43}ɳtɕi^{44}i^{55}, dai^{21}qa^{43}ɳtɕi^{44}ni^{55}, kha^{43}qau^{43}leo^{13}.
　　　些　柱子　那　些　柱子　　这　全部　倒　去了
　　那些柱子就全部倒了。

140. lai^{43}qho^{55}qa^{43}və^{21}i^{55}qau^{43}lo^{13}leo^{13}daɯ^{13}.
　　　个　洞　石头　　那　倒　来　去了　了
　　接着那个石洞就倒了。

141. qau^{43}lo^{13}dzai^{13}tai^{43}pu^{55}tl̪au^{43}i^{55}da^{21}leo^{13}daɯ^{13}.
　　　倒　来　压　个　　鬼　那　死　去了　了
　　倒下来把那个鬼压死了。

142. a^{44}li^{55}da^{13}dʑi^{13}, tsa^{55}ki^{44}tau^{43}dʑi^{13}tsa^{44}tshi^{55}ni^{55}.
　　　于是　　　个　葫芦　嘛　个　高　这
　　葫芦娃只有那么高，

143. ni^{55}tsa^{55}ki^{44}tau^{43}bai^{21}mai^{21}ka^{43}dzie^{13}ŋa^{13}i^{55},bai^{21}die^{13}ka^{43}dzie^{13}
　　　这　个　葫芦　钻进　些　缝隙　房　那　钻进　些　缝隙
　　qa^{43}və^{13}i^{55}.
　　石头　那
　　它就钻到那些缝隙里面去。

144. a^{55}, n̪thie^{55}tsha^{43}qho^{55}. "n̪ie^{43}, n̪ie^{43}," li^{44}dʑi^{13}.
　　　啊　找　齐　洞　　妈　妈　　这样
　　一边喊着"妈妈"，一边到每个洞里去找它妈妈。

145. na^{21}vai^{13}, na^{21}vai^{13}, ni^{44}a^{55}n̪ie^{43}dʑi^{13},
　　　然后　　　然后　　　它　前缀 妈妈　嘛
　　它妈妈嘛，

146. tsai⁴³tai⁴³pu⁵⁵tl̥au⁴³hə⁴⁴mau¹³ko⁴⁴tau⁴⁴lai⁴³lo¹³qho⁵⁵gu¹³tl̥u⁴³gu¹³
　　　个　个　鬼　领　去　关　在　个　里面　洞　是　黑　非常
　　i⁵⁵dzie¹³dʐi¹³.
　　那　在　嘛
　　被鬼拉去关在一个很黑的洞里面。

147. ə⁴⁴, na²¹vai¹³la⁵⁵ŋgau¹³ntshai⁴⁴pu⁵⁵n̥tau⁴³ni⁵⁵.
　　　嗯　然后　个　姑娘　　　中间　那
　　然后，这个小女儿，

148. na²¹vai¹³, n̥o⁵⁵gu¹³tsa⁵⁵ki⁴⁴tau⁴³hiu⁵⁵ni⁴⁴na⁵⁵.
　　　然后　听见　是　个　葫芦　叫　她　啊
　　听见葫芦娃叫她。

149. ni⁴⁴dʐi¹³da¹³:"die¹³ʐo²¹, tsa⁵⁵ki⁴⁴tau⁴³die¹³ʐo²¹gi²¹hiu⁵⁵ku⁵⁵dʐo²¹
　　　她　回答　是否　是　个　葫芦　是否　是　你　叫　我　是的
　　leo¹³?"li⁴⁴na⁵⁵.
　　吗　样　这
　　她就说:"葫芦娃，是不是你叫我？"

150. ni⁴⁴tai⁴⁴dʐi¹³da¹³: "n̥ie⁴³, gi²¹n̥o⁴³qa⁵⁵dy¹³lou⁴³?"
　　　它　再　说　妈　你　在　哪里　啊
　　它说:"妈妈，你在哪里？"

151. dʐi¹³da¹³: "ku⁵⁵n̥o⁴³khai⁴³ni⁵⁵ku⁵⁵n̥o⁴³khai⁴³gu¹³tl̥u⁴³gu¹³i⁵⁵" dʐi¹³.
　　　回答　我　在　处所　这　我　在　处所　非常　黑　是　那　这样
　　"我在这里，在一个很黑的地方，

152. da¹³, da¹³, ku⁵⁵, ku⁵⁵n̥o⁴³khai⁴³ni⁵⁵" li⁴⁴na⁵⁵.
　　　来　来　我　我　在　处所　这　样　这
　　来啊，来啊，我在这里。

153. tsa⁵⁵, tsa⁵⁵ki⁴⁴tau⁴³mau¹³dʐi¹³mau¹³n̥thie⁵⁵bo²¹ni⁴⁴a⁵⁵n̥ie⁴³.
　　　个　个　葫芦　去　嘛　去　找　看见　它　前缀　妈
　　它就去找到它妈妈了。

154. mau¹³ŋ̍tʰie⁵⁵bo²¹ni⁴⁴a⁵⁵n̠ie⁴³dʑi¹³, na²¹vai¹³,
　　　去　　找　看见　它 前缀 妈　嘛　　然后
　　它看见它妈妈

155. ky⁵⁵lai⁴³, ky⁵⁵lai⁴³qho⁵⁵gu¹³tl̩u⁴³gu¹³dzie¹³na⁵⁵.
　　　关　个　　关　个　　洞　非常　黑　是　在　啊
　　被关在一个非常黑的洞里。

156. dʑi¹³da¹³:"n̠ie⁴³,da¹³a⁴³lɯ⁴³mau¹³ʐa²¹"dʑi¹³da¹³."a⁵⁵dʑi¹³a⁵⁵mau¹³
　　　说　　　　妈　来　我们俩　去　呀　说　　　那么　要 去
　　tsai⁴³li⁴⁴dzãŋ¹³lou⁴³?
　　　怎么样　　　呢
　　它就说："妈妈，我们走吧。"她回答说："那我们怎么样去呢？

157. na¹³,lai⁴³qho⁵⁵ni⁵⁵kha⁵⁵tsheo⁵⁵sa⁵⁵da¹³ha⁵⁵,a⁵⁵lou⁴³a⁵⁵mau¹³
　　　看　 个　　洞　 这　全部　塞　　住了　啊　我们俩　要 去
　　tsai⁴³dʐãŋ¹³lou⁴³?" li⁴⁴na⁵⁵.
　　怎么样　　　呢　　样　这
　　看，这个洞全部被堵塞了，我们要怎么样出去呢？"

158. tsa⁵⁵ki⁴⁴tau⁴³dʑi¹³da¹³ "a⁵⁵ntshai⁵⁵ti⁴³ɕi⁴⁴la⁵⁵!
　　　个　　葫芦　　　回答　　　不　害怕　的　啦
　　葫芦娃说："不用害怕啦！

159. gi²¹do¹³, gi²¹do¹³na²¹, na²¹vai¹³ku⁵⁵, gi²¹do¹³pa⁴⁴n̠ia⁴⁴ɕi⁴⁴la⁵⁵.
　　　你　等　　你　等　看　　然后　我　　你　等　一　会　啦
　　你等一下再看，你等我一会。"

160. dʑi¹³, tsa⁵⁵ki⁴⁴tau⁴³, tsa⁵⁵ki⁴⁴tau⁴³i⁵⁵.
　　　然后　 个　葫芦　　　个　葫芦　那
　　然后，那个葫芦娃

161. na²¹vai¹³li⁴⁴mo⁵⁵tou⁴⁴tɕha⁴⁴l̩o⁴³die¹³tsai⁴³l̩ə⁵⁵tə⁵⁵nə⁴³sie⁴³gu¹³.
　　　然后　　　这样　瞬间　　长　成　个　大　大　人　高　非常
　　瞬间就长大成一个又高又大的大人。

162. ə⁴³, kau⁵⁵, kau⁵⁵ta⁴³tə³³, ə⁴³, kau⁵⁵ta⁴³tə³³ʂən⁴⁴tɕy⁴⁴.
　　　嗯　高　　高大的　　嗯　　高大的身躯
　　它高大的身躯，

163. t̥lhie⁴⁴tau⁴⁴tsai⁴³ntsi⁵⁵ni⁵⁵a⁵⁵, a⁵⁵li⁴⁴ha⁵⁵, tʂhə⁵⁵die¹³qa⁵⁵və¹³,
　　　变　得　个　高　这　啊　然后　　抬　些　石头
　　变成一个有这么高的人，

164. deo¹³dzo¹³deo¹³die¹³qa⁵⁵və¹³.
　　　顶　着　顶　些　石头
　　头顶着石头，

165. deo¹³ʈau⁴⁴qa⁵⁵ʂa⁴³dze¹³, tʂo⁵⁵ni⁴⁴a⁵⁵n̪ie⁴³ndo¹³ni⁴⁴sai⁴³li⁴⁴ta⁵⁵.
　　　顶　在　上面　　嘛　让　它 前缀 妈妈　经过　它　个　旁边
　　它顶着石头，让妈妈从它身旁经过。

166. ʈai⁴⁴mau¹³, tʂhə⁵⁵i⁴³dzo²¹deo¹³ʈau⁴⁴qa⁵⁵ʂa⁴³dze¹³,tʂo⁵⁵ni⁴⁴a⁵⁵n̪ie⁴³
　　　再　去　　抬　一　块　顶　在　上面　　嘛　让　它 前缀 妈妈
ndo¹³sai⁴³li⁴⁴ta⁵⁵.
经过　个　旁边
　　又去顶着一块石头，让妈妈从它身旁经过。

167. a⁴⁴li⁵⁵, i²⁴tʂi⁴⁴deo¹³lai⁴³, lo¹³lai⁴³dlau¹³qho⁵⁵a⁵⁵və¹³.
　　　这样　一　直　出　个　来　个　门　洞 前缀 石头
　　就这样一直走到山洞口。

168. lo¹³, lo¹³, lo¹³a⁵⁵, na²¹vai¹³,
　　　来　　来　　来　啊　然后
　　然后出来，

169. ʈai⁴⁴n̪tɕi⁴⁴tsai⁴³ma⁴³gu¹³na⁵⁵, ə⁴⁴, i⁴³ʐa⁵⁵tsa⁴⁴i⁴³ʐa⁵⁵i⁵⁵a⁵⁵.
　　　又　爬　个　藤　是　的　嗯　一　截　连　一　截　的　啊
　　又顺着一截连着一截的藤蔓往上爬。

170. ȵtɕi⁴⁴deo¹³pi⁴³qa⁵⁵ʂa⁴³dʑi¹³, hə⁵⁵ni⁴⁴a⁵⁵ȵie⁴³lo¹³daɯ¹³.
  爬 出 上 上面 嘛 领 它_{前缀} 妈妈 来 了
  爬到上面就领着它妈妈回来了。

171. hə⁵⁵ni⁴⁴a⁵⁵ȵie⁴³lo¹³daɯ¹³dʑi¹³, na²¹vai¹³.
  领 它_{前缀} 妈妈 来 了 嘛 然后
  领着它妈妈回来之后，

172. lo¹³, lo¹³dʑa²¹, na²¹vai¹³, ə⁴⁴, a⁵⁵li⁴⁴a⁵⁵deo¹³lai⁴³dlau¹³lo¹³dʑi¹³.
  来 来 到 然后 嗯 这样 啊 出 个 门 来 嘛
  他们从山洞出来了。

173. ʈai⁴⁴t̥lhie⁴⁴a⁴⁴tsa⁴³mie⁴⁴gu¹³ntsi⁵⁵ȵia⁴⁴ni⁵⁵tə³³daɯ¹³.
  又 变 做 个 小 非常 高 样子 这 的 了
  葫芦娃又变得非常矮小。

174. ʈai⁴⁴t̥lhie⁴⁴a⁴⁴tsa⁴³mie⁴⁴ki⁴⁴tau⁴³ntsi⁵⁵ȵia⁴⁴ni⁵⁵lo¹³daɯ¹³,
  又 变 做 个 小 葫芦 高 样子 这 来 了
  又变成一个很矮的葫芦娃回来了。

175. dʑi¹³lo¹³dʑi¹³, lo¹³a⁵⁵, hi⁴³n̪do²¹ndo¹³tsai⁴³ki⁵⁵lo¹³dʑi¹³.
  然后 来 嘛 来 啊 一起 经过 个 路 来 嘛
  他们顺着路一起走回来了。

176. dʑi¹³ʈau⁴⁴dʑi¹³ʈau⁴⁴ni⁴⁴a⁵⁵ȵie⁵⁵lo¹³dʑa²¹lai⁴³lai⁴³ha⁵⁵gu¹³ma¹³au⁴³.
  说 给 说 给 它_{前缀} 妈妈 来 到 个 个 山谷 是 有 水
  他们来到一个有水的山谷。

177. tai⁴³au⁴³i⁵⁵ntshə⁴³gu¹³i⁵⁵dʑi¹³, ni⁴⁴dʑi¹³da¹³: "
  个 水 清澈 非常 那 嘛 它 说
  那水非常清澈，葫芦娃就说："

178. ȵie⁴³, na²¹vai¹³gi²¹n̪o⁴³kha⁴⁴ni⁵⁵a⁵⁵, ku⁵⁵mau¹³tsa⁵⁵tlu⁴³daɯ¹³ha⁵⁵.
  妈 然后 你 在 处所 这 啊 我 去 洗 脸 完 啊
  妈妈，你在这里等我，我去洗个脸，

179. a⁵⁵! m̥o⁴⁴na⁵⁵dʑi¹³, lai⁴³qho⁵⁵lai⁴³qho⁵⁵qa⁵⁵və¹³i⁵⁵dzou¹³lo¹³dʑi¹³.
　　啊　今天　嘛　个　洞　个　洞　石头　那　倒塌　来　嘛
　　今天那个山洞塌下来，

180. tʰau⁴⁴tla⁴⁴mphau⁵⁵dʑi¹³, ku⁵⁵lai⁴³tl̥u⁴³tl̥ou⁴³,
　　灰　尘　撒　嘛　我　个　脸　黑
　　尘埃撒在我的脸上，把我的脸弄得很脏，

181. tl̥ou⁴³gu¹³i⁵⁵dʑi¹³, hi⁴³zau⁴⁴si⁴⁴bo²¹tə⁵⁵nə⁴³daɯ¹³ka⁴³, hi⁴³zau⁴⁴si⁴⁴
　　黑　非常　如此　不　好　意思　见　人　了　啊　不　好　意思
　　bo²¹tə⁵⁵nə⁴³daɯ¹³na⁵⁵.
　　见　人　了　啊
　　脏得不好意思见人了啊。

182. gi²¹n̥o⁴³khai⁴³ni⁵⁵ku⁵⁵mau¹³tsa⁵⁵tl̥u⁴³daɯ¹³a⁵⁵, a⁵⁵lɯ⁴³mau¹³tla⁴⁴
　　你　在　处所　这　我　去　洗　脸　完　啊　我们俩　去　到
　　ŋga¹³." li⁴⁴dʑi¹³.
　　房　　　这样
　　你在这里等我洗完脸我们再回家。"

183. na²¹vai¹³, la⁵⁵ŋgau¹³ntshai⁵⁵pu⁵⁵ɳʈau⁴³ni⁵⁵n̥o⁴³kha⁵⁵i⁵⁵do¹³dʑi¹³,
　　然后　个　姑娘　中间　这　在　处所　那　等　嘛
　　然后这个小姑娘就在那里等，

184. tsa⁵⁵ki⁴⁴tau⁴³mau¹³tsa⁵⁵tl̥u⁴³tla⁴⁴la⁵⁵qa⁵⁵ky⁴³au⁴³na⁵⁵ai⁴³ntʂhə⁴³i⁵⁵
　　个　葫芦　去　洗　脸　到　个　沟渠　水　的　很　清澈　那
　　lo¹³da¹³dʑi¹³.
　　来　到　嘛
　　葫芦娃去到那条清澈见底的水沟里洗脸。

185. ni⁴⁴tsa⁵⁵tl̥u⁴³tʂhi⁴³daɯ¹³dʑi¹³, tlhie⁴⁴a⁴⁴tsai⁴³qa⁵⁵la⁴³gu¹³zau⁴⁴ɳʈau⁴³
　　它　洗　脸　刚刚　完　嘛　变　做　个　伙子　非常　好　帅
　　gu¹³i⁵⁵daɯ¹³.
　　是　那　了
　　它刚刚洗完脸，就变成一个很帅的小伙子。

186. ə⁴⁴, t̪lhie⁴⁴i⁴³kə⁴³ʂuai⁴³kə⁴⁴.
　　 哦　变　一个　帅　哥
　　 变成一个帅哥。

187. t̪lhie⁴⁴a⁴⁴tsai⁴³qa⁵⁵la⁵⁵gu¹³zau⁴⁴n̪tau⁴³gu¹³i⁵⁵lo¹³daɯ¹³dʑi¹³.
　　 变　做　个　伙子　非常　好　帅　是　那　来　了　嘛
　　 变成一个很帅的帅哥回来了。

188. dʑi¹³da¹³: "n̪ie⁴³, mau¹³ʐa²¹." li⁴⁴dʑi¹³.
　　 说　　 妈　去　呀　这样
　　 对它妈妈说："妈妈，我们回家吧！"

189. ni⁴⁴a⁵⁵n̪ie⁴³dʑi¹³da¹³:"ai⁴³,ku⁵⁵a⁵⁵mau¹³tai⁴³,ku⁵⁵a⁵⁵do²¹ku⁵⁵tsa⁵⁵
　　 它　前缀　妈　说　　 哎　我　不　去　的　我　要　等　我　个
　　 ki⁴⁴tau⁴³si⁴³."
　　 葫芦　　呢
　　 它妈妈就说："我还不去，我要等我的葫芦娃呢。"

190. na⁵⁵dʑi¹³da¹³:"nai²¹,ku⁵⁵gu¹³tsa⁵⁵ki⁴⁴tau⁴³dzo²¹daɯ¹³ɕi⁴⁴la⁵⁵."li⁴⁴na⁵⁵.
　　 然后　说　　看　我　是　个　葫芦　就　的　啦　这样
　　 葫芦娃说："我就是葫芦娃了。"

191. na⁴⁴ni⁴⁴dʑi¹³da¹³: "ai⁴³, gi²¹, gi²¹tʂhi⁴⁴ku⁵⁵tə⁴⁴.
　　 然后　她　说　　 哎　你　你　骗　我　的
　　 它妈妈就说："你骗我，

192. gi²¹gu¹³, gi²¹gu¹³i⁴³lɯ⁴³tə⁵⁵nə⁴³gu¹³a⁵⁵zau⁴⁴ti⁴³.
　　 你　是　你　是　一个　　人　是　不　好　的
　　 你是一个坏人。

193. ka⁵⁵sie⁴³hi⁴³zau⁴⁴na⁵⁵gi²¹a⁵⁵da¹³tʂhi⁴⁴ku⁵⁵.
　　 前缀　心　不　好　所以　你　要　来　骗　我
　　 你良心不好，所以来骗我。

194. dʑi¹³ku⁵⁵a⁵⁵ɳḍo²¹gi²¹mau¹³ti⁴³." li⁴⁴na⁵⁵.
　　然后　我　不　跟　你　去　的　这样
　　我是不会跟你走的。"

195. tsa⁵⁵ki⁴⁴tau⁴³dʑi¹³da¹³: "nai²¹, ku⁵⁵gu¹³tsa⁵⁵ki⁴⁴tau⁴³dzo²¹daɯ¹³."
　　个　葫芦　说　　看　我　是　个　葫芦　就　的
　　葫芦娃说："我就是葫芦娃了。"

196. tsa⁵⁵ki⁴⁴tau⁴³,ə⁴⁴,ʈhau⁴⁴tsai⁴³la⁵⁵ntsi⁴⁴ni⁵⁵,tsi⁴⁴,t̪lhie⁴⁴a⁵⁵tsa⁵⁵gu¹³
　　个　葫芦　嗯　从　个　大　高　这　嗞　变　做　个　很
　ntsi⁴⁴ni⁵⁵daɯ¹³.
　　小　这　了
　　葫芦娃就从这么大变成这么小。

197. na¹³dʑi¹³, "ou⁴⁴, ku⁵⁵tsa⁵⁵ki⁴⁴tau⁴³die¹³ma⁴³" li⁴⁴na⁵⁵.
　　看　以后　哦　我　个　葫芦　真　的　这样
　　小姑娘看了以后就说"哦，这个真的是我的葫芦娃。"

198. ə⁴⁴, ʈai⁴³hi⁴³ɳḍo²¹lo¹³.
　　嗯　再　一起　回来
　　他们就一起回来了。

199. hi⁴³ɳḍo²¹lo¹³　hi⁴³ɳḍo²¹lo¹³dʑi¹³ni⁴⁴t̪lhie⁴⁴a⁴⁴a⁴⁴
　　一起　回来　一起　回来　嘛　它　变　做　做
　　一起回来以后，

200. tsai⁴³qa⁵⁵la⁵⁵gu¹³zau⁴⁴ʈau⁴³gu¹³i⁵⁵lo¹³daɯ¹³.
　　个　伙子　非常　好　帅　是　那　回来　了
　　葫芦娃又变成一个帅哥。

201. lo¹³ na⁵⁵lo¹³ tla⁴⁴vai¹³ŋa¹³da¹³dʑi¹³, na²¹vai¹³.
　　回来　嘛　回来　到　那　房　到　嘛　以后
　　回到家以后，

202. ə⁴⁴, ni⁴⁴a⁵⁵ɲie⁴³lo¹³daɯ¹³dʑi¹³, dʑi¹³da¹³: "a⁵⁵ɲie⁴³!" dʑi¹³da¹³, ə⁴⁴.
　　嗯　它　前缀　妈妈　回来　了　嘛　　说　　前缀　妈妈　说　嗯
　　对它妈妈说："

203. lo¹³dʑa²¹ni⁴⁴ŋga¹³daɯ¹³dʑi¹³, na²¹vai¹³gu¹³hiu⁴⁴ni⁴⁴.
　　　回来 到　它　房　了　嘛　然后　是　叫　它
　　　回来到家以后，就叫它。

204. la⁵⁵, la⁵⁵ŋgau¹³ntshai⁵⁵ni⁵⁵ni⁴⁴a⁵⁵vai¹³pən⁴⁴lai⁴³dʑi¹³,
　　　个　个　　姑娘　　　这　她 前缀 父亲　本　来　嘛
　　　我本来要把小姑娘的爸爸

205. pi⁴³a⁵⁵hiu⁴³a⁵⁵tai⁵⁵a⁵⁵ʑou²¹.
　　　我们 要 叫　做 前缀 外婆 前缀 外公
　　　叫做外公外婆。

206. gu¹³tɕiu⁴³ʂi²⁴pi⁴³a⁵⁵m̥au⁴³n̥i⁴⁴nə³³, tɕiu⁴³ʂi²⁴, ə⁴⁴, hiu⁴⁴a⁴⁴ "lau⁴³tsu³¹".
　　　是　　就是 我们 阿　卯　讲　的　　就　是　嗯　叫 做 老 祖
　　　就是我们苗语说的"老祖"。

207. wai²⁴koŋ⁴⁴wai²⁴pho⁴³daɯ¹³ka⁴³.
　　　外　公　外　婆　了　嘎
　　　就是外公外婆了嘎。

208. i⁴³vie¹³ni⁴⁴i⁴³ha²⁴tsi³¹tɕiu³¹tɕau²⁴tʂen³¹ "a⁵⁵tai⁵⁵a⁵⁵ʑou²¹".
　　　但是　　它　一 哈　子　就　　叫　　成　前缀 岳母 前缀 岳父
　　　但是他一下子就叫成"岳父岳母"。

209. tɕiu³¹ʂi²⁴si²⁴pi⁴³i⁴³tshau⁵⁵m̥au⁴³n̥i⁴⁴nə³³tɕiu³¹ʂi²⁴tʂhen⁴⁴wei²⁴ "fu²⁴mu³³"
　　　就　是　似 我们 一　种　名族 讲 的　就　是　称　为　父　母
　　　像我们民族的说法，称为"父母"。

210. ʑo³¹mu³¹ʑo³¹fu²⁴tə⁴³na³¹tʂoŋ³¹, a⁵⁵tai⁵⁵a⁵⁵ʑou²¹li⁴⁴dʑi¹³.
　　　岳　母 岳 父　的　那　种　　前缀 岳母 前缀 岳父 这样
　　　岳父岳母的那种称呼，即岳父岳母。

211. dʑi¹³da¹³: "nai¹³, a⁴⁴dzã¹³na⁵⁵na²¹vai¹³thau⁴⁴,
　　　说　　看　为什么　　　　然后
　　　爸爸妈妈说："为什么

212. thau⁴⁴, thau⁴⁴i⁴³dʑi¹³gi²¹hiu⁴⁴ku⁵⁵a⁴⁴ a⁵⁵tai⁵⁵a⁵⁵ʐou²¹ha⁵⁵,
　　　以前　以前　那嘛　你　叫　我　做　前缀外婆 前缀外公 啊
　　"为什么以前你叫我们外公外婆,

213. a⁵⁵tsai⁴³ha⁴³, na²¹vai¹³a⁴⁴dzã¹³na⁵⁵ba¹³ni⁵⁵
　　　那样　啊　然后　　为什么　　现在
　　为什么现在

214. ma¹³lɯ⁴³qa⁵⁵ȵie¹³hiu⁴⁴ku⁵⁵a⁵⁵tai⁵⁵, a⁵⁵tai⁵⁵a⁵⁵ʐou²¹?"
　　　有　个　什么　叫　我 前缀岳母 前缀岳母 前缀岳父
　　要叫我们岳父岳母呢?"

215. gu¹³si⁴⁴gu¹³tʂhen⁴⁴wei²⁴fu³¹mu²⁴tʂi³¹tʂoŋ³¹ka⁴³.
　　　就　似　是　称　为　父　母　这　种　嘎
　　就是父母的这种称呼。

216. na⁵⁵ni⁴⁴dʑi¹³ʈau⁴⁴la⁵⁵gi²¹, la⁵⁵ŋgau¹³ntshai⁴⁴dʑi¹³da¹³: "
　　　然后　它　说　给　个　你　个　姑娘　　说
　　然后它(小姑娘的爸爸)对小姑娘说:"

217. ha⁵⁵tsai⁴³ni⁴⁴gu¹³qa⁵⁵dy¹³lou⁴³?" li⁴⁴dʑi¹³.
　　　啊　个　这　是　谁　呢　这样
　　这个人是谁啊?"

218. dʑi¹³da¹³: "tsa⁵⁵ni⁴⁴gu¹³ku⁵⁵tsa⁵⁵tu⁴³ku⁵⁵tsa⁵⁵ki⁴⁴tau⁴³.
　　　说　　个　这　是　我　个　儿子　我　个　葫芦
　　小姑娘就说;"这个是我的儿子葫芦娃,

219. gu¹³na⁵⁵ʈhau⁴³lai⁴³ki⁴⁴tau⁴³deo¹³lo¹³i⁵⁵i⁴³li⁴⁴na⁵⁵.
　　　是　那　从　个　葫芦　　出　来　那　的　这样
　　就是从葫芦里出来的那个孩子。"

220. na²¹vai¹³, ni⁴⁴a⁵⁵ȵie⁴³ni⁴⁴a⁵⁵vai¹³dʑi¹³da¹³: "
　　　然后　她 前缀妈　她 前缀爹　说
　　然后她爸爸妈妈就说:"

221. n̠o¹³, tsa⁴³,a⁴⁴dʑãŋ¹³na⁵⁵tsa⁴³,tsa⁵⁵ki⁴⁴tau⁴³li⁴⁴mo⁵⁵deo¹³tsai⁴³
　　 哎哟　个　　为什么　　个　个　葫芦　为什么　出　个
　　 li⁴⁴ni⁵⁵dɯ¹³leo¹³.
　　 这样　　了　了
　　 为什么葫芦娃会变成这个样子？

222. ni⁴⁴dzo²¹ta⁵⁵su⁴³thau⁴⁴i⁴³dʑi¹³ni⁵⁵ky⁵⁵ta⁵⁵su⁴³gu¹³na⁵⁵nau¹³va¹³i⁴³dʑi¹³.
　　 它　拿　个　筷　以前　嘛　它　扛　个　筷　是　那　吃　饭　的　嘛
　　 以前他扛着吃饭的那支筷子，

223. ə⁴⁴, du²¹n̠ia⁵⁵tou⁴⁴ʐo¹³.
　　 嗯　　支　是　的　是
　　 那支筷子，

224. dʑi¹³kheo⁴⁴ta⁵⁵su⁴³dʑi¹³ʈau⁴⁴la⁵⁵nãŋ⁴³.
　　 然后　拿　　个　筷　装　在　个　口袋
　　 它把筷子装在口袋里。

225. ti⁴³ʈau⁴⁴la⁵⁵nãŋ⁴³dʑi¹³kheo⁴⁴la⁵⁵nãŋ⁴³,ni⁴⁴kheo⁴⁴ta⁵⁵su⁴³deo¹³lo¹³dʑi¹³
　　 装　在　个　口袋　嘛　那　个　口袋　它　那　个　筷　出　来　嘛
　　 从口袋把它的筷子拿出来。

226. "na¹³, ta⁵⁵ni⁴⁴gu¹³ku⁵⁵ta⁵⁵su⁴³."
　　 看　个　这　是　我　个　筷
　　 "看啊，这是我的筷子。"

227. nai²¹, ni⁴⁴a⁵⁵ʐou²¹na¹³na¹³dʑi¹³dʑi¹³da¹³: "
　　 看　你　前缀　爹　看　看　然后　说
　　 小姑娘的爸爸看了看说："

228. a⁵⁵,ta⁵⁵su⁴³ni⁵⁵ta⁴³na⁵⁵ku⁵⁵tɕhin⁴⁴tsi³¹dza²¹ʈau⁴⁴gi²¹ky⁵⁵mau¹³n̠hie⁵⁵
　　 啊　个　筷　这　个　那　我　亲　自　削　给　你　扛　去　找
　　 gi²¹a⁵⁵n̠ie⁴³i⁵⁵."
　　 你　前缀　妈妈　啊
　　 这是我亲自削给你的那支筷子，你不是扛着它去找你妈妈了吗？

229. da¹³: "o¹³, a⁵⁵li⁴⁴i⁵⁵a⁵⁵." li⁴⁴na⁵⁵na²¹vai¹³.
　　说　　哦 做 样 那 啊　样 这 然后
　　说："喔，是那样的啊。"

230. tsa⁵⁵ki⁴⁴tau⁴³ɳɖo²¹la⁵⁵ŋgau¹³ntshai⁴⁴ni⁵⁵,
　　个　葫芦　　和　个　　姑娘　　那
　　葫芦娃和那个小姑娘

231. a⁵⁵die¹³na²¹vai¹³a⁵⁵qə⁴³ni⁵⁵dʑi¹³hi⁴³ɳɖo²¹n̠o⁴³,a⁵⁵die¹³i⁴³ʑi⁵⁵nə¹³gu¹³
　　做 成　　然后　以后 那样　一起　在　做 成　一家人 是
　　成了一家人，

232. ɻau⁴³qa⁵⁵ gu¹³i⁴³a⁵⁵.
　　勤快　喜欢 是　的
　　他们很热爱劳动。

233. n̠u¹³ɻu⁴³n̠ie⁴³vai¹³gu¹³i⁵⁵.
　　孝顺　母　父　是 的
　　孝顺父母。

234. dʑi¹³tai⁴³pu⁵⁵daɯ¹³ni⁵⁵n̠i⁴⁴qhə⁴³pi⁴³a⁵⁵m̥au⁴³.
　　然后　个 故事　这 告诉 我们 阿卯
　　所以这个故事告诉我们苗族人，

235. ʈai⁴⁴n̠i⁴⁴qhə⁴³pi⁴³ndie¹³ti⁴³tə⁵⁵nə⁴³.
　　又　告诉　　我们　世界 人
　　更告诉我们世界上的每一个人，

236. dʑi¹³da¹³: "tə⁵⁵nə⁴³gu¹³khu⁴³ɻau⁴³qa⁴⁴."
　　说　　　人 是 只要 勤快 喜欢
　　只要是热爱劳动的人，

237. dʑi¹³dzeo¹³, ən⁴⁴, dzeo¹³tʂhuaŋ²⁴tsau²⁴. ku⁵⁵a⁵⁵dzeo¹³n̠i⁴⁴a⁵⁵vau¹³,
　　就　会　　嗯　　会　　创　　造　　我 不　会　说　前缀 汉话

a⁵⁵m̥au⁴³lou⁴³ti⁴³.
阿　卯　话　的
都会创造，我不会说汉话，我说苗话。

238. tʂhuaŋ²⁴tsau²⁴mei³¹hau²⁴nə³³sən³³huo²⁴.
　　　创　造　美　好　的　生　活
　　创造美好的生活，

239. tɕiu²⁴ʂi²⁴tɕin²⁴lau³¹kə⁴³ʑi⁴⁴tʂhuaŋ²⁴tsau²⁴mei³¹hau²⁴nə³³sən³³huo²⁴.
　　　就　是　勤　老　可　以　创　造　美　好　的　生　活
　　就是勤劳可以创造美好的生活。

故事译文：

　　今天，我讲的这个故事名字叫作葫芦娃。tsa⁵⁵ki⁴⁴tau⁴³用汉话来说就是葫芦娃。现在汉语故事中说的葫芦娃有六个葫芦娃，或者说金刚葫芦娃。我们苗族说的这个故事只有一个葫芦娃。这个故事的由来是这样的：很久以前，有一家人，他家有两个女儿，其中一个女儿很勤快，另一个很懒惰。有一天，爸妈对那个勤快的女儿说："你们在家，我和你妈妈去干活。"那个勤快的女儿在家。她在院子里种了一棵葫芦。种了这棵葫芦以后，这棵葫芦结了一个很大的葫芦。她很高兴，每天都给葫芦浇水、拔草、薅草、修枝，于是葫芦长得更大了。她就这样照顾着葫芦。

　　大女儿很懒惰，她每天都在睡觉，太阳高高升起了还在睡。睡到她爸爸妈妈把早饭做好去叫她来吃饭，她才起床。她什么都不做。后来，这棵葫芦长大了，结了一个这么大的葫芦。小女儿就想去把葫芦摘回来砍成两半做瓢用，或者把葫芦口凿开用来背水，背水去供干活的时候喝。她去把这个葫芦摘回来了。她去摘葫芦的时候，葫芦就掉在地上，摔成了两半。她一看，看见一个小孩子，一个很好看的小孩子正睡在一半葫芦里。然后她就说："哎哟！为什么会有一个小孩子睡在葫芦里呢？"于是，她把那个小孩子抱回家，然后拿她的被子把小孩子盖在她的床上。之后。她每天都害怕她妈妈，不敢把这事告诉她爹妈。她每天舀饭去给那个小孩吃，端水给他喝，这个小孩子就越来越大，越来越大。但是这个小孩子长得不像正常人那样快，长得很慢，长了好几年才长了这么高。小女儿的爸爸妈妈一直都不知道她领着这样一个小孩子睡觉这件事，她也觉得我们苗族还没有成家就生孩子这种事是很羞人的，所以她一点都不敢告诉她爸爸妈妈。

　　有一天，吹来了一阵黑风，从北方吹来了一阵很黑的风，就是我们说的黑旋风。黑旋风一不小心就把葫芦娃的妈妈卷走了，葫芦娃的妈妈于是失踪了。葫芦娃妈妈失踪的那天晚上，这个小姑娘就没有去哄她的葫芦娃睡觉。第二天，她的葫芦娃就来问这个小姑娘的爸爸妈妈："我妈妈去哪里了？我妈妈去哪里了？"小姑娘的爸爸妈妈问它："你是谁？"葫芦娃回答说："我是葫芦娃。你女儿种了一棵葫芦，然后这个葫芦就生了我，你女儿之后就一直叫我葫芦娃。但是昨天晚上我妈妈就没有回来哄我睡觉。两三天晚上都没有回来哄我睡了。我妈妈去哪里了？"小姑娘的爹妈回答说："刮来了一阵强劲有力的黑旋风，之后，你妈妈就不见了。"葫芦娃然后说："啊！我要去找我妈妈。"它只有这么高，这个小姑娘一直叫它葫芦娃，因为它是从葫芦里出来的。小姑娘的父亲说："如果你要去找你妈妈，你要怎么去找呢？我们都没有办法找她啊。"葫芦娃说："你们把那吃饭的筷子削好了给我。把筷子的一头削尖。"然后，葫芦娃就扛着筷子去找他妈妈了。它翻过了九十九座山，跨越了九十九个山谷。然后它去找妈妈，但是不管怎么找都找不到。它来到一个很高的悬崖面前，看见白云在悬崖中间飘来飘去。它看见悬崖中间有一个黑乎乎的洞，就说："我找遍了所有地方，只有那个洞没有去找了。要不我就去那里看看吧！"于是，它就去扯藤蔓，把藤蔓一根连一根地拴在一起，然后再拴在崖顶的一棵树上，然后就顺着悬崖下去了。顺着悬崖下去后，它就钻进洞里。他说："所有地方我都找遍了，我要去这个洞里面看看我妈妈在不在。"它进去就看见一个很大的鬼端端正正地坐在洞里。鬼的眼睛黑乎乎的，每颗牙齿都像悬崖上的石头。鬼的嘴有这么大，就像悬崖上的石头。葫芦娃去了。那个鬼就坐在大洞里，它把葫芦娃抓过来咬，把葫芦娃放在嘴里咬，但是咬不动。葫芦娃从鬼的牙齿缝里逃脱出来，然后跳来跳去。在洞里的那个鬼一直都咬不到它，只是抓到它。拿来放在嘴里咬，都没把它咬死。葫芦娃从鬼的牙齿缝里面跑出来。然后，那个鬼很生气。于是，鬼就咬洞里那些石头柱子。石洞里面有一些很大的石头柱子，大得需要很多人才能围抱一圈。鬼就"嗷嗷"叫着去咬那些柱子，这样"嗷、嗷、嗷"地咬那些柱子。那些柱子就全部倒塌了，接着那个石洞就倒塌了，倒下来把那个鬼压死了。葫芦娃只有那么高，它就钻到那些缝隙里面去，一边喊着"妈妈"，一边到每个洞里去找妈妈。它妈妈被鬼拉去关在一个很黑的洞里面。它妈妈听见葫芦娃叫她，就说："葫芦娃，是不是你叫我？"它说："妈妈，你在哪里？""我在这里，在一个很黑的地方，来啊，来啊，我在这里。"它就去找他妈妈了。它看见妈妈被关在一个非常黑的洞里，就说："妈妈，我们走吧。"她回答说："那我们怎么样去呢？看，这个洞全部被堵塞了，我们要怎么样出去呢？"葫芦娃说："不用害怕！你等一下再看，你等我一会。"然后，葫芦娃瞬间就长大成一个又高又大的大人。它的身躯高大，变成一个这么高的人，头顶着石头，让妈妈从它身旁经过。就这样一直走到山洞口。然后出来，又顺着一截连着一截的藤蔓往上爬，爬到上面就领着妈妈回来了。他们从山洞出来后，葫芦娃又变得非常矮小，有变成一个很矮小的葫芦娃。他们顺着路一起往家的方向走。他们来到一个有水的山谷，那水非常清澈，葫芦娃就说："妈妈，你在这里等我，我去洗个脸。今天那个山洞塌下来，尘埃撒在我的脸上，把我的脸上弄得很脏，脏得不好意思见人了啊。你在这里等我洗完脸我们再回家。"然后这个小姑娘就在那里等，葫芦娃去到那条清澈见底的水沟里洗脸。它刚刚洗完脸，就变成一个很帅的小伙子，一个很帅的帅哥回来了。回来后对它妈妈说："妈妈，我们回家吧！"它妈妈就说："我还不去，我要等我的葫芦娃呢。"葫芦娃说："我就是葫芦娃了。"它妈妈就说："你骗我，你是一个坏人。你良心不好，所以来骗我。我是不会跟你走的。"葫芦娃说："我就是葫芦娃了。"葫芦娃就从这么大变成这么小。小姑娘看了以后就说"哦，这个真的是我的葫芦娃。"他们就一起回来了。

  一起回来以后，葫芦娃又变成一个帅哥。回到家以后，葫芦娃就说："妈妈！我把他们叫作外公外婆。"但是它一下就叫成了"岳父岳母"，像我们民族的说法，称他们为"父母"。女孩的爸爸妈妈说："为什么以前你叫我们外公外婆，现在要叫我们岳父岳母呢？就是父母的这种称呼。"然后小姑娘的爸爸对小姑娘说："这个人是谁嗨？"小姑娘就说；"这个是我的儿子葫芦娃，就是从葫芦里出来的那个孩子。"然后她爸爸妈妈就说："为什么葫芦娃会变成这个样子？"葫芦娃就把装在口袋里的筷子拿出来说："看啊，这是我的筷子。" 小姑娘的爸爸看了看说："这是我亲自削给你的那支筷子，你不是扛着它去找你妈妈了吗？"

  于是，葫芦娃和那个小姑娘结婚成为一家人，他们很热爱劳动，并且孝顺父母。所以这个故事告诉我们苗族人，更告诉我们世界上的每一个人：只要是热爱劳动的人，就会创造美好的生活。也就是勤劳可以创造美好的生活。

语料备注信息：
故事标题：葫芦娃
故事讲述人：张义光，男，苗族，时年 50 岁，中专文化，禄丰县仁兴镇马安小学教师，母语为苗语，母语和汉语都熟练。
拍摄地点：云南省楚雄州禄丰县仁兴镇大箐小学村口的斗牛举办现场。
拍摄场景：户外，斗牛现场的山顶，略有噪音。
拍摄时间：2018 年 8 月 2 日。

拍摄人：季红丽、王斌
摄像机品牌及型号：SonyFDR-AXP55
视频参数设定：1080/25P
故事时长：12分1秒
故事转写字数：9617

故事三　鸡和野猫

$$tai^{43}nie^{43}qai^{43}ŋo^{21}tai^{43}ki^{55}tl̥i^{33}$$ 鸡和野猫
　　只　母　鸡　和　只　野猫

1. $ma^{13}i^{43}n̥u^{43}$,
　　有　一　天
　　有一天，

2. $tai^{43}lau^{44}qai^{43}mau^{13}tɕeo^{44}ti^{44}leo^{13}$.
　　只　老　公鸡　去　挖　地　去了
　　一只老公鸡去挖地。

3. $tai^{43}nie^{43}qai^{43}n̥o^{43}ŋa^{13}a^{44}tʂhai^{44}$.
　　只　母　鸡　在　家　做　早饭
　　母鸡在家里做早饭。

4. $a^{44}tʂhai^{44}die^{21}dʑi^{13}la^{44}mau^{13}sãŋ^{44}a^{55}lau^{44}qai^{43}tʂhai^{44}dʑi^{13}$,
　　做　早饭　好　就　要　去　送　_{前缀}公　鸡　早饭　嘛
　　（母鸡做好早饭后）就去送饭给公鸡。

5. $mau^{13}mau^{13}$,
　　去　去
　　走啊走，

6. $ei^{13}dʑa^{13}pi^{55}ɳa^{43}ki^{55}$,
　　嘿　到　半　路
　　嘿！不知不觉就走到半路。

7. ki⁵⁵tļi³³ntʂi⁴⁴na¹³tai⁴³ki⁵⁵tļi³³ma⁴³taiɲie⁴³qai⁴³leo¹³.
   野猫 遇 见 只 野猫 抓 只 母 鸡 去了
   野猫看见母鸡就把母鸡抓走了。

8. tai⁴³lau⁴⁴qai⁴³do¹³do¹³hi⁴³bo²¹lo¹³,
   只 公 鸡 等 等 不 回 来
   公鸡等啊等，不见母鸡回来。

9. tai⁴³lau⁴⁴qai⁴³:"a⁴³,tʂhai⁴³a⁵⁵tļã̯ŋ⁴³daɯ¹³,a⁴⁴dãŋ⁴⁴la⁴⁴hi⁴³bo²¹da¹³,
   只 老公鸡 啊 饿 肚子 了 这个 时候 还 不 见 来
   老公鸡说："啊！肚子饿了，这么晚了还不来。

10. ku⁵⁵mau¹³na¹³tļa⁴⁴ŋa¹³mi¹³."
    我 去 看 到 房 吧
    我回家去看看吧。"

11. lo¹³dla¹³ŋa¹³dʑi¹³no¹³bai²¹mie⁴⁴qai⁴³bai²¹mie⁴⁴qai⁴³da¹³"na¹³gi¹³⁵
    回 到 房子 嘛 问 群 小 鸡 群 小 鸡 说 看 你
    a⁵ɲie⁴³lie⁴³?"
    ₍前缀₎妈妈 吗
    公鸡回到家就问小鸡们："看见你妈妈了吗？"

12. bai²¹mie⁴⁴qai⁴³dʑi¹³da¹³:"oh, a⁵⁵ɲie⁴³dla¹³sãŋ⁴⁴tʂhai⁴⁴leo¹³daɯ¹³."
    群 小 鸡 回答 哦 ₍前缀₎ 妈妈 去 送 早饭 去了 了
    小鸡们回答说："哦，妈妈去送早饭了。"

13. tai⁴³lau⁴⁴qai⁴³dʑi¹³da¹³:"a⁵⁵lei⁵⁵ku⁵⁵lo¹³a⁵⁵pi⁵⁵i⁴³ku⁵⁵bo²¹bei¹³tlau⁴³
    只 老公鸡 回答 哎呀 我 回 上面 那 我 看见 些 毛
    ɲo⁴³ka⁵⁵bi¹³.
    在 上面
    老公鸡说："哎呀！我从上面回来，看见些毛在那上面。

14. pha³¹ki⁵⁵tļi³³ma⁴³leo¹³daɯ¹³,tsa⁴³pi⁵⁵hi⁴⁴hə⁴⁴mau¹³ɲthie⁵⁵."
    怕 野猫 抓 去 了 了 走 我们 一起 去 找
    恐怕是被野猫抓去了。走！我们一起去找妈妈。"

15. a⁵⁵dʑi¹³tai⁴³lau⁴³qai⁴³hə⁴⁴bai¹³mie³³qai⁴³a⁵⁵la⁴⁴mau¹³ɳʈhie⁵⁵a⁵⁵n̠ie⁴³.
    然后　只　老　公鸡　带领　群　小　鸡　啊　要　去　找　_{前缀}　妈妈
    然后，老公鸡领着小鸡们就去找鸡妈妈了。

16. mau¹³mau¹³dʑi¹³,o³¹, mau¹³tʂi⁴⁴tai⁴³pi⁵⁵nteo⁴⁴.
    去　去　嘛，哦　去　遇　只　皮肤
    他们走啊走，遇到了一张皮。

17. "hei⁴³! "tai⁴³pi⁵⁵nteo⁴⁴:"mi²¹a⁵⁵mau¹³a⁴⁴a⁴⁴ʂi⁴⁴lou³³?"
    嘿　只　皮　"你们　要　去　做　什么　啊？"
    那张皮就说："嘿！你们要去干什么啊？"

18. bai¹³mie³³qai⁴³: "o³¹ki⁵⁵tl̩i³³ma¹³pi⁴³a⁵⁵n̠ie⁴³leo¹³na⁴⁴
    群　小　鸡　哦　野猫　抓　我们　_{前缀}　妈妈　去了　啊
    小鸡们回答说："哦！野猫把我们的妈妈抓走了，

19. pi⁴³a⁵⁵mau¹³ɳʈhie⁵⁵pi⁴⁴a⁵⁵n̠ie⁴³li⁴⁴dʑi¹³."
    我们　要　去　找　我们　_{前缀}　妈妈　这样
    我们要去找妈妈。"

20. tai⁴³pi⁴⁴nteo⁴⁴dʑi¹³da¹³："
    只　皮肤　回答
    那张皮说："

21. o⁴⁴! ndu¹³ma¹³n̠ie¹³,ti⁴³ma¹³n̠ie¹³.
    哦　天　有　娘　地　有　娘
    哦！天有娘，地有娘。

22. ku⁵⁵la⁴⁴ku⁵⁵ɳɖo²¹mi²¹mau¹³i⁴⁴lɯ⁴³."
    我　要　我　跟　你们　去　一个
    我要和你们一起去找妈妈。"

23. ei¹³! tʂai⁴⁴mau¹³mau¹³, tʂai⁴⁴mau¹³tʂi⁴³tai⁴³li⁴⁴khau⁴⁴.
    嘿！又　去　去　又　去　遇　只　连枷
    他们又走啊走，又遇到了一只连枷。

24. tai⁴³li⁴⁴khau⁴⁴: "ei¹³, mi²¹ʐa¹³mau¹³a⁴⁴a⁵⁵ʂi⁴⁴lou⁴⁴？"
　　只　连枷　　　嗨 你们 要　去　干什么　呢
　　连枷问他们："你们要去干什么呢？"

25. bai¹³mie³³qai⁴³: "o⁴⁴! ki⁵⁵tl̥i³³ma⁴³pi⁴⁴a⁵⁵n̠ie⁴³leo¹³na⁴⁴,
　　群　小　鸡　　哦　野猫　　抓 我们 前缀 妈妈 去了 啊
　　小鸡们说："哦！野猫把我们的妈妈抓走了，

26. pi⁴³a⁵⁵mau¹³ɳthie⁵⁵pi⁴³a⁵⁵n̠ie⁴³ɕi⁴³！"
　　我们　要　去　　找　 我们 前缀 妈妈 啦
　　我们要去找我们的妈妈。"

27. tai⁴³li⁴⁴khau⁴⁴dʑi¹³da¹³:"o⁴⁴! ndu¹³ma¹³n̠ie¹³,ti⁴³ma¹³n̠ie¹³.
　　只　连枷　　　回答　　　哦　天　有　娘　地　有　娘
　　连枷回答说："哦！天有娘，地有娘。

28. ku⁵⁵la⁴⁴ku⁵⁵ɳɖo²¹mi⁴⁴mau¹³i⁴³lɯ⁴³."
　　我　要　我　跟　你们　去　一　个
　　我要和你们一起去。"

29. hei¹³,tai⁴³mau¹³mau¹³dʑi¹³.
　　嗨　再　去　去　嘛
　　嗨！他们又走啊走。

30. tai⁴⁴mau¹³tsi⁴³lai⁴³lu⁴³tsi⁴⁴tʂu⁴³,
　　又　去　遇　个　　野果
　　又遇上了野果。①

31. lai⁴³lu⁴³tsi⁴⁴tʂu⁴³dʑi¹³da¹³:"
　　个　　野果　　　回答："
　　野果说："

---

① 备注：lai⁴³lu⁴³tsi⁴⁴tʂu⁴³是苗语里的一种果实，汉语里没有对应的名称，此处翻译为"野果"，下文同。

32. mi²¹a⁴⁴mau¹³a⁴⁴a⁴⁴ʂi⁴⁴lo⁴³ɳthie⁵⁵mie⁴⁴qai⁴³?"
    你们 要 去 做 什么 啊 找 小 鸡
    你们要去干什么，要去抓小鸡吗？"

33. "a⁴³,ki⁵⁵tl̥i³³ma⁴³pi⁴³a⁵⁵n̠ie⁴³leo¹³na⁴⁴pi⁴³a⁵⁵mau¹³ɳthie⁵⁵pi⁴³a⁵⁵n̠ie⁴³ɕi⁴⁴."
    啊 野猫 抓 我们 前缀 妈妈 去了 啊 我们 要 去 找 我们 前缀 妈妈 啦
    啊！野猫把我们的妈妈抓走了，我们要去找我们的妈妈。"

34. lai⁴³lu⁴³tsi⁴⁴tʂu⁴³dʐi¹³da¹³:"o⁵⁵！dʐi¹³ku⁵⁵la⁴⁴ku⁵⁵ɳdo²¹mi⁴⁴mau¹³a⁵⁵."
    个 野果 说 哦！这样 我 要 我 和 你们 去 啊
    野果说："哦！我也要和你们一起去。"

35. tʂai⁴³mau¹³mau¹³,tʂai⁴³mau¹³tʂi⁴³tai⁴³thu⁴⁴tʂi⁵⁵.
    又 去 去 又 去 遇 把 木槌
    他们又走啊走，又遇到一把木槌。

36. tai⁴³thu⁴⁴tʂi⁴⁴dʐi¹³da¹³:"
    把 木槌 说
    木槌说："

37. mi⁴⁴a⁵⁵mau¹³a⁵⁵a⁵⁵ʂi⁴⁴lo⁴⁴？"
    你们 要 去 做 什么 啊
    你们要去干什么啊？"

38. bai²¹mie⁵⁵qai⁴³:"ki⁵⁵tl̥i³³ma²¹pi⁴³a⁵⁵n̠ie⁴³leo¹³na⁴⁴pi⁴³a⁵⁵mau¹³ɳthie⁵⁵ɕi⁴⁴！"
    群 小 鸡 野猫 抓 我们 前缀 妈妈 去了啊 我们 要 去 找 啦
    小鸡们说："野猫把我们的妈妈抓走了，我们要去找妈妈。"

39. tai⁴³thu⁴⁴tʂi⁴⁴:"o⁴⁴！ndu¹³ma¹³n̠ie¹³,ti⁴³ma¹³n̠ie¹³,ku⁵⁵la⁴⁴ku⁵⁵ɳdo²¹mi⁴⁴
    把 木槌 哦 天 有 娘 地 有 娘 我 要 我 和 你们
    mau¹³i⁴³lɯ⁴³."
    去 一 个
    木槌说："哦！天有娘，地有娘，我要和你们一起去。"

40. a⁴³! hi⁴⁴hə⁵⁵mau¹³tla̱⁴⁴tai⁴³ki⁵⁵tl̥i³³ŋa¹³dla¹³lai⁴³gua¹³zau⁴⁴dʑi¹³.
    啊 一起 去 到 只 野猫 房子 到 个 郊外 嘛
    他们一起来到野猫在郊外的住处。

41. tai⁴³ki⁵⁵tl̥i³³hi⁴³n̥o⁴³ŋa¹³.
    只 野猫 不 在 家
    野猫不在家。

42. hei¹³! tsai⁴³i⁴⁴mau¹³bai²¹mu⁴⁴tɕe⁵⁵ku⁵⁵la⁵⁵ntau⁴⁴ki⁵⁵tl̥i³³na⁵⁵.
    嘿 又 一 去 摆 造型 我 要 打 野猫 啦
    他们又去了一次，并且摆出要打野猫的造型。

43. a⁴³tɕi⁴³hua³¹ntau⁴⁴ki⁵⁵tl̥i³³.
    啊 计划 打 野猫
    计划着要打野猫。

44. hei⁴³tai⁴³pi⁵⁵teo⁴⁴mau¹³ta⁵⁵ʈau⁴⁴lai⁴³kua⁴³a⁵⁵dlau¹³li⁴⁴ni⁵⁵tɕe⁴⁴ha⁵⁵.
    嘿 只 皮肤 去 抓住 在 个 背后 前缀 门 这样 着 啊
    那张皮这样抓着门的背面，

45. lai⁴³lu⁴³tsi⁴⁴tʂu⁴³n̥o⁴³kha⁴³ni⁴⁴ha¹³,
    个 野果 在 处所 这 啊
    野果在这里，

46. tai⁴³thu⁴⁴tʂi⁵⁵n̥o⁴³kha⁴³ni⁴⁴ha³³tɕe⁴⁴,
    个 棒槌 在 处所 这 啊 着
    棒槌在这里，

47. tai⁴³li⁴⁴khau⁵⁵n̥o⁴³khai⁴³ni⁴⁴mau¹³bai²¹li⁴⁴ni⁵⁵tɕe⁴⁴ha⁵⁵.
    个 连枷 在 处所 这 去 摆 这样 着 啊
    连枷在这里，这样摆造型，

48. a⁵⁵! do¹³tai⁴³ki⁵⁵tl̥i³³.
    啊 等 只 野猫
    等着野猫回来。

49. tai⁴³ki⁵⁵tl̥i³³lo¹³dla¹³ŋga¹³tau⁴⁴dʑi¹³,
　　只　野猫　回到　房　得　嘛
　　野猫回到家，

50. a⁴³lo³³dʑi¹³lai⁴³lu⁴³tsi⁴⁴tʂu⁴⁴hi⁴³
　　啊　回来　嘛　个　野果　呢
　　回到家嘛，野果呢

51. tlo⁴³teo⁴⁴leo⁴³leo⁴³leo⁴³lo¹³dla¹³tai⁴³ki⁵⁵tl̥i³³lai⁴³qho⁴⁴tʂi⁵⁵deo²¹.
　　滚　翻滚貌　翻滚貌　回来　到　只　野猫　个　洞　燃烧火柴
　　咕噜一声滚到野猫的火塘里。

52. lai⁴³lu⁴³tsi⁴⁴tʂu⁴⁴pou⁴³li⁵⁵dʑi¹³,
　　个　野果　砰　这样
　　野果这样"砰！"地一响，

53. tai⁴³ki⁵⁵tl̥i³³bai²¹tlhə³³lo¹³na¹³,
　　只　野猫　倒转　回来　看
　　野猫回头一看，

54. ou¹³!tai⁴³tai⁴³tai⁴³pi⁴⁴teo⁵⁵tɕi⁴³qha⁴³qhou⁴
　　噢　只　只　只　皮肤　立刻　包　着
　　（于是），那张皮立刻把野猫包裹起来，

55. tɕa⁵⁵qheo⁴³tsai⁴³l̥a³³zeo⁴³li³³ni⁴⁴qhai⁴³tʂu⁴⁴ŋd̥o²¹qhai⁴³tɕe⁴⁴ha⁵⁵.
　　拿　条　绳子　捆　这样　捆　一直　捆　着　啊
　　并且拿绳子这样捆啊捆。

56. o⁵⁵!tai⁴³thu⁴⁴tʂi⁵⁵kan³¹tɕin³³tsi⁴³kua³³ntau⁴⁴,
　　哦　只　棒槌　赶　紧　只　管　打
　　棒槌赶紧用力打。

57. o⁵⁵!ntau⁴⁴, tai⁴³li⁵⁵khau⁵⁵la⁴⁴dla¹³,
　　哦　打　只　连枷　也　来
　　连枷也过来打，

58. o⁵⁵! tɕiu⁴³ʂi³¹ntau⁴⁴, o⁵⁵!
　　哦　就　是　打　　哦
　　大家一阵暴打,

59. ba³¹tai⁴³ki⁵⁵tl̥i³³ntau⁴⁴da²¹sã⁴⁴.
　　把　只　野猫　打　死了
　　把野猫打死了。

60. ei¹³!a⁵⁵li⁴⁴ntau⁴⁴dɯ¹³tɕe⁴⁴.
　　嘿! 这样　打　完　着
　　就这样打着的时候,

61. ei¹³!bai²¹mie³³qai⁴³ɳɖo²¹ni⁵⁵lau⁴⁴qai⁴³a⁵⁵hi³³hə⁴⁴lo¹³.
　　嘿! 群　小　鸡　和　那　公　鸡　啊　一起　回来
　　小鸡们和那只公鸡一起回家来了。

62. lo¹³dla¹³ŋa¹³dɯ¹³dʑi¹³,
　　回来　到　房子　了　嘛
　　他们回到家,

63. bai²¹mie³³qai⁴³dʑi¹³da¹³: "n̥ie⁴³! pi⁴⁴a⁵⁵nau¹³mi⁵⁵dɯ¹³."
　　群　小　鸡　回答　　妈　我们要　吃　奶　了
　　小鸡们说:"妈妈,我们要吃奶了。"

64. mie³³qai⁴³ni⁴⁴a⁵⁵n̥ie⁴³dʑi¹³da¹³o⁵⁵!ku⁵⁵mi⁵⁵ki⁵⁵tl̥i³³qha⁵⁵nau¹³sã⁴⁴
　　小　鸡　的　前缀　妈妈　回答　哦 我　奶　野猫　全部　吃　完
　　dɯ¹³.
　　了
　　鸡妈妈回答说:"哦!我的奶被野猫全部吃完了。

65. hi⁴³ma¹³mi⁵⁵du¹³, ko⁴⁴na⁵⁵dʑi¹³mi⁵⁵nau¹³a⁵⁵tʂi⁴⁴qə⁴⁴tə⁴⁴hi⁴⁴hau⁴⁴."
　　不　有　奶　了　　现在　嘛　你们　吃　前缀 碎末　粮食　仅　啦
　　没有奶了,你们现在只能吃碎渣渣啦。"

66. a⁴⁴li⁵⁵ni⁵⁵na⁵⁵,na⁴⁴ni⁵⁵tai⁴³ȵie⁴³qai⁴³a⁵⁵ma¹³mi⁴⁴ti⁴³.
　　这样　　　现在　只　母　鸡　不　有　奶　的
　就这样，母鸡现在就没有奶水了。

67. a⁵⁵mie³³qai⁴³dʑi¹³a⁵⁵nau¹³a⁵⁵tʂi⁴⁴qə⁴⁴tə⁴⁴daɯ¹³.
　　所有　小　鸡　嘛　全部　吃　<small>前缀</small>　碎末食物　仅　了
　所有的小鸡就只能吃碎末状的食物了。

故事译文：

　　有一天，一只老公鸡去挖地。母鸡在家里做早饭。母鸡做好早饭后就去送饭给公鸡，母鸡走啊走，不知不觉就走到半路。野猫看见母鸡，就把母鸡抓走了。公鸡等啊等，不见母鸡回来。老公鸡说："啊！肚子饿了，这么晚了还不来。我回家去看看吧。"公回到家就问小鸡们："看见你妈妈了吗？"小鸡们回答说："哦，妈妈去送早饭了。"老公鸡说："哎呀！我从上面回来，看见些毛在那上面。妈妈恐怕是被野猫抓去了。走！我们一起去找妈妈。"然后，老公鸡领着小鸡们就去找鸡妈妈了。他们走啊走，遇到了一张皮。皮就说："嘿！你们要去干什么啊？"小鸡们回答说："哦！野猫把我们的妈妈抓走了，我们要去找妈妈。"皮说："哦！天有娘，地有娘。我要和你们一起去找妈妈。"他们又走啊走，又遇到了一只连枷。连枷问他们："你们要去干什么呢？"小鸡们说："哦！野猫把我们的妈妈抓走了，我们要去找我们的妈妈。"连枷回答说："哦！天有娘，地有娘。我要和你们一起去。"嘿！他们又走啊走。又遇上了野果。野果说："你们要去干什么？要去找小鸡吗？""啊！野猫把我们的妈妈抓走了，我们要去找我们的妈妈。"野果说："哦！我也要和你们一起去。"他们又走啊走，又遇到一把木槌。木槌说："你们要去干什么啊？"小鸡们说："野猫把我们的妈妈抓走了，我们要去找妈妈。""哦！天有娘，地有娘，我要和你们一起去。"他们一起来到野猫在郊外的住处。野猫不在家。他们又去了一次，并且摆出要打野猫的造型。计划着要打野猫。皮这样抓着门的背面，野果在这里，棒槌在这里，连枷在这里，这样摆造型，等着野猫回来。野猫回到家，野果就骨碌骨碌地滚到野猫的火塘里。野果这样"砰！"地一响，野猫回头一看，（于是），皮立刻把野猫包裹起来，并且拿绳子这样捆啊捆。（于是），皮立刻把野猫包裹起来，并且拿绳子这样捆啊捆。棒槌赶紧用力打，连枷也过来打，大家一阵暴打，把野猫打死了。就这样打着的时候，小鸡们和那只公鸡一起回家去了。他们回到家，小鸡们说："妈妈，我们要吃奶了。" 鸡妈妈回答说："哦！我的奶被野猫全部吃完了。没有奶了，你们现在只能吃碎渣渣啦。"就这样，母鸡现在就没有奶水了。所有的小鸡就只能吃碎末状的食物了。

语料备注信息：
故事标题：鸡和野猫
故事讲述人：张志良，男，苗族，时年 75 岁，小学文化。云南省武定县狮山镇吆鹰村委会大箐村村民。一直在家务农。母语为苗语，母语和汉语都熟练。
拍摄地点：云南省楚雄州武定县鑫源大酒店。
拍摄场景：宾馆房间里面，宾馆附近有一条马路，偶尔有汽车的鸣笛声，房间内比较安静。
摄时间：2017 年 4 月 22 日。
拍摄人：季红丽、王斌
摄像机品牌及型号：SonyFDR-AXP55
视频参数设定：1080/25P
故事时长：3 分 57 秒
故事转写字数：4195

故事四　仙女媳妇

$ȵãŋ^{43}gau^{13}ndu^{13}$仙女媳妇
媳妇　姑娘　天

1. $a^{44}thau^{55}li^{55}ma^{13}tsai^{43}m̥au^{43}tsha^{43}ŋu^{43}tsha^{43}ŋu^{43}mau^{13}ȵ̩tɕeo^{33}ti^{43}$.
　　从前　有　个　伙子　齐　日　齐　日　去　挖地
　　从前有一个小伙子，他每天都去挖地。

2. $tla^{55}gu^{13}i^{43}$.
　　累　很　的
　　挖得很累。

3. $ni^{44}tɕe^{44}ti^{43}khai^{43}i^{55}ma^{13}lai^{43}bãŋ^{13}au^{43}$.
　　他　块　地　处　那　有　个　塘　水
　　他的地那里有一个水塘。

4. $tsha^{43}ŋu^{43}ȵ̩tɕeo^{33}ti^{43}tla^{33}dʑi^{13}$, $ni^{44}mau^{13}hau^{44}au^{43}dla^{13}khai^{43}i^{55}$.
　　齐　日　挖　地　累　嘛　他　去　喝　水　到　处　那
　　他每天挖累了，他就到那里去喝水。

附录　滇北苗语语料

5. ma¹³i⁴³ŋu⁴³dʑi¹³ni⁴⁴la⁵⁵mau⁴⁴hau⁴⁴au⁴³dʑi¹³lai⁴³bãŋ¹³au⁴³ntl̥o⁵⁵dɑɯ¹³.
　　有　一　天　嘛　他　要　去　喝　水　嘛　个　塘　水　浑　了
　　有一天，他去喝水，发现水塘的水浑了。

6. ma¹³lai⁴³zo¹³die¹³ŋa⁴⁴ʐau⁵⁵leo⁵⁵mpa⁵⁵mau¹³ʐu⁴³dla¹³khai⁴³i⁵⁵na⁵⁵.
　　有　个　村寨　群　小孩　驱赶　猪　去　放　到　处所　那　的
　　村里有一群孩子赶猪去那里放。

7. a⁵⁵!ni⁴⁴mau¹³la⁵⁵ba¹³ŋa⁴⁴ʐau⁵⁵i⁴³dʑi¹³da¹³:
　　啊　他　去　骂　群　小孩　那　说
　　于是，他去骂那群小孩说：

8. "a⁵⁵!ku⁵⁵tsha⁵⁵ŋu⁴³da¹³hau⁴⁴au⁴³dla¹³khai⁴⁴ni⁵⁵
　　啊　我　齐　天　来　喝　水　到　处所　这
　　"啊！我每天来这里喝水，

9. a⁵⁵dʑãŋ¹³na¹³mi⁴³leo⁵⁵mpa⁵⁵da¹³ɣou⁴⁴ku⁵⁵lai⁴³bãŋ¹³au⁴³gu¹³ntl̥o⁵⁵dɑɯ¹³？"
　　为什么　你们　驱赶　猪　来　搅拌　我　个　塘　水　得　浑　呢
　　你们为什么赶猪来把我水塘的水搅浑呢？"

10. die¹³ŋa⁴⁴ʐau⁵⁵i⁵⁵dʑi¹³da¹³:"o⁵⁵!a⁵⁵zo¹³pi⁴³ɣou⁴⁴na⁵⁵ntl̥o⁵⁵tei⁴³.
　　　群　小孩　那　回答　哦　不　是　我们　搅拌　得　浑　的
　　　那群小孩回答说："哦！不是我们搅浑的。

11. ma¹³bei²¹gau¹³ndu¹³da¹³tsha⁴⁴ŋu⁴³tsha⁴³ŋu⁴³da¹³ntsa⁴⁴a³³tɕi³³dla¹³
　　　有　群　姑娘　天　来　齐　天　齐　天　来　洗　前缀 身子　到
　　lai⁴³bãŋ¹³au⁴³ni⁵⁵."
　　个　塘　水　那
　　是一群仙女每天都到那个水塘来洗澡。

12. a⁵⁵li⁵⁵dʑi¹³,ŋu⁴³ŋa⁴⁴dʑi¹³ni⁴⁴tʂai⁴⁴mau¹³n̥tɕeo³³ti⁴³,ni⁴⁴tʂai⁴⁴mau¹³
　　　于是　天　又　嘛　他　再　去　挖　地　他　再　去
　　dlai³³na¹³.
　　躲　看
　　于是，他一天又去挖地，然后躲在水塘边偷看。

13. dla¹³lai⁴³bãŋ¹³au⁴³dʑi¹³:
　　　到　个　塘　水　嘛
　　他来到水塘边偷看后说：

14. "o⁵⁵!tʂen³³kuo⁴⁴ma¹³die¹³gau¹³ndu¹³lo¹³ntsa³³a³³tɕi⁵⁵dla¹³lai⁴³bãŋ¹³au⁴³."
　　　哦　果真　有些　姑娘　天　来　洗　前缀身子　到　个　塘　水
　　"哦！果真有仙女来水塘里洗澡。"

15. a⁴⁴li⁵⁵dʑi¹³ni⁴⁴na¹³lai⁴³gu¹³ai⁴³zau⁴⁴i⁵⁵tai⁴³ka⁵⁵ti⁵⁵,
　　　这样　他　看　个　是　很　好　那个　翅膀
　　于是，他把长得好看的那个仙女的翅膀

16. ni⁴⁴mau¹³ɲie⁴³ta⁴³tʂi³³vai³³kheo³³dʐo¹³lo¹³leo¹³.
　　　他　去　偷得　悄悄貌　拿着　回　来　了
　　悄悄地偷了拿回来。

17. a³³li⁴⁴dãŋ⁴⁴ɲi⁴⁴"wei⁴³! "li⁴⁴gu¹³bie¹³gau¹³ndu¹³i⁵⁵tsha⁴³lou⁴⁴ʂeo⁴⁴ʐãŋ⁴⁴dʑi¹³.
　　　然后　说　喂　于是　群　姑娘　天　那　齐　个　起　飞　了
　　然后"喂！"地大喊一声，那些仙女个个都起来飞走了。

18. o⁵⁵! lai⁴³gu¹³hi⁴³ma¹³tai⁴³ka⁴⁴ti³³i⁵⁵hi⁴³ma¹³khau⁴⁴ʐãŋ⁴⁴leo¹³dãŋ¹³dʑi¹³.
　　　哦　个　是　没有　个　翅膀　那　没有　办法　飞　去了　跑　啦
　　哦！那个没有翅膀的仙女没有办法飞走啦！

19. a⁵⁵!ni⁴⁴tɕiu⁴³hə⁴⁴lai⁴³i⁵⁵lo¹³ a⁵⁵ɲãŋ⁴³.
　　　啊他　就　领　个　那　回来做　媳妇
　　于是他就把那个仙女领回来做媳妇。

20. lo³³ɲo⁴³ɲo⁴³dʑi¹³ʂau⁴⁴dau¹³a⁴⁴lɯ⁴³ŋa⁴³tu⁴³tɕe⁴⁴dau¹³.
　　　回来　在　在　嘛　生　了　二　个　孩子　着　了
　　领回来后，生了两个孩子。

21. ni⁴⁴tsha⁴³ɲu⁴³tsha⁴³ɲu⁴³tsi⁴³gu¹³lai⁴³gau¹³ndu¹³mau¹³a⁴⁴ɲu⁴³leo¹³ha⁴⁴
　　　他　齐　天　齐　天　使得　个　姑娘　天　去　做　活　去了　哈
　　他每天都让仙女去干活，

22. ni⁴⁴dʑi¹³ni⁴⁴hə⁴⁴qai¹³ka⁴⁴mie⁵⁵tu⁴³i⁵⁵n̥o⁴³.
　　他　嘛　他　领　群　两　小　儿子　那　在
　　他自己嘛，就在家领那两个儿子。

23. a⁴⁴li⁵⁵dʑi¹³li⁴³ta⁴³die¹³daɯ¹³dʑi¹³,ma¹³n̥u⁴³a⁵⁵dʑi¹³
　　这样　嘛　久　非常　了　嘛　有　天　啊　嘛
　　这样过了很久很久，

24. ni⁴⁴dʑi¹³tʂau⁴⁴lai⁴³n̥ãŋ⁴³gau¹³ndu¹³dʑi¹³da¹³:"
　　他　就　对　个　媳妇　姑娘　天　说
　　有一天他对仙女媳妇说："

25. ai⁴³! gi²¹tsha⁴⁴n̥u⁴³mau¹³a⁴⁴n̥u⁴⁴daɯ¹³dʑi¹³,
　　哎　你　齐　天　去　做活　了　嘛
　　哎！你每天都去做活，

26. mo⁴⁴n̥a⁵⁵gi²¹tʂai⁴⁴hə⁵⁵ŋga¹³tu⁴³n̥o⁴³ha⁵⁵ku⁵⁵tʂai⁴⁴mau¹³a⁴⁴n̥u⁴³hi⁴³.
　　今天　你　又　领　孩子　儿子　在　哈　我　又　去　做　活计　吧
　　今天就在家领孩子吧，我去干活。"

27. ei¹³! n̥u⁴³a⁴⁴dʑi¹³lai⁴³gau¹³ndu¹³hə⁴⁴ŋga¹³tu⁴³n̥o⁴³ŋga¹³dʑi¹³,ŋga¹³
　　嘿　天　啊　嘛　个　姑娘　天　领　孩子　儿子　在　房子　嘛　孩子
　　tu⁴³n̥ie⁴⁴qi¹³.
　　儿子　哭　一直
　　嘿！仙女在家领孩子的那天，孩子一直哭。

28. a⁵⁵!a⁵⁵dʑi¹³lai⁴³gau¹³ndu¹³dʑi¹³da¹³:"a⁵⁵lai¹³
　　啊　于是　个　姑娘　天　说　　哎哟
　　仙女说："哎哟！

29. kuai¹³la³¹tsha⁴³n̥u⁴³ni⁴⁴vai¹³hə⁴⁴n̥o⁴³tou⁴⁴hi⁴³kuai³¹ha⁴⁴
　　怪　啦　齐　天　你　爹　领　在　都　不　怪　嘛
　　怪啦，你爹每天领你们，你们都不怪，

30. a⁴⁴dʑãŋ¹³na¹³mo⁴⁴n̥a⁵⁵ku⁵⁵hə⁴⁴kai⁴³tu⁴³ni⁴⁴n̥o⁴³a⁴⁴dʑãŋ¹³na¹³kuai⁴⁴
    为什么　　今天 我　领 两个儿子这 在　　为什么 怪
    li³³ni⁴⁴pu⁴³tʂo³³.
    这样 不 呢
    为什么我今天领这两个儿子就这么不乖呢？"

31. kai⁴³tu⁴³i⁴³tʂi³¹n̥ie⁴⁴li³³ni⁴⁴na¹³lai⁴³qa⁴³ntha⁴³.
    两 儿子 一直　哭 这样 看 个　梁 楼
    两个儿子一直看着楼房的梁哭。

32. o⁴³! na¹³tsai⁴³m̥au⁴³kheo⁴⁴lai⁴³gau¹³ndu¹³tai⁴³ka³³ti⁴⁴vai¹³tʂau⁴⁴
    哦 看 个 伙子 拿　个 姑娘 天 个 翅膀 藏 在
    a⁵⁵pi⁵⁵tai⁴³liaŋ⁴³tɕe⁴⁴.
    上面 个 梁 着
    抬头一看，就看见丈夫把仙女拿走的翅膀一直在梁上藏着呢。

33. a⁴⁴li⁵⁵dʑi¹³lai⁴³gau¹³ndu¹³mau¹³kheo⁴⁴tai⁴⁴ka³³ti⁴⁴dʐo¹³lo¹³ha⁴⁴ti⁴³
    这样 个 姑娘　　天 去 拿　个 翅膀 拿 回来 啊 插
    tɕə³³ha⁴⁴ʂeo⁴⁴ʐãŋ⁴⁴leo¹³.
    上 啊 起来 飞 去了
    这样，仙女把翅膀拿下来，插上翅膀就飞走了。

34. tsai⁴³m̥au⁴³dʑi¹³n̥tɕeo³³ti⁴³tla⁴⁴dʑi¹³,tʂha⁴⁴ku⁴⁴
    啊个 伙子 嘛 挖 地 累 嘛 晒 烫
    小伙子挖地，挖得累了，

35. zau¹³tɕie⁴³du¹³ti⁴³ha⁵⁵tleo⁴⁴lai⁴³tʂho⁴⁴lo¹³na¹³tu⁴⁴tsai⁴⁴ni⁴⁴dʑi¹³.
    坐 块 边 地 啊 脱 个 衣服 来 看 虱子 这样 嘛
    就坐在地边乘凉，把衣服脱下来找虱子。

36. a⁵⁵!lai⁴³gau¹³ndu¹³a⁵⁵tai⁴³a⁵⁵ntsau⁴⁴ʐãŋ⁴⁴tɕau⁴⁴ni⁴⁴lai⁴³tʂho⁴⁴daɯ¹³
    啊 个 姑娘 天上 做 个 前缀 影子　飞 过 他 个 衣服 了
    dʑi¹³ti⁴⁴.
    嘛 的
    仙女的影子飞过他的衣服。

37. a⁵⁵!ni⁴⁴na¹³dʑi¹³,o⁵⁵!lai⁴³n̥ãŋ⁴³ʐãŋ⁴⁴leo¹³daɯ¹³ma⁴³, a⁵⁵li⁴⁴dʑi¹³.
    啊 他 看 嘛   哦 个 媳妇   飞 去 了 了 嘛   这样 嘛
    他抬头一看，见媳妇飞走了。

38. ni⁴⁴tɕiu⁴³lo¹³dla¹³ŋa¹³lo¹³la³³kai⁴³tu⁴³leo³³kai⁴³tu⁴³leo¹³daɯ¹³hi⁴³
    他 就 回来 到 房子 回来 骂 俩 儿子 驱赶 俩 儿子 去 了 了 不
    ʐa⁴⁴gu¹³dzo¹³n̥o⁴³daɯ¹³.
    要 得 跟 在 了
    于是，他回来到家来骂两个孩子，把两个孩子赶走，不要他们跟自己在一起。

39. "ai⁴³!mo⁴⁴n̥a⁵⁵a⁴⁴lɯ⁴³dzo¹³a⁵⁵n̥ie⁴³ʐãŋ⁴⁴leo¹³daɯ¹³dʑi¹³,
    哎 今天 你俩 让 (前缀) 妈妈 飞 去 了 了 嘛
    "哎！你们俩让妈妈飞走了，

40. ku⁵⁵hi⁴³ʐa⁴⁴a⁴⁴lɯ⁴³daɯ¹³a⁴⁴lɯ⁴³a⁴⁴dla¹³qa⁴⁴dy¹³kho⁴³tau⁴³mau¹³hei⁴³.
    我 不要 你俩 了   你俩 要 到 哪里 随便 去 啦
    我不要你们俩了，你们俩要去哪里吗就随便去啦！"

41. a⁴⁴li⁵⁵dʑi¹³kai⁴⁴tu⁴³i⁴³tɕiu⁴³ʂeo⁴⁴leo¹³daɯ¹³.
    这样 嘛 俩 儿子 那 就 起身 去 了 了
    于是，那俩儿子就起来走了。

42. mau¹³mau¹³dʑi¹³,mau¹³dla¹³i⁴³ʑi¹³ŋa¹³n̥ie¹³ŋa¹³dʑi¹³.
    走 走 嘛 去 到 一 家 房子 妈 房子 嘛
    他们走啊走，走到一栋大房子面前。

43. a⁵⁵!ʐei⁴³i⁴³dʑi¹³da¹³:"ʑi⁵⁵!kai⁴³kha⁵⁵ni⁵⁵kai⁴³zau⁴⁴kha⁵⁵ha⁵⁵!
    啊 家 那 说   哟 俩 客人 这 俩 好 客人 啊
    那家主人说："这俩客人是善良的客人啊，

44. pi⁴³la⁴⁴a⁴⁴a⁵⁵ʂi⁵⁵fai⁴³nau¹³nu¹³?"
    我们 要做 什么 分给 吃 呢
    我们拿什么款待他们呢？"

45. ta⁴⁴n̪ie⁴³ŋou¹³fai⁴³nau¹³la⁴⁴ɭeo³³ŋa⁵⁵ŋou¹³.
　　杀　母鹅　分给吃　要　可怜　小　鹅
　　杀母鹅款待客人嘛，小鹅可怜。

46. ta⁴⁴ŋa⁵⁵ŋou¹³la⁴⁴ɭeo³³n̪ie⁴³ŋou¹³.
　　杀　小　鹅　要　可怜　母　鹅
　　杀小鹅款待客人嘛，母鹅可怜。

47. a⁴⁴li⁵⁵na¹³bai²¹ŋou¹³no⁴⁴na⁴⁴bai²¹ŋou¹³dʑi¹³da¹³:
　　样　这　群　鹅　听见　群　鹅　说
　　这样，那群鹅听见后说：

48. "ai⁴³!a⁴⁴li⁴⁴dʑi¹³qa⁴³ta⁴⁴pi⁴³nau¹³ti⁴³li³³bo¹³.
　　哎　如果这样　不要　杀　我们　吃　的　啦
　　"哎！如果这样就别杀我们吃了，

49. pi⁴³n̪i⁴⁴qhə⁴⁴gu¹³mau¹³n̪ʈhie⁵⁵ni⁴⁴a⁵⁵n̪ie⁵⁵li³³bo¹³.
　　我们　告诉　得　去　找　他们　前缀　妈妈　啦
　　我们告诉他们如何去找他们的妈妈。"

50. a⁴⁴li⁴⁴dʑi¹³,bai²¹ŋou¹³lo¹³n̪i⁴⁴qhə⁴⁴ka⁴³tu⁴³i⁴³dʑi¹³da¹³:"
　　这样　嘛　群　鹅　回来　告诉　俩　儿子　那　说
　　于是，那群鹅回来告诉那两个孩子说："

51. na¹³tsuo⁴³dla¹³lu¹³tlau⁴⁴ɕã⁴⁴li⁴⁴gu¹³hau⁴³po⁴⁴ʂeo⁴⁴ʐãŋ⁴⁴ta⁴³die¹³i⁴³dʑi¹³,
　　喏　等　到　个　六　七　月　是　雾　升　飞　非常　时候
　　等到六七月份雾气非常大的时候，

52. ma⁴³lɯ⁴³dla¹³a⁵⁵pi⁵⁵lai⁴³tleo⁴⁴i⁴³do¹³.
　　你们俩　到　上面　个　平地　那　等
　　你们两个来到上面那块平地等候。

53. to⁴⁴dʑi¹³tai⁴³gu¹³na⁴⁴ʐãŋ⁴⁴hə⁵⁵nti⁴³a⁵⁵lɯ⁴³ka⁴³n̪o⁴³ti⁴³,
　　等　嘛　个　是　那　飞　前面　那　俩　不要　坐　的
　　不要坐前面飞起来的雾气。

54. n̻o⁴³tai⁴³gu¹³tau⁴⁴a⁵⁵qə⁴³ha⁵⁵lo¹³dʑi¹³.
坐 个 是 得 后面 哈 回来 的
你们要等着坐后面飞起来的雾气,

55. a⁵⁵n̻u⁴³i⁵⁵die¹³hau⁴³po⁴⁴ʂeo⁴⁴ʐãŋ⁴⁴lo¹³dʑi¹³,
二 天 那 些 雾 升 飞 回来 嘛
第二天那些雾升起来的时候,

56. tsai⁴³lo⁴³po⁴⁴ni⁴⁴hi⁴³n̻o⁴³tai⁴³gu¹³tau⁴⁴a⁴⁴qɯ⁴³ha⁵⁵ʂeo⁴⁴n̻tɕi³³n̻o⁴³
个 大 呢 他 不 坐 个 是 得 后面 哈 起来 爬 坐
tai⁴³gu¹³n̻o⁴³tha⁵⁵i⁵⁵na⁵⁵.
个 是 在 前面 那 的
大儿子不坐在后面的雾气上,而是爬起来坐在前面的雾气上。

57. o⁴³! to⁴⁴pau⁴³lo¹³leo¹³daɯ¹³dʑi¹³,tsai⁴³ŋa⁴⁴la⁵⁵n̻o⁴³khai⁴³i⁴³zo⁴³.
哦 等 掉 下来 了 嘛 个 小 就 在 处所 那 守
等大儿子掉下来的时候,小儿子就在那里守候着。

58. zo⁴⁴zo⁴⁴dʑi¹³, a⁵⁵! hi⁴³ma¹³khau⁴⁴tsai⁴³lo¹³nu¹³
守 守 嘛 啊 不 有 办法 又 回来 问
他在那里守候着,没有办法,又回来问

59. ʑie¹³ʑi⁴⁴bai²¹ŋou¹³,na²¹ʑie¹³ʑi⁴⁴bai²¹ŋou¹³dʑi¹³da¹³:"
那 家 群 鹅 然后 那 家 群 鹅 回答
问那家人的那群鹅,然后那群鹅回答说:"

60. ei⁵⁵!pi⁵⁵kha⁴³gi²¹a⁵⁵dza¹³gu¹³gi²¹mau¹³kheo⁴⁴tau⁴⁴gi²¹a⁵⁵mau⁴⁴nau¹³."
嘿 我们 教 你 前缀 药方 是 你 去 拿 给 你 前缀 哥哥 吃
嘿!我们教你一个药方,你可以拿去给你哥哥吃。"

61. ai¹³,die¹³ŋou¹³tʂai³³kha⁴³gu¹³tʂai³³mau¹³n̻t̪hie⁵⁵a⁵⁵dza¹³dʐo¹³mau¹³
嘿 些 鹅 又 教 让 又 去 找 前缀 药 拿 去
tʂeo⁴⁴tau⁴⁴ni⁴⁴.
插 给 他
那些鹅又教他去找药并拿去放在他哥哥的嘴里,

62. tṣai⁴³gu¹³lo⁴³i⁵⁵lai⁴³a⁵⁵dʐau¹³dʑi¹³tsai⁴³gu¹³lo⁴³i⁵⁵tɕie⁴⁴lo¹³leo¹³dauɯ¹³.
个 是 大 那个 前缀 嘴 嘛 个 是 大 那 活 来 回来 了
于是，他哥哥又活过来了。

63. tṣai⁴⁴ɲo⁴³hai⁴³do¹³do¹³tṣai⁴³tau⁴⁴i⁴³ɕau⁴⁴a⁵⁵qə⁴³tau⁴⁴die¹³.
又 在 还 等 等 又 得 一 年 后面 得 些
大家等啊等，又过了一年。

64. a⁴⁴lu⁴⁴tlau⁴⁴ɕãŋ⁴⁴li⁴⁴die¹³hau⁴⁴po⁴⁴tṣai⁴³ʂeo⁴⁴lo¹³ʐãŋ⁴⁴lo¹³dauɯ¹³die¹³,
做 个 六 七 月 些 雾 又 升 回来 飞 回来 了 些
等到六七月份雾气又飞回来一些的时候，

65. kai⁴³i⁴³tṣai⁴³hi⁴³hə⁴⁴ɲo⁴³tai⁴³gu¹³tau⁴⁴a⁵⁵qə⁴³i⁴³ha⁵⁵.
处所 那 又 一起 坐 个 是 得 后面 那 啊
那两个孩子又一起坐在后面的雾气上了。

66. mau¹³dla¹³qa⁴³ndu¹³, mau¹³ɲthie⁵⁵po⁵⁵ni⁴⁴a⁵⁵ɲie⁴³dla¹³qa⁴³ndu¹³.
去 到 上面 天 去 找 见 他们 前缀 妈妈 到 上面 天
他们到天上去找他们的妈妈。

67. ɲthie⁵⁵po⁵⁵ni⁴⁴a⁵⁵ɲie⁴³dʑi¹³dzo¹³ni⁴⁴a⁵⁵ɲie⁴³ɲo⁴³ɲo⁴³li¹³ta⁴³ki⁴⁴tau⁴⁴dʑi¹³.
找 见 他们 前缀 妈妈 嘛 跟 他们 前缀 妈妈 在 在 久 非常 得 嘛
他们找到妈妈以后，和他们的妈妈在一起待了很久很久。

68. ni⁴⁴a⁵⁵ɲie⁴³dʑi¹³da¹³:"na¹³!ma¹³lɯ⁴³
他 前缀 妈妈 说 哦 你们俩
他妈妈说："你们俩

69. ma¹³ʐo¹³, a⁵⁵ɲie⁴³ʐo¹³gu¹³la⁴⁴dzo¹³pi⁴³ɲo⁴³khai⁴³ni⁴⁴ti⁴³.
不 是 还 不 是 是 要 跟 我们 在 处所 这 的
他们的妈妈说："哦！你们两个还不是时候跟着我们在这里。"

70. a⁵⁵lɯ⁴³gu¹³die¹³ti⁴³tə⁵⁵nə⁴³dɯ⁴⁴tɕo⁵⁵dʐe¹³,
你们俩 是 人间 人 仍然 的
仍然是人间的凡人，

71. a⁵⁵!a⁵⁵lɯ⁴³tʂə⁵⁵sə⁵⁵qei⁴³mau¹³dla¹³die¹³ti⁴³i⁵⁵hau⁵⁵.
    啊 你们俩 又 返回 去 到 人间 那 吧
    还是回去人间吧。

72. a⁵⁵dʑi¹³ʐou¹³tʂai⁵⁵zuo⁴³dʑie¹³gu¹³au⁴³nau³³lo¹³die¹³.
    然后 又 再 到 季节 是 水 雨 来 些
    然后又到了雨水季节。

73. die¹³hau⁴³po⁴⁴tʂai⁴³tʂhau⁴⁴qa⁴³ndu¹³ʐãŋ⁵⁵li⁴⁴ni⁵⁵lo¹³dla¹³die¹³ti⁴³dʑi¹³.
    些 雾 再 从 后面 天 飞 这样 来 到 人间 了
    然后又到了雨水季节，又有雾气从天上飞到人间来了。

74. a⁵⁵! ka⁴⁴tu⁴³i⁴³tʂai⁴⁴n̩o⁴⁴bai¹³hau⁵⁵po⁴⁴lo¹³lo¹³dla¹³lai⁴³die¹³ti⁴³lou³³.
    啊 俩 儿子 那 再 坐 些 雾 回来 回来 到 个 人间 了
    于是，那两个儿子又坐着雾气回到人间。

故事译文：

  从前有一个小伙子，他每天都去挖地，挖得很累。他的地那里有一个水塘。他每天挖地挖累了，就到那里去喝水。有一天，他去喝水，发现水塘的水浑了。村里有孩子赶猪去那里放。于是，他去骂那群小孩说："啊！我每天来这里喝水，你们为什么赶猪来把我水塘的水搅浑呢？"那群小孩回答说："哦！不是我们搅浑的。"是一群仙女每天都到那个水塘来洗澡。于是有一天，他又去挖地，然后躲在水塘边偷看。他来到水塘边偷看后说："哦！果真有仙女来水塘里洗澡。"于是，他把长得好看的那个仙女的翅膀悄悄地拿回来。哦！那个没有翅膀的仙女没有办法飞走啦！于是他就把那个仙女领回来做媳妇。领回来后，生了两个孩子。他每天都让仙女去干活，他自己嘛，就在家领那两个儿子。这样过了很久很久，有一天他对仙女媳妇说："哎，你每天都去做活，今天就在家领孩子吧，我去干活。"嘿！仙女在家领孩子的那天，孩子一直哭。仙女说："哎哟！怪啦，你爹每天领你们，你们都不怪，为什么我今天领这两个儿子就这么不乖呢？"

  两个儿子一直看着楼房的梁哭。抬头一看，就看见丈夫把仙女拿走的翅膀一直在梁上藏着呢。这样，仙女把翅膀拿下来，插上翅膀就飞走了。小伙子挖地挖累了，就坐在地边乘凉，把衣服脱下来找虱子。仙女的影子飞过他的衣服。他抬头一看，见媳妇飞走了。于是，他回来到家来骂两个孩子，把两个孩子赶走，不要他们跟在一起。"哎！你们两个让妈妈飞走了，我不要你们两个了，你们两个要去哪里吗就随便去啦！"于是，两个儿子起来走了。他们走啊走，走到一栋房子面前。那家主人说："这两个客人是善良的客人啊，我们拿什么款待他们呢？"杀母鹅款待客人嘛，小鹅可怜。杀小鹅款待客人嘛，母鹅可怜。这样，那群鹅听见后说："哎！如果这样就别杀我们吃了，我们告诉他们如何去找他们的妈妈。"于是，那群鹅回来告诉那两个孩子说："等到六七月份雾气非常大的时候，你们两个来到上面那块平地等候。等着坐后面飞起来的雾气，不要坐前面飞起来的雾气。第二天那些雾升起来的时候，大儿子不坐在后面的雾气上，而是爬起来坐在前面的雾气上。等大儿子掉下来的时候，小儿子就在那里守候着。他在那里守候着，没有办法，又回来问那家人的那群鹅，然后那家人的那群鹅回答说："嘿！我们教你一个药方，你可以拿去给你哥哥吃。"那些鹅又教他去找药并拿去放在他哥哥的嘴里，于是，他那个哥哥又活过来了。大家等啊等，又过了一年。等到六七月份雾气又飞回来的时候，那两个孩子又一起坐在后面的雾气到天上去找他们的妈妈。他们找到妈妈以后，和他们的妈妈在一起待了很久很久。他们的妈妈说："哦，你们两个还不是时候跟着我们在这里。你们两个仍然是人间的凡人，你们两个仍然是凡人，还是回去人间吧。"然后又到了雨水季节，又有雾气从天上飞到人间来了。于是，那两个儿子又坐着雾气回到人间。

语料备注信息：
故事标题：仙女媳妇
故事讲述人：张志良，男，苗族，时年 75 岁，小学文化。云南省武定县狮山镇叱鹰村委会大箐村村民。一直在家务农。母语为苗语，母语和汉语都熟练。
拍摄地点：宾馆房间里面，宾馆附近有一条马路，偶尔有汽车的鸣笛声，房间内比较安静。
拍摄场景：室内，比较安静。
拍摄时间：2017 年 4 月 22 日。
拍摄人：季红丽、王斌
摄像机品牌及型号：SonyFDR-AXP55
视频参数设定：1080/25P
故事时长：5 分 1 秒
故事转写字数：5016

故事五　老虎和姑娘

tṣo⁵⁵nthie⁴³ŋgau¹³ntshai³³ 老虎和姑娘
老虎　和　姑娘

1. ku⁵⁵ŋi⁵⁵ta⁵⁵pu⁵⁵daɯ¹³, ku⁵⁵ţai⁴⁴ŋi⁵⁵ta⁵⁵pu⁵⁵daɯ¹³khe⁴⁴kheo⁴⁴bə²¹bə²¹.
   我　说　个　故事　　　我　再　说　个　故事　　　告诉　所有　_{重叠}
   我再给大家讲个故事。

2. ku⁵⁵ntsi⁴⁴tṣo⁵⁵ma⁴³gau¹³ntshai³³.
   我　名字　老虎　抓　姑娘
   故事的名字叫《老虎抓姑娘》。

3. ŋi⁵⁵qhə⁴⁴kheo⁴⁴bə²¹bə²¹ha⁵⁵.
   告诉　　全部　_{重叠}　啊
   把这个故事告诉所有人。

4. a⁴⁴thau⁵⁵i⁵⁵dʑi¹³, ma¹³tai⁴³tṣo⁵⁵ŋo⁴³la⁵⁵qho⁵⁵qa⁵⁵və²¹dʑi¹³.
   以前　　嘛　有　只　老虎　在　个　洞　　石头　嘛
   从前，有一只老虎生活在石头洞里。

5. tai⁴³tṣo⁵⁵tsha⁴³ŋu⁴³tsha⁴³ŋu⁴³to⁴⁴mau¹³ma⁴³, na¹³gu¹³.
   只　老虎　齐　天　齐　天　都　去　抓　　这样
   老虎每天都去抓人。

6. lai⁴³, i⁴³lu⁴³zo¹³nə³³ŋgau¹³ntshai³³lo¹³nau¹³.
   个　一个　村　的　姑娘　　来　吃
   去抓一个村的姑娘来吃。

7. ma¹³ŋu⁴³ŋia⁴⁴dʑi¹³, tai⁴³tṣo⁵⁵mau¹³ma⁴³tau⁴⁴ni⁵⁵dzau¹³lai⁴³zo¹³i⁵⁵lai⁴³
   有　天　了　嘛　个　老虎　去　抓　的　这　群　个　村　那　个
   ti⁵⁵ŋgau¹³.
   姑娘
   有一天，老虎抓了这个村的一个姑娘。

8. gu¹³ai⁴³zau⁴⁴ŋgau¹³ha⁵⁵, ma⁴³lo¹³dʑi¹³.
　　是　很　好　看　啊　　抓　来　嘛
　　抓来的那个姑娘很漂亮。

9. tai⁴³tʂo⁵⁵a⁵⁵dze¹³nau¹³ti⁴³.
　　啊　老虎　不舍得　吃　的
　　老虎舍不得吃。

10. tai⁴³tʂo⁵⁵dʑi¹³da¹³: "a⁵⁵, ŋgau¹³ntshai³³zau⁴⁴ŋgau¹³gu¹³.
　　只　老虎　说　　啊　姑娘　　好　看　非常
　　老虎说："啊，姑娘太漂亮啦，

11. ku⁵⁵a⁵⁵ dze¹³nau¹³ti⁴³." na⁴⁴ʐe¹³.
　　我　不　舍得　吃　的　　这样
　　我舍不得吃。"

12. tai⁴³tʂo⁵⁵kheo⁴⁴dze¹³ʐe¹³, tai⁴³tʂo⁵⁵lo¹³ɳɖo²¹ni⁴⁴ȵo⁴³dʑi¹³.
　　只　老虎　拿　养　嘛　只老虎　来　跟　她　在　嘛
　　于是，老虎把她养着，并且和她在一起。

13. man³¹man³¹tə³³daɯ¹³dʑi¹³,
　　　　慢　慢　的　　以后
　　那以后，慢慢地，

14. tai⁴³tʂo⁵⁵ɖau²¹la⁵⁵ti⁵⁵ŋgau¹³ni⁵⁵na⁵⁵a⁵⁵,la⁵⁵ti⁵⁵ŋgau¹³ni⁵⁵la⁴⁴ɖau²¹tai⁴³tʂo⁵⁵na⁵⁵.
　　只　老虎　爱　个　姑娘　这　啊　个　姑娘　这　也　爱　只老虎　了
　　老虎爱上了姑娘，姑娘也爱上了。

15. ni⁵⁵a⁵⁵lɯ⁴³hi⁴⁴ɳɖo²¹a⁵⁵ȵie⁴³vai¹³.
　　她　俩　　一　起　做　妻　夫
　　他们一起结为夫妻。

16. hi⁴⁴ɳɖo²¹a⁵⁵ȵie⁴³vai¹³daɯ¹³dʑi³,
　　　　一　起　做　妻　父　了　嘛
　　一起结为夫妻后，

17. ma¹³ba²¹mie⁴⁴na¹³gu¹³tʂo⁵⁵dʑi¹³ʂau⁴⁴deo¹³lo¹³dʑi¹³.
　　有　群　小　于是　老虎嘛　生　出　来　嘛
　　生了一群小老虎。

18. i⁴³pu⁵⁵ɳʈau⁴³nə³³tə⁵⁵nə⁴³, i⁴³pu⁵⁵ɳʈau⁴³nə³³tʂo⁵⁵na⁴⁴ʐe¹³.
　　一　半　　的　人　　一　半　　的　老虎　啊
　　生出来的小老虎一半是人，一半是老虎。

19. na¹³gu¹³tai⁴³tʂo⁵⁵dʑi¹³da¹³: "
　　于是　　只　老虎　说
　　老虎于是说："

20. a⁵⁵, na¹³gu¹³gi³¹ɳɖo²¹ku⁵⁵ʂau⁴⁴dauɯ¹³ŋa⁵⁵ʐau⁴⁴dʑie¹³dʑi¹³,
　　啊　这样　你　跟　我　生　了　孩子　了　嘛
　　你和我都有了我们自己的骨肉，

21. a⁴³lɯ⁴³zau⁴⁴zau⁴⁴nə³³hi⁴⁴ɳɖo²¹ky⁵⁵." li⁴⁴dʑi³.
　　我俩　好　好　地　一起　过　这样
　　我们俩就好好过日子吧。"

22. ni⁴⁴a⁵⁵n̻ie⁴³ni⁴⁴a⁵⁵vai²¹mi⁴⁴dʑi¹³na¹³gu¹³la⁵⁵ntshai³³hi⁴³bo²¹na⁵⁵a⁵⁵,
　　她 前缀 母　她 前缀 父　们　嘛　看着　个　姑娘　不　见　了　啊
　　mau¹³ɳʈhie⁴³a⁵⁵.
　　去　找　啊
　　姑娘的父母见女儿不见了，就到处找。

23. ɳʈhie⁴³tə⁵⁵nə⁴³dzie¹³a⁵⁵, dzo¹³qeo⁵⁵, na¹³gu¹³dzo¹³ɳɖa¹³.
　　找　人　放　啊　拿　棍子　于是　拿　锣
　　他们拿着棍子，敲锣打鼓地四处找人。

24. dzo¹³tsa⁴³tʂa⁵⁵mau¹³ɳʈhie⁴³tl̥a⁴⁴lai⁴³ʈau⁴³kho⁵⁵qa⁵⁵və²¹ʐe²¹.
　　拿　齐　种　去　找　到　个　山洞　石头　啊
　　拿着各种工具去石头洞里找。

25. la⁴⁴mau¹³tau⁴⁴tai⁴³tʂo⁵⁵dʑi¹³, mau¹³dʑi¹³, ni⁴⁴la⁵⁵ntshai³³ɳtʂe⁵⁵, dʑi¹³da¹³:"
　　要 去 得 只 老虎 嘛　去 嘛　她 个 姑娘 拦　　说
　　在洞里发现了老虎，就要去捉拿。姑娘拦住他们，说："

26. a⁵⁵ȵie⁴³a⁵⁵vai¹³, mi²¹a⁵⁵ntau⁴⁴ku⁵⁵tsai⁴³vau¹³ti⁴³lou⁴³.
　　前缀 母 前缀 父　你们 不 打 我 个 丈夫 的 啦
　　爸爸妈妈，你们不要打我丈夫啦！

27. tsai⁴³ni⁵⁵gu¹³ku⁵⁵tsai⁴³vau¹³dzo¹³daɯ¹³.
　　个 这 是 我 个 丈夫 的 的
　　这个是我的丈夫。"

28. na⁴⁴ni⁴⁴a⁵⁵ȵie⁴³ni⁴⁴a⁵⁵vai¹³dʑi¹³da¹³:
　　然后她 前缀 母 她 前缀 父 说
　　她父母说：

29. "a⁴⁴dʑãŋ¹³na¹³gi²¹la⁴⁴li⁴⁴mo⁵⁵ɳdo²¹tai⁴³tʂo⁵⁵tso⁵⁵ka⁵⁵li⁴⁴lou⁴³?"
　　为什么　你要 这样 跟 只 老虎 娶 嫁 呢
　　"你为什么要嫁给老虎呢？"

30. na⁴⁴dʑi¹³da¹³:"ni⁴⁴tuei²⁴ku⁵⁵zau⁴⁴gu¹³, ni⁴⁴ma⁴³ku⁵⁵lo¹³li⁴⁴ha⁴³, ni⁴⁴a⁴⁴
　　然后 说 它 对 我 好 非常 它 抓 我 来 了 啊 它 不
　　nau¹³ku⁵⁵ti⁴³.
　　吃 我 的
　　姑娘回答说："它对我很好，把我抓来后没有吃我。

31. ku⁵⁵hai⁴³ɳdo²¹ni⁴⁴si⁴⁴tu⁴³fə⁴³sãŋ⁴⁴si⁴³dʑi¹³mi²¹a⁴⁴ntau⁴⁴ti⁴³ha⁵⁵li⁴⁴dʑi¹³.
　　我 还 跟 它 生 孩子 了 了 嘛 你们 不 打 的 啊 这样
　　我还和它生了孩子，你不要打它了。"

32. ni⁴⁴a⁵⁵ȵie⁴³ni⁴⁴a⁵⁵vai¹³mi⁴⁴dʑi¹³da¹³: "ai⁴³, tʂa⁵⁵a⁴⁴ni⁵⁵li⁴⁴dʑi¹³,
　　她 前缀 母 她 前缀 父 们 说　　哎 如果 要 这 这样
　　她父母说："哎，如果是这样的话，

33. pi⁴³khuo⁴³tau⁴⁴mau¹³lə³³a⁵⁵, gi²¹ŋdo²¹ni⁴⁴ky⁵⁵hi⁵⁵ha⁵⁵."li⁴⁴dʑi¹³.
    我们　　尽管　去　了啊　你们跟　它　过　了啊　这样
    我们就走了，你就和它过日子吧。"

34. ta⁵⁵pu⁵⁵dau¹³ni⁵⁵gu¹³ɲi⁵⁵qhə⁴⁴tə⁵⁵nə⁴³: tə⁵⁵nə⁴³ai⁴³ɳo⁴³ai⁴³hi⁴³zau⁴⁴,
    个　故事　这是　告诉　人　　人　越　在　越　不　好
    这个故事告诉世人：人和人相处是越来越陌生，

35. ai⁴³ɳo⁴³gi²¹ai⁴³na¹³hi⁴³dau¹³gu¹³.
    越　在　你　越　看　不　起　非常
    相处时间越久，越看不起对方。

36. i⁴⁴vie¹³, na¹³gu¹³bai²¹beo¹³beo¹³nou¹³nou⁴³na¹³gu¹³.
    但是　　于是　些　很多　　动物　　然后
    但是很多动物，

37. ə⁴⁴, qai⁴³ni⁵⁵dʑi¹³, ni⁴⁴ai⁴³ɳo⁴³ai⁴³ʂe⁵⁵,
    嗯　鸡　这些　它们　越　在　越　熟
    比如鸡之类的动物，它们越相处就越熟悉，

38. dʑi¹³kha⁴³fai⁴⁴tə⁵⁵nə⁴³, ni⁴⁴hi⁴³ŋdo²¹ɳo⁴³, tshə⁴³a⁴⁴dzeo¹³ki⁴⁴tshə⁴³ti⁴³.
    这　教　给　人　他们　一起　在　一些　不会　欺负　些　的
    它们在一起不会互相欺负。

39. ni⁴⁴la⁴⁴da²¹zau⁴⁴zau⁴⁴ʐe¹³, la⁴⁴zau⁴⁴zau⁴⁴hi⁴³ŋdo²¹ky⁵⁵la⁴⁴tha⁵⁵.
    它们要啊　好　好　的　　要　好　好　一起　过　往　前
    它们在一起好好地过日子，一起创造美好的生活。

40. dʑi¹³ɲi⁵⁵qhə⁴⁴kheo⁴⁴bə²¹bə²¹tsa⁴³li⁴⁴ni⁵⁵.
    然后　告诉　全部　重叠　样　这
    这个故事就这样告诉所有人。

41. dʑi¹³ta⁵⁵pu⁵⁵dau¹³ni⁵⁵dʑi¹³ɲi⁵⁵dau¹³ta⁴⁴ha⁵⁵a⁴⁴tsa⁴³li⁴⁴ni⁵⁵tə³³tɕuo³¹ta⁴⁴
    然后　个　故事　这　嘛　说　完　了啊　做　这样　的　了　了
    我的故事讲完了。

故事译文：

  我再给大家讲个故事，故事的名字叫《老虎抓姑娘》。我把这个故事告诉所有人。

  从前，有一只老虎生活在石头洞里。老虎每天都去抓人，去抓一个村的姑娘来吃。有一天，老虎抓了这个村的一个姑娘。抓来的那个姑娘很漂亮，老虎舍不得吃。老虎说："啊，姑娘太漂亮啦，我舍不得吃。"于是，老虎把她养着，并且和她在一起。那以后，慢慢地，老虎爱上了姑娘，姑娘也爱上了老虎。他们一起结为夫妻。一起结为夫妻后，他们生了一群小老虎。生出来的小老虎一半是人，一半是老虎。老虎于是说："你和我都有了我们自己的骨肉，我们俩就好好过日子吧。" 姑娘的父母见女儿不见了，就到处找。他们拿着棍子和各种工具敲锣打鼓地四处找人，他们去到石头洞里找，在洞里发现了老虎，就要去捉拿。姑娘拦住他们，说："爸爸妈妈，你们不要打我丈夫啦！这个是我的丈夫。" 她父母说："你为什么要嫁给老虎呢？"姑娘回答说："它对我很好，把我抓来后没有吃我。我还和它生了孩子，你不要打它了。"她父母说："哎，如果是这样的话，我们就走了，你就和它过日子吧。"

  这个故事告诉世人：人和人相处是越来越陌生，相处时间越久，越看不起对方。但是很多动物，比如鸡之类的动物，它们越处越熟，它们在一起不会互相欺负。它们在一起好好地过日子，一起创造美好的生活。这个故事就这样告诉所有人。我的故事讲完了。

语料备注信息：

故事标题： 老虎和姑娘

故事讲述人： 张美英，女，苗族，时年 50 岁，小学文化，禄丰县仁兴镇村民，一直在家务农。母语为苗语，母语和汉语都熟练。

拍摄地点： 云南省楚雄州禄丰县仁兴镇大箐小学村口的斗牛举办现场。

拍摄场景： 户外，斗牛现场的山顶，比较安静。

摄时间： 2018 年 8 月 2 日。

拍摄人： 季红丽、王斌

摄像机品牌及型号： SonyFDR-AXP55

视频参数设定： 1080/25P

故事时长： 2 分 7 秒

故事转写字数： 1866

故事六　老虎抢媳妇

$$tʂo^{55}peo^{55}n̪ãŋ^{43}$$ 老虎抢媳妇
　　老虎　抢　媳妇

1. $a^{55}thau^{44}a^{55}thau^{44}i^{43}dʑi^{13}$, $ma^{13}tsa^{55}tu^{43}m̪au^{43}$
　 很久　　很久　　　以前　　有个　儿子苗
很久很久以前，有一个苗族小伙子。

2. $ku^{13}ntsi^{55}ɖau^{13}tɕheo^{43}$.
　　名字　　照筹
名叫照筹。

3. $la^{55}ŋga^{13}tshai^{44}la^{55}tshai^{55}m̪au^{43}dʑi^{13}ntsi^{55}mau^{43}tʂhi^{43}ntsai^{55}mi^{13}ntseo^{55}$.
　个　姑娘　个　姑娘　苗　嘛　名字　姓　杨　姑娘　的　最小
有个苗族姑娘名字叫杨家幺因。

4. $a^{55}li^{55}dʑi^{13}tsa^{55}tu^{55}m̪au^{43}ɖau^{13}tɕheo^{43}dʑi^{13}tsha^{43}n̪u^{43}tsha^{43}n̪u^{43}mau^{13}$
　　于是　个儿子苗　　照筹　嘛　齐　天　齐　天　去
$ntau^{44}ɴqai^{13}dla^{13}vai^{13}zau^{44}leo^{44}tə^{44}$.
　打　　肉　到　处　郊外　去了　的
苗族小伙子照筹每天都到郊外去打猎。

5. $tʂi^{44}ta^{55}nə^{44}ha^{55}mau^{13}ntau^{44}ɴqai^{13}leo^{44}n̪u^{43}n̪u^{43}m̪o^{55}ndu^{13}die^{13}$
　背　个弓箭　啊　去　打　　肉　去了　天　天　暗　天　才
$a^{55}lɯ^{13}lo^{44}$.
　慢　　回来
他每天背着弓箭去打猎，直到晚上才慢慢地回来。

6. $lai^{43}n̪ãŋ^{43}dʑi^{13}$, $tɕiu^{31}ɕi^{44}mau^{43}tʂhi^{43}ntsai^{55}mi^{13}ntseo^{55}dʑi^{13}ni^{44}tsha^{43}$
　个　媳妇　嘛　就　是　姓　　杨　姑娘　的　最小　嘛　她　齐
$n̪u^{43}tsha^{43}n̪u^{43}n̪o^{43}ŋga^{13}seo^{55}nta^{43}ha^{55}neo^{33}nto^{44}tou^{55}$.
　天　齐　天　在　家　编　麻　啊　织　布　都
他媳妇就是杨家幺因，她每天都在家编麻织布。

7. ma¹³ȵu⁴³a⁵⁵dʑi¹³, ma¹³bai¹³tso⁵⁵tɕau⁴³gu¹³i⁴³da¹³dʑi¹³.
　　有　天　啊嘛　有　群　虎　多　是　那　来　嘛
　　有一天，那里来了一群老虎。

8. na¹³gu¹³ɖau¹³tɕheo⁴³mau¹³ntau⁴⁴ɴqai¹³dla¹³vai¹³zau⁴⁴leo⁴⁴dau̯¹³na³³
　　看　是　照筹　去　打　肉　到　处　郊外　去了　了　啊
　　老虎看见照筹去郊外打猎了，

9. da¹³peo⁵⁵ni⁵⁵lai⁴³ȵãŋ⁴³leo⁴⁴.
　　来　抢　他　个　媳妇　去了
　　就来抢他媳妇。

10. ɖau¹³tɕheo⁵⁵lo²¹ma²¹na¹³dʑi¹³ni⁵⁵lai⁴³ȵãŋ⁴³mau⁴³tʂhi⁴³ntsai⁵⁵mi¹³ntseo⁵⁵
　　照筹　回来　嘛　看　嘛　他　个　媳妇　姓　杨　姑娘　的　最小
　　hi⁴³bo²¹dau̯¹³na⁴⁴.
　　不　见　了　啊
　　照筹回来一看，发现他媳妇杨家幺囡不见了，

11. mau¹³ɳthie⁵⁵dʑi¹³,
　　去　找　嘛
　　他去找。

12. ni⁵⁵ntɕi⁴⁴ʈau⁴³tʂau⁴⁴hau⁴⁴.
　　他　爬　山　下　山坳
　　他爬下山，来到山坳里。

13. dla¹³tʂha⁴³qho⁵⁵ɳthie⁵⁵ȵie⁴³gu¹³ȵie⁴³gu¹³i⁴³ha⁵⁵tɕhi⁵⁵gu¹³i⁴³ha⁵⁵mau¹³.
　　到　齐　洞　找　哭着　哭着　那　啊　悲伤　很　那　啊　去
　　他哭啊哭，很悲伤地到每个洞里去找媳妇。

14. mau¹³dʑa²¹lai⁴³fau⁴⁴tsa⁵⁵dʑi¹³, ni⁵⁵qai¹³na¹³ʈau⁴⁴pi⁴⁴ti⁴³.
　　去　到　个　悬崖　嘛　他　转　看　向　下面
　　他来到悬崖上，站在悬崖上往下看。

15. a⁴⁴li⁵⁵dʑi¹³ni⁵⁵na¹³ʈau⁴⁴lai⁴³qau²¹a⁵⁵tsa⁵⁵dʑi¹³ni⁵⁵bo²¹ni⁵⁵lai⁴³n̥ãŋ⁴³
　　于是　　他看　向　个　底层 前缀 悬崖嘛 他 见 他 个 媳妇
　　n̥o⁴³lai⁴³qau²¹a⁵⁵tsa⁵⁵ neo³³nto⁴⁴na¹³.
　　在　个　底层 前缀 悬崖 织　布　呢
　　于是他向悬崖底看去，看见他媳妇在悬崖底织布呢。

16. ni⁵⁵n̥ie⁴³gu¹³n̥ie⁴³gu¹³i⁴³ha⁵⁵tai⁵⁵ka⁵⁵ma⁴³dʐoŋ¹³dʐoŋ¹³ɴqə²¹mau¹³.
　　他 哭　着　哭　着　那啊 个 汤 眼睛　滴　　滴　下 去
　　他哭啊哭，眼泪（顺着悬崖）滴下去了。

17. lai⁴³n̥ãŋ⁴³dʑi¹³n̥o⁴³lai⁴³qau²¹a⁵⁵tsa⁵⁵lai⁴³qho⁵⁵a⁵⁵tsa⁵⁵.
　　个　媳妇　嘛　在　个　底层 前缀 悬崖 个　洞 前缀 悬崖
　　他媳妇在悬崖洞的底层。

18. a⁴⁴li⁵⁵dʑi¹³ni⁵⁵ʂeo⁵⁵nta⁵⁵nto⁵⁵nto⁵⁵dʑi¹³.
　　　于是　　她 编麻　织　布　嘛
　　她在编麻织布，

19. ni⁵⁵na¹³dʑi¹³na¹³ni⁵⁵gu¹³tai⁴³au⁴³ʈa⁴³ʈa⁴³ni⁴⁴tau⁴⁴ni⁵⁵tsha⁴³ti⁴³na⁵⁵.
　　她 看 嘛　于是　个 水 滴水 貌 那 在 她　　手 啊
　　她看见水一滴一滴地滴在她手上。

20. ni⁵⁵na¹³na¹³sãŋ⁴⁴ha⁵⁵dʑi¹³da¹³: "
　　她 看　看　了　啊　说
　　她看了看，然后说："

21. ʑi¹³tlie⁴³ti⁴³ka⁴⁴ma¹³la⁵⁵qau¹³ndu¹³ka⁴⁴ma¹³sa⁴⁴?
　　咦 全部 地 汤 眼睛 还是 上面 天 汤 眼睛 呢
　　"咦！这是眼泪呢，还是天上的雨水？

22. tlie⁴³ti⁴³ka⁴⁴ma¹³li⁵⁵dʑi¹³qa¹³ɳʈʂə⁴⁴ha⁵⁵,
　　全部 地 汤 眼睛 这样 味道 盐 啊
　　眼泪是咸的，

23. qau¹³ndu¹³ka⁴⁴ma¹³dʑi¹³qa¹³ɳʈʂə⁴³.
    上面 天 汤 眼睛 嘛 味道 甘甜
    天上的雨水是甘甜的。"

24. a⁴⁴li⁵⁵na¹³, ni⁵⁵kheo³³lo¹³ʑe¹³ni⁵⁵dʑi¹³,
    于是 她 拿 来 添 这样
    于是，她伸手过来添，

25. qa¹³ɳʈʂə⁵⁵na⁵⁵.
    味道 盐 的
    是咸的。

26. na¹³dʑi¹³da²¹:"ʑi¹³! tlie⁴³ti⁴³ka⁴⁴ma¹³ha⁵⁵!"ni⁴⁴tʂa⁵⁵lai⁴³li⁴⁴fau⁵⁵na¹³dʑi¹³.
    看 说 咦 全部 地 汤 眼睛 啊 她 抬 个 头 看 嘛
    她看了后说："咦！都是眼泪啊！"于是，她抬头向上看。

27. ni⁵⁵bo²¹gu¹³ɖau¹³tʂheo⁵⁵n̠o⁴³lai⁴³fau⁵⁵tsa⁵⁵na⁵⁵.
    她 见 是 照筹 在 个 顶 悬崖 啊
    她看见照筹在悬崖顶上。

28. ni⁴⁴dʑi¹³da¹³:"ɖau¹³tʂheo⁵⁵ɴqə¹³lo¹³ɴqə¹³lo¹³."
    她 说 照筹 下 来 下 来
    她说："照筹，下来，下来。"

29. a⁵⁵tsai⁴³li⁴⁴dʑi¹³tsai⁴³ɖau¹³tʂheo⁴³ɴqə²¹lo³³la²¹lo³³la²¹lo³³lai⁴³fau⁴⁴tsa⁴⁴.
    于是 个 照筹 下 来 急忙 来急忙来个 顶 悬崖
    于是，照筹急急忙忙地从悬崖顶上下去。

30. a⁴⁴tsai⁴³li⁵⁵dʑi¹³,tʂhãŋ⁵⁵n̠u⁴³dʑi¹³ɖau¹³tʂheo⁴³ɴqə¹³lo¹³n̠do²¹lai⁴³n̠ãŋ⁴³n̠o⁴³.
    于是 亮 天 嘛 照筹 下 来 跟 个 媳妇 在
    于是，照筹白天就下去和他媳妇在一起。

31. dzo²¹m̠o⁴³ndu¹³dʑi¹³lai⁴³n̠ãŋ⁴³dʑi¹³da²¹:"
    到 暗 天 嘛 个 媳妇 说
    到了晚上，他媳妇说："

32. gi²¹n̠tɕi⁴⁴mau¹³leo⁴⁴hi⁴³ha⁵⁵ni⁴⁴dzau¹³a⁵⁵lo³³dla¹³dʑi¹³gi²¹n̠tɕi⁴⁴mau¹³
  你 爬 去 去 了 啊 他们 要 回来 到 嘛 你 爬 去
leo³³ha⁵⁵pu⁴³gi²¹ha⁵⁵gi²¹tai⁴⁴ɴqə²¹lo¹³ŋd̠o²¹ku⁵⁵n̠o⁴³.
 了 哈 明天 啊 你 再 下 来 跟 我 在
他们要回来了，你爬上去吧，明天你再下来和我在一起。

33. a⁴⁴li⁵⁵dʑi¹³tsai⁴³d̠au¹³tʂheo⁴³ʈai⁴⁴n̠tɕi⁴⁴lai⁴³fau⁴⁴tsa⁵⁵ha⁵⁵tʂai⁴⁴mau¹³
  于是 个 照筹 再 爬 个 顶 悬崖 啊 又 去
n̠o⁴³lai⁴³fau⁴⁴tsa⁴⁴leo⁴⁴.
 在 个 顶 悬崖 去 了
于是，照筹又爬到悬崖顶上，又待在悬崖顶上。

34. a⁴⁴li⁵⁵dʑi¹³, i⁴³m̠o⁴⁴i⁴³dʑi¹³bai²¹tso⁴⁴lo¹³dɯ¹³,
  于是 一 晚 那 嘛 群 老虎 回来 了
于是，那天晚上，老虎回来了。

35. bai²¹tʂo⁴⁴ntau⁴⁴ɴqai¹³a⁴⁴li⁵⁵lo³³dzo¹³tɕe³³.
  群 老虎 打 肉 那些 回 放 着
老虎把那些猎物拿回来放着。

36. lo¹³dʑa²¹dʑi¹³:"ai⁴³tʂi⁴⁴pu⁵⁵tso⁴³,ai⁴³tʂi⁴⁴pu⁵⁵tso⁴³.
  回来 到 说 哎 闻 狐臭 哎 闻 狐臭
回来后就说："哎，有狐臭。哎，有狐臭。"

37. ni⁵⁵n̠i⁴⁴tsai⁴³li⁵⁵dʑi¹³, na²¹li⁴⁴gu¹³lai⁴³n̠ã̠ŋ⁴³dʑi¹³da¹³:"
  它 说 这样 于是 个 媳妇 回答
它这样说道。媳妇于是回答说："

38. tai⁴³ni⁴⁴gu¹³m̠o⁴⁴n̠a⁴⁴ku⁵⁵mau¹³tʂi³³au⁴³na⁵⁵,ku⁵⁵tau³³ko⁴⁴ku⁵⁵tsai⁵⁵
  这样 今天 我 去 背 水 啊 我 得 刮伤 我 只
a⁵⁵dʑi¹³na⁵⁵.
 <small>前缀</small> 脚 的
是这样的，今天我去背水把脚刮伤了。"

39. a^{44}li^{55}dʑi^{13}tai^{43}tʂo^{44}la^{33}:"o^{31}a^{44}li^{55}da^{21}."a^{44}nu^{13}tɕau^{43}ti^{43}.
　　　于是　　只老虎也　哦　这样　的　不问　多　的
　　老虎说："哦，是这样啊。"于是不再多问了。

40. ma^{13}i^{43}ņu^{43}la^{13}ʈai^{44}mau^{13}ntau^{44}lo^{13}la^{33}dʑi^{13}da^{13}:"ai^{43}tʂi^{44}pu^{55}tso^{43},ai^{43}
　　　有　一　天　也　再　去　打　回来　也　说　哎　闻　狐臭　哎
　　tʂi^{44}pu^{55}tso^{43}."
　　　闻　　狐臭
　　有一天，他打猎归来又说："哎，有狐臭。哎，有狐臭。"

41. a^{44}li^{55}dʑi^{13}ni^{55}tsai^{44}dla^{13}:"i^{43}ņu^{43}dʑi^{13}mau^{13}tʂi^{33}au^{43}ʐa^{13}."
　　　于是　　她　又　说　　一　天　嘛　去　背　水　呀
　　于是她又说："我有一天去背水了。"

42. i^{43}ņu^{43}dʑi^{13}mau^{13}ntsa^{44}ki^{55}dla^{13}i^{43}ņu^{43}dʑi^{13}mau^{13}tʂi^{33}au^{43}ʐa^{13}.
　　　一　天　嘛　去　洗　　衣服　一　天　嘛　去　背　水　呀
　　"我有一天去洗衣服，有一天去背水。"

43. ni^{55}ņi^{44}tsai^{43}li^{44}dʑi^{13}ko^{43}lə^{33}.
　　　她　说　这样　　就　　过　了
　　她就这样搪塞过去了。

44. ma^{13}i^{43}m̥o^{44}dʑi^{13},
　　　有　一　晚　嘛
　　有一天晚上，

45. m̥o^{43}ndu^{13}dʑi^{13}ɖau^{13}tʂheo^{43}ʑi^{55}ʑin^{44}ki^{44}tsie^{44}zau^{44}tai^{43}a^{55}tau^{55}daɯ^{21}
　　　暗　天　嘛　　照筹　　　已经　　准备　好　个　前缀　斧头　了
　　天黑时分，照筹已经准备好斧头了。

46. a^{44}li^{55}dʑi^{13}, ma^{13}i^{43}m̥o^{43}dʑi^{13},ni^{55}na^{13}gu^{13}tai^{43}tso^{44}hi^{43}si^{44}ni^{55},
　　　于是　　　有　一　晚　嘛　他　看着　只　老虎　不　发现
　　于是一天晚上，他趁着老虎不注意，

47. ni⁵⁵kheo⁴⁴tai⁴³a⁵⁵tau⁵⁵mau¹³pha⁵⁵tai⁴³tʂo⁴⁴sãŋ⁴⁴.
   他 拿 个 前缀 斧头 去 砍 只 老虎 了
   他拿起斧头朝老虎砍过去。

48. a⁴⁴li⁵⁵dʑi¹³,kua⁴³pha⁵⁵pha⁵⁵li⁵⁵dʑi¹³pha⁵⁵bai²¹tʂo⁴⁴qha⁴³da²¹lə³³.
    于是   那样 砍 砍 这样 砍 群 老虎 全部 死 了
    他这样砍啊砍，把老虎全部砍死了。

49. ti⁴³a⁴³n̥u⁴³dʑi¹³, ni⁵⁵hə⁴⁴mau⁴³tʂhi⁴³ntsai⁵⁵mi¹³ntseo⁵⁵lo¹³daɯ¹³.
    第 二 天 嘛 他 领 姓 杨 姑娘 的 最小 回来 了
    第二天,他领着杨家幺囡回来了。

50. lo³³dʑa²¹pu⁵⁵ntʂa⁴³ki⁴⁴dʑi¹³,
    回来 到   半   路 嘛
    回来到半路上,

51. mau⁴³tʂhi⁴³ntsai⁵⁵mi¹³ntseo⁵⁵lai⁴³a⁵⁵tl̥au⁴³lo⁴³gu¹³i⁴³daɯ¹³, ni⁵⁵a⁵⁵
    姓 杨 姑娘 的 最小 个 前缀 肚子 大 非常 一 了 她 要
    ʂau⁵⁵tu⁴³daɯ²¹.
    生 儿子 了
    杨家幺囡的肚子非常大了，她要生孩子了。

52. ni⁵⁵n̥o⁴³tsai⁴⁴pu⁴³n̥tau⁴³ki⁴⁴a⁵⁵n̠ie³³dʑa²¹ŋa¹³ti⁴³.
    她 在 条   半   路 还 没有 到 房子 的
    她在半路上，还没有回到家。

53. ni⁵⁵ʂau⁴⁴tau⁴⁴a⁴³du¹³tsai⁴³tʂo⁴⁴.
    她 生 得 二 只 崽 老虎
    她生下两只小老虎。

54. na¹³na¹³dʑi¹³,a⁴³du¹³tsai⁴³ŋa⁵⁵ŋa⁵⁵tʂo⁴⁴na⁵⁵a⁵⁵ʐa⁴⁴ti⁴³,a⁵⁵hə⁴⁴mau¹³
    看 看 嘛 二 只 崽 小 小 老虎 啊 不要 的 不 领 去
    dla¹³ŋa¹³ti⁴³.
    到 家 的
    看看是两只小老虎嘛，决定不要了，不领回家去。

55. kheo⁴⁴ɬa¹³ʈau³³pu⁵⁵ɳʈau⁴³ki⁵⁵ʂãŋ⁴⁴.
　　拿　丢　到　　一半　　路　了
　　就把它们丢在半路上。

56. ɖau¹³tʂheo⁴³hə⁵⁵lai⁴³ȵãŋ⁴³mau¹³dla¹³ŋga¹³dʑi¹³.
　　照筹　　领　个　媳妇　去　到　房子　嘛
　　照筹就把媳妇领回家。

57. ni⁵⁵a⁵⁵vai²¹ȵo⁴³lai⁴³ta⁴³,bo²¹hə⁵⁵ni⁵⁵la⁵⁵ȵãŋ⁴³lo⁴⁴dauɯ¹³na¹³.
　　他 前缀 父亲　在　个　楼　　看见　领　他　个　媳妇　回来　完　了
　　他父亲在楼上看见他把媳妇领回来。

58. la¹³gu¹³la¹³gu¹³i⁵⁵ha⁴⁴,
　　高兴　　高兴　　很　啊
　　非常高兴，

59. tɕi¹³maŋ¹³tɕi¹³tʂua⁴³,
　　急忙　　　急　着
　　急急忙忙地

60. qə⁴⁴tai⁴³ti⁴⁴tʂo³³lo¹³.
　　下来　个　楼梯　来
　　从楼梯上下来。

61. a⁴⁴li⁵⁵dʑi¹³ni⁵⁵tau⁴⁴ɖau²¹gu¹³i⁵⁵lo¹³na¹³.
　　　于是　　他　得　跑　很　那　来　了
　　他一路跑着来，

62. ni⁵⁵qə⁴⁴lo¹³dʑi¹³ni⁴⁴tau⁴⁴kuo⁴⁴ni⁵⁵tshai⁵⁵a⁵⁵dʑi¹³na⁵⁵tshai⁵⁵a⁵⁵dʑi¹³
　　他　下　来　嘛　他　得　刮　他　只 前缀 脚　了　只 前缀 脚
　　pai⁴³tʂhãŋ⁵⁵ʂa⁵⁵li⁵⁵.
　　流　血　了　了
　　他下楼梯的时候把脚刮伤了，脚流血了。

63. ma¹³ɳu⁴³a⁵⁵dʑi¹³na¹³ni⁵⁵gu¹³,
    有   天 啊 嘛   于是
    于是有一天，

64. kuo⁴³leo⁴⁴li¹³gu¹³i⁵⁵tau⁴⁴ma²¹.
    过   了   久 很 那 完 嘛
    那件事过了很久了。

65. ɖau¹³tʂheo⁴³,
    照筹
    照筹，

66. leo⁴⁴ɳu¹³mau¹³dʐo¹³ti⁴³.
    驱赶 牛   去   犁 地
    赶牛去犁地。

67. a⁴⁴li⁵⁵dʑi¹³i⁴³ɳu⁴³i⁴³dʑi¹³tai⁴³ɳu¹³qeo⁵⁵gu¹³i⁵⁵ha⁵⁵a⁵⁵mi⁵⁵ti⁴³ha⁵⁵a⁵⁵
    于是   一 天 那 嘛 头 牛 烦躁 很 啊   不 听 话 啊 不
    ɳau¹³dʐo¹³ti⁴³ti⁴⁴ha⁵⁵.
    肯 犁 地 啊
    那头牛那天非常烦躁，不听话，不肯犁地。

68. dʐaŋ¹³dʑi¹³dʐaŋ¹³qə⁴⁴na²¹a⁵⁵,
    犟   上   犟   下 的 啊
    牛犟上犟下的，

69. ɖau¹³tʂheo⁴³ɕia⁴⁴du¹³la⁴⁴tai⁴³ɳu¹³thi⁴³gu¹³i⁵⁵ha⁵⁵da¹³: "
    照筹   用力 骂 头 牛 叫喊 很 啊 说
    照筹非常生气地大声骂牛："

70. tai⁴³tə⁵⁵nə⁴³ma¹³ni⁵⁵m̥o⁵⁵ɳa⁵⁵a⁵⁵ɖau¹³tʂo⁵⁵nau¹³dauɯ¹³ba¹³.
    只 狼 抓 的 今天 要 被 老虎 吃 了 吧
    你这个狼抓的，今天要被老虎吃啦！"

71. a^{55}li^{55}dʑi^{13}baŋ^{13}a^{55}dʑi^{13}na^{13}dʑi^{13}ma^{13}a^{43}du^{13}tsai^{43}tʂo^{55}deo^{13}da^{13}.
    于是 过 一会嘛 看嘛 有 二只 只老虎 出 来
    于是，过了一会，有两只老虎出来。

72. a^{44}li^{55}na^{55}thi^{55}la^{55}die^{13}tʂo^{55}dʑi^{13}da^{13}:"o^{43}m̥o^{55}n̥a^{55}dʑi^{13},a^{55}lɯ^{43}da^{13}
    于是 喊 骂 些 老虎 说   哦   今天   嘛   你们俩 来
dʑi^{13}da^{13}pi^{43}hi^{55}pha^{43}dla^{13}ʐo^{44}.
嘛 来 我们互相 较量 力气
    于是照筹骂老虎："哦，今天你们两个来嘛，来我们一起较量一下力气。"

73. a^{44}li^{55}na^{55}kheo^{44}tai^{43}a^{55}tau^{44}ha^{13}ɕia^{44}du^{13}mau^{13}dzo^{21}qai^{13}tʂo^{55}hi^{55}pha^{43}
    于是   拿   个 前缀 斧头啊 用力 去   跟   些 老虎 互相 较
dla^{13}ʐo^{44}.
量 力气
    于是，照筹拿出斧头来，全力以赴地去跟老虎较量了。

74. a^{55}li^{55}dzi^{13}kheo^{44}tai^{43}a^{55}tau^{44}ɕia^{44}du^{13}pha^{55}dʑi^{13}tai^{43}tʂo^{55}dzi^{13}a^{44}
    于是 拿   个 前缀 斧头 用力 砍 嘛 只 老虎 嘛 不
ma^{13}tai^{43}a^{44}ʂi^{44}ti^{43}.
有 只 什么 的
    于是，照筹拿出斧头用力地朝没有武器装备的老虎砍过去。

75. kheo^{44}tai^{43}a^{55}tau^{44}mau^{13}tʂhau^{55}zo^{43}pha^{55}pha^{55}tʂai^{43}ni^{55}dzi^{13}.
    拿 个 前缀 斧头 去   用力气 砍 砍 这样   嘛
    （照筹）挥动斧头用力地砍着。

76. kheo^{44}bai^{21}tʂo^{55}pha^{55}gu^{13}a^{55}ka^{43}tsho^{43}ka^{43}tsai^{55}ka^{43}ʐo^{43} ka^{43}ʐa^{55}
    把 些 老虎 砍 得 做 碎末片 碎末块 碎末小段 碎末长度
ʂãŋ^{44}li^{55}va^{55}.
了 这样
    （照筹）把那些老虎砍得碎尸万段，剁成了肉泥。

故事译文：
    很久很久以前，有一个苗族小伙子，名叫照筹。有个苗族姑娘名字叫杨家幺囡。苗族小伙子照筹每天都到郊外去打猎。他每天背着弓箭去打猎，晚上才慢慢地回来。他媳妇就是杨家幺囡，她每天都在家编麻织布。有一天，那里来了一群老虎。老虎看见照筹去郊外打猎了，就来抢他媳妇。照筹回来一看，发现他媳妇杨家幺囡不见了。他去找嘛，他爬下山，来到山坳里。他哭啊哭，很悲伤地到每个洞里去找媳妇。他来到悬崖上，站在悬崖上往下看。于是他向悬崖底看去，看见他媳妇在悬崖底织布呢。他哭啊哭，眼泪（顺着悬崖）滴下去了。他媳妇在悬崖洞的底层。她编麻织布。她看见水一滴一滴地滴在她手上。她看了看，然后说："咦！这是眼泪呢，还是天上的雨水？" 眼泪是咸的，天上的雨水是甘甜的。于是，她伸手过来添，是咸的。她看了后说："咦！都是眼泪啊！"于是，她抬头向上看。她看见照筹在悬崖顶上。她说："照筹，下来，下来。" 于是，照筹急急忙忙地从悬崖顶上下去。于是，照筹白天就下去和他媳妇在一起。到了晚上，他媳妇说："他们要回来了，你爬上去吧，明天你再下来和我在一起。于是，照筹又爬到悬崖顶上，又待在悬崖顶上。于是，那天晚上，老虎回来了。老虎把那些猎物拿回来放着。回来后就说："哎，有狐臭。哎，有狐臭。" 它这样说道。媳妇于是回答说："是这样的，今天我去背水把脚刮伤了。"老虎说："哦，是这样啊。" 于是不再多问了。有一天，他打猎归来又说："哎，有狐臭。哎，有狐臭。" 于是她又说："我有一天去背水了。" "我有一天去洗衣服，有一天去背水。"她这样说就搪塞过去了。有一天晚上，天黑时分，照筹已经准备好斧头了。于是一天晚上，他趁着老虎不注意，他拿起斧头朝老虎砍过去。他这样砍啊砍，把老虎全部砍死了。第二天，他领着杨家幺囡回来了。回来到半路上，杨家幺囡的肚子非常大了，她要生孩子了。她在半路上，还没有回到家。她生下两只小老虎。看看是两只小老虎嘛，决定不要了，不领回家去。就把它们丢在半路上。照筹就把媳妇领回家。他父亲在楼上看见他把媳妇领回来。非常高兴，急急忙忙地从楼梯上下来。他一路跑着来，他下楼梯的时候刮伤脚了，脚流血了。于是有一天，那件事过了很久了。照筹赶牛去犁地。牛那天非常烦躁，不听话，不肯犁地。牛犟上犟下的，照筹非常生气地大声骂牛："（照筹）大声说道："你这个狼抓的，今天要被老虎吃啦！"于是，过了一会，有两只老虎出来。于是照筹骂老虎："哦，今天你们两个来嘛，来我们互相比比力气。" 于是，照筹拿出斧头来，全力以赴地去跟老虎较量了。于是，照筹拿出斧头用力地朝没有武器装备的老虎砍过去。（照筹）挥动斧头用力地砍着，把那些老虎砍得碎尸万段，剁成了肉泥。

语料备注信息：

故事标题：老虎抢媳妇

故事讲述人：龙英，女，苗族，时年 21 岁，西南林学院大三学生，母语为苗语，母语和汉语都熟练。

拍摄地点：云南省昆明市富明县闲来居餐馆。

拍摄场景：餐馆包间里面，拍摄现场只有四个人，室内较安静，室外有少量喧哗声。

摄时间：2018 年 8 月 12 日。

拍摄人：季红丽、王斌

摄像机品牌及型号：SonyFDR-AXP55

视频参数设定：1080/25P

故事时长：4 分 57 秒

故事转写字数：6684

故事七 喜鹊和狐狸

$tai^{43}ki^{55}ŋtʂa^{55}ɳɖo^{21}tai^{43}ki^{55}dy^{13}$ 喜鹊和狐狸
　　只　　喜鹊　和　个　狐狸

1. $a^{55}thau^{55}li^{43}i^{55}vai^{13}ki^{55}ŋtʂa^{55}a^{44}ŋa^{55}ŋa^{44}tau^{44}ka^{43}bi^{13}lai^{43}ɣə^{21}fa^{44}thu^{55}tɕe^{44}$.
　　从前　　窝　喜鹊　孵　幼儿　在　上面　个　山　松树　着
从前，有一只喜鹊在大山的松树上孵蛋。

2. $ni^{44}ti^{43}tau^{44}tsi^{43}lu^{43}ŋa^{55}qo^{43}qo^{44}, ba^{13}tau^{44}tsi^{43}du^{21}a^{44}ŋa^{55}ŋa^{44}$.
　　他下蛋　得　三　个　小　蛋　　抱　得　三　只　孵　幼儿
它下了三个蛋，孵出三只小喜鹊。

3. $ma^{13}i^{43}ɳu^{43}, tai^{43}ki^{55}dy^{13}tʂhai^{43}a^{55}tlau^{43}daɯ^{13}$.
　　有　一　天　个　狐狸　饿　_{前缀}　肚子　了
有一天，狐狸肚子饿了。

4. $tai^{43}ki^{55}dy^{13}ty^{55}$:"$ʑi^{13}, ku^{55}la^{55}mau^{13}ɳthie^{55}ɴqə^{44}nau^{13}nau^{21}dla^{13}qa^{55}dy^{13}$
　　只　狐狸　想　　咦　我　要　去　找　　食物　吃　到　哪里
vie^{44}?"
呢
狐狸想："咦，我到哪里去找吃的呢？"

5. a⁴⁴li⁵⁵na⁵⁵,tai⁴³ki⁵⁵dy¹³dla¹³mau¹³ʈhie⁵⁵ɴqə⁴⁴nau¹³nau²¹.
    这样   只 狐狸 到 去 找   食物   吃
    于是狐狸就去找食物。

6. tai⁴³ki⁵⁵dy¹³mau¹³ɳʈhie⁵⁵dʑi¹³,mau¹³bo¹³vai¹³ki⁵⁵ɳtʂai⁵⁵,
    只 狐狸 去 找   嘛   去 看见 窝   喜鹊
    狐狸去找食物的时候看到那窝喜鹊,

7. a⁵⁵lie¹³,tai⁴³ki⁵⁵dy¹³dʑi¹³dau¹³ki⁵⁵ɳtʂa⁴⁴ni⁵⁵a⁵⁵nie⁴³dʑi¹³da¹³:"
    于是   只 狐狸 就 对 喜鹊   的 妈妈 说
    于是狐狸就对喜鹊妈妈说:"

8. ki⁵⁵ɳtʂa⁴⁴! ma⁴³gi²¹ŋa⁵⁵ŋa⁴⁴tau⁴³ku⁵⁵nau¹³."
    喜鹊   把 你 孩子 给 我 吃
    喜鹊!把你的娃娃拿来给我吃。"

9. ta⁵⁵ki⁵⁵ɳtʂa⁴⁴ni⁵⁵a⁵⁵nie⁴³dʑi¹³da¹³:"
    只 喜鹊   的 妈妈   回答
    喜鹊妈妈回答说:"

10. o⁵⁵!ku⁵⁵tshai⁴³mau¹³tsi⁴³du²¹ŋa⁵⁵ŋa⁴⁴ta⁴³,
     哦 我 才   有   三   只 幼崽 的
     哦,我才有三只幼崽,

11. ku⁵⁵la⁵⁵tsi⁴³tɕe⁴⁴a⁵⁵la²¹dau¹³, a⁴⁴tsau⁴⁴ma⁴³fai⁴³gi²¹nau¹³tai⁴³."
     我 要 留着 做 伴 的   不   够 拿 分 你 吃 呢
     我要留着跟我做伴了,不够拿来分给你吃。"

12. tai⁴³ki⁵⁵dy¹³dʑi¹³da¹³:"gi²¹tsa⁵⁵hi⁴⁴ma⁴³tau⁴⁴ku⁵⁵nau¹³ʂi⁴⁴ku⁵⁵la⁵⁵
     只 狐狸 回答   你 如果   不 拿 给   我 吃 么 我 要
     ɳtɕi⁴⁴da¹³nei²¹."
     上   来 了
     狐狸回答说:"你如果不给我吃,我就爬上来了!"

13. a⁵⁵lie⁴³ki⁵⁵ntʂa⁴⁴ni⁵⁵a⁵⁵nie⁴³kheo⁴⁴i⁴³du²¹ŋa⁵⁵ŋa⁴⁴la¹³ba¹³ ʈau⁴³ʈai⁴³
    于是 喜鹊 的 ₍前缀₎妈妈 拿 一 只 幼崽 丢 声音貌 给 只
    ki⁵⁵dy¹³nau¹³sã ŋ⁴⁴.
    狐狸 吃 了
    于是喜鹊妈妈把一只小喜鹊"啪"地丢下去给狐狸吃了。

14. ʈai⁴³ki⁵⁵dy¹³nau¹³sãŋ⁴⁴leo³³daɯ¹³.
    只 狐狸 吃 了 去了 了
    狐狸吃完就走了。

15. tso⁴³dla¹³i⁴³n̻u⁴³a⁵⁵qə⁴³,
    过 到 一 天 后面
    一天以后,

16. ʈai⁴³ki⁵⁵dy¹³ʈai⁵⁵n̻i⁴⁴:"ʑi¹³!ʈai⁴⁴tʂhai⁴³a⁵⁵dlãŋ¹³ta⁴³lie⁴³."
    个 狐狸 又 说 咦 又 饿 肚子 非常
    狐狸又说:"咦!肚子又太饿了。"

17. ni⁴⁴ʈai⁵⁵sa⁵⁵qə⁴³da¹³dla¹³va¹³ki⁵⁵ntʂa⁴⁴kai⁴⁴i⁵⁵.
    他 又 返回 来 到 窝 喜鹊 处 那
    (于是),他又回来到那窝喜鹊那里。

18. ni⁴⁴ʈai⁵⁵ɳɖo²¹ki⁵⁵ntʂa⁴⁴ni⁴⁴a⁵⁵n̻ie⁴³n̻i⁴⁴:"
    他 又 跟 喜鹊 的 ₍前缀₎妈妈 说
    他又对喜鹊妈妈说:"

19. ki⁵⁵ntʂa⁴⁴!ma²¹gi²¹ŋa⁵⁵ŋa³³ʈau⁴³ku⁵⁵nau¹³."
    喜鹊 把 你 孩子 给 我 吃
    喜鹊,把你的娃娃拿来给我吃。"

20. ki⁵⁵ntʂa⁴⁴ni⁴⁴a⁵⁵n̻ie⁴³dʐi¹³da¹³:
    喜鹊 的 ₍前缀₎妈妈 回答
    喜鹊妈妈回答说:

21. "a⁵⁵nau²¹tai⁴⁴ku⁵⁵ma²¹i⁴³du²¹tau⁴⁴gi²¹nau¹³sãŋ⁴⁴daɯ¹³li³³ma³¹.
　　昨天　就　我　给　一只　给　你　吃　了　了　的　嘛
"我昨天就给你一只吃了嘛。

22. m̥o⁴⁴na⁵⁵a⁵⁵dʑãŋ¹³na⁴⁴a⁵⁵tsə⁴⁴ma²¹i⁴³du²¹tau⁴³gi²¹nau¹³si⁴³?
　　今天　　为什么　　又　拿　一只　给　你　吃　呢
今天为什么又要拿一只给你吃呢?

23. ku⁵⁵a⁵⁵tsi⁴⁴tɕe⁴⁴a⁵⁵la⁴³daɯ¹³,hi⁴⁴tsau⁴⁴fai⁴³gi²¹nau¹³daɯ¹³."
　　我　要　留　着　做　伴　了　不　够　分　你　吃　了
我要留着做伴了, 不够分给你吃了。"

24. tai⁴³ki⁵⁵dy¹³dʑi¹³tau⁴⁴ki⁵⁵ɳtʂa⁵⁵ni⁴⁴a⁵⁵ȵie⁴³dʑi¹³da¹³:"
　　个　狐狸　就　对　　喜鹊　的　前缀　妈妈　说
狐狸就对喜鹊妈妈说:

25. gi²¹tʂa⁴⁴hi⁴³ma⁴³tau⁴³ku⁵⁵nau¹³si⁴⁴,ku⁵⁵a⁵⁵dʑi¹³da¹³nei²¹."
　　你　如果　不　拿　给　我　吃　嘛　我　要　上　来　啦
你如果不拿给我吃的话, 我就要上来啦。

26. tai⁴³ki⁵⁵ɳtʂa⁴⁴a⁵⁵ȵie⁴³dʑi¹³da¹³:"qa⁴³ȵtɕi⁴⁴da¹³ti⁴³qa⁴³ȵtɕi⁴⁴da¹³ti⁴³
　　只　喜鹊　前缀　妈妈　回答　不要　上　来　啊　不要　上　来　啊
ku⁵⁵ma²¹tau⁴⁴gi²¹nau¹³."
　　我　拿　给　你　吃
喜鹊妈妈说:"不要上来啊! 不要上来啊! 我拿给你吃."

27. tau⁴³kheo⁴⁴i⁴³du²¹la¹³ba²¹li⁴⁴tau⁴³nau¹³ʂãŋ⁴⁴.
　　又　拿　一只　丢　声音貌　给　吃　了
(喜鹊妈妈于是)又拿出一只小喜鹊, "啪"地一声丢给狐狸吃。

28. i⁴³ȵu⁴³i⁵⁵, ki⁵⁵ɳtʂa⁴⁴ni⁴⁴a⁵⁵ȵie⁴³mau¹³tɕhiu⁴⁴pu⁴⁴kãŋ⁴³dla⁵⁵ti⁴³lai⁴³ɳɖau¹³.
　　一天　那　喜鹊　的　前缀　妈妈　去　找　　虫子　到　那里　个　草地
有一天, 喜鹊妈妈去一块草地找虫子吃。

29. ni^{44}ȵie^{33}gu^{13}ȵie^{33}gu^{13}i^{55}ha^{55},ni^{44}du^{13}sie^{43}tɕhi^{44}ta^{43}die^{21}die^{21}.
    她 哭 着 哭 着 啊 她 伤心 惋惜 非常 非常
    它不停地哭啊哭，哭得非常伤心。

30. a^{55}lie^{43}a^{55}di^{13}lai^{43}ɳɖau^{13}dzai^{13}ɴqə^{43}dɑɯ^{13}kha^{43}i^{55}ta^{44}nau^{13}y^{43}bo^{21}
    然后 那里 块 草地 那 坟头草 处 那 只 鹌鹑 看见
    ki^{55}ɳtʂa^{55}ni^{44}a^{55}ȵie^{43}.
    喜鹊 的 前缀 妈妈
    然后，一只鹌鹑看见喜鹊妈妈在那片长满坟头草的草地里。

31. a^{55}lie^{43}ta^{44}nau^{13}y^{43}dʑi^{13}tau^{44}ki^{55}ɳtʂa^{44}ni^{44}a^{55}ȵie^{43}dʑi^{13}da^{13}:"
    然后 只 鹌鹑 就 对 喜鹊 的 前缀 妈妈 说
    然后，鹌鹑就对喜鹊妈妈说："

32. ki^{55}ɳtʂa^{44}, a^{55}dʑãŋ^{13}na^{44}gi^{31}ȵie^{33}li^{43}ni^{44}lu^{13}?"
    喜鹊 为什么 你 哭 样子 这 呢
    喜鹊，你为什么哭成这样呢？"

33. ta^{44}ki^{55}ɳtʂa^{44}ni^{44}a^{55}ȵie^{43}dʑi^{13}da^{13}:"
    只 喜鹊 的 前缀 妈妈 回答
    喜鹊妈妈回答道："

34. na^{13}ku^{55}tshai^{31}ndi^{13}tau^{44}tsi^{43}lu^{43}ŋa^{55}qo^{55}qo^{44},ma^{13}tsi^{43}du^{21}ŋa^{55}ŋa^{55}ŋa^{44}
    这样 我 才 下 得 三 个 小 蛋 有 三 只 小 幼崽
    tə^{44}ha^{43}.
    仅 啊
    是这样的，我才下得三个小蛋，只有三只小幼崽，

35. tai^{43}ki^{55}dy^{13}da^{13}ɳɖo^{21}ku^{55}ʐa^{55}nau^{13}sãŋ^{44}a^{43}du^{21}dɑɯ^{13}na^{55}a^{43}.
    只 狐狸 来 跟 我 要 吃 了 二 只 了 了 啊
    狐狸来向我要了两只吃了。

36. ku^{55}ȵie^{33}gu^{13}i^{43}ha^{43}ku^{55}tɕhi^{43}li^{43}ni^{44}ɕi^{43}.
    我 哭 这样 因为 我 难过 样子 这 啊
    我哭成这样，因为我很难过啊。"

37. a⁴⁴li⁵⁵ni⁵⁵na⁵⁵ta⁴⁴nau¹³y⁴³tɕhi⁴⁴ʈau⁴³ki⁵⁵ɳʂa⁴⁴ni⁴⁴a⁵⁵n̠ie⁴³dʑi¹³da¹³:
    这样 啊 只 鹌鹑 讲 对 喜鹊 的 前缀 妈妈 说
    喜鹊妈妈这样对鹌鹑说:"

38. a⁵⁵dʑi¹³a⁵⁵dʐãŋ¹³na⁵⁵gi²¹ma²¹ʈau³³nau¹³lu⁴³?"
    那么 为什么 你 拿 给 吃 呢
    那么,你为什么要拿给狐狸吃呢?"

39. ta⁴⁴ki⁵⁵ɳʂa⁴⁴ni⁴⁴a⁵⁵nie⁴³dʑi¹³da¹³:" a⁵⁵dʑi¹³na⁵⁵ku⁵⁵tʂa⁵⁵hi⁴³ma²¹ʈau³³
    只 喜鹊 的 前缀 妈妈 回答 哎 我 如果 不 拿 给
    nau¹³dʑi¹³
    吃 嘛
    喜鹊妈妈回答道:"哎!如果我不拿给他吃,

40. na⁵⁵li⁵⁵gu¹³ni⁴⁴a⁵⁵n̠tɕi⁴⁴da¹³li³³ha⁴³."
    那么 他 要 上 来 啊
    他就要上来啊。"

41. tai⁴³nau¹³y⁴³dʑi¹³da¹³:a⁵⁵lei⁴³!ki⁵⁵dy¹³dʑi¹³a⁴³dzeo¹³n̠tɕi⁴⁴ntau⁴⁴ti⁴³ɕi⁴³.
    只 鹌鹑 回答 天 啊 狐狸 嘛 不 会 爬 树 的 啊
    鹌鹑回答说:"天啊,狐狸是不会爬树的。

42. pu⁴³gi²¹ni⁴⁴tʂa⁴⁴tʂə³³da¹³dʑi¹³,gi²¹dʑi¹³da¹³:
    明天 他 如果 又 来 嘛 你 说
    明天他如果又来,

43. "n̠tɕi⁴⁴da¹³ma³¹,n̠tɕi⁴⁴da¹³ma³¹."tsai⁴³i⁴⁴ni⁵⁵hau⁴³.
    爬 来 嘛 爬 来 嘛 又 这样 嘎
    你就说:"爬上来嘛,爬上来嘛。"鹌鹑这样交代一番。

44. a⁵⁵ni⁴⁴na⁵⁵,tai⁴³ki⁵⁵ɳʂa⁴⁴ni⁴⁴a⁵⁵nie⁴³lo¹³dla¹³ŋa¹³daɯ¹³dʑi¹³.
    这样 只 喜鹊 的 前缀 妈妈 来 到 家 了 了
    于是,喜鹊妈妈回到了家。

45. dzo²¹dla¹³i⁴³n̥u⁴³a⁵⁵qə⁴³tai⁴³ki⁵⁵ɳtsa⁴⁴tai⁴³ki⁵⁵dy¹³tai⁴³da¹³die¹³dãŋ¹³.
    过 到 一 天 后面   只 喜鹊 只 狐狸 又 来 果真 了
    过了一天，狐狸果然又来了。

46. tai⁴³ki⁵⁵dy¹³tʂə³³da¹³,tʂə³³ɳdo²¹tai⁴³ki⁵⁵ɳtsa⁴⁴ni⁴⁴a⁵⁵n̥ie⁴³n̥i⁴⁴:"
    只 狐狸   又 来   又 跟   只 喜鹊   的 前缀 妈妈 说
    狐狸又来，又跟喜鹊妈妈说："

47. ki⁵⁵ɳtsa⁴⁴！ma⁴³gi²¹ŋa⁵⁵ŋa⁴⁴tau⁴³ku⁵⁵nau¹³."
    喜鹊   把 你 崽   给 我 吃
    喜鹊！把你的幼崽拿来给我吃。"

48. a⁵⁵li⁴⁴die¹³tai⁴³ki⁵⁵ɳtsa⁴⁴dʑi¹³da¹³:"ku⁵⁵a⁵⁵ma¹³tau⁴⁴gi²¹nau¹³daɯ¹³.
    这样   只 喜鹊   回答   我 不 拿 给 你 吃 了
    喜鹊这样回答道："我不拿给你吃了。

49. ku⁵⁵tli⁴⁴i⁴³du²¹ŋa⁴⁴də¹³daɯ¹³, ku⁵⁵a⁵⁵tsi⁴³tɕe⁴⁴a⁴⁴l̥a⁴³daɯ¹³."
    我 剩下 一 只 小 仅 了   我 要 留 着 做 伴 了
    我只剩下一只了，我要留着跟我做伴了。"

50. a⁴⁴li⁵⁵na⁵⁵,
    于是
    于是，

51. tai⁴³ki⁵⁵dy¹³dʑi¹³tau⁴³tai⁴³ki⁵⁵ɳtsa⁴⁴dʑi¹³da¹³:
    只 狐狸 讲 对 只 喜鹊   说
    于是，狐狸对喜鹊说：

52. "gi²¹tsa⁴⁴hi⁴³ma²¹tau³³ku⁵⁵nau¹³ʂi⁴⁴ku⁵⁵a⁵⁵n̥tɕi⁴⁴da¹³lei⁴³！"
    你 如果 不 拿 给 我 吃 么 我 要 爬 来 啦
    "如果你不拿给我吃我的话么，我就爬上来啦！"

53. a⁴⁴li⁵⁵na⁵⁵,na⁴⁴li⁵⁵gu¹³,tai⁴³ki⁵⁵ɳtsa⁴⁴dʑi¹³da¹³:
    这样   于是   只 喜鹊   回答
    于是喜鹊就这样回答："

54. "n̠tɕi⁴⁴da¹³ma³¹, n̠tɕi⁴⁴da¹³ma³¹."tsai⁴³li⁴⁴ni⁵⁵na⁵⁵.
　　　爬　来　嘛　　爬　来　嘛　　再这样　的
　　于是喜鹊就这样说："爬上来嘛，爬上来嘛！"

55. tai⁴³ki⁵⁵dy¹³tʂuo⁴³qo⁴³qa⁵⁵n̠tɕi⁴⁴la³³ntɕi³³hi⁴³daɯ¹³tʂuo⁴³li⁵⁵fau⁴⁴
　　　只　狐狸　　转　　屁股　爬　也　爬　不　到　　转　前缀　头
　　n̠tɕi⁴⁴la³³n̠tɕi³³hi⁴³daɯ¹³.
　　　爬　也　爬　不　了
　　狐狸转动屁股，爬不上去，又转动头，还是爬不上去。

56. tai⁴³ki⁵⁵dy¹³dʑi¹³ʈau⁴⁴tai⁴³ki⁵⁵ntʂa⁴⁴dʑi¹³da¹³:"
　　　只　狐狸　　就　对　只　喜鹊　回答
　　狐狸于是对喜鹊说："

57. ha⁵⁵!a⁴⁴dy⁵⁵n̠i⁴⁴qhə⁴³gi²¹ku⁵⁵ku⁵⁵hi⁴³dzeo¹³ntɕi⁴⁴ntau⁴⁴li⁴⁴lu⁴³?"
　　哈　谁　告诉　你　我　我　不　会　爬　树　的　呢
　　哈！是谁告诉你我不会爬树呢？"

58. a⁵⁵li⁴⁴ni⁴⁴na⁵⁵tai⁴³ki⁵⁵ntʂa⁴⁴dʑi¹³da¹³:
　　　于是　　　　只　喜鹊　回答
　　于是喜鹊回答道：

59. "na⁵⁵tai⁴³nau²¹y⁴³gu¹³na⁵⁵n̠o⁴³a⁵⁵ti⁵³lai⁴³dza¹³tsa⁴⁴Nqə⁴³daɯ¹³i⁵⁵
　　那　个　　鹌鹑　是那里　在　那里　个　块　　坟头草　那
　　n̠i⁴⁴qhə⁴³ku⁵⁵i⁴³."
　　告诉　　我　的
　　"是那只在那里那块坟头草地里的鹌鹑告诉我的。"

60. a⁴⁴li⁵⁵na⁵⁵:"a⁴³! a⁵⁵mau⁵⁵n̠o²¹tai⁴³nau²¹y⁴³tʂa⁵⁵ntʂi⁴⁴sa⁴³,
　　　于是　　啊　要　去　和　只　鹌鹑　算账　的
　　狐狸于是说："啊！我要去和那只鹌鹑算账，

61. ni⁵⁵a⁵⁵dzãŋ¹³na⁵⁵n̠i⁵⁵tsai⁴³n̠i⁴⁴qhə⁴³gi²¹."
　　他　为什么　说　那样　告诉　你
　　他为什么那样告诉你。"

62. a⁵⁵li⁴⁴na⁵⁵a⁵⁵, tai⁴³ki⁵⁵dɣ¹³mau¹³ɳʈhie⁴³tai⁴³nau²¹ɣ⁴³.
　　于是　啊　只　狐狸　去　　找　只　鹌鹑
　　于是，狐狸去找鹌鹑了。

63. mau¹³ɳʈhie⁴³tai⁴³nau²¹ɣ⁴³dʑi¹³,mau¹³tɕhiu⁵⁵tɕhiu⁵⁵tɕhiu⁵⁵tɕhiu⁵⁵tɕhiu⁵⁵.
　　去　　找　只　鹌鹑　　嘛　去　找　找　找　找　找
　　狐狸去找鹌鹑，找啊找。

64. tɕhiu⁵⁵bo¹³tai⁴³nau²¹ɣ⁴³n̩o⁴³a⁵⁵di¹³,tsa⁴⁴ɴqə⁴³dɯ¹³khai⁴³i⁵⁵na⁵⁵.
　　找　看见　只　鹌鹑　　在　那里　坟头草　　处所　那　的
　　（终于）找到了那只在坟头草草地里的鹌鹑。

65. "nau²¹ɣ⁴³!a⁵⁵dzã̩ŋ¹³na⁵⁵gi²¹n̩i⁴⁴qhə⁴³ki⁵⁵ɳʈʂa⁴⁴gu¹³ku⁵⁵hi⁴³dzeo¹³
　　鹌鹑　　为什么　　你　告诉　喜鹊　是　我　不　会
　　ntɕi⁴⁴ntau⁴⁴ni⁵⁵?"
　　爬　树　呢
　　"鹌鹑！你为什么告诉喜鹊我不会爬树？"

66. n̩i⁵⁵tsai⁴³n̩i⁴⁴qhə⁴³tai⁴³ki⁴⁴ɳʈʂa⁵⁵lu²¹.
　　说　这样　告诉　只　喜鹊　的
　　狐狸这样对喜鹊说。

67. na⁵⁵dʑi¹³da¹³:"a⁵⁵lei⁵⁵!a⁵⁵tɕi⁵⁵gi²¹hi⁴³dzeo¹³n̩tɕi⁴⁴ntau⁴⁴dʑi¹³
　　然后　回答　　哎哟　　啊哦　你　不　会　爬　树　嘛
　　ben³¹lai³¹la³³ʐo²¹tɕo³³ɕi⁴⁴la³³.
　　本　来　也　是　的　嘛　啦
　　鹌鹑回答说："哎哟！你本来就不会爬树的嘛！"

68. "a⁴³!gi²¹n̩i⁴⁴qhə⁴³tai⁴³ki⁵⁵ɳʈʂa⁴⁴sã⁴⁴dɯ¹³dʑi¹³,ku⁵⁵a⁵⁵nau¹³gi²¹ŋa⁵⁵ŋa⁴⁴."
　　哼　你　告诉　只　喜鹊　　了　了　嘛　我　要　吃　你　幼崽
　　"哼！你既然告诉喜鹊了，我就要吃你的幼崽啦。"

69. a⁵⁵li⁴⁴ni⁵⁵na⁵⁵,tai⁴³nau²¹ɣ⁵⁵dʑi¹³da¹³:"o⁵⁵!ku⁵⁵ŋa⁵⁵ŋa⁴⁴dzo¹³lou³³dɯ¹³.
　　于是　　　只　鹌鹑　回答　　哦　我　幼崽　　放　走　了
　　鹌鹑于是回到道："哦，我的幼崽放走了。

70. ku^{55}ŋa^{55}ŋa^{44}ɭo^{43}gu^{13}i^{44}lou^{33}daɯ^{13}
  我 幼崽 大 是 走 了
  我的幼崽长大了,

71. dzo^{13}dla^{13}ti^{43}tɕe^{33}ko^{43}thu^{55}khai^{43}i^{55}lou^{33}daɯ^{21}gi^{21}ʐo^{44}mau^{33}tɕhiu^{44}nau^{13}.
  放 到 那 块 片 松树 处所 那 走 了 你 自己 去 找 吃
  放到那边那块松树地里了,你自己去找着吃吧。"

72. tai^{43}ki^{55}dy^{13}mau^{13}tɕhiu^{44}tai^{43}nau^{21}y^{43}bai^{21}ŋa^{55}ŋa^{44}dʑi^{13}.
  只 狐狸 去 找 只 鹌鹑 群 幼崽 嘛
  狐狸于是去找鹌鹑的那群幼崽了。

73. tɕhiu^{44}tɕhiu^{44}tɕhiu^{44}tɕhiu^{44}tɕhiu^{44}tɕhiu^{44},
  找 找 找 找 找 找
  它找啊找,

74. tsi^{44}ly^{21}!ʐãŋ^{55}tsə^{55}lai^{43}ɣə^{21}leo^{13},a^{55}!hi^{43}tau^{44}nau^{13}.
  扑哧 飞 过 个 山 去了 啊 不 得 吃
  鹌鹑"扑哧"一声飞过山去了,狐狸没吃着。

75. tai^{43}ki^{55}dy^{13}ʐou^{21}tʂai^{44}mau^{13}tɕhiu^{44}.
  只 狐狸 又 再 去 找
  狐狸又去找。

76. tʂai^{43}mau^{13}tɕhiu^{44}dla^{13}ti^{43}tɕe^{33}ko^{43}thu^{55},ʐou^{21}tʂai^{43}tɕhiu^{44}tɕhiu^{44}tɕhiu^{44},
  再 去 找 到 地 块 片 松树 又 再 找 找 找
  (狐狸)又到那片松树地里找啊找,

77. tsi^{44}ly^{21}ʐou^{21}tʂai^{44}ʐãŋ^{55}tsə^{55}lai^{43}ɣə^{21}leo^{13}a^{55}ʐou^{21}tʂai^{44}hi^{43}tau^{44}nau^{13}.
  扑哧 又 再 飞 过 个 山 去了 啊 又 再 不 得 吃
  鹌鹑"扑哧"一声又飞过山去了,狐狸再一次没吃到鹌鹑。

78. a^{55}li^{44}ni^{55}na^{55},tai^{43}ki^{55}dy^{13}tʂai^{43}si^{44}qə^{43}lo^{13}.
  于是 只 狐狸 再 返回 来 啦
  狐狸于是再次返回来。

79. si⁴⁴qə⁴³lo²¹dʑi¹³ʈau⁴⁴tai⁴³nau²¹y⁴³dʑi¹³da¹³:"nau²¹y⁴³!ku⁵⁵a⁵⁵nau¹³
    返回 来 就 给 只 鹌鹑 说   鹌鹑 我 要 吃
    gi²¹dʐo¹³daɯ²¹.
    你 就 了
    狐狸回来就对鹌鹑说："鹌鹑！我要吃你，

80. ʑi²¹gi²¹bai²¹ŋa⁵⁵ŋa⁴⁴ȴo⁴³gu¹³ku⁵⁵tau⁴⁴nau¹³hi⁴³daɯ¹³.
    咦 你 群 幼崽 大 是 我 得 吃 不 了
    你的幼崽大了，我吃不着。"

81. tai⁴³nau²¹y⁴³:"ei⁴⁴!gi²¹qa⁴³nau¹³ku⁵⁵ti⁴³.gi²¹qa⁴³nau¹³ku⁵⁵ti⁴³.
    只 鹌鹑   嘿 你 不要 吃 我 哦 你 不要 吃 我 哦
    鹌鹑说："嘿！你不要吃我，不要吃我。

82. die¹³gi²¹la²¹bo²¹nau¹³py⁵⁵hau⁴⁴py⁵⁵."tai⁴³nau²¹y⁴³dʑi¹³da¹³.
    是否 你 曾经 见 吃 足 喝 足   只 鹌鹑 回答
    你见过白吃白喝的事情吗？"

83. "nau¹³py⁵⁵hau⁴⁴py⁵⁵? a⁵⁵!hi⁴³la²¹bo²¹, hi⁴³la²¹bo²¹."
     吃 足 喝 足 啊 不 曾 见 不 曾 见
    白吃白喝？没见过，没见过。

84. "tsa⁴³tsa⁴³tsa⁴³tsa⁴³tsa⁴³ku⁵⁵hə⁴⁴gi²¹mau¹³nau¹³py⁵⁵hau⁴⁴py⁵⁵."
     走 走 走 走 走 我 领 你 去 吃 足 喝 足
    "走走走，我领你去白吃白喝。"

85. ti⁴³na⁵⁵,na⁴³ni⁴⁴gu¹³ʑe²¹vau¹³ni⁴⁴a⁵⁵ȵie⁴³a⁵⁵tʂə⁵⁵tʂhai⁵⁵mau¹³sãŋ⁴⁴
    今早 这样 家 汉族的 前缀 妈妈 要 提 早饭 去 送
    tsai⁴³vau¹³.
    个 爹
    是这样的，今早一户人家的妈妈提着早饭要去送给他爸爸。

86. tsai⁴³vau¹³mau¹³dʐo¹³ti⁴³leo¹³dʑi³³a⁵⁵tʂə⁵⁵tʂhai⁵⁵mau¹³sãŋ⁴⁴tsai⁴³vau¹³.
    个 爹 去 犁 地 去了 嘛 提 早饭 去 送 个 爹
    （那家人）的爸爸去犁地了，妈妈要提着早饭去送给爸爸。

87. a⁵⁵li⁴⁴dʑi¹³thau⁴³gu¹³na⁵⁵ku⁵⁵mau¹³
    这样　　那时候　　我　去
    到那时，我去，

88. pu⁵⁵thou⁵⁵thou⁵⁵thou⁵⁵thou⁵⁵thou⁵⁵tau⁴³dza¹³ki⁵⁵i⁴³dʑi¹³gi²¹nau¹³
    扑　通　通　通　通　通　在　条　路　那　嘛　你　吃
    ki⁵⁵ɳtʂhi⁵⁵ha⁴³.
    赶紧　　　哈
    路上扑通扑通作响的时候，你就赶紧吃。

89. a⁵⁵! tai⁴³nau¹³y⁴³hə⁵⁵tai⁴³ki⁵⁵dy¹³ɴɢə¹³mau¹³dʑi¹³.
    啊　只　鹌鹑　　带　只　鹌鹑　下　去　嘛
    于是，鹌鹑领着狐狸下去了。

90. ɴqə¹³la⁵⁵a⁵⁵zau²¹dza¹³ki⁵⁵mau¹³dɯ¹³dʑi¹³a⁵⁵la⁵⁵a⁵⁵bo²¹vau⁴³
    下　个　前缀　山坡　条　路　去　了　嘛　啊　个　前缀　女人　汉族
    ɳtʂhə⁴⁴la⁵⁵ti³¹lo³¹tʂai⁵⁵a⁵⁵mau¹³sa⁵⁵tʂai⁴³dɯ¹³na⁵⁵.
    提　个　提箩　早饭　要　去　送　早饭　了　的
    它们顺着山坡的路走下去，那个汉族女人提着提箩要去送早饭。

91. tai⁴³nau²¹y⁴³mau¹³ta⁴³py⁴⁴thou⁵⁵thou⁵⁵thou⁵⁵thou⁵⁵thou⁵⁵tau⁴⁴dza¹³ki⁵⁵na⁵⁵.
    只　鹌鹑　去　得　扑　通　通　通　通　在　条　路　那
    那只鹌鹑就扑通扑通地去到那条路上了。

92. o⁵⁵!la⁵⁵a⁵⁵bo¹³vau⁴⁴dzo¹³la⁵⁵ti³¹lo³¹tʂhai⁴⁴tɕe³³ha⁵⁵,mau¹³leo⁵⁵ta⁵⁵
    哦　个　前缀　妇女　汉族　放　个　提箩　早饭　着　哈，去　驱赶　只
    nau²¹y⁴³dʑau¹³leo¹³.
    鹌鹑　捉　去　了
    那个汉族小女人放下装着早饭的提箩，就追着去捉那只鹌鹑了。

93. a⁵⁵dʑi¹³mau¹³leo¹³ta⁵⁵nau²¹y⁴³dʑau¹³leo¹³dʑi¹³ta⁴³pu⁵⁵thou⁵⁵thou⁵⁵thou⁵⁵
    于是　去　驱赶　只　鹌鹑　捉　去　嘛　得　扑　通　通　通
    thou⁵⁵thou⁵⁵,
    通　通
    于是，她就去驱赶那只扑通扑通扑通的鹌鹑。

94. tai⁴³ki⁵⁵dy¹³mau¹³qhɯ⁴³la⁵⁵a⁵⁵bo⁵³vau⁴⁴lai⁴³thi²¹luo³¹na¹³dʑi¹³,
　　只　狐狸　去　打开　个　前缀　女人 汉族 个 提 箩 看 嘛
　　狐狸打开那个汉族小女人的提箩一看，

95. ma¹³va¹³ma¹³ɴɢai¹³ma¹³zau⁴³,qau⁴³gu¹³i⁵⁵ɳo⁴³la⁵⁵thi³¹luo³¹na⁵⁵.
　　有 饭 有 肉 有 菜　好吃 是 那 在 个 提 箩 的
　　提箩里有饭、有肉、有菜，好吃的都在提箩里。

96. tai⁴³ki⁵⁵dy¹³nau¹³ɳtʂhi⁵⁵,nau¹³gu¹³nau¹³.
　　只　狐狸　吃　赶紧　吃 着 吃
　　狐狸赶紧吃，吃啊吃。

97. tai⁴³nau¹³y⁴³dʑi¹³tau⁴⁴tai⁴³ki⁵⁵dy¹³dʑi¹³da¹³:"die²¹gi²¹nau¹³dau¹³daɯ¹³?"
　　只　鹌鹑　说 对 只　狐狸　说　是否 你 吃 完 了
　　鹌鹑对狐狸说："你吃好了吗？"

98. tai⁴³ki⁵⁵dy¹³："nau²¹a⁵⁵ɳie⁴⁴daɯ¹³dãŋ¹³."
　　只　狐狸　　吃 尚未　完 了
　　狐狸说："还没有吃完。"

99. tsai⁴⁴ʐãŋ⁵⁵ta⁴³pu⁵⁵thou⁵⁵thou⁵⁵thou⁵⁵thou⁵⁵thou⁵⁵tau⁴⁴lai⁴³a⁵⁵bo¹²
　　再 飞 得 扑 通　通　通　通　通　给 个 前缀 女人
　　vau⁴⁴leo⁵⁵dʐau¹³.
　　汉族 驱赶 捉
　　于是，鹌鹑又扑通扑通地飞，诱惑那个汉族女人去捉拿它。

100. "die¹³nau²¹dau¹³daɯ¹³?""nau²¹a⁵⁵ɳie⁴⁴daɯ¹³daɯ¹³."
　　　是否 吃 完 了　　吃 尚未 完 了
　　　"你吃好了吗？""还没有吃好。"

101. tsai⁴⁴ʐãŋ⁵⁵ta⁴³pu⁵⁵thou⁵⁵thou⁵⁵thou⁵⁵thou⁵⁵thou⁵⁵tau⁴⁴lai⁴³a⁵⁵bo¹²
　　　再 飞 得 扑 通　通　通　通　通　给 个 前缀 女人
　　　vau⁴⁴leo⁵⁵dʐau¹³.
　　　汉族驱 赶 捉
　　　于是，鹌鹑又扑通扑通地飞，再次诱惑那个汉族女人去捉拿它。

102. "die¹³nau²¹dau¹³daɯ¹³?" "nau²¹daɯ¹³dãŋ¹³."
　　　是否 吃 完 了　　　吃　完　了
　　"你吃好了吗？""吃完了。"

103. tsi⁵⁵ly⁵⁵!zãŋ⁵⁵tsə⁵⁵lai⁴³ɣə²¹leo¹³.
　　　扑嗤　　　飞　过 个 山 去了
　　（鹌鹑）"扑嗤"一声飞过山去了。

104. a⁴⁴li⁵⁵i⁵⁵na⁴⁴la⁵⁵a⁵⁵bo¹³vau⁴⁴lo⁴⁴na¹³tsai⁵⁵, tai⁴³ki⁵⁵dy¹³kha⁵⁵la⁵⁵
　　　这样　　个 前缀 女人 汉族 回来 看 时候　只 狐狸 全部 个
　　a⁵⁵bo¹³vau⁴⁴
　　前缀 女人 汉族
　　这样，当那个汉族女人回来看提篓的时候，

105. bai²¹va¹³bai²¹ɴɢai¹³gu¹³na⁵⁵khu⁴³qau⁴³a⁵⁵tʂhə⁴³mau¹³sau⁵⁵tʂhai⁵⁵
　　　些 饭 些 肉　是 那 些 好吃　只要　去 送 早饭
　　i⁵⁵kha⁴³nau¹³sãŋ⁴⁴.
　　那 全部 吃 了
　　狐狸把提篓里面美味可口的饭菜和肉全部吃完了。

106. a⁴⁴li⁵⁵sau⁴³na⁴⁴a⁵⁵,tai⁴³ki⁵⁵dy¹³tsai⁴⁴lo⁵⁵ɲo²¹tai⁴³nau²¹ɣ⁴³n̪o⁴³.
　　　之后　　 这 啊 只 狐狸　再 回来 跟　只 鹌鹑 在
　　这件事以后，狐狸又回来和鹌鹑在一起。

107. lo¹³da¹³dʑi¹³tai⁴³nau²¹ɣ⁴³tai⁴⁴dʑi¹³da¹³:"o⁴³!nau¹³py⁵⁵hau⁴³py⁵⁵gu¹³
　　　回 来 嘛 只 鹌鹑 再 　说　　 哦 吃 好 喝 好 是
　　gi²¹la²¹bo²¹daɯ¹³ʐo¹³.
　　你 曾 见 了 哦
　　鹌鹑回来之后说："哦，你已经见过白吃白喝了。"

108. a⁵⁵vie¹³die²¹gi²¹la²¹bo²¹gu¹³pə⁵⁵hi⁴³tli⁵⁵ʂie⁴³?"
　　　但是 是否 你 曾经 见 是 逃 不 过 命
　　但是你是否见过没有办法逃命的事情呢？

109. tai⁴³ki⁵⁵dy¹³dʑi¹³da¹³:"a⁴³pə⁵⁵hi⁴³tli⁵⁵ʂie⁵⁵ku⁵⁵hi⁴³n̠ie⁴³la²¹bo¹³si⁴³."
　　　只　狐狸　回答　　啊　逃　不　过　命　我　不　还　曾　见　呢
　　狐狸回答说："逃不过命的事情我还没有见过呢。"

110. a⁴³!a⁵⁵dʑi¹³pu⁴³gi²¹ʂeo⁵⁵ntso⁵⁵ku⁵⁵hə⁴⁴gi²¹a⁵⁵lɯ⁴³tʂai⁴⁴mau¹³dla¹³
　　　啊　那么　　明天　　　　早上　我　领　你　我们俩　再　去　到
　　a⁵⁵ndzu¹³ʑe²¹vau⁴³ŋga¹³.
　　下面　　家　汉族　房子
　　那么明天早上我再领你去下面那家汉族房子。

111. gi²¹dla¹³ndzu¹³ʑe²¹vau⁴⁴lai⁴³la⁵⁵a⁵⁵dlau¹³ku⁵⁵dla¹³ʑe²¹vau⁴³lai⁴³ma¹³ŋga¹³.
　　　你　到　下面　家　汉族　个　大　前缀　门　我　到　家　汉族　个　顶　房子
　　你到那户汉族人家的大门，我到那户汉族人家的房顶。

112. ku⁵⁵"y⁵⁵"li⁴⁴dʑi¹³gi²¹"wa³¹", ku⁵⁵"y⁵⁵"li⁴⁴dʑi¹³gi²¹"wa³¹"li⁴⁴hau⁴³.
　　　我　"吁"　这样　　你　"哇"　　我　"吁"　这样　你　"哇"　这样
　　我这样说"吁"，你就说"哇"，我说"吁"，你就说"哇"，就这么办。

113. a⁵⁵!tai⁴³ki⁵⁵dy¹³tai⁴⁴n̠o²¹tai⁴³nau²¹y⁴³
　　　啊　只　狐狸　再　跟　只　鹌鹑
　　狐狸又跟着鹌鹑，

114. i⁴³ti⁴³gi¹³a⁵⁵qə⁴³tai⁴³mau¹³dla¹³ndzu¹³ʑe²¹vau⁴⁴ŋga¹³.
　　　一　早上　后面　又　去　到　下面　家　汉族　房子
　　第二天早上，去到下面那户汉族人家。

115. tai⁴³ki⁵⁵dy¹³dla¹³ndzu¹³ʑe²¹vau⁴⁴lai⁴³la⁴⁴a⁵⁵dlau¹³,
　　　只　狐狸　到　下面　那　汉族　个　大　前缀　门
　　狐狸来到下面那户汉族人家的大门口，

116. a⁵⁵!tai⁴³nau²¹y⁴³dʑi³dla¹³pi⁴³ʑe²¹vau⁴⁴lai⁴³ma⁴³ŋga¹³.
　　　啊　只　鹌鹑　嘛　到　上面　家　汉族　个　顶　房子
　　鹌鹑嘛，就来到那户汉族人家的屋顶。

117. a⁴⁴na⁵⁵tai⁴³nau²¹y⁴³ɳo⁴³pi⁴³ʑe²¹vau⁴⁴lai⁴³ma¹³ŋa¹³,tai⁴³ki⁵⁵dy¹³
　　　于是　　只　鹌鹑　在　上面　家　汉族　个　顶　房　　只　狐狸
　　于是，鹌鹑飞到那户汉族人家的房顶上，

118. e⁴⁴tai⁴³nau²¹y⁴³"y⁵⁵li³³dʑi¹³,tai⁴³ki⁵⁵dy¹³"wa³¹!" "y⁵⁵li³³dʑi³,
　　　呃　只　鹌鹑　吁　这样　　只　喜鹊　哇　　吁　这样
　　"wa³¹!"li⁴⁴na⁵⁵.
　　　哇　　那样
　　鹌鹑这样发出"吁"的声音，喜鹊就那样发出"哇"的声音。

119. o⁵⁵! ʑe²¹vau⁴⁴khə⁴³pho⁵⁵a⁵⁵dlau¹³.
　　　哦　　家　汉族　打　开　前缀　门
　　那户汉族人家把门打开，

120. hə⁴⁴ɳʈʂhi⁴⁴bai²¹tli⁵⁵leo⁵⁵tai⁴³ki⁵⁵dy¹³"oŋ⁴³ai⁴³oŋ⁴³ai⁴³oŋ⁴³ai⁴³oŋ⁴³ai⁴³oŋ⁴³ai⁴³
　　　领　赶紧　　群　狗　驱赶　只　狐狸　　汪　汪　　汪　　汪　　汪
　　赶紧领着一群狗"汪汪汪"地驱赶狐狸。

121. leo⁵⁵ɳtɕi⁴⁴lai⁴³zau²¹.
　　　驱赶　爬　个　坡
　　朝着山坡的方向赶走了。

122. tai⁴³ki⁵⁵dy¹³dãŋ²¹gu⁴³dãŋ²¹gu¹³pə⁵⁵ʂə⁵⁵pə⁵⁵ʂə⁵⁵.
　　　只　狐狸　　跑　着　跑　着　逃　命　逃　命
　　狐狸跑啊跑，忙着逃命，逃啊逃。

123. pə⁴³die¹³gu¹³pə⁴³die¹³gu¹³dãŋ²¹gu¹³dãŋ²¹gu¹³,a⁵⁵lau²¹a⁵⁵lau²¹hi⁴³dãŋ²¹.
　　　逃　拼命　着　逃　拼命　着　跑　着　跑　着　艰难　　艰难　不　跑
　　狐狸拼命地逃命，拼命地奔跑，

124. dʑa²¹a⁴³pi⁵⁵lai⁴³zau¹³bo²¹la⁴⁴kho⁵⁵.
　　　到　上面　个　坡　见　个　洞
　　好不容易跑到坡上面，看见一个洞，

125. bai²¹tlhie⁴⁴la⁵⁵qho⁵⁵leo¹³.
　　　进　　跳　个　洞　去了
　　（就）跳进洞去了。

126. dãŋ²¹bai²¹la⁵⁵qho⁵⁵leo¹³na⁵⁵,tsai⁴³ḷau⁴⁴a⁵⁵vau⁴³
　　　跑　　进　个　洞　去了啊　个　老　_{前缀}　汉族
　　狐狸跑进洞里去了，

127. dʐo¹³la⁵⁵ki⁵⁵tau⁴³mau¹³tʂãŋ⁵⁵ṭau⁴⁴la⁵⁵a⁵⁵dlau¹³qho⁵⁵tɕe⁴⁴.
　　　拿　个　葫芦　去　挂　给　个 _{前缀} 门　洞　着
　　那个汉族老头子就拿个葫芦挂在门洞上。

128. tai⁴³ki⁵⁵dy¹³ȵo⁴³lai⁴³tlo⁴³qho⁵⁵a⁵⁵,tai⁴³ki⁵⁵dy¹³tʂhai⁴³gu¹³tʂhai⁴³gu¹³
　　　只　狐狸　在　个　里面　洞　啊　只　狐狸　饿　着　饿　着
　　tʂhai⁴³gu¹³.
　　饿　着
　　狐狸在洞里面一直饿着。

129. "a⁵⁵!a⁵⁵deo⁴⁴mau¹³die¹³daɯ¹³tʂhai⁴³li⁴⁴ni⁵⁵,
　　　啊　要　出　去　真　了　饿　这样
　　啊！真的要出去啦，这么饿，

130. ṭa⁴³hi⁴³daɯ¹³die²¹daɯ¹³，la⁴⁴deo¹³mau¹³daɯ¹³."
　　　坚持　不　了　真　了　　要　出　去　了
　　坚持不住啦，真的要出去啦。

131. ta⁴³dʑi¹³vai¹³dʑa¹³vai¹³deo¹³la⁴⁴a⁵⁵dlau¹³qho⁵⁵dʑi.
　　　真　轻轻　　轻轻　出　个 _{前缀} 门　洞　嘛
　　（狐狸）蹑手蹑脚地来到洞口，

132. a⁵⁵deo¹³a⁵⁵deo¹³la⁵⁵a⁵⁵dlau¹³qho⁵⁵tə⁴⁴si⁴⁴tsai⁴⁴tɕa⁴⁴tsha⁴³la⁵⁵ki⁴⁴tau⁴³.
　　　要　出　要　出　个 _{前缀} 门　洞　才　时候　风　吹　个　葫芦
　　就当狐狸要出洞门的时候，风吹葫芦，

133. "wu⁵⁵wu⁵⁵wu⁵⁵..."ʑi¹³n̪o⁴³si⁴⁴n̪o⁴³si⁴⁴ʈai⁴⁴ŋgau¹³si⁴⁴qɯ⁴³leo¹³.
　　呜 呜 呜　咦 在 呢 在 呢 在 呢 再 缩　　返回 去了
　　发出"呜呜呜"的声音,哦!(狗)还在呢!(狗)还在呢!(狐狸)又缩回洞里去了。

134. ʈai⁴³n̪o⁴³ta⁴³dʑi¹³vai¹³n̪o⁴³lai⁴³tlo⁴⁴qho⁵⁵.
　　又　在　真　轻轻　在　个　里面　洞
　　又小心翼翼地待在洞里面。

135. n̪o⁴³tau⁴⁴a⁴³n̪u⁴³daɯ¹³.
　　在　得　二　日　了
　　又待了两天。

136. tʂhai⁴³gu¹³hi⁴³tau⁴⁴daɯ¹³a⁵⁵!n̪o⁴³khai⁴³ni⁵⁵la¹³a⁵⁵da²¹də¹³dʑo¹³daɯ¹³,
　　饿 得 不 得 了 啊 在 处所 这 也 要 死 仅 了
　　太饿啦,在这里要死,

137. deo¹³mau¹³la¹³a⁵⁵da²¹də¹³dʑo¹³daɯ¹³.
　　出　去　也　要　死　仅　了
　　出去也要死。

138. ko⁴⁴na⁵⁵dʑi¹³ku³⁵dʑi¹³ku⁵⁵la⁴⁴deo¹³mau¹³də¹³die¹³dʑo¹³daɯ¹³.
　　现在 嘛 我 嘛 我 要 出 去 了 真 要 了
　　现在嘛,我真的要出去了。

139. a⁴⁴li⁵⁵la⁵⁵ʈai⁴⁴ŋgã²¹ta⁴³dʑi¹³vai¹³dʑi¹³vai¹³deo¹³la⁵⁵a⁵⁵dlau¹³qho⁵⁵lo¹³.
　　于是　再　爬　非常　轻轻　轻轻　出 个 前缀 门 洞 来
　　于是,狐狸轻手轻脚地从洞里爬出来。

140. tɕa⁴³tʂə³³tsha⁴⁴la⁵⁵ki⁴⁴tau⁴³tʂə³³"wu⁵⁵wu⁵⁵......"
　　风　又　吹　个　葫芦　又　呜　呜
　　风又吹着葫芦,又发出"呜呜呜"的声音。

141. ʑi¹³!n̥o⁴³si⁴³n̥o⁴³ʂi⁴³n̥o⁴³si⁴³,ʐou³¹ʈai⁴⁴ŋau¹³si⁴³qɯ⁴⁴leo¹³.
　　咦　在　呢　在　呢　在　呢　又　再　缩　返回　去了
　　咦！（狗）还在！（狗）还在！狐狸又缩回去了。

142. a⁵⁵tsai⁴³li⁴⁴dʑi¹³,ʈai⁴³lo¹³n̥o⁴³tsi⁴³n̥u⁴³lai⁴³tlo³³qho⁵⁵.
　　做　这样　嘛　再　回来　在　三　天　个　里面　洞
　　狐狸就这样又回到洞里待了三天。

143. n̥o⁴³dzo²¹tsi⁴³n̥u⁴³dau̯¹³dʑi¹³tshai⁴³gu¹³hi⁴³dau̯¹³die¹³dau̯¹³na²¹a⁵⁵:
　　在　到　三　天　了　嘛　饿　得　不　行　真　了　了　做
　　到了第三天嘛，狐狸饿得实在不行了，就说：

144. "a⁵⁵ko⁵⁵na¹³dʑi¹³ku⁵⁵la⁴⁴deo¹³mau¹³də¹³dzo¹³dau̯¹³,n̥o⁴³hi⁴³tau⁴⁴dau̯¹³."
　　啊　现在　嘛　我　要　出　去　仅　了　在　不　得　了
　　"啊，我现在是真的要出去了，我待不住啦。"

145. tu³¹tɕhi³¹deo¹³lai⁴³qho⁵⁵lo¹³dʑi¹³ai³¹!na¹³dʑi¹³bo²¹la⁵⁵ki⁴⁴tau⁴³ʈau⁴³
　　赌　气　出　个　洞　来　嘛　哎　看　嘛　见　个　葫芦　挂
　də¹³na¹³"phai³¹!la⁴⁴ki⁴⁴tau⁴³tə³³suo³¹."
　　仅　的　呸　个　葫芦　仅　嘛
　　（狐狸）赌气从洞里出来，只看见一个葫芦挂着，（不由得说）："呸！不就是个葫芦嘛。"

146. a⁵⁵li⁴⁴na⁵⁵,qheo⁴⁴lai⁴³ki⁴⁴tau⁴³tlo⁵⁵ʈau³³lai⁴³hi⁴³tl̥au⁴³tɕe⁴⁴ha⁵⁵.
　　这样　拿　个　葫芦　挂　给　个　脖子　着　哈
　　于是，狐狸把葫芦挂在脖子上。

147. ᴺɢə¹³lai⁴³zau²¹lo¹³,lo¹³dʑa²¹lai⁴³qho⁵⁵a⁵⁵ky⁴³lo¹³dʑa²¹lai⁴³bã¹³au⁴³dʑi¹³
　　下　个　坡　回来　回来　到　个　洞　前缀　河　回　来到　个　塘　水　嘛
　　狐狸从坡上下来，来到水塘边，

148. ʈai⁴³ki⁵⁵dy¹³mau¹³hau⁴⁴au⁴³na⁵⁵.
　　只　狐狸　去　喝　水　了
　　到了一个水塘边，就去喝水。

149. tai⁴³ki⁵⁵dy¹³mau¹³hau⁴⁴au⁴³dʑi¹³,au⁴³bai²¹dla¹³la⁵⁵ki⁴⁴tau⁴³,
　　只　狐狸　去　喝　水　嘛，水　进　到　个　葫芦
la⁵⁵ki⁴⁴tau⁴³di¹³au⁴³na⁵⁵.
个　葫芦　装　水　了
狐狸喝水嘛，水就进到葫芦里面，于是，葫芦里装了水。

150. pi⁵⁵li³³li³³li³³li³³li³³tlou⁴³li⁴⁴,ʑi¹³!zau⁵⁵nau¹³nai²¹.
　　噼里啪啦　啦　啦　啦　啦　啦　砰　这样　咦　好　听　呢
水"噼里啪啦""噼里啪啦"地流进葫芦里，然后发出"砰"声音，咦！好听呢。

151. a⁵⁵!tai⁴³da¹³i⁴³ŋgau¹³tai⁴³da¹³i⁴³ŋgau¹³tai⁴³da¹³i⁴³ŋkau¹³.
　　啊　再　来　一　次　再　来　一　次　再　来　一　次
啊！再来一次，再来一次，再来一次。

152. ʐou²⁴tai⁴³ti³³au⁴³sa⁴⁴ha⁵⁵ʐou²⁴tai⁴³dʐo¹³mau¹³ta⁴³pi⁵⁵li³³li³³li³³.
　　又　再　倒　水　的　啊　又　再　拿　去　这样　噼里啪啦　啦　啦　啦
狐狸又把水倒出来，然后又拿去装水，水噼里啪啦噼里啪啦地流进葫芦里，

153. tlou⁴³ʑi¹³!zau⁵⁵nau¹³nai²¹.ʑi¹³!zau⁵⁵nau¹³nai²¹.
　　砰　咦　好　听　呢　咦　好　听　呢
然后"砰"的一声，咦，好听呢。

154. tai⁴³da¹³i⁴³ŋkau¹³, tai⁴³ki⁵⁵dy¹³tai⁴³da¹³i⁴³ŋkau¹³dʑi¹³,
　　再　来　一　次　只　狐狸　再　来　一　次　嘛
"再来一次"，狐狸说，"再来一次"，于是，

155. la⁵⁵ki⁴⁴tau⁴³tai⁴⁴ta⁴³pi⁵⁵li³³li³³li³³tlou⁴³li⁴⁴na⁵⁵.
　　个　葫芦　再　这样　噼里啪啦　啦　啦　砰　这样
葫芦又发出噼里啪啦装水的声音，然后又是砰的一声。

156. a⁵⁵pãŋ⁴⁴ɣai²¹lai⁴³ki⁴⁴tau⁴³thie⁴³ɣai²¹tai⁴³ki⁵⁵dy¹³a⁵⁵.
　　二　气　冲　个　葫芦　和　冲　只　狐狸　啊
水把葫芦和狐狸一口气冲走了。

157. pau⁴³bei²¹tlie⁴⁴dla¹³lai⁴³bã̄ŋ¹³au⁴³leo¹³na²¹a⁵⁵.
　　掉　进　快速貌　到　个　塘　　水　去了　了　啊
　（葫芦和狐狸）"咕咚"一下迅速地掉进了水塘里。

158. lai⁴³qho⁵⁵a⁵⁵ky⁴³au⁴³ɣai²¹lai⁴³ki⁴⁴tau⁴³thie⁴³ɣai²¹tai⁴³ki⁵⁵dy¹³，ɣai²¹
　　个　洞　前缀　河　水　冲　个　葫芦　和　冲　只　狐狸　冲
　　NGə¹³lai⁴³ha⁴³a⁵⁵.
　　下　　个　坡脚　啊
　葫芦和狐狸一起迅速地掉进了水塘，河水把葫芦和狐狸一起冲到了坡脚底。

159. ɣai²¹dla¹³lai⁴³ha⁴³ndu¹³tḷi⁴⁴leo¹³na⁵⁵a⁵⁵.
　　冲　到　个　坡脚　江河　去了　了　啊
　冲过坡脚，到了江河里。

160. na⁴⁴ni⁵⁵dʑi¹³,ki⁴⁴tau⁴³dʑi¹³n̥o⁴³ndʐu¹³lai⁴³ha⁴³ndu¹³tḷi⁴⁴tə⁴⁴li⁴⁴va²¹.
　　现在　嘛　葫芦　嘛　在　下面　个　坡脚　江河　仅　这样了
　这就是为什么葫芦现在只生长在坡脚处的江河里。

故事译文：

　　从前，有一只喜鹊在大山的松树上孵蛋。它生了三个蛋，孵出三只小喜鹊。有一天，狐狸肚子饿了。心里想："咦，我到哪里去找吃的呢？"于是狐狸就去找食物。狐狸去找食物的时候看到那窝喜鹊，于是就对喜鹊妈妈说："喜鹊，把你的幼崽拿来给我吃。"喜鹊妈妈回答说："哦！我才有三只小喜鹊，要留着跟我做伴，不够拿来分给你吃。"狐狸回答说："你不给我吃我就爬上来啦！"于是喜鹊妈妈把一只小喜鹊"啪"地丢下去给狐狸吃，狐狸吃完就走了。一天以后，狐狸又说："咦！肚子又太饿了。"于是，他又回来到那窝喜鹊那里，又对喜鹊妈妈说："喜鹊！把你的幼崽拿来给我吃。"喜鹊妈妈回答说："我昨天就给你一只吃了，今天为什么又要拿一只给你吃呢？我要留着做伴了，不够分给你吃了。"狐狸就对喜鹊妈妈说："你如果不拿给我吃的话，我就要上来啦！"喜鹊妈妈说："不要上来啊，不要上来啊，我拿给你吃。"于是，喜鹊妈妈又拿出一只小喜鹊"啪"地一声丢给狐狸吃。

　　有一天，喜鹊妈妈去一块长满坟头草的草地里找虫子吃。她不停地哭啊哭，哭得非常伤心。然后，一只鹌鹑看见喜鹊妈妈在那片草地里，就对喜鹊妈妈说:"喜鹊,你为什么哭成这样呢?" 喜鹊妈妈回答说:"是这样的,我才生了三个小蛋,只有三只小幼崽,狐狸来向我要了两只吃了。我哭成这样,因为我很难过啊!"喜鹊妈妈这样对鹌鹑说。"你为什么要拿给他吃呢?"喜鹊妈妈回答道:"哎!如果我不拿给他吃,他就要上来啊。" 鹌鹑回答说:"天啊,狐狸是不会爬树的。明天他如果又来,你就说:'爬上来嘛,爬上来嘛'。"鹌鹑这样交代一番。于是,喜鹊妈妈回到了家。过了一天,狐狸果然又来了。又跟喜鹊妈妈说:"喜鹊,把你的幼崽拿来给我吃。"喜鹊这样回答道:"我不拿给你吃了。我只剩下一只了,我要留着跟我作伴了。" 狐狸对喜鹊说:"如果你不给我吃,我就爬上来啦!"于是喜鹊就这样说:"爬上来嘛,爬上来嘛!" 狐狸扭动屁股,爬不上去,又转动头,还是爬不上去。狐狸于是对喜鹊说:"哈!是谁告诉你我不会爬树呢?" 于是喜鹊回答道:"是那只在那里那块坟头草草地里的鹌鹑告诉我的。"狐狸于是说:"啊!我要去找那只鹌鹑算账,他为什么那样告诉你。" 于是,狐狸就去找鹌鹑了。狐狸去找鹌鹑,找啊找,终于找到了那只在坟头草草地里的鹌鹑。"鹌鹑!你为什么告诉喜鹊我不会爬树?" 狐狸这样对喜鹊说。鹌鹑回答说:"哎哟!你本来就不会爬树的嘛!""哼!你既然告诉喜鹊了,我就要吃你的幼崽啦。" 鹌鹑于是回答道:"哦,我的幼崽长大了,放走了,放到那边那块松树地里了。你自己去找着吃吧。" 狐狸于是去找鹌鹑那群幼崽了。鹌鹑"扑嗤"一声飞过山去了,狐狸扑了个空。狐狸又回到那片松树地里去找,一直找啊找。鹌鹑"扑嗤"一声又飞过山去了,狐狸再一次扑个空。狐狸于是再次返回来,对鹌鹑说:"鹌鹑!我要吃你,你的幼崽大了,我吃不着。" 鹌鹑说:"嘿!你不要吃我,不要吃我。你见过白吃白喝的事情吗?"鹌鹑说道。"白吃白喝?没见过,没见过。" "走走走,我领你去白吃白喝。是这样的,今早一户人家的妈妈提着早饭要去送给他爸爸。那家人的爸爸去犁地了,妈妈要提着早饭去送给爸爸。那个时候,我在那条路上扑通扑通的时候,你就赶紧吃。于是,鹌鹑领着狐狸下去了。它们顺着坡的那条路下去,就看见那个汉族女人提着装早饭的提箩去送早饭。那只鹌鹑就扑通扑通地飞到那条路上。那个汉族小女人就放下装着早饭的提箩,追着去捉那鹌鹑了。于是,她就去驱赶那只扑通扑通扑通的鹌鹑。狐狸打开那个汉族女人的提箩看,提箩里有饭、有肉、有菜,好吃的都在那个提箩里啊。狐狸赶紧吃,吃啊吃。鹌鹑对狐狸说:"你吃好了吗?" 狐狸说:"还没有吃好。" 于是,鹌鹑又扑通扑通地飞,吸引那个汉族女人去捉拿它。"你吃好了吗?""还没有吃好。" "你吃好了吗?""吃好了。"鹌鹑"扑嗤"一声飞过山去了。这样,当那个汉族女人回来看提箩的时候,狐狸把提箩里面好吃的饭菜和肉全部吃完了。之后,狐狸又回来和鹌鹑在一起。鹌鹑回来之后说："哦，你已经见过白吃白喝的事情了，但是你见过无法逃命的事情吗？狐狸回答说："无法逃命的事情我还没有见过呢。""那么明天早上我再领你去下面那家汉族房子。你去那户汉族人家的大门，我去那户汉族人家的房顶。我说'吁'么你就说'哇'，我说'吁'么你就说'哇'。"，就这样，第二天早上，狐狸又跟着鹌鹑去到下面那户汉族人家。狐狸走到下面那户汉族人家的大门口，鹌鹑嘛，就飞到那户汉族人家的屋顶。于是，鹌鹑飞到那户汉族人家的房顶上，鹌鹑发出"吁"的声音，喜鹊就发出"哇"的声音。鹌鹑发出"吁"的声音，狐狸就发出"哇"的声音。那户汉族人家把门打开，赶紧领着一群狗把狐狸朝着山坡的方向赶走了。狐狸跑啊跑，忙着逃命。狐狸拼命逃啊逃，跑啊跑，好不容易跑到坡上面，看见一个洞。就跳进洞去了。狐狸跑进洞里去了，那个汉族老人就拿个葫芦挂在门洞上。狐狸在洞里面一直饿着。啊！真的要出去啦，这么饿，坚持不住啦，真的要出去啦。狐狸于是蹑手蹑脚地来到洞口，正要出洞门的时候，风吹葫芦，发出"呜呜呜"的声音，哦！狗还在呢！狗还在呢！狐狸又缩回洞里去了，又小心翼翼地在洞里面待了两天。饿死啦，在这里要死，出去也要死。现在嘛，我真的要出去了。这样，狐狸轻手轻脚地从洞里爬出来。风又吹着葫芦，又发出"呜呜呜"的声音。咦！狗还在呢！狗还在呢！狐狸又缩回去了，又回到洞里待了三天。到了第三天嘛，狐狸饿得实在不行了，就说："啊，我现在嘛是真的要出去了，我待不住啦。"于是狐狸赌气从洞里出来，看见一个葫芦挂着，不由得说："呸，不就是个葫芦嘛。"于是，狐狸把葫芦挂在脖子上。狐狸从坡上走下来，来到河边，到了一个水塘边，就去喝水。狐狸喝水嘛，水就进到葫芦里面，于是，葫芦里装了水。水噼里啪啦噼里啪啦地流进葫芦里，然后发出"砰"的响声。咦，好听呢。啊！再来一次，再来一次，再来一次。狐狸又把水倒出来，然后又拿去装水，水噼里啪啦噼里啪啦地流进葫芦里，然后发出"砰"的声音。咦，好听呢。"再来一次"，狐狸说，"再来一次"，于是，葫芦又发出噼里啪啦装水的声音，然后又是砰的一声。水把葫芦和狐狸一口气冲走了，葫芦和狐狸一起迅速地掉进了水塘，河水把葫芦和狐狸一起冲到了坡脚底。冲过坡脚，到了江河里。这就是为什么现在葫芦只生长在坡脚处的江河里。

语料备注信息：
故事标题：喜鹊与狐狸
故事讲述人：王照文，男，苗族，时年 34 岁，中专文化。武定县发窝乡自期村委会村民，在家务农。母语为苗语，母语和汉语都熟练。

拍摄地点：云南省楚雄州武定县鑫源大酒店。
拍摄场景：宾馆房间里面，宾馆附近有一条马路，偶尔有汽车的鸣笛声，房间内比较安静。
拍摄时间：2017年4月22日。
拍摄人：季红丽、王斌
摄像机品牌及型号：SonyFDR-AXP55
视频参数设定：1080/25P
故事时长：10分34秒
故事转写字数：14917

故事八　老变婆

$ta^{55}qai^{43}ɳɖo^{21}tai^{43}pu^{55}kha^{43}$老变婆[①]
只　鸡　和　只　猩猩

1. $ku^{55}la^{44}ɳɖo^{21}mi^{21}khou^{43}bə^{21}bə^{21}ɳi^{44}nə^{33}ta^{55}pu^{55}daɯ^{13}ni^{55}$.
　我　要　跟　你们　全部人　_{重叠}　讲　的　个　故事　这
　我今天要跟大家讲的这个故事，

2. $gu^{13}nts^{44}ta^{55}qai^{43}ɳɖo^{21}tai^{43}pu^{55}kha^{43}li^{44}ha^{55}$.
　名字　只　鸡　和　只　猩猩　啊
　叫做小鸡和大猩猩。

3. $a^{44}thau^{44}i^{55}dzi^{13}$,
　　以前　嘛
　很久以前，

4. $ta^{55}qai^{43}ni^{55}a^{55}ȵie^{43}ʂau^{44}tau^{44}i^{43}mə^{13}qai^{43}ʑi^{13}$.
　只　鸡　的　_{前缀}　妈妈　生　得　一　窝　鸡　啊
　鸡妈妈生了一群小鸡，

5. $hə^{44}ȵo^{43}ʐe^{13}$, $ky^{55}ɳu^{43}ȵau^{13}ha^{55}$, $die^{13}die^{13}du^{21}du^{21}ky^{55}tla^{44}tha^{55}$.
　领　在　啊　过　日子　啊　平平安安　过　到　前面
　鸡妈妈领着小鸡们过着平平安安的生活。

[①] 这个故事在民间流传的另一个通俗名称是老变婆，故事标题和译文翻译成"老变婆"。

6. i⁴³ʑi¹³m̥au⁴³la̱²¹tlo⁴⁴a⁵⁵ntsi⁴⁴.
　　一　家人　高兴笑　高兴貌
　　一家人笑口常开，（生活得很幸福）。

7. i⁴³dʑi¹³, ma¹³n̥u⁴³n̩a⁴⁴dʑi¹³, ni⁵⁵a⁵⁵ȵie⁴³dʑi¹³da¹³: "
　　然后　有　日子啊嘛　它 前缀 妈妈　说
　　有一天，小鸡的妈妈说："

8. ba¹³ŋa⁴⁴ʐau¹³mi²¹n̥o⁴³ŋa¹³ʑe¹³,a⁵⁵ȵie⁴³a⁵⁵mau¹³tla̱⁴⁴a⁵⁵tai⁴⁴tə³³
　　一些　孩子　你们　在　家　哦 前缀 妈妈 要去　到 前缀 外婆 了
　　hau⁵⁵." li⁴⁴na⁵⁵.
　　啊　　这样
　　孩子们，你们在家，妈妈要去外婆家了啊！"

9. ba¹³qai⁴³dʑi¹³da¹³:"ha⁵⁵,a⁵⁵ȵie⁴³,gi²¹kho⁴³daɯ¹³mau¹³,pi⁴³n̥o⁴³ŋa¹³.
　　些　鸡　说　好 前缀 妈妈　你　尽管　去　我们　在家
　　小鸡们说："好，妈妈你尽管去，我们会待在家里的。"

10. dʑi¹³da¹³:"mi²¹go²¹lai⁴³ŋa¹³dlau¹³ku⁵⁵zau⁴⁴tɕe³³ʑe²¹,mi²¹dzou²¹lai⁴³
　　 说　你们　关　个　家　门　我　好　养　呢　你们　锁　个
　　ŋa¹³dlau¹³tɕe³³hau⁵⁵.
　　家　们　着　哈
　　小鸡的妈妈说："你们把门关好了啊，

11. mi²¹dzou²¹tɕe³³ʑe¹³,i⁴³la⁴³khu⁴⁴da¹³ntau⁴⁴ŋa¹³dlau¹³dʑi¹³,mi²¹qa⁴³
　　你们　锁　着　啊　人家　尽管　来　打　家　门　嘛　你们　不要
　　khə⁴³ti⁴³." li⁴⁴dʑi¹³.
　　开　的　　这样
　　你们关好门，如果有人来敲门你们也不要开门。"

12. ma¹³n̥u⁴³n̩a⁴⁴dʑi¹³,
　　有　日　了　嘛
　　有一天，

13. tai⁴³pu⁵⁵kha⁴³, pau⁴⁴gu¹³ni⁵⁵a⁵⁵ɲie⁴³leo¹³na¹³a⁵⁵,
    只　猩猩　　　知道　是　它ᵢ前面ᵢ妈妈 去了 了 啊
    大猩猩知道鸡妈妈去它外婆家了,

14. tai⁴³pu⁵⁵kha⁴³da¹³ntau³³lai⁴³ŋa¹³dlau¹³, tai⁴³pu⁵⁵kha⁴³ntau⁴⁴a⁵⁵,
    只　猩猩　来　打　个　家　门　只　猩猩　打　啊
    ntau⁴⁴a⁴³kau⁴³.
    打　　二　次
    大猩猩来敲了两次门,

15. taŋ⁵⁵, taŋ⁵⁵, taŋ⁵⁵li⁴⁴ha⁵⁵.
    铛　铛　铛　这样
    "铛、铛、铛"地这样敲门。

16. ta⁵⁵qai⁴³dʑi¹³da¹³: "gi²¹gu¹³qa⁵⁵dy¹³?"
    只　鸡　说　你是　谁
    小鸡说:"你是谁啊?"

17. li⁴⁴dʑi¹³, tai⁴³pu⁵⁵kha⁴³dʑi¹³da¹³: "ku⁵⁵gu¹³gi²¹a⁵⁵tai⁵⁵."
    这样　只　猩猩　　说　　我　是　你ᵢ前缀ᵢ外婆
    大猩猩就说:"我是你外婆。"

18. na¹³da¹³, "a⁴⁴dʑi¹³gi²¹ɕia⁴⁴gi²¹tsha⁴⁴di¹³lo¹³ʈau⁴⁴ku⁵⁵na¹³."li⁴⁴na⁵⁵.
    然后　那么　你 伸 你 只 手 来 给 我 看　这样
    小鸡说:"那么,你把你手伸出来给我看看。"

19. na¹³ni⁴⁴gu¹³tai⁴³pu⁵⁵kha⁴³ɕia⁴⁴tshai⁴⁴di¹³ʈau⁴⁴ta⁵⁵qai⁴³na¹³dʑi¹³,
    于是　　只　猩猩　伸　只　手　给　只 鸡 看 嘛
    ta⁵⁵qai⁴³dʑi¹³da¹³:
    只　鸡　说
    大猩猩把手伸给小鸡看,小鸡然后说:

20. ai⁴³,ku⁵⁵a⁵⁵tai⁵⁵a⁵⁵ʐo²¹lai⁴³li⁴⁴vai¹³ti⁴³. ku⁵⁵a⁵⁵tai⁵⁵tshai⁴³di¹³ʑi⁴³a⁵⁵
    哎　我ᵢ前缀ᵢ外婆 不 是 个 样子 那 的　我ᵢ前缀ᵢ外婆 只　手　嘛 不

ma¹³tḷau⁴³ti⁴³." li⁴⁴na⁵⁵.
有　毛　的　　这样
"我外婆不是那样的，我外婆的手没有毛。"

21. tai⁴³pu⁵⁵kha⁴³mau¹³a⁵⁵,tai⁴³pu⁵⁵kha⁴³kheo⁴⁴daɯ¹³lai⁴³,na¹³gu¹³
　　只　猩猩　去　啊　只　猩猩　拿　到　个　那样
    tṣai⁴⁴, lai⁴³huo³¹tɕian²⁴a⁵⁵,
　　堆　个　火　钳　啊
    大猩猩就去拿火钳。

22. kheo⁴⁴lai⁴³huo³¹tṣhai³¹ʐe²¹, dʑo¹³mau²¹dlau¹³deo¹³ʐe¹³,
　　拿　个　火　柴　哦　拿　去　烧　柴　呀
    拿火柴去烧火。

23. kheo⁴⁴tshi⁵⁵ni⁵⁵tai⁴³tḷau⁴³sãŋ⁴⁴ʐe¹³.
　　拿　烧　它　个　毛　完了
    把它手上的毛都烧了。

24. tṣai⁴⁴mau¹³khə⁴⁴lai⁴³a⁵⁵dlau¹³, tṣai³³mau¹³ntau⁴⁴lai⁴³a⁵⁵dlau¹³na⁵⁵
　　又　去　开　个　前缀　门　又　去　打　个　前缀　门　然后
    ta⁵⁵qai⁴³dʑi¹³da¹³: "
　　只　鸡　说
    然后又去敲门，小鸡说："

25. "gi²¹gu¹³qa⁵⁵dy¹³?"na¹³,tai⁴³pu⁵⁵kha⁴³dʑi¹³da¹³: "ku⁵⁵gu¹³gi²¹a⁵⁵tai⁵⁵."
　　你　是　谁　　然后　只　猩猩　说　　我　是　你　前缀　外婆
    "你是谁？"大猩猩说："我是你外婆。"

26. na¹³dʑi¹³da¹³:"a⁵⁵dʑi¹³, gi²¹tṣa⁵⁵ʐo²¹ku⁵⁵a⁵⁵tai⁵⁵li⁴⁴dʑi¹³,
　　然后　说　　那么　你　如果　是　我　前缀　外婆　这样
    小鸡就说："你如果是我的外婆，

27. gi²¹ma²¹gi²¹tsha⁴⁴di¹³, ɕia⁴⁴gi²¹tsha⁴⁴di¹³tau⁴³ku⁵⁵na¹³." li⁴⁴na⁵⁵.
　　你　给　你　只　手　伸　你　只　手　给　我　看　这样
    把你的手伸给我看看。"

28. tai⁴³pu⁵⁵kha⁴³ɕia⁴⁴tsha⁴⁴di¹³tau⁴³na¹³,
　　只　猩猩　　伸　只　手　给　看
　　大猩猩就把手伸给它看。

29. dʑi¹³, dʑi¹³da¹³: "a⁵⁵, gi²¹tshai⁴⁴di¹³bo²¹a⁵⁵ma¹³tl̥au⁴³ti⁴³vie¹³."
　　然后　说　　啊　你　只　手　虽然　不　有　毛　　的　嘛
　　小鸡说："你的手虽然没有毛,

30. tɕiu³¹ʂi²⁴gu¹³ku⁵⁵a⁵⁵tai⁵⁵tshai⁴⁴di¹³ma¹³la⁴⁴baɯ²¹." li⁴⁴na⁵⁵.
　　就　是　是　我　前缀　外婆　只　手　有　个　手镯　　这样
　　但是我外婆手上有一个镯子。"

31. tai⁴³pu⁵⁵kha⁴³tai⁴⁴si⁴³fo⁴⁴ʐe²¹, tai⁴³pu⁵⁵kha⁴³tai⁴⁴lo¹³ʐe²¹.
　　只　猩猩　　又　返回　呀　只　猩猩　　又　来　呀
　　大猩猩又返回来。

32. mau¹³teo⁴⁴fai⁴³ŋqə⁴³ʐe¹³, ɕe⁴³la⁵⁵baɯ¹³ʐe¹³, ɖau²¹tau⁴⁴tsha⁴⁴di¹³.
　　去　逮　棵　草　呀　编　个　手镯　呀　戴　在　只　手
　　去拿一棵草编了个手镯戴在手上。

33. i⁵⁵dʑi¹³mau¹³dʑi¹³, tai⁴³pu⁵⁵kha⁴³dʑi¹³da¹³:
　　然后　去　嘛　只　猩猩　　说
　　然后大猩猩就去了。

34. ntau⁴⁴ntau⁴⁴lai⁴³qa⁵⁵dlau¹³, dʑi¹³da¹³: "ta⁵⁵qai⁴³,
　　打　打　个　前缀　门　　说　　只　鸡
　　敲了敲门说："小鸡,

35. la⁵⁵ky⁵⁵, khə⁴³ku⁵⁵qa⁵⁵dlau¹³." li⁴⁴na⁵⁵.
　　孙女　开　我　前缀　门　这样
　　孙女,给我开门。"

36. ta⁵⁵qai⁴³dʑi¹³da¹³:a⁵⁵dʑi¹³,gi²¹ɕia⁴⁴gi²¹tsha⁴⁴di¹³tau⁴³ku⁵⁵na¹³.li⁴⁴na⁵⁵.
　　只　鸡　说　　那么　你　伸　你　只　手　给　我　看　这样
　　小鸡就说："把你的手伸给我看看。"

37. tai⁴³pu⁵⁵kha⁴³ɕia⁴⁴tsha⁴⁴di¹³ʈau⁴³ta⁵⁵qai⁴³na¹³dʑi¹³,
　　这　猩猩　　伸　只　手　给　只　鸡　看　嘛
　　大猩猩把手伸给小鸡看，

38. ba¹³mie⁴⁴qai⁴³na¹³na¹³dʑi¹³, dʑi¹³da¹³: "o¹³,
　　些　小　鸡　看　看　嘛　　说　　哦
　　小鸡看了以后说："哦，

39. na⁴⁴ni⁵⁵gu¹³tl̥au⁴³la⁴⁴a⁵⁵ma¹³ti⁴³."
　　　于是　　　毛　也　不　有　的
　　没有毛，

40. tsha⁵⁵di¹³la⁴⁴ɖau²¹la⁵⁵baɯ¹³dʑi¹³,a⁵⁵dʑi¹³pi⁴³khə⁴³qa⁵⁵dlau¹³.li⁴⁴na⁵⁵.
　　只　手　也　戴　个　手镯　嘛　那么　我们　开　前缀　们　这样
　　手上也戴着一个镯子，那我们就开门吧。"

41. na¹³gu¹³ba²¹qa⁴⁴mie⁴⁴qai⁴³khə⁴⁴lai⁴³qa⁵⁵dlau¹³na⁵⁵.
　　　于是　　些　小　鸡　开　个　前缀　门　啊
　　小鸡把门打开了。

42. tai⁴³pu⁵⁵kha⁴³kha⁵⁵ma¹³mie⁴⁴qai⁴³ma²¹mau¹³nau¹³sãŋ⁴⁴dʑi¹³.
　　只　猩猩　全部　些　小　鸡　抓　去　吃　了　嘛
　　大猩猩就把小鸡全部抓去吃了。

43. ni⁵⁵a⁵⁵n̠ie⁴³ʈhau⁴⁴ni⁵⁵a⁵⁵tai⁵⁵ŋa¹³si⁴³fo⁴³lo¹³da¹³dʑi¹³.
　　它　前缀　妈妈　从　它　前缀　外婆　家　　返回　来　来　嘛
　　它妈妈从它外婆家回来了。

44. ni⁵⁵a⁵⁵n̠ie⁴³dʑi¹³da¹³: "ai¹³, ku⁵⁵tʂha⁴⁴gi²¹n̠.tɕheo⁴⁴ku⁵⁵ba¹³ŋa⁵⁵ŋa⁴⁴,
　　它　前缀　妈妈　说　　哎　我　　　很　想　　我　些　孩子
　　它妈妈说："我很想我的孩子们，

45. ku⁵⁵ba¹³ŋa⁵⁵ŋa⁴⁴ta⁴⁴ɕi⁴³, ku⁵⁵a⁵⁵mau¹³na¹³daɯ¹³." li⁴⁴a⁵⁵."
　　我　些　孩子　了　的　　我　要　去　看　了　　这样
　　我要回去看我的孩子们了。"

46. ni⁵⁵a⁵⁵n̠ie⁴³lo¹³dʐãŋ¹³ŋa¹³dʑi¹³,
    它 前缀 妈妈 来 到 家 嘛
    鸡妈妈回到家后，

47. na¹³dʑi¹³, lai⁴³ŋa¹³dlau¹³khə⁴⁴tɕe⁴⁴dʑi¹³,
    看 嘛 个 家 门 开 这 嘛
    bai²¹mau¹³tla⁴⁴ŋa¹³dʑi¹³.
    进 去 到 家 嘛
    看见门开着就走了进去。

48. a⁵⁵ma¹³ka⁵⁵qa⁴⁴ʂi⁴³ti⁴³ha⁵⁵, tlau⁴³pu⁵⁵n̠dʑe²¹ŋa¹³na⁵⁵.
    不 有 啊 什么 的 啊 毛 满 家 啊
    房子里什么都没有了，只有鸡毛了。

49. ni⁵⁵a⁵⁵n̠ie⁴³n̠ie⁵⁵gu¹³n̠ie⁵⁵dʑi¹³.
    它 前缀 妈妈 哭 着 哭 啊
    它妈妈就哭了。

50. na¹³ni⁴⁴gu¹³ni⁴⁴na¹³, da¹³:
    于是 它 看 说
    它于是说：

51. "a⁵⁵tai⁴³pu⁵⁵kha⁴³ma²¹ku⁵⁵dia¹³ŋa⁵⁵ʐau²¹nau¹³sãŋ⁴⁴dauɯ¹³ɕi⁵⁵." li⁴⁴a⁵⁵.
    啊 只 猩猩 抓 我 些 孩子 吃 完 了 的 这样
    "我的孩子被大猩猩吃了。"

52. ni⁵⁵a⁵⁵n̠ie⁴³n̠ie⁵⁵gu¹³n̠ie⁵⁵, n̠ie⁵⁵gu¹³n̠ie⁵⁵ʐe¹³,
    它 前缀 妈妈 哭 着 哭 哭 着 哭 呀
    它妈妈一边哭，一边走，

53. mau¹³ʐe¹³, mau¹³ntʂi⁴³tsa⁵⁵a⁵⁵ʐou¹³lau¹³dʑi¹³.
    去 呀 去 遇见 个 前缀 爷爷 老 嘛
    看见一个老爷爷，

54. tsa⁵⁵a⁵⁵ʐou¹³ḷau¹³i⁵⁵gu²¹,i⁵⁵la⁴³suo⁴⁴ṇi⁵⁵nə³³a⁵⁵vau¹³lou³³nə³³ṇi⁵⁵
　　个 前缀 爷爷 老 那 是 人家 所 说 的 前缀 汉族 话 的 说
ɕian⁴⁴zən³¹dzo¹³daɯ¹³dʑi¹³.
仙 人 是 了 嘛
那个老爷爷就是汉话所说的仙人，

55. ni⁵⁵dʑi¹³da¹³: "a⁵⁵ḷau¹³, ku⁵⁵ṇou⁴³gi²¹a⁴⁴dʑãŋ¹³na⁵⁵gu¹³,
　　它 说　　 前缀 老 我 问 你 为什么 是
它说："老人家，我问你，为什么

56. ku⁵⁵ŋa¹³ma¹³bai²¹ṭlau⁴³qai⁴³tə³³a⁵⁵?ku⁵⁵ba¹³ŋa⁵⁵ŋa⁴⁴a⁵⁵bo²¹ti⁴³li⁴⁴na⁵⁵
　　我 家 有 些 毛 鸡 的 啊 我 些 小孩 不见 的 这样
我家只有鸡毛，而我的孩子们都不见了呢？"

57. na⁴⁴ni⁵⁵gu¹³, a⁵⁵ʐou²¹ḷau¹³dʑi¹³ṭau⁴⁴dʑi¹³da¹³.
　　于是　 前缀 爷爷 老 说 对 说
仙人就说："

58. gi²¹ba¹³qai⁴³, gi²¹ba¹³ŋa⁵⁵ŋa⁴⁴dʑi¹³,
　　你 些 鸡 你 些 孩子 嘛
你的孩子嘛，

59. ɖau²¹tai⁴³pu⁵⁵kha⁴³ma⁵⁵mau¹³nau¹³daɯ¹³dãŋ⁴⁴." li⁴⁴dʑi¹³.
　　被 只 猩猩 抓 去 吃 掉 了　 这样
被大猩猩抓去吃了。"

60. ni⁵⁵a⁵⁵ṇie⁴³ṇie⁵⁵gu¹³ṇie⁵⁵gu¹³ha⁵⁵, ni⁵⁵a⁵⁵ṇie⁴³dʑi¹³da¹³: "wu⁴⁴ʐi¹³,
　　它 前缀 妈妈 哭 着 哭 这 啊 你 前缀 妈妈 说　　 哎呀
tʂha⁵⁵ḷou⁴³ɕi⁵⁵.
可怜 啊
它妈妈就哭得更厉害了，说："可怜我的孩子们啊，

61. ku⁵⁵mau¹³la⁴⁴ku⁵⁵a⁵⁵bo²¹ṇi⁵⁵qhə⁴³ni⁵⁵dzau¹³ha⁵⁵, la⁵⁵baɯ¹³a⁵⁵tsai⁴³
　　我 去 也 我 没有 告诉 它们 啊 个 手镯 是 个

li⁵⁵dʑãŋ¹³ti⁴³na⁴⁴.
样子　　　的　啊
我去的时候我也没跟它们说镯子是什么样的,

62. ku⁵⁵ba¹³ŋa⁵⁵ŋa⁴⁴dau¹³nau¹³sãŋ⁴⁴daɯ¹³." li⁴⁴dʑi¹³.
　　 我 些 孩子　被 吃 完　了　　　这样
　　 我的孩子才被吃了。"

63. ni⁵⁵a⁵⁵nie⁴³n̻ie⁵⁵gu¹³n̻ie⁵⁵gu¹³ha⁵⁵,
　　 它 前缀 妈妈　 哭 着　 哭 着 啊
　　 它妈妈哭着,

64. ɖau²¹tsha⁵⁵qho⁵⁵a⁵⁵ntlie⁵⁵ba¹³qai⁴³la⁴⁴ntlie⁵⁵hi⁴³dau²¹daɯ¹³dʑi¹³.
　　 跑　到处　啊 找　 些 鸡 也　找　 不 到 了 嘛
　　 跑去到处找它的孩子也找不到。

65. ta⁵⁵pu⁵⁵daɯ¹³ni⁵⁵dʑi¹³, n̻i⁵⁵khə⁴³tə⁵⁵nə⁴³.
　　 个　故事　 这 嘛　告诉　 人
　　 这个故事告诉人们,

66. gu¹³dʑi¹³da¹³: "tə⁵⁵nə⁴³,
　　 是 说 　　　　人
　　 说: "人啊!

67. vai¹³zau⁴⁴ni⁴³na¹³a⁵⁵deo¹³tə⁵⁵nə⁴⁴ti⁴³, la⁴⁴na¹³tlo⁴³a⁵⁵sie⁴³.
　　 处所 野外 那 看 不出　　人　 的 要 看 里面 前缀 心
　　 外表看不出人,要看内心,

68. tlo⁴³a⁵⁵sie⁴³zau⁴⁴daɯ¹³, die¹³a⁵⁵lə¹³ʐo²¹zau⁴⁴tə⁵⁵nə⁴³.
　　 里面 前缀 心　好 了　 那 才 是 好　 人
　　 内心好了才是好人,

69. tlo⁴³a⁵⁵sie⁴³hi⁴³zau⁴⁴dʑi¹³a⁵⁵ʐo²¹zau⁴⁴tə⁵⁵nə⁴³ti⁴³."
　　 里面 前缀 心 不 好 嘛 不 是 好　 人　 的
　　 内心不好就不是好人。"

70. dʑi¹³ku⁵⁵ŋi⁵⁵ta⁵⁵pu⁵⁵dau̯¹³ŋi⁵⁵qhə⁴³kheo⁴⁴bə²¹bə²¹.
　　于是　我　讲　个　故事　告诉　全部　人 重叠
　　我把这个故事告诉大家。

71. dzo¹³kheo⁴⁴bə²¹bə²¹mau¹³dzo¹³tɕe⁴⁴.
　　让　　全部人 重叠　去　记住　着
　　让所有人记住，

72. na¹³gu¹³ma¹³tʂi⁴⁴tə⁵⁵nə⁴³ntau⁴⁴a⁵⁵dlau¹³, tʂi⁴⁴tə⁵⁵nə⁴³tʂhi⁴⁴la⁴⁴.
　　那么　有　丑　人　大　前缀　门　丑　人　骗　啊
　　有坏人敲门，有坏人骗，

73. qa⁵⁵li⁴⁴mo⁵⁵mau¹³ʂaŋ²⁴tʂhi⁴⁴tə⁵⁵nə⁴³nə³³tan²⁴ti⁴³.
　　不要　轻易　去　上　丑　人　的　当　哦
　　不要轻易去上坏人的当，

74. dʑi¹³ŋi⁵⁵tsa⁵⁵li⁴⁴ni⁵⁵ha⁵⁵, ta⁵⁵pu⁵⁵dau̯¹³ni⁵⁵.
　　然后　说　个　这样　啊　个　故事　这
　　这个故事就是这样说的。

故事译文：

　　我今天要跟大家讲的这个故事叫作老变婆。很久以前，鸡妈妈生了一群小鸡，鸡妈妈领着小鸡们过着平平安安的生活。一家人笑口常开，生活得很幸福。有一天，小鸡的妈妈说："孩子们，你们在家，妈妈要去外婆家了啊！"小鸡们说："好，妈妈你尽管去，我们会待在家里的。" 小鸡的妈妈说："你们把门关好了啊，你们关好门，如果有人来敲门你们也不要开门。"

　　有一天，大猩猩知道鸡妈妈去它外婆家了，大猩猩来敲了两次门，"铛、铛、铛"地这样敲门。小鸡说："你是谁啊？"大猩猩就说："我是你外婆。"小鸡说："那么，你把你手伸出来给我看看。"大猩猩把手伸给小鸡看，小鸡然后说："我外婆不是那样的，我外婆的手没有毛。"大猩猩就去拿火钳，拿火柴去烧火。把它手上的毛都烧了。然后又去敲门，小鸡说："你是谁？"大猩猩说："我是你外婆。"小鸡就说："你如果是我的外婆，把你的手伸给我看看。"大猩猩就把手伸给它看。小鸡说："你的手虽然没有毛，但是我外婆手上有一个镯子。"大猩猩又返回来。去拿一棵草编了个手镯戴在手上。然后大猩猩就去了。敲了敲门说："小鸡，孙女，给我开门。" 小鸡就说："把你的手伸给我看看。"大猩猩把手伸给小鸡看，小鸡看了以后说："哦，没有毛，手上也戴着一个镯子，那我们就开门吧。"小鸡把门打开了。大猩猩就把小鸡全部抓去吃了。它妈妈从它外婆家回来了。它妈妈说："我很想我的孩子们，我要回去看我的孩子们了。"它妈妈回到家后，看见门开着就走了进去。房子里什么都没有了，只有鸡毛了。它妈妈就哭了。它说："我的孩子被大猩猩吃了。"鸡妈妈一边哭，一边走，看见一个老爷爷，那个老爷爷就是汉话所说的仙人，它说："老人家，我问你，为什么我家只有鸡毛，而我的孩子们都不见了呢？"仙人就说："你的孩子嘛，被大猩猩抓去吃了。"它妈妈就哭得更厉害了，说："可怜我的孩子们啊，我去的时候我也没跟它们说镯子是什么样的，我的孩子才被吃了。"它妈妈哭着，跑去到处找它的孩子也找不到。这个故事告诉人们：外表看不出人，要看内心，内心好了才是好人，内心不好就不是好人。我把这个故事告诉大家，让所有人记住：有坏人敲门，有坏人骗，不要轻易去上坏人的当。这个故事就是这样说的。

语料备注信息：
故事标题： 小鸡和大猩猩
故事讲述人： 张美英，女，苗族，时年50岁，小学文化，禄丰县仁兴镇村民，一直在家务农。母语为苗语，母语和汉语都熟练。
拍摄地点： 云南省楚雄州禄丰县仁兴镇大箐小学村口的斗牛举办现场。
拍摄场景： 户外，斗牛现场的山顶，比较安静。
摄时间： 2018年8月2日。
拍摄人： 季红丽、王斌
摄像机品牌及型号： SonyFDR-AXP55
视频参数设定： 1080/25P
故事时长： 4分钟
故事转写字数： 3137

语料五　节日及民俗口述文化

节日一　花山节的由来

$a^{55}\underset{\cdot}{t}li^{55}lau^{21}$花山节
花　山　节

1. a^{55}! $m\underset{\cdot}{ɔ}^{44}na^{44}ku^{55}$,
　　啊　今天　我
　我今天，

2. na¹³gu¹³n̪do²¹pi⁴³hu⁵⁵bə¹³bə¹³.
   　然后　　和 我们　全部人
   然后和我们全部人，

3. n̪tlie⁴³pi⁴³tɕi²⁴lau²⁴si⁴⁴n̪i⁴⁴gu¹³.
   还有 我们 季 老师 说 嘛
   还有我们的季老师说，

4. a⁴⁴li⁵⁵sau⁵⁵dʑi¹³pi⁴³m̪au⁴³ta²⁴tɕin³¹.
   这样以后　嘛 我们 苗族　大　箐
   我们大箐苗族（花山节的由来）。

5. ni⁴⁴pan³¹tai⁴³hua⁴⁴ʂan⁴⁴tɕie²⁴ni⁴⁴.
   　它　办　个　花　山　节　的
   大箐举办花山节，

6. ku⁵⁵n̪i⁴⁴qhə⁴³hu⁴⁴bə¹³bə¹³.
   　我　　告诉　　全部人　重叠
   我要告诉所有人。

7. tai⁴³ hua⁴⁴ʂan⁴⁴tɕie²⁴ni⁴⁴na¹³gu¹³a⁴⁴ma¹³gu¹³tʂen²⁴tɕio²⁴lo¹³n̪i⁴⁴.
   　个　　花　山　节 这　然后　不　有 嘛 正　确 来 说
   这个花山节的由来没有正确的说法。

8. gu¹³dʑi¹³da¹³a⁵⁵tsai⁴³li⁴⁴dʐãŋ¹³na⁵⁵lo¹³tsai⁴³li⁴⁴dʐãŋ¹³li⁴⁴ti⁴³?
   　是　说　做　　这样　　　的　来　　这样　　　的
   花山节是如何得来的呢？

9. ʈau⁴³pi⁴³pau⁴³dzo¹³gu¹³n̪i⁴⁴tsai⁴³li⁴⁴ni⁵⁵.
   　从　我们 知道 到　是　说　这样　的
   从我们知道到现在都是这样说。

10. dʑi¹³da¹³pi⁴³a⁵⁵m̪au⁴³na¹³gu¹³tai⁴³hua⁴⁴ʂan⁴⁴tɕie²⁴ni⁵⁵.
    　说 我们 阿卯　然后 个 花 山 节 的
    说我们花山节的由来。

11. pi⁴³a⁵⁵m̥au⁴³a⁵⁵ṭli⁵⁵l̥au⁴³.
 　　我们 阿 卯　　 花山节
 　　我们阿卯的花山节，

12. a⁵⁵m̥au⁴³a⁵⁵ṭli⁵⁵l̥au⁴³lo¹³n̥i⁴⁴sai⁴³li⁴⁴dʐãŋ¹³ni⁵⁵.
 　　阿　卯　　 花山节　来　说　　这样　　 的
 　　我们阿卯的花山节由来是这样说的。

13. n̥i⁴⁴gu¹³pi⁴³a⁵⁵m̥au⁴³gu¹³i⁴³tʂa⁴⁴tə⁵⁵nə⁴³gu¹³ʐou¹³dzeo¹³ti⁴³sai⁴⁴ti⁴³zãŋ¹³.
 　 说　是 我们 阿　卯　是 一种　　 人　是 又 会　　 * 唱 * 样子
 　　我们阿卯是一个又会唱歌又会跳舞的民族。

14. a⁵⁵sie⁴³zau⁴⁴tə⁵⁵nə⁴³zau⁴⁴na⁵⁵da¹³hi⁴³tsy⁴³.
 　 前缀 心　好　 人　好 嘛　 来 互相 碰面
 　　大家内心善良，人又好相处，所以来相聚。

15. pi⁴³a⁵⁵m̥au⁴³gu¹³n̥o⁴³tau⁴⁴tau⁴³.
 　　我们 阿　卯　是　在　 在　 山
 　　我们阿卯住在山上。

16. pi⁴³a⁵⁵m̥au⁴³a⁵⁵dʑãŋ¹³a⁵⁵tɕy⁵⁵n̥o⁴³tau⁴⁴lai⁴³tau⁴³ni⁵⁵si⁴⁴lo¹³na⁵⁵.
 　　我们 阿 卯 前缀 根　 前缀 躯干　在　 在 个 山 这　返回　 啊
 　　我们阿卯的根源就是起源于这座山。

17. pi⁴³a⁵⁵m̥au⁴³tau⁴³deo¹³baɯ¹³au⁴³zau⁴⁴tə⁵⁵nə⁴³zau⁴⁴.
 　　我们 阿 卯　 山 出来 花　 水　 好　 人　好
 　　我们阿卯的山鲜花遍地，水好，人好。

18. dʑi¹³dzo²¹m̥ɔ⁴⁴na⁴⁴i⁴³n̥u⁴³ni⁵⁵dʑi¹³tɕie²⁴tsu²⁴tɕʰy³¹ʑan³¹.
 　　然后 到　今天 一天 这 样 借 助 屈 原
 　　然后到今天，大家借助屈原。

19. tɕʰy³¹ʑan³¹gu¹³pi⁴³a⁵⁵m̥au⁴³nə⁴⁴na¹³gu¹⁵i⁴³lɯ⁴³tə⁵⁵nə⁴³na⁵⁵.
 　 屈 原 是 我们 阿卯　 的　 这样　一　 个　　 人　的
 　　屈原是我们当中的一个人。

20. tsai⁴³tɕʰy³¹ʐan³¹ni⁵⁵tɕi²⁴ʑian²⁴tsai⁴³tɕi²⁴nian²⁴tsai⁴³ tɕʰy³¹ʐan³¹nə⁴⁴
　　个　屈　原　这　记　愿　　个　记念　　个　屈　原　的
tan⁵⁵tʂoŋ⁴⁴dʑi¹³.
　当　　中　　嘛
在记念屈原的过程中，

21. kheo⁴³tai⁴³tɕie²⁴ʐi³¹ni⁵⁵dzo¹³lo¹³pa⁴⁴a⁵⁵pi⁴³a⁵⁵m̥au⁴³nə⁴⁴tai⁴³tɕie²⁴ʐi³¹
　　拿　个　节　日　这　拿　来　办　做　我们　阿卯　的　个　节　日
我们把这个节日当作我们阿卯的节日来举办。

22. hu⁵⁵bə¹³bə¹³tʂi⁴³tau⁴⁴lin³¹ha⁴⁴du¹³tsie⁴³⁴tsie⁴³vau¹³vau¹³tlau⁴³sa⁴⁴
　　全部人 重叠　都　从　零　啊　个　千　　千　万　万　四　方
tə⁵⁵nə⁴³da¹³hi⁴³tsy⁴³.
　　人　来　互相　碰面
成千上万的人从四面八方赶来相聚。

23. ʂi⁴⁴kɯ⁵⁵pə⁴³dʑau¹³tlau⁴⁴tsʰi⁵⁵m̥au⁴³
　　不管　五　十　六　民族
五十六个民族，

24. pə⁴³dʑau¹³tlau⁴⁴leo¹³m̥au⁴³gu¹³da¹³hi⁴³tsy⁴³da¹³khai⁴⁴ni⁵⁵.
　　五　十　六　民族　　是　来　互相　碰面　来　处所　这
五十六个民族都来这里相聚。

25. dʑi¹³lai¹³tau⁴³ni⁵⁵pi⁴³a⁵⁵m̥au⁴³ŋgau¹³ntshai⁵⁵zau⁴⁴, pi⁴³a⁵⁵m̥au⁴³a⁵⁵
　　然后　个　山　这　我们　阿卯　　姑娘　　好　我们　阿卯　前缀
la⁴³zau⁴⁴na¹³.
　伙子　好　看
我们山上的姑娘漂亮，小伙子帅气。

26. na¹³gu¹³dʑi¹³da¹³tau⁴³a⁵⁵thau⁴⁴dʑi¹³ma¹³tai⁴³tɕie²⁴ʐi³¹gu¹³hu⁵⁵bə¹³
　　然后　　说　　从　古代　嘛　有　个　节　日　是　全部
mau¹³hi⁴³tsy⁴³ʐe⁴⁴.
　　去　互相　碰面　的
古时候就有让大家聚会的节日。

附录　滇北苗语语料　　467

27. ti⁴³ŋgau¹³a⁴⁴l̥au⁴³hi⁴⁴ɳd̥o²¹ɲi⁴⁴a⁵⁵sie⁴³lu⁴³.
　　　姑娘　　前缀　伙子　一起　说　前缀　心　话
　　小姑娘小伙子聚在一起说心里话。

28. a⁵⁵sie⁴³lu⁴³n̥i⁴⁴sãŋ⁴⁴ʐe¹³,a⁵⁵sie⁴³hi⁴⁴ɳd̥o²¹ti⁴³hi⁴³t̥lie⁴³hi⁴³ɳd̥o²¹a⁵⁵i⁴³ʑi¹³
　　　前缀　心　话　说　完　了　前缀　心　一起　转动　一起　　一起 做 一家
　　心里话说完了，从此彼此心心相连，牵手做一家人。

29. li⁴⁴dʑi¹³pau⁴³dzo²¹tsa⁵⁵li⁴⁴n̥i⁵⁵.
　　　这样　知道　到　这个　这样
　　我们知道的就是这样。

30. dʑi¹³tai⁴³ʐuan²⁴ɕy²⁴dzo²¹m̥ɔ⁴⁴na⁴⁴da¹³dʑi¹³.
　　　然后　　延　续　到　今　天　了　嘛
　　然后就延续到今天。

31. pi⁴³tɕin⁴⁴kuo²⁴kuo²⁴tɕia⁴⁴
　　　我们　经　过　国　家
　　我们经过国家

32. nthie⁴³na¹³n̥i⁵⁵gu¹³pi⁴³a⁵⁵m̥au⁴³nə⁴⁴na²⁴kuo²⁴hai⁴³tɕin³¹wei²⁴nə⁴⁴
　　　和　　这样　我们　阿卯　的　这样　海　箐　委　的
　　tsu²⁴wei²⁴hui²⁴.
　　　组　委　会
　　和我们阿卯相关组委会的相关安排，

33. miau³¹tsu²⁴hua⁴⁴ʂan⁴⁴tɕie²⁴gu¹³pi⁴³a⁵⁵m̥au⁴³a⁵⁵t̥li⁵⁵l̥au⁴³.
　　　苗　族　花　山　节　是　我们　阿卯　　花山节
　　苗族花山节在我们苗语里的发音为阿提照。

34. ɻa⁴³tsai⁴³a⁵⁵t̥li⁵⁵l̥au⁴³dʑi¹³.
　　　高兴　接　花山节　　嘛
　　欢度花山节。

35. pi⁴³pau⁴³dzo²¹tsa⁵⁵ni⁴⁴li⁵⁵dʑi¹³ku⁵⁵tʂi⁴⁴nən²⁴ɲi⁴⁴tsa⁵⁵ni⁴⁴ɲi⁵⁵qhə⁴³
    我们 知道 到 这样 嘛 我 只 能 说 这样 告诉
    hu⁵⁵bə¹³bə¹³tə⁴⁴.
    大家 重叠 的
    我们知道的就是这些，我只能这么告诉大家。

36. ʐo²¹hi⁴³ʐo²¹la⁴⁴ku⁵⁵a⁵⁵pau⁴³ti⁴³.
    是 不 是 嘛 我 不 知道 的
    其真实性我也不知道。

37. pi⁴³la⁵⁵pi⁴³a⁵⁵zau⁴⁴ɲi⁵⁵qhə⁴³ti⁴³i⁴³vie¹³tai⁴³lu⁴⁴ni⁵⁵gu¹³ɲi⁴⁴tau⁴⁴.
    我们也我们 不 好 告诉 的 但是 个 话 这 是 说 给
    我们也不好告诉大家这个，但是应该这样说给大家听。

38. pi⁴³a⁵⁵m̥au⁴³tau⁴³baɯ²¹deo¹³nə⁴⁴na¹³gu¹³dʑie¹³n̪au¹³.
    我们 阿 卯 山 花 出 的 这样 时间
    我们阿卯山里花开的时候，

39. zau⁴⁴dʑie¹³nau¹³dʑi¹³ɲi⁴⁴tsa⁴³ni⁴⁴li⁵⁵hau⁵⁵!
    好 时光 嘛 说 这样 啦
    就是这样一段好时光啦！

40. ku⁵⁵ɲi⁴⁴tsa⁵⁵ni⁴⁴li⁵⁵qhə⁴³hu⁵⁵bə¹³bə¹³ku⁵⁵ɲi⁴⁴daɯ¹³dãŋ¹³.
    我 说 这样 告诉 大家 重叠 我 说 完 了
    这就这样告诉大家，我说完了。

语料译文：

今天，我要和我的同伴们，还有季老师讲讲我们大箐苗族花山节的由来。我要把大箐举办花山节这个消息告诉所有人。花山节的由来没有正确的说法，它是如何得来的呢？从我们知道到现在都是这样说，说我们花山节的由来。我们阿卯的花山节与我们的民族有关，我们阿卯是一个又会唱歌又会跳舞的民族。大家内心善良，人又好相处，所以来相聚。我们阿卯住在山上。我们阿卯的根源就是起源于这座山。我们阿卯的山鲜花遍地，水好，人好。然后到今天，大家借助屈原。屈原是我们当中的一个人。在纪念屈原的过程中，我们把这个节日当作我们阿卯的节日来举办。成千上万的人从四面八方赶来相聚，五十六个民族都来这里相聚。我们山上的姑娘漂亮，小伙子帅气。古时候就有让大家聚会的节日。小姑娘小伙子聚在一起说心里话。心里话说完了，从此彼此心心相连，牵手做一家人。我们知道的就是这样。然后就延续到今天。经过国家和我们阿卯相关组委会的相关安排，苗族花山节在我们苗语里叫作阿提照。我们欢度花山节。我们知道的就是这些，我只能这么告诉大家。其真实性我也不知道。我们也不好告诉大家这个，但是应该这样说给大家听。我们阿卯山里花开的时候，就是这样一段好时光啦！这就这样告诉大家，我说完了。

语料备注信息：
语料标题： 花山节的由来
语料讲述人： 张美英，女，苗族，时年 50 岁，小学文化，禄丰县仁兴镇村民，一直在家务农。母语为苗语，母语和汉语都熟练。
拍摄地点： 云南省楚雄州禄丰县仁兴镇大箐小学村口的斗牛举办现场。
拍摄场景： 户外，斗牛现场的半山腰，略有嘈杂声。
摄时间： 2018 年 8 月 2 日。
拍摄人： 季红丽、王斌
摄像机品牌及型号： SonyFDR-AXP55
视频参数设定： 1080/25P
语料时长： 2 分 23 秒
语料转写字数： 1475

节日二 花山节爬花杆的由来

$a^{55}m̥au^{43}a^{55}tļi^{55}lau^{21}ȵtɕi^{44}a^{55}ȵtɕi^{44}tlau^{43}$ 花山节爬花杆的由来
　　阿　卯　　花山节　　　爬　前缀　柱子　花

1. $ku^{55}ȵi^{55}pi^{43}a^{55}m̥au^{43}a^{55}tļi^{55}lau^{21}ȵtɕi^{44}qa^{55}ȵtɕi^{44}tlau^{43}$
　　我　讲　我们　阿　卯　　花山节　　　爬　前缀　柱子　花
　　我来讲讲我们阿卯花山节爬花杆

2. $lo^{13}li^{44}dʐãŋ^{13}ʈau^{44}li^{44}dʐãŋ^{13}$.
　　来　那样　　　给　那样
　　是怎么来的。

3. tai⁴³ni⁵⁵la⁵⁵ku⁵⁵ŋo⁴⁴a⁵⁵lau¹³ȵie⁴³vai¹³ȵi⁵⁵tə³³kau⁴³.
   个 这 也 我 听 _{前缀} 老 母 父 讲 的 嘎
   这个我也是听老人家们说的。

4. die¹³hi⁴³die¹³ku⁵⁵a⁵⁵pau⁴³ti⁴³.
   真 不 真 我 不 知道 的
   是不是真的我也不知道。

5. dʑi¹³ȵi⁵⁵gu¹³a⁵⁵thau⁴⁴pi⁴³a⁵⁵m̥au⁴³.
   然后 讲 是 以前 我们 阿卯
   说的是很久以前，我们阿卯

6. ɖau²¹pha⁵⁵ʐau¹³tshau⁴⁴m̥au⁴³leo⁴⁴deo¹³pi⁴³a⁵⁵m̥au⁴³ky⁵⁵mi⁵⁵lau²¹.
   被 其他 民族 驱赶 出 我们 阿卯 家园 城市
   被其他民族赶出家园，

7. leo⁴⁴deo¹³pi⁴³a⁵⁵m̥au⁴³ti⁴³tɕheo⁴⁴gu¹³ai⁴³tlau⁴³dʑi⁴³ai⁴³ma¹³ntau⁴⁴i⁴³lo¹³
   驱赶 到 我 阿卯 地方 是 最 美 嘛 最 有 树 那 来
   a⁵⁵qə⁴³.
   后面
   从最美、树最多的地方赶出来，

8. ə⁴⁴, a⁵⁵dʑi¹³, pi⁴³a⁵⁵m̥au⁴³tʂha⁴⁴tʂha⁴⁴pi⁴³a⁵⁵qau⁴³ti⁴³.
   嗯 于是 我们 阿卯 可惜 我们 底下 地
   我们很怀念我们以前的地方，

9. ti⁴³lie⁴³ti⁴³tɕheo⁴⁴gu¹³zau⁴⁴lau²¹ti⁴³lau²¹tɕheo⁴⁴gu¹³zau⁴⁴gu¹³i⁵⁵na¹³a⁵⁵.
   地方 地方 是 好 城市 地 城市 床 是 好 非常 的 啊
   那地方很好，每一寸土地都非常好啊！

10. ə⁴⁴, pə⁴⁴thau⁵⁵i⁵⁵tou⁴⁴tʂua⁴³mə³³sai⁴⁴die¹³tɕy⁵⁵tɕy⁴⁴tau⁴³mau¹³tə³³.
    嗯 逃 时候 都 专门 捡 些 发髻 山 走 的
    逃跑的时候专门挑通往山顶的路走。

11. a⁵⁵dʑi¹³dʑi¹³da¹³:"do¹³dei²¹tɕhy⁵⁵tɕhy⁵⁵tau⁴³dʑi¹³zau⁴⁴hi⁴³ti⁴³na¹³
　　 于是　　说　　走　些　　发髻　　山嘛　好　 转身　 看
　　 pi⁴³a⁵⁵qa⁴³ti⁴³.
　　 我们　后面 地方
　　 走通往山顶的路就好转身看我们的家园。

12. ə⁴⁴, ti⁴³tɕheo⁵⁵hi⁴³ti⁴³na¹³pi⁴³a⁵⁵qa⁴³ti⁴³.
　　 嗯　 地方　　 转身　 看 我们 后面　地方
　　 转身看我们的家园，

13. ə⁴⁴, na⁵⁵vai¹³, ɭau²¹, lai⁴³ɭau²¹na⁵⁵.
　　 嗯　 然后　　城市　 个　城市　 的
　　 我们的城市，

14. mau¹³thau⁴⁴i⁵⁵to³³tʂuan³¹mən³³ȵtɕi⁴⁴lai⁴³ɭau²¹,
　　 去　　时候　 都　　专门　　　爬　 个　城市
　　 走的时候都专门走山路，

15. qa⁵⁵dy¹³sie⁴³dʑi¹³ȵtɕi⁴⁴qa⁵⁵dy¹³qa⁵⁵dy¹³sie⁴³dʑi¹³ȵtɕi⁴⁴qa⁵⁵dy¹³li⁴⁴na⁵⁵a⁵⁵.
　　 哪里　高　嘛　 爬　　哪里　　 哪里　高　嘛　爬　　哪里　样 这 啊
　　 哪里高就往哪里走，

16. ə⁴⁴, na⁴⁴li⁵⁵pi⁴³a⁵⁵m̥au⁴³la⁴⁴,
　　 嗯　现在 我们 阿　卯　啊
　　 现在我们阿卯，

17. tʂuan³¹mən³³ȵo⁴³mai⁴³tau⁴³sie⁴³ha⁵⁵, die¹³tɕheo⁵⁵gu¹³, ə⁴⁴,
　　 专　 门　在　些　山　高 啊　些　 地方 是　 嗯
　　 专门住在高山上，

18. tʂi⁴⁴, tʂi⁴⁴ki⁵⁵tʂi⁴⁴tɕheo⁵⁵i⁵⁵tə³³li²¹ʐo¹³, tai⁴³ni⁵⁵gu¹³i⁴⁴du²¹n̥i⁵⁵fa⁴³.
　　 丑　 丑　 路　丑　 地方　那　的　样子 是　 个　这是 一　个　说法
　　 住在山高路遥的穷乡僻壤，这是一个说法。

19. da¹³ta⁴⁴ṣi³¹thau⁴⁴i⁵⁵pi⁴³a⁵⁵m̥au⁴³, ə⁴⁴,
　　说　当时　时候　我们 阿 卯　　嗯
　　当时我们阿卯，

20. pə⁵⁵deo²¹pi⁴³a⁵⁵m̥au⁴³a⁵⁵qa⁴³ti⁴³, ky⁴⁴mi⁴⁴lau²¹lo¹³leo¹³dʑi¹³.
　　逃　出 我们 阿 卯　后面 地方　原本　城市 来　去 嘛
　　从我们的家园逃出后，

21. ɲ̥tɕi⁴⁴die¹³ʈau⁴³gu¹³ai⁴³sie⁴³i⁵⁵ha⁵⁵, mau¹³dʑi¹³,
　　爬　些 山 是 很　高 那啊　去 嘛
　　沿着很高的山往上走，

22. mau¹³dʑa²¹ma¹³ndu¹³, qho⁴³dʑi¹³i⁵⁵ti⁴³ki⁵⁵i⁵⁵da²¹dʑi¹³, dʑi¹³da¹³:
　　去　到　暗　天　　或者　一　早上 那　样子　　　说
　　走到晚上或者后面那天早上，就说：

23. "ə⁴⁴, hi⁴³ti⁴³na¹³ʈau⁴⁴pi⁴³a⁵⁵qa⁴³ti⁴³die¹³ky⁴⁴mi⁴⁴lau²¹a⁵⁵li⁵⁵.
　　嗯　转身 看　给　我们　后面 地方 些　原本　城市 那样
　　"转身看我们的城市，

24. die¹³tɕheo⁴⁴na¹³ma¹³tɕy¹⁵⁵tɕy⁵⁵ʈau⁴³sie⁴³da¹³dʑi¹³."
　　些 地方 看　有　发髻　山　高　的 嘛
　　那些有高山的地方。"

25. dʑi¹³ɲ̥tɕi⁴⁴lai⁴³tɕy⁵⁵ʈau⁴³gu¹³na¹³ai⁴³sie⁴³i⁵⁵hi⁴³ti⁴³na¹³dʑi¹³da¹³: "o⁵⁵,
　　然后 爬 个 顶 山 是 看 很 高 那 转身 看 嘛 说 哦
　　pi⁴³a⁵⁵m̥au⁴³lau²¹,
　　我们 阿 卯　城市
　　爬到高山上看了就说："哦，我们的城市，

26. ə⁴⁴, a⁵⁵ɲ̥ie¹³a⁵⁵dʑã¹³ti⁴³ma²¹li⁴⁴, khu⁴³dʑa²¹dʑi¹³.
　　嗯　尚未　怎样　的 嘛　这样　或者 嘛
　　还没有受到破坏，或者

27. pi⁴³a⁵⁵m̥au⁴³ḷau²¹ɖau²¹vai¹³, ə⁴⁴,
　　我们 阿 卯　城市　被 那　嗯
　　我们阿卯的城市被那

28. ɖau²¹dzə²¹ɖo¹³kha⁴⁴tshi⁵⁵kha⁴⁴a⁵⁵dʐãŋ¹³sãŋ⁴⁴daɯ¹³li⁴⁴."
　　被　贼　兵　全部 烧　全部 怎样　了 了 的
　　些入侵的贼和兵全部烧毁了。"

29. tʂai⁴⁴mau¹³pu⁵⁵dzeo¹³n̥ou⁴³da¹³dʑi¹³,na¹³vai¹³,hi⁴³ma¹³tau⁴³sie⁴³da¹³dʑi¹³.
　　又　走　多少　天　了 嘛　那样　不 又 山 高 了 嘛
　　又走了几天，没有高山了。

30. na¹³qa⁵⁵dy¹³ma¹³fai⁴⁴ḷa¹³ḷa¹³ntau⁴⁴gu¹³sie⁴³dʑi¹³n̩tɕi⁴⁴tḷa⁴⁴die¹³fau⁴³
　　看　哪里　有 棵 大 大 树　是　高 嘛　爬 到 些 棵
　　fau⁴³ḷa¹³ḷa¹³ntau⁴⁴i⁵⁵.
　　棵　大 大 树 的
　　看到哪里有高高的大树就爬到那些大树上，

31. na¹³, hi⁴³ti⁴³na¹³pi⁴³a⁵⁵qa⁴³ti⁴³,
　　看　转身 看 我们　后面　嘛
　　然后转身看我们的家园，

32. i⁵⁵vie¹³tsai⁴³tə⁵⁵nə⁴³gu¹³na⁵⁵n̩tɕi⁴⁴tai⁴³qa⁵⁵n̩tɕi⁴³,n̩tɕi⁴⁴fai⁴³ḷa¹³ḷa¹³
　　但是　个　人　是 啊 爬　个　前缀 柱子　爬 棵 大 大
　　ntau⁴⁴gu¹³sie⁴³ni⁵⁵la⁵⁵.
　　树　是　高 这 的
　　但是那个爬大树的人，

33. ə⁴⁴, sai⁴⁴tə⁵⁵nə⁴³n̩tɕi⁴⁴tə³³, a⁵⁵ʐo²¹tsha⁵⁵lɯ⁴³nən³¹kou³¹n̩tɕi⁴⁴ti⁴³.
　　嗯 捡　人　爬　的　不 是　齐 个　能够　爬　的
　　不是所有人都能爬上去，

34. tsai⁴³tə⁵⁵nə⁴³gu¹³na⁵⁵nən³¹kou³¹n̩tɕi⁴⁴fai⁴³ḷa¹³ntau⁴⁴ni⁵⁵dʑi¹³,
　　个　人　是 啊 能　够　爬 棵 大 树 这 嘛
　　能爬大树的人

35. tsai⁴³tə⁵⁵nə⁴³gu¹³na⁵⁵tsui²⁴tʂhi⁴³.
　　个　　人　是 啊　最　 能干
　　是最能干的人，

36. ə⁴⁴, qa⁴⁴tɕi⁵⁵tsui³¹lou¹³ʂə⁴⁴, tsui³¹tḷou⁴³i⁴³die²¹.
　　嗯　身体　最　舒服　　最　凶猛　的
　　身体最好、最凶猛的人。

37. a⁵⁵l̩ə²¹nən³¹kou³¹n̩tɕi⁴⁴fai⁴³ntau⁴⁴ni⁵⁵mau¹³na²¹sa⁴⁴ha⁵⁵lo¹³dʑi¹³da¹³
　　然后　能　够　爬　棵　树　这　去　看　然后 啊　来　说
　　才能够爬上这棵树去看，

38. a⁵⁵l̩ə¹³lo¹³tʂai⁵⁵n̩i⁵⁵qhə⁴³pu⁵⁵ti⁴³tsai⁴³tə⁵⁵nə⁴³gu¹³na¹³n̩o⁴³die¹³ko⁴⁴
　　然后　来　有　告诉　底下　个　人　是 啊 在　些　底下
ntau⁴⁴ni⁵⁵dʑi¹³.
　　树　 这 嘛
　　然后下来告诉树下面的人，

39. dʑi¹³da¹³"a⁵⁵, pi⁴³qa⁵⁵, pi⁴³lai⁴³ḷau²¹pi⁴³a⁵⁵m̩au⁴³lai⁴³ḷau²¹a⁵⁵dʑãŋ¹³
　　说　　啊　我　前缀　我们 个 城市 我们 阿 卯 个 城市 怎样
dʑãŋ¹³do²¹si⁴³.
　重叠　那样 的
　　说："我们的城市还是这样的，

40. o⁵⁵dʑi¹³, pi⁴³a⁵⁵m̩au⁴³ti⁴³tɕheo⁴⁴a⁵⁵dʑãŋ¹³dʑãŋ¹³do²¹dauɯ²¹.
　　或者　我们　阿卯　地方　怎样　重叠 那样 了
　　我们的地方已经怎么样了。"

41. a⁵⁵qə⁴³ni⁵⁵dʑi¹³,ʐan²⁴pian²⁴tʂhen³¹tai⁴³gu¹³tlhie⁴³a⁵⁵tai⁴³gu¹³tɕiu³¹si²⁴.
　　后面　 这嘛　演　变　成　个　是　跳 做 个 是　就　是
　　后来演变成，就是

42. pi⁴³a⁵⁵m̩au⁴³a⁵⁵ə⁴⁴tsai⁴³tə⁵⁵nə⁴³gu¹³na⁵⁵n̩tɕi⁴⁴tai⁴³hua⁴⁴kan⁴⁴gu¹³ni⁵⁵.
　　我们 阿 卯 啊 嗯　个　人　是 啊 爬　个　花　杆　是　这
　　我们阿卯爬这个花杆，

43. tai⁴³qa⁵⁵ȵtɕi⁴⁴tlau⁴⁴ni⁵⁵gu¹³.
　　个　前缀　柱子　花　这　是
　　爬这个花杆的人，

44. tə⁵⁵nə⁴³gu¹³tsui²⁴tʂhə⁴³tsui²⁴hə⁵⁵die¹³qa⁵⁵lə¹³ȵtɕi⁴⁴dauɯ¹³tai⁴³qa⁵⁵ȵtɕi⁴⁴ni⁵⁵.
　　人　是　最　能干　最　勇敢　的　才　爬　了　个　前缀　柱子　这
　　是最能干、最勇敢的人才能爬这个花杆，

45. dʑi¹³na⁴⁴ni⁵⁵pi⁴³a⁵⁵hua⁴⁴ʂan⁴⁴tɕie³¹.
　　然后　现在　我们　做　花　山　节
　　现在我们举办花山节，

46. dʐo²¹tai⁴³qa⁵⁵ȵtɕi⁴⁴tau⁴³khai⁴⁴pu⁵⁵tau⁴³ni⁵⁵dʑei²¹.tʂo⁴⁴tsai⁴³gu¹³na⁵⁵ȵtɕi⁴⁴.
　　种　个　前缀　柱子　个　在　中间　这　嘛　放　个　是　啊　爬
　　在（花山节举办现场）中间种一棵花杆，让人去爬，

47. ȵtɕi⁴⁴tai⁴³qa⁵⁵ȵtɕi⁴⁴i⁴³do¹³hai⁴³a⁵⁵tsou⁵⁵tsou⁵⁵tl̥ou⁴⁴dlou¹³gu¹³
　　爬　个　前缀　柱子　那　嘛　还要　故意　抹　油　很
ndlie²¹gu¹³i⁵⁵tɕe⁴⁴.
　　是　滑　那　着
　　还要在柱子上抹上油，让柱子变得光滑，

48. na¹³mi⁴⁴die¹³qa⁴⁴dy¹³nən²⁴kou³¹ȵtɕi⁴⁴tai⁴³lo¹³lo¹³qa⁴³ȵtɕi⁴⁴ni⁵⁵
　　看　着　些　哪个　能够　爬　个　大　大　前缀　柱子　那
　　deo¹³qa⁴³ȵtʂi⁴⁴leo¹³sa⁴³ka³¹.
　　出　前缀　尖　去　了　嘎
　　看谁能爬到这棵大柱子的顶上。

49. dʑi¹³na¹³vai¹³lo¹³tsa⁵⁵li⁴⁴ni⁵⁵.
　　那么　然后　来　样子　这
　　（花山节爬花杆）就是这样来的。

50. dʑi¹³pi⁴³a⁵⁵m̥au⁴³tai⁴³gu¹³na⁴⁴ni⁵⁵ȵtɕi⁴⁴qa⁵⁵ȵtɕi⁴⁴tlau⁴³ȵtɕi⁴⁴qa⁵⁵ȵtɕi⁴⁴
　　然后　我们　阿　卯　个　那　那样　爬　前缀　柱子　花　爬　前缀　柱子

tlau⁴³ni⁵⁵.
　花　这
我们阿卯爬花杆，

51. n̩i⁵⁵fa⁵⁵tɕau⁴³ta⁴³die¹³,vie¹³dʑi¹³li⁴⁴gu¹³ku⁵⁵a⁵⁵thau⁴⁴i⁵⁵ku⁵⁵mai²¹ʐou²¹
　　说　法　多　非常　但是 接着 那样　我　以前　我　些　爷爷
la²¹mi²¹n̩i⁵⁵lo¹³dʑi¹³.
老 他们 说　来　的
说法很多，这是我爷爷他们的说法。

52. n̩i⁵⁵tsa⁴³li⁴⁴ni⁵⁵dʑi¹³, die¹³hi⁴³die¹³,
　　说　 这样　嘛　真　不　真
这种说法究竟真不真实，

53. ʐo¹³hi⁴³ʐo¹³ku⁵⁵a⁵⁵pau⁴³ti⁴³,i⁵⁵vie¹³tai⁴³ni⁵⁵gu¹³na²¹vai¹³ku⁵⁵no¹³
　　是　不　是　我　不　知道　的　但是　个　这是　那样　我　听
daɯ²¹nə³³i⁴³tʂa⁴³n̩i⁵⁵fa³¹.
到　的 一 种 说 法
我也不知道，但这个是我听到的一种说法。

54. ə⁴⁴, dʑi¹³, ə⁴⁴, ʈau⁴⁴qə⁴³, pi⁴³pi⁴³a⁵⁵m̩au⁴³a⁴⁴a⁵⁵tli⁵⁵lau²¹.
　　嗯　然后　嗯　以后　　我们我们 阿　卯　做　花山节
我们阿卯过花山节，

55. dʑi¹³, ə⁴⁴, khai⁴³pu⁵⁵ɳʈau⁴³i⁵⁵dzo¹³tai⁴³qa⁵⁵n̩tɕi⁴³,
　　然后　嗯　处所　中间　　那种　个　前缀　柱子
在花山节现场中间种一根柱子，

56. gu¹³na²¹ni⁵⁵tlau⁴³tɕe⁴⁴ha⁵⁵.
　　是　这样　花　　的　啊
柱子是花花绿绿、五颜六色的。

57. dzo²¹qa⁵⁵la⁵⁵tə⁵⁵nə⁴³mau¹³n̩tɕi⁴⁴tai⁴³qa⁵⁵n̩tɕi⁴³tlau⁴³ni⁵⁵pi⁵⁵sa⁴³.
　　放　年轻　人　去　爬　个　前缀　柱子 花 这 比赛
让年轻人去比赛爬这根花柱子。

58. na¹³mi⁴⁴die¹³qa⁵⁵dy¹³ʐã ŋ⁴⁴ɳtɕi⁴⁴hə⁵⁵, qa⁵⁵dy¹³ʐãŋ⁴⁴ɳtɕi⁴⁴tʂhə⁴³.
   看 这 啊 那个 更 爬 凶 哪个 更 爬 能干
   看哪个爬得更快,

59. tai⁴³ni⁵⁵gu¹³dʑi¹³da¹³ɳtʂə⁴³dzo¹³a⁴⁴thau⁵⁵pi⁴³a⁵⁵m̥au⁴³mai²¹lau¹³mi⁴³.
   个 这 是 说 纪念 以前 我们 阿卯 些 老 他们
   这个是纪念我们的阿卯先辈们,

60. ɳtɕi⁴⁴qa⁵⁵fau⁴³ntau⁴⁴gu¹³tsui²⁴sie⁴³, ai⁴³sie⁴³i⁵⁵ɳtɕi⁴⁴mau¹³,
   爬 个 棵 树 是 最 高 很 高 那 爬 去
   爬到最高的树上,

61. hi⁴³, hi⁴³ti⁴³na¹³pi⁴³a⁵⁵m̥au⁴³nə³³a⁵⁵qa⁴³ti⁴³ dzo²¹pi⁴³a⁵⁵m̥au⁴³nə³³, ə⁴⁴,
   转 转身 看 我们 阿卯 的 前缀 后面 地方 和 我们 阿卯 的 嗯
   转身看我们阿卯的家园,

62. ə⁴⁴, ky⁴⁴my⁴⁴lau²¹na⁵⁵,
   嗯 家园 城市 啊
   城市啊,

63. na⁴⁴li⁵⁵va²¹, dʑi¹³lo¹³tsa⁴³ni⁵⁵li⁴⁴dʑi¹³.
   啊 这样 然后 来 样子 这 这样
   （花山节爬花杆的说法）就是这样的。

64. ʐo²¹hi⁴³ʐo²¹die²¹hi⁴³die²¹to⁴⁴ku⁵⁵hi⁴³pau⁴³daɯ²¹vie¹³mai²¹lau¹³mi²¹ ŋ̊i⁵⁵tsa⁴³li⁴⁴ni⁵⁵dʑi¹³.
   是 不 是 真 不 真 都 我 不 知道 了 但是 些 老 他们 说 样子 这样 嘛
   真不真实我也不知道,但是老人们是这样说的。

65. pi⁴³hu⁴³bə²¹lo¹³ɳtɕo⁴⁴ta⁵⁵pu⁵⁵daɯ¹³tsa⁵⁵li⁴⁴ni⁵⁵.
   我们 大家 来 记住 个 故事 样子 这样
   我们大家记住的故事就是这样的。

语料译文：

　　我来讲讲我们阿卯花山节爬花杆是怎么来的。这个我也是听老人家们说的。是不是真的我也不知道。说的是很久以前，我们阿卯被其他民族赶出家园，从最美、树最多的地方赶出来，我们很怀念我们以前的地方，那地方很好，每一寸土地都非常好啊！大家逃跑的时候专门挑通往山顶的路走。走通往山顶的路就好转身看我们的家园。转身看我们的家园、我们的城市，走的时候都专门走山路，哪里高就往哪里走，现在我们阿卯，专门住在高山上，住在山高路遥的穷乡僻壤，这是一个说法。当时我们阿卯，从我们的家园逃出后，沿着很高的山往上走，走到晚上或者后面那天早上，就说："转身看我们的城市，那些有高山的地方。"爬到高山上看了就说："哦，我们的城市，还没有受到破坏，或者我们阿卯的城市被那些入侵的贼和兵全部烧毁了。"又走了几天，没有高山了。看到哪里有高高的大树就爬到那些大树上，然后转身看我们的家园，但是那个爬大树的人，不是所有人都能爬上去，能爬大树的人是最能干的人。身体最好、最凶猛的人才能够爬上这棵树去看，然后下来告诉树下面的人说："我们的城市还是这样的，我们的地方已经怎么样了。"后来演变成，就是我们阿卯爬这个花杆，爬这个花杆的人，是最能干、最勇敢的人才能爬这个花杆，现在我们举办花山节，在（花山节举办现场）中间种一棵花杆，让人去爬，还要在柱子上抹上油，让柱子变得光滑，看谁能爬到这棵大柱子的顶上。（花山节爬花杆）就是这样来的。我们阿卯爬花杆的说法很多，这是我爷爷他们的说法。这种说法究竟真不真实，我也不知道，但这个是我听到的一种说法。我们阿卯过花山节，在花山节现场中间种一根柱子，柱子是花花绿绿、五颜六色的。让年轻人去比赛爬这根花柱子。看哪个爬得更快。这个是纪念我们的阿卯先辈们，爬到最高的树上，转身看我们阿卯的家园、城市。（花山节爬花杆的说法）就是这样的。真不真实我也不知道，但是老人们是这样说的。我们大家记住的故事就是这样的。

语料备注信息：

语料标题： 花山节爬花杆的由来

语料讲述人： 张义光，男，苗族，时年50岁，中专文化，禄丰县仁兴镇马安小学教师，母语为苗语，母语和汉语都熟练。

拍摄地点： 云南省楚雄州禄丰县仁兴镇大箐小学村口的斗牛举办现场。

拍摄场景： 户外，斗牛现场的山顶，比较安静。

拍摄时间： 2018年8月2日。

拍摄人： 季红丽、王斌

摄像机品牌及型号：SonyFDR-AXP55
视频参数设定：1080/25P
语料时长：3 分 59 秒
语料转写字数：2867

民俗文化一　阿卯的房屋及建筑

$a^{55}m̥au^{43}ni^{55}ŋa^{13}$　阿卯的房屋及建筑
　　阿　卯　　的　房子

1. $a^{44}thau^{55}i^{55}, pi^{43}a^{55}m̥au^{43},$
　　以前　　我们　阿 卯
　以前我们阿卯，

2. $n̥o^{43}ŋa^{13}tɕy^{55}ly^{43}, n̥o^{43}ŋa^{13}tɕiaŋ^{43}.$
　　在　房子　帽子　在　房子　墙
　住帐篷，住土房，

3. $n̥o^{43}qho^{43}və^{21}qho^{43}ntau^{44}tə^{33}a^{55}, ə^{44},$
　　在　洞　石头　洞　树　只是　嗯
　住山洞、树洞，

4. $na^{44}ni^{55}dɯ^{13}koŋ^{31}tʂhan^{24}tan^{31}dʐo^{13}hə^{55},$
　　现在　被　共　产　　党　拿　带领
　现在在共产党的领导下，

5. $ŋdau^{21}za^{13}ʑe^{13}hai^{55}zau^{44},$
　　被　政策　　很　好
　社会政策好，

6. $ma^{13}ti^{43}lie^{43}ti^{43}tɕheo^{44}tau^{44}pi^{43}a^{55}m̥au^{43}a^{44}.$
　　给　地　天　地方　　给　我们　阿卯　做
　给我们土地种庄稼，

7. $tʂo^{13}pi^{43}a^{55}m̥au^{43}n̥o^{43}i^{43}kho^{44}n̥a^{55}ti^{43}tɕheo^{44}gu^{13}ku^{43}tin^{43}.$
　　给　我们　阿卯　　在　一　处　这　地方　　是　固定
　让我们有固定的家，

8. ə⁴⁴pi⁴³n̠o⁴³kho⁴³n̠a⁵⁵ti⁴³tɕheo⁴⁴pi⁴³zau⁴⁴pi⁴³zau⁴⁴zau⁴⁴nə³³a⁴⁴ŋa¹³.
   嗯 我们 在 处 这 地 我们好 我们好 好 的 盖房子
   我们在这里盖房子，

9. na⁴⁴ni⁵⁵pi⁴³a⁵⁵m̠au⁴³hai⁵⁵ma¹³tou⁴³n̠o⁴³ŋa¹³ndu¹³ŋa¹³va¹³.
   现在 我们 阿卯 很 有 啊 在 房子 天 房子 瓦
   现在我们阿卯住瓦房、洋房。

10. ma¹³pu⁴⁴zo²¹lo¹³dʑi¹³, ə⁴⁴, ni⁵⁵hai⁵⁵zau⁴⁴.
    买 汽车 来 开 嗯 这 很 好
    买车来开，这样很好。

11. i⁵⁵vie¹³ə⁴⁴ta⁵⁵nu¹³gu¹³dʑi¹³da¹³a⁴⁴thau⁵⁵pi⁴³a⁵⁵m̠au⁴³a⁴⁴dʐãŋ¹³na⁵⁵.
    但是 嗯 个 事情 是 说 以前 我们 阿卯 为什么
    但是以前我们阿卯，

12. ə⁴⁴, n̠o⁴³ŋa¹³, n̠o⁴³ŋa¹³tɕy⁵⁵ly⁴³tə³³, n̠o⁴³qho⁴⁴və²¹qho⁴⁴ntau⁴⁴tə³³.
    嗯 在 房子 在 房子 帽子 的 在 洞 石头 洞 树 的
    住的是帐篷、山洞和树洞。

13. ta⁵⁵ni⁵⁵la⁴⁴a⁵⁵zo²¹gu¹³pi⁴³a⁵⁵m̠au⁴³hi⁴³tɕhə⁴³ti⁴³o³¹ma¹³ʐuan³¹ʑin³³,
    个 这 也 不是 是 我们 阿卯 不 情况 哦 有 原因
    不是我们不勤快，是有原因的。

14. i⁵⁵gu¹³ʈhau⁴⁴a⁴⁴thau⁵⁵pi⁴³a⁵⁵m̠au⁴³ʈhau⁴⁴qa⁵⁵vau⁴³, daɯ¹³qa⁵⁵vau⁴³
    因为 从 以前 我们 阿卯 从 汉族 被 前缀 汉族
    leo⁴⁴deo¹³.
    驱赶 出来
    以前我们苗族被其他民族驱赶，

15. pi⁴³a⁵⁵m̠au⁴³nə³³a⁵⁵qho⁵⁵ti⁴³a⁵⁵qho⁵⁵tɕheo⁴³lo¹³leo⁴⁴a⁵⁵qə⁴³.
    我们 阿卯 的 前缀 根 地方 前缀 根 地方 来 去 后面
    驱赶出我们的家园，

16. ə⁴⁴, mau¹³n̥o⁴³i⁴³qho⁴⁴ti⁴³tɕheo⁴⁴n̥o⁴³pu⁴³dzeo¹³n̥u⁴³tə³³.
　　嗯　去　在　一　出　地方　　在　多少　天　的
　　在一个地方住几天，

17. tsai⁴³la²¹leo⁴⁴da¹³dzo²¹da²¹,
　　又　人家　驱赶　来　到　了
　　人家又来驱赶了。

18. dʑi¹³pi³¹ɕy⁴⁴tʂai⁴⁴ʂeo⁴⁴ɖau²¹ka⁴³, a⁴⁴li⁵⁵dʑi¹³,
　　然后　必须　　又　起来　跑　嘎　那样　嘛
　　必须又跑了。

19. gi²¹a⁴⁴i⁴³lu⁴³ŋa¹³gu¹³zau⁴⁴kai⁴⁴n̥o⁴³li⁴⁴la⁴⁴, a⁴⁴a⁵⁵ɴqə⁴⁴ti⁴³,
　　你　盖　一　个　房子　是　好　　的　在那样　盖不　价格　的
　　n̥o⁴³a⁵⁵ɴqə⁴⁴ti⁴³.
　　在　不　价格　的
　　你要是盖一个很好的房子也不值得。

20.　tsai⁴⁴la⁴⁴ʂeo⁴⁴ɖau²¹daɯ¹³li⁴⁴na⁵⁵sui³¹sui³¹pian²⁴pian²⁴a⁴⁴lu⁴³n̥a⁵⁵
　　　又　要　起来　跑　了　这样　随　随　便　便　盖个　这
　　ka⁴⁴tɕy⁴⁴ŋa¹³.
　　　小　　房子
　　就随便盖一个房子住着。

21. dʐa²¹, lai⁴³ŋa¹³tɕy⁴⁴ly⁴³a⁵⁵, lai⁴³ŋa¹³khau⁴³ntlau⁴³a⁵⁵,
　　比如　个　房子　帽子　啊　个　房子　烂　树叶　啊
　　比如盖一个帐篷，一个茅草房，

22. khu⁵⁵a⁵⁵dʑi¹³n̥o⁴³qho⁴⁴və²¹qho⁴⁴ntau⁴⁴a⁵⁵, n̥o⁴³n̥u⁴³so⁴⁴n̥u⁴³.
　　或者　嘛　在　洞　石头　洞　树　啊　在　天　算　天
　　要么就住石洞、树洞，能住一天算一天。

23. a⁴⁴li⁵⁵a⁵⁵, thau⁴⁴dy²¹la²¹leo⁴⁴dʑi¹³thau⁴⁴dy²¹ɖau²¹,
　　那样　啊　啥时候　人家　驱赶　嘛　啥时候　跑
　　人家什么时候赶就什么时候跑。

24. a⁵⁵ʐo²¹qa⁵⁵vau¹³leo⁴⁴tou³³ti⁴³, pi⁴³qa⁵⁵m̥au⁴³dʑi¹³.
　　 不是　汉族　驱赶　只　的　我们　阿卯　嘛
　　不是只有汉族驱赶，

25. tʂai⁴⁴mau¹³a⁵⁵, a⁵⁵, mau¹³a⁴⁴ni⁵⁵ma²¹ni⁵⁵khə⁴³a⁵⁵.
　　 又　去　啊　啊　去　做　奴隶　仆人　啊
　　做人家的奴隶，

26. a⁴⁴li⁵⁵la⁵⁵, la²¹ʐa¹³gi²¹a⁴⁴khə⁴³i⁵⁵n̥u⁴³i⁵⁵dʑi¹³, gi²¹n̥o⁴³ha⁵⁵.
　　 于是　人家要　你做奴隶　一　天　一　嘛　你　在　啊
　　人家要你做奴隶的那天你就住着，

27. la²¹hi⁴³ʐa¹³gi²¹a⁴⁴khə⁴³thau⁴⁴i⁵⁵daɯ¹³dʑi¹³, la²¹leo⁴⁴gi²¹dʑi¹³,
　　 人家　不　要　你　做　奴隶　以前　了　嘛　人家　驱赶　你　嘛
　　a⁴⁴dau²¹deo¹³dʐo²¹daɯ²¹.
　　 要　跑　出来　只　能
　　人家不要你的时候你就只能逃跑。

28. a⁴⁴li⁵⁵na⁵⁵pi⁴³qa⁵⁵m̥au⁴³a⁴⁴ma¹³khau⁵⁵, ə⁴⁴, a⁴⁴lai⁴³ŋga¹³gu¹³zau⁴⁴
　　 于是　我们　阿卯　不　有　办法　嗯　盖个　房子　是　好
　　kai⁴³n̥o⁴³ta⁴³tʂə⁴⁴tʂə⁴⁴ti⁴³.
　　 很　在　非常　的
　　所以我们不能盖好房子住。

29. li⁴⁴mo⁵⁵a⁴⁴ŋga¹³tɕy⁵⁵ly⁴³, a⁴⁴ŋga¹³khau⁵⁵ntlau⁴³.
　　 只能　盖　房子　帽子　盖　房子　烂　树叶
　　只能盖帐篷和茅草房来住。

30. n̥o⁴³qho⁴⁴və²¹qho⁴⁴tsa⁵⁵, qho⁴³, n̥o⁴³qho⁴⁴thou⁴³, a⁴⁴li⁵⁵tə³³.
　　 在　洞　石头　洞　悬崖　洞　在　洞　木炭　这样　的
　　住石洞、山洞和炭洞。

31. a⁴⁴, dʑi¹³na⁴⁴ni⁵⁵pi⁴³a⁴⁴tʂha⁵⁵la²¹koŋ³¹tʂhan²⁴tan³¹tɕhiu⁴⁴hə⁵⁵pi⁴³.
　　 啊　然后　现在　我们　要　感谢　共　产　党　领导　我们
　　我们现在感谢共产党对我们的领导。

附录　滇北苗语语料

32. ə⁴⁴, gu¹³pi⁴³ma¹³ti⁴³tɕheo⁴⁴gu¹³pi⁴³n̠o⁴³i⁴³kho⁴³.
　　 嗯　是 我们　有　地方　是 我们 在 一 处所
　　 我们有自己的家园。

33. ə⁴⁴, tṣai⁴⁴pi⁴³a⁴⁴die¹³die²¹ŋga¹³va¹³gu¹³n̠o⁴³zau⁴⁴ta⁴³die¹³.
　　 嗯　又 我们 盖 好 些　房子 瓦 是 在 好 非常
　　 我们盖漂亮的大瓦房，

34. ʐo¹³pi⁴³a⁵⁵m̥au⁴³la⁴⁴ma¹³tə⁵⁵nə⁴³gu¹³tṣə⁴³gu¹³ma¹³pu⁵⁵zo²¹lo¹³dʑi¹³
　　 哦 我们 阿 卯　要　有　人　是 能干 很 有 汽车 来 开
　　 ha⁵⁵dʐu²¹, a⁴⁴ŋga¹³.
　　 啊　嘛　盖 房子
　　 我们当中有些能干的人买私家车、盖房子，

35. ŋga¹³dʐou²¹ŋga¹³va¹³zau⁴⁴gu¹³l̠au²¹ti⁴³ l̠au²¹ tɕheo⁴⁴die¹³ni⁵⁵la⁴⁴
　　 房子 瓦　房子 瓦 好 非常 城市 地方 城市 地方 些 这 也
　　 ma¹³tɕau⁴³kai⁴³dauɯ¹³.
　　 有 多 很 了
　　 在城里的人也不少。

36. a⁵⁵dʑi¹³thə³¹pie³¹pi⁴³m̥au⁴³ta³¹tɕin²⁴ti⁴³tɕheo⁴⁴ka⁴³.
　　 然后　特别 我们 卯　大 箐　地方 嘎
　　 特别是我们大箐，

37. ʐa⁴⁴a⁴⁴ndu¹³, ŋga¹³ndu¹³ŋga¹³va¹³ʐa⁴⁴tɕau⁴³ʐa⁴⁴a⁴⁴zau⁴⁴.
　　 更 盖 打　房子 打 房子 瓦 更　多　更 盖 好
　　 瓦房盖得更好、更多。

38. a⁴⁴tlau⁴³tɕe⁴⁴li⁴⁴gu¹³si⁴⁴l̠au²¹i⁴³zãŋ⁴³tai⁴³ni⁵⁵gu¹³tɕiu³¹ʂi²⁴lo¹³li⁴⁴ni⁵⁵
　　 做 花　着　这样 似 花 一 样　个 这 是 就 是 来 样 这
　　 盖得像城市一样。

39. a⁵⁵ʐo²¹gu¹³pi⁴³qa⁵⁵m̥au⁴³hi⁴³tṣhə⁴³ti⁴³nau¹³ɲi⁵⁵lo¹³si⁴⁴a⁴⁴thau⁵⁵
　　 不 是　是 我们　阿 卯 不　勤快 的 听　说 来 是　以前

ŋga¹³va¹³to³³pi⁴³qa⁵⁵m̥au⁴³.
房子 瓦 都 我们 阿卯
不是我们不勤劳。听说以前的瓦房,

40. ʐa¹³dzeo²¹a⁵⁵ha⁵⁵, pi⁴³a⁵⁵m̥au⁴³mau¹³, pa⁴⁴qa⁴⁴vau¹³a⁴⁴ŋga¹³.
更 会 盖 啊 我们 阿卯 去 帮助 汉族 盖 房子
都是我们苗族人盖得更好。

41. tl̥a⁴⁴qa⁵⁵vau¹³ti⁴³tɕheo⁴⁴, a⁴⁴dʑi¹³pi⁴³tɕiaŋ⁴⁴, ə⁴⁴,
到 前缀 汉族 地方 那么 我们 像 嗯
我们还去给汉族人盖房子。

42. kui²⁴tʂou⁴⁴ɕi⁴⁴tɕiaŋ⁴⁴nə³³tɕian⁴⁴hu²⁴miao³¹tʂai²⁴tai⁴³bu¹³ŋga¹³va¹³ni⁵⁵.
贵州 西江 的 千 户 苗 寨 个 些 房子 瓦 这
就像贵州西江的千户苗寨,

43. la⁴⁴tɕiu³¹ʂi²⁴gu¹³pi⁴³qa⁵⁵m̥au⁴³a⁴⁴deo¹³lo¹³tə³³da¹³, a⁵⁵ʐo²¹qa⁵⁵vau¹³
也 就 是 是 我们 阿 卯 盖 出 来 的 啊 不 是 前缀 汉族
a⁴⁴ti⁴³ʂuo⁴³.
盖 的 说
就是我们苗族人盖的,不是汉族盖的。

44. a⁵⁵dʑi¹³die¹³ni⁵⁵la⁴⁴n̥i⁴⁴tʂhai⁴⁴gu¹³pi⁴³a⁵⁵m̥au⁴³, die¹³teo⁴⁴di¹³gu¹³
那么 些 这 也 说 清楚 是 我们 阿 卯 些 脚 手 是
na⁵⁵a⁴⁴ŋga¹³a⁴⁴tɕheo⁴⁴ni⁵⁵.
那 盖 房子 盖 床 这
这个就能证明我们盖房子的技术,

45. ɕiaŋ⁴⁴tan⁴⁴a⁴⁴zau⁴⁴a⁴⁴tʂhau⁵⁵, a⁴⁴tɕhau⁵⁵, a⁴⁴tɕau⁵⁵fa⁵⁵qa⁵⁵vau¹³.
相 当 盖 好 盖 超 盖 超 盖 超过 前缀 汉族
非常好,超过了汉族的水平。

46. die¹³pi⁴³a⁵⁵l̩ə¹³a⁴⁴tau⁴⁴bai²¹ŋga¹³gu¹³zau⁴⁴n̥o⁴³n̥o⁴³zau⁴⁴li⁴⁴ni⁵⁵.
然后 我们 才 盖 得 些 房子 是 好 在 在 好 样 这
我们才能够盖这么好的房子。

47. ə⁴⁴ɕi⁴⁴tɕiaŋ⁴⁴ɕian⁴⁴hu²⁴miao³¹tṣai²⁴ṣi²⁴ma¹³qa⁵⁵tʂhə⁴³ɕiau⁴⁴daɯ¹³
嗯　西江　千　户　苗　寨　是　有　几　千　年　了
li⁴⁴ma²¹ka⁴³.
样子　嘎
西江千户苗寨有几千年的历史了，

48. to⁴⁴die¹³ŋga¹³i⁵⁵a⁴⁴zau⁴⁴gu¹³i⁵⁵to⁴⁴tʂhau⁴⁴pi⁴³a⁵⁵m̥au⁴³.
都　些　房子　那　盖好　是　那　都　从　我们　阿　卯
那些盖得很好的房子都是出自于我们阿卯。

49. ə⁴⁴, n̥o⁴³ʈau⁴³tɕian²⁴tʂu²⁴fan⁴⁴mian²⁴tɕi²⁴ṣu³¹ɕiaŋ⁴⁴tan⁴⁴zau⁴⁴,
嗯　在　在　建　筑　方　面　技　术　相　当　好
ɕiaŋ⁴⁴tan⁴⁴kau⁴⁴tʂhau⁴⁴.
想　当　高　超
我们在建筑方面的技术相当高超。

语料译文：

以前我们阿卯住帐篷、住土房，住山洞、树洞，现在在共产党的领导下，社会政策好，给我们土地种庄稼，让我们有固定的家，我们在这里盖房子，现在我们阿卯住瓦房、洋房。买车来开，这样很好。但是以前我们阿卯，住的是帐篷、山洞和树洞。不是我们不勤快，是有原因的。以前我们苗族被其他民族驱赶，驱赶出我们的家园，在一个地方住几天，人家又来驱赶了，必须又跑了。你要是盖一个很好的房子也不值得。比如盖一个帐篷，一个茅草房，要么就住石洞、树洞，能住一天算一天。人家什么时候赶就什么时候跑。做人家的奴隶，人家要你做奴隶的那天你就住着，人家不要你的时候你就只能逃跑。所以我们不能盖好房子住。只能盖帐篷和茅草房来住。我们住石洞、山洞和炭洞。我们现在感谢共产党对我们的领导。我们有自己的家园。我们盖漂亮的大瓦房，我们当中有些能干的人买私家车、盖房子，在城里的人也不少。特别是我们大箐，瓦房盖得更好、更多。盖得像城市一样。不是我们不勤劳。听说以前的瓦房都是我们苗族人盖得更好。我们还去给汉族人盖房子。就像贵州西江的千户苗寨，就是我们苗族人盖的，不是汉族盖的。这个就能证明我们盖房子的技术非常好，超过了汉族的水平，我们才能够盖这么好的房子。西江千户苗寨有几千年的历史了，那些盖得很好的房子都是出自于我们阿卯。我们在建筑方面的技术相当高超。

语料备注信息：
语料标题： 阿卯的房屋及建筑
语料讲述人： 张义光，男，苗族，时年 50 岁，中专文化，禄丰县仁兴镇马安小学教师，母语为苗语，母语和汉语都熟练。
拍摄地点： 云南省楚雄州禄丰县仁兴镇大箐小学村口的斗牛举办现场。
拍摄场景： 户外，斗牛现场的山顶，比较安静。
拍摄时间： 2018 年 8 月 2 日。
拍摄人： 季红丽、王斌
摄像机品牌及型号： SonyFDR-AXP55
视频参数设定： 1080/25P
语料时长： 3 分 11 秒
语料转写字数： 2211

民俗文化二　大箐文化室讲解

1. tai^{43}ni^{55}gu^{13}ntsi^{44}ta^{55}tʂha^{43}.
   个　这　是　名字　个　纺车
   这个东西叫做纺车。

2. ta^{55}tʂha^{43}dʑi^{13}ʑi^{43}si^{44}gu^{13}ʂeo^{44}da^{21}lo^{13}tɕe^{33}die^{13}.
   个　纺车　嘛　意思　是　绕　麻线　来　放　的
   权的意思就是用来绕麻线的。

3. tʂha^{43}dʑi^{13}ma^{13}i^{43}a^{43}san^{44}si^{44}u^{24}dʑi^{13}ma^{13}pə^{43}du^{21}a^{55}ti^{44}dau^{21}.
   纺车　嘛　有　一　二　三　四　五　就　有　五　个　_{前缀}翅膀　的
   这种纺车有五个翅膀。

4. a^{55}kheo^{44}tʂha^{43}tau^{44}ta^{44}ni^{55}tɕe^{33}die^{21}a^{55}lə^{33}ma^{13}khau^{44}tʂha^{43}a^{44}ʂuo^{55}.
   要　拿　纺车　放　个　这　放　嘛　才　　有　办法　纺车　做　线
   把麻线绕在这里把它叉开才能成线。

5. a⁵⁵li⁴⁴dʑi¹³ta⁵⁵ni⁵⁵dʑi¹³tʂu³¹ʑau³¹kai²⁴vie²¹ta⁵⁵ni⁵⁵hi⁴³tɕhi⁴³tɕuan²⁴daɯ²¹.
　　　于是　个　这　嘛　主　要　很　　但是　个　这　不　齐　　全　　了
　　这个很重要，但是这个已经不齐全了。

6. hai⁴³ma¹³tai⁴³gu¹³ta⁵⁵i⁵⁵thie⁴³tai⁴³gu¹³dʑo¹³ha⁵⁵a⁵⁵ʑi³¹sa⁴³.
　　　还　有　个　是　踢　　和　个　是　拿　啊　做　的　的
　　还有踢的那个和拿的那个。

7. a⁴⁴li⁵⁵vie¹³a⁴⁴thau⁵⁵i⁵⁵tai⁴³dʑei¹³n̠au¹³i⁵⁵dʑi¹³ma¹³dzo²¹ba¹³ni⁴⁴dʑi¹³
　　　但是　　以前　　那　个　　时间　那　嘛　有　的　　现在　嘛
hi⁴³ma³¹daɯ²¹a⁴⁴li⁵⁵gu¹³tsai⁴³gau¹³tʂa⁵⁵ni⁵⁵dʑi¹³hi⁴³pau⁴³daɯ²¹.
不　有　了　于是　　些　漂亮　年轻　这　就　不　知道　　了
　　以前那个时候有的，现在没有了，所以现在的年轻人都不知道了。

8. gu¹³ta⁴³ni⁵⁵gu¹³ta⁵⁵tʂha⁴³li⁴⁴.
　　　是　个　这　是　个　纺车　的
　　这个就叫做纺车了。

9. ʑan³¹hou³¹dʑi¹³tai⁴³ni⁵⁵dʑi¹³ta⁵⁵ni⁵⁵dʑi³ta⁵⁵nto⁴⁴dʑi¹³.
　　　然　后　嘛　个　这　嘛　个　这　嘛　个　织布　嘛
　　然后这个是织布机。

10. tʂu³¹ʑau²⁴dʑi¹³nto³³nto³³dzo¹³daɯ²¹dʑi³nto³³nto³³dʑi¹³ʑi³¹si⁴⁴gu¹³
　　　主　要　嘛　织　布　拿　了　嘛　织　布　嘛　意思　是
su⁴³a⁴⁴tai⁴³vai¹³sãŋ⁵⁵die¹³a⁴⁴lə¹³a⁴⁴tai⁴³ni⁵⁵dʑi¹³nto³³nto³³dʑi¹³a⁴⁴tʂho⁴³
先　做　个　那　了　　才　然后　做　个　这　嘛　织　布　嘛　做　衣服
nãŋ⁵⁵.
穿
　　主要就是织布了，意思是先做了那个再来做这个，然后做衣服穿。

11. ta⁵⁵nto³³ni⁵⁵dʑi¹³tʂa⁵⁵hi⁴³ma¹³la⁵⁵d̠au²¹ni⁵⁵dʑi¹³ken⁴⁴pen³¹a⁴⁴ma¹³khau⁴⁴ti⁴³.
　　　个　织　那　嘛　如果　不　有　个　穿线盒　这　嘛　根　本　不　有　办法　的
　　这个织布机如果没有这个穿线盒根本没有办法操作。

12. tʂu²⁴ʑau²⁴a⁴⁴ma¹³la⁵⁵ɖau²¹ni⁵⁵tshau⁴³suo⁵⁵ɖau²¹la⁵⁵ni⁵⁵lo¹³
    主 要 要 有 个 穿线盒 这 制造 线 到 个 这 来
    nto³³die¹³a⁴⁴lə¹³nto³³deo¹³.
    织 才 才 织 出来
    主要是要有这个穿线盒，才能把布织出来。

13. tai⁴³ni⁵⁵gu¹³tʂhau⁴³ma¹³a⁴⁴ha⁵⁵lo¹³a⁴⁴li⁵⁵dʑi¹³ta⁵⁵ni⁵⁵gu¹³
    个 这 是 从 麻 做 啊 来 这样 个 这 是
    ɕiaŋ⁴⁴taŋ⁴⁴tʂu³¹ʑau²⁴.
    相 当 主 要
    这些是用麻做出来的，是相当重要的。

14. a⁴⁴thau⁵⁵i⁵⁵a⁵⁵lau¹³a⁵⁵phy⁴³tou⁴⁴ʂi²⁴ʑoŋ²⁴tai⁴³ni⁵⁵tə⁴⁴.
    从前 前缀 老 前缀 钻 都 是 用 个 这 的
    以前的老祖老辈都是用这个，

15. ʂi⁴³ma¹³tai⁴³ni⁵⁵dʑi¹³pi⁴³a⁴⁴tau⁴⁴tʂho⁴⁴n̠ã̠ŋ⁵⁵ti⁴³.
    不 有 个 这 嘛 我们 不 得 衣服 穿 的
    如果没有这个，我们就没有衣服穿。

16. ʑan³¹hou²⁴dʑi¹³khai⁴³ni⁵⁵ma⁴³khai⁴³ni⁵⁵a⁴⁴thau⁵⁵i⁵⁵lə³³ma³¹
    然 后 嘛 处 这 不 处 这 以前 了 嘛
    a⁴⁴thau⁵⁵i⁵⁵dʑi¹³.
    以前 嘛
    然后这里是以前，以前的嘛，

17. ha⁵⁵kha⁴⁴ni⁵⁵gu¹³tɕiu³¹ʂi²⁴ma¹³.
    然后 处 这 是 就 是 有
    这里有

18. la⁴⁴ni⁵⁵gu¹³la⁵⁵khy⁴³la⁵⁵tly⁴³gu¹³khy⁴³n̠u¹³la⁵⁵khy⁴³n̠u¹³li⁴⁴ni⁵⁵dʑi¹³
    个 这 是 个 罩子 个 箩筐 是 罩 牛 要 罩 牛 要 个 这 嘛
    一个小箩筐，是用来罩牛鼻子的。

19. dzo¹³ti⁴³i⁴³beo²¹i⁵⁵tʂu³¹ʐau²⁴dʑi¹³tai⁴³n̠u¹³nau¹³qau⁴³qai¹³na⁵⁵
    犁 地 一 下 那 主要 嘛 头 牛 吃 庄稼 很 么
    这个罩子主要是用来罩着牛头，

20. khy⁴³tɕe³³dʑi¹³tai⁴³n̠u¹³khu⁴³mau¹³nau¹³la⁵⁵a⁵⁵tau⁴⁴nau¹³ti⁴³.
    罩 着 嘛 头 牛 任凭 去 吃 也 不 得 吃 的
    防止牛犁地时牛吃庄稼。

21. la⁵⁵ni⁵⁵gu¹³la³³tl̥o⁴⁴gu¹³a⁴⁴thau⁵⁵i⁵⁵a⁵⁵l̥au⁴³n̠ie⁴³vai¹³
    个 这 是 个 锅盖 是   前缀 老 母 父
    这个是以前老祖宗

22. ʈhau³³bai²¹fauɯ⁴³ntau⁴⁴gu¹³l̥o⁴³gu¹³i⁵⁵a⁵⁵la⁵⁵tl̥o⁴⁴.
    用 些 棵 树 是 大 是 那 做 个 锅盖
    用大树制成的锅盖。

23. la⁵⁵ni⁵⁵gu¹³la⁵⁵tl̥y⁴³dʑi¹³a⁴⁴thau⁵⁵i⁵⁵n̠ie⁴³vai¹³mau¹³dzo²¹qau⁴³dʑi¹³
    个 这 是 个 笋筐 嘛   以前   母 父 去 种 庄稼 嘛
    kheo³³la⁵⁵tl̥y⁴³
    拿 个 笋筐
    这是个小笋筐，以前父母去种庄稼的时候随身携带的小笋筐。

24. tʂi⁴⁴tsai⁴³ni⁵⁵vai¹³tsau⁴⁴vai¹³tsau⁴⁴dzo²¹dʑi¹³la⁵⁵ni⁵⁵gu¹³la⁵⁵tl̥y⁴³.
    背 着 这样 抓 放 抓   种子 嘛 个 这 是 个 笋筐
    背着笋筐，这样把种子放进笋筐，又这样从笋筐里抓种子撒。

25. a⁴⁴tɕhe⁴³dʑi¹³ba¹³ni⁵⁵gu¹³a⁴⁴thau⁵⁵i⁵⁵ta⁵⁵ni⁵⁵dʑi¹³ta⁵⁵gu¹³ntʂə⁴⁴nə³³.
    而且   嘛 些 这 是 以前 个 这 嘛 个 是 挡 马
    而且这些是以前的拴马器。

26. la⁴⁴ni⁵⁵gu¹³la⁴⁴ʂeo⁴³dʑi¹³na⁵⁵ni⁵⁵nian³¹tɕin⁴⁴ʐen³¹dʑi¹³hi⁴³po⁵⁵
    个 这 是 个 升子 嘛   现在   年   轻 人 嘛 不 见
    dauɯ²¹hi⁴³pau⁴³dauɯ²¹.
    了 不 知道 了
    这是个升子，现在的年轻人都没有见过，也不知道了。

27. la⁴⁴ni⁵⁵gu¹³la⁴⁴ʂeo⁴³dʑi¹³a⁴⁴thau⁵⁵i⁵⁵dʑi¹³a⁵⁵ʐo²¹gu¹³lu¹³ki⁴⁴ti⁴³a⁴⁴
个 这 是 个 升子 嘛　以前　嘛 不 是 是 称 秤 的 不
ma¹³ki⁴⁴lu¹³ti⁴³.
有 秤 称 的
这个升子嘛，以前没有秤，不是用秤称东西的。

28. tɕiu³¹ʂi²⁴kheo³³la⁴⁴ʂeo⁴³ni⁵⁵ha⁵⁵vai¹³i⁴³ʂeo⁴³ʈau⁴⁴sãŋ⁴⁴ha⁵⁵tʂai⁴⁴
就 是 拿 个 升子 这 啊 抓 一 升 到 完 啊 再
vai¹³i⁴³ʂeo⁴³.
抓 一 升
就是用这个升子一升一升地装，

29. gu¹³la⁵⁵ʂeo⁴³ni⁵⁵gu¹³si⁴³na⁴⁴ni⁵⁵tai⁴³ki⁴⁴i⁴³zaŋ⁴³nə³³ʑi⁴³si⁴⁴.
是 个 升子 这 是 似 现在　个 秤 一 样 的 意 思
和现在的称是一个意思。

30. la⁵⁵ni⁵⁵gu¹³a⁴⁴thau⁵⁵i⁵⁵dʑi¹³a⁴⁴ma¹³ti⁴³la⁵⁵gu¹³nti⁴⁴ka⁴⁴zau⁴³.
个 这 是　以前 嘛 不 有 的 个 是 装 汤 菜
这个东西以前是没有的，是用来装汤和菜的。

31. a⁴⁴thau⁵⁵i⁵⁵dʑi¹³ɲie²¹vai¹³ʂau⁴⁴dʑi¹³tʂu⁴⁴mi⁴³kheo⁴⁴ntau⁴⁴ha⁵⁵dzo¹³
　　　　以前 嘛 母 父 穷 嘛 专门 拿 树 啊 拿
lo¹³ha⁵⁵dzau²¹ha⁵⁵.
回来 啊 凿 啊
以前父亲们穷，专门拿木头来凿（这些用品）。

32. a⁴⁴la⁵⁵na⁴⁴li⁵⁵gu¹³a⁴⁴la⁵⁵phai²⁴tsa⁴⁴ni⁵⁵tʂaɯ⁴⁴ka⁴⁴zau⁴³.
做 个 这样 做 个 盆 这样 装 汤 菜
做个这样的盆来装汤和菜。

33. tai⁴³ni⁵⁵gu¹³dzo¹³n̩u¹³ni⁵⁵tai⁴³tʈa⁴³gu¹³tai⁴³,
个 这 是 拿 牛 的 个 轭 是 个
这个是牛轭，

34. gu¹³kheo⁴⁴ʈau⁴⁴n̯u¹³ni⁵⁵lai⁴³ʂi³¹tla⁴³ha⁵⁵tai⁴³gu¹³ndza¹³n̯u¹³i⁵⁵.
　　 是　拿　　在　牛　的　个　脖子　啊　个　是　控制　牛　的
　　用来拴在牛脖子上控制牛。

35. tai⁴³ni⁵⁵gu¹³a⁴⁴thau⁵⁵i⁵⁵ki⁴³ndʑiu¹³hai³¹ma¹³vai¹³hau⁴³ha¹³tlie⁴⁴
　　 个　这　是　　以前　　瓢　　还　有　呢　坛子　啊　勺子
　　这个是以前的瓢、坛子和勺子，

36. gu¹³ʈhau⁴⁴deo¹³a⁵⁵tə³³hiu⁴⁴bə²¹.
　　 是　用　　木头　做　的　　全部
　　都是用木头做的。

37. tai⁴³ni⁵⁵gu¹³tai⁴³nə¹³ni⁵⁵tai⁴³gu¹³o⁴³i⁴³dzo¹³daɯ¹³kheo⁴⁴ʈau⁴⁴tai⁴³
　　 个　这　是　个　马　的　个　是　捂　就是　了　拿　　在　个
nə¹³ni⁵⁵lai⁴³ʂi⁴³tla⁴³.
　　 马　　的　个　脖子
　　这个是用来套马的，放在马脖子上。

38. ta⁵⁵ni⁵⁵gu¹³tɕiu³¹ʂi²⁴gi²¹a⁵⁵tʂai⁴⁴a⁵⁵ʂuo⁴³a⁵⁵ʂi⁵⁵mau¹³tai⁴³
　　 个　这　是　就　是　你　要　驮　　东西　　什么　去　卖
　　这个就是要驮东西去卖时

39. tɕiu³¹ʂi²⁴tʂhə⁴⁴ntʂhi⁴⁴khy⁴³ʈau³³tai⁴³nə¹³i⁵⁵.
　　 就　是　抬　迅速貌　套　　在　匹　马　的
　　直接抬起放在马上的。

40. khy⁴³ʈau⁴⁴tai⁴³nə¹³ha⁵⁵sãŋ⁵⁵ni⁵⁵khai⁴³i⁴³lu⁴³tɕai⁴⁴,
　　 套　　在　匹　马　啊　边　　这　拴　　一　个　篮子
　　放在马上，这边拴一个篮子，

41. sãŋ⁵⁵vai¹³khai⁴³i⁴³lu⁴³tɕai⁴⁴hai⁴⁴a⁴⁴tʂo⁴³a⁴⁴ʂi⁵⁵tau⁴⁴a⁴⁴sa⁴³ha⁵⁵hai⁴⁴
　　 边　那　拴　　一　个　篮子　装　东西　什么　在　上面　啊　装
tɕau⁴³gai¹³sa⁴³.
　　 多　　很　的
　　那边拴一个篮子，可以装很多东西。

42. tai⁴³ki⁵⁵ntɕiu⁴⁴ni⁵⁵la⁵⁵nteo⁴⁴tʰau⁴⁴nteo⁴⁴a⁵⁵tə³³dʐo¹³.
　　 个　 瓢　 这 也　木头　用　木头　做 的　的
　　 这个瓢也是用木头做的。

43. tai⁴³ni⁵⁵la⁵⁵tai⁴³o⁴³gu¹³tɕiu⁴³ʂi⁴³gu¹³dʐo¹³ti⁴³na⁵⁵kheo⁴⁴ʂaŋ²⁴ʈau⁴⁴
　　 个　 这　也　个　轭　是　就　是　是　犁　地　的　拿　上　在
　　 tai⁴³ɳu¹³lai⁴³hi⁵⁵py⁴³i⁵⁵.
　　 个　 牛　个　肩膀　的
　　 这个轭也是犁地的时候放在牛肩膀上的。

44. ta⁵⁵ni⁵⁵gu¹³tai⁴³ki⁴³li⁴³ni⁵⁵tai⁴³teo⁴⁴a⁵⁵ɳi⁴⁴a⁵⁵tai⁴³teo³³tai⁴³ki⁴³li⁴³teo³³li⁴⁴.
　　 个　 这　是　个　十字架　的　个　脚　要　说　做　个　脚　个　十字架　脚　的
　　 这个是十字架的脚。

45. tai⁴³teo³³ni⁵⁵dʑi¹³tai⁴³gu¹³ʈau⁴³khai⁴³ni⁵⁵tɕe³³hai²⁴ma¹³a⁴³du²¹
　　 个　 脚　 这　嘛　 个　是　放　处　 这　放　还　有　二　只
　　 ki⁴⁴li⁴³ɳo⁴³i⁴³fa⁴⁴a⁴⁴ʂa⁴³sa⁴³.
　　 十字架　在　上面　上面　的
　　 这个脚就是放在这里，它的上面还有两个十字架的。

46. a⁴⁴li⁵⁵vie¹³a⁴³du²¹tsai⁴³i⁴³a⁴³ma¹³ti⁴³.
　　 但是　二 只　那 那 不 有　的
　　 但是这个脚上面那两个东西没有了。

47. ta⁵⁵ni⁵⁵gu¹³ta⁵⁵gu¹³teo³³a⁵⁵ʂu⁴³a⁵⁵ʂi⁵⁵dʑi¹³gi²¹a⁴⁴ta⁵⁵a⁵⁵ʂi⁵⁵dʑi¹³gi²¹
　　 个　 这　是　个　是　垫　　 东西　　 嘛　 你　做　个　东西　嘛　 你
　　 这个是垫东西的架子，

48. kheo³³ta⁵⁵ni⁵⁵kua⁴³teo³³li⁴⁴dʑi¹³ntɕi⁴⁴.
　　 拿　 个　这　垫　脚　 这样　 爬
　　 用这个架子能把东西垫起来。

49. ta⁵⁵vai¹³dʑi¹³ta⁵⁵tshau⁴³so⁴⁴a⁴⁴tsa⁴³vai¹³tɕe³³ha⁵⁵kheo⁴³so⁴⁴tshau⁴³tshau⁴³.
　　 个　 那　嘛　 个　制作　线　做　那样　 放　啊　拿　线　制作　制作
　　 那个是制作线的线盒。

50. ta⁵⁵ni⁵⁵dʑi¹³ŋi⁵⁵tai⁴³nə¹³ni⁴⁴ta⁵⁵o⁴³nə¹³kheo³³ta⁵⁵ni⁵⁵dzo¹³ʈau⁴⁴tai⁴³
　　 个　这　嘛　说　个　马　的　个　鞍　马　拿　个　这　放　在　个
nə¹³kha⁵⁵i⁵⁵tɕe³³die¹³.
马　处　那　放　的
这个是马鞍，放在马那里的。

51. tə³³nə³³ntɕi⁴⁴mau¹³ha⁵⁵ʈau⁴³a⁴⁴ʂo⁵⁵a⁴⁴ʂi⁵⁵tou³³hi⁴³lou⁴³tə³³nə³³gu¹³
　　 人　爬　去　啊　在　东西　都　不　硌　人　是
ti⁴³ʐi³¹si⁴⁴li⁴⁴i⁵⁵.
的　意　思　那样
人坐在马鞍上不硌皮肤，意思就是这样。

52. la⁴⁴ni⁵⁵dʑi¹³n̩o⁴³ʈau⁴na⁴⁴ni⁵⁵dʑi¹³l̩a²¹hi⁴³po⁵⁵daɯ²¹.
　　 个　这　嘛　在　在　现在　嘛　别人　不　见　了
这个嘛，别人现在已经看不到了。

53. a⁴⁴thau⁵⁵i⁵⁵dzo²¹tian³¹ʐin²⁴a⁴⁴thau⁵⁵i⁵⁵n̩o⁴³ʈau⁴⁴tai⁴³nian³¹tai²⁴i⁵⁵
　　 以前　　放　电　影　　以前　在　在　个　年　代　那
dzo²¹tian³¹ʐin²⁴dʑi¹³.
放　电　影　嘛
在以前放电影的那个年代，

54. tʂu³¹ʐau²⁴tɕiu³¹ʂi³¹tʂou⁴⁴mei³¹kheo³³ta⁵⁵ni⁵⁵a⁵⁵dzo²¹lo¹³ha⁵⁵ma¹³i⁴³
　　 主　要　就　是　专　门　拿　个　这　做　放　来　啊　有　一
lɯ⁴³a⁴⁴nie²¹da¹³dzo¹³.
个　那样　来　放
专门有那样一个人用这种东西来放电影。

55. kheo⁴⁴phai⁴³ntau⁴³pai⁴³ʈau⁴⁴qa⁴⁴ti⁵⁵khai⁴³i⁵⁵tɕe³³ha⁵⁵dzo¹³a⁵⁵dzo¹³.
　　 拿　块　布　摆　在　那里　处　那　摆　啊　放　啊　放
那个人拿一块布摆在那里就放电影，放啊放。

56. a⁴⁴tu⁴⁴ma¹³bai²¹phian³¹tsi³³gu¹³l̩a¹³l̩a¹³ni⁵⁵ha⁵⁵
　　 要　都　有　些　片　子　是　大　大　的　啊
都要有一些大大的片子

57. tai⁴³phian³¹tsi³³i⁵⁵kheo³³tlo⁴⁴tau⁴⁴ta⁵⁵ni⁵⁵ha⁵⁵dzo¹³tə³³.
　　些　　片　　子　那　拿　穿　在　个　这　啊　放　的
　　穿在这里播放。

58. dzo¹³na⁵⁵ha⁵⁵tə³³nə⁴⁴zau⁴⁴tʂi⁴⁴a⁴⁴kau⁵⁵si³¹ni⁴³khai⁴⁴hui²⁴.
　　放　　看　啊　人　　坐　　这样　围着　似　人　开　会
　　放电影的时候，人们就像开会一样围在一起坐着。

59. la⁴⁴ni⁴⁴gu¹³a⁴⁴thau⁵⁵i⁵⁵la⁴⁴gu¹³dzo¹³tian³¹zin²⁴.
　　个　　这　是　　以前　个　是　放　电　影
　　这个是以前用来放电影的。

讲解译文：

　　这个东西叫作纺车。纺车的意思就是用来绕麻线的。这种杈有五个翅膀，把麻线绕在这里把它叉开才能成线。这个很重要，但是这个已经不齐全了。还有踢的那个和拿的那个。以前那个时候有的，现在没有了，所以现在的年轻人都不知道了。这个就叫作纺车了。然后这个是织布机。主要就是织布了，意思是先做了那个再来做这个。用来织布做衣服穿的东西就是这个了。这个织布机如果没有这个穿线盒根本没有办法操作。主要是要有这个穿线盒，才能把布织出来。这些是用麻做出来的，是相当重要的。以前的老祖老辈都是用这个，如果没有这个，我们就没有衣服穿。然后这里是以前的，这里有一个小箩筐，是用来罩牛鼻子的。这个罩子主要是用来罩着牛头，防止牛犁地时牛吃庄稼。这个是以前老祖宗用大树制成的锅盖。这是个小箩筐，以前父母去种庄稼的时候，都是这样背着箩筐，这样把种子放进箩筐，又这样从箩筐里抓种子撒。而且这些是以前的拴马器。这是个升子，现在的年轻人都没有见过，也不知道了。这个升子嘛，以前没有秤，不是用秤称东西的。就是用这个升子一升一升地装，和现在的称是一个意思。这个东西以前是没有的，是用来装汤和菜的。以前父亲们穷，专门拿木头来凿这些用品。做个这样的盆来装汤和菜。这个是牛轭，用来拴在牛脖子上控制牛。这个是以前的瓢、坛子和勺子，都是用木头做的。这个是用来套马的，放在马脖子上。这个就是要驮东西去卖时直接抬起放在马上的。放在马上，这边拴一个篮子，那边拴一个篮子，可以装很多东西。这个瓢也是用木头做的。这个轭也是犁地的时候放在牛肩膀上的。这个是十字架的脚。这个脚就是放在这里，它的上面还有两个十字架的。但是这个脚上面那两个东西没有了。这个是垫东西的架子，用这个架子能把东西垫起来。那个是制作线的线盒。这个是马鞍,放在马那里的。人坐在在马鞍上不硌皮肤,意思就是这样。这个嘛,别人现在已经看不到了。在以前放电影的那个年代,专门有那样一个人用这种东西来放电影。那个人拿一块布摆在那里就放电影,放啊放。都要有一些大大的片子穿在这里播放。放电影的时候,人们就像开会一样围在一起坐着。这个是以前用来放电影的。

语料备注信息:
语料标题: 大箐文化室讲解
语料讲述人: 张晓英,女,苗族,时年 35 岁,禄丰县仁兴镇大箐村委村民,在大箐仁兴镇做服装生意,母语为苗语,母语和汉语都熟练。
拍摄地点: 云南省禄丰县仁兴镇大箐村委会文化室室内。
拍摄场景: 室内,比较安静。
拍摄时间: 2018 年 7 月 28 日。
拍摄人: 季红丽、王斌
摄像机品牌及型号: SonyFDR-AXP55
视频参数设定: 1080/25P
语料时长: 4 分钟
语料转写字数: 4889

民俗文化三 阿卯传统服饰制作讲解

1. ə^{44}, ku^{55}n̠o^{43}tau^{43}khai^{44}ni^{55}gu^{13}.
   嗯 我 在 给 处所 这 是
   我在这里,

2. ku^{55}a^{43}bo^{21}a^{44}die^{21}dzau^{13}ni^{55}ti^{43}.
   我 不 见 做 些 捆 这 的
   我没有做这些。

3. vai^{13}tha^{55}dʑi^{13}, ku^{55}i^{43}ʑi^{13}n̠o^{43}khai^{44}ni^{55}la^{55}.
   以前 嘛 我 一 家 在 处所 这 啊
   以前只有我家住在这里。

4. tɕi^{43}ʂi^{31}gu^{13}, ʐe^{24}ʂi^{24}noŋ^{31}miŋ^{31}dʑi^{13}.
   就 是 啊 也 是 农 民 嘛
   也就是农民,

5. a⁴⁴ki⁵⁵dla¹³, a⁵⁵a⁴⁴ki⁵⁵dla¹³ti⁴³.
　　做　衣服　　不　做　衣服　　的
　　不做衣服的。

6. a⁴⁴ŋou⁴⁴a⁴⁴ʂə⁵⁵a⁵⁵, dzo²¹qau⁴³a⁵⁵,
　　做　事情　做　活　啊　　种　庄稼　啊
　　只是干一些农活，比如种庄稼啊，

7. pu⁴⁴dzə¹³pu⁴⁴mpa⁴⁴, i⁴⁴vie¹³a⁴⁴qə⁴³ni⁵⁵dʑi¹³.
　　喂　牲口　喂　猪　　但是　　后来　这　嘛
　　喂牲畜、喂猪，但是后来，

8. a⁴³lɯ⁴³tʂai⁴⁴a⁴⁴bo²¹a⁴⁴die²¹ni⁵⁵ti⁴³, a⁴³lɯ⁴³tʂai⁴⁴ʂeo⁴⁴lo²¹a⁴⁴die²¹
　　我俩　又　不　见　做　些　这　的　我俩　又　站　来　做　些
　　ki⁵⁵dla¹³ni⁵⁵dʑi³.
　　衣服　　　这　嘛
　　后来我们就没有做这些了，又改行做了衣服。

9. pa⁴⁴ni⁵⁵dʑi¹³, hi⁴³bo²¹a⁴⁴ŋou⁴⁴sə⁵⁵dɯ¹³.
　　现在　嘛　　不　见　做　　活计　　了
　　现在就没有干农活了。

10. tʂai⁴⁴a⁴⁴die¹³ki⁵⁵dla¹³ni⁵⁵tou⁵⁵da¹³a⁴⁴li⁵⁵dʑi¹³.
　　　又　做　些　衣服　　这　　啊　这样
　　　只是做这些衣服了。

11. pa⁴⁴ni⁵⁵dʑi¹³, ku⁵⁵tʂai⁴⁴ŋi⁵⁵ku⁵⁵die¹³ki⁵⁵dla¹³ni⁵⁵lo¹³.
　　　现在　嘛　我　又　说　我　些　衣服　　这　来
　　　现在我把我的这些衣服，

12. pi⁴³hiu⁴⁴bə²¹tʂai⁴⁴hi⁴³hie⁴⁴nau²¹ku⁵⁵die²¹ki⁵⁵dla¹³ni⁵⁵tou⁵⁵tou⁵⁵da¹³.
　　　我们　全部　又　一起　听　我　些　衣服　　这　啊　啊　了
　　　讲给我们全部人一起听。

13. i⁵⁵gu¹³ŋou⁴³ʂə⁵⁵la⁵⁵ku⁵⁵hi⁴³bo²¹a⁴⁴dauɯ¹³dʑi¹³, ku⁵⁵hi⁴³dauɯ¹³ki⁴⁴ŋi⁵⁵dauɯ¹³.
    因为 事情 活计 也 我 不 见 做 了 嘛 我 不 到 路 说 了
    农活我也不干了，所以我就没什么可说的了。

14. a⁴⁴die¹³ni⁵⁵vai¹³tha⁵⁵dʑi¹³,
    做 些 这 以前 嘛
    做这些衣服以前，

15. pi⁴³mau¹³kheo⁴⁴ntau⁴³t̪la⁴⁴lai¹³lau⁴³lo¹³tɕa⁴⁴koŋ⁴⁴die¹³ni⁵⁵.
    我们 去 拿 布 到 个 城市 来 加 工 些 这
    我们去城里买布料来加工这些。

16. ə⁴⁴, i⁴³ŋgeo¹³tie⁴³,
    嗯 一 条 裙子
    一条裙子，

17. ə⁴⁴, vai¹³tha⁵⁵dʑi³, pi⁴³bo²¹tɕhiu⁵⁵lai⁴³ʂi⁴⁴thie⁴³.
    嗯 以前 嘛 我们 还 穿 个 裙兜
    以前我们还穿裙兜。

18. a⁵⁵dʑi¹³,i⁴³ŋgeo¹³die²¹to³³pi⁴³a⁴⁴nə³³dʑei¹³ɳau¹³to³³hai⁴⁴ʐa⁴⁴li¹³dzo²¹.
    于是 一 条 裙子 都 我们 做 的 时间 都 还 要 久 的
    因此，我们要花很长时间才能做好一条裙子。

19. ə⁴⁴, die¹³tʂho⁴³ni⁵⁵la⁵⁵, die¹³ni⁵⁵tou³³ʂi²⁴gu¹³pi⁴³mau¹³kheo⁴⁴,
    嗯 些 衣服 这 啊 些 这 都 是 是 我们 去 拿
    ba²¹lo¹³seo⁴⁴tə³³ʐo¹³.
    抱 来 缝 的 是
    这些衣服也是我们去拿来缝的。

20. ə⁴⁴, die¹³ni⁵⁵dʑi¹³, tʂai⁴³ni⁵⁵dʑi¹³,
    嗯 些 这 嘛 套 这 嘛
    这套衣服，

21. tsha⁴³lə⁴⁴dʑi¹³da¹³a⁴⁴ʈai⁴³ʐa⁴⁴tʂhau⁴⁴tuan³¹li⁴⁴na⁵⁵.
　　齐　有　说　还　又　要　超　短　这样
　　大家说又要这样超短的，

22. tsai⁴³ni⁵⁵gu¹³tsai⁴³tʂhau⁴⁴tuan³¹, tsai⁴³ni⁴⁴gu¹³na¹³gu¹³tsai⁴³tʂhaŋ³¹
　　套　这　是　套　超　短　　套　这　是　于是　套　长
　　tɕhin³¹ʐo¹³.
　　裙　是
　　这套是超短的，这套又是长裙。

23. vai¹³tha⁵⁵gu¹³pi⁴³a⁴⁴die¹³ni⁵⁵.
　　　以前　是　我们　做　些　这
　　以前我们做的这些，

24. a⁵⁵qə⁴³ni⁵⁵dʑi¹³,　a⁵⁵qə⁴³ni⁵⁵dʑi¹³tsha⁴³lou³³tʂai⁴⁴,
　　　后面　这　嘛　　后面　这　嘛　齐　人　又
　　后来人们都，

25. tʂai⁴⁴a⁴⁴die²¹gu¹³ɕi⁴⁴i⁵⁵dʑi¹³,
　　　又　做　些　是　绣　那　嘛
　　把衣服拿来绣。

26. tɕhiu³¹ʂi²⁴gu¹³, die¹³gu¹³ɕi⁴⁴i⁵⁵dʑi¹³tɕhiu³¹ʂi²⁴die¹³ni⁵⁵ʐo¹³.
　　　就　是　是　　些　是　绣　那　嘛　就　是　些　这　是
　　绣的就是这些。

27. ə⁴⁴, die¹³ni⁵⁵dʑi¹³,
　　　嗯　些　这　嘛
　　这些嘛，

28. a⁵⁵qə⁴³ni⁵⁵dʑi¹³tsha⁴³lou³³tʂai⁴⁴a⁴⁴die¹³gu¹³ɕi⁴⁴ni⁵⁵dʑi³die¹³ni⁵⁵gu¹³
　　　后面　这　嘛　齐　人　有　做　些　是　绣　这　嘛　些　这　是
　　die¹³gu¹³ɕi⁴⁴i⁵⁵dʑi¹³.
　　些　是　绣　的　的
　　后来大家都做这种绣的衣服，所以这些是绣的。

29. i⁴³ŋgeo¹³to³³ɕi⁴⁴lə³³dʐei¹³n̪au¹³hai⁴³li¹³.
 一 条 都 绣 的 时间 很 久
 绣一条裙子的时间也比较长。

30. i⁴³ŋgeo¹³to³³ɕi⁴⁴, tɕi⁴⁴pen²⁴ʂaŋ²⁴,
 一 条 都 绣 基 本 上
 一条基本都要绣,

31. i⁴³ŋgeo¹³to³³tʂai⁴³gu¹³ɕi⁴⁴, hai⁴³ɕi⁴⁴tʂhə⁴³i⁵⁵dʑi¹³.
 一 条 都 些 是 绣 很 绣 勤快 的 的
 那些绣得快的人,

32. tɕi⁴⁴pen²⁴ʂaŋ²⁴ɕi⁴⁴tsi⁴³tlau⁴³pə⁴³n̪u⁴³.
 基 本 上 绣 三 四 五 天
 基本要绣四至五天。

33. i⁵⁵vie¹³, tsai⁴⁴gu¹³i⁵⁵dʑi¹³dʐa²¹tʂou⁴⁴i⁴³ŋgeo²¹to³³ɕi⁴⁴ɕãŋ⁴⁴zi¹³n̪u⁴³dzo¹³ha⁵⁵.
 但是 些 是 那 嘛 基本 一 条 都 绣 七 八 天 是 啊
 但是慢点的要绣七天至八天。

34. ə⁴⁴, lai⁴³ni⁵⁵gu¹³pi⁴³ka⁵⁵m̪au⁴³ni⁵⁵nə³³.
 嗯 个 那 是 我们 阿卯 这 的
 这个是我们阿卯,

35. lai⁴³tʂho⁵⁵leo⁵⁵gu¹³pi⁴³ŋãŋ⁵⁵a⁴⁴n̪ãŋ⁵³a⁴⁴vau¹³i⁵⁵.
 个 衣服 钱 是 我们 穿 做新娘 做新郎 的
 结婚时候穿的礼服。

36. lai⁴³ni⁵⁵dʑi¹³pi³¹tɕau²⁴ɕi⁴⁴li¹³, lai⁴³ni⁵⁵dʑi¹³.
 个 这 嘛 比较 绣 久 个 这 嘛
 这个绣得比较长。

37. pi⁴³ɕi⁴⁴lə³³dʐei¹³n̪au¹³, pi⁴³ɕi⁴⁴, pi⁴³ɕi⁴⁴lə³³dʐei¹³n̪au¹³, ma¹³dʐei¹³n̪au¹³dʑi¹³.
 我们 绣 的 时间 我们绣 我们 绣 的 时间 有 时 间 嘛
 我们有时间绣。

38. ɕi⁴⁴tau⁴⁴i⁴³l̥i⁴⁴tɕau⁴³ma¹³dʐei¹³n̥au¹³dʐi¹³ɕi⁴⁴tau⁴⁴a⁴³l̥i⁴⁴.
　　绣　得　一月　多　有　时间　嘛　绣　得　二　月
　　绣了一个多月，有时候要绣两个月。

39. ə⁴⁴, lai⁴³ni⁵⁵dʑi¹³lai⁴³gu¹³t̥lou⁴³,
　　嗯　个　这　嘛　个　是　白色
　　这个是白色的。

40. lai⁴³ni⁵⁵dʑi¹³lai⁴³huaŋ³¹sə³¹, lai⁴³ni⁵⁵dʑi¹³lai⁴³pə³¹sə³¹ʐo²¹.
　　个　这嘛　个　黄　色　个　这嘛　个　白　色　是
　　这个是黄色的，这个是白色的。

41. dʑi¹³, khai⁴⁴ni⁵⁵la⁴⁴tʂai⁴⁴ma¹³die¹³tie⁴³gu¹³ɕi⁴⁴la⁵⁵, die¹³ni⁵⁵dʑi¹³die¹³
　　然后　处所　这　也　又　有　些　裙子　是　绣　的　些　这　嘛　些
　　gu¹³t̥lou⁴³.
　　是　白色
　　这里是一些绣出来的白裙子。

42. tai⁴³ni⁵⁵dʑi¹³tai⁴³gu¹³vaɯ¹³ʐo¹³a⁵⁵dʑi¹³.
　　个　这嘛　个　是　黄色　是　的　嘛
　　这个是黄色的。

43. pi⁴³tʂai⁴⁴hiu⁴⁴bə²¹a⁴⁴tʂai⁴⁴ni⁵⁵.
　　我们　又　全部　做　个　这
　　现在我们又全部做这种款式。

44. pi⁴³tʂai⁴⁴lo¹³ɕie⁴³a⁴⁴tsai⁴⁴gu¹³ɕi⁴⁴ni⁵⁵.
　　我们　又　来　现在　做　个　是　绣　的
　　我们又来做这种绣的。

45. die¹³ni⁵⁵la⁴⁴pi⁴³tʂau²⁴ʐaŋ²⁴a⁴⁴, i⁵⁵vie¹³die¹³ni⁵⁵la⁴⁴pi⁴³tʂau²⁴ʐaŋ²⁴a⁴³
　　些　这　也　我们　照样　做　但是　些　这　也　我们　照样　做
　　a⁴⁴sãŋ⁴³thie⁴³pi⁴³a⁵⁵.
　　两边　一起　啊
　　这些我们也照样做，我们做的是两种。

46. a⁵⁵dʑi¹³pa⁴⁴ni⁵⁵la⁴⁴,
　　然后　　现在　嘛
　　现在嘛，

47. ku⁵⁵ɕi⁴⁴ku⁵⁵ɕi⁴⁴ni⁵⁵la⁴⁴, na¹³gu¹³ku⁵⁵ɕi⁴⁴pi⁴³qa⁵⁵m̥au⁴³ni³³lai⁴³tʂho⁵⁵l̥eo⁵⁵.
　　我　绣　我　绣　这　嘛　于是　我 绣 我们 阿卯　的　个　衣服　钱
　　现在我绣的是我们阿卯礼服的花棒。

48. gu¹³ŋ̊ãŋ⁵⁵a⁴⁴n̥aŋ⁴³a⁴⁴vau¹³i⁵⁵tə³³dʐo²¹vie²¹, a⁵⁵dʑi¹³, pa⁴⁴ni⁵⁵dʑi¹³.
　　是　穿　做　新娘　做　新郎　那　的　的　啊　于是　现在　嘛
　　结婚穿的衣服，现在嘛，

49. ku⁵⁵tʂi⁴⁴si²⁴ɕi⁴⁴tai⁴³gu¹³lie⁴³ni⁵⁵tə³³si⁴³ʐo¹³.
　　我　只　是　绣　个　是　红　这　的　的　是
　　我只是绣了红色的这些。

50. a⁵⁵dʑi¹³, tsai⁴⁴da¹³tai⁴³gu¹³tl̥u⁴³i⁵⁵nthie⁴³dʑi¹³i⁵⁵sãŋ⁴³ɕi⁴⁴die¹³dau¹³a⁵⁵dʑi¹³.
　　然后　又　夹杂　个　是　黑色　一起　嘛　一　边　绣　完　了　嘛
　　还夹杂着黑色的，只绣好了一半。

51. khai⁴⁴ni⁵⁵gu¹³, pa⁴⁴ni⁵⁵gu¹³ku⁵⁵ɕi⁴⁴tai⁴³gu¹³lie⁴³i⁵⁵tə³³si⁴³.
　　处所　这　是　现在　是　我　绣　个　是　红　那　的　的
　　这里只绣了红色的。

52. ɕi⁴⁴tai⁴³gu¹³tl̥u⁴³i⁵⁵tau⁴³die¹³ka⁴⁴lie¹³die¹³.
　　绣　个　是　黑色　那　给　些　然后　完
　　要搭配着黑色一起绣才完整。

53. dʑi¹³a⁴⁴si⁴³khai⁴⁴ni⁵⁵a⁵⁵khai⁴⁴ni⁵⁵gu¹³ɕi⁴⁴tai⁴³qa⁵⁵ndu²¹ni⁵⁵tə³³si⁴³.
　　然后　要　似　处所　这　啊　处所　这　是　绣　个　边　这　的　的
　　要像这里才完整，这里只是绣了边上的。

54. a⁵⁵ʐa⁵⁵tai⁴³gu¹³tl̥u⁴³ni⁵⁵lo¹³tau⁴⁴pu⁵⁵ti⁴³die¹³qa⁵⁵lə¹³ɕi⁴⁴die¹³i⁴³sãŋ⁴³
　　要　个　是　黑色　这　来　给　底下　啊　才　绣　完　一　边
　　要把这个黑色绣在下面才完成一半。

55. a⁵⁵, a⁵⁵dʑi¹³, pa⁴⁴ni⁵⁵gu¹³ku⁵⁵tʂi⁴⁴ʂi²⁴ɕi⁴⁴tai⁴³gu¹³na̰¹³lie⁴³i⁵⁵tə³³si⁴³,
　　然　然后　　现在　是　我　只　是　绣　个　是　那　红那　的　的
　　现在我只是绣了红色的那部分。

56. a⁵⁵ʐa⁵⁵ɕi⁴⁴ai⁴³gu¹³tlu⁴³i⁵⁵lo¹³nthie⁴³die¹³i⁴³sãŋ⁴³tlṵ⁴³ka⁵⁵lie¹³wan²⁴tʂen³¹
　　要　绣　很　是　黑色　那　来　一起　一　边　黑色　才　完　成
　　还要绣黑色的才完成一半。

57. pa⁴⁴ni⁵⁵ku⁵⁵tʂi⁴⁴ʂi²⁴ɕi⁴⁴tai⁴³gu¹³lie⁴³ni⁴⁴,
　　现在　我　只　是　绣　个　是　红　的
　　现在我只是绣了红色的。

58. ə⁴⁴, pa⁴⁴ni⁵⁵la⁴⁴ku⁵⁵ɕi⁴⁴lai⁴³ni⁵⁵la⁴⁴.
　　嗯　现在　啊　我　绣　个　这　啊
　　现在我绣的这个，

59. ɕi⁴⁴pi⁴³qa⁵⁵m̥au⁴³ni⁴⁴lai⁴³tʂho⁵⁵l̥eo⁵⁵tou³³dʑo²¹.
　　绣　我们　阿　卯　的　个　衣服　钱　的　的
　　绣我们阿卯礼服的花棒。

60. pa⁴⁴ni⁵⁵gu¹³ku⁵⁵ɕi⁴⁴i⁴³sãŋ⁴³tə³³si⁴³.
　　现在　是　我　绣　一　边　的　的
　　现在我只是绣一半。

61. a⁵⁵dʑi¹³tʂai⁴⁴ɕi⁴⁴a⁴³sãŋ⁴³lo¹³dʑi⁵¹si⁴³lai⁴³ni⁵⁵a⁵⁵.
　　然后　又　绣　两边　来　就　似　个　这　啊
　　绣完两边后就像这个了。

62. kheo⁴⁴a⁴³sãŋ⁴³lo¹³seo⁴⁴hi⁴³thie⁴³dʑi¹³,
　　拿　两　边　来　缝　一起　嘛
　　把两边的缝在一起。

63. seo⁴⁴die¹³i⁴³lu⁴³ʐo¹³, a⁵⁵dʑi¹³, khai⁴⁴ni⁵⁵gu¹³i⁴³sãŋ⁴³tə³³si⁴³.
　　缝　完　一　条　啊　然后　处所　这　是　一　边　的　的
　　缝好一个，但是这里的只有一半。

64. a⁴⁴n̩ie¹³ɕi⁴³i⁴³sãŋ⁴³ti⁴³a⁵⁵ɕi⁴⁴a⁴³sãŋ⁴³lo¹³hi⁴³thie⁴³die¹³seo⁴⁴lo¹³die¹³
　　尚未 绣 一 边 的 要 绣 两 边 来 一起 完 缝 来 完
　　a⁴⁴lie¹³si⁴⁴lai⁴³ni⁵⁵.
　　才 似 个 这
　　还没有缝一半，要把两边的缝起来才像这个。

65. a⁴⁴lie¹³ma¹³khau⁴⁴n̩ãŋ⁵⁵mau¹³, ə⁴⁴, hə⁴⁴n̩ãŋ⁴³.
　　才 有 办法 穿 去 嗯 讨 媳妇
　　才可以穿着去讨媳妇。

66. a⁴⁴lie¹³ma¹³khau⁴⁴n̩ãŋ⁵⁵mau¹³a⁴⁴n̩ãŋ⁴³.
　　才 有 办法 穿 去 做 媳妇
　　才可以穿着去嫁人。

67. pa⁴⁴ni⁵⁵lai⁴³ni⁵⁵gu¹³ku⁵⁵ɕi⁴⁴i⁴³sãŋ⁴³tə³³si⁴³ha⁵⁵.
　　现在 个 这 是 我 绣 一边 的 的 啊
　　现在这个我才绣了一半的。

讲解译文：

　　我在这里，我没有做这些。以前只有我家在这里，我们当时是农民，不做衣服，只是干一些农活诸如种庄稼、喂牲畜、喂猪之类的农活。但是后来我们就没有做这些了，又改行做衣服。现在就没有干农活了，只是做这些衣服。现在我把我的这些衣服讲给我们大家听。农活我也不干了，所以关于农活我就没什么可说的了。做这些衣服以前，我们去城里买布料来加工这些。以前我们还穿裙兜，因此，我们要花很长时间才能做好一条裙子。这些衣服也是我们去拿来缝的。这套衣服，大家说想要这样超短款式的，这套是超短的，这套又是长裙。以前我们做的这些，后来人们都把衣服拿来绣。绣的就是这些。这些嘛，后来大家都做这种绣的衣服，所以这些是绣的。绣一条裙子的时间也比较长。那些绣得快的人，一条基本都要绣四至五天，绣得慢的则要七天至八天。这个是我们阿卯结婚时候穿的礼服。这个绣得比较长。我们有时间绣。绣了一个多月，有时候要绣两个月。这个是白色的。这个是黄色的，这个是白色的。这里是一些绣出来的白裙子。这个是黄色的。现在我们又全部做这种款式。我们又来做这种绣的。这些我们也照样做，我们做的是两种。现在我绣的是我们阿卯礼服的花棒，礼服是结婚穿的衣服。我现在只是绣了红色的这些，还夹杂着黑色的，只绣好了一半。这里只绣了红色的，要搭配着黑色一起绣才完整。要像这里才完整，这里只是绣了边上的。要把这个黑色绣在下面才完成一半。现在我只是绣了红色的那部分，还要绣黑色的才完成一半。现在我只是绣了红色的。现在我绣的这个是我们阿卯礼服的花棒。现在我只是绣一半。绣完两边后就像这个了。把两边的缝在一起。缝好一个，但是这里的只有一半，还没有缝另一半，要把两边的缝起来才像这个。才可以穿着去讨媳妇，才可以穿着去嫁人。　现在这个我才绣了一半的。

语料备注信息：
语料标题： 阿卯传统服饰制作讲解
语料讲述人： 张小妹，女，苗族，时年 34 岁，禄丰县仁兴镇大箐村委会村民，在家里手工缝制苗族衣服出售。
拍摄地点： 云南省楚雄州禄丰县仁兴镇大箐村张小妹家的院子里。
拍摄场景： 大箐村张小妹家的院子里，偶尔有狗叫声。
拍摄时间： 2018 年 7 月 26 日。
拍摄人： 季红丽、王斌
摄像机品牌及型号： SonyFDR-AXP55
视频参数设定： 1080/25P
语料时长： 3 分 36 秒
语料转写字数： 2621

民俗文化四　民谣

放牛谣

1. leo⁴⁴ȵu¹³ȵtɕi⁴⁴go¹³ʈau⁴³,
　驱赶　牛　爬　根　山
　赶牛过山脚,

2. ȵu¹³nau¹³zau⁴³,
　牛　吃　菜
　牛喝水,

3. ȵu¹³hau³³au⁴³.
　牛　喝　水
　牛吃草。

4. leo⁴⁴ȵu¹³ʂau⁴⁴lo¹³ʈau⁴³,
驱赶 牛 收 来 山
赶牛从山回，

5. ȵu¹³nau¹³tsau⁴⁴,
牛 吃 够
牛吃饱，

6. hi⁴³lau⁴³qau⁴³.
不 碾 庄稼
不乱跑。

励志歌谣 1

1. ȵu¹³dy¹³tsha⁵⁵du¹³phai⁵⁵,
牛 笨 齐 个 顶
笨牛头头顶，

2. ȵu¹³dau²¹tsha⁵⁵du¹³hai⁵⁵.
牛 力量 齐 个 让
壮牛头头让。

3. ʑa¹³tau⁴⁴ni⁵⁵ȵu¹³nu¹³,
想 得 他 事情
欲被人器重，

4. ʑa¹³sie⁴³ʑiu¹³kə⁴⁴sai⁵⁵.
要 心 自己 清楚 智慧
智慧应为上。

励志歌谣 2

1. a⁵⁵tsə⁴³dʑi¹³ni⁴³ʂeo⁴³,
做 贼 嘛 我们 恨
为盗兮人恨，

2. ʂau⁴³qə⁴⁴ni⁵⁵ma¹³tlou⁴³.
   收　食　我们　不　可怜
   行乞人不怜。

3. ni⁴³ȵo⁴³ndlie¹³ti⁴³dʑi¹³,
   我们　在　世界　嘛
   生在世间里，

4. ʐa⁴⁴a⁴⁴tsə⁴³tau⁴⁴tu⁴³.
   要　做　勇敢　儿子
   应做勇男儿。

语料备注信息：
语料标题：民谣
语料讲述人：龙兆余，男，苗族，时年 21 岁，大学在读，出生于武定县猫街镇七排村委会干坝村，目前就读于玉溪师范学院政法学院。母语为苗语，母语和汉语都熟练。
拍摄地点：玉溪师范学院校园。
拍摄场景：比较安静，有少许读书声。
拍摄时间：2019 年 11 月 18 日。
拍摄人：季红丽、王斌
摄像机品牌及型号：SonyFDR-AXP55
视频参数设定：1080/25P
语料时长：13 秒
语料转写字数：271

语料六　民间自创歌曲

歌曲一　苗家敬酒歌

1. tʂha⁴⁴la²¹tʂha⁴⁴la²¹qha⁴³nteo⁴⁴mi⁴⁴, tʂha⁴⁴la²¹ki⁵⁵ti⁴³ki⁵⁵tsi⁵⁵mi⁴⁴,
   感谢　感谢　老师　们　感谢　兄弟　姊妹　们
   感谢老师、兄弟姐妹们，

2. gi²¹tu⁴⁴ɳtʂa⁵⁵die¹³da¹³tɕau⁴³daɯ¹³, da¹³tɕau⁴³daɯ¹³.
   平安　平安　来　到　了　来　到　了
   平平安安来到了。

3. i⁴³lo²¹tɕeo⁵⁵ntsʏ⁴⁴ʈau⁴³mi²¹,dʑi¹³ʈau⁴³tleo⁴⁴kha⁴³ŋkə⁴³.
   一 口 酒 敬 给 你们 拿 给 解 渴 渴
   一口酒敬给你们解渴。

4. tʂha⁴⁴la²¹tʂha⁴⁴la²¹qha⁴³nteo⁴⁴mi⁴⁴, tʂha⁴⁴la²¹ki⁵⁵ti⁴³ki⁵⁵tsi⁵⁵mi⁴⁴,
   感谢   感谢   老师   们 感谢 兄弟 姊妹 们
   感谢老师、兄弟姐妹们，

5. gi²¹tu⁴⁴ɳtʂa⁵⁵die¹³da¹³tɕau⁴³dɯ¹³, da¹³tɕau⁴³dɯ¹³.
   平安 平安   来 到 了 来 到 了
   平平安安来到了。

6. i⁴³lo²¹tɕeo⁵⁵ntsʏ⁴⁴ʈau⁴³mi²¹,dʑi¹³ʈau⁴³tleo⁴⁴kha⁴³ŋkə⁴³.
   一 口 酒 敬 给 你们 拿 给 解 渴 渴
   一口酒敬给你们解渴。

7. və¹³ɳɖa²¹ntau⁴⁴deo¹³lo²¹, ŋgau¹³ʂau⁴³keo⁴⁴deo¹³lo¹³.
   锣鼓   打 出 来 歌 声 拉 出 来 来
   锣鼓打起来，歌声唱出来。

8. a⁵⁵wu⁴⁴i⁴³, a⁵⁵wu⁴⁴i⁴³.
   啊 呜 咦 啊 呜 咦
   啊呜咦，啊呜咦，

9. hau³³tɕeo⁵⁵hau³³tɕeo⁵⁵, hau³³i⁴³lo²¹a⁵⁵m̥au⁴³zau⁴⁴tɕeo⁵⁵.
   喝 酒 喝 酒 喝 一 口 阿卯 好 酒
   喝酒，喝酒，喝一口苗家美酒。

10. tsha⁵⁵lou¹³lo¹³tsə⁴⁴die¹³du²¹.
    齐 个   舒服 平安
    愿所有人幸福安康。

11. tʂha⁴⁴la²¹tʂha⁴⁴la²¹qha⁴³nteo⁴⁴mi⁴⁴, tʂha⁴⁴la²¹ki⁵⁵ti⁴³ki⁵⁵tsi⁵⁵mi⁴⁴,
    感谢   感谢   老师   们 感谢 兄弟 姊妹 们
    感谢老师、兄弟姐妹们，

12. gi²¹tu⁴⁴ɳtʂa⁵⁵die¹³da¹³tɕau⁴³daɯ¹³, da¹³tɕau⁴³daɯ¹³.
　　　平安　　平安　　来　到　了　　来　到　了
　　平平安安来到了。

13. i⁴³lo²¹tɕeo⁵⁵ntsy⁴⁴ʈau⁴³mi²¹,dʑi¹³ʈau⁴³tleo⁴⁴kha⁴³ŋkə⁴³.
　　　一　口　酒　敬　给　你们　拿　给　解　渴　渴
　　一口酒敬给你们解渴。

14. tʂha⁴⁴la²¹tʂha⁴⁴la²¹qha⁴³nteo⁴⁴mi⁴⁴, tʂha⁴⁴la²¹ki⁵⁵ti⁴³ki⁵⁵tsi⁵⁵mi⁴⁴,
　　　感谢　　感谢　　老师　　们　感谢　兄弟　姊妹　们
　　感谢老师、兄弟姐妹们，

15. gi²¹tu⁴⁴ɳtʂa⁵⁵die¹³da¹³tɕau⁴³daɯ¹³, da¹³tɕau⁴³daɯ¹³.
　　　平安　　平安　　来　到　了　　来　到　了
　　平平安安来到了。

16. i⁴³lo²¹tɕeo⁵⁵ntsy⁴⁴ʈau⁴³mi²¹,dʑi¹³ʈau⁴³tleo⁴⁴kha⁴³ŋkə⁴³.
　　　一　口　酒　敬　给　你们　拿　给　解　渴　渴
　　一口酒敬给你们解渴。

17. və¹³ɳɖa²¹ntau⁴⁴deo¹³lo²¹, ŋau¹³ʂau⁴³keo⁴⁴deo¹³lo¹³.
　　　锣鼓　　打　出　来　　歌　声　拉　出来　来
　　锣鼓打起来，歌声唱出来。

18. a⁵⁵wu⁴⁴i⁴³, a⁵⁵wu⁴⁴i⁴³.
　　　啊　呜　咦　啊　呜　咦
　　啊呜咦，啊呜咦，

19. hau³³tɕeo⁵⁵hau³³tɕeo⁵⁵, hau³³i⁴³lo²¹a⁵⁵m̥au⁴³zau⁴⁴tɕeo⁵⁵.
　　　喝　酒　　喝　酒　　喝　一　口　阿卯　好　酒
　　喝酒，喝酒，喝一口苗家美酒。

20. tsha⁵⁵lou¹³lo¹³tʂə⁴⁴die¹³du²¹.
　　　齐　　个　　舒服　　平安
　　愿所有人幸福安康。

21. tʂha⁴⁴la²¹tʂha⁴⁴la²¹qha⁴³nteo⁴⁴mi⁴⁴, tʂha⁴⁴la²¹ki⁵⁵ti⁴³ki⁵⁵tsi⁵⁵mi⁴⁴,
    感谢 感谢 老师 们 感谢 兄弟 姊妹 们
    感谢老师、兄弟姐妹们，

22. gi²¹tu⁴⁴ɳtʂa⁵⁵die¹³da¹³tɕau⁴³daɯ¹³, da¹³tɕau⁴³daɯ¹³.
    平安 平安 来到 了 来到 了
    平平安安来到了。

23. i⁴³lo²¹tɕeo⁵⁵ntsy⁴⁴ʈau⁴³mi²¹,dʑi¹³ʈau⁴³tleo⁴⁴kha⁴³ŋkə⁴³.
    一 口 酒 敬 给你们 拿 给 解 渴 渴
    一口酒敬给你们解渴。

24. tʂha⁴⁴la²¹tʂha⁴⁴la²¹qha⁴³nteo⁴⁴mi⁴⁴, tʂha⁴⁴la²¹ki⁵⁵ti⁴³ki⁵⁵tsi⁵⁵mi⁴⁴,
    感谢 感谢 老师 们 感谢 兄弟 姊妹 们
    感谢老师、兄弟姐妹们，

25. gi²¹tu⁴⁴ɳtʂa⁵⁵die¹³da¹³tɕau⁴³daɯ¹³, da¹³tɕau⁴³daɯ¹³.
    平安 平安 来到 了 来到 了
    平平安安来到了。

26. i⁴³lo²¹tɕeo⁵⁵ntsy⁴⁴ʈau⁴³mi²¹,dʑi¹³ʈau⁴³tleo⁴⁴kha⁴³ŋkə⁴³.
    一 口 酒 敬 给你们 拿 给 解 渴 渴
    一口酒敬给你们解渴。

27. və¹³ɳɖa²¹ntau⁴⁴deo¹³lo²¹, ŋgau¹³ʂau⁴³keo⁴⁴deo¹³lo¹³.
    锣鼓 打 出 来 歌 声 拉 出来 来
    锣鼓打起来，歌声唱出来。

28. a⁵⁵wu⁴⁴i⁴³, a⁵⁵wu⁴⁴i⁴³.
    啊 呜 咦 啊 呜 咦
    啊呜咦，啊呜咦，

29. hau³³tɕeo⁵⁵hau³³tɕeo⁵⁵, hau³³i⁴³lo²¹a⁵⁵m̥au⁴³zau⁴⁴tɕeo⁵⁵.
    喝 酒 喝 酒 喝 一 口 阿卯 好 酒
    喝酒，喝酒，喝一口苗家美酒。

30. tsha⁵⁵lou¹³lo¹³tʂə⁴⁴die¹³du²¹.
　　齐　　个　舒服　平安
　　愿所有人幸福安康。

31. tʂha⁴⁴la²¹tʂha⁴⁴la²¹qha⁴³nteo⁴⁴mi⁴⁴, tʂha⁴⁴la²¹ki⁵⁵ti⁴³ki⁵⁵tsi⁵⁵mi⁴⁴,
　　感谢　　感谢　老师　们　　感谢　兄弟　姊妹　们
　　感谢老师、兄弟姐妹们，

32. gi²¹tu⁴⁴ɳtʂa⁵⁵die¹³da¹³tɕau⁴³dauɯ¹³, da¹³tɕau⁴³dauɯ¹³.
　　平安　　平安　来　到　了　　来　到　了
　　平平安安来到了。

33. i⁴³lo²¹tɕeo⁵⁵ntsy⁴⁴tau⁴³mi²¹, dzi¹³tau⁴³tleo⁴⁴kha⁴³ŋkə⁴³.
　　一　口　酒　敬　给你们　　拿　给　解　渴　渴
　　一口酒敬给你们解渴。

34. və¹³ɳda²¹ntau⁴⁴deo¹³lo²¹, ŋau¹³ʂau⁴³keo⁴⁴deo¹³lo¹³.
　　锣鼓　　打　出　来　　歌　声　拉　出　来
　　锣鼓打起来，歌声唱出来。

35. a⁵⁵wu⁴⁴i⁴³, a⁵⁵wu⁴⁴i⁴³.
　　啊　呜　咦　啊　呜　咦
　　啊呜咦，啊呜咦，

36. hau³³tɕeo⁵⁵hau³³tɕeo⁵⁵, hau³³i⁴³lo²¹a⁵⁵m̥au⁴³zau⁴⁴tɕeo⁵⁵.
　　喝　酒　　喝　酒　　喝　一　口　阿卯　好　酒
　　喝酒，喝酒，喝一口苗家美酒。

37. tsha⁵⁵lou¹³lo¹³tʂə⁴⁴die¹³du²¹.
　　齐　　个　舒服　平安
　　愿所有人幸福安康。

歌词大意：

　　感谢老师、兄弟姐妹们，大家都平平安安来到了。一口酒敬给你们解渴。锣鼓打起来，歌声唱出来。啊呜咦，啊呜咦，喝酒，喝酒，喝一口苗家美酒。愿所有人幸福安康。

歌曲备注信息：
歌曲标题： 苗家敬酒歌
演唱者： 佚名
歌曲来源： 顺权音乐工作室提供
歌曲时长： 4 分 31 秒
歌曲转写字数： 1625

歌曲二 苗家迎客酒

1. ntau^{44}tɕeo^{55}lo^{13}, ntsa^{44}mi^{43}sie^{43}.
　　打　酒　来　　绿　绿色貌
　打酒来，绿茵茵的酒打来。

2. ntau^{44}tɕeo^{55}lo^{13}, tʂi^{44}haŋ^{44}tʂi^{44}lo^{13}.
　　打　酒　来　香　香貌　香 香貌
　打酒来，香喷喷的酒打来。

3. zau^{44}tɕeo^{44}zau^{44}tɕeo^{44}a^{55}m̥au^{43}n̥u^{13}keo^{43}tɕeo^{55}.
　　好　酒　好　酒　阿卯　牛　角　酒
　好酒，好酒，苗家的牛角美酒。

4. dʐo^{13}lo^{13}dʑi^{13}tau^{43}nə^{13}dʐãŋ^{13}kha^{55}hau^{33}.
　　拿　来　递　给　亲戚　客人　喝
　拿来给亲戚朋友们喝。

5. zau^{44}n̥u^{43}n̥au^{13}pi^{43}da^{13}hi^{43}ntsy^{43}.
　　好　时间　我们　来　互相　聚
　我们在这样的好日子来相聚。

6. tsho^{55}ɢeu^{13}tlo^{44}lo^{13}pi^{43}hi^{43}ɳɖo^{21}tl̥hie^{43}.
　　吹　芦笙　来　我们　一起　跳
　芦笙吹起来，我们一起跳舞。

7. n̥u¹³keo⁴³tɕeo⁵⁵dʑi¹³pi⁴³lo¹³ta⁴³.
　　牛　角　酒　嘛　我们　来　的
　　牛角酒我们拿来了。

8. da¹³tsai⁴³tsha⁴⁴sa⁴³kha⁵⁵da¹³tɕau⁴³.
　　来　再　到处　客人　来　到
　　四方的客人来到了。

9. mi²¹da¹³la⁴⁴ʐa⁵⁵hau³³, hi⁴³da¹³la⁴⁴ʐa⁵⁵hau³³.
　　你们　来　了　要　喝　不　来　了　要　喝
　　你们来了要喝，不来也要喝。

10. dʐa²¹pi⁴³dʑi¹³tl̥a⁴⁴mi²¹sãŋ⁴⁴.
　　到　我们　嘛　累　你们　了
　　你们来到我们这里辛苦了。

11. da¹³tsai⁴⁴tsai⁴⁴hau³³tɕo⁴⁴.
　　来　了　接　喝　了
　　过来接酒喝吧。

12. ntau⁴⁴tɕeo⁵⁵lo¹³, ntsa⁴⁴mi⁴³sie⁴³.
　　打　酒　来　绿　绿色貌
　　打酒来，绿茵茵的酒打来。

13. ntau⁴⁴tɕeo⁵⁵lo¹³, tʂi⁴⁴haŋ⁴⁴tʂi⁴⁴lo¹³.
　　打　酒　来　香　香貌　香　香貌
　　打酒来，香喷喷的酒打来。

14. zau⁴⁴tɕeo⁴⁴zau⁴⁴tɕeo⁴⁴a⁵⁵m̥au⁴³n̥u¹³keo⁴³tɕeo⁵⁵.
　　好　酒　好　酒　阿卯　牛　角　酒
　　好酒，好酒，苗家的牛角美酒。

15. dʐo¹³lo¹³dʑi¹³tau⁴³nə¹³dʐãŋ¹³kha⁵⁵hau³³.
　　拿　来　递　给　亲戚　客人　喝
　　拿来给亲戚朋友们喝。

16. zau⁴⁴n̠u⁴³n̠au¹³pi⁴³da¹³hi⁴³ntsy⁴³.
　　　好　　时间　　我们　来　互相　聚
　　我们在这样的好日子来相聚。

17. tsho⁵⁵ɕeu¹³tlo⁴⁴lo¹³pi⁴³hi⁴³ɳɖo²¹tl̥hie⁴³.
　　　吹　　　芦笙　　来我们　一起　　跳
　　芦笙吹起来，我们一起跳舞。

18. n̠u¹³keo⁴³tɕeo⁵⁵dʑi¹³pi⁴³lo¹³ta⁴³.
　　　牛　角　酒　　嘛　我们　来　的
　　牛角酒我们拿来了。

19. da¹³tsai⁴³tsha⁴⁴sa⁴³kha⁵⁵da¹³tɕau⁴³.
　　　来　再　　到处　　客人　　来　到
　　四方的客人来到了。

20. mi²¹da¹³la⁴⁴ʐa⁵⁵hau³³, hi⁴³da¹³la⁴⁴ʐa⁵⁵hau³³.
　　你们　来　了　要　喝　　不　来　了　要　喝
　　你们来了要喝，不来也要喝。

21. dʐa²¹pi⁴³dʑi¹³tl̥a⁴⁴mi²¹sãŋ⁴⁴.
　　　到　我们　嘛　累　你们　了
　　你们来到我们这里辛苦了。

22. da¹³tsai⁴⁴tsai⁴⁴hau³³tɕo⁴⁴.
　　　来　了　接　　喝　了
　　过来接酒喝吧。

23. hau³³i⁴³lo¹³a⁵⁵m̥au⁴³n̠u¹³keo⁴⁴tɕeo⁵⁵.
　　　喝　一　口　阿　卯　　牛　角　酒
　　喝一口阿卯牛角酒。

歌词大意：
　　打酒来，绿茵茵的酒打来。打酒来，香喷喷的酒打来。好酒，好酒，苗家的牛角美酒拿来给亲戚朋友们喝。我们在这样的好日子来相聚。芦笙吹起来，我们一起跳舞。牛角酒我们拿来了。四方的客人来到了。你们来了要喝，不来也要喝。你们来到我们这里辛苦了。过来接酒喝吧。喝一口阿卯牛角酒。

歌曲备注信息：
歌曲标题： 苗家迎客酒
演唱者： 佚名
歌曲来源： 网络（5sing）下载
歌曲时长： 2 分 41 秒
歌曲转写字数： 995

歌曲三　敬你一杯苗家酒

$tʂa^{55}hau^{44}i^{43}lo^{43}a^{55}m̥au^{43}tɕeo^{55}$　敬你一杯苗家酒
　抬　喝　一　口　阿　卯　酒

1. $nu^{13}tʂa^{44}tla^{43}kha^{55}gu^{13}da^{13}tlau^{43}sãŋ^{44}$.
   亲戚　客人　是　来　四　方
   来自四方的贵客哟，

2. $tʂa^{44}hau^{33}i^{43}lu^{43}a^{55}m̥au^{43}zau^{44}tɕeo^{55}$.
   　再　喝　一　杯　阿卯　好　酒
   再喝一杯阿卯美酒。

3. $a^{55}m̥au^{43}ni^{55}zau^{44}tɕeo^{55}ma^{21}tau^{43}qa^{43}nteo^{55}hau^{33}$.
   　阿　卯　的　好　酒　拿　给　　老师　　喝
   阿卯的美酒敬给老师喝。

4. $a^{55}m̥au^{43}ni^{55}zau^{44}tɕeo^{55}ma^{21}tau^{43}ɣe^{21}la^{21}hau^{33}$.
   　阿　卯　的　好　酒　拿　给　朋友　喝
   阿卯的美酒敬给朋友喝。

5. $nu^{13}tʂa^{44}tla^{43}kha^{55}gu^{13}da^{13}tlau^{43}\ sãŋ^{44}$.
   　亲戚　客人　是　来　四　方
   来自四方的贵客哟，

6. tṣa⁴⁴hau³³i⁴³lu⁴³a⁵⁵m̥au⁴³zau⁴⁴tɕeo⁵⁵.
　　再　喝　一　杯 阿 卯　好　酒
　　再喝一杯阿卯美酒。

7. a⁵⁵m̥au⁴³ni⁵⁵zau⁴⁴tɕeo⁵⁵ma²¹tau⁴³qa⁴³nteo⁵⁵hau³³.
　　阿 卯　的　好　酒　拿　给　老师　喝
　　阿卯的美酒敬给老师喝。

8. a⁵⁵m̥au⁴³ni⁵⁵zau⁴⁴tɕeo⁵⁵ma²¹tau⁴³ɣe²¹la²¹hau³³.
　　阿 卯　的　好　酒 拿　给　朋友　喝
　　阿卯的美酒敬给朋友喝。

9. nu¹³tṣa⁴⁴tla⁴³kha⁵⁵gu¹³da¹³tlau⁴³ sãŋ⁴⁴.
　　亲戚　客人　是　来　四　方
　　来自四方的贵客哟,

10. tṣa⁴⁴hau³³i⁴³lu⁴³a⁵⁵m̥au⁴³zau⁴⁴tɕeo⁵⁵.
　　再 喝　一 杯 阿 卯　好 酒
　　再喝一杯阿卯美酒。

11. a⁵⁵m̥au⁴³ni⁵⁵zau⁴⁴tɕeo⁵⁵ma²¹tau⁴³qa⁴³nteo⁵⁵hau³³.
　　阿 卯　的 好　酒　拿　给　老师　喝
　　阿卯的美酒敬给老师喝。

12. a⁵⁵m̥au⁴³ni⁵⁵zau⁴⁴tɕeo⁵⁵ma²¹tau⁴³ɣe²¹la²¹hau³³.
　　阿 卯　的 好　酒　拿　给　朋友　喝
　　阿卯的美酒敬给朋友喝。

歌词大意：
　　再喝一杯阿卯美酒。阿卯的美酒敬给老师喝。阿卯的美酒敬给朋友喝。来自四方的贵客哟,再喝一杯阿卯美酒。阿卯的美酒敬给老师喝。阿卯的美酒敬给朋友喝。

语料备注信息：
歌词标题： 敬你一杯苗家酒

演唱者：杨花敏
歌曲来源：杨花敏音乐工作室提供
歌曲时长：1分38秒
歌曲转写字数：657

歌曲四 我的名字叫苗族

$ku^{55}ntsi^{43}a^{55}m̥au^{43}$ 我的名字叫苗族
　　　我　名字　　阿　卯

1. $na^{13}lu^{13}$, $ku^{55}ŋga^{13}ma^{13}bauɯ^{13}deo^{21}pu^{44}tau^{43}sie^{43}$.
　　看　啊　我　家　　有　　花　出来　满　山　高
　　看啊！我的家乡鲜花开满高山。

2. $na^{13}lu^{13}$, $ku^{55}ti^{43}tɕheo^{44}tə^{55}nə^{43}lau^{43}ga^{13}tʂai^{44}zau^{44}sie^{43}$.
　　看　啊　我　地方　　人　　勤劳　　有　好　心
　　看啊！我的父老乡亲勤劳又善良。

3. $a^{55}lau^{13}tə^{55}nə^{43}kheo^{44}tɕheo^{44}kheo^{44}ŋgeo^{13}la^{21}tau^{44}tsho^{44}mi^{21}$.
　　前缀　老　人　互相　爱　互相　成双　要　给　榜样　我们
　　老人成双成对，给我们做好榜样。

4. $qa^{43}nteo^{44}kheo^{44}pau^{43}kə^{43}$, $a^{55}sie^{43}ntɕheo^{44}kha^{44}ʐu^{21}mi^{21}$.
　　老师　　拿　　知识　　前缀　心　爱　感化　我们
　　老师用知识和爱心感化我们。

5. $ntsie^{43}vai^{21}vau^{13}ɕau^{43}ni^{55}hi^{43}tlo^{43}ntlhie^{43}$.
　　千　年　万　年　这　不　解　变
　　千万年不变化。

6. $ntɕheo^{44}n̥o^{43}deo^{13}ndu^{13}a^{55}ɳtʂi^{44}tau^{43}$.
　　爱　　在　顶　天　前缀　尖　山
　　我喜欢住在山顶。

7. $pi^{43}ntsi^{43}gu^{13}a^{55}m̥au^{43}$, $pi^{43}ntsi^{43}gu^{13}a^{55}m̥au^{43}$.
　　我们　名字　是　阿　卯　我们　名字　是　阿　卯
　　我们的名字是苗族。

8. a⁵⁵m̥au⁴³tu⁴³ntshai⁴⁴la⁴⁴sie⁴³tʂho⁵⁵sie⁴³, mau¹³tl̥a⁴⁴tha⁵⁵.
   阿 卯 子女 要 心 连 心 去 到 前
   苗家子女要心连心向前走。

9. na¹³lu¹³, ŋgau¹³ʈau⁴³n̥ãŋ⁵⁵die¹³lie⁴³die¹³tɕho⁴³ai⁴³tʂhə⁴³.
   看 啊 姑娘 伙子 穿 裙子 衣裳 很 新
   看啊，姑娘伙子们穿的衣服光鲜亮丽。

10. na¹³lu¹³, hi⁴³ntsy⁴³a⁴⁴sai⁴⁴zãŋ¹³ɖau²¹ba¹³a⁴⁴sie⁴³die²¹.
    看 啊 互相 聚 做 表演 样子 跑 抱 前缀 心 高兴
    看啊！我们相聚表演时是那么开心。

11. hi⁴³ʐa¹³li⁴⁴mo⁵⁵a⁵⁵lau¹³ni⁵⁵ʂau⁴⁴dla¹³ŋɖo²¹ʑe²¹bə¹³.
    不 要 那样 前缀 老 他们 苦难 跟 苦 辣
    我们不想重复祖辈们的心酸苦难。

12. kheo⁴³a⁵⁵pi⁴³tl̥a⁴⁴zo²¹pi⁴³kha⁴³fai⁴³, mau²¹tl̥a⁴⁴tha⁴⁴.
    拿 做 我们 力气 我们 力气 去 到 前
    我们要化悲痛为力量，奋发向前。

13. kha⁴⁴ʈau⁴³fai⁴³ʐau²¹ntau⁴⁴dau¹³pau⁴³qə⁴³.
    所有人 学习 懂事 知识
    我们所有人都学习知识。

14. kheo⁴⁴pau⁴³kə⁴³tʂa⁴⁴zo²¹pi⁴³tshau⁴³m̥au⁴³.
    拿 知识 抬 力气 我们 民族
    要用知识使我们民族崛起。

15. pi⁴³ntsi⁴³gu¹³a⁵⁵m̥au⁴³, pi⁴³ntsi⁴³gu¹³a⁵⁵m̥au⁴³.
    我们 名字 是 阿卯 我们 名字 是 阿卯
    我们的名字是苗族。

16. a⁵⁵m̥au⁴³tu⁴³ntshai⁴⁴la⁴⁴sie⁴³tʂho⁵⁵sie⁴³, mau¹³tl̥a⁴⁴tha⁵⁵.
    阿 卯 子女 要 心 连 心 去 到 前
    苗家子女要心连心向前走。

17. ku⁵⁵ntsi⁴³gu¹³a⁵⁵m̥au⁴³, ku⁵⁵ntsi⁴³gu¹³a⁵⁵m̥au⁴³.
　　我　名字　是　阿卯　　我　名字　是　阿卯
　　我的名字是苗族。

18. a⁵⁵m̥au⁴³tu⁴³ntshai⁴⁴la⁴⁴sie⁴³tʂho⁵⁵sie⁴³, mau¹³tl̥a⁴⁴tha⁵⁵.
　　阿卯　子女　要　心　连　心　　去　到　前
　　苗家子女要心连心向前走。

歌词大意：
　　看啊！我的家乡鲜花开满高山。看啊！我的父老乡亲勤劳又善良。老人成双成对，给我们做好榜样。老师用知识和爱心感化我们。千万年不变化。我喜欢住在山顶。我们的名字是苗族。苗家子女要心连心向前走。
　　看啊，姑娘小伙子们穿的衣服光鲜亮丽。看啊！我们相聚表演时是那么开心。我们不想重复祖辈们的心酸苦难。我们要化悲痛为力量，奋发向前。我们所有人都学习知识。要用知识使我们民族崛起。我们的名字是苗族。苗家子女要心连心向前走。我的名字是苗族。苗家子女要心连心向前走。

语料备注信息：
歌曲标题： 我的名字叫苗族
演唱者： 佚名
歌曲来源： 网络（5 sing）下载
歌曲时长： 3 分 24 秒
歌曲转写字数： 1170

歌曲五　我是苗家女

　　　　　　　　ku⁵⁵gu¹³a⁵⁵m̥au⁴³tshai⁴⁴　我是苗家女
　　　　　　　　　我　是　阿卯　女

1. ku⁵⁵gu¹³a⁵⁵m̥au⁴³, ʐi²¹lu⁴³ŋgau¹³tshai⁴⁴.
　　我　是　阿卯　　一　个　漂亮　女
　　我是苗家女。

2. ʈau⁴³sie⁴³ʑiu²¹ku⁵⁵lo⁴³, və¹³ntau⁴⁴a⁴⁴ku⁵⁵la²¹.
　　山　高　养　我　大　石头　树　做　我　朋友
　　高山把我养大，大自然陪我长大。

3. ʂeo⁴⁴tso⁵⁵na²¹lou³³n̥ou⁵⁵deo²¹.
　　早晨　看　个　太阳　出来
　　早晨看日出，

4. mo⁵⁵deo¹³ku⁵⁵ʐy²¹n̥u⁴³qu⁴³.
　　晚上　我　数　星星
　　晚上数星星。

5. ku⁵⁵gu¹³a⁵⁵m̥au⁴³, ʑi²¹lu⁴³ŋgau¹³tshai⁴⁴.
　　我　是　阿卯　一　个　漂亮　女
　　我是苗家女。

6. ʂau⁴⁴tau⁴³a⁵⁵m̥au⁴³zo²¹.
　　出生　在　阿卯　村寨
　　出生在苗家寨。

7. l̥o⁴³tau⁴³ku⁵⁵a⁵⁵m̥au⁴³tau⁴⁴.
　　大　在　我　阿卯　山
　　在苗家山岭长大。

8. ɲtɕheo⁴⁴ku⁵⁵a⁵⁵m̥au⁴³a⁴⁴zã¹³tau⁴³a⁵⁵m̥au⁴³zo²¹.
　　爱　我　阿卯　做　样子　在　阿卯　村寨
　　喜爱我苗寨风情。

9. ɣe²¹la²¹gi²¹nou²¹ku⁵⁵："ku⁵⁵da¹³kho⁴⁴dy¹³？"
　　朋友　你　问　我　我　来　哪里
　　朋友你问我："我从哪里来？"

10. ku⁵⁵la⁵⁵tʂaɯ⁴⁴saɯ⁴⁴n̥i⁵⁵qhə⁴³gi²¹："ku⁵⁵da¹³a⁵⁵m̥au⁴³zo²¹！"
　　我　要　大声　告诉　你　我　来　阿卯　村寨
　　我要大声告诉你："我来自苗寨！"

11. ku⁵⁵la⁵⁵tʂaɯ⁴⁴saɯ⁴⁴n̥i⁵⁵qhə⁴³gi²¹：
　　我　要　大声　告诉　你
　　我要大声告诉你：

12. "ku⁵⁵gu¹³a⁵⁵m̥au⁴³ŋgau¹³tshai⁴⁴！"
　　 我　是　阿卯　漂亮　女儿
　　"我是苗家女！"

13. ku⁵⁵gu¹³a⁵⁵m̥au⁴³, ʑi²¹lu⁴³ŋgau¹³tshai⁴⁴.
　　 我　是　阿卯　一　个　漂亮　女
　　我是苗家女。

14. ʈau⁴³sie⁴³ʐiu²¹ku⁵⁵ɭo⁴³, və¹³ntau⁴⁴a⁴⁴ku⁵⁵la²¹.
　　 山　高　养　我　大　石头　树　做　我　朋友
　　高山把我养大，大自然陪我长大。

15. ʂeo⁴⁴tso⁵⁵na²¹lou³³n̥ou⁵⁵deo²¹.
　　 早晨　看　个　太阳　出来
　　早晨看日出，

16. mo⁵⁵deo¹³ku⁵⁵ʐy²¹n̥u⁴³qu⁴³.
　　 晚上　我　数　星星
　　晚上数星星。

17. ku⁵⁵gu¹³a⁵⁵m̥au⁴³, ʑi²¹lu⁴³ŋgau¹³tshai⁴⁴.
　　 我　是　阿卯　一　个　漂亮　女
　　我是苗家女，漂亮的苗家女。

18. ʂau⁴⁴ʈau⁴³a⁵⁵m̥au⁴³zo²¹.
　　 出生　在　阿卯　村寨
　　出生在苗家寨。

19. ɭo⁴³ʈau⁴³ku⁵⁵a⁵⁵m̥au⁴³ʈau⁴⁴.
　　 大　在　我　阿卯　山
　　在苗家山岭长大。

20. ntɕheo⁴⁴ku⁵⁵a⁵⁵m̥au⁴³a⁴⁴zã¹³ʈau⁴³a⁵⁵m̥au⁴³zo²¹.
　　 爱　我　阿卯　做　样子　在　阿卯　村寨
　　喜爱我苗寨风情。

21. ɣe²¹la²¹gi²¹nou²¹ku⁵⁵："ku⁵⁵da¹³kho⁴⁴dy¹³？"
　　朋友　你　问　我　　我　来　哪里
　　朋友你问我："我从哪里来？"

22. ku⁵⁵la⁵⁵tʂaɯ⁴⁴saɯ⁴⁴n̥i⁵⁵qhə⁴³gi²¹：
　　我　要　　大声　　　告诉　你
　　我要大声告诉你：

23. "ku⁵⁵da¹³a⁵⁵m̥au⁴³zo²¹！"
　　我　来　阿卯　村寨
　　"我来自苗寨！"

24. ku⁵⁵la⁵⁵tʂaɯ⁴⁴saɯ⁴⁴n̥i⁵⁵qhə⁴³gi²¹：
　　我　要　　大声　　　告诉　你
　　我要大声告诉你：

25. "ku⁵⁵gu¹³a⁵⁵m̥au⁴³ŋgau¹³tshai⁴⁴！"
　　　我　是　阿卯　漂亮　　女儿
　　"我是漂亮的苗家女！"

26. ku⁵⁵gu¹³a⁵⁵m̥au⁴³，ʑi²¹lu⁴³ŋgau¹³tshai⁴⁴.
　　我　是　阿卯　　　一个　漂亮　女
　　"我是苗家女，漂亮的苗家女！"

27. ʂau⁴⁴ʈau⁴³a⁵⁵m̥au⁴³zo²¹.
　　出生　在　阿　卯　村寨
　　出生在苗家寨。

28. ɭo⁴³ʈau⁴³ku⁵⁵a⁵⁵m̥au⁴³ʈau⁴⁴.
　　大　在　我　阿　卯　山
　　在苗家山岭长大。

29. ntɕheo⁴⁴ku⁵⁵a⁵⁵m̥au⁴³a⁴⁴zãŋ¹³ʈau⁴³a⁵⁵m̥au⁴³zo²¹.
　　爱　　我　阿卯　　做样子　在　阿卯　村寨
　　喜爱我苗寨风情。

30. ɣe²¹la²¹gi²¹nou²¹ku⁵⁵："ku⁵⁵da¹³kho⁴⁴dy¹³？"
　　朋友　你　问　我　　我　来　哪里
　　朋友你问我："我从哪里来？"

31. ku⁵⁵la⁵⁵tʂaɯ⁴⁴saɯ⁴⁴n̪i⁵⁵qhə⁴³gi²¹：
　　我　要　大声　　　告诉　你
　　我要大声告诉你：

32. "ku⁵⁵da¹³a⁵⁵m̪au⁴³zo²¹！"
　　我　来　阿卯　村寨
　　"我来自苗寨！"

33. ku⁵⁵la⁵⁵tʂaɯ⁴⁴saɯ⁴⁴n̪i⁵⁵qhə⁴³gi²¹："ku⁵⁵gu¹³a⁵⁵m̪au⁴³ŋgau¹³tshai⁴⁴！"
　　我　要　大声　　　告诉　你　我　是　阿卯　漂亮　女儿
　　我要大声告诉你："我是漂亮的苗家女！"

34. ku⁵⁵la⁵⁵tʂaɯ⁴⁴saɯ⁴⁴n̪i⁵⁵qhə⁴³gi²¹："ku⁵⁵gu¹³a⁵⁵m̪au⁴³ŋgau¹³tshai⁴⁴！"
　　我　要　大声　　　告诉　你　我　是　阿卯　漂亮　女儿
　　我要大声告诉你："我是漂亮的苗家女！"

歌词大意：

　　我是苗家女。高山把我养大，大自然陪我长大。早晨看日出，晚上数星星。我是苗家女。出生在苗家寨。在苗家山岭长大。喜爱我苗寨风情。朋友你问我："我从哪里来？"我要大声告诉你："我来自苗寨！"我要大声告诉你："我是苗家女！"

　　我是苗家女。高山把我养大，大自然陪我长大。早晨看日出，晚上数星星。我是苗家女，漂亮的苗家女。出生在苗家寨。在苗家山岭长大。喜爱我苗寨风情。朋友你问我："我从哪里来？"我要大声告诉你："我来自苗寨！"我要大声告诉你："我是漂亮的苗家女！我是苗家女，漂亮的苗家女！"

　　我出生在苗家寨。在苗家山岭长大。喜爱我苗寨风情。朋友你问我："我从哪里来？"我要大声告诉你："我来自苗寨！"我要大声告诉你："我是漂亮的苗家女！"

附录　滇北苗语语料

语料备注信息：
歌曲标题： 我是苗家女
演唱者： 佚名
歌曲来源： 网络（5 sing）下载
歌曲时长： 4 分 22 秒
歌曲转写字数： 1728

歌曲六　苗族婚礼赞歌

1. ȵo⁴³pi⁴³gi²¹kha⁵⁵gi¹³tʂhie⁴³ni⁵⁵,
　　在　我们　场　客　是　新　这
　　我们的这场新人筵席，

2. tʂhie⁴³zau⁵⁵si⁴³ndu¹³ʂo⁵⁵.
　　新　好　似　天　暖和
　　就像春天一样又新又好。

3. mi²¹da¹³zau⁴⁴si⁴³ndu¹³tʂhie⁴³da¹³,
　　你们　来　好　似　天　新　来
　　你们的到来如同春风一般。

4. ȵo⁴³gi¹³pu⁵⁵ŋa¹³tɕheo⁵⁵.
　　在　是　满　房子　床
　　家里家外都是客人。

5. dʐo¹³ba¹³gi²¹hi⁴⁴tʂha⁴⁴,
　　拿　抱　是　不　可惜
　　你们不辞劳苦地带着礼品来，

6. gu¹³mi²¹sie⁴³gu¹³ɳtʂheo⁴⁴.
　　是　你们　心　是　爱
　　是你们的爱心。

7. ȵo⁴³gi¹³pu⁵⁵ŋa¹³tai⁴⁴pu⁵⁵tɕheo⁵⁵.
　　在　是　满　房子　再　满　床
　　你们的爱充满了家的每一个角落，

8. tʂha⁴⁴la²¹hiu⁵⁵bə²¹hau⁴³.
　　感谢　　大家　　啦
　　谢谢你们啦！

9. n̠u⁴³pi⁴³ki⁵⁵kha⁵⁵ki⁵⁵tʂhie⁴³mi²¹,
　　问　我们　亲戚　亲戚　你
　　问候亲戚朋友们，

10. tʂhie⁴³zau⁵⁵si⁴³ndu¹³ʂo⁵⁵.
　　新　　好　似　天　暖和
　　就像春天一样又新又好。

11. mi²¹da¹³zau⁴⁴si⁴⁴n̠u⁴³tʂhie⁴³da¹³.
　　你们 来　好 似 太阳　新　来
　　你们的来临就像初升的太阳一样美好。

12. n̠o⁴³gi¹³pu⁵⁵ŋa¹³tɕheo⁵⁵.
　　在　是　满　房子　床
　　家里家外都是客人。

13. dʐo¹³ba¹³gi¹³hi⁴³tʂha⁴⁴,
　　拿　抱　是　不　可惜
　　你们不辞辛苦拿着东西来，

14. gu¹³mi²¹sie⁴³gu¹³n̠tʂheo⁴⁴.
　　是　你们　心　是　爱
　　是你们的爱心。

15. n̠o⁴³gi¹³pu⁵⁵ŋa¹³tai⁴⁴pu⁵⁵tɕheo⁵⁵, tʂha⁴⁴la²¹hiu⁴⁴bə²¹hau⁵⁵.
　　在　是　满　房子　再　满　床　　感谢　　大家　啦
　　你们的爱充满了家的每一个角落，谢谢大家啦！

16. tʂha⁴⁴la²¹n̠ie⁴³vai¹³ki⁵⁵di¹³mi²¹,
　　感谢　　妈　爹　弟　兄　们
　　感谢爸爸妈妈兄弟姊妹们，

17. tʂha⁴⁴la²¹mi²¹hiu⁵⁵bə²¹,
　　感谢　你们　大家
　　感谢你们所有人，

18. tʂha⁴⁴la²¹a⁵⁵tai⁵⁵a⁵⁵ʐou²¹mi⁵⁵, ki⁵⁵di¹³ki⁵⁵tsi⁵⁵mi²¹.
　　感谢　前缀 外婆 前缀 外公　们　兄弟　姊妹　们
　　感谢外公外婆，感兄弟姊妹们。

19. dʑa¹³tʂo⁴⁴gi²¹hi⁴³ɳtʂheo⁵⁵,
　　如果　你们　互相　爱
　　如果你们互相恩爱，

20. gu¹³mi²¹sie⁴³gu¹³ɳtʂheo⁵⁵.
　　是　你们　心　是　爱
　　因为你们的爱。

21. n̥o⁴³gi²¹pu⁵⁵ŋga¹³tai⁴⁴pu⁵⁵tɕheo⁵⁵,tʂha⁴⁴la²¹hiu⁴⁴bə²¹hau⁵⁵.
　　在　是　满　房子　再　满　床　感谢　大家　啦
　　你们的爱充满了家的每一个角落，谢谢大家啦！

22. i⁴³ɕau⁴⁴ni⁵⁵lo¹³gi¹³tʂhie⁴³zau⁵⁵.
　　一　年　这　来　是　新　好
　　这一年以来，什么都好。

23. ai⁴³zau⁵⁵gu¹³m̥o⁵⁵na⁵⁵.
　　最　好　是　今天
　　但是今天最好。

24. da¹³pi⁵⁵hi⁴⁴ɳɖo²¹hu⁴³ŋgau¹³la²¹.
　　来　我们　一起　唱　歌　赞美
　　让我们一起歌唱赞美。

25. hi⁴⁴ɳɖo²¹a⁴⁴sai⁵⁵la²¹.
　　一起　做　节目　赞美
　　一起跳舞赞美。

26. dʑa¹³mi²¹hiu⁵⁵bə²¹sãŋ⁴⁴,
    麻烦 你们 大家　　啦
    麻烦你们大家啦，

27. dzə¹³tʂhai⁴³dzə¹³no⁴⁴sãŋ⁴⁴,
    忍受 饥饿 忍受 寒冷 了
    你们忍饥挨饿，

28. ʈai⁴⁴hi⁴³dzeo¹³la²¹mi²¹hiu⁵⁵bə²¹.
    再 不 会 感谢 你们 大家
    不知道该怎么感谢你们大家，

29. i⁴³ɕau⁴⁴ni⁵⁵lo¹³gi¹³tʂhie⁴³zau⁵⁵.
    一 年 这 来 是 新 好
    这一年以来，什么都好。

30. ai⁴³zau⁵⁵gu¹³m̥o⁵⁵na⁵⁵.
    最 好 是 今天
    但是今天最好。

31. da¹³pi⁵⁵hi⁴⁴ɳɖo²¹hu⁴³ŋgau¹³la²¹.
    来 我们 一起 唱 歌 赞美
    让我们一起歌唱赞美。

32. hi⁴⁴ɳɖo²¹a⁴⁴sai⁵⁵la²¹.
    一起 做 节目 赞美
    一起跳舞赞美。

33. dʑa¹³mi²¹hiu⁵⁵bə²¹sãŋ⁴⁴,
    麻烦 你们 大家　　啦
    麻烦你们大家啦，

34. dzə¹³tʂhai⁴³dzə¹³no⁴⁴sãŋ⁴⁴,
    忍受 饥饿 忍受 寒冷 了
    你们忍饥挨饿，

35. ʈai⁴⁴hi⁴³dzeo¹³la²¹mi²¹hiu⁵⁵bə²¹.
　　再　不　会　感谢　你们　大家
　　不知道该怎么感谢你们大家，

36. sie⁴³ɳtʂheo⁵⁵gu¹³ai⁴³zau⁵⁵.
　　心　爱　是　最　好
　　你们最好的爱心。

37. i⁴³ɕau⁴⁴ni⁵⁵lo¹³gi¹³tʂhie⁴³zau⁵⁵.
　　一　年　这　来　是　新　好
　　这一年以来，什么都好。

38. ai⁴³zau⁵⁵gu¹³m̥o⁵⁵na⁵⁵.
　　最　好　是　今天
　　但是今天最好。

39. da¹³pi⁵⁵hi⁴⁴ɳɖo²¹hu⁴³ŋgau¹³la²¹.
　　来　我们　一起　唱　歌　赞美
　　让我们一起歌唱赞美。

40. hi⁴⁴ɳɖo²¹a⁴⁴sai⁵⁵la²¹.
　　一起　做　节目赞美
　　一起跳舞赞美。

41. dʑa¹³mi²¹hiu⁵⁵bə²¹sãŋ⁴⁴,
　　麻烦　你们　大家　啦
　　麻烦你们大家啦，

42. dzə¹³tʂhai⁴³dzə¹³no⁴⁴sãŋ⁴⁴,
　　忍受　饥饿　忍受　寒冷　了
　　你们忍饥挨饿，

43. ʈai⁴⁴hi⁴³dzeo¹³la²¹mi²¹hiu⁵⁵bə²¹.
　　再　不　会　感谢　你们　大家
　　不知道该怎么感谢你们大家，

44. hi⁴³ȵtʂheo⁵⁵gu¹³ai⁴³zau⁴⁴.
  互相 爱　　是　最　好
  互敬互爱是最好的。

45. ʈai⁴⁴hi⁴³dzeo¹³la²¹mi²¹hiu⁵⁵bə²¹.
  再　不　会　感谢　你们　大家
  不知道该怎么感谢你们大家，

46. hi⁴³ȵtʂheo⁵⁵gu¹³ai⁴³zau⁴⁴.
  互相 爱　　是　最　好
  互敬互爱是最好的。

歌词大意：
  我们的这场新人筵席，就像春天一样又新又好。你们的到来如同春风一般。家里家外都是客人。你们不辞劳苦地带着礼品来，是你们的爱心。你们的爱充满了家的每一个角落，谢谢你们啦！
  问候亲戚朋友们，就像春天一样又新又好。你们的来临就像初升的太阳一样美好。家里家外都是客人。你们不辞辛苦拿着东西来，是你们的爱心。你们的爱充满了家的每一个角落，谢谢大家啦！
  感谢爸爸妈妈兄弟姊妹们，感谢你们所有人，感谢外公外婆，感兄弟姊妹们。如果你们互相恩爱，因为你们的爱。你们的爱充满了家的每一个角落，谢谢大家啦！
  这一年以来，什么都好。但是今天最好。让我们一起歌唱赞美。一起跳舞赞美。麻烦你们大家啦，你们忍饥挨饿，不知道该怎么感谢你们大家，互敬互爱是最好的。

语料备注信息：
歌曲标题：苗族婚礼赞歌
演唱者：杨花敏
歌曲来源：杨花敏音乐工作室提供
歌曲时长：3 分 1 秒
歌曲转写字数：1758

歌曲七　苗家好地方

a⁵⁵m̥au⁵³ʐau⁴⁴ti⁴³tɕheo⁴⁴　苗家好地方
阿　卯　　　好　地方

1. pi⁴³a⁵⁵m̥au⁴³ti⁴³tɕheo⁴⁴,
 　我们 阿 卯　　地方
 　我们苗家地方，

2. dlau¹³au⁴³ntsa⁴⁴mi⁴⁴sie⁴³.
 　　堆　水　　蓝　　蓝色貌
 　白云蓝蓝的，

3. baɯ¹³deo¹³tlo³³a⁵⁵ntsi³³.
 　花　开　笑　　笑哈哈貌
 　鲜花怒放，

4. nãŋ¹³　nau²¹ʂeo⁵⁵li⁴³leo¹³.
 　鸟的总称　鸟　震动　了　了
 　鸟儿欢唱。

5. da¹³pi⁴³tsho⁵⁵qɯ⁴³ʑa²¹tsho⁵⁵qɯ⁴³la⁴³.
 　来 我们　弹　乐器　吧　弹琴　乐器　啊
 　我们来弹奏乐器。

6. da¹³pi⁴³hu⁴⁴ŋgau¹³ʑa²¹hu⁴⁴gau¹³la⁴³.
 　来 我们 唱　歌　吧　唱　歌　啦
 　我们来唱歌吧。

7. da¹³pi⁴³hu⁴⁴ŋgau¹³tl̥hie⁴⁴sai⁴³zau⁴⁴.
 　来 我们 唱　歌　跳　舞　好
 　我们来好好地唱歌、跳舞吧。

8. m̥o⁴⁴na⁴⁴zau⁴⁴ŋ̥u⁴³n̥au¹³.
   今天　好　日子
   今天是个好日子。

9. a⁵⁵……
   啊……
   啊……

10. pi⁴³a⁵⁵m̥au⁴³zau⁴⁴ti⁴³tɕheo⁴⁴.
    我们　阿　卯　好　地方
    我们苗家好地方。

11. a⁵⁵……
    啊
    啊……

12. m̥o⁴⁴na⁴⁴zau⁴⁴ŋ̥u⁴³n̥au¹³.
    今天　好　日子
    今天是个好日子。

13. hi⁴⁴mbãŋ¹³hi⁴⁴qeo⁴⁴mau¹³dla¹³tha⁵⁵.
    互相帮助 互相 团结 走　向前
    我们互帮互助共前进。

14. hi⁴⁴mbãŋ¹³hi⁴⁴qeo⁴⁴mau¹³dla¹³tha⁵⁵, mau¹³dla¹³tha⁵⁵.
    互相 帮助 互相 团结 走　向前　走　向前
    我们互帮互助共前进。

15. ku⁵⁵gu¹³a⁵⁵m̥au⁴³tu⁴³.
    我　是　阿　卯　儿
    我是苗家儿。

16. ku⁵⁵gu¹³a⁵⁵m̥au⁴³ntshai⁴⁴.
    我　是　阿　卯　姑娘
    我是苗家女。

17. ʈhau³³sie⁴³ʑau²¹geo¹³nteo⁵⁵.
  用 心 学习 读 书
 用心学习。

18. zau⁴⁴zãŋ¹³n̻o⁴³a⁵⁵sie⁴³.
  好 样子 在 前缀 心
 好东西记在心里。

19. ki⁵⁵dli¹³n̻dʐa¹³nti⁵⁵ʐa²¹pi⁴³ hi⁴³tʂhai⁴⁴.
  路 远 山 高 啊 我们 不 怕
 我们不怕山高路远。

20. ndlie¹³ti⁴³ndlau¹³dʑi³³ʐa²¹n̻o⁴³pi⁴³ tha⁵⁵.
  世界 美好 啊 在 我们 前方
 美好的世界就在我们前方。

21. a⁵⁵m̻au⁴³tu⁴³lu⁴³a⁵⁵m̻au⁴³ntsai³³.
  阿 卯 儿 啊 阿 卯 姑娘
 阿卯子女,

22. ʈhau⁴⁴sie⁴³ba²¹geo¹³nteo⁵⁵ʑau²¹pau⁴³qə⁴³.
  用 心 把 读 书 学 知识
 用心读书学知识。

23. a⁵⁵……
  啊
 啊……

24. ku⁵⁵gu¹³a⁵⁵m̻au⁴³ntshai⁴⁴.
  我 是 阿 卯 姑娘
 我是苗家女。

25. a⁵⁵……
  啊
 啊……

26. ku⁵⁵gu¹³a⁵⁵m̥au⁴³ntshai⁴⁴.
　　 我　是　阿卯　　姑娘
　　 我是苗家女。

27. ʈhau⁴⁴sie⁴³ba²¹geo¹³nteo⁵⁵ʐau²¹pau⁴³qə⁴³.
　　 用　心　把　读　书　学　知识
　　 用心读书学知识。

28. die¹³gi²¹ʈau⁴³sie⁴³n̠o⁴³pi⁴³tha⁵⁵, n̠o⁴³pi⁴³tha⁵⁵.
　　 是否 你 用 心 在 我们 前　在 我们 前
　　 用心钻研，努力前进。

29. pi⁴³a⁵⁵m̥au⁴³ti⁴³tɕheo⁴⁴,
　　 我们 阿　卯　　地方
　　 我们苗家地方，

30. dlau¹³au⁴³ntsa⁴⁴mi⁴⁴sie⁴³.
　　 堆　　水　蓝　蓝色貌
　　 白云蓝蓝的，

31. baɯ¹³deo¹³tlo³³a⁵⁵ntsi³³.
　　 花　开　笑　笑哈哈貌
　　 鲜花怒放，

32. nãŋ¹³nau²¹ʂeo⁵⁵li⁴³leo¹³.
　　 鸟的总称 鸟 震动 了 了
　　 鸟儿欢唱。

33. da¹³pi⁴³tsho⁵⁵qɯ⁴³ʐa²¹tsho⁵⁵qɯ⁴³la⁴³.
　　 来 我们 弹　乐器 吧 弹琴 乐器 啦
　　 我们来弹奏乐器。

34. da¹³pi⁴³hu⁴⁴ŋgau¹³ʐa²¹hu⁴⁴gau¹³la⁴³.
　　 来 我们 唱　歌　吧　唱　歌　啦
　　 我们来唱歌吧。

附录　滇北苗语语料

35. da¹³pi⁴³hu⁴⁴ŋgau¹³tl̥hie⁴⁴sai⁴³zau⁴⁴.
　　 来　我们　唱　歌　　跳　舞　好
　　 我们来好好地唱歌、跳舞吧。

36. m̥o⁴⁴na⁴⁴zau⁴⁴n̥u⁴³n̥au¹³.
　　 今天　　好　　日子
　　 今天是个好日子。

37. a⁵⁵……
　　 啊
　　 啊……

38. pi⁴³a⁵⁵m̥au⁴³zau⁴⁴ti⁴³tɕheo⁴⁴.
　　 我们　阿　卯　　好　　地方
　　 我们苗家好地方。

39. a⁵⁵……
　　 啊
　　 啊……

40. m̥o⁴⁴na⁴⁴zau⁴⁴n̥u⁴³n̥au¹³.
　　 今天　　好　　日子
　　 今天是个好日子。

41. hi⁴⁴mbã ŋ¹³hi⁴⁴qeo⁴⁴mau¹³dla¹³tha⁵⁵.
　　 互相　帮助　互相　团结　走　向　前
　　 我们互帮互助共前进。

42. hi⁴⁴mbã ŋ¹³hi⁴⁴qeo⁴⁴mau¹³dla¹³tha⁵⁵, mau¹³dla¹³tha⁵⁵.
　　 互相　帮助　互相　团结　走　　向　前　　走　向　前
　　 我们互帮互助共前进。

歌词大意：
　　我们苗家地方，总是蓝天白云，鲜花怒放，鸟儿欢唱。我们来弹奏乐器吧，我们来唱歌吧。我们来好好地唱歌、跳舞吧。今天是个好日子。我们互帮互助共同前进，共同前进。

　　我是苗家儿，我是苗家女。我们用心学习，追求进步。我们不怕山高路远。美好的世界就在我们前方。阿卯子女用心读书学知识。我是苗家女，我是苗家女。用心读书学知识。

语料备注信息：
歌词标题： 苗家好地方
演唱者： 佚名
歌曲来源： 网络（5 sing）下载
歌曲时长： 4分6秒
歌曲转写字数： 1402

参考文献

一 著作类

班弨：《中国的语言和文字》，广西教育出版社 1995 年版。
朝克、李云兵等：《中国民族语言文字研究史论》第 2 卷，南方卷（下），中国社会科学出版社 2013 年版。
陈宏：《贵州松桃大兴镇苗语研究》，南开大学博士学位论文，2015 年。
陈其光：《苗瑶语文》，中央民族大学出版社 1998 年版。
陈其光：《语言调查》，中央民族大学出版社 2013 年版。
陈其光：《苗瑶语文》，中央民族大学出版社 2013 年版。
丁邦新、孙宏开主编：《汉藏语同源词研究（二）》，广西民族出版社 2001 年版。
戴庆厦主编：《二十世纪中国语言学丛书》，书海出版社 1998 年版。
戴庆厦主编：《汉语与少数民族语言语法比较》，民族出版社 2006 年版。
范俊军：《语言调查语料记录与立档规范》，暨南大学出版社 2010 年版。
黄布凡主编：《藏缅语族语言词汇》，中央民族学院出版社 1992 年版。
黄成龙：《蒲溪羌语研究》，民族出版社 2007 年版。
黄布凡：《藏缅语族语言词汇》，中央民族大学出版社 1992 年版。
李云兵：《苗语方言划分遗留问题研究》，中央民族大学出版社 2000 年版。
李云兵：《布赓语研究》，民族出版社 2005 年版。
李云兵：《中国南方民族语言语序类型研究》，北京出版社 2008 年版。
李云兵：《苗语动词的句法语义属性研究》，中国社会科学出版社 2015 年版。
李云兵：《苗瑶语比较研究》，商务印书馆 2018 年版。
李小凡、项梦冰：《汉语方言学基础教程》，北京大学出版社 2010 年版。
刘丹青：《语法调查研究手册》，上海教育出版社 2008 年版。
刘丹青：《语序类型学与介词理论》，商务印书馆 2003 年版。
罗安源：《松桃苗话描写语法学》，中央民族大学出版社 2005 年版。
马学良主编：《汉藏语概论》（修订版），民族出版社 2003 年版。

马学良主编：《汉藏语概论 苗瑶语篇》，民族出版社，2003 年版。
《苗族简史》编写组：《苗族简史》，贵州民族出版社 1985 年版。
彭利贞：《现代汉语情态研究》，中国社会科学出版社 2007 年版。
石茂明：《跨国民族研究：民族与国家的边界》，民族出版社 2004 年版。
石茂明主编：《苗族语言与文化——李炳泽文集》，民族出版社 2016 年版。
王辅世：《我对苗语语法上几个问题的看法》，《民族语文研究文集》，青海人民出版社 1982 年版。
王辅世：《苗语简志》，民族出版社 1985 年版。
王辅世：《苗语古音构拟》，东京国立亚非语言文化研究所 1994 年版。
王辅世、毛宗武：《苗瑶语古音构拟》，中国社会科学出版社 1995 年版。
王辅世：《苗语简志》，民族出版社 2009 年版。
王春德：《苗汉词典：黔东方言》，贵州民族出版社 1992 年版。
王懿之：《云南上古文化史》，云南美术出版社 2002 年版。
王维阳：《苗语理论基础（滇东北次方言）》，云南民族出版社 2005 年版。
王维阳主编：《苗汉词典（滇东北次方言）》，云南民族出版社 2013 年版。
王力：《中国语法理论》，中华书局 2015 年版。
伍新福：《中国苗族通史》，贵州民族出版社 1999 年版。
吴泽霖、陈国均等编：《苗夷研究丛刊之二：贵州苗夷社会研究》，交通书局 1942 年版。
向日征：《苗汉词典：湘西方言》，四川民族出版社 1992 年版。
向日征：《吉卫苗语研究》，四川民族出版社 1999 年版。
鲜松奎：《新苗汉词典：西部方言》，四川民族出版社 2000 年版。
袁家骅：《汉语方言概要》，语文出版社 2003 年版。
雅柯布森：《类型学研究及其对历史语言学的贡献》，钱军译，湖南教育出版社 2001 年版。
尤中：《云南民族史》，云南大学出版社 1994 年版。
章艳波主编：《武定领导干部经济工作手册（武定县统计局内部资料）》，武定县统计局，2016 年版。
张济民：《苗语语法纲要（川黔滇方言）》，贵州民族出版社 1963 年版。
张雅音：《生成语法分析与苗语语法现象探讨》，云南大学出版社 2015 年版。
张学良、张建忠：《学前苗文教材（滇东北次方言苗文）》，云南民族出版社 2007 年版。
周庆生主编：《中国民族语言学研究》社会科学文献出版社 2008 年版。
朱德熙：《语法讲义》，商务印书馆 2015 年版。
朱文光、潘学德主编：《苗文源流》，云南禄丰彩印厂（内部资料），2017 年版。

赵元任：《汉语口语语法》，商务印书馆1979年版。

二 期刊论文类

曹翠云：《苗语和汉语语音变化的相同点》，《民族语文》，1991年第3期。
陈其光：《古苗瑶语鼻冠闭塞音声母在现代方言中反映形式的类型》，《民族语文》，1984年第5期。
陈其光：《从苗族的DIEL看明清以来苗族文化的发展和变化》，《贵州民族研究》，1995年第2期。
陈其光：《西家苗语》，《民族语文》，2007年第4期。
曹翠云：《从苗语看古代苗族历史文化的痕迹》，《中央民族大学学报》，1982年第2期。
曹翠云、姬安龙：《略谈苗族的语言和文化》，《贵州民族研究》，1991年第3期。
黄成龙、李云兵、王锋：《记录语言学——一门新兴交叉学科》，《语言科学》，2011年第5期。
孔江平：《苗语浊送气的声学研究》，《民族语文》，1993年第1期。
李云兵：《苗语川黔滇次方言的名词前加成分》，《民族语文》，1992年第3期。
李云兵：《苗语川黔滇次方言的状词》，《民族语文》，1995年第4期。
李云兵：《苗语方言比较中的几个语音问题》，《贵州民族研究》，2001第1期。
李云兵：《论苗语名词前缀的功能》，《民族语文》，2002年第3期。
李云兵：《苗语的形态及其语义语法范畴》，《民族语文》，2003年第3期。
李云兵：《花苗苗语方位结构的语义、句法及语序类型特征》，《语言科学》，2004年第4期。
李云兵：《论语言接触对苗瑶语语序类型的影响》，《民族语文》，2005年第3期。
李云兵：《苗语重叠式的构成形式、语义和句法结构特征》，《语言科学》，2006年第2期。
李云兵：《语音变异与音系裂变：对西部苗语的真实时间观察和显象时间观察》，《民族语文》，2014年第6期。
李云兵：《苗瑶语的连读变调》，《民族语文》，2015年第3期。
李炳泽：《从苗语词汇看苗族古代文化》，《贵州民族研究》，1987第3期。
李锦平：《从苗语词语看苗族农耕文化》，《贵州民族研究》，2002年第4期。
李锦平：《从苗语词语看苗族历史文化》，《贵州文史丛刊》，1999年第6期。
刘援朝：《威宁苗语古调值构拟》，《中央民族学院学报》，1993年第3期。
刘丹青：《汉藏语言的若干语序类型学课题》，《民族语文》，2002年第5期。

刘锡蕃：《苗荒小纪序引》，《民国年间苗族论文集》（民族研究参考资料第二十集），1942 年第 12 期。

刘宝明：《寻甸苗族的花山节》，《中央民族大学学报》，1994 年第 4 期。

龙宇晓、蒙昌配：《世界苗学谱系中的海外百年苗语研究史》，《黔南民族师范学院学报》，2015 年第 5 期。

刘琳、郎维伟：《川南苗语语言文字使用的历史演变》，《西南民族大学学报》，2018 年 第 4 期。

莫礼平、周恺卿、蒋效会：《基于 Open Type 技术的方块苗文字库研究》，《中文信息学报》，2015 年第 3 期。

孙宏开：《汉语拼音方案与少数民族文字的创制与改革》，《语言文字应用》，2013 第 S1 期。

谭晓平：《苗瑶语鼻音系统的类型学考察》，《语言研究》，2018 年第 10 期。

谭晓平：《苗瑶语元音系统的类型学考察》，《语言研究》，2016 年 1 第 10 期。

王辅世：《贵州威宁苗语量词》，《语言研究》，1957 年第 2 期。

王辅世、王德光：《贵州威宁苗语的方位词》，《民族语文》，1982 年第 4 期。

王辅世：《贵州威宁苗语的状词》，《语言研究》，1983 年第 3 期。

王辅世、王德光：《贵州威宁苗语的声调》，《中国民族语言论文集》，1986 年第 91-134 页。

王辅世：《苗语语音研究中理论和实践的结合》，《民族语文》，1987 年第 1 期。

王德光：《威宁苗语话语材料》，《民族语文》，1986 年第 8 期。

王春德：《谈谈苗语构词法》，《民族语文论集》1981 年。

熊玉有：《苗语判断系词演变探究》，《贵州民族研究》，2016 年第 7 期。

熊玉有：《跨国苗语比较研究——川黔滇苗语国内与国外的比较》，《贵州民族研究》1993 年第 3 期。

薛丽娥：《苗族"花山节"起源初探》，《贵州大学学报》，2009 年第 3 期。

杨汉先：《大花苗移入乌撒传说考》，《民年间苗族论文集》（民族研究参考资料第二十集）1983 年第 12 期。

杨汉先：《大花苗名称来源》，《苗夷研究丛刊之二：贵州苗夷社会研究》，1942 年版。

杨汉先：《苗族述略》[A]，《苗夷研究丛刊之二：贵州苗夷社会研究》，1942 年版。

张永祥、曹翠云：《从语法看苗语和汉语的密切关系》，《中央民族学院学报》，1984 年第 1 期。

余金枝：《矮寨苗语的差比句》，《中央民族大学学报》，2012 第 1 期。

余金枝：《矮寨苗语形容词修饰名词语序的类型学特征》，《中央民族大学学报》，2004 年第 1 期。

张琨：《苗瑶语声调问题》，《中央研究院历史语言研究所集刊》，1947 第 16 期。

张济民：《苗语川黔滇方言的指示词》，《贵州民族研究》，1987 年第 4 期。

张济民：《苗语方位词的归类问题》，《贵州民族研究》，1998 年第 1 期。

曾丽琼：《马关苗族"花山节"及其文化内涵》，《今日民族》，2011 年第 3 期。

赵敏兰、甘春妍：《苗语语言里的汉语借词研究》，载曾晓渝主编《侗台苗瑶语言的汉语借词研究》，商务印书馆 2010 年第 252 页。

张永祥、曹翠云：《苗语》，载中央民族学院少数民族语言研究所编《中国少数民族语言》，1987 年版。

三　学位论文

陈宏：《贵州松桃大兴镇苗语研究》，博士学位论文，南开大学，2015 年。

余金枝：《矮寨苗语参考语法》，博士学位论文，中央民族大学，2010 年。

四　外文文献

Austin, Peter K. Data and Language Documentation [A]. In Jost Gippert, Nikolaus P. Himmelmann and Ulrike Mosel (eds.), Essentials of Language Documentation. Berlin and New York: Mouton de Gruyter. 2006: 87-112.

Austin, Peter K. and Lenore A. Grenoble. Current trends in language documentation [A]. In Peter K. Austin (ed.), Language Documentation and Description, London: SOAS. 2007(4): 12-25.

Andruski, J., Ratliff, M. Phonation types in production of phonological tone: The case of Green Mong [J]. Journal of the International Phonetic Association. 2000 (30): 37-61.

Bussman, H. Dictionary of Language and Linguistics [M]. London: Routledge. 1996:314.

Boas H C. From the field to the web: implementing best-practice recommendations in documentary linguistics [J]. Language Resources & Evaluation, 2006, 40(2): 153-174.

Bisang, W. Classifiers, quantifiers and class nouns in Hmong [J]. Studies in Language, 1993, 17 (1): 1-51.

Cohn, A. Phonetic and Phonological rules of nasalization [J]. Working paper in Phonetics 76. Angeles: University of California. 1990.

Cholin, J. Video recording in the field [J]. Language Archive Newsletter, 2004. 1(4), 5-8.

Comrie, B. and Norval, S. Lingua descriptive series: questionaire [J]. Lingua 1977,42:1-72.

Creswell, R., & Snyder, K. Passive and passive-like constructions in Hmong[C]. // WCCFL 19 Proceedings. Billerey and Lillehaugen. Somerville, MA: Cascadilla Press, 1970: 71-82.

Cooper-Leavitt, J., Lonsdale, D.Serial verb constructions in Hmong: Resultative and consequentials [J]. Construction, 2002, 1: 1-2.

Creswell, R., & Snyder, K. Passive and passive-like constructions in Hmong[C]. // Billerey, R., & Lillehaugen, B. D. WCCFL 19 Proceedings. Somerville, MA: Cascadilla Press, 1970: 71-82.

Culas, C. &Michaud, J. A contribution to the study of Hmong(Miao) migrations and history [J]. In: Bijdragen tot de Taal-, Land-en Volkenkunde 153, 1997(2): 211-243.

Downer, G.B. one-change and tone-shift in White Miao[J]. Bulletin of the School of Oriental and African Studies, 1967, 30(3): 589-599.

Dixon, R.R.W.,Aikhenvald, A.Y.Word: A Cross-linguistic Typology. New York: Cambridge Universtiy Press. 2003.

Esposito, C., Ptacek, J., & Yang, S. An acoustic and electroglottographic study of White Hmong phonation[J]. Journal of the Acoustical Society of America, 2009，126(40): 466-476.

Golston, C., Yang, P.. White Hmong loanword phonology[G]. // C. Féry, A. D. Green & R. van de Vijver. Proceedings of HILP 5. Potsdam: University of Potsdam, 2001: 40-57.

Haiman, John. Describing Morphosyntax: A Guid for Field Linguists (0-521-58805-8). London: Cambridge University Press. 1997.

Lakoff，G. Johnson, M. Metaphor We Live By[M]. Chicago: The University of Chicago Press, 1980.

Jarkey, N. Serial verbs in White Hmong[M]. Leiden: Brill, 2015.

Huffman M K. Measures of phonation type in Hmong[J]. Acoustical Society of America. Journal,1987,81(2).

Hawkins. J. A. A performance theory of order and constituency[M]. London: Cambridge University Press, 1995.

Jarkey, N. Serial verbs in White Hmong[M]. Leiden: BRILL, 2015.

Jean E. Andruski, Martha Ratliff. Phonation types in production of phonological tone: the case of Green Mong[J]. Journal of the International Phonetic Association, 2000, 30(1-2).

Keating, Patricia. Underspecification in Phonetics [J]. Phonology 1988(5).

Maddieson, I. Patterns of Sounds. [M]. London: Cambridge University Press. 1984.

Meister, E. An Investigation of Multi-Verb Constructions in Hmong Ntsuab. [D]. Chingmai: Payap University. 2010.

Mortensen, D. Preliminaries to Mong Leng(Hmong Njua) Phonology[J/OL]. Berkeley: University of California, 2004[2017-3-14]. Available from http://ist-socrates.berkeley.edu/ dmort/mong_leng_phonology. pdf).

Mortensen, D. R. Sinitic loanwords in two Hmong dialects of Southeast Asia[MA]. Salt Lake City: Utah University, 2000.

Newman, P. and Martha R. Linguistic fieldwork[M]. Cambridge, UK: Cambridge U. P. 2001.

Pederson, E. Expressive language in White Hmong[J]. Proceedings of the Twelfth Annual

Meeting of the Berkeley Linguistics Society. 1986: 472-484.

Ratliff, M. Meaningful tone: A study of tonal morphology in compounds, form classes, and expressive phrases in White Hmong[M]. DeKalb: Northern Illinois University Center for Southeast Asian Studies, 1992, Monograph series on Southeast Asia, Special report No. 27: 1-279.

Ratliff, M. Tone Sandhi Compounding in White Hmong. Linguistics of the Tibeto-Burma Area. 1987,Volume 10(2):71-105.

Riddle, E. M. The relative marker uas in Hmong[J]. Linguistics of the Tibeto-Burman Area, 1993, 16(2), 57–68.

Savina F. M. Dictionnaire miao-tseu-français, précédé d'un précis de grammaire miao-tseu et suivi d'un vocabulaire franoais-miao-tseu[J]. Bulletin de l'Ecole française d'Extrême-Orient, 1916, 16:1-246.

Smalley, W. A. The problems of consonants and tone: Hmong (Meo, Miao)[G]. Smalley, W. A. Phonemes and orthography: Language planning in ten minority languages in Thailand. Canberra: Australian National University, 1976, 43, 85-123.

Savina, F. M. Histoire des Miao [M]. Hong Kong: Nazareth, 1924.

Sposato, A. Word order in Miao-Yao (Hmong-Mien) [J]. Linguistic Typology,

2014, 18(1), 83-140.

Song, J. J. Linguistic Typology:Morphology and Syntax. Pearson Educaiton Limited. 2001.

Thieberger, N. and Musgraven, S. Documentary linguistics and ethical Issues. in Peter K. Austin (eds.), Language Documentation and Description, 2014 (4):25-37.

Vitrano-Wilson, S. Comparing the Readability of Syllable Spacing and Word Spacing in Hmong Daw. [D]. Chingmai: Payap University. 2015

Whaley, L. J. Introduction to Typology: the Unity and Diversity of language. Califorrnia:Sage Publications, Inc. 1997.

Woodbury, A. C. Archives and audiences: Toward making endangered language documentations people can read, use, understand, and admire [A]. In David Nathan &Peter K. Austin (eds) Language Documentation and Description: Special Issue on Language Documentation and Archiving. London: SOAS. 2014: (12):19-36.